박경리 문학 연구

움직임動과 멈춤靜의 상상력

지은이

김은경(金漗卿, Kim, Eunkyung) 1968년 전남 고흥 출생. 중앙대 영문과(서강대 국문과) 졸업. 서울대학교 국어국문학과 대학원을 졸업했다. 현재 홍익대 강사이다. 주요 논문으로 「사랑서사와 박경리 문학」, 「李箱 詩에 나타난 主體 형상의 기호학적 분석－잉여 / 결여(▽△) 및 발산 / 수렴(凹凸)의 기호학을 중심으로」, 「이상 소설 연구－'천재'와 '탕아'의 형상을 중심으로」, 「박경리 소설에 나타난 '죄의식'의 경제」 등이 있다. 또한 박경리의 『토지』와 더불어 조정래의 『태백산맥』, 홍명희의 『임꺽정』, 황석영의 『장길산』 등 대하장편역사소설에 대한 논문들이 있다.

박경리 문학 연구 움직임動과 멈춤靜의 상상력

초판 인쇄 2014년 8월 10일 **초판 발행** 2014년 8월 20일
지은이 김은경 **펴낸이** 박성모 **펴낸곳** 소명출판
출판등록 제13-522호 **주소** 서울시 서초구 서초중앙로6길 15(란빌딩 1층)
전화 02-585-7840 **팩스** 02-585-7848 **전자우편** somyong@korea.com **홈페이지** www.somyong.co.kr

값 43,000원

ISBN 979-11-85877-05-1 93810

박경리 문학 연구

움직임動과 멈춤靜의 상상력

A Study on the Park, Kyung-Ri's Literature

The Imagination of Moving in Various Parts of Life and Staying at One Part of Life

김은경 지음

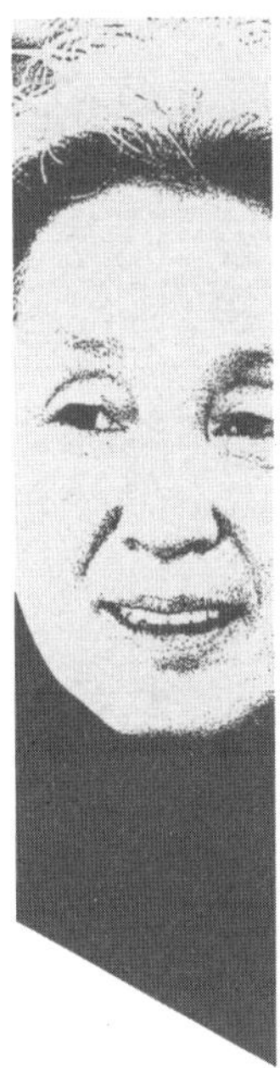

소명출판

일러두기

- 각주 내 일러두기가 따로 없는 한, 기본 자료로서 인용된 작품들은 앞서 출처를 밝힌 후 '(인용면수)'로 표기하였다. 단, 여러 권인 작품(『토지』, 『태백산맥』)은 '(권, 면수)'로 표기하였다.
- 상하권으로 이루어진 『죄와 벌』은 '(「장-절(숫자)」, 인용면수)'로 표기하였다(「에필로그」는 '(에, 인용면수)'로 표기). 총 1,060면 가운데, 하권은 535면부터를 수록하고 있다.
- 인용된 작품의 장제목은 '「장(숫자). 제목」'처럼 표기하였다. 장 이상의 체계를 갖춘 작품은 다음처럼 나타내었다.
  『토지』: (「부-편-장(숫자). 제목」), 『태백산맥』: (「부-장(숫자). 제목」)
- 각주 내용 중 문단 전체가 인용문일 경우 글 앞에 '【인용】'을 표기하였다.
- 한자어 및 외국어 병기는 필요하다고 판단되는 부분에서 행하며 '시공간성(Хронотоп)', '고금(古今)과 동서(東西)'처럼 표기하였다. 단, 움직임과 멈춤은 이 책의 핵심 고유어이므로, '움직임動', '멈춤靜'으로 통일하여 표기하였다.

박경리 문학의 원질—움직임動과 멈춤靜에 대해

박경리의 『토지』를 대상으로 석사논문을 쓴 것을 시작으로, 박경리의 방대한 문학세계를 구명하는 박사논문을 쓰게 되었다. 이를 통해 박경리 문학의 원질을 밝히는 데에 근접하게 다가선 것으로 여겨진다. 박경리의 방대한 문학은 움직임動과 멈춤靜이라는 용어로 어느 정도 갈음할 수 있다. 여기에서 이 용어는 단순한 축어적 의미의 전성명사가 아니라, 추상명사로서의 함의들을 갖는다. 박경리에 대한 저자의 글들은 이러한 움직임動과 멈춤靜이라는 용어로서 새롭게 정리해 볼 수 있다.

움직임動과 멈춤靜 : 역사

석사논문(「『토지』 서사구조 연구」, 2000.2)의 핵심적 주제어는 (차이를 동반한) 반복이라 할 수 있다. 이는 『토지』에 내포된 역사에 대한 통찰을 대변하는 용어로서, 역사를 추동하는 기본 원리가 동일성과 차이 간의 길항이라는 인식을 나타내 보인다. 이 글은 『토지』가 역사의 거시적 동일성이 미시적인 차이들에 의해 교란되고, 결과적으로 변화를 맞게 됨을 그 서사구조를 통해 보여주고 있음을 밝히고 있다. 여기에는 변화에 대한 반작용과 변화에 대한 지향, 즉 움직임動과 멈춤靜의 원리가 작동하고 있는 것이다. 저자는 이를 가족사적 서사 및 애정관계서사에 대한 분석을 통해 논증하고 있다. 전자가 반복에의 인력을 보이고 있다면, 후자는 차이에의 동력을 나타내고 있는 것이다. 특히, 애정관계서사는 박경리 문학의 핵심요소라 할 수 있는데, 저자는 이를 이후에 '감정경제'에 대한 논의로 이어가고 있다.

움직임動과 멈춤靜 : 가치

박사논문에서는 인물의 존재방식들에 주목하고 있다. 박경리는 인물창조를 작품창작의 지렛대로 삼음을 밝힌 바 있다. 이러한 작가의 말을 뒷받침하듯, 박경리의 소설들에는 뚜렷한 개성을 갖는 인물들이 등장한다. 이 글은 이러한 인물들을 세 유형으로 분류하는 것을 기본틀로 하여 전개된다. ① 가치에 대해 무차별적인 인물, ② 가치를 절대화하는 인물, ③ 그리고 가치를 상대화하는 인물이 그것이다. 이들의 존재 방식은 곧 움직임動과 멈춤靜이라는 추상명사에 포섭된다. ②는 여러 장애에도 불구하고 유일한 가치에 고착되어 멈춤靜으로써, 결과적으로 파국을 맞는 경향을 보인다. ① ③은 모두 움직임動이라는 삶의 방식을 보이나, 그 양태는 상이하다. ①은 불빛을 좇아 무질서하게 날아드는 부나방과 같은 움직임動을 보이는 존재들이다. 그들은 보편적 가치들을 교환 가능한 것으로 치부하면서, 욕망과 애욕을 좇아 무차별하게 움직이는 존재들인 것이다. 마지막으로, ③은 멈추지 않고 움직이되, 좌절된 가치로부터 어렵게 움직여, 긍정적인 새로운 가치를 추구하는 인물들이다. 추구하던 가치로부터 움직인다는 점에서 ②와, 그 움직임이 무차별적인 것이 아니라 새로운 가치로의 지양(止揚)하기 라는 점에서 ③과 구별된다.

움직임動과 멈춤靜 : 감정경제

움직임動과 멈춤靜은 박경리 문학의 원질이라 할 수 있는바, 이는 특별히 박경리 문학에서 '감정경제'와도 관련된다. 여기에서 '감정경제'란, 감정의 양적, 질적 상태를 의미한다. ②의 인물들이 하나의 가치에 집착함은 감정의 양적인 유지와 관련을 맺는다. 대표적으로 '사랑'의 감정에서 이러한 양태가 나타난다. 장애가 놓인 이성 관계에서 사랑의 감정을 유지함으로써 야기되는 사건들은 박경리 소설에서 쉽게 만날 수 있는 화소이다. 극복하기 힘든 장애와 맞서는 이러한 감정양태는 파국으로 이어지며, '죄의식'이라는 새로운 감정을 낳는다. 장애에는 제도와 규범, 도덕 등이 포함되는바, 그럼에도 불구하고 하나의 감정양태에 집착함으로써, 인물들은 그 이면에 '죄의식'이라는 감정을 품게 된다. ②의 인물들이 갖는 이러한 감정양태는 ③의 인물들의 경우와 대비된다. ③의 인물들은 좌절된 가치를 두고 새로운 가치로 지양하는바, 이 과정에서 감정의 질적 전화가 동반된다. 이들은 감정의 양적 차원에서의 유지 혹은 변화가 아닌, 질적인 전화(轉化)의 과정을 보여준다. 가치실현에 좌절한 상황에 맞서지 않고 새로운 가치를 추구하거나, 혹은 하나의 가치를 실현하기 위해 다른 가치를 포기하는 과정에서 ③의 인물들은 감정의 질적 전화를 경험하게 되는 것이다. 좌절한 사랑은 모성애 혹은 민족애로 전화되며, 민족애로의 전화에 의해 죄의식과 한을 극복하며, 한과 죄의식을 예술로 승화하기도 한다. 이러한 감정의 질적 변화는, 단순한 감정의 인과적 연쇄와는 구별된다. 이른바 감정적 삭힘의 과정을 거쳐 감정의 우회적 전화가 이루어지고 있는 것이다. 박경리의 소설에는 하나의 가치에 쏠리는 편집적 감정양태가 나타나는가 하면, 욕망을 분배함으로써 의지적으로 감정을 조절하는 양상이 나타난다 할 수 있다. 전자가 멈춤靜이라면, 후자는 움직임動의 감정경제인 것이다.

비교문학 : 시공간성과 감정경제

박경리의 『토지』와 도스또예프스끼의 『죄와 벌』 간 비교 연구를 통해 소설의 시공간성과 감정경제 간 상관관계에 대한 공식을 세워볼 수 있었다. 소설의 바탕 — 그림에서의 화폭에 비견되는 — 이라 할 수 있는 시공간성의 범역이 넓은 작품에서는 감정의 양적 측면보다는 질적 전화의 양상이 두드러지게 나타나며, 밀도 있는 시공간성을 갖는 작품에서는 감정의 양적 변화 혹은 유지의 측면이 두드러지게 나타남을 우리의 고소설, 신소설, 현대소설, 그리고 외국소설들과의 비교 연구를 통해 밝힐 수 있었다. 이러한 비교 연구에서 시공간성은 기본적으로는 독자가 조감 시점으로 파악할 수 있는 4차원적 시공간성이라는 의미를 갖는다. 이와 관련된 시공간성 논의에서는 소설의 화폭이라 할 수 있는 추상적 시공간성에 대한 양적 및 질적 양태에 대한 고찰이 이루어진다. 즉, 시공간성의 크기와 밀도, 시공간성의 경계를 고려하게 될 경우 그것들이 동질적인지, 이질적인지 혹은 개방적인지, 폐쇄적인지 등에 대해 논하였다. 여기에 더하여 시간성 및 공간성의 관계에 대한 고려가 포함된다. 양자는 대칭적이거나, 비대칭적인 것으로서 논의대상 작품들에서 나타난다. 그리고 인물의 움직임과 인물 간 거리, 인물의 시계(視界)와 의식 및 세계관 등에 투영된 시공간성이 의미 있는 미학적 요소로 자리할 경우 논의에 포함된다. 마지막으로, 좁은 의미의 장소적 공간성, 이의 기호학적 배치 등에 대한 논의를 포함하고 있다.

소설의 시공간성과 감정경제 간 상관성에 대한 논의가, 앞으로 소설의 다른 측면까지 조명하면서 보다 확대될 수 있도록 연구를 계속할 계획이다.

박경리 문학과 나, 그리고 우리

1996년 대학원에 입학한 이후, 벌써 참으로 많은 세월이 흘렀다. 그 세월을 셈해 보고 잠깐 잠깐씩 놀라곤 한다. 그리고 그 세월들을 보내 버렸다는 사실에 안도감과 아쉬움을 동시에 느낀다. 그 세월 동안 나는, 움직임動에 융통성이 포함된다면, 그 움직임動과 친하지 않아 그로 인해 참 힘들었던 것 같다. 박경리 소설에 특징적으로 등장하는 일군의 인물들과 같이. 이들이 사랑, 이념 혹은 문학 등에 최고의 가치를 두고 그로부터 한 발짝도 움직일 수 없었던 것처럼, 나는 문학연구라는 것에 소위 말하는 목메는 삶을 살아 왔던 것 같다. 그러한 방식이 삶에 대한 기회비용을 얼마나 낳을지에 대해 생각하지 않은 채. 나의 삶은 이분법적이었던 때가 많았다. 공부와 공부 아닌 것으로. 내 삶의 절반 이상을 차지하는 공부, 공부, 공부에 나는 왜 그토록 매달렸던 것일까. 돌이켜보면, 그것은 그것밖에 몰랐기 때문인 것 같다. 여기에는 다른 즐길 거리를 갖지 못하였다는 의미도 있지만, 공부는 나에게 그 자체로서 가치가 있는 대상이었기에 그랬던 것 같았다. 그것의 실용성, 그것이 나의 삶에 가져다 줄 부가가치, 이런 것을 생각했더라면, 모처럼 가족이 모두 모이는 명절날에도 그 만남의 시간을 쪼개어 연구실을 지키며, 문학 연구에 대한 강박을 키우지는 않았을 것이다.

지금 내가 말하고자 하는 바는, 내가 정말 공부를 열심히 했다는, 정말 순수하게 공부 자체를 위한 공부를 했다는 자랑을 하려는 것이 아니다. 나도 박경리 소설 속 어떤 인물들처럼 하나의 가치를 절대화하여 멈춤靜의 삶을 살아왔다는 점을 이야기하려 한 것이다. 이러한 삶을 살아온 박경리 소설 속 인물들은 이를 통해 그들이 추구하는 가치를 실현하기보다 그로 인해 외부의 강력한 힘에 의해 대나무가 쪼개어지듯 훼손된 삶에 직면하는 것으로 형상화되곤 한다. 나 또한 내 멈춤靜의 삶 가운데 훼손된 부분이 존재해 왔음을 인정하며, 그것이 다른 사람들의 지탄을 받는 결과를 낳았다 할지라도, 나의 그 순정한 멈춤靜의 삶 때문이었노라고 변명해 보고 싶다. 지금도 나는 그 훼손된 부분을 생각하지 않을 수 없다. 그러나 2013년 10월 지금, 나는, 멈춤靜의 방식이 강력하게 엄습하였던 그 시기를 무탈하게 보내서가 아니라, 외길로 건너올 수 있게 된 것에 감사한다. 무엇보다 이렇게 박경리 문학 연구를 모아 책으로 낼 수 있게 되어서 행복하다.

박경리는 나에게 참으로 버거운 작가였다. 나의 멈춤靜의 인생관—외골수 혹은 무대뽀정신(?)이라고도 할 수 있는—이 아니었더라면 일찍이 박경리 문학 연구를 포기하였을 것이다. 『토지』를 붙들었을 때 이미. 지금에 와서 『토지』는 분명 나의 문학연구 인생에 행운을 준 작품이라는 것을 조금의 거짓됨 없이 인정하고 있다. 박경리야말로 진정 문학과 문학 아닌 것의 이분법적 삶을 살아온 작가라고 생각하며, 대부분의 삶을 문학만을 위해 살아온 그녀이기에 그리고 『토지』는 그녀의 문학 가운데 가장 큰 비중을 차지한 작품이라는, 사실들만으로도 『토지』의 가치를 이미 전제하게 되는 것이다. 이 작품은 거대한 대지에 큰 산을 품은 형국의 작품이라 할 수 있다. 문학연구가에게 『토지』는 많은 것들을 건져 올릴 수 있는 그야말로 비옥한 토지이다. 박경리가 이 작품과 함께 그녀의 삶을 보냈고 그리고 그녀의 사상을 담는 철학까지를 하였다면, 나는 이 작품에 대한 연구를 통해 사상적 · 미학적 · 감정적 측면에서 박경리 문학의 독자성, 분명 세계 문학 내에서 나름의 좌표를 갖는 독사성을 길어 올릴 수 있었다. 『토지』가 박경리 문학의 한 분수령을 이룬다면, 나머지 작품들 또한 방대한 박경리 문학의 한 부분으로서 이러한 분수령을 함께 쌓고 있다 할 수 있다.

이 책의 제1부는 저자의 박사논문(「박경리 문학 연구—'가치'의 문제를 중심으로」, 2008.2)을 그대로 담고 있다. 이 글을 쓰면서 나는 박경리가 창조한 수많은 인물들과 동고동락하였다고 할 수 있다. 그들은 나에게 오랫동안 각자의 개성만을 내세우고 있었기에, 나는 그들을 향해 논리적 · 분석적 안목을 세울 수 없었다. 그들은 나를 미궁으로만 이끌어갔다. 그들에게서 질서를 발견하기란 쉽지 않았다. 그런데 그것은 뜻밖에 아주 단순한 것으로서 긴 산고 끝에 내 손안에 들어왔다. 움직임動과 멈춤靜. 이를 박경리의 아주 많은 인물들에게 질서를 부여할 수 있는 원리로서 발견하게 된다. 실제로, 1부에서는 이를 인물의 가치에 대한 태도를 통해 논하고 있다. ①「애가」의 윤상화, 「표류도」의 최영철, 『푸른 운하』의 경란, 『노을진 들녘』의 김성삼과 윤영재, 『김약국의 딸들』의 용숙과 용란, 『가을에 온 여인』의 강명하, 『파시』의 문성재, 「타인들」의 문영과 하진, 『영원한 반려』의 김영미와 성민수, 『나비와 엉겅퀴』의 송인숙과 장기수, 『단층』의 이상우와 기옥, 그리고 노파, 『토지』의 조준구, 귀녀, 임이녀, 홍성숙 등과 같은 욕망을 좇아 몰가치적이거나 무질서한 방식으로 움직이는動 인물들. ②「애가」의 이민호와 김진수, 「성녀와 마녀」의 안수영, 『내 마음의 호수』의 이영설과 유혜련, 「가을에 온 여인」의 오세정, 『시장과 전장』의 하기훈, 『영원한 반려』의 신병구, 『나비와 엉겅퀴』의 윤희련 등과 같이 하나의 절대적 가치에 얽매인 멈춤靜의 인물들. ③「표류도」의 강현회, 『김약국의 딸들』의 용빈, 「재혼의 조건」의 유강옥, 『시장과 전장』의 장덕삼과 남지영, 『나비와 엉겅퀴』의 정양구, 『단층』의 김근태, 그리고 최서희, 김길상, 김한복, 이홍, 김환, 유인실, 송관수, 조병수 등 『토지』에 등장하는 다수의 인물들, 이들은 하나의 가치추구에 좌절하였을 때 '굴절'하여 새로운 가치를 향하여 움직이는動 인물들이다. 이상과 같은 범주화의 옷을 입혀 박경리 소설의 인물들을 정렬해 볼 수 있었다. 박경리의 문학에 나타난 움직임動이란 ① 비대한 욕망에 의해 몰가치적인 방향으로 진행되는가 하면, ② 꺾일 줄 모르기에 독소를 내 품는 멈춤靜에 대비되는 것으로서, ③ 욕망을 통제하고 분배함으로써 '굴절'하는 삶의 방식으로 나타나기도 한다. 이러한 인물 유형들은 박경리의 초기소설에서부터 공존한다.

이 책의 제2부의 1장과 2장에서는 비교문학적 관점에서 『토지』에 대해 논한 글들을 수록하였다. 바진[巴金]의 『격류삼부곡』과 『토지』를 '가족사 소설'의 관점에서 고찰한 것은 일찍이 『토지』를 연구대상으로 하여 글을 쓰던 당시에 고려하였던 주제이다. 두 작품이 모두 가족사

소설의 형식을 취하면서 '근대'에 대한 성찰을 보이고 있다는 점은 유사하나, 그 세부에 있어서는 차이를 보인다. 근대에 대해 이분법적 접근을 하고 있는 바진 소설과의 비교를 통해 박경리 문학이 근대에 대한 접근 방식에 있어서 '해체적 양상'을 보임을 논할 수 있었다. 그리고 …… 도스또예프스끼 소설과의 비교 연구는 …… 아무것도 모르기 때문에 의욕과잉이었던 시기에 꿈꾸었던 테마이며, 문학연구의 어려움에 부딪혀 오래 지속된 의기소침의 시기에 접어두었던 주제이기도 한다. 이 연구를 할 수 있게 된 것에 감사한다. 한 세기의 거리를 둔, 두 작가의 대표작 간 비교를 통해 『토지』의 진면목에 보다 가깝게 다가갈 수 있었기 때문이다. 그것은 이른바 '해체적'이라는 용어로 완전하게는 아니지만, 근접하게 표현할 수 있겠다. 여기에서 해체란 서양의 관점에서 쓸 수 있는 용어이며, 기실 그것은 '동양적(비서구적)'인 것이라고 해도 무방하다. 『토지』에서 살필 수 있는 탈중심적 주체관념, 상대적 선악관념 등은 겉으로 드러나는 『토지』의 '『토지』다움' — 방대한 시공간성 등 — 을 이루는 내적인 기초이기도 하다. 세 번째로 수록된 試論에서는 『토지』와 『죄와 벌』 간 비교 연구를 통해 세운 명제, 즉 '시공간성과 감정경제의 관계'를 정식화하기 위해 고금의, 우리 문학과 외국소설들을 살피고 있다.[1] 이러한 정식화를 통해, 소설문학에 내재하는 감정의 문제에 대한 관심이 보다 확대되길 바라며, 여기에서 나

1 이 책에서 '시공간성과 감정경제의 관계'를 정식화하기 위해 살핀, 외국소설의 목록을 논의가 이루어진 순서대로 정리하면 다음과 같다. 표도르 미하일로비치 도스또예프스끼의 『죄와 벌』, 에밀리 브론테의 『폭풍의 언덕』, F. 스콧 피츠제럴드의 『위대한 개츠비』, 귀스타브 플로베르의 『감정교육』, 장아이링의 「색, 계(色, 戒)」, 프란츠 카프카의 『성(城)』, 가와바타 야스나리의 『설국』, 호르헤 루이스 보르헤스의 단편집 『픽션들』과 『알레프』에 수록된 15편의 단편들.

아가 보다 확산적 논의가 이루어지길 바란다.

끝으로 주변의 모든 분들에게 감사하다는 마음을 전하고 싶다. 언제인지 모르게 정해진 12시, 5시의 밥 시계를 철저하게 지키며 5동 310호에서 함께 공부한 동학들에게. 문학연구가 무엇인지 가르쳐주셨던 교수님들께 — 인정하는 말씀 한 마디로 힘을 주셨고, 마음밭을 곱게 가꾸라는 공부 외의 가르침을 주셨고, 또 항상 눈여겨 지켜보면서 도와주시고 이끌어주신 분들께 깊은 감사의 마음을 가짐과 아울러 더욱 정진할 것을 다짐해 본다. 그리고 내 가족, 이 책에 실은 박사논문의 틀을 결정할 무렵 운명처럼 나타나 그때부터 내 삶의 동반자가 되어준 남편 이해수 씨, …… 우리 딸. 마지막으로는 나의 부모님과 형제들 — 아버지 고(故) 김영민 씨, 어머니 배덕례 씨, 영경 언니, 그리고 오랜 세월 곁을 지켜준 동생들 귀경이와 재훈이. 아버지와 어머니가 기원하신 '서기만당(瑞氣滿堂)'의 기운을 받아 학문적으로, 인간적으로 더욱 성숙해 가는 모습을 이들에게 보이고 싶다.

끝으로, 소명출판 관계자분들께 깊은 감사의 말씀 전하고 싶다. 부피가 두껍지만, 그 두께만큼 내용의 무게가 나갈지 확신하지 못한 가운데 책의 출판을 의뢰하였는데, 흔쾌히 책의 출판을 결정해 주시고, 또 출판이 진행되는 과정에서 책의 모든 것들을 정성들여 간섭하여 책을 내 주신 분들께 감사드린다.

2013년 10월

김은경

차례

제2부
박경리 문학과 『토지』, 고금(古今)과 동서(東西)의 좌표

제1부

박경리 문학의 원질

움직임動과 멈춤靜

제1장 서론

1. 연구사 검토 및 문제 제기

한국 현대소설은 1950년대 중반을 지나면서부터 전쟁의 충격과 사회적 혼란에서 점차 벗어나 관점과 방법의 균형을 되찾게 된다. 당시 기성 작가의 뒤를 이어 나온 새로운 작가들, 이른바 전후세대 작가들은 다양한 체험과 서로 다른 소설적 관심을 바탕으로 각각 자신들의 위치를 다지게 된다. 박경리는 전후 문단의 새로운 가능성을 열어가게 된 소설 문단의 신세대 작가 가운데 한 사람이다.[1] 박경리는 단편 「계산」이 『현대문학』에 추천(1955.8)되고, 이어서 단편 「흑흑백백」이 동지(同誌)에 추천

1 권영민, 『한국 현대문학사』 2, 민음사, 2002, 105면.

완료되어(1956.8) 등단한다. 1950년대에서 1960년대에 걸쳐 40여 편의 단편소설을 발표하며, 첫 장편 『애가』(1958) 이후 『단층』(1974)을 연재하기까지 1960~70년대에 25편 가량의 중·장편소설을 발표하였다. 1969년부터는 대하 장편소설 『토지』를 연재하여 1994년에 완성한다.

이와 같이 방대한 박경리 문학에 대한 연구는 해결해야 할 문제점들을 안고 있다. 먼저, 박경리 연구사의 상당 부분이 『토지』와 그녀의 대표작으로 인식되어 온 몇몇 작품들에 대한 연구에 집중되어 있다는 점을 그 문제점으로 들 수 있다. 박경리의 모든 작품들에 동등하게 관심을 집중하여 접근할 때, 그녀의 문학을 '전체적으로' 조명해야만 그 진면목을 제대로 파악할 수 있음을 알게 된다. 이와 더불어서 박경리 문학의 폭과 깊이에 비하여 그 문학에 대한 논의의 시각이 한정되어 있다는 점을 연구사의 한계로 지적할 수 있다. 이 글은 이와 같은 문제의식에서 출발하여 박경리 문학을 '전체적으로' 조명하는 것을 목표로 한다. 이를 위해 박경리의 전체 문학 세계를 일관된 관점으로 구명할 수 있는 방법론을 마련함과 아울러, 이를 통해 그녀의 문학을 조명하는 관점의 다양성을 확보하겠다는 목적을 갖는다. 이러한 연구의 바탕 위에서 우리 문학사 내에서 박경리 문학을 올바르게 자리매김할 수 있을 것이다. 나아가서 국내·외 작가들과의 비교 연구 또한 심도 있게 이루어질 수 있을 것이다.

박경리 문학에 대한 연구사는 크게 1950~60년대에 발표한 단편소설에 대한 논의, 『김약국의 딸들』(1962), 『시장과 전장』(1964), 『파시』(1964~65) 등 박경리의 주요 장편소설들에 대한 작품론, 그리고 『토지』를 대상으로 한 연구로 나누어 생각해 볼 수 있다. 이 외에 『토지』와 그 이전 작품의 일부를 포함하여 박경리의 작가론을 시도하고 있는 연구논저와 박사논문이 발견되나, 박경리 문학의 전모를 규명하는 데 이르지 못하고 있다.

박경리는 1955년 등단한 이래 초기에는 주로 단편소설을 쓰다가 『애가』(1958)를 발표한 이후 1960년대에는 단편소설과 더불어 다수의 중·장편소설을 발표하며,[2] 1969년부터 『토지』의 연재에 매진한다. 이러한 박경리 문학의 흐름과 관련하여 여러 논자들의 입장이 발견된다. 박경리의 작품세계를 『토지』 이전과 『토지』로 나누어볼 수 있으며, 『토지』 이전의 작품경향은 다시 단편과 장편으로 분리해서 살필 수 있다는 입장이 있다.[3] 『토지』는 박경리의 문학세계에서뿐만 아니라, 한국문학사에서도 여러 가지 측면에서 두드러진 작품으로서, 박경리의 작품세계를 크게 『토지』 이전과 『토지』로 구분하여 살필 수 있다는 이러한 의견은 타당성을 갖는다고 하겠다. 『토지』 이전 박경리 문학의 흐름에 대해서는 『김약국의 딸들』을 전후하여 작품세계의 변화를 보인 것으로 보는 입장이 지배적이다. 이러한 입장에서는 박경리가 『김약국의 딸들』에 이르러서 초기 단편의 사소설적 성격을 탈피하여 시선을 확대, 작품세계의 전환을 이룬 것으로 보고 있다.[4] 이 글은 박

2 박경리의 소설을 분류할 때 단편과 장편, 그리고 대하장편 『토지』로 분류하는 경향을 보인다. 또한 논자에 따라 박경리 최초의 장편을 규정하는 입장이 다르다. 유종호는 『애가』를 최초의 장편으로 보며, 김치수는 『표류도』(『현대문학』, 1959)를 최초의 장편으로 본다. 이 글은 중편과 장편을 분류하고 있으며(참고문헌 참조), 『애가』를 최초의 장편으로 본다. 유종호, 「여류다움의 거절」, 『동시대의 시와 진실』, 민음사, 1995; 김치수, 「비극의 미학과 개인의 한」, 『박경리와 이청준』, 민음사, 1982.

3 이덕화, 『박경리와 최명희－두 여성적 글쓰기』, 태학사, 2000, 75~76면. 이덕화는 단편과 장편을 분리해서 논의해야 한다고 보는 근거로 단편은 대체로 문예지에 게재된 작품이고, 장편은 신문 연재소설로서 통속성이 가미된 작품이라는 점을 들고 있다.

4 김치수는 초기의 개인적인 불행을 다룬 단편으로부터 출발한 박경리의 작품세계가 『김약

경리 문학의 흐름에 대한 이와 같은 논의들을 참고하여 박경리 문학의 지형도를 새롭게 그려볼 것이다.

한편, 박경리 문학에 대해서는 다음과 같은 두 개의 상반된 평가가 공존한다. 유종호는 박경리의 등단작인 「계산」이 평범한 일상성을 주제로 한 것에 주목, 이 작품이 "여류적인 것과는 동떨어진 시정(市井)의 산문적인 소재를 간결하고 단정한 필치로 다루고" 있는 것으로 보고 있다. 그는 이때부터 박경리 문학에 "사회현실의 대하적 포착을 위한 노력, 시장성(市場性)에 대한 불가피한 감각, 서정일변도의 내성문학에의 경원 등의 싹"이 터온 것으로 지적하고 있다.[5] 이와 같은 평가는 박경리 문학의 주된 관심이 인간 삶의 배경인 역사와 사회현실, 또는 양자의 상호 관련 양상이 아니라 그것들을 초월하여 존재하는 인간의 본성 또는 인간 존재의 초월적 일반성을 탐구하여 드러내는 데에 놓이는 것으로 보는 입장과는 일정한 거리를 두고 있다.[6] 이와 같이 박경리 문학에 대한 상반된 평가가 공존하고 있음은 그의 문학의 성격을 일도양단으로 규정하기 어려울 뿐만 아니라, 그 폭이 넓다는 것을 반증한다 하겠다.

박경리의 단편소설에 관한 논의 역시 사소설적 특징과 사실주의적 성격을 지적하는 입장이 함께 한다. 박경리 단편소설의 사소설적 성격은 일찍부터 거론되어 왔다.[7] 이와 관련하여 박경리는 이의를 제기한 바

국의 딸들』에서는 한 가정의 불행으로 확대되고, 『파시』에서는 한 사회의 불행으로 보다 진전되었다가 『전장과 시장』에서는 민족의 비극으로 발전되는 경향을 보이고 있다고 지적한다. 권영민은 박경리가 1960년대에 접어들어 장편 『김약국의 딸들』(1962)을 발표하면서 작품세계의 전환을 이룬 것으로 본다. 그에 따르면 박경리는 이 작품에서 자기 체험의 영역에서 벗어나 객관적인 시점을 확보하였고, 제재와 기법 면에서도 다양한 변모를 보인다. 김치수, 앞의 글, 1982, 31면; 권영민, 앞의 책, 127면.

5 유종호, 앞의 글, 45~46면.

6 김윤식 · 정호웅, 『한국소설사』, 예하, 1996, 459면.

있으나,[8] 박경리의 일부 단편소설이 사소설적 특성을 보인다는 점에 대해 논자들의 의견은 대체로 일치되고 있다. 김해옥은 1950년대에 박경리 자신이 직접 여성으로서 정체성의 위기를 경험하였으며 이러한 위기 상황에 대한 심리적 갈등을 해소하는 방법으로 글쓰기를 선택하고 있기 때문에 이 시기에 발표된 초기 소설이 중요한 의미를 갖는 것으로 보고 있다. 그에 따르면 1950년대 박경리 소설의 자전적 양식은 여성 자아가 자신을 확인하고 발견하는 과정으로 선택한 글쓰기이다.[9] 이처럼 초기에 사소설적 내지는 자전적 소설을 쓴 박경리는 그럼에도 불구하고 탄탄한 현실감각을 내보인 것으로 평가받는다. 배경렬은 박경리의 초기 단편작품들이 작가 개인의 고민으로부터 탈피하지 못하고 고민 자체가 그대로 작품세계에 융합되어 있어, 같은 테두리 속에서 자화상에 가까운 협소한 세계를 그렸다는 약점에도 불구하고, 현실감각이라는 굳건한 태도를 지니고 있다는 점에서 자의식적인 문학에서 벗어나 비판적 리얼

7 조병무는 박경리의 작품이 "사회관과 인생관 내지 사건을 '자화'하는 쪽에 치우치고 있"음을 지적하고 있으며, "내면적인 고민의 잔재가 소설이라는 표현수단에까지 잠복해 들"어 있는 바, "이러한 사실이 잘못 발전할 적엔 그것이 사소설적 경지를 다분히 나타낼 위험성이 많"은 것으로 보고 있다. 염무웅 역시 "흔히들 지적되는 것이고 또한 부정할 수 없는 것으로서 박여사의 작품은 작자 자신이 중심인물로 다루어져 있"음을 지적하고 있다. 홍사중은 박경리의 작품에 반복하여 삼십에서 사십 사이의 여성이 주인공으로 등장하는데, 그 남편은 6·25 때 죽었으며 홀어머니와 함께 살고 있는 미망인이며, 대개의 경우 딸 하나를 두고 있는 점을 들어 박경리 단편의 사소설적 성격을 지적한다. 박경리가 여주인공의 이름으로 '영'을 즐겨 쓰는 것도 단순한 기호가 아니라, 박경리가 그만큼 작중 인물들을 스스로의 분신으로 여기는 마음이 크기 때문인 것으로 보고 있다. 조병무, 「자의식의 문학—박경리의 단편을 중심으로」, 『현대문학』, 1965.11, 100·109면; 염무웅, 「박경리 문학의 매력」, 『세대』, 1967.6, 410면; 홍사중, 「한정된 현실의 비극」, 『현대한국문학전집』 11권, 신구출판사, 1966.

8 박경리, 「사소설 이의」, 『Q씨에게』, 지식산업사, 1981. 이하 '글명, 『Q씨에게』, 인용면수'로 표기한다.

9 김해옥, 「'여성적 자존(自尊)과 소외' 사이에서 글쓰기」, 한국문학연구회 편, 『『토지』와 박경리 문학』, 솔, 1996, 250면.

리즘으로 발전할 수 있는 단초를 마련한 것으로 본다.[10]

박경리는 『애가』를 발표한 이후 사회현실의 총체적 포착을 필요로 하는 장편소설을 다수 발표한다. 25편 가량 되는 박경리의 중·장편소설들 가운데 『표류도』(1959), 『김약국의 딸들』, 『시장과 전장』, 『파시』 등을 제외한 대부분의 장편들이 논자들의 주목을 받지 못하고 있다. 『표류도』에 대한 작품론으로 이 작품의 연재가 완료된 직후 발표된 조연현의 평론이 주목된다.[11] 한편 정희모는 박경리의 문학적 경향이 변모된 것은 『표류도』 이후인 것으로 보고 있다.[12] 『김약국의 딸들』에 대한 개별 작품론으로 김만수와 황정현의 논의가 있다.[13] 김만수는 『김약국의 딸들』의 스테디셀러로서의 요건을 살피고 있으며, 황정현은 이 작품의 설화적 성격을 고찰하고 있다. 『시장과 전장』은 발표 직후부터 논자들의 주목을 받은 작품이다. 백낙청이 이 작품의 문체, 플로트, 인물 등에 대해 지

---

10 배경열, 「박경리의 초기 단편소설 고찰」, 『한국문학이론과 비평』 18, 한국문학이론과비평학회, 2003.3, 239면. 현실에 대한 증오와 환멸이 박경리 초기 소설의 특성이라고 본 김상욱의 논의 역시 박경리의 현실감각에 주목하고 있다. 그에 따르면 증오가 현실과의 관계를 더욱 철저하게 착근해 들어가는 데 반해, 환멸은 현실과의 접촉면을 좁혀 나가고 마침내 폐쇄적인 심정의 세계로 응결되는바, 박경리의 초기 소설은 이 두 축을 왕래한다. 김상욱, 「박경리 초기 소설 연구—증오의 수사학」, 『현대소설 연구』 4, 1996, 297면.

11 조연현은 "죽은 남편에 대한 추억이 그의 남편의 사망과 함께 소멸되어 갔다"는 점을 근거로 이 작품의 여주인공 강현회가 현실적 인간형으로 창조된 것으로 보고 강현회의 인물 창조에 주목하고 있다. 조연현, 「윤리적 의미의 결핍과 의식의 과잉—「태양의 계곡」과 「표류도」에 대하여」, 『현대문학』, 1960.1, 215면.

12 이러한 입장은 『김약국의 딸들』을 박경리 문학의 전환점으로 본 논의와 입장을 달리한다. 그는 박경리가 『표류도』 이후 단편에서 장편 중심으로, 개인의 내면적 세계에서 타자와의 화해의 공간으로, 개인의 한(恨)에서부터 집단, 민족, 역사의 한(恨)의 세계로 점차 소설적 영역을 확대시켰고 그런 결과가 『김약국의 딸들』, 『파시』, 『시장과 전장』, 『토지』로서 나타난 것으로 본다. 정희모, 「현실에의 환멸과 삶의 의지—박경리의 『표류도』 연구」, 한국문학연구회 편, 앞의 책, 332면.

13 김만수, 「자신의 운명을 찾아가기—『김약국의 딸들』을 읽고」, 『박경리』, 서강대 출판부, 1996; 황정현, 「『김약국의 딸들』의 설화적 성격 연구」, 위의 책.

적을 한 「서평」을 발표하는데, 박경리가 이에 대해 날카로운 반응과 함께 화답을 하며, 유종호가 이들의 논전을 제3자의 입장에서 정리하고 있어 주목된다.[14] 이 외 『시장과 전장』에 대한 개별 작품론으로 김복순, 구재진, 임경순 등의 연구가 있다.[15] 한편, 박경리의 장편소설들을 묶어서 논의를 전개한 연구사가 다수 발견된다.[16] 그 가운데 백지연은 여성주의적 시각에서 인물의 정체성에 대해 논하고 있다.[17] 김은경은 가치의 문제와 관련하여 박경리 장편소설에 등장하는 인물의 성격화 양상을 살피고 있다.[18]

이상 정리한 바와 같이 1960년대 장편소설에 대한 연구는 대체로 박

14 백낙청, 「피상적 기록에 그친 6·25 수난—박경리 작 『시장과 전장』」, 『신동아』, 1965.4; 박경리, 「띄엄띄엄 읽고 갈겨쓴 비평일까—백낙청 씨의 『시장과 전장』 평을 읽고」, 『신동아』 1965.5; 유종호, 「작가와 비평가—『시장과 전장』의 논쟁의 경우」, 『신동아』, 1965.8. 이외 1960년대에 발표된 『시장과 전장』 관련 평론으로 임중빈, 「삶 그리고 긍정의 모험—『시장과 전장』을 통해 본 박경리의 장(章)」(『문학춘추』, 1966.12)이 있다.

15 김복순, 「『시장과 전장』에 나타난 사랑과 이념의 두 구원」, 한국문학연구회 편, 앞의 책; 구재진, 「1960년대 박경리 소설에 나타난 '생활'의 의미—박경리론」, 『1960년대 문학 연구』, 깊은샘, 1998; 임경순, 「유토피아에 대한 몽상으로서의 이념」, 『한국어문학 연구』 45, 2005.8.

16 김정자, 「소설의 공간적 의미분석—박경리 소설을 중심으로」, 『인문논총』 31, 부산대, 1987.6; 백지연, 「박경리 초기 소설 연구—가족관계의 양상에 따른 여성인물의 정체성 탐색을 중심으로」, 경희대 석사논문, 1995; 김치수, 앞의 글, 1982; 김수영, 「박경리 초기 장편소설의 인물유형 연구」, 『태릉어문연구』 9, 2001.2; 방민호, 「한국의 1920년대산 작가와 한국전쟁」, 『한국문학평론』, 2003 가을·겨울; 방은주, 「박경리 장편소설에 나타난 사랑의 의미 연구」, 서울대 석사논문, 2003.

17 백지연은 박경리 단편소설의 일부와 『표류도』, 『내 마음은 호수』, 『노을진 들녘』, 「재혼의 조건」, 『김약국의 딸들』, 『시장과 전장』, 『타인들』 등의 중·장편을 대상으로 박경리 소설에 등장하는 가족관계와 여성의 자기 탐구가 당대의 사회 변동과 긴밀한 상관관계를 지닌다는 인식에서 출발하여, 가족관계와 여성의 자기 정체성 탐색 방식의 관련 양상을 고찰하고 있다. 백지연, 위의 글.

18 김은경, 「박경리 장편소설의 인물 정체성과 현실 대응 양상의 관계—『영원한 반려』, 『나비와 엉겅퀴』, 『단층』을 중심으로」, 『한국 현대문학 연구』 21집, 한국현대문학회, 2007.4; 김은경, 「박경리 장편소설에 나타난 인물의 '가치'에 대한 태도와 정체성의 관련 양상—『김약국의 딸들』, 『파시』, 『시장과 전장』을 중심으로」, 『국어국문학』 146, 국어국문학회, 2007.9; 김은경, 「박경리 소설에 나타난 가치의 무차별화에 따른 인물 정체성 및 현실비판」, 『비교문학』 43, 한국비교문학회, 2007.10. 이상의 논문들은 이 책에 수록된 본 글의 기초가 되고 있다.

경리의 성공적인 문제작들에 대한 작품론으로 한정되어 있다고 볼 수 있다. 이는 1960년대 박경리의 장편소설들이 대부분 본격문학으로서 보다는 통속성 짙은 애정소설이 주류를 이루고 있다는 데 대한 암묵적 시인의 결과라 하겠다.[19] 이 글은 통속소설로 분류되어 논자들의 주목을 받지 못하였던 1960~70년대의 중·장편소설들을 그동안 주요하게 거론되어 온 소설들과 함께 논의 대상으로 한다.[20] 이를 통해 논의의 사각지대에 놓인 박경리 중·장편소설들을 그의 전체 문학의 장 내에서 조명할 것이다.

박경리 문학의 전모를 밝히기 위해서는 무엇보다 『토지』를 그 이전 작품과의 관련선상에서 살피는 것이 필요하다. 『토지』는 1994년 완간된 이후 박경리 문학 가운데 가장 활발하게 논의되어온 작품이다. 이 작품이 완성되기 전부터 발표된 평론과 논문을 묶은 단행본[21]과 다수의 석·박사 학위논문 및 논문들이 발표되었다. 그 가운데 『토지』의 인물 연구 및 소설 미학적 특질과 관련한 논의를 간단히 정리해 보겠다. 『토지』에는 다수의 인물이 등장하는데, 이 인물들을 다양한 관점으로 유형화한 논의들이 발견된다. 이와 관련하여 이덕화, 박혜원의 논의가 주목된다.[22] 한편 김혜정은 박경리 소설에 등장하는 여성 인물의 정체

19 김명신, 「박경리 소설 비평의 궤적」, 한국문학연구회 편, 앞의 책, 483면.

20 이와 관련된 작품은 다음과 같다. 중편소설에 「재귀열」(1959), 「재혼의 조건」(1962~63), 「환상의 시기」(1966), 「겨울비」(1967) 등이 있다. 장편소설에 『애가』(1958), 『표류도』(1959), 『성녀와 마녀』(1960~61), 『푸른 운하』(1961), 『내 마음은 호수』(1961), 『노을진 들녘』(1961~62), 『가을에 온 여인』(1962~63), 『타인들』(1965~66), 『영원한 반려』(1967), 『나비와 엉겅퀴』(1969), 『창』(1970), 『단층』(1974) 등이 있다.

21 정현기 편, 『한과 삶—『토지』 비평 1』, 솔, 1994; 솔 편집부 편, 『한·생명·대자대비—『토지』 비평집 2』, 솔, 1995; 한국문학연구회 편, 앞의 책; 최유찬, 『『토지』를 읽는다』, 솔, 1996. 이들 단행본에 수록된 평론 및 논문을 여기에서 일일이 거론하지 않는다(참고문헌 참조).

22 이덕화는 『토지』의 인물들을 작가의 서술의도에 따라 운명의 지배를 받는 인물들, 낭만적인

성이 변화하는 양상을 초기 단편에서부터 살피고 있는데, 『토지』에 이르러 최서희에게서 사회적 자아가 형성되고 있는 것으로 보고 있다.[23] 백지연은 『토지』에 등장하는 여성주체의 이중성에 대해 논의하고 있다.[24] 이 밖에도 인물의 성격화 방법과 관련한 논의들이 발견된다.[25] 『토지』의 소설 미학적 특질과 관련하여서는 『토지』의 시공간구조에 관한 연구, 시점 연구, 『토지』 고유의 서사문법에 따른 서사구조 연구, 담론특성에 관한 연구 등이 있다.[26] 『토지』 관련하여 다수의 논의가 다각도로 전개되고 있으나, 대부분 『토지』만을 대상으로 한 논의이기에 박경리 문학의 전모를 파악하는데 이르지 못하고 있다.

『토지』를 포함한 박경리 문학의 전체적인 연구는 아직 시작 단계라 할 수 있으나, 이를 시도한 몇몇 연구사가 발견된다. 류보선은 『토지』에 이르기까지 박경리 문학의 전반적인 흐름을 살피고 있다. 이는 『토지』 완간에 부쳐 박경리 문학을 전체적으로 정리하고 있는 논의이다.[27] 이덕화는 박경리 문학 전반을 인물형을 중심으로 살피고 있다.[28]

사랑을 구현하는 인물들, 강한 욕망 내지 성격에 의해 불행을 겪는 인물군, 역사적 상황에 따라 변화되는 민족적 현실을 드러내기 위해 등장하는 인물군의 네 유형으로 나누고 있다. 박혜원은 『토지』 인물의 유형을 작가의식과 결부된 인물의 가치 지향 방식에 따라 창조적 생명미학과 내면세계의 확장, 신분에 대한 저항과 사랑의 승화, 반(反)생명론과 추악(醜惡)의 양상으로 분류하여 살피고 있다. 이덕화, 「서술 의도에서 본 『토지』의 인물 유형」, 한국문학연구회 편, 위의 책; 박혜원, 「박경리 『토지』의 인물 연구」, 이화여대 박사논문, 2002.

23 김혜정, 「박경리 소설의 여성성 연구」, 충북대 박사논문, 1999.

24 백지연, 「근대체험의 이중성과 여성주체의 신화－박경리 장편소설 『토지』」, 『미로 속을 질주하는 문학』, 창작과비평사, 2001.

25 김진석, 「소내(疎內)하는 한의 문학」, 솔 편집부 편, 앞의 책.

26 최유찬, 『「토지」를 읽는다』, 앞의 책; 나병철, 「『토지』의 시점 연구」, 한국문학연구회 편, 앞의 책; 조윤아, 「공간의 성격과 공간의 구성」, 최유찬 편, 앞의 책; 김은경, 「『토지』의 서사구조 연구」, 서울대 석사논문, 2000;김은경, 「갈등구조를 통한 박경리 『토지』의 담론특성 / 미학 고찰」, 『비교문학』 33, 한국비교문학회, 2004.

27 류보선, 「비극성에서 한으로, 운명에서 역사로」, 『작가세계』, 1994 가을.

이러한 논의를 함에 있어서 여성주의적 시각을 부분적으로 적용하고 있다. 이 글은 『토지』에 대한 논의뿐만 아니라 통속소설로 분류되어 주목을 받지 못한 중・장편소설들에 대한 논의를 상당수 포함하고 있어 의미가 깊다 하겠다. 그런데 『토지』와 그 이전 작품 간의 긴밀한 연관성을 일관된 방법론을 적용하여 밝히고 있다고 보기 어렵다. 한편, 『토지』 및 그 이전의 작품을 일부 포함하여 논의를 전개한 박사논문과 학술논문[29]이 발표되어 주목된다. 그런데 이 논문들 역시 박경리 문학의 전체상을 일관된 관점으로 조명하는 데에 이르지 못하고 있다.

주지하듯이 박경리 문학은 방대하다. 따라서 그의 문학의 전모를 밝히기 위한 연구는 조밀하고 심층적이며 일관되게 이루어지기보다는 거시적 안목에서 단절되어 진행되기가 쉽다. 이 글은 '가치'의 문제를 중심으로 박경리 문학을 일관되게 분석하여 그 전모를 밝히는 데 근접함으로써 이러한 한계를 극복하고자 한다. 가치의 문제를 통해 인물의

28 이덕화, 앞의 책.

29 김혜정은 박경리 초기 단편소설의 일부와 『표류도』, 『김약국의 딸들』, 『시장과 전장』, 그리고 『토지』를 대상으로 하여 여성정체성 추구 과정을 여성성장소설의 구조와 의미를 통해 살피고 있다. 이 논문은 페미니스트 시학을 연구방법론으로 일관되게 적용하여 여성인물들을 대상으로 한 논의로서, 박경리 문학의 전반적인 흐름에 대한 통찰을 하고 있다고 보기는 어렵다. 장미영은 대부분의 박경리 작품을 분석대상으로 하여 갈등 양상을 중심으로 박경리의 세계인식 변모 과정을 살피고 있으나 심층적 논의에 이르고 있지 못하다. 이금란은 박경리 문학 전체를 꿰뚫고 있는 주제가 가족이라고 보고 가부장제 가족 이데올로기를 중심으로 논의를 전개하고 있다. 그의 논문은 박경리 단편소설의 일부와 『표류도』, 『김약국의 딸들』, 『시장과 전장』, 『타인들 / 애가』, 『파시』, 『나비와 엉겅퀴』, 『토지』를 대상으로 하여 논의 범위를 확대하고 있으나, 여전히 1960~70년대에 발표된 박경리의 중・장편소설들이 논의 대상에서 제외되고 있다. 김혜정, 앞의 글; 장미영, 「박경리 소설 연구—갈등 양상을 중심으로」, 숙명여대 박사논문, 2002; 이금란, 「박경리 소설에 나타난 가족 이데올로기 연구」, 숭실대 박사논문, 2006. 김은경은 죄의식 문제를 중심으로 박경리의 『토지』와 그 이전의 「환상의 시기」, 「인간」, 「밀고자」, 『타인들』, 『창』, 『단층』 등의 작품을 함께 논의하고 있다. 김은경, 「박경리 소설에 나타난 '죄의식'의 경제」, 『인문논총』 55, 서울대 인문학연구원, 2006.6.

정체성 및 죄의식과 관련한 인물 성격화 양상을 밝힘으로써 박경리 문학의 전반적인 흐름을 잡아볼 수 있다. 이러한 인물 성격화 양상은 인물의 현실대응 양상 및 작가의 현실인식을 살필 수 있는 토대가 되는 바, 이에 대한 논의를 전개할 것이다. 나아가서 인물 성격화 양상에 부수되어 나타나는 미학적 특질을 『토지』를 중심으로 살필 것이다. 이 글은 박경리의 단편, 중・장편 및 『토지』를 논의 대상으로 한다. 이 가운데 박경리의 일부 단편소설이 논의 대상에서 제외된다. 이 글은 박경리의 대작 『토지』에 수렴되는 논의를 전개하기보다, 공시적 관점과 통시적 관점을 병행하여 적용하되, 창작년도가 가장 늦은 『토지』가 발표되기까지의 박경리 문학의 점진적인 흐름을 살펴 나갈 것이다. 이 과정에서 그동안 통속소설로 분류되어 논의의 사각지대에 놓여 있던 1960~70년대 중・장편소설들이 박경리 문학의 전체적인 흐름 내에서 의미 규명될 수 있을 것이다.

2. 연구의 시각

전후문학의 가장 큰 관심사는 전쟁의 비극을 초래한 이데올로기의 대립 문제이다. 그런데 1950년대는 사회의 경직성이 자유분방한 문학적 상상력을 억압하고 있었던 만큼, 이데올로기에 대한 깊이 있는 천착이 이루어질 수 없었다. 1960년 4・19혁명은 전후문학의 이러한 성격이 전환기적 고비를 맞는 계기가 된다. 1960년대 중반을 지나면서 한국문학에는 문학과 현실에 대한 새로운 역사적 인식이 자리 잡게 된다.[30] 1950년대 중반에 등단한 박경리는 전후문학 작가 계열에 속한다. 박경리의 개인사와 그의 문학은 한국전쟁과 밀접한 관련을 맺고 있다. 그런데 이 글은 한국전쟁과 박경리 문학 간 일정한 거리를 유지하는 가운데 연구의 시각을 마련함으로써 박경리 문학에 대한 새로운 접근을 시도하고자 한다. 1994년 『토지』를 완간하기까지 박경리의 창작기간이 짧지 않으며, 그의 문학세계에서 큰 비중을 차지하는 『토지』가 역사소설로서 구한말에서 일제강점기를 배경으로 하고 있으므로 박경리 문학을 포괄적으로 논의하기 위해서는 박경리를 전후작가의 범주에 묶어둘 수 없다고 보았기 때문이다.

박경리 문학을 보편적 차원에서 규명하기 위한 연구의 시각으로 이 글은 '가치(Value)'의 문제를 거론코자 한다. 박경리는 수필에서 자신의 "문학의 싹"을 언급하면서 어린 시절의 추억을 떠올리고 있다. 그 추억은 물질적인 욕망의 추구가 "사랑의 굶주림의 비애"를 느끼게 한 것에 대한 분노의 경험을 주요 내용으로 한다.

> 왜 지난 얘기를 하는고 하니 그것은 모두 내 문학의 싹이기 때문입니다. 그리고 비교적 금전에는 무관심한 편이며 때론 일종의 혐오감이랄까 그런 저항의식을 가지게 된 것도, 돈을 위하여 부끄러운 짓을 하는 사람에게 격정적인 미움을 느끼는 내 편협한 성향도, 그때에 비롯된 것임을, 그러니까 어린 날은 숙명

30 권영민, 앞의 책, 192~193면.

적으로 청탁(淸濁)이 공존하는 인생에 끊임없이 절망하며 그 절망의 낙수(落穗)를 주워 문학의 양식을 삼을 근원이 되었던 것 같습니다.[31]

박경리가 "청탁(淸濁)이 공존하는 인생"에 대한 "절망의 낙수(落穗)"를 자신의 문학의 근원으로 삼고 있다고 함은 위 인용문의 앞부분에 자술된 어린 시절 추억의 내용에 기대어 볼 때, 구체적으로 금전이라는 물질적 가치와 사랑이라는 감정 가치의 충돌에서 비롯하는 정신적 감응이 그의 문학의 자양분이 되고 있음을 지적한 것으로 볼 수 있다. 박경리 자신의 진단을 증명하듯이 박경리 문학에는 물질적 가치를 좇는 인물들에 대한 혐오와 비판이 두드러지게 나타나며, 이에 의해 양각되어 다른 고결한 가치를 추구하는 인물들에 대한 긍정적(혹은 중립적) 시선이 드러난다. 따라서 이 글은 이러한 가치의 문제가 박경리 문학의 한 원질을 이루는 것으로 보고 논의를 전개할 것이다.

이 글은 일차적으로 인물의 가치에 대한 태도를 통해 인물 성격화 양상을 살핌으로써 박경리 문학의 전반적인 전개 양상을 포착하고자 한다. 박경리의 대표작인 『토지』에는 700여 명의 인물이 등장하는데, 그 각각의 인물들이 개성적으로 형상화된 것으로 평가된다. 박경리는 다작의 작가로서 『토지』 이전에 40여 편의 단편, 25여 편의 중·장편 소설들을 발표하였다. 따라서 그의 소설에 등장하는 모든 인물들을 고루 살피는 것은 제한될 수박에 없다 하겠는데, 이 글에서는 박경리 소설에서 두드러지게 나타나는 인물형상화 원리를 대별하여 살피는 과

31 「십이 년 만에」, 『Q씨에게』, 152면.

정을 통해 방대한 박경리 문학의 전모에 접근할 것이다. 나아가서 인물 성격화에 부수하여 나타나는 미학적 특질을 살필 것이다.

가치 개념은 경제학적, 인문·사회학적, 철학적 관점에서 접근해 볼 수 있다. 가치는 원래 어떤 구체적인 사물의 경제적 또는 준경제적 가치를 의미하는 개념으로서 경제학 분과의 중심이 되는 술어였다.[32] 마르크스의 사용가치와 교환가치 논의는 경제학에서 대표적인 가치론이다. 마르크스는 『자본론』 1장에서 사용가치와 교환가치에 대한 상세한 설명을 하고 있는바, 그에 따르면 한 물건의 유용성(有用性)이 그 물건으로 하여금 사용가치(使用價值 : use-value)가 되게 하며, 어떤 종류의 사용가치가 다른 종류의 사용가치와 교환되는 비율로 나타나는 것이 교환가치(交換價值 : exchange-value)이다. 사용가치로서의 상품은 질적으로 구별되지만, 교환가치로서의 상품은 양적 차이를 가질 뿐이기 때문에 거기에는 사용가치가 포함되어 있지 않다.[33] 이러한 논의에 이어서 마르크스는 교환가치에 대한 고려를 통해 화폐 형식의 기원을 밝힌다. 이에 따르면 일반적 등가물로서의 화폐-상품은 상품들 사이의 상호관계에서, 그리고 그것이 표현하는 사회적 관계에서 비롯된다. 즉, 가치는 상

32 W. K. Frankena, *Encyclopedia of Philosophy*(2nd Edition), ed. by D. M. Borchert, USA : Macmillan Reference, 2006, p.636; 김영정, 『가치론의 주요문제들』, 철학과현실사, 2005, 17면.

33 K. Marx, 김수행 역, 『자본론』(제2개역판), 비봉출판사, 2007, 44~45면. 보드리야르에 따르면, 교환가치는 추상적이고 일반적인 반면에, 사용가치는 개인적인 소비 과정에서건 또는 노동 과정에서건 자체의 고유한 용도에 따라 언제나 구체적이고 특수하다. 사용가치 체계는 교환가치 체계의 이데올로기적 보증이며, 사용가치의 체계는 교환가치의 체계를 순화시키고 교환가치의 체계에 보편적이고 영원한 보증을 제공한다. 한편, 스피박은 인간이 생산한 생산물을 즉시 써 버릴 때 사용가치가 작동되며, 교환가치는 하나가 다른 것으로 대체될 때 나타나는 것으로 정리하고 있다. J. Baudrillard, 이규현 역, 「사용가치를 넘어」, 『기호의 정치경제학 비판』, 문학과지성사, 2001, 142·152~153면; G. Spivak, 태혜숙 역, 「가치문제에 관한 단상들」, 『다른 세상에서』, 2003, 320면.

품과 상품 사이의 사회적 관계를 통해서 나타날 수 있는 것이다. 상품은 자신의 가치를 가치관계 속에서만 표현할 수 있으며, 여기에서 상대적 가치형태를 얻게 된다.[34] 이렇게 볼 때, 경제적 의미에서 가치가 창조되는 것은 언제나 교체(replacement)를 통해서라고 볼 수 있다.[35]

인문·사회학적 관점에서는 대표적으로 언어학에서의 가치 개념을 생각해 볼 수 있다. 소쉬르는 경제학과의 대응관계 내에서 언어학에서 가치문제를 제기한다. 그에 따르면 두 과학에 있어서 문제되는 것은 상이한 질서에 속하는 두 사물 사이의 등가 체계이다. 즉 전자에 있어서는 노동과 임금, 후자에 있어서는 기의와 기표이다. 소쉬르는 언어의 자의성에서 가치 개념이 그 특성을 얻게 되기 때문에 언어학에서 가치란 완전히 상대적인 것으로 본다. 언어는 하나의 체계로서 이 체계의 모든 사항이 연대적이고, 한 사항의 가치는 다른 모든 사항의 존재에서 비롯한다. 즉, 가치는 체계 의존적이며, 언제나 관계적이다. 언어 가치와 관련하여 문제적인 바는 그것이 어떻게 의미와 구별되는가이다. 의미가 지시 관계에서 성립하는 것이라면, 가치는 체계내적 대조관계에서 성립한다. 즉 언어 가치는 기호와 기호 사이의 차이관계에서 성립한다. 가치의 개념적 부분이 언어에 있는 다른 사항들과의 관

34 마르크스는 화폐 발생 과정을 ① 단순한 또는 우연적인 가치형태 ② 전체적 가치형태 ③ 일반적 가치형태 ④ 화폐형태의 4단계로 설명한다. 일반적 가치형태에 이르러서, 여타의 모든 상품들은 등가물의 자격을 박탈당하고 오로지 하나의 상품만이 예외적으로 그 자격을 독점함으로써, 일반적 등가물이 탄생하고 상대적 가치형태를 취하는 상품들의 질서는 통일성, 일관성, 고정성, 안정성을 얻게 된다. 마지막 화폐형태는 하나의 특수한 상품이 사용가치를 상실하고 여타의 모든 상품들 사이의 관계로부터 분리되어 일반적 등가물로 승화된 것이다. K. Marx, 위의 책, 59~90면; 김상환, 『니체, 프로이트, 맑스 이후』, 창작과비평사, 2002, 278~284면.

35 Jean-Joseph Goux, *Symbolic Economies : After Marx and Freud*, tr. by J. C. Gage, Cornell Univ. Press, 1990, p.9.

계와 차이에 의해서만 구성된다면, 가치의 물질적 부분 역시 마찬가지이다. 낱말에서 중요한 것은 소리 그 자체가 아니라, 이 낱말을 그 외의 모든 낱말과 구별시켜 주는 음적 차이이기 때문이다.[36] 이렇게 볼 때 언어 가치 역시 경제학에서의 가치와 마찬가지로 다른 대상과의 관계 및 차이에 의해 구성되는 상대적 가치인 것이다.

가치 개념의 철학적 용법으로는 우선 좁은 의미로 좋은(good), 바람직한(desirable), 혹은 할 보람이 있는(worthwhile) 등과 같은 술어들에 적절하게 적용되는 것에만 그 의미가 미치나, 넓은 의미에서는 모든 종류의 정의, 책임, 미덕, 미, 진리, 그리고 신성함에 그 의미가 걸치는 추상명사로서 사용되어진다. 가치 개념은 이와 같은 긍정적인 측면뿐만 아니라, 나쁜(bad), 그릇된(wrong) 등의 부정적 측면과도 관련을 맺는데 전자는 적극적인 가치(positive value)로, 후자는 소극적인 가치(negative value)로 불리어진다. 가치의 더욱 구체적인 용법으로는 가치판단이 된 것, 가치를 가진 것으로 판단된 것, 좋은 것 혹은 욕망할 만한 것으로 생각되어지는 것을 나타내는 것을 들 수 있다.[37] 가치론을 펼친 주요 철학자로 플라톤 이래 니체, 막스 셸러 등을 들 수 있다. 고대철학에서 플라톤이 아름다움, 선성 등의 단일성에 대한 일원론을 주장한 것에 반하여, 다원론자인 프로타고라스는 상이한 가치들의 사회적인 공존을 인정한 가운데 어떤 가치들은 승인하고 다른 가치들은 거절하는 입장을 취하였다. 플라톤이 인간의 요구와는 무관하게 존재하는 절대적 실재로서의 절대적 가치를 확립하려

36 F. de Saussure, 최승언 역, 『일반언어학 강의』(신장판), 민음사, 2006, 111・157~163면; 김상환, 앞의 책, 287~288면.

37 W. K. Frankena, *Op. cit.*, pp.637~638.

한 것이라면, 프로타고라스는 인간의 주관에 의한 가치의 결정에 무게를 둔 것이다.[38] 후대의 철학에서 주체가 그 자신에 대한 생각을 바꾸거나, 세계에 대한 주체의 생각을 변화시킴으로써 가치를 창조할 수 있다고 본 니체의 사고는 프로타고라스의 계보를 잇는 것으로 볼 수 있다.[39]

여기에서 주체와 가치의 관계를 고려해 볼 수 있다.[40] 가치를 결정하는 절대적 지식을 강조한 플라톤 철학은 개성을 부정하기 때문에 주체를 억압한 것으로 볼 수 있다. 플라톤이 객체 혹은 이데아에서 가치의 표준을 찾았다면, 프로타고라스는 주체 내에서 그 표준을 찾는다. 프로타고라스는 객체를 부정하고, 혹은 적어도 그것의 실존에 관하여 중대한 의심을 간직하고, 주체를 표상으로 삼았다. 따라서 플라톤 철학에서 주체가 부재한 것과 달리 프로타고라스 철학에서 주체는 가치의 결정권자로서 존재한 것으로 볼 수 있다.[41] 한편, 후설(E. Husserl)의 제자로서 가치론을 발전시킨 막스 셸러는 가치가 그것을 감지하는 존재자와 관련이 있는 가치를 상대적 가치로, 그리고 존재자의 감성의 본질 및 생명의 본질로부터 독립적인 감지 작용에 현존하는 가치를 절대적 가

38 E. G. Andrew, *The Genealogy of Values : The Aesthetic Economy of Nietzsche and Proust*, Rowman & Littlefield Publishers, Inc., 1995, p.xix; Oded Balaban, *Plato and Protagoras : Truth and Relativism in Ancient Greek Philosophy*, Lexington Books, 1999, pp.279~284. 소크라테스・플라톤의 노력은 절대적 가치를 확립하려는 데에 있었다. 이데아설에 의하면 이데아는 곧 가치이며, 이 가치는 인간의 요구와는 관계없이 존재하는 무시간적인 절대적 실재이다. 이대희 편, 『가치론의 문제와 역사』, 정림사, 2001, 17면.

39 E. E. Sleinis, *Nietzsche's Revaluation of Values*, University of Illinois Press, 1994, pp.5~6.

40 스피박은 가치문제와 주체서술이 밀접한 관련을 맺고 있는 것으로 본다. 그에 따르면 현대 "관념론적" 주체 서술은 의식이, "유물론적" 주체 서술은 노동력이 담당한다. 여기에서 의식은 생각이 아니며 주체가 대상을 향해 갖는 환원 불가능한 의향이며, 노동력 역시 작업이 아니라 노동력 자체에 적합해지는 혹은 초적합해지는 상태 이상으로 남도록 하는 환원 불가능한 주체의 가능성이다. G. Spivak, 앞의 글, 316면.

41 Oded Balaban, *Op. cit.*, pp.285・293~294.

치로 보았다.[42] 막스 셸러의 절대적 가치 개념은 플라톤 철학과, 그리고 상대적 가치 개념은 프로타고라스 철학과 맥락을 같이한다고 볼 수 있다. 한편, 막스 셸러의 절대적 가치와 상대적 가치 구분은 앞에서 경제학과 언어학에서의 상대적 가치 개념과 유관한 것으로 볼 수 있다. 절대적 가치론은 인간의 가치판단과 독립적으로 객관적 가치가 존재한다는 것을 상정한 입장이며, 상대적 가치론은 인간의 가치판단에 의해 가치가 변화할 수 있음을 전제한 입장인바, 체계 내에서의 관계와 차이에 의해 가치가 결정된다는 경제학과 언어학에서의 상대적 가치 개념은 막스 셸러의 상대적 가치 개념과 상통한다고 하겠다. 정신적・도덕적・종교적・미학적 가치에 있어서 인간과 가치의 대상 간 상호작용을 통한 가치의 창조를 강조한 니체 역시 가치 상대주의 편에 선 것으로 볼 수 있다.[43] 이 외에도 절대적 가치의 존재를 인정하는 객관주의자에 반하여, 상대적 가치를 옹호하는 입장이 발견된다.[44] 한편, 절대적 가치와 상대적 가치가 완전하게 상호 분리된 것이 아니기 때문에 어느 한 편의 절대적 선택이 불가능한 것으로 보는 입장도 있다.[45]

이 글은 이러한 가치론의 입장들을 참조하여, '가치'에 대한 인물의 태도를 구분하고 그와 같은 인물의 태도가 인물의 정체성에 미치는 영향을 살피고자 한다.[46] 즉, 가치 상대론자들의 주체와 가치 대상 간의 상

42 이을상, 『가치와 인격－막스 셸러의 실질적 가치 윤리학』, 서광사, 1996, 76면; M. Scheler, 이을상・금교영 역, 『윤리학에 있어서 형식주의와 실질적 가치 윤리학』, 서광사, 1998, 143면.

43 E. E. Sleinis, *Op. cit.*, pp.23~33; F. Nietzsche, 강수남 역, 『권력에의 의지－모든 가치의 가치 전환의 실험』, 청하, 2003 참조.

44 B. H. Smith, *Contingencies of Value*, Harvard Univ. Press, 1988, pp.150~184.

45 Steven Connor, *Theory and Cultural Value*, Blackwell Publishers, 1992, pp.8~33.

46 스미스는 주체의 자아와 가치문제가 상호 관련되는 양상을 논의하고 있다. B. H. Smith, *Op. cit.*, pp.31・175~177.

호작용에 대한 주장을 수용, 이러한 상호작용이 인물의 정체성[47]에도 영향을 미치는 것으로 보고 이를 바탕으로 논의를 전개할 것이다. 박경리의 소설에 등장하는 다수 인물들의 가치에 대한 태도는 크게 가치를 무차별화하는 경우, 가치 일원론의 입장에서 유일한 가치를 절대화하는 경우, 그리고 새로운 가치의 창출을 통해 가치를 상대화하는 경우로 나누어 살필 수 있다.[48] 가치의 절대화와 상대화는 앞의 가치 절대주의와 가치 상대주의를 박경리 소설의 인물 분석에 원용한 것이다. 가치를 무차별화는 페터 지마의 텍스트사회학에서 차용한 개념으로서 경제학적 의미를 내포하고 있다. 지마는 가치에 대한 주체의 태도를 단의성, 양가성, 무차별성으로 구분하여 논의하고 있다. 단의성이 이데올로기적 이원론과 유관하다면, 양가성과 무차별성은 교환가치에 의해 매개되는 자본주의 시장사회에서의 "가치 및 가치판단의 교환가능성"을 의미한다. 가치에 대한 무차별적 접근은 교환가치의 매개에 의해 선과 악, 사랑과 증오 등의 가치의 질적 차이가 무화되는 결과를 낳는다.[49]

박경리는 수필에서 자신의 "문학의 기저(基底)"가 "인간의 존엄과 소외"이며, "소외되는 경우" 그것이 대부분 "생존(生存)과 관계되기" 때문

47 정체성(identité)이란, 자기 자신이 무엇이며, 무엇을 해야 하고, 어떻게 해야 하는지에 대한 판단의 집합이다. 이는 헤겔식으로 말하면 주체의 '자기의식'이다. 나아가 그것은 반복적 실행을 통해 어느덧 습속화되고 무의식화되어 버린, "특정한 상황에서의 전형적 반응과 태도의 집합"을 형성하기도 한다. 이를 통해 개별적인 행위는 하나의 일관된 전체로서 통일성을 갖게 되고, 행위하는 주체 역시 그러한 통일성을 통해 정의되는 자기동일성을 갖게 된다. 이런 점에서 정체성은 사회적 주체가 자신을 하나의 동일한 주체로 인지하게 되는 일종의 '공통감각(sens commun)'인 셈이다. 이진경, 『맑스주의와 근대성』, 문화과학사, 1997, 228~229면.

48 이 책의 핵심어인 '움직임動'과 '멈춤靜'은, 이 글에서 살피고 있는 이러한 인물형상들과 일차적으로 관련을 맺는다.

49 P. Zima, 서영상 · 김창주 역, 『소설과 이데올로기』, 문예출판사, 1997, 27 · 31 · 224 · 298면; P. Zima, 허창운 · 김태환 역, 『텍스트사회학이란 무엇인가』, 아르케, 2001.

에, 소외란 "어쩌면 생명있는 모든 것의 속성"일 수 있다고 쓰고 있다. 그런데 이러한 소외의 상황이 "인간사(人間事)에서는 **이해(利害)**에 요인(要因)이 있을 때가 많"은 것으로 보고 있다.[50] 박경리는 또한 자신의 "문학의 싹"이 금전에 대한 혐오감 내지 저항의식과 유관함을 밝히고 있다.[51] 상당수의 박경리 작품에는 이해관계에 민감한 인물들에 대한 비판과 저항이 나타나 있다.[52] 이러한 현실비판의식은 가치를 무차별화하는 인물군을 통해 드러난다. 인간의 주체성(주체로서의 정체성)은 특정한 가치들 혹은 대립적 가치들과의 동일화(Identifikation)를 통해 구성되는바, 가치에 대한 무차별적 접근은 인간 정체성의 위기를 야기한다고 볼 수 있다.[53] 한편, 인물의 죄의식과 관련하여 박경리는 『토지』에 이르기까지 지속적인 관심을 보이는데, 이 역시 인물의 가치에 대한 태도와 관련을 맺는다. 박경리 소설에서는 죄의식을 갖는 인물뿐만 아니라, 죄의식 부재의 인물 역시 문제적인 인물로 등장하는데, 직접적인 인간관계에서 가치를 무차별화하는 인물들이 죄의식을 갖는 것과 달리 물질욕망을 매개로 가치의 무차별화를 자행하는 인물들은 죄의식을 갖지 않는다. 박경리의 작품에서 이처럼 가치를 무차별화하는 인

---

50 박경리, 「나의 문학적 자전」, 『원주통신』, 지식산업사, 1985, 97~98면.

51 「십이 년 만에」, 『Q씨에게』, 152면.

52 류보선은 박경리의 등단작인 「계산」, 그리고 「불신시대」, 「암흑시대」 등의 초기작에서부터 후기의 『단층』에 이르기까지 대부분의 작품에서 자본주의화와 인간의 운명에 대한 탐색이 집중적으로 구현된 것으로 본다. 그는 또한 박경리의 작품에서 모든 삶의 질이 환금가능성이라는 잣대로 평가되며, 모든 가치가 교환가치로 환원되어 도덕성이 오히려 개체보존을 위협하는 상태를 그리고 있음을 지적한다. 류보선, 앞의 글, 28~29면.

53 알튀세르에 따르면 "이데올로기는 개인들을 주체로 불러세운다"고 하였는바, 이데올로기적 가치를 포함하여 여타의 가치에 대한 무차별적 접근은 주체성을 부정하게 된다. P. Zima, 앞의 책, 1997, 25 · 27 · 298면. 이 글에서는 정체성(Identity, 正體性)과 주체성(Subjectivity, 主體性)을 '자기 동일성'이라는 유사한 의미를 갖는 용어로서 사용하고 있다. 엄밀하게는, 주체성에 '주체로서의 정체성'이라는 보다 세분화된 의미가 내포된 것으로 볼 수 있다.

물군은 가치를 절대화하는 인물들과 대립하는 경향을 나타내는데, 이러한 내용들과 관련한 논의가 1부 2장에서 전개될 것이다.

한편 박경리의 초기 단편에서부터 유일한 대상의 가치를 절대화하는 인물군이 지속적으로 발견되는데, 여기에서 질적 가치를 추구하는 인물의 지향성을 엿볼 수 있다. 그런데 이러한 질적 가치의 추구에 좌절한 인물들은 현실과 분리되며,[54] 유일한 가치에 대한 편집적 집착이 가일층 강화된다. 이 인물군은 가치에 대한 일원론적 접근이 좌절되었을 때, 죽음을 맞거나 광기에 사로잡히는 등 파국적 결말에 이르는데, 이는 인물이 가치 대상과의 상호작용을 통해 새로운 삶의 지향점을 정립하지 못한 데에서 비롯한 것으로 볼 수 있다. 따라서 이 글은 이러한 인물들은 그 정체성이 고정된 것으로 본다.[55] 한편, 박경리 소설에는 도덕과 상충하는 가치를 절대화하여 추구한 결과 죄의식을 갖는 인물이 등장하곤 한다.[56] 이들 죄의식을 갖는 주체는 죄의식의 원인과의 폐쇄적 관계 내에서 죄의식을 해소할 방안을 찾지 못한다. 이와 같은, 가

54 P. Zima, 김태환 편역, 『비판적 문학 이론과 미학』, 문학과지성사, 2000, 152면.

55 인물 정체성의 양상과 관련하여 다음 논의를 참조하고 있다. 바흐친은 그리스 로망스에서부터 괴테의 성장소설에 이르기까지 유럽 소설의 계보를 통시적으로 살피는 과정에서, 이에 형상화된 인물형상에 주목한다. 그리스 로망스 등의 고대 작품에서 인물의 정체성이 시공간의 변화와 무관하게 고정되어 있는 것과 달리, 괴테의 교양소설에 이르러 인물은 사회・역사적 시공간과의 관련선상에서 정체성이 세계와 더불어 성장하고 또 세계의 성장을 만들어내는 양상을 살피고 있다. 바흐친의 표현을 빌려 주체성을 다원적이며 다성적인 것으로 파악한 가타리 역시 이미 주어진 고정된 정체성이 아닌 생산하는 정체성을 강조하고 있다. G. S. Morson & C. Emerson, 오문석 외역, 『바흐친의 산문학』, 책세상, 2006, 637~695면; F. Guattari, 윤수종 역, 「주체성 생산에 관하여」, 『카오스모제』, 동문선, 2003, 9・23~24면; F. Guattari, "Toward a New Perspective on Identity", *The Guattari Reader*, ed. by G. Genosko, Blackwell Publishers Ltd, 2006, p.215.

56 정상적인 도덕적 인간이라면, 도덕규범에 대한 위반의 체험은 "죄의식(Schuldgefühl)"을 나타낸다. 왜냐하면 죄라는 것은 참된 가치 질서를 부정함으로써 그 자신이 부담을 느끼는 감정의 일종이기 때문이다. 이을상, 앞의 책, 194면.

치를 절대화하는 인물군의 성격화 양상을 1부 3장에서 논의할 것이다.

마지막으로 가치를 상대화하는 인물군은 가치를 절대화하는 인물들과 대비되는데, 후자의 인물군이 과거지향적인 것과 달리 전자의 인물군은 미래지향적인 경향을 보이면서 가치의 생성을 통해 생명에의 의지를 드러내 보인다.[57] 박경리 문학은 가치를 상대화하는 인물군이 우세해지는 방향으로 점진적으로 나아가는데, 이는 박경리의 생명사상의 전개와 유관한 것으로 보인다. 가치의 창조를 통해 삶의 지향점을 모색하는 이들 인물군은 갈등상황에서 생명, 모성(부성) 등의 가치를 비교우위에 둔다. 또한 이들은 '나'의 테두리를 벗어나, 가족, 사회, 민족에서 새로운 가치를 발견함으로써 현실참여로 나아가며 정체성을 생성한다. 이 글은 이들 인물들이 가치 일원론 혹은 이원론적 대립을 지양하고, 가치의 상대화를 통해 갈등상황에 대처함으로써 그들의 정체성을 생성하는 원리를 '굴절'로서 칭하여 살피고 있다. 이러한 '굴절'의 원리는 박경리의 마지막 작품인 『토지』[58]에서 주요 인물들을 통해 두드러지게 나타나는데, 이는 박경리의 지속적인 관심사의 하나인 죄의식 문제에도 적용된다. 『토지』에서 죄의식을 갖는 인물들은 제3의 대상으로 삶의 지평을 확대, 굴절함으로써 죄의식을 해소한다. 이는 죄의식의 주체와 그 원인 간의 폐쇄적 구조 내에서 죄의식을 청산하지 못하고 파국에 이르는 인물들과 차별화된다. 한편, 이러한 굴절

57 앤드류는 니체의 의지 및 가치의 철학이 미래의 의지적인 생성과 관련을 맺고 있다면, 프루스트는 『잃어버린 시간을 찾아서』에서 그의 진정한 과거를 폭로하고 영원한 가치를 발견하기 위한 주장을 하고 있는 것으로 대비하여 살피고 있다. E. G. Andrew, *Op.cit.*, pp.121~122.

58 박경리는 『토지』를 완간한 이후 광복 이후를 배경으로 지식인들이 등장하는 장편소설 『나비야, 청산가자』를 『현대문학』(2003.4~6)에 연재하지만 미완에 그친다. 따라서 『토지』를 박경리의 마지막 작품으로 볼 수 있다.

의 원리는 『토지』의 서사적 공간과 관련하여 나타나는 미학적 특질의 내적 원인이 되는바, 이러한 사항들을 1부 4장에서 고찰할 것이다.

3. 박경리 문학의 '복합적' 전개 양상

기존 논의에서 박경리의 문학세계가 크게 변화한 시기를 바라보는 입장은 다양하다. 박경리의 문학이 1962년에 발표한 『김약국의 딸들』에 이르러서 작품세계의 전환을 이루고 있다는 시각, 『김약국의 딸들』, 『파시』(1964~65), 『시장과 전장』(1964)을 거치면서 그의 문학세계가 가족, 사회, 민족으로 확대되어 『토지』에 이르러서 모든 종합이 이루어졌다는 시각, 『단층』에서 감성과 지성이 적절히 배합된 의지의 문학 단계로의 비약이 이루어졌다는 시각, 『표류도』(1959)에서 개인의 한에서부터 집단, 민족, 역사의 한의 세계로 점차 소설적 영역을 확대하였다는 시각 등이 있다.[59] 그런데 가치에 대한 인물의 태도를 중심으로 박경리 문학을 살필 때, 그의 문학의 전개 양상에서 이와 같은 단선적인 진행 방향을 분명하게 잡아낼 수 없는 것으로 나타난다. 다음의 〈표 1-1〉을 통해 이를 살필 수 있다.

59 차례로, 권영민, 앞의 책, 126~127면; 김치수, 앞의 글, 1982, 31면; 이덕화, 『박경리와 최명희—두 여성적 글쓰기』, 앞의 책, 167면; 정희모, 앞의 글, 332면을 참조함.

〈표 1-1〉 작품별 인물 성격화 양상에 따른 인물 분류[60]

주요 논의작품	발표연도	가치의 무차별화	가치의 절대화 (질적 가치의 추구)	가치의 상대화
계산(단편)	1955		(회인)	
흑흑백백(단편)	1956	(장교장, 황금순)	(혜숙)	
전도(단편)	1957	(사나이, 아주머니)	(숙혜)	
불신시대(단편)	1957	(병원 관계자, 주지 등)	(진영)	
애가	1957	윤상화[섹슈얼리티]	이민호-김진수-문설희[사랑] (문정규)	
벽지(단편)	1958		(강혜인)	
훈향(단편)	1958		(문숙영, 서병민)	
암흑시대(단편)	1958	(병원 관계자)	(순영)	
비는 내린다(단편)	1959		(윤지영)	
재귀열(중편)	1959		김송우 / 선숙[사랑]	
표류도	1959.2~11	최영철[야망]		강현회[생명]
성녀와 마녀	1960.4~61.3		안수영-오형숙-문하란[사랑]	
귀족(단편)	1961	민여사[이념]		
푸른 운하	1961	경란[교환가치], 상애[섹슈얼리티]		
내 마음은 호수	1961		이영설-유혜련[사랑], 문명희[사랑]	
노을진 들녘	1961.10~62.6	김성삼[가산] 윤영재[섹슈얼리티]		
김약국의 딸들	1962	용숙[교환가치] 용란 / 서영감[섹슈얼리티]	김약국[운명]	용빈[공동체적 사랑]
가을에 온 여인	1962.8~63.5	강명해[섹슈얼리티]	오세정[사랑]	
재혼의 조건(중편)	1962.11~63.4			유강옥[사랑의 허무 발견]
파시	1964.7~65.5	문성재[섹슈얼리티]	조명화[사랑]	
시장과 전장	1964	하기석[이념], 민중들[이념]	하기훈[이념], 이가화[사랑]	장덕삼 / 남지영[생명]
녹지대	1965		하인애[사랑]	
타인들	1965.4~66.3	문영[교환가치], 하진[섹슈얼리티]		
집(단편)	1966	옥이 외삼촌[생존본능]		
인간(단편)	1966	사꾀[물질욕망]		
평면도(단편)	1966.12	유경식[가산]		

주요 논의작품	발표연도	가치의 무차별화	가치의 절대화 (질적 가치의 추구)	가치의 상대화
뱁새족(중편)	1964	박영수[교환가치]		
겨울비(중편)	1967		정여사[사랑]	
영원한 반려	1967	김영미 / 성민수[야망]	신병구[문학], 신병희[사랑]	신병옥[가족]
쌍두아(단편)	1967	종서의 삼촌[가산]		
시정소화(단편)		권상주[섹슈얼리티]		
나비와 엉겅퀴	1969	송인숙 / 장기수[교환가치]	윤희련[사랑]	정양구[가족]
창	1970	진우섭의 삼촌[가산]	맹시헌[사랑]	
밀고자(단편)	1970	마포영감[물질욕망]		
단층	1974.2~12	이상우[가산], 기옥[야망], 노패[물질욕망]		윤수용[가족, 공동체적 사랑], 정근태[가족, 모성]
토지	1969~94	조준구 / 귀녀[가산], 임이네[가산, 섹슈얼리티], 홍성숙[야망]	윤씨부인[사랑], 김환 / 공월선[사랑][61]	최서희 / 김한복 / 이홍[가족, 민족], 김환 / 장석 / 유인실[가족, 민족] 김환 / 김길상 / 송관수[나라찾기] 공월선 / 이상현 / 임명희 / 오가다 [모성 / 부성], 조병수[예술]

* 위의 표를 통해 가치를 무차별화하는 인물군은 박경리 문학 전반에 걸쳐 등장하고 있음을 알 수 있다. 가치를 절대화하는 인물군과 상대화하는 인물군은 후자가 점차 우세해지는 경향성을 엿볼 수 있다. 음영 표시는 이를 나타낸다.

박경리 문학에서 인물들의 가치에 대한 태도는 크게 삼분할 수 있다. 가치의 대립 무화 및 교환 가능성을 의미하는 가치를 무차별화하는 경우, 유일한 가치를 절대화하는 경우, 가치의 다양성을 인정한 가운데 가치를 상대화하는 경우로 나누어 살필 수 있다. 그런데 박경리의 주요 인물들을 중심으로 볼 때, 이러한 가치에 대한 인물의 대응 양상은 위의 〈표 1-1〉에서 드러난 바와 같이 박경리의 각 작품에서 상당부분 공존하는 경향을 보인다. 따라서 박경리 문학의 전개 양상을 선적인 흐름으로서 부각하여 나타내기는 어려우나, 이러한 공존 양상을 통해 그의 문학

60 ( )는 가치에 대한 태도에 따른 인물형상의 원형을 살필 수 있는 인물들이다. [ ]는 인물이 직면한 가치의 구체적 양태들이다.

61 윤씨부인, 김환, 공월선은 도덕과 상충하는 가치(패륜 / 불륜의 사랑)의 절대화로 인해 죄의식을 갖는 인물로서 주목된다. 그러나 이들은 각각 '나라'찾기, 모성 등으로 굴절하기도 하는 인물로서 궁극적으로는 가치를 상대화하는 인물군에 속한다.

에 내재하는 특성과 의미를 추출해 볼 수 있다. 박경리 문학은 이른바 '복합적' 전개 양상을 보이고 있다 하겠는데, 이에 대해 정리해 보겠다.

각 경우에 대한 화자 시점은 대체로 가치에 무차별적으로 접근하는 인물군에 대해 비판적인 시각을 유지하는 것과 달리, 가치를 절대화 혹은 상대화하는 인물군에 대해서는 긍정적인 입장을 취한다. 이 글은 가치를 무차별화하는 인물군에 대한 화자의 부정적인 시점을 통해 내포작가의 현실인식과 비판의식을 읽을 수 있다고 본다. 이와 같은 입장을 취할 경우, 위의 〈표 1-1〉을 통해 알 수 있듯이 박경리는 그의 초기 소설에서부터 객관세계에 대한 비판적 안목을 드러낸 것으로 볼 수 있다. 이러한 내포작가의 현실관을 읽을 수 있는 일차적 근거는 박경리가 가치를 무차별화하는 인물군을 통해 인간 욕망의 추상적 본질[62]을 폭로하고 있다는 데에 있다. 박경리의 소설에 나타나는 가치의 무차별화는 이해관계에 따른 경우와 섹슈얼리티에 따른 경우로 나누어 볼 수 있는데, 전자는 다시 소유욕망, 이데올로기, 교환가치, 야망을 매개로 가치가 무차별화되는 양상을 살필 수 있다. 이러한 가치의 무차별화 양상을 통해 대상들, 목표들, 심지어 원천들과 무관한 추상적인 주관적 본질로서의 인간 욕망의 본성을 읽을 수 있다. 박경리의 소설

62 들뢰즈와 가타리는 프로이트의 위대함이 욕망의 본질이나 본성을 더 이상 대상들, 목표들 및 심지어 원천들에 관계시키지 않고, 추상적인 주관적 본질, 즉 리비도나 성욕으로 규정한 것을 들고 있다. 이들은 프로이트가 이러한 욕망구조를 가족적 삼각 구조에 종속시킴으로써 자기비판의 기회를 스스로 저버린 점을 한계로 지적하면서, 오이디푸스가 욕망의 보편적인 것, 세계사의 산물이라는 주장을 한다. 이들에 따르면 오이디푸스는 무의식의 사회적 공급들의 본성을 발견하는 것, 개인적 환상 밑에 집단의 환상들의 본성을 발견하는 것, 사적 주체를 그들 나름으로 기계를 움직이는 동인이 되는 집단의 동인들로 바꾸어 놓는 것 등의 자기비판을 할 수 있다. G. Deleuze & F. Guattari, 최명관 역, 『앙띠 오이디푸스』, 민음사, 2000, 399~400면; E. W. Holland, 조현일 역, 『프로이트의 거짓말－정신분열분석 입문』, 접힘펼침, 2004, 90~91면.

에 등장하는 부정적 인물들은 이러한 욕망의 속성을 드러내는바, 이와 같은 인간이해를 토대로 내포작가의 객관 현실에 대한 인식과 비판의식이 나타난다 할 수 있다. 이 글은 가치를 무차별화하는 부정적 인물군의 행태를 통해 한국적 자본주의 현실에 대한 작가의 비판적 안목을 살필 것이다.

이렇게 볼 때, 박경리 문학은 일찍부터 리얼리즘적 경향을 드러낸 것으로 볼 수 있다. 박경리 자신은 스스로의 문학을 '낭만문학'에서 '객관적 사실주의'로 나아간 것으로 보고 있으며, 연구사에서도 박경리 문학을 양대 조류로 구분하여 살피는 시각이 발견된다.[63] 그런데 박경리의 작품에서 가치를 무차별화하는 부정적 인물군을 통해 내포작가의 객관현실에 대한 비판적 인식이 드러난다고 할 때, 그의 문학이 낭만주의에서 사실주의로 단계적인 전이의 과정을 거친 것으로 보기는 어렵다. 오히려 낭만주의와 사실주의의 양대 조류가 혼재하는 경향을 보인다 할 수 있다.[64] 가치를 무차별화하는 인물군과 가치를 절대화하는 인물군이 〈표 1-1〉에서와 같이 초기의 작품에서부터 동일 작품에 공존하거나, 대체로 비슷한 비중으로 등장하고 있다는 사실이 이를 뒷받침한다.

---

63 박경리는 문학을 감정의 문학, 지성의 문학, 의지의 문학의 3단계로 나누어, 감정의 문학은 낭만주의와, 지성의 문학은 리얼리즘과 관련짓고 있으며, 문학이 궁극적으로 나아가야 할 방향이 감정과 지성을 조화시킨 의지의 문학인 것으로 보고 있다. 「문학과 나」, 『Q씨에게』, 363~365면. 한편, 이덕화는 박경리가 폭력적인 세계에 맞서 살아갈 수 없는 초현실적인 세계의 낭만적 인물을 그리던 경향에서 나아가 현실을 수용, 개인적 자유의지가 민족적 대화합의 의지로 발전하게 되고 주체와 현실이 합일되는 인물을 창조하는 방향으로 나아간 것으로 박경리 문학의 흐름을 보고 있다. 이덕화, 앞의 책, 113~114면.

64 낭만주의에 대해 논의를 펼치고 있는 Furst에 따르면, '낭만적'인 것과 '사실적'인 것 간의 구별은 비평이론에서 암시하고 있는 것과는 달리 유동적이다. '사실적'인 것과 '낭만적'인 것 간의 융합은 사실주의 소설가인 플로베르(Flaubert)의 경우에 못지않게 낭만파 시인인 워즈워드의 경우에 있어서도 명백히 나타나고 있다. Lilian R. Furst, 이상옥 역, 『낭만주의』, 서울대 출판부, 1987, 91면.

후자의 인물군은 사랑, 이념, 운명, 문학 등을 절대의 가치로서 추구한다는 점에서 낭만적이라 할 수 있으며, 따라서 이러한 인물군을 포함하고 있는 작품들은 낭만주의 경향을 드러낸다고 할 수 있다. 박경리가 창조한 낭만적 인물은 최초의 장편인 『애가』에서부터 뚜렷하게 존재하는바, 후기의 장편인 『영원한 반려』(1967), 『나비와 엉겅퀴』(1969)에 이르러서는 가치를 무차별화하는 인물과 첨예한 대립을 이룬다. 그런데 가치를 무차별화하는 인물이 초기작에서부터 『단층』, 『토지』에 이르기까지 주요 인물군을 형성하며 지속적으로 성격화되는 것과 달리, 낭만적 인물군은 『단층』, 『토지』에서는 가치를 상대화하는 인물군과 대비하여 볼 때, 작품 내에서의 비중이 급감하고 있다. 이는 『단층』 이후 『토지』에 이르면서, 박경리 문학에서 사실주의적 성향이 강화되는 것과 달리, 낭만주의적 경향이 약화되고 있음을 의미한다 하겠다.[65]

박경리의 소설에서 가치를 무차별화하는 인물과 가치를 절대화하는 인물이 함께 등장하고 있다는 사실을 통해 그의 문학에 낭만주의적 경향과 사실주의적 경향이 전반적으로 혼재하고 있음을 살펴보았는데, 다른 한편으로 〈표 1-1〉을 통해 가치를 절대화하는 인물군과 가치를 상대화하는 인물군 역시 『표류도』 이후 몇몇 작품에 동시에 등장하고 있음을 알 수 있다. 이는 박경리의 생명사상을 그녀의 담론을 통해서가 아니라, 서사적 차원에서 그 일차적 의미를 거론할 수 있는 근거가 된다.[66] 가치를 절대화하는 인물들은 갈등상황에 처하였을 때 그

65 이덕화는 『단층』에 이르러 박경리가 수필에서 밝힌 바 있는 감정의 문학, 지성의 문학, 의지의 문학의 3단계 가운데 의지의 문학 단계로 비약한 것으로 보고 있다. 이외 이덕화는 『단층』에서의 박경리 문학의 변모를 『단층』이 발표될 당시 박경리의 사위가 된 김지하와의 관계를 들어 거론하고 있다. 이덕화, 앞의 책, 167~174면.

절대화하는 가치에 함몰되어 대부분 죽음에 이르며, 광기에 사로잡히기도 한다. 다른 한편 가치를 상대화하는 인물들은 갈등상황에서 가치의 창조를 통해 굴절함으로써 삶의 지평을 넓혀 나간다. 박경리의 주요 장편에서 이 양자의 인물군이 주동 인물로서 함께 등장하는 경우가 발견되며, 이들에 대한 화자의 시점이 긍정적이라는 점은 무엇을 의미하는 것일까? 논자들은 박경리의 생명사상에 주목하나, 그 기원 혹은 형성 과정에 대해서는 간과하고 있다. 박경리 문학에서 생명사상이 초기작에서부터 작가의 세계관을 대표하는 것으로서 존재하였거나, 혹은 갑작스럽게 나타났을 것이라는 입론을 세워볼 수 있을 것이다. 그런데 이 글은 앞의 의문점과 관련하여 이러한 입론과 입장을 달리하는 해답을 제시해 보고자 한다. 즉, 박경리 문학에서 생명사상은 반(反)-생명지향성과 생명에의 의지가 길항하는 가운데 형성, 발현된 것으로 보인다.

> 다만 절대적 가치를 전제로 하고 다른 것을 용납하지 않음으로써 발생하는 비극을 정당화하는 것은 전적으로 허위이며 범죄다. 완벽한 대상은 없다. 만일 그것이 있다면 우리에게 능동적인 행동이 필요 없게 되고 피동적 존재로 남게 될 것이다. 인생이든 예술이든 그 밖의 모든 것은 생성되고 사멸하는 영원히 미숙하고 미완의 상태다. 어떠한 이념도 변화하는 것이며 비교에 의한 선택

66 그동안 박경리의 생명사상에 대해서는 주로 『토지』를 중심으로 다각도의 논의가 진행되어 왔다. 황현산, 「생명주의 소설의 미학」, 솔 편집부 편, 앞의 책; 우찬제, 「지모신(知母神)의 상상력과 생명의 미학」, 같은 책; 채희윤, 「『토지』에 나타난 간통(姦通)의 생태학」, 같은 책; 조윤아, 「『토지』의 생명사상적 변모에 관한 연구」, 서울여대 박사논문, 1998. 한편 심원섭은 박경리의 원주행에 담긴 의미를 통해 생명사상을 살피고, 또한 박경리의 수필에 나타난 생명사상을 정리하고 있다. 심원섭, 「박경리의 생명 사상 연구」, 한국문학연구회 편, 앞의 책.

역시 어디까지나 한시적인 것으로 끊임없이 수정하고 보완해야 하며 완성은 종료를 뜻하고 완성이 없는 까닭으로 중단할 수 없다. 중단할 수 없기 때문에 우리는 능동적인 존재인 것이다. 다시 말해서 살아 있다는 것이며 삶을 지속한다는 것이기도 하다.[67]

인용문에서 박경리는 절대의 가치만을 전제로 하여 여타의 것을 인정하지 않는 삶의 자세를 부정적인 것으로 단정하고 있다. 그런데 실제로 『단층』 이전까지의 박경리 작품에서는 절대의 가치를 추구하는 인물들이 주동 인물로 자주 등장하고 있는데, 이는 박경리의 '낭만'에 대한 경사인 것으로 볼 수 있다.[68] 이러한 낭만에 대한 지향은 절대의 가치를 위해 건강한 삶을 희생하는 것을 두려워하지 않는 반(反)-생명의 행태를 드러내 보인다는 점이 주목된다. 대부분의 박경리 작품이 주요 인물의 죽음으로 끝을 맺고 있다는 사실은 작가의 비극적 세계관에서 비롯한 결과라기보다 극단적인 낭만에의 지향인 것으로 볼 수 있다.[69]

---

67 인용문은 『나비야, 청산가자』를 비롯하여 몇몇 수필을 묶어 간행한 가장 최근의 저서에 수록된 글이다. 박경리, 「불모의 시기」, 『가설을 위한 망상』, 나남, 2007, 26면.

68 박경리는 앞의 인용문의 수필보다 앞서 발표된 수필에서 '낭만'을 인간이 존재하는 한 소멸되지 않는 것으로서 이야기하고 있다.
【인용】 사랑의 절정에서, 불의와 부정을 쓰러뜨리기 위하여 거리로 몰려나가는 혁명 직전의 군중들 속에서, 예술의 극치 속에서, 우리는 한 순간에 그 영원한 것과 절대적인 것을 볼 수 있다. / 이러한 감정을 움직이는 것은 물질이겠는가? 아니다. 그것은 느낌만으로써는 표현할 길이 없는 바로 낭만이라는 그 감정인 것이다. 낭만이 없는 사랑, 낭만이 없는 혁명 내지 애국심, 낭만이 없는 예술 — 생각할 수 없다. / 낭만은 옛날 옛적에 풍월과 놀던 시절의 것만은 아니다. 인간이 있는 이상 그 대상은 변하여도 낭만은 언제나 소멸될 수 없는 것이다. 인간에게 갈망이 있고, 자유를 원하며 고독에 몸부림치며 죽음의 심연을 내려다볼 때, 신비하고 거머잡히지 않는 낭만의 그림자는 드리워지는 것이다. 「낭만」, 『Q씨에게』, 334~335면.

69 이덕화는 운명이나 제도 등과 무관한 삶을 추구하나 결국 운명이나 제도의 틀을 벗어나지 못하는 비극적 인물들이 작가의 비극적 세계관에 의해서 창조된 낭만적 인물인 것으로 보고 있다. 이덕화, 앞의 책, 78~79면.

그런데 『김약국의 딸들』, 『시장과 전장』, 『영원한 반려』, 『나비와 엉겅퀴』 등의 작품에서 이러한 인물군이 이끄는 갈등 축은 새로운 가치를 발견, '굴절'함으로써 삶의 지향점을 모색하는 인물군이 등장하는 갈등 축과 공존한다. 따라서 박경리의 생명사상은 『단층』 이전까지의 작품에서 박경리의 낭만주의에 대한 경사가 사실주의적 세계인식 및 소설적 형상화와 공존하는 시기 동안, 반(反)-생명지향성과 생명에의 의지 간의 길항 과정을 거쳐 형성된 것이라 할 수 있다. 유일한 절대의 가치를 추구하기보다 새로운 가치를 창조하는 인물들이 주요 인물로서 대거 등장하는 『토지』에 이르러서 "변화"와 "생성"을 수용하는 미완의 삶의 지속으로서 박경리의 생명사상이 완성된 것으로 볼 수 있다.

이상 살핀 바와 같이 박경리 문학은 사실주의와 낭만주의가 혼재하며, 반(反)-생명지향성과 생명에의 의지가 함께 함으로써 '복합적' 전개 양상을 보인다. 가치를 절대화하는 인물군과 가치를 무차별화하는 인물군이 대부분의 작품에서 공존한다는 사실을 통해 박경리의 낭만주의에의 편향과 사실주의적 작가 의식이 공존함을 이야기해 볼 수 있으며, 다른 한편으로 가치를 절대화하는 인물군과 가치를 상대화하는 인물군이 비슷한 시기에 발표된 작품들에서 함께 등장한다는 사실을 통해 박경리의 생명사상이 반(反)-생명지향성과 길항하는 가운데 형성되었다는 주장이 가능하다. 그런데 박경리의 문학세계를 거시적으로 살필 때, 『단층』 이후 『토지』에 이르면서 낭만주의보다 사실주의가 우세해지고, 반(反)-생명지향성이 사라지면서 굴절하는 인물형상을 통해 생명사상이 절정에 이른 것으로 볼 수 있다.

한편 박경리의 후기 장편인 『창』, 『단층』과 대하소설 『토지』에서는 주요 인물이 갖는 죄의식의 문제가 집중 조명된다. 이와 같은 죄의식 문제가 박경리 문학에서 주요한 주제로 구현되기까지 그 이전의 문학을 거슬러 올라가 보면 『애가』, 「재귀열」 등의 초기 작품에서부터 이에 대한 박경리의 문제의식이 자리하고 있었던 것으로 보인다. 그런데 박경리의 죄의식에 대한 문제의식은 죄의식의 기원에 대한 탐색을 포함한다. 「환상의 시기」(1966)[70]는 교칙을 어긴 사실로 인해 처벌을 받게 되어 있는 이민이의 현재 상황과 어린 시절의 친구 옥순자와의 추억이 병치되면서 전개되는데, 이 작품을 통해 법(규범)과 죄의식의 관계에 대한 작가의 탐색을 읽을 수 있다. 이 작품은 주인공 이민이가 전자의 상황에 대해서 하등의 죄의식을 갖지 않은 것과 달리 옥순자를 배반하였던 과거의 기억과 관련하여서는 죄의식을 갖는 것으로 그림으로써 법(규범)과 죄의식의 관계에 대한 문제 제기를 하고 있다고 볼 수 있다.[71] 『창』 역시 아내 김정자와 애인 송가화의 죽음에 대해 법적인 책임이 없음에도 죄의식을 느끼는 맹시헌을 통해 이러한 입장을 드러낸다. 한편 「인간」(1966), 「밀고자」(1970), 『단층』, 『토지』 등의 작품에서는 법의 위반에 대해 죄의식이 부재하는 인물의 양태를 그림으로써 법(규범)과 죄의식이 필연적인 관계에 놓이지 않음을 보여주고 있다.[72]

70 박경리, 「환상의 시기」, 『박경리 문학전집』 10, 지식산업사, 1980.

71 여기에서 법이 선험적인 선과 관계하지 않는다는 '순수형식'으로서 법에 대한 인식의 문제를 제기할 수 있다. '순수형식'으로서의 법은 칸트의 개념인데, 들뢰즈는 카프카의 작품을 이와 관련하여 분석하는 한편, 마조히즘의 원리에도 적용하고 있다. G. Deleuze, 이강훈 역, 「유머, 아이러니, 법」, 『매저키즘』, 인간사랑, 1996, 91~101면; G. Deleuze & F. Guattari, 조한경 역, 『소수 집단의 문학을 위하여-카프카론』, 문학과지성사, 1997, 83~84면; G. Deleuze, 김현수 역, 「칸트 철학을 요약해 줄 수 있는 네 개의 시적 표현에 관하여」, 『비평과 진단』, 인간사랑, 2000, 57~70면; 서동욱, 『차이와 타자』, 문학과지성사, 2000, 51~256면.

72 법과 죄의식의 관계에 관하여 다음 논문을 참조할 수 있다. 김은경, 앞의 글, 2006.6.

프로이트에 따르면 권위자 및 초자아에 대한 두려움이 죄의식의 근원이 된다.[73] 이는 죄의식의 기원에 대한 보편적인 이론적 접근으로서 죄의식 문제를 다루고 있는 박경리의 작품에도 적용된다 하겠다. 그런데 주요 인물을 통해 죄의식에 대한 심도 있는 문제의식이 드러난 후기의 장편 『창』, 『단층』을 『애가』, 「재귀열」, 『내 마음은 호수』, 『노을 진 들녘』, 『타인들』 등을 그 이전의 작품과 관련지어 살필 때, 박경리 문학에서는 인물의 가치에 대한 대응 방식이 죄의식의 형성과 밀접한 관련을 가지고 있음을 알 수 있다. 즉 도덕과 상충되는 가치를 절대화할 때, 본능 혹은 물질욕망의 매개에 의해 가치를 무차별화할 때 죄의식의 문제가 제기된다. 이와 관련하여서는 이후의 논의를 통해 상세히 밝히도록 하겠다.

박경리 문학에 나타나는 죄의식의 해소방안을 통해서도 앞의 맥락에서 그의 문학의 전개 양상을 논의해볼 수 있다. 『토지』 이전의 작품에서 죄의식의 긍정적 해소방안을 제시하는 인물은 거의 발견되지 않는다. 죄의식의 생성이 가치의 무차별화와 관련을 맺는 『애가』, 『노을 진 들녘』, 『단층』 등에 등장하는 인물들은 죄의식 해소를 위한 아무런 노력을 보이지 않는다. 이는 인간을 대상으로 하여 죄의식이 발생하는 경우와 물질에 대한 욕망이 부당한 행위를 낳는 경우로 구별되는데,

---

73 G. Deleuze, 앞의 책, 1996, 95면; S. Freud, 김석희 역, 『문명 속의 불만』, 열린책들, 1997, 319~320・329면. 프로이트의 초자아는 칸트의 '도덕법칙'과 유사한 것으로 논의된다. 칸트의 도덕법칙이 무조건적이지만 '공허한' 것이라면, '초자아'는 보는 동시에 말하기를 놓치지 않는 주체화된 것이다. 칸트는 죄의식이 발생하는 다음 두 가지를 구분하고 있다. 하나는 도덕적 양심으로서의 죄책감이다. 다른 하나는 자유의 가능성과 관련된 죄책감으로, 어떤 행동을 저지를 때 '자연 필연성의 대류에 의해 휩쓸려 들어간' 것임을 알고 있음에도 불구하고 죄를 느낄 때의 죄책감이다. Alenka Zupančič, 이성민 역, 『실재의 윤리－칸트와 라캉』, b, 2004, 52~53・217~218면.

특히 후자에 해당하는 인물들은 죄의식 부재의 인물이라 할 수 있다. 한편 가치를 절대화하는 삶의 태도에서 비롯하여 죄의식이 발생하는 경우, 이에 해당하는 인물은 가해자(죄의식을 갖는 주체)와 피해자(죄의식의 원인)의 양자 간 폐쇄적 구조 내에서 죄의식 문제와 대결하는 경향을 보인다. 이는 죄의식을 유발하는 훼손된 가치 자체와 대좌하는 형국이라 하겠는데, 이를 보상하거나 회복할 방안을 갖지 못할 때 죄의식을 갖는 인물은 죄와 속죄의 순환이 불가능한 상황에 처하게 된다. 이 인물은 죄의식과 죄의식의 원인 간 폐쇄적 관계 내에서 훼손된 가치 자체의 보상 내지 회복을 절대화하게 되며, 결과적으로 올바른 죄의식의 해소방안을 강구하지 못한다.

이와 달리 죄의식의 주체가 그것의 해소기제를 확대하였을 때 죄의식으로부터 놓여나는바, 이는 『토지』에서 두드러지게 나타나는 양상이다. 죄의식 해소기제를 넓힌다는 것은 죄의식과 그 원인 간의 폐쇄적 관계로부터 탈피함을 의미한다. 즉 죄의식의 주체가 훼손된 가치 자체를 직접적으로 보상하거나 회복하는 데 정향하지 않고, 새로운 가치를 추구, 굴절함으로써 죄의식의 원인이 되는 가치의 훼손을 상쇄하는 심리적 기제로써 죄의식의 해소에 이르게 됨을 뜻한다. 『토지』에서는 죄의식의 주체 역시 그 가족에게로 확대되는바, 이는 죄의식이 부재하는 인물이 남긴 잔여의 죄를 문제시하는 작가의식과 관련을 맺는다 하겠다. 한편 『토지』에 앞서 『창』, 『단층』 등의 작품에서 '가족'이 죄(의식)의 문제로부터 놓여날 수 있는 대안으로서 제시되는바, 특히 『단층』은 박경리 문학에서 최초로 삼대에 걸친 부계 가족사가 형성된다는 점에서 『토지』로 이어지는 가교 역할을 하는 작품이라 할 수 있다.

앞에서 박경리 문학을 총괄적으로 살필 때, 『단층』과 『토지』에 이르러서 낭만주의적 경향과 반(反)-생명지향성이 약화되고 있음을 논의하였는데, 죄의식 문제와 관련하여서도 이 두 작품이 박경리 문학의 전개 양상에 있어서 그 변화를 두드러지게 나타내 보이는 전환점이라 할 수 있겠다. 특히 『토지』에서는 죄의식과 그 원인 간의 폐쇄적 구조를 탈피하여 죄의식의 문제 역시 가치의 상대화를 통해 접근하고 있는 점이 이른바 멈춤靜에서 움직임動으로의 전환이라 하겠다.

지금까지 박경리 문학의 '복합적 전개 양상'을 가치와 감정(죄의식)의 문제 등과 결부하여 개괄하였다. 이 글에서 상론하게 될 세 부류의 인물형상을 통해 방대한 박경리 문학의 원질(原質)을 구명하게 될 것이다. 거기에는 움직임動과 멈춤靜의 질서가 존재한다.

제2장 가치의 무차별화에 따른 인물형상(정체성·죄의식)과 현실비판

1. 가치의 무차별화와 인물 정체성의 문제

1) 이해관계의 추수와 정체성의 위기

박경리 문학에 등장하는 부정적 인물들은 대부분 물질주의에 침윤되어 이해관계를 추수하는 것으로 형상화된다.[1] 이로 인해 이들 부정적 인물들은 물질적 가치를 매개로 주요 가치들을 교환 가능한 것으로 치부함으로써 가치의 무차별화를 자행한다. 1장의 〈표 1-1〉에 나타난

1 이와 관련하여 등단작 「계산」에서부터 후기의 장편 『단층』에 이르기까지 박경리 문학이 자본주의화에 따른 인간 운명의 탐색을 집중적으로 구현하고 있다고 본 류보선의 논의가 주목된다. 류보선, 「비극성에서 한으로, 운명에서 역사로」, 『작가세계』, 1994 가을, 29면.

바와 같이, 가치를 무차별화하는 부정적 인물형은 「흑흑백백」, 「전도」, 「불신시대」 등의 초기 단편에 등장하는 부수적 인물들을 통해 그 원형을 발견할 수 있으며,[2] 『토지』에 이르기까지 지속적으로 등장한다. 따라서 물질주의에 대한 반감을 일관되게 나타내는 박경리 문학의 특질을 살피기 위해서는 이 인물형에 주목할 필요가 있다. 초기 단편에서부터 그 원형이 존재하였던 이 인물형은 『표류도』 이후 박경리의 중・장편소설 및 『토지』에서 부정적 인물로서 비중 있게 등장한다. 본항에서는 이해관계를 추수함으로써 가치를 무차별화하는 인물들이 본격적으로 등장하는 중・장편소설과 『토지』를 대상으로 인물 정체성의 문제를 논의코자 한다.

(1) 소유욕망에 따른 가산의 침탈과 임의적(任意的) 자아

박경리는 그 초기작에서부터 상당수의 작품에 훼손된 모계의 가족을 등장시키고 있다. 이는 그의 자전적 사실과도 관련을 맺고 있다 하겠는데, 그의 작품에서 이처럼 훼손된 가족이 반복하여 등장하고 있음은 그만큼 그의 문학세계에서 '가족'이 차지하는 비중이 크다는 사실을 반증한다고 할 수 있다.[3] 그런데 박경리 문학에서 가족에 대한 양가적 태도가 드러난다는 점이 주목된다. 박경리는 그의 작품 속에 윤색된 자신의 가족들이 충만해 있다고 밝히고 있는바,[4] 『토지』에 이르기까

2 이와 관련된 논의는 3장 1절에서 이루어질 것이다.

3 이금란은 박경리 소설에서 늘 전경에 자리하는 가족이라는 테마를 중심으로 박경리 소설을 본다는 것은 그의 소설의 기원을 탐색하는 작업이 될 것이라는 가정하에 가족 이데올로기를 중심으로 박경리 문학을 살피고 있다. 이금란, 「박경리 소설에 나타난 가족 이데올로기 연구」, 숭실대 박사논문, 2006, 1면.

4 이는 박경리 소설의 사소설적 성격과 관련을 맺는다. 「창작의 주변」, 『Q씨에게』, 143면.

지 박경리 소설의 전체적인 맥락에서 볼 때 가족은 훼손된 상황을 극복하고 복원되어야 할 가치로서 자리한다고 볼 수 있다. 다른 한편으로, 박경리 문학에서 가족은 이해관계를 매개로 쉽게 해체되거나 임의로 구성될 수 있는 부정적 함의를 갖는 대상으로 존재하기도 한다. 이처럼 박경리 문학에서 가족은 양가적 의미를 갖는다. 여기에서는 후자의 경우를 중심으로 논의를 심화하겠다.

이를 위해 박경리 문학에서 반복되는 모티프의 하나인 가산의 침탈을 생각해 보기로 한다. 이의 대표적인 사례로 『토지』(1969~94)를 들 수 있는데, 그 이전의 『노을진 들녘』(1961~62), 『타인들』(1965~66), 「평면도」(1966), 「쌍두아」(1967), 「우화」(1968), 『창』(1970), 『단층』(1974) 등의 작품에서 가산의 침탈 모티프가 나타나고 있음이 주목된다. 이들 작품에서는 직계 가족 내, 부부간, 혹은 친인척간의 관계 내에서 가산 침탈이 이루어지는 상황을 그리고 있다. 이러한 가족 관계 내에서의 가산 침탈은 고전소설과의 영향관계를 고려해 볼 수 있으며, 다른 한편으로 인간의 근원적인 소유욕망과 관련하여 생각해 볼 수 있는 문제이기도 하다. 박경리의 작품에서 이의 양상을 구체적으로 살필 때, 두드러지게는 가산에 대한 소유욕망을 갖는 측에서 가산을 소유한 가족관계 내의 인물로부터 비도의적인 방법으로 가산을 빼앗음으로써 가족관계가 해체되는 양상을 그리고 있다. 그런데 이와 달리 가산 침탈(혹은 보존)을 목적으로 임의적인 가족관계를 (구성하거나) 구성하려는 의지를 보이는 경우 역시 발견되어 주목된다.

『토지』 1, 2부의 근간이 되는 서사는 이를 잘 드러내 준다.[5] 최참판가의 몰락은 구천과 별당아씨의 패륜과 도피, 최치수와 윤씨부인의 죽음에 이은 조준구에 의한 최참판가의 가산 침탈의 과정을 거쳐 진행된다. 조준구는 최치수의 '재종형'인바, 외척에 의한 가산 침탈인 것이다. 다른 한편, 최참판가 몰락의 주요 원인인 최치수의 죽음에는 귀녀, 김평산, 칠성이 등이 관여하는데, 이들은 귀녀가 최치수의 아이를 잉태한 것으로 꾸며 최참판가의 가산을 얻고자 한다. 즉, 조준구가 가족(친인척)의 도리와 윤리를 도외시하고 최참판가의 가산을 침탈함으로써 최참판가의 해체를 부추긴 것과 달리, 이들은 아들을 생산하지 못한 최치수의 후사를 부당한 방법으로 이음으로써 최참판가의 가산을 얻고자 하는 담욕을 가진 것이다. 가족의 해체가 비도의적인 방법으로 이루어진 것과 마찬가지로, 가족의 존속 역시 부당하게 유지하려 하고 있다. 여기에는 공통적으로 소유욕망이 매개되어 있다. 가족관계는 원칙적으로 혈연 혹은 부부관계를 통해 가족애에 기초하여 형성되는데, 박경리 소설에서는 소유욕망을 매개로 해체되거나 구성되고 있다. 즉 박경리 소설에서 가족관계는 혈연공동체로서의 의미를 담지하기보다, 이해관계에 따라 임의적으로 해체되거나 구성된다. 이는 소유욕망을 매개로 가족의 가치를 무차별화한 것으로 볼 수 있다.

앞의 작품들 가운데 대부분의 작품은 소유욕망에 따른 가산침탈과 가족관계의 해체(위기)를 다루고 있으나, 『노을진 들녘』과 『단층』에서는 가산침탈(보존)을 위해 임의적인 가족관계를 구성하는 경우를 그리고 있다.[6] 『노을진 들녘』에서 김성삼은 송주실과 윤영재의 근친상간의

5 박경리, 『토지』 1~16, 솔, 1996.

6 박경리의 작품에서 가산 침탈의 결과 가족관계가 해체되는 것이 보다 주요하게 발견되는 바, 여기에서 가산침탈을 위한 임의적인 가족 구성을 살피고 있음은 이해관계에 따른 가족의 무차별화 양상이 박경리 소설에서 드러나고 있음을 선명히 밝히기 위해서이다.

비밀을 알고 이를 미끼로 주실과 결혼하여 송노인의 가산을 침탈하려 한다.[7] 이에 송노인은 침모 영천댁과 법적인 혼인관계를 맺고 변호사의 입회하에 자신의 전 재산을 법적인 아내 김재순(영천댁)에게 남기며, 김재순이 사망할 경우 재산 일체를 손녀 주실에게 남긴다는 유서를 작성한다. 김성삼이 송노인의 가산을 침탈하기 위해 협잡으로 주실과의 부당한 결혼관계를 맺은 것이라면, 송노인은 가산을 보존하기 위해 손녀 주실의 편이 되어 줄 수 있는 침모 영천댁과 법적인 가족관계를 맺은 것이다. 이러한 가족관계는 모두 사랑을 매개로 한 혼인관계에 의해 형성된 것이 아니라 가산의 침탈 혹은 보존을 위해 부당하게 혹은 임의적으로 이루어진 것이라 하겠다. 『단층』에서 이상우 역시 아내 한윤희의 재산을 차지하기 위한 음모로 임의적인 가족 구성을 꾀한다.[8] 불임인 이상우는 불임의 책임을 한윤희에게 떠넘기기 위해 일본인과 관계하여 아이를 낳은 여자를 자신의 정부로, 그리고 그녀의 아이를 자신의 사생아로 자처한다. 이상우가 이와 같은 일을 꾸민 것은 한윤희 부친의 친구인 허윤으로부터 한윤희가 물려받을 재산에 대한 욕망 때문이다. 허윤은 이상우를 악질로 파악하여 한윤희가 이상우와 부부인 한에 있어서 자신의 유산을 물려주지 않겠다는 결심을 하는데, 이상우는 허윤의 유산을 얻기 위해 불임의 원인이 한윤희에게 있는 것으로 함으로써 자신과 한윤희가 이혼하지 않기 위하여 이와 같은 일을 꾸민 것으로 드러난다. 『토지』와 발표년도가 겹치는 『단층』의 이러한 모티프는 『토지』의 귀녀가 관련되는 이야기와 상호 텍스트적 연관이 있는 것으로

7 박경리, 「노을진 들녘」, 『박경리 문학전집』 2, 지식산업사, 1979.
8 박경리, 「단층」, 『박경리 문학전집』 18, 지식산업사, 1986.

보이는바,[9] 마찬가지로 가산을 얻기 위한 임의적인 가족구성으로서 가족의 가치에 대한 '무차별성'을 드러내 보인 경우라 하겠다.

이러한 가족에 대한 무차별적 태도가 부정적으로 작용할 때, 이는 가족관계 내에서 가족적 자아를 '몰각'하거나 혹은 가족관계를 꾸밈으로써 자신의 본래적 자아를 지우는 양상을 드러내 보인다.[10] 조준구는 최참판가 외척으로서의 도리와 윤리를 저버리고 최참판가의 가산을 횡령하였는바, 그는 소유욕망을 매개로 그 자신의 가족관계 역시 해체한다. 소유욕망이 강한 조준구와 그의 아내 홍씨는 최참판가의 가산을 침탈한 이래 각자의 과도한 소유욕망 때문에 정상적인 부부관계를 유지하지 못한다. 또한 부모의 죄업 때문에 괴로워하는 꼽추 아들 조병수에 대해서는 부성과 모성이 거세된 존재로 자리한다. 특히 아버지로서의 자아를 몰각하였던 조준구는 가산을 모두 잃고 노추의 몸으로 아들 조병수를 찾아가 죽음을 맞이하는 순간까지 조병수에게 아들로서의 의무를 지운다.[11] 여기에서 임의적으로 변화하는, 아버지로서의 자아형상을 엿볼 수 있다. 한편 귀녀는 최참판가의 여종으로서의 삶을 탈피하고 조준구의 후사를 잇는 존재로 신분상승하기 위해 악업을 꾀하다 비극적인 최후를 맞는 인물로서, 그녀는 자신의 생득적 정체성을 지우려 한 것으로 볼 수 있다. 『노을진 들녘』의 김성삼은 가복의 아들

9 한편, 정부를 둔 남편이 아내의 유산을 침탈하는 소재는 단편 「우화」의 외부액자에 등장하는 혜숙과 그녀의 남편 간의 관계에서도 나타나는 바로서, 이와 상호 텍스트적 관련이 있는 것으로 보인다. 박경리, 「우화」, 『월간중앙』, 1968.4.

10 여기에서 '자아의 몰각'이란 가족적 자아 혹은 생득적 자아의 위치 및 그에 따른 역할을 부당하게 지우고 이를 부정하는 것을 의미한다.

11 『토지』의 최참판가의 몰락-복원의 서사는 일본의 식민지가 된 조선의 현실을 환유하는 것으로 파악되기도 한다. 이 경우, 친일에 앞장 선 조준구는 조선인으로서의 정체성 역시 몰각한 것으로 볼 수 있다.

로서의 신분을 지우고 주인의 자리에 앉기 위해 갖은 협잡과 악업을 꾀하다 죽음을 맞는 인물로서, 그 역시 자신의 생득적 정체성을 그릇된 방법으로 부정하려 한 것이다. 『단층』의 이상우는 가산을 얻기 위해 한윤희의 법적인 남편의 자리를 유지하는 대신 정부와 사생아를 둠으로써 혼인관계 내에서 정당한 남편으로서의 자아를 몰각한 것으로 볼 수 있다. 이들은 공통적으로 자신이 구축하고자 하는 자아형상을 위해, 현재의 자아를 몰각한 가운데 부당한 방법들을 동원하고 있는 것이다. 따라서 이들이 새롭게 구축하고자 한 자아형상이란 임의적인 것이라 할 수 있겠다.

박경리 작품에서 가족의 가치를 무차별화하는 양상은 가산의 침탈을 위한 가족 해체의 방식으로 보다 양각되어 드러나는바, 이를 구체적으로 살펴보자. 「평면도」는 부당한 방법으로 가산을 축적한 비단장수 유서방의 네 자녀가 부친 사후 가산을 탕진하고 몰락해 가는 과정을 그린 작품이다.[12] 사남매 가운데 경호, 경애, 경자가 돈을 허비하는 것과 달리, 경자와 쌍둥이 형제인 경식만이 아버지 유서방의 사랑을 받았던 인물로서 강한 소유욕망을 드러내 보인다. 나머지 형제들은 모두 자기 소유의 재산을 탕진하고 해체되지만, 경식은 자신의 소유를 철저히 관리하고 맏아들 경호와 남은 재산을 반분하여 부친인 유서방을 뒤를 잇는다. 이 과정에서 경식이 소유욕망을 앞세워 다른 가족들을 배척하고 자신의 충견인 '파리스'와 긴밀한 유대를 맺는 행태가 주목된다. 경식은 가족과 가복 가운데 그 누구도 믿지 않으며 자신의 소

12 박경리, 「평면도」, 『현대문학』, 1966.12.

유욕망을 저해할 경우 사나운 개인 '파리스'에게 명령하여 가족을 해칠(심지어는 죽일) 생각을 서슴없이 한다. 여기에서 경식의 가족 구성원으로서의 자아는 몰각된 것으로 볼 수 있다. 나아가서 자신의 애견인 '파리스'가 독살되자 눈의 빛마저 잃고 피폐해진 경식을 통해 그에게 가장 가까운 가족은 바로 충견 '파리스'임을 알 수 있다. 가족의 해체를 방관하고 부추기면서 이익을 챙기고, 충견과 가족 이상의 유대를 갖는 경식에게서 또한 임의적인 자아형상을 엿볼 수 있다. 그는 아버지인 유서방의 재산을 차지하겠다는 목적을 위해, 가족관계의 형성을 새롭게 하고 있다. 그 안에서 형제자매로서의 도리보다, 주인과 충견의 유대에 경사되고 있는 것이다.

한편, 삼촌이 조카의 가산을 침탈한 이야기는 「쌍두아」[13]와 『창』[14]에서 상호 텍스트적 관련을 맺으면서 전개된다. 「쌍두아」에서 김종서는 전쟁을 겪으면서 고아가 되고 전쟁이 끝난 후, 삼촌의 가족에게 자신의 거의 모든 재산을 빼앗기고 만다. 그는 빼앗긴 재산에 연연하지 않고 판잣집에서 셋방살이를 하며 번역일 등을 업으로 삼고 근근이 살아간다. 『창』의 진우섭 역시 전쟁으로 부모를 잃고 작은아버지의 식구들과 함께 생활하는데, 그들에게 자신의 모든 재산을 빼앗기고 만다. 「쌍두아」의 김종서처럼 진우섭은 빼앗긴 재산을 쉽게 포기하고 작은아버지가 원하는 대로 결혼을 하나, 진우섭의 재산이 상당한 줄 알고 결혼을 하였던 진우섭의 아내는 셋방살이를 면할 수 없다는 사실을 알고 진우섭과 갈라서고 만다. 그 후 진우섭 역시 번역일 등을 하며 판자

13 박경리, 「쌍두아」, 『박경리 단편선』, 서문당, 1997.
14 박경리, 「창」, 『박경리 문학전집』 15, 지식산업사, 1980.

촌에서 생활한다. 이처럼 소유욕망이 없는 인물로서 유사하게 성격화된 김종서와 진우섭은 공통적으로 각박한 현실에 대해 염증을 느낀다.

① 거리에 나가보아. 그리고 사람을 만나보아. 그런 진짜 얼굴이 있는가. 깍이고 깍여서 다듬어진 얼굴이, **꼭같은 얼굴이 꼭같은 말들을 하고 있단 말이야**. 그리고 참말을 하면 모두 내 얼굴을 쳐다보고 우습다는 거야. 유치하다는 거야. **저 건물의 평수는 얼마고 도시계획에 헐리지 않는 거구, 외국산 양복지의 종류 이름이 무엇 무엇이고, 그것이 참말이라는 거지**. 그래도 내가 참말을 하면, 뭔데 너가 그러냐는 거지. 하긴 나는 아무것도 아니야. 판잣집 셋방살이의 부잣집 외아들의 비참한 말로, 웃음거리의 인간에 불과해. 그들이 그러는 거야. 영혜도 그러도.(104, 강조는 인용자)

② 나는 이 기계문명에 대한 마지막 저항분자요. (…중략…) 한데 오늘, 사망률이 적어진 오늘 말입니다. 이게 비극입니다. 지구 밖에 더덕더덕 눌어붙은 인구야말로 박테리아지요. (…중략…) 악이란 인간적인 거지요. **악보다 무서운 것이 비인간적인 겁니다. 아픔 없이 기도하고 두려움 없이 기도하며, 은총이 자기에게 있고, 그래서 자가용을 몰 수 있으며, 대저택에서 추운 것도 더운 것도 모르고 지낼 수 있다는, 그게 어디 악인입니까? 영혼을 잃어버린 괴물이지요**.(161~162, 강조는 인용자)

인용문 ①은 「쌍두아」의 김종서가 어린 시절 이웃에서 살았던 영혜를 상대로 세태를 비판한 내용이다. 김종서는 "똑같은 얼굴"을 하고 "똑같은 말들"을 하고 있는 거리의 사람들을 비판한다. 인용문 ①에서 드러나듯이 그들의 관심과 하는 말은 모두 물질적 소유욕망에서 비롯한 것이다. 자신의 개성을 잃어버리고 동일한 소유욕망에 사로잡혀 획일화된 인간 군상들이 오히려 "참말"을 하는 종서 자신을 비웃는 세태에 대한 비판은 자신의 재산을 모두 빼앗은 삼촌과 같은 존재들에 대한 비판이라 할 수 있다. 소유욕망 때문에 진정한 자아를 몰각하고 있다는 점에서 그러하다. 인용문 ②는 『창』의 진우섭이 신문사에 근무하는 대학 선배 강양구를 만나 기계문명에 대한 비판을 한 내용이다. 이는 발달된 기계문명하에서의 인간성 상실을 지적하고 있다는 점에서 「쌍두아」의 주인공 종서의 세태 비판과 맥락을 같이 한다. 진우섭은 강양구와 이와 같은 대화를 나누기 전에 사촌인 진기섭을 만나는데, "흑막"이 있는 "제약회사"를 차리고 있는 진기섭은 진우섭이 신문기자인 강양구와 가까운 사이라는 사실을 알고 이러한 관계를 이용하기 위하여 강양구에게 접근한다. 그러나 강양구의 거절로 물러서고 만다. 진기섭은 또한 진우섭을 상대로 자신의 결혼관을 피력하는데, "사업체가 좀 더 크면 그만큼 더 큼지막한 상대" 다시 말해서 "도움을 받을 상대"(158)를 구할 수 있다는 생각에서 좀 더 사업체를 키운 후에 결혼하겠다고 한다. 이와 같이 소유욕망이 다른 무엇보다 우선시되는 진기섭과 같은 존재에 대해 진우섭은 앞의 인용문에서와 같이 "비인간적"이라는 관형어를 붙이고 있는 것으로 볼 수 있다. 이는 "영혼을 잃어버린 괴물"과 같이 진정한 자아를 몰각하고 있는 존재에 대한 수식어인 것이다. 또한 여기에는 소유욕망에 지배되어 언제든지 임의적 자아가 진정한 자아를 대신할 수 있는 현상에 대한 비판의식이 담겨 있다 하겠다.

(2) 실리에 따른 이데올로기적 입장과 부정적(不定的) 자아

박경리의 『시장과 전장』(1964)[15]은 한국전쟁을 생생한 현장감과 더불어 객관적으로 파악할 수 있는 거리를 유지하고 쓰인 작품이라 할 수 있다. 박경리는 직접 참전하였던 작가들과 달리, 한국전쟁이라는 역사적 사건과 객관적인 거리를 유지할 수 있었고, 남과 북의 이념이 지닌 한계를 정확하게 인식할 수 있었다.[16] 따라서 『시장과 전장』은 최인훈의 『광장』과 더불어 좌익과 우익의 이분법적 도식을 탈피하여 이념의 문제에 접근하고 있다. 『시장과 전장』은 하기훈과 같은 철저한 이념주의자를 주인공으로 내세우는 한편, 대다수의 민중들이 좌익과 우익 그 어느 쪽에도 완전하게 경사되지 않는 상황을 설득력 있게 제시하고 있다. 여기에서는 후자의 경우에 주목하여 논의를 전개코자 한다.

『시장과 전장』에서 하기훈과 이가화는 각각 이념과 사랑에 절대적 가치를 부여하여 이에 편집적으로 접근하는 양상을 보이는 인물이다. 하기훈은 현실과 유리되어 '자칭 컴니스트'[17]로서의 정체성을 시종일관 유지하며, 이가화 역시 한국전쟁이라는 격변기의 현실에 직면하여 하기훈에 대한 사랑을 절대의 가치로서 유지하는 고정된 정체성의 인물이다.[18] 한편, 사회주의 사상을 단의적으로 고수한 하기훈과 달리 이념에 대해 무차별적인 대응을 하는 인물들이 등장하는바, 이들의 존재 양상에 주목해 보자.[19] 기존 논의에서 전장의 서사를 이끄는 하기

15 박경리, 『시장과 전장』, 현암사, 1964.

16 류보선, 앞의 글, 25~27면.

17 정명환은 하기훈이 "전형적인 공산주의자이기는커녕 자칭 공산주의자일 뿐"이라는 주장을 하고 있다. 정명환, 「폐쇄된 사회의 문학」, 『사상계』, 1966.9.

18 이와 관련하여 3장에서 논의할 것이다.

19 지마에 따르면 이원론적 담화로서의 이데올로기가 몰가치적, 중립적 시장법칙과 철저하게

훈과 병렬 배치되는 인물로서 시장 서사의 주축이 되는 남지영을 주로 거론하고 있다. 하기훈의 동생이면서 남지영의 남편인 하기석은 시장의 서사 내에서 차지하는 비중이 크지 않을 뿐만 아니라[20] 하기훈과 관련하여 볼 때 남지영에 비해 대척되는 바가 없는 것으로 인식되어 거의 주목을 받지 못한 인물이다. 그런데 시장과 전장의 대비 구도가 아니라, 이념에 접근하는 방식과 관련하여서 하기석은 하기훈과 비교해 볼 수 있는 인물이다.

「1-11. 전야(前夜)」는 남지영이 하기석에게 보내는 편지로 구성되어 있는데, 이를 통해 하기석의 성격에 대해 생각해 볼 수 있다. 이 편지글을 통해 남지영은 남편인 하기석에게 실망하였던 두 개의 사건에 대해 이야기하고 있다. 남편이 백화점에서 세 권의 책을 사고도 두 권의 책값만 받는 점원에게 아무 말 하지 않고 나온 일, 이 일로 남지영이 하기석에게 실망하고 있던 차에 귀가 길 하기석이 남의 감자밭에 가서 부득부득 감자를 캐온 일이 그것이다. 이 사건으로 남지영은 "내 피 내 몸처럼 아파하고 내가 저지른 무서운 범죄처럼 딩굴며 괴로워"(116) 한 것으로 쓰고 있다. 그런데 남지영은 임신으로 입덧을 하였을 때 쌀밥을 지어서 혼자 먹고는 남지영 자신이 하기석에게 실망하였던 것보다 더 크게 자기 자신에게 염오를 느꼈던 것으로 고백하고 있다. 남지영은 자신에게 부끄러운 일을 터놓음으로써 하기석만이 남에게 그리고 스

대립을 이루고 있다고 생각한다면, 이는 중대한 오류를 범하게 되는 것이다. 교환가치의 관점에서 볼 때, 이데올로기소들은 상품들과 마찬가지로 교환 가능한 것이다. P. Zima, 서영상·김창주 역, 『소설과 이데올로기』, 문예출판사, 1997, 213~215면.

20 하기석은 「2-3. 환상(幻想)」에서 입당원서를 없애기 위해 인천의 직장으로 간 이후, 좌익인물로서 지명되어 수감되기 때문에 구명 대상으로 거론될 뿐 서사에 직접 등장하지 않는다.

스로에게 부끄러울 수 있는 일을 하는 사람은 아니라는 것을 인정한 것으로 보인다. 한국전쟁이 발발하고 가족이 함께 피난길에 올랐을 때, 남의 감자밭에 들어가 감자를 파내는 사람들을 보고 어머니인 윤씨가 비난을 하자 남지영은 "저이가 감자밭에 들어 갔을 때 절망한 나하고 지금 어머니하고 다른 게 뭘까"(160) 하고 생각하면서 자신의 결벽증을 탓해 보기도 한다. 편지글을 통해 제시된 이 에피소드는 하기석의 비도덕적인 성격을 폭로하기보다 남지영의 결벽증이 있는 성격을 드러내는 데 더 초점이 놓인 것으로 보인다.

다만 이 에피소드를 통해 하기석과 관련하여 최소한으로 생각할 수 있는 바는 그가 이해관계에 민감한 성격의 인물이라는 점이다. 남지영이 편지글에서 "강한 생활의욕을 비롯하여 모든 면에 있어"(117) 어머니와 하기석이 닮은 사람들이었다고 쓰고 있으며, 어머니가 "철저한 경제관념"(118)을 가진 인물이라고 한 점을 고려할 때 하기석의 성격에 대한 이러한 해석은 타당하다고 볼 수 있다. 한편, 남지영은 하기석이 "일본서 일년 동안 미결로 형무소에 있었다는 이야기"를 듣고 그를 "존경의 눈"(115)으로 보기도 했다는 내용을 편지글에 담고 있다. 일제강점기에 형무소에 수감되었다는 것은 하기석이 일제에 저항한 이력이 있다는 뜻으로 새겨질 수 있다. 그런데 남지영은 이어서 하기석이 "그것을 큰 험으로 생각하고 유력한 일본인이 운동하여 아무 탈없이 나와서 취직도 하게 됐다는 말을 강조하시는 게 좀 꺼림직 했"(115~116)다고 쓰고 있다. 하기훈도 하기석이 공산당에 입당원서를 낸 것을 나무라는 장면에서 이 일을 "사건"이 아닌 "불평"(201)으로 치부하고 있다. 이러한 사실들을 통해 하기석이 공적인 삶에 대해 철저한 신념을 가지고 있지 않을 뿐만 아니라, 어떤 문제에 대해 흑과 백을 분명히 가리는 인물이 아니라는 점을 알 수 있다.

하기훈과 하기석은 전체 서사의 흐름 내에서 두 차례에 걸쳐서 만남을 갖는다. 「1-17. 서울의 거리」와 「1-19. 수(數)와 상황(狀況)」에서 하기훈이 하기석을 방문함으로써 이들의 만남은 이루어진다. 사회주의 이념을 일관되게 신봉하는 하기훈이 하기석을 찾은 목적은 1부 17장에서는 분명하지 않으며, 1부 19장에서는 이가화를 하기석의 집에 맡길 요량이었으나 이 계획을 포기한 것으로 드러난다. 즉, 하기훈이 하기석을 방문한 목적은 이념과 무관하다. 따라서 이들 사이에 이념적 갈등은 발생하지 않는데, 주목되는 바는 철저한 사회주의자인 하기훈이 하기석의 공산당 입당을 반대한다는 점이다. 그 이유는 동생 하기석의 "개인주의"를 "타고난 천성"으로 파악한 하기훈이 하기석에게 "공산당원으로서의 신념"이 없다고 본 때문이다. 하기훈 자신이 분명한 이념을 가진 컴니스트인 만큼 신념 없이 사회주의에 경사되는 것을 용납하지 않은 것으로 볼 수 있다. 이는 앞의 편지글에서 암시된 바 있듯이 하기석이 이념에 있어서도 좌익과 우익을 명백히 가리는 단의적인 인물이 아니라는 사실을 드러낸다 하겠다.

하기석이 공산당 입당원서를 낸 것은 신념에 의해서라기보다 그 자신이 밝히고 있듯이 "내가 하고 싶은 일을 열심히 하고 내 가정을 지키기 위해서"이다. 이는 하기훈의 지적과 같이 "개인주의"적인 처신으로서 사적인 이해관계를 우선으로 한 결정이라 하겠다. 이념에 대한 신념이 없는 하기석으로서는 "그 어느 편 하고도 투쟁할 이유가 없"으며, 결과적으로 "아무 것에도 속해 있지 않"(201~202)을 수밖에 없는 것이다. 이데올로기가 흑과 백의 이원론적인 것이라면, 그 어느 편에도 속하지 않는 중립은 가치의 교환이 가능한 지대이므로 무차별적인 것이라 할 수 있다.[21] 1부 17장에서 정세를 묻는 하기석의 물음에 하기훈은 인민공화국이 된 것으로 인민군 쪽의 정세를 낙관한다. 1부 19장에서는 인민군의 정세가 불리한 것으로 나타나며,[22] 이러한 정세를 파악한 하기석은 자신의 입당이 허락되지 않기를 바란다는 정직한 의견을 내놓는다. 하기훈이 사회주의 이념을 선택하여 마지막까지 그 이념을 고수하는 편집적 성향의 인물이라면, 하기석은 여기에서 나타나듯이 단의적인 이념을 고집하지 않고 실리에 따라 이념에 대해 양가적인 태도를 취하는 인물이다. 따라서 하기훈의 이념적 정체성이 고정된 것이라면, 하기석의 이념적 정체성은 부정(不定)의 상태라 할 수 있다.

『시장과 전장』은 하기석과 같은 "소시민"을 포함하여 대다수 민중들의 이념적 선택은 부정적(不定的)인 것으로 보고 있다.

> **마음 속으로 이들 피난민은 관전(觀戰)하고 있었던 것이다. 관전 중 그들이 한마디의 의견도 없었다는 것은 그들이 현명했기 때문이다. 피난민중에 이북군 유격대가 있을 수 있고 대한민국의 정보원이 있을수도 있다.** 이제 태세가 뚜렷이 나타나므로서 대한민국을 비난하지만 실상 그 사람의 속 마음은 알 수 없고, 맞장구를 치면서도 서로 의심과 경계로서 살펴보며 말 한마디 한마디에 저울질을 한다. (…중략…) 그리고 자기 이외의 남들은 검찰관 같은 느

21 P. Zima, 앞의 책, 1997, 27 · 161 · 200면.

22 1부의 마지막 장인 「1-20. 후퇴(後退)」에서 유엔군의 인천상륙작전의 성공에 따른 서울 수복을 다루고 있다.

낌으로 보게 되는 것이다. 대한민국에 불만하고 여러가지 압제에 증오를 느끼면서도 그들은 이북군을 진정한 해방자로서 맞이하지 못하는 착잡한 심정의 소시민인 것이다. 진정 민중들은 어느 쪽에 가담하고 있는 것일까?(165)

인용문에서 피난민들이 관전 중 "한마디의 의견도 없었다는 것은 그들이 현명했기 때문"인 것으로 나타나고 있다. 이북이든 대한민국이든 모두 자신들의 이해관계를 침해하고 목숨을 앗아갈 수 있기 때문이다. 이 작품은 민중들에게 중요한 것은 남과 북의 이념이 아니라 생명이며 이해관계의 문제일 것으로 파악하고 있는바, 어느 편에서이든 실리에 민감한 민중들의 성향을 잘 보여주고 있다. 이는 "동민들한테 줄 쌀배급을 말장 야미해 먹고 혼자 배를 채웠"다고 '반장네'를 성토하는 부분(174), "빨갱이 새끼들 역산이라고 뺏아 가지고 저이끼리 나누어서 처먹더니만"(238) 하고 야유하는 부분, 지영이네 창고에 보관해 둔 '역산'을 빼돌리는 좌익계 '사나이'의 행태(242)를 그린 부분 등에서 드러난다. 이와 같이 민중들은 이념을 일도양단으로 선택하여 상황에 대처하는 것이 아니라, 다만 생존을 위한 이해관계에 따라 민감하게 움직이는 양상을 보여주고 있다. 따라서 그들의 이념적 정체성 역시 부정적(不定的)이라 할 수 있겠다.

1964년에 발표된 『시장과 전장』은 전후문학에서 쉽게 다룰 수 없었던 이념의 문제를 정면에서 다룬 작품이다. 박경리는 다양한 소재의 작품들을 발표하였는바, 그 가운데 『시장과 전장』은 한국전쟁을 배경으로 이념의 문제를 본격적으로 다룬 작품이다.[23] 그런데 박경리의 초기 단편 「귀족」(1961)을 통해서도 이념에 대한 문제의식의 편린을 읽을 수 있다. 일인칭 주인공 시점인 이 작품에서 화자는 예술애호가로서 변함없이 행세해온 민여사의 죽음 앞에서 그녀의 삶을 반추한다. 문벌 있는 집안의 딸로서 재색을 겸비한 민여사는 금광으로 벼락부자가 된 김주환의 후처이다. 민여사의 삶은 시대의 흐름에 편승하여 처세를 달리해 온 것으로 정리해 볼 수 있다. 일제강점기, 한국전쟁, 4·19혁명 등을 거치면서 민여사는 주체적인 선택과 결단에 의한 현실 대응을 하기보다 역사의 굴곡이 있을 때마다 입장을 달리 한다. 이러한 민여사의 행태를 일견 기회주의자의 면모로서 평가할 수 있겠다. 그런데 민여사의 삶에 대해 객관적 시선을 잃지 않는 화자는 마지막 장면에서 죽은 민여사를 "귀족, 물기 없는 얼굴, 가면"[24]으로 환기하는바, 민여사는 실체적 삶의 주체로서 시대의 부침에 직면한 것이 아니라, 스스로가 정한 '귀족'이라는 기표에 부합하는 삶을 유지하기 위해 시대의 조류에 편승하여 여느 상황에서도 몰가치적 태도로 일관한 것으로 볼 수 있다. 이는 한국전쟁을 겪으면서 그녀가 보인 이념에 대한 태도에서도 드러난다. 한국전쟁이 나던 해의 여름 "간소한 차림"을 하고 "콤뮤니즘"을 추상같이 지지하던 민여사가 일사후퇴 때는 그 일을 잊고 "콩알만큼이나 큰 다이아몬드의 반지"를 끼고 전시에 개인전을 여는 예술가의 후원자로 나선 것으로 그려진다(23~24). 이러한 민여사의 태도 역시 이념에 대해 무차별적이라 하겠는데, 민여사는 귀족의 기표를 추구

23 박경리는 『토지』 완간 이후, 광복 이후의 현대사를 관통하는 대작을 계획하고 「나비야, 청산가자」는 제명으로 『현대문학』에 연재하였다. 이 작품은 조상의 "벼슬이 꽤 높았던" 안혁주의 집안과 "거상(巨商)이던" 박성재의 집안을 중심으로 서사가 전개되는바, 이 작품에서 이념의 문제가 하나의 의미소로 자리할 것으로 예상되나 미완에 그치고 만다. 박경리, 「나비야, 청산가자」, 『가설을 위한 망상』, 나남, 2007, 214면.

24 박경리, 「귀족」, 『현대문학』, 1961.2, 25면.

할 뿐 '실리'를 우선으로 하지 않는다는 점이 『시장과 전장』에서 하기석과 그 외 민중들이 보인 이념에 대한 태도와 구분된다 하겠다.

(3) 교환가치에 따른 인간관계와 윤리적 자아의 부정(否定)

박경리는 「불신시대」(1957), 「암흑시대」(1958) 등의 초기 사소설적 단편에서부터 배금주의적 현실에 대한 치열한 비판의식을 나타낸 바 있다.[25] 박경리 소설에 등장하는 부정적 인물들은 상당수 배금주의적 삶의 태도를 드러내 보인다. 그의 소설에서 계모임, 고리대금업 등이 반복하여 나타나는 것은 이를 뒷받침한다. 그런데 화폐는 일반화된 등가물로서 온갖 차이를 제압한다.[26] 가치 및 가치판단의 교환가능성을 의미하는 '무차별성'은 이러한 화폐의 교환가치에 의한 매개와 밀접한 관련을 맺는다. 여기에서는 박경리 소설에 반복하여 등장하는 배금주의적 인물형이 교환가치의 매개에 의해 질적 가치를 무차별화함으로써 개인의 정체성을 '부정(否定)'하는 양상을 살피기로 한다.[27] 『푸른 운하』, 『김약국의 딸들』, 『타인들』, 「뱁새족」, 『나비와 엉겅퀴』 등의 작품을 통해 이를 살필 수 있다.

『푸른 운하』(1961)[28]는 박경리의 초기 장편소설로서 유부남인 이치윤

---

25 류보선은 「불신시대」에 모든 삶의 질이 환금가능성이라는 잣대로 평가되며, 모든 가치가 교환가치로 환원되는 자본주의 사회에 대한 비판의식이 담겨 있는 것으로 보고 있다. 류보선, 앞의 글, 28면.

26 고병권, 『화폐, 마법의 사중주』, 그린비, 2005, 181면.

27 지마에 따르면 교환가치는 질적(미적, 윤리적, 인식적) 가치들을 파괴한다. P. Zima, 앞의 책, 1997, 27 · 211 · 219면. 여기에서 '자아의 부정'이란 인물이 환금가능성을 잣대로 처신한 결과 그 정체성이 부정되는 것을 의미하는바, 이와 관련된 인물의 윤리적 자아의 상실이 주목된다.

28 박경리, 「푸른 운하」, 『박경리 문학전집』 20, 지식산업사, 1988.

과 사랑하는 사이인 송은경과, 이들의 관계를 도우면서도 송은경을 향한 사랑을 간직한 김남식이 펼치는 애정갈등을 자유당 정권을 시대적 배경으로 하여 전개하고 있다. 이 작품은 이러한 긍정적 인물들의 삼각연애와 대비되게 이치윤과 법적인 혼인관계에 있는 경란의 남성편력과 폭력 행사를 그려 보이고 있다. 한때 이치윤, 김남식 그리고 경란은 삼각연애 관계에 있었으나 경란은 이치윤을 선택하여 결혼한다. 그런데 "허영이 강한 경란은 이치윤에게도 안주(安住)하지 못하고 두 살 난 계집아이마저 내동댕이친 채 다른 남자에게로 넘어가고"(64) 만다. 경란은 이치윤과 결혼관계에 있으면서도 결혼 전과 마찬가지로 자유로운 이성교제를 하였는데, 이치윤과 헤어지게 된 결정적인 계기는 양민이라는 무역회사 전무와 관계를 맺고 그로부터 다이아가 박힌 고가의 시계를 선물받기도 한 경란이 이를 문제삼은 이치윤과 대결한 후 가출을 한 데 있다. 이후 경란은 양민 이외 다른 남자와도 교제를 한다는 소문을 퍼뜨리는데, 결국 경란은 H의원이라는 자유당 정권 정치인의 첩으로 낙착이 된다. 이 과정에서 경란은 송은경과 자신 사이에서 갈등하는 이치윤과 밤을 보내기도 하는데, "어줍잖은 가정의 수지를 따져가는 생활을 경멸" 한 경란은 "생활의 비약을 마련하지 못"(235)한 이치윤을 버리고 자신에게 대저택을 사서 안기는 H의원에게로 넘어간다.[29]

이러한 경란의 남성편력은 이치윤을 향한 사랑을 절대의 가치("인생의 전부"(85~86))로서 간직한 송은경의 삶의 자세와 대비되어 주목된다.

29 경란은 H의원과 공개적으로 살림을 차린 상황에서도 이치윤과 송은경의 교제를 방해하기 위해 정치 깡패를 동원하여 그들에게 폭력을 행사하기도 한다. 이 작품은 4·19혁명을 배경으로 함으로써 남녀 간의 애정갈등서사를 통해 자유당 정권의 부패 상황을 드러내고 정치적·경제적 현실을 비판하고 있다.

경란이 남편인 이치윤을 떠나 양민, 다른 남자들, H의원으로 옮겨가면서 관계를 맺은 것은 남녀 간의 사랑에 의해 매개된 것이 아니라, 보다 풍요롭고 화려하며 편리한 물질적 삶을 추종한 결과라 할 수 있다. 따라서 경란에게 있어 상대 남성들은 사랑하는 대상으로서 존재하는 것이 아니라, 보다 낳은 물질적 가치를 찾아 교환 가능한 존재들인 것이다. 이치윤의 꿈에 나타난 경란은 이치윤을 향해 "당신은 아무 데도 못 가요. 그렇지만 나는 어디든지 갈 수 있어요. 알겠어요? 당신에겐 내가 전부지만 나에겐 당신이 전부가 아니란 말예요"(74)라고 말하는바, 이는 사랑이 아닌 교환가치에 의해 매개되는 경란의 욕망을 잘 드러내는 발언이라 하겠다. 이러한 경란을 통해 가족의 일원으로서 한 인간이 지켜야 할 윤리적 가치가 파괴되고 있으며, 선과 악, 사랑과 증오 등과 같은 대립적 가치들과의 동일화를 통해 정립되는 인간의 주체성이 의문시된다고 하겠다. 즉 물질적 가치의 추구를 목적으로 하는 경란은 이러한 가치의 대립을 도외시함으로써 좁게는 스스로의 주체성을 부정하고 있는 것이다.

박경리의 소설에서 가치를 무차별화하는 인물들은 가치를 절대화는 인물과 대립하는 경향을 보이곤 한다. 『푸른 운하』에서 이치윤을 사이에 두고 그를 향한 사랑을 절대화하는 송은경과 배금주의에 따라 무차별적인 이성 관계를 맺는 경란이 대립하는 양상을 위에서 살펴보았다. 『김약국의 딸들』[30]에서는 김약국 집안에 예표된 운명을 절대의 가치로서 수용한 김약국과 그의 맏딸 용숙의 관계가 특별히 적대적인바, 용숙

30 박경리, 『김약국의 딸들』, 을유문화사, 1962.

은 그녀의 강한 물욕으로 가치를 무차별화하는 인물이라 할 수 있다.[31]

용숙의 물욕은 파산에 직면한 한실댁이 용옥과 함께 용숙에게 돈을 빌리러 간 장면에서 극대화되어 드러난다. 일찍 과부가 되어 외아들을 데리고 생활하는 용숙은 "뭐니 해도 큰소리 치는 것은 돈이더라"는 "절대적인 인생 철학"(288)을 가지고 고리대금업을 한다. 이러한 용숙은 "남 놓는 이자로 오백 원만"(294~295) 빌려 달라는 한실댁의 부탁을 돈이 없다는 말로 물리치고 만다. 주의 깊게 생각하여 돈을 되돌려 받을 수 있는 곳에만 빌려주는 용숙은 어머니인 한실댁에 대해서도 그러한 계산을 한 것으로 볼 수 있다. 여기에서 한실댁과 용옥이 용숙에게 돈을 빌리러 갈 때 생각하였던 "남도 빌려주는 돈, 부모 자식간에 모른다 하겄"(290)느냐는 생각은 용숙의 세심한 계산 앞에서 허물어지고 만 것이다. 부모 자식 간의 관계 역시 타인과 돈 거래를 할 때와 마찬가지로 무차별화된 것으로 볼 수 있다. 이처럼 무차별화된 용숙의 금전욕은 가족 관계 내에서 맏딸로서의 그녀의 정체성을 부정(否定)하고 있다 하겠다.

이러한 상황은 그녀와 관련된 엽기적인 사건에 대한 소문과도 관련을 맺는다. 용숙의 외아들 동훈은 병약하여 의사의 잦은 치료를 받아 왔는데, 용숙은 아들의 치료를 맡아 온 자애병원의 원장과 불륜의 관계를 맺게 된다. 이 사건은 용숙의 시댁 사람들에게 알려짐으로써 엽기적인 소문으로 와전된다. 이에 따르면, 용숙은 "자애병원(慈愛病院)의

31 백지연은 『김약국의 딸들』에 등장하는 여성인물들의 정체성 탐색의 방식을 다음과 같이 정리하고 있다. 한실댁은 헌신적 모성으로서 자아를 정립하며, 용숙은 금전추구, 용빈은 지성, 용란은 본능적 사랑, 용옥은 독실한 신앙의 힘에 기대어 각각 자아를 정립하는 것으로 보고 있다. 백지연, 「박경리 초기 소설 연구—가족관계의 양상에 따른 여성인물의 정체성 탐색을 중심으로」, 경희대 석사논문, 1995, 65면.

의사하고 정을 통해 오다가 임신"을 하는데, "시동생이 쫓아냄으로써 그 많은 재산을 잃을 것을 두려워 한 나머지" "아이를 낳자마자 죽여서 뒤안에 있는 연못에 빠뜨렸다는 것"(249)이다. 이 가운데 자애병원 의사와 용숙의 불륜만이 사실로서 확인되지만, 이러한 소문은 화폐 가치에 따라 대상을 무차별화하는 용숙의 기질과 관련하여 의미를 갖는다 하겠다. 앞의 사례에 따르면 용숙은 자신의 금전욕을 충당시킬 수 있는지의 여부에 따라 가족관계 역시 무차별화하고 있음을 알 수 있는데, 어머니로서의 자아를 부정(否定)한 것으로 드러나는 위의 엽기적 소문은 이러한 용숙의 속성과 무관하다 할 수 없다.[32]

『타인들』(1965~66)[33] 역시 물질욕망에 따른 가족관계의 무차별화 양상을 드러낸다. 이 작품은 한국전쟁 때 애인을 윤간, 살해하는 데 가담한 하진의 내적 갈등, 이에 부수되는 하진, 하영 이복형제의 갈등과 하진, 문희 부부의 갈등을 전개하는 한편, 하진이 소유한 토지를 사업자금 확충에 활용코자 하는 하진의 처남 문영의 물욕을 비판적 입장에서 그리고 있다. 여기에서는 부정적 인물인 문영을 중심으로 전개되는 서사를 통해 배금주의에 따른 인간관계의 무차별화가 성적 욕망과 착종되는 양상을 살피겠다.[34]

---

32 용숙은 아들 동훈에게도 정이 엷은 것으로 나타나는데, 이는 박경리 소설에 자주 등장하는 물욕이 강한(부정적인) 어머니 상이다. 대표적 사례가 되는 인물로 『토지』의 임이네를 들 수 있으며, 『단층』의 정근태의 생모 역시 이러한 범주에 들어가는 어머니 상이다.

33 박경리, 「타인들」, 『박경리 문학전집』 9, 지식산업사, 1980.

34 화폐와 섹슈얼리티는 공통적으로 비사회적・초도덕적・초문화적 성격을 지닌다. 섹스와 화폐는 모두 가치에 대해 무차별적이라는 점에서 동형적이다. 동정과 사랑은 도덕적・정치적・미적 가치설정과 불가분의 관계에 있다. 특정한 미적 기준에 정향된 에로스적 욕망은 대체로 역사적・문화적 콘텍스트에 뿌리를 내리고 있지만, 이와 반대로 성적 욕망은 — '몰가치적' 육체로서 — 철저하게 비미적(非美的)인 것을 대상으로 삼을 수 있다. P. Zima, 앞의 책, 1997, 340면.

문영의 무차별적 인간관계에는 문희의 친구로서 미국유학을 다녀온 후, 피아니스트로 활약하는 강경옥이 개입된다. 일찍이 하진, 문영, 강경옥은 서로 마주보지 않는 사랑을 한 관계이다. 즉, 강경옥은 하진을 사랑하였지만 하진은 문희를 선택하여 결혼하였으며, 문영은 강경옥을 사랑하였으나 하진을 사랑한 강경옥과 맺어지지 못한다. 세월이 흘러 미국에서 돌아온 강경옥이 독주회를 갖게 되었을 때, 이들은 다시 관계를 맺게 된다. 문영은 하진과 강경옥이 다시 만날 기회를 마련해 준다. 이를 계기로 하진은 고가의 반지를 강경옥에게 선물해 주며, 그녀와 성관계를 맺는다. 추후 문영은 과거에 사랑하였던 강경옥을 상대로 성적 욕망을 발산하는데, 이러한 상황이 문영의 아내 현숙에게 발각되자, 강경옥을 통해 문영의 무차별적인 삶의 방식이 드러난다. 문영이 처음, 과거에 하진을 사랑한 바 있는 강경옥과 하진이 재회할 수 있는 기회를 마련해 준 것은 "하진씨를 삶아서 땅을 뺏자는" 의도였던 것으로 폭로된다. 문영은 하진 소유의 토지를 이용하기 위해 누이동생 문희의 불행과는 무관하게 "매부"를 강경옥에게 "끌어당겨"(157) 주었던 것이다. 이어서 문영은 매부인 하진과 관계한 강경옥에게 성적 욕망을 품고 접근한다. 문영이 누이동생 문희의 남편인 하진과 그를 사랑하였던 강경옥이 재회하여 관계를 맺도록 한 점을 통해 문영의 배금주의가 가족애를 도외시하고 인간관계를 무차별화하도록 이끌고 있음을 알 수 있다.[35] 다른 한편, 이러한 무차별화는 성적 욕망에 따른 가치의 무차별화와 착종된다. 즉, 문영이 누이동생의 남편인 하진과

35 문영은 강경옥을 통해 "오로지 물질만을 위해 분투"(112)하는 인물로 규정된다.

관계한 강경옥에게 접근한 의도는 과거 사랑의 흔적과는 무관하게 순전한 섹슈얼리티라는 점에서 그러하다. 이러한 무차별화를 통해 문영의 가족관계 내에서의 윤리적 정체성이 부정되고 있다 하겠다.

『타인들』이 돈과 명성을 탐하는 문영과 강경옥의 속물근성을 여과 없이 폭로한 작품이라면, 「뱁새족」(1968)[36]은 주인공 유병삼의 냉소적 시선을 통해 속물들을 비판하고 있는 작품이다. 이 작품에 등장하는 대부분의 인물들은 "권력과 금력, 명성"(314)을 쫓는 속물들로서 철저한 계산속으로 인간관계를 맺는 인물들이다. 따라서 이 작품에서는 남녀 간의 사랑의 감정도 속물들에 의해 그 질적 가치를 유실하고 교환가치를 매개로 무차별화된다. 「뱁새족」에는 이와 같은 부정적 인물들이 등장하는 한편, 유병삼, 양두연과 같은 긍정적 인물들도 등장한다. 유병삼은 부정적 인물들과 어울리지만 그들을 신랄하게 비판하고 조롱하며, 양두연은 유병삼의 친구로서 연극에 열정을 보이는 순수한 인물이다. 이 작품에서는 정은경과의 정략결혼을 계획하나 유병삼의 책동으로 실패하고 마는 박영수의 면모를 통해 교환가치의 매개에 의한 인물관계를 살필 수 있다.

양두연의 대학 선배인 박영수는 양두연에 따르면, "결혼까지도 냉철하게 계산"하여 첫 번째 결혼을 "정략"적으로 하였으나(349~350), 아내와 사별한다. 자금난으로 사업에 어려움을 겪는 박영수는 자신의 후처 자리를 노리는 요정의 마담을 상대로 은근히 자신의 후처가 될 수 있다는 "암시를 주면서 여자의 재산을 적지 않게 사업에다 끌어"(346)다 쓴다. 다른 한편 그는 유병삼과 혼담이 오간 바 있는, 미국 유학을 다녀

36 박경리, 「뱁새족」, 『박경리 문학전집』 11, 지식산업사, 1980.

온 디자이너로서 상당한 지참금을 소유하고 있는 정은경과의 두 번째의 정략결혼을 성사시키기 위해 노력한다. 표면적으로 박영수는 정은경에게 청혼한 것으로 이야기하지만, 실제로 그녀의 "재산"(387)에 청혼을 한 것이다. 그런데 유병삼이 요정의 마담을 끌어들임으로써 박영수의 정은경과의 결혼계획은 실패로 끝나고 만다. 박영수의 정은경과의 약혼 소식을 접한 마담은 정은숙, 은경 자매에게 다음과 같은 박영수의 협잡을 폭로한다.

> 그자가 뭐래는 줄 알아요? 당신도 알다시피 지금 내 사업은 엉망이란 말이야, 내가 미리 의논하지 않았던 것은 잘못이지만 당신이 흥분하여 일을 저지르면 안 되겠단 말이야, 생각해 보라구, **그 여자 재산을 이용하는 기회를 놓친다면 당신도 파멸이야, 우리는 애정으로 맺어졌지만 그쪽엔 일종의 정략결혼 아니냐 말이야, 남자를 출세시키려면 당신이 희생해 주어야겠고 결혼이라는 형식이 무슨 소용 있어? 사랑하느냐 안 하느냐가 문제지**. 박가가 한 말이에요.(396, 강조는 인용자)

정은경과의 결혼을 성사시키기 위해 주변 인물들에게 마담과의 관계를 부정하였던 그는 자신의 결혼에 장애가 되는 요정의 마담을 현혹하기 위해 그녀에 대한 "사랑"을 강조하고 있다. 여기에서 특정 대상을 향한 질적 가치로서 그 진정성이 보장되어야 할 사랑은 한낱 상대를 속이기 위한 도구가 되고 있다 하겠다. 또한, 박영수에게 있어 정은경과 마담은 교환 가능한 대상으로서 무차별화되고 있다. 박영수의 첫 번째 결혼이 정략결혼이었다는 사실을 알고 있는 양두연은 박영수의 처세술에 대해 "가치의 우위에서 열성(劣性)을 잡아먹는 것은 보다 큰 가치 확립을 위해 소위 필요악인 것이다! 삼라만상은 그 원리 원칙에서 순환하고 있는 거야"(349~350)라고 냉소적 긍정을 하고 있는바, 박영수의 이와 같은 삶의 태도는 교환가치의 매개에 의해 인간의 가치마저 무차별화하는 양상을 잘 보여주고 있다. 물질적 가치에 압도되어 특정한 인물을 향한 사랑의 신념을 갖지 못하는 그는 스스로의 정체성을 부정하는 인물이라 하겠다.[37] 나아가서 정략결혼을 이루기 위해 수단과 방법을 가리지 않는 박영수는 혼인관계를 맺는 주체로서의 윤리적 자아를 부정하고 있는 것이다.[38]

『나비와 엉겅퀴』(1969)[39]는 『푸른 운하』, 『김약국의 딸들』에서와 마찬가지로 가치를 절대화하는 인물과 배금주의에 따른 가치의 무차별화를 자행하는 인물 간 대립이 뚜렷하게 드러나는 작품이다. 이 작품에서 강은식을 상대로 절대의 사랑을 하는 윤희련은 전자에 해당하는 인물이며, "결혼이라는 것도 수지계산의 범주에서 결코 벗어날 수 없는"(369)것이라고 역설하는 송인숙은 후자에 해당하는 인물이다. 이 작품에 등장하는 부정적 인물은 송인숙, 장기수, 최일석 등인데 이 가운데 송인숙은 철저한 배금주의를 체현하는 인물이다. 송인숙의 가족들은 "모두 철저한 개인주의자들"로서 "경제적인 면에서도 각자 부담의

37 Luhmann에 따르면 사랑은 정체성의 성장을 가능케 한다. 따라서 정체성은 안정성의 개념으로서 뿐만 아니라 향상의 개념으로서 다루어져야만 한다. Niklas Luhmann, *Love as Passion : The Codification of Intimacy*, tr. by Jeremy Gaines and Doris L. Jones, Stanford Univ. Press, 1998, pp.37~38.

38 뱁새족에 등장하는 인물로 박영수와 유사한 부류로 강순미를 들 수 있다. 강순미는 양두연의 순수한 사랑을 받은 인물이나, 자신을 영화배우로서 출세시켜줄 수 있는지의 여부에 따라 양두연과 유부남인 최대식 사이를 오간다.

39 박경리, 『나비와 엉겅퀴』, 범우사, 1978.

생활방식을 취하고 있"는 내막이 알려져 있는데, 거처를 호화롭게 꾸며 놓고 있는 송인숙이 "대접이란 능력에 따라 받기 마련"이라며, "납세"를 가장 많이 하는 자신이 가장 호화롭게 살 권리가 있다(93~94)는 식으로 말하는 부분에서 송인숙의 배금주의를 단적으로 읽을 수 있다.

송인숙은 결혼도 철저한 "수지계산의 범주"에서 계획하는데, 일본에서 큰 사업체를 꾸리고 있는 강은식과 결혼하기 위해 윤희련의 전남편인 장기수를 이용하여 모략을 꾸민다. 사랑하는 감정 없이 장기수와 결혼하였던 윤희련은 결국 장기수와 이혼하는데, 이혼 후에도 윤희련에 대한 미련을 버리지 못한 장기수는 윤희련의 주위를 배회한다. 이러한 상황을 이용하여 송인숙은 장기수를 통해 자신과 강은식이 연애를 하고 있다는 거짓말이 윤희련의 귀에 흘러들어가게 하는 한편, 강은식에게는 윤희련이 플레이보이 최일석과 관계를 맺고 있는 것으로 꾸며 말함으로써 서로에게서 절대의 사랑을 발견한 강은식과 윤희련 사이를 이간하여 헤어지게 만든다. 그러나 송인숙의 이러한 모략은 분별력 있는 강은식에게 통하지 않으며, 강은식을 남편으로 맞이하기 위한 송인숙의 계획은 실패로 끝나고 만다. 이 작품의 후반부에서 송인숙에게는 강은식 이전에 이미 정부로서 정을 통하고 있는 밀매업자가 있었던 것으로 드러난다. 한편 장기수 역시 윤희련에게 미련을 갖고 있음과 동시에 화가로서 자신의 성공에 도움을 줄 수 있는 재혼 상대자를 구하기 위해 "수지계산"을 한다. 장기수는 혼담이 있는 여자의 도움으로 프랑스 유학을 하게 될 것이라는 소문을 퍼뜨리는가 하면, 친구 K의 소개로 약국을 하는 여자와 재혼하여 경제적 뒷받침을 받을 꿈을 꾸기도 한다. 이처럼 사랑을 매개로 이성 관계를 맺는 것이 아니라, 배금주의에 따른 "수지계산"을 통해 결혼 상대자를 물망에 올리는 송인숙과 장기수는 동류의 인간이라 할 수 있겠는데, 이들은 작품의 말미에서 약혼한 사이로 등장한다. 선과 악, 사랑과 증오 등 가치의 대립 없이 교환가치를 매개로 결혼상대자를 생각하는 이들은 스스로의 윤리적 자아를 부정하는 인물이라 하겠다.

(4) 야망을 위한 도구적 관계와 자아실현과의 거리

박경리의 소설에는 야망을 이루기 위해 도구적 관계를 맺는 부정적 인물형이 반복하여 등장한다.[40] '배금주의적 인물형'이 에로스적 사랑(혹은 기족애)을 도외시하고 교환가치를 매개로 이성교제를 비롯한 인간관계를 맺는다면, 박경리 소설에 등장하는 '야망 지향적 인물형' 역시 사랑, 나아가서는 인간의 존엄성 등을 무차별화하여 이용가치를 고려한 인간관계를 맺으며, 그 결과 죽거나 몰락하는 등 자아의 '파탄'을 맞는다.[41] 이들은 모두 이익 추구를 위해 가치를 무차별화한다는 점에서 공통되며, 후자의 인물형이 추구하는 야망은 화폐에 대한 욕망을 포함한다는 점에서 전자의 인물형을 포함한다고 볼 수 있으나, 여기에서는 야망 지향적 인물형이 박경리 소설에서 뚜렷한 유형을 이루고 있다고 보고 이를 구분하여 논의코자 한다. 이와 관련하여 『표류도』, 『영원한 반려』, 『단층』, 『토지』 등의 작품을 살필 수 있다.

박경리의 출세작이라 할 수 있는 『표류도』(1959)[42]의 부정적 인물인

40 이덕화는 『단층』을 논하면서, 이 작품을 비롯하여 박경리의 대부분의 작품에 공리주의자, 출세주의자가 범람하고 있음을 지적하고 있다. 이덕화, 앞의 책, 187면.

41 여기에서 '자아의 파탄'이란 인물이 도구적 인간관계를 맺은 결과, 타인의 시선에 의해 규정되는 사회적 자아의 위신이 실추되는 것을 의미한다.

42 박경리, 「표류도」, 『현대문학』, 1959.2~11.

최강사는 박경리 소설에 등장하는 야망 지향적 인물의 원형이라 할 수 있다. 결코 계산 없이는 여자들을 사귀지 않는 최강사는 여자들이 만드는 계에도 들고 고리대금을 하는 등 배금주의적 속성을 드러내 보일 뿐만 아니라, “자기에 대한 과대망상증”에 걸려 “하찮은 이익을 위하여 파리손이라도 부비는 듯한 시늉을 하는 꼬락서니”(4회, 153~154)를 하는 출세 지향적 인물로 형상화된다. 최강사가 이 작품의 여주인공 강현회에 의해 죽임을 당하는 사건은 그의 이러한 속물적 행태가 극단에 이르는 상황에서 이루어진 것이라 할 수 있다.

“C대학의 경제과에 강좌를 갖고 있는 소위 학자”(1회, 158)인 최강사는 대학의 강의 자리를 놓고도 거래를 하는바, 상대가 자신의 강의 자리 확보에 협력할 경우 자신이 상대 저서의 출판문제를 해결해 주겠다는 조건을 붙이는 등 이용가치를 따져 인간관계를 맺는다. 그의 목적지향적인 도구적 인간관계는 출판사를 경영하는 김환규에게도 적용된다.[43] 최강사는 자신이 알고 있는 외국인과 김환규를 상대로 복잡한 거래를 하고자 한다. AS재단에 친한 친구가 있는 외국인 스미스를 알고 있는 최강사는 그 외국인을 통해 김환규가 AS재단으로부터 종이를 공급받을 수 있도록 하고, 한국에서 살고 싶어 하는 스미스에게는 자신이 영어선생 자리를 알선해 주며, 자신은 김환규에게 자기 저서의 출판을 맡기고자 한다(8회, 222). 이는 이해득실을 따진 빈틈없는 거래에 의한 인간관계이다. 이러한 도구적 인간관계는 최강사가 자신의 목적을 이루기 위해 여주인공 강현회를 외국인 스미스에게 구두로 팔아넘기는 부분에서 절정

43 “빈틈없는 장사꾼”인 김환규는 최강사의 거래조건을 쉽게 수락할 인물이 아닌 것으로 그려진다.

에 이른다. 그는 스미스가 자신의 부탁을 들어두는 조건으로, 강현회가 자신의 여자인 것으로 속여 자신이 강현회를 스미스에게 양보해 주겠다는 거래조건을 내건다(9회, 188). 이 부분에서 최강사의 도구적 인간관계는 인간의 존엄성까지를 무차별화하여 인간을 자신의 목적을 이루기 위한 한낱 거래의 대상으로 삼고 있는 것이다. 그는 결국 이 대화를 엿듣고 분노한 강현회에 의해 살해되어 자아의 파탄을 맞는다.

초기의 작품 『표류도』에 이어 후기의 장편인 『영원한 반려』(1967)[44]를 통해서도 야망을 위해 도구적 관계를 맺는 인물을 살필 수 있다. 『영원한 반려』에서 신병구 씨는 문힉을 절내의 가치로 추구하는 인물인 바, 그와 크게 대립하는 인물은 그의 아내 강철애 이외 유한부인으로서 작가의 명성을 탐하는 김영미이다. 그녀는 문학을 통해, "활자화될 이름 석자가 풍기는 지성이나 미장원에서 열심히 닦는 용모나, 화려하고 값진 의상과 장신구를 전시(展示)할 장소를 얻"(224)고자 하는 "야심"을 갖는다. 김영미는 이 "야심"을 이루기 위해 "여타의 공작"을 자행하는데, 이는 도구적 관계를 통한 가치의 무차별화로 나타난다.

> "선생님 전 선생님의 열렬한 애독자예요." / 그러는 영미는 처음부터 **목적의식**을 갖고 있었다. 소녀시대에 누구나 빠지는 그 몽상적(夢想的) 과정을 뛰어넘은 영미는 벌써 **타산적인 성숙(成熟)**에 들어서 있었던 것이다. / 젊은 소설가, 대학의 강사, 게다가 훤칠한 모습의 신병구씨는 두 가지 목적의 대상자로서 영미의 머리를 민첩하게 움직이게 하는 데 충분한 가치가 있었

44 박경리, 「영원한 반려」, 『박경리 문학전집』 21, 지식산업사, 1987.

던 것이다. **신병구씨를 딛고 일어서서 문단에 진출하는 것이 그 하나요, 둘째는 결혼의 상대자로서.**(107~108, 강조는 인용자)

김영미는 소설가라는 "야심"을 이루기 위해 그 '유용성'(이용가치)에 따라 한때 스승으로 따랐던 신병구 씨 및 남편인 윤필구와 도구적 관계를 맺는다. 부산 피난시절에 신병구 씨를 만나 소설수업을 받았던 김영미는 문단 진출을 위한 조력자, 결혼 상대자의 두 가지 가치를 두고 신병구 씨를 만났던 것이다. 그러나 김영미에게 작가로서의 재능이 없다는 사실을 간파한 신병구 씨는 김영미와의 관계를 소원하게 하고 만다. 세월이 흘러 "은령 출판사"를 사업체의 하나로 가진 윤필구의 아내가 된 김영미는 신병구 씨의 책을 출판하겠다는 의도를 내비쳐 그와 재회한다. 이는 신병구 씨의 도움을 받아 소설가로서의 야심을 이루고자 한 또 다른 시도인 것이다. 이 과정에서 김영미는 신병구 씨를 이용하고 저버린다. 학벌도 없고 장사꾼인 윤필구의 후처라는 사실을 의식한 김영미는 윤필구의 열등감을 자극하고 자신의 허영심을 충족하기 위해 부산 피난시절 신병구 씨와의 관계를 허위로 윤필구에게 이야기한다. 즉 김영미 자신이 신병구 씨를 결혼 상대자로 지목하여 적극적으로 관계를 맺고자 하였던 상황을 뒤바꾸어 신병구 씨의 구애를 자신이 거절한 것으로 말한다. 나아가서 현재 신병구 씨의 가정이 자신으로 인하여 화목하지 않다는 말로 윤필구의 질투심을 부채질함으로써, 신병구 씨의 책을 은령 출판사에서 출판하지 않도록 농간을 부린다. 김영미의 이와 같은 허언은 신병구 씨가 모르는 사이에 그의 작가로서의 위신에 상당한 손상을 입힌 것으로 드러난다.

한편, "한발한발 걸어" 사업을 키워갔던 윤필구는 김영미와 결혼한 이후 "사업체를 모조리 정리하여 제지공장을 시작"한다. 그는 "실속 있는 자신(自信)을 버리고 재벌이라는 명칭"(389~390)을 탐하게 되는데, 제지공장이 전소함으로써 몰락하고 만다. 김영미는 자신에게 소설가라는 이름을 붙여주고 "여신(女神)의 자리를 굳건히 해주던 황금의 위력"(407)이 사라지자 윤필구를 배반한다. 미모만을 유일의 재산으로 간직한 예전의 문학소녀로 돌아간 김영미는 "가련하고 상처 입은 비둘기 같은 여인으로 표변"(408)하여 다시 신병구 씨와의 교류를 시도한다. 신병구 씨는 "이득을 줄" 것이냐, "손해를 끼칠"(109) 것이냐에 따라 '도의적 판단' 없이 도구적 인간관계를 맺는 김영미를 "창부"로 규정한다. 본인의 능력과 무관하게 소설가로서의 허상적 자아를 좇던 김영미는 윤필구의 금력으로 부잣집 유한부인에서 허울뿐인 소설가가 된다. 그런데 남편 윤필구가 경제적으로 몰락함으로써 그를 배반하고 문학소녀로 돌아갔다가 종국에는 신병구 씨에 의해 창부로 규정되는바, 자아의 파탄을 맞는 것으로 볼 수 있다.

"야심"을 이루기 위하여 사랑을 매개로 한 관계보다 도구적 관계를 우선시하는 경우는 『영원한 반려』의 성민수와 신병희, 그리고 김수정의 관계에서도 발견된다. 성민수와 신병희는 불륜의 관계를 맺는데, 신병희에게 있어서 성민수를 향한 사랑은 그 무엇과도 대체할 수 없는 절대의 가치로서 자리한다. 이와 달리, "권력에 대한 야망과 한 여자를 위한 따뜻한 사랑" 사이에서 갈등하는 성민수씨에게 있어서 "야망"은 마음의 전부를 차지하는바, 이에 비할 때 "사랑은 한부분에 지나지 못"(207)한 것으로 나타난다. 이 작품은 이처럼 작은 부분을 차지하는 사랑이 바람을 피우는 정도에 머무는 것이 아니라 순수한 것이라는 사실 때문에 "성민수씨에게 있어서 감정이란 여벌 같은 것"이라고 보고 있다. 이러한 성격을 갖는 성민수의 신병희를 향한 사랑은 처음부터 성민수로 하여금 "양심의 문제보다 의무감에서, 그보다는 순조로운 정치적 기반의 한 모서리를 떠받쳐주고 있는 가정이 파괴될지도 모른다는 두려움"(199) 때문에 고민하도록 만든 것으로 드러난다. 즉 성민수는 신병희와의 불륜의 관계에서 비롯하는 도덕적 질타보다 이 관계가 드러났을 때 자신의 정치생명이 위협받을 것을 더욱 염려한 것이다.

이들의 불륜이 주변 사람들에게 드러났을 때 신병희는 "오직 성민수씨를 잃어버린다는 그 하나"의 사실 때문에 "공포"에 휩싸인다(311). 이러한 신병희의 공포에 부응하듯, 성민수는 신병희와의 불륜이 아내 김수정과 자신의 "정치무대를 괴어주는 기둥과 같은 존재"(397)인 장모에게 드러나자 신병희에게 단호하게 결별을 선언한다. 이는 성민수가 신병희를 사랑하면서도 무엇보다 "야망"을 우선시하는 마음의 반영인 것이다. 성민수는 자신의 야망을 위해 신병희에 대한 사랑보다 김수정과의 도구적 관계를 우선시한 것이다. 이 작품에서 성민수와 신병희는 두 번에 걸쳐 만남과 이별을 반복하고 있는 것으로 나타난다. 신병희가 결혼하기 전의 첫 번째 만남에서는 성민수가 "애정에 고민"하였던 것으로 기억된다. 그런데 미망인이 된 신병희와의 두 번째 만남과 이별의 과정을 두고, 성민수는 이를 "사나이의 투쟁 방법"으로 정당화한다. 내포작가 편에서는 이를 "허위와 수식에 가득찬"(397) 것으로서 평가하고 있는바, 이는 야망 앞에서 사랑이 무차별화된 상황을 적시한다 하겠다. 이 불륜의 서사는 김수정이 성민수와 신병희의 만남과 이별, 그리고 이별의 상처로 인한 신병희의 자살을 알게 되는 것으로 귀결되는데, 김수정과 성민수의 부부관계는 도구적 관계 그 이상이 될 수 없으며, 성민수의 남편으로서의 자아는 파탄을 맞은 것이라 하겠다.

야망을 위해 도구적 관계를 맺는 인물은『단층』에서도 등장한다. 이 작품에서 정근태 일가의 이야기는 정근태와 정자의 불륜의 사랑을 큰 줄기로 하여 전개되는데, 서울의 정근태 가족과 관련하여 근태와 옥이네의 맏딸 기옥이 판자촌 출신이라는 사실을 속이고 부잣집 남자를 만나 신분상승하고자 하는 욕구를 드러내 보이는 서사가 주목된다. 기옥은 자신에게 "배우가 될 수도 있고 가수로 나갈 소질도 충분히 있"(28)다고 생각하여, 이 야심을 이루어 당당하게 좋은 남자를 만나 결혼함으로써 신분상승할 꿈을 키운다. 그런데 이와 같은 야심을 이루기 위한 기옥의 접근 방법은 '도의적 판단'을 벗어난 것으로 나타난다. 기옥은 "절대 불가침"으로 자리하는 "가진 사람"의 쪽으로 넘어가기 위해 "몸치장"을 하여 부잣집 자제와 어울리고, 그 비용을 대기 위해 일본인을 상대로 몸을 판다(320). 그녀는 신분상승하기 위해 부잣집 남자와 결혼하는 것을 삶의 목적으로 삼고, 이를 이루기 위해 사랑을 매개로 한 이성 관계가 아닌 도구적 관계를 맺게 되며, 이러한 관계의 극단화된 형태가 매춘으로 나타나게 된 것이다.[45] 결국 기옥은 부잣집 남자의 아이를 갖게 되는데, 상대 남자는 기옥이 판자촌 출신이라는 것을 속인 사실, 매춘을 한 사실을 들어 기옥을 버린다. 결혼을 통해 신분상승을 하리라는 기옥의 꿈은 이러한 현실하에서 부서지고 마는데, 그녀

45 매춘은 화폐와 섹스를 결합하면서 모든 문화적 가치를 멀리하는 것이다. P. Zima, 앞의 책, 1997, 340면.

는 사생아를 낳은 미혼모로서 자아의 파탄을 맞는다.

한편, 야망을 이루기 위해 도구적 관계를 맺는 경우는 『토지』의 신여성 홍성숙을 통해서도 살필 수 있다. 홍성숙은 결혼을 한 신분임에도 불구하고 성악가로서 성공하기 위해 자신을 경제적으로 지원해 줄 수 있는 조용하와 관계를 맺는다.[46] 홍성숙과 조용하의 관계에서 각자가 서로에게 접근하는 내적인 계기는 상이하다. 동생 조찬하가 사랑하였던 임명희를 본처와 재빠르게 이혼하고 차지한 조용하는 아내 임명희를 정신적으로 학대하기 위해 홍성숙과 그릇된 관계를 맺는다. "야망이 강한 홍성숙"은 "성악가로서 대성"하기 위해서는 "조용하가 안성맞춤의 배우자"(8권, 448)라는 생각 때문에 남편이 있음에도 불구하고 조용하에게 접근한다. 이들은 상호 사랑을 매개로 한 관계를 맺고 있지 않다는 점에서 공통적이지만, 야망을 이루기 위해 조용하에게 접근한 홍성숙 편에서 보다 도구적인 관계를 맺고 있는 것으로 볼 수 있다. 홍성숙은 조용하와의 관계가 사람들의 구설에 오르내리자 조용하를 만나 과감하게 남편과 이혼하고 조용하와 결혼할 의사가 있음을 밝힌다. 남편과 이혼하더라도 조용하의 "후원이 있고 따뜻한 이해, 사랑만 있다면" "언제든지 재기할 수 있을"(9권, 368) 것이라는 계산에 홍성숙은 그와 같은 결단을 조용하에게 밝힌 것이다. 그러나 홍성숙에게 별다른 애정을 품고 있지 않을 뿐만 아니라, 밀착해 오는 여자에게는 거부감

46 이 점에서 『토지』의 홍성숙 관련 이야기는 『영원한 반려』의 김영미 관련 서사와 상호 텍스트적 관련을 고려해 볼 수 있다. 이 외에도 박경리 작품에 등장하는 이들과 유사한 인물형으로, 「겨울비」의 순자, 『타인들』의 강경옥 등을 들 수 있다. 「겨울비」의 순자는 재능이 없음에도 불구하고 작가로서 이름을 알리기 위해 소설가인 최한섭 씨에게 접근하며, 『타인들』의 강경옥은 자신을 지원해 줄 수 있는 인물이면 누구라도 관계를 맺을 자세가 되어 있음을 공공연하게 알리는 인물이다.

을 갖는 조용하는 홍성숙의 그와 같은 제안을 물리친다. 결국 홍성숙이 조용하를 통해 자신의 야심을 이루고자 했던 의도를 접고, 무골호인의 남편에게 돌아가는 것으로 이들의 불륜은 끝을 맺는다.

성악가의 존재가 희귀하였던 당시 식민지 조선의 상황에서 정당한 실력에 의해서가 아니라, 물질적 지원을 받을 수 있는 조용하와 도구적 관계를 맺음으로써 야망을 이루고자 하였던 홍성숙은 결국 "자질이 뛰어나고 정통적으로 공부한 후배들에게 밀리면서"(13권, 335) 음악계에서 물러나게 된다. 박경리 소설에서 허다하게 나타나는 불륜은 대체로 애정을 매개로 한 불륜이다. 그런데 『토지』의 홍성숙과 조용하의 관계는 야망을 매개로 한 불륜으로서 그 성질을 달리하며, 따라서 남녀의 사랑을 도구적 관계로 무차별화한 경우라 할 수 있다. 이와 같이 도구적 관계를 통해 출세하고자 하였던 홍성숙은 결국 이름난 성악가가 되는 대신 "유한마담으로 전락"(13권, 335)함으로써 자아의 파탄을 맞는데, 무용가 배설자에 의해 불리어지는 호칭은 그녀의 입지를 잘 드러내준다. "권모술수"에 능한 "사교술의 천재"(13권, 68)로 평가되는 배설자는 홍성숙과 어울리면서, "동석한 사람들이 홍성숙을 대수로 여기지 않을 때"는 "마치 동료처럼 홍 여사 하고 부르며", "홍성숙의 가족이나 친지들 앞에서는 언니라 부르며 매우 친밀한 사이라는 것을 과시했고, 홍성숙의 입지가 좋거나 자신의 이해가 걸렸을 때는 홍 선생, 그 이상으로 홍 선생님이라 칭할 경우"(13권, 334~335)도 있는 것으로 나타난다. 홍성숙은 나이 들면서 성악가로서 자신의 입지를 잃고 권모술수에 능한 인물에 의해 주변의 상황에 따라, "홍여사", "언니", "홍 선생(님)" 등으로 불리어지는 존재로서 정체성의 위기를 맞는다.

이상 살핀 바와 같이, 박경리 소설에서는 야망 실현을 위해 타자와 도구적 관계를 맺는 인물들이 주요하게 등장한다. 이들이 모두 파탄을 맞고 있음은 인격적 관계가 아닌, 도구적 관계의 허상을 잘 보여주고 있다 할 수 있다. 여기에 속한 인물들은 모두 궁극적으로, 그들이 도달하고자 하였던 야망(자아실현)에 도달하지 못한 채 자아의 파탄을 경험하게 된다.

2) 섹슈얼리티의 과잉과 정체성의 위기

박경리의 문학에는 다양한 유형의 애정갈등서사가 나타나는바, 대부분 장애를 갖는 사랑이거나 어긋나는 사랑이다.[47] 장애를 갖는 사랑의 경우 주로 불륜의 형태를 띠며, 이러한 불륜 역시 다양한 하위 범주로 나누어 생각해 볼 수 있다.[48] 다른 한편으로 박경리의 소설에 나타나는 애정갈등서사를 분류할 수 있는 유용한 기준으로 애정갈등의 원인이 에로스적 욕망인가 혹은 성적 욕망인가 하는 것을 내세울 수 있다. 에로스적 욕망은 대체로 역사적・문화적 콘텍스트에 뿌리를 내리고 있는 남녀 간의 사랑을 의미한다. 성적 욕망은 '몰가치적'인 육체적 욕망에 바탕을 둔 것으로서 화폐와 마찬가지로 '무차별적'이다. 여기에서 성적 욕망은 섹슈얼리티로서 교환가치와의 '동형성'을 고려해볼

47 여기에서 '애정갈등서사'가 의미하는 바는 좁은 의미의 남녀 간의 에로스적 사랑을 넘어서는 것으로서, 포괄적인 범위의 남녀관계를 뜻한다. 그리고 '어긋나는 사랑'이란 사랑의 주체와 대상이 상호 마주보지 않는 사랑을 의미하며, 이 또한 불륜의 성격을 갖기도 한다.

48 불륜의 경우 이를 남녀 간의 관계의 양상에 따라 ① 혼사장애형 불륜, ② 애정형 불륜, ③ 이익・애욕추구형 불륜, ④ 근친적 불륜으로 대별해 볼 수 있다.

수 있다.[49] 주 48에서 분류한 불륜의 하위범주 가운데 혼사장애형 불륜과 애정형 불륜이 에로스적 욕망에서 비롯하는 사랑이라면, 이익 · 애욕추구형 불륜은 주로 성적 욕망에 바탕을 둔 섹슈얼리티이다. 근친적 불륜은 에로스적 욕망과 성적 욕망 모두에 걸쳐 나타날 수 있다. 여기에서는 성적 욕망의 무차별적 발산과 관련하여 「시정소화」, 『푸른 운하』, 『노을진 들녘』, 『김약국의 딸들』, 『가을에 온 여인』, 『파시』, 『토지』 등의 작품을 대상으로 인물 정체성의 문제를 살피겠다.

박경리 소설에 나타나는 다양한 유형의 애정갈등 가운데 근친적 애정은 여러 형태로 나타난다. 근친적 애정의 주체 및 대상의 관계가 형수와 시동생, 시아버지와 며느리, 이종사촌, 형부와 처제 등으로 다양할 뿐만 아니라,[50] 그 욕망의 양상이 에로스적인 경우와 성적인 경우 및 양자의 경계가 확연하지 않은 경우 등으로 다양하다. 단편 「시정소화」는 시동생 권상주와 형수인 복녀가 성관계를 맺는 것으로 이야기가 시작된다. 권상주는 복녀를 감언이설로 속여 죽은 형인 인주가 남긴 가산을 침탈하고 자신을 사랑하는 복녀와는 근친적 성관계를 맺은 것이다. 따라서 권상주의 편에서는 성적 욕망에 의한 성행위라면, 복녀는 에로스적 사랑에서 비롯한 성행위라 할 수 있겠다. 이 작품에서 권상주가 등장하는 것은 복녀를 속이고 가산을 빼앗아 사라지는 첫 장

49 P. Zima, 앞의 책, 1997, 340~341면.

50 『애가』의 윤상화와 영옥, 「재귀열」의 하영민과 선숙, 『내 마음은 호수』의 송병림과 문명희, 「시정소화」의 권상주와 복녀, 「눈먼 실솔」의 윤식과 윤이, 『토지』의 김환과 별당아씨, 조찬하와 임명희의 관계 등에서 형수와 시동생의 근친적 애정이 문제가 된다. 시아버지와 며느리의 근친적 관계는 『김약국의 딸들』, 『파시』에서 나타나며, 『노을진 들녘』에서는 윤영재와 송주실의 이종사촌간 근친상간이 문제가 된다. 형부(뻘)과 처제(뻘)의 근친적 애정은 「벽지」의 김병구와 강혜인, 「비는 내린다」의 이민수와 윤지영의 관계에서 나타난다.

면에서만이다. 그런데 그의 행위에는 소유욕망에 따른 가산침탈과 무차별한 섹슈얼리티가 착종되어 있기에 주목할 만하다. 그는 가산 침탈을 위한 방편으로서 복녀와 함께 살 것처럼 꾸미기 위해 형수와 무차별한 성관계를 맺고 있다. 이 작품의 종결부에서 권상주는 "가대위(假大尉)"[51]로 행세한 것이 발각되어 체포된 것으로 드러난다. 권상주는 자신의 직분을 가짜 대위로서 꾸민 것과 마찬가지로 복녀 앞에서 형수의 남편이 될 양으로 꾸며 섹슈얼리티를 발현하고 가산을 침탈한 것이다. 따라서 사기꾼이자 근친적 성관계를 맺은 패륜아 권상주는 자신의 진정한 정체성을 몰각한 인물이라 할 수 있겠다.

『토지』의 임이네는 작품의 초반에서 왕성한 생명력과 생식욕, 그리고 식욕을 탐하는 인물로 형상화되었으며, 이용과 부부관계를 맺지만 이용의 사랑을 받을 수 없다는 사실을 깨달은 이후부터는 탐욕의 화신으로 등장하는바, 본능에 충실한 인물로서 박경리가 창조한 전형적인 유형이라 할 수 있다. 『토지』 이전의 작품을 살필 때 이러한 임이네와 가까운 인물유형으로 『김약국의 딸들』의 셋째 딸 용란을 생각해 볼 수 있다. 용빈이 외국인 선교사 케이트와 나누는 대화에 따르면, 용란은 사랑보다는 본능에 움직여 김약국 집안의 머슴인 한돌과 정사를 하였으며, 만약 한돌이 아닌 다른 남성일지라도 그와 같은 관계를 맺을 수 있을 것으로 이야기되고 있다. 여기에서 용빈은 용란의 무차별적인 성욕을 간파하고 있는바, 이처럼 무차별적인 성적 욕망을 발산하는 용란이 그럼에도 불구하고 "천사와 같이 순진한 것"(135)을 느끼게 한다는 점에서 용란의 성격 창

51 박경리, 「시정소화」, 『박경리 문학전집』 19, 지식산업사, 1987, 43면.

조의 독특함이 자리한다고 하겠다. 『토지』의 임이네 역시 칠성이의 아낙으로 등장하는 작품의 초반부에서 출중한 외모를 지닌 이용에게 무차별적인 성적 욕망을 발산한다. 칠성의 아이를 임신한 상황에서 이용에게 추파를 던지는 임이네에 대해 이 작품은 "임신한 여자였을 뿐 어미가 아니었다. 음탕한 것도 아니었다. 그것은 자연이었다"(1권, 104)라고 묘사하고 있다. 여기에서 임이네의 아내로서, 어머니로서의 정체성은 몰각되고 있다 하겠는데, 이러한 임이네와 유사한 유형의 인물을 박경리의 초기 장편 『푸른 운하』에서도 살필 수 있다. 이 작품의 주요 인물인 허찬희의 시누이로 등장하는 상애는 무차별한 성적 욕망을 드러낸다. 이 작품은 상애가 탕녀 기질을 타고난 인물인 것으로 그리고 있는데, 그녀는 출가한 부산의 집을 떠나 서울의 허찬희의 집에 아들 길수와 함께 머물면서 "아무데서나 누구를 가릴 것 없이 창부의 냄새를 발산"(82)한다. 길수에 대해서도 모성애를 전혀 갖지 않은 것으로 그려지는데, 상애 역시 가족 내에서의 자신의 정체성을 몰각한 인물이라 하겠다.

박경리 소설에서 반복하여 나타나는 근친적 애정서사 가운데, 성적 욕망이 적용되는 근친상간 모티프가 있어 주목된다. 『노을진 들녘』에서 윤영재는 외사촌인 송주실을 범하는데, 이는 의도적인 성적 행위이기보다 불가피한 상황에서 본능에 굴복한 경우라 하겠다.[52] 이 작품은 윤영재와 송주실의 근친상간이 벌어지기 이전에 인간의 성적 욕망이 무차별적인 것임을 적시하고 있다. 송주실의 할아버지 송정주 노인은 일제강점기 학병으로 끌려간 아들이 행방불명이 되고, 딸과 며느리를 열차사고로 잃자

52 이 글에서 살피고 있는 인물들은 대부분 부정적 인물에 해당하는데, 『노을진 들녘』의 윤성재는 근친상간 이후 죄의식에 시달리는 주동 인물로 등장한다.

문명과는 동떨어진 송화리 마을에 터전을 잡고 손녀인 송주실이 교육을 받지 않고 자유분방하게 성장하도록 한다. 이와 같이 문명화된 세계와 거리를 둔 배경하에서 이 작품의 전반부는 인간의 원초적 욕망을 들추어내고 있다. 행실이 나쁜 김서방댁이 송노인에게 추파를 던지자, 송노인은 김서방댁에게 분노를 표출한다. 이와 같은 분노에는 "불혹지년"을 넘긴 것으로 생각한 "자기 마음 속에 일어난 야릇한 정욕"(24)에 대한 노함이 포함되어 있는 것으로 드러난다. 이 작품은 이와 같은 삽화에 이어서, 무엇보다도 "일종의 원시적인 소녀"(11)로 성장한 송주실을 통해 느끼는 성적 욕망이 무차별적인 것임을 잘 드러내고 있다.

> **무심히 뛰노는 주실을 바라보고 있던 영재는 현기증을 느꼈다.** / (빨간 수영복이 나빴다!) / **숨결이 거칠어진다. 영재는 심장을 짓누르듯 모래 위에 가슴을 착 붙이고 주먹을 불끈 쥔다. 진홍빛 수영복이 눈앞에 뱅뱅 돌고 있었다. 무르익은 사과 같은 것, 강렬한 향취. 영재는 그 진홍빛 수영복을 찢어버리고 싶은 충동을 느꼈다. 그 진홍빛 수영복이 아니더면 현기증을 느끼지 않았으리라는 생각이 희미해진 이성 속에 일어났다.** 마른 입술을 혓바닥으로 축이고 영재는 얼굴을 돌렸다. 성삼의 눈이 주실의 몸을 더듬고 있었다. 눈은 하나뿐이다. 그도 그럴 것이 옆얼굴이었으니까. **솟은 코, 두툼한 입술, 그 입술이 이따금 정욕적으로 실룩거린다.** / 영재는 저도 모르게 벌떡 일어나서 성삼의 빰을 후려쳤다. 찰싹 소리가 났을 때 영재는 아찔했다. (…중략…) (성삼) "**다 마찬가지 아닙니까? 눈은 보라고 있는 것, 본능에 뚜껑을 닫아둘 순 없죠. 당신이나 나나.**" (…중략…) / 영제는 죄의식에 사로잡히며 묵묵히 걷는다.(30, 강조는 인용자)

방학을 맞이하여 외할아버지 송노인 댁을 찾은 윤영재는 진홍빛 수용복을 입고 천방지축으로 노는 송주실을 바라보고 걷잡을 수 없는 성욕에 현기증을 느끼는데, 이러한 욕망은 근친상간을 금지하는 가족적 계율을 넘어서는 무차별적인 것이라 하겠다. 한편, 송노인의 고용인이었던 김서방의 아들로서 "건달 대학생"(15)인 김성삼 역시 송주실의 관능적인 모습에 정욕을 드러낸다. 이러한 김성삼의 반응에 분노한 윤영재는 성삼을 치는데, 이에 대항하는 김성삼의 위 대사는 성적 욕망이 가족적 계율, 신분의 고하와 무관하게 작동하는 무차별적인 것임을 잘 나타내고 있다.

우박 같은 폭우가 쏟아지던 날, 본능을 다스리지 못한 윤영재가 송주실을 범하고 만 사건이 이 소설의 첫 번째 장 「태풍(颱風)」의 주요 내용이다. 이후의 서사는 근친상간으로 고뇌하는 윤영재의 방황, 근친상간의 현장을 엿본 김성삼의 협잡 등을 뼈대로 하여 펼쳐진다. 그런데 근친상간으로 인한 죄의식에 사로잡힌 윤영재의 무차별적 성적 욕망의 발산이 이후의 서사로 연장된다는 점이 주목된다. 윤영재는 "정신분열증이 일어날 것만 같은 무서운 예감" 속에 "주실의 눈을 피하기 위하여"(68) 김성삼의 소개로 만난 바 있는 미대 학생인 강일혜를 찾는데, 이후 계속되는 만남을 통해 강일혜와 사랑이 없는 성관계를 맺곤 한다. 이러한 강일혜와의 관계를 통해 가족적 계율의 파괴가 반복된다. 한국전쟁 때 가족이 해체된 강일혜는 요정을 경영하는 언니 강신혜와 함께 생활하는데, 어느 날 윤영재는 한 지붕 밑에서 자신의 아버지 윤현국씨가 강신혜와 관계를 맺는 동안, 자신은 강일혜를 "껴안고" 있었다는 사실을 알게 된다. 이 작품은 "아버지와 아들이 한 자매를 희롱"

하는 "악덕" 혹은 "패륜"(135~136)을 통해 성적 욕망이 무차별적일 수 있음을 다시 한 번 보여주고 있다. 윤영재는 송주실과의 근친상간을 겪은 이후, 가족과의 단절을 꾀하는데 이러한 사건들을 통해 윤영재의 가족 내에서의 정체성이 위협받고 있다 하겠다.

『김약국의 딸들』과 『파시』에서는 시아버지와 며느리의 근친적 관계[53]을 반복하여 그리고 있는바, 그 양상은 상이하게 나타난다. 『김약국의 딸들』에서 용옥과 서영감의 관계를 『파시』에서의 조명화와 박의사의 관계와 대비하여 전자의 경우에 나타나는 가치의 무차별성과 정체성의 문제를 살펴보자.

『파시』[54]에서 조명화와 박응주는 사랑하는 사이인바, 박응주의 부친인 박의사가 이들의 결혼을 반대하는데, 이는 극적인 반전이 이루어지기까지 조명화 모친의 정신병력이 혼사장애로 작용한 것으로 처리된다. 이 소설의 마지막에서 세 번째 장인 「마지막 주사위」에서 박의사가 조명화에 대한 사랑을 고백하면서, 자신이 "좋아했던 여자를 아들이 가져서는 안 된다는"(365) 이유 때문에 박응주와의 결혼을 반대한 것으로 나타난다. 박의사가 한편으로 아들과 사랑하는 사이인 여자이기 때문에 자신이 조명화를 취해서는 안 된다고 생각하는 것과, 다른 한편으로 자신이 사랑했던 여자를 역시 아들이 가질 수 없다고 생각하는 것은 그가 사회적 · 문화적 · 도덕적 문맥에서 삼자의 관계를 고려하고 있음을 의미한다. 그는 박응주의 아버지로서의 정체성을 분명히

53 엄밀하게 보았을 때 『파시』에서는 시아버지와 며느리의 관계가 아니나, 서로 사랑하는 사이인 조명화와 박응주의 관계를 고려하여 박의사와 조명화의 관계를 시아버지와 며느리 관계의 범주에 넣고 논의를 전개한다.

54 박경리, 『파시』, 현암사, 1965.

하고 있을 뿐만 아니라, 한 여자를 사랑하는 그 자신으로서의 정체성 역시 포기하지 않은 것이다. 따라서 박의사가 며느리뻘되는 조명화에 대해 가지는 욕망은 몰가치적이고 무차별한 성적 욕망이 아닌 에로스적 욕망인 것으로 볼 수 있다.

동일하게 시아버지와 며느리의 근친적 관계를 그리고 있는 『김약국의 딸들』에서의 서영감과 용옥의 관계를 『파시』의 경우와 대비하여 살펴보자. 『김약국의 딸들』에서 넷째 딸인 용옥은 남편인 서기두의 사랑을 받지 못하여 외로운 결혼생활을 하는데, 시아버지 서영감은 이러한 용옥을 강간하려는 시도를 한다. 『파시』에서 박의사가 조명화를 사랑하는 마음을 숨기고 이를 아들과의 결혼을 반대하는 태도로서 간접적으로 드러낸 것과 달리, 『김약국의 딸들』의 서영감은 아들의 사랑을 받지 못하는 며느리를 향해 성적인 욕망을 발산한 것이다. 박의사가 조명화에 대해 가진 에로스적 욕망과 달리 서영감은 도덕적 · 사회적 · 문화적 문맥에서의 판단을 하지 않고 육체적 욕망을 무차별적으로 드러낸 것이라 하겠다. 따라서 이러한 성적 욕망의 주체인 서영감은 그 자신의 시아버지로서의 정체성을 도덕적으로 부정(否定)하고 있으며, 이로 인해 욕망의 대상인 용옥은 며느리로서의 정체성이 위협받고 있다고 하겠다.[55]

『가을에 온 여인』(1962~63)[56]에서는 앞의 작품들과 달리 근친적 애정은 나타나지 않지만, 섹슈얼리티의 무차별성이 여실하게 드러난다. 이 작품은 추리소설의 기법을 사용하여 푸른 저택을 소유한 오세정과

55 『김약국의 딸들』에서도 이러한 가치의 무차별화에 따른 행위 뒤에는 "어쩔 수 없는 죄책의 무서움"(472)이 뒤따르는 것으로 나타나지만, 『노을진 들녘』에서와 같이 이를 첨예하게 다루지는 않는다.

56 박경리, 「가을에 온 여인」, 『박경리 문학전집』 8, 지식산업사, 1980.

강명하 부부의 과거 사연을 들추어낸다. 이들의 과거는 전체 열두 개의 장 가운데 아홉 번째 장인 「의상(衣裳)을 벗어라」에서 거의 드러난다.[57] 이 장에서는 주로 청자를 상정한 강명하의 스토리텔링을 통해 오세정이 강명하와 결혼하기까지의 과정, 오세정과 결혼생활을 하는 강명하의 내면 등이 나타난다. 이 작품에서 오세정은 죽은 강명하의 동생을 향한 사랑을 절대의 가치로서 간직하고 있다.[58] 한편, 강명하는 오세정을 사랑하는바, 그 자신의 고백에 따르면 오세정의 영혼을 사랑하는 것이 아니라, "아름다운 육체"를 사랑한다. 그는 오세정의 "육체를 사랑하는 이상으로" 오세정의 "영혼을 증오하고 학대하는 것"(251)을 자신의 희열로 삼는다. 오세정이 죽은 애인을 향한 절대의 사랑을 간직하고 있다면, 오세정의 육체만을 사랑하는 강명하는 무차별적인 성적 욕망을 발산한다. 그는 석영희를 동생의 유복자인 찬이의 보모 겸 자신의 성적 욕망의 배설을 돕는 존재로서 푸른 저택에 고용하고 있다.[59] 다음의 스토리텔링은 오세정의 육체에 대한 강명하의 사랑이 무차별적인 성적 욕망으로 변주되어 실현되는 양상을 잘 드러내 준다.

57 친일파의 딸인 오세정은 부친이 남긴 재산으로 외국에 나다니면서 유복한 생활을 하는데, 외국에서 만난 강명하의 동생인 음악가를 사랑하였다. 강명하의 동생이 한국에 나가 있는 동안 나의화와 사랑에 빠진 사실을 확인한 오세정은 강명하의 동생과 동반자살을 결행한다. 오세정은 강명하 동생의 죽음을 확인하기 위해 자신은 약을 조금만 먹는데, 결국 혼자 살아남는다. 이러한 사실은 당시 미국에서 개업하고 있던 현인구 박사의 도움으로 은폐되고 오세정은 한양물산의 사장으로서 죽은 애인의 형인 강명하와 결혼한다.

58 애인과 동반자살을 결행하였으나 혼자 살아남은 오세정은 죽은 애인의 형으로부터 학대를 받기 위해 혹은 그를 통한 자기 학대를 감내할 요량으로 강명하와 결혼하는데, 이와 같은 사실은 오세정의 죽은 애인을 향한 절대적 사랑을 뒷받침한다. 또한 오세정은 젊은 음악도로서 죽은 애인을 닮은 가정교사 신성표에게서 애인의 흔적을 발견하고 그를 사랑하게 되는데, 이 사실 또한 오세정의 죽은 애인을 향한 유일한 사랑의 변주된 형태임을 알 수 있다. 이와 관련하여 3장에서 상세히 논의할 것이다.

59 일본인 어머니를 둔 석영희는 미대에 재학한 바 있으며, 댄서로서의 이력을 가지고 있다.

> 결국 사람이 사는 것이란, 이것은 내 지론입니다만, 시간을 잊는 일이요. 그것만이 손해 없이 인생을 지내는 방법이란 말이요. 투기적인 사업을 하는 것도 시간을 잊는 방법의 하나일 것이요. (…중략…) **그러나 나는 자꾸만 새 것에도 손을 대지 않을 수 없는 이 성벽 때문에 무너지고 말리라는 것도 알고 있어요. 여자의 문제도 그렇죠. 나는 오세정을 만나기 이전에는 한 여자에게 안주해 본 일이 없었소. 자극이 며칠을 못 가니 말이요.** 나는 안주할 수 있는 이 여자를 미국에서 발견했거든요. 영희 얘기를 합니까? 영희 영희, 아아, 영희 말이죠. **그 계집애는 오세정의 그림자요. 오세정으로부터 받은 자극은 영희 아닌 다른 여자에게도 연장될 수 있죠. 다만 편리상 영희를 집안에 둔 거요.** 불쌍하지 않느냐구요? 그럴 리 없죠. 영희는 영희대로 심각한 척하고 몸부림치는 척 하지만 행복한 거요. 행복은 아닐지라도 그런대로 무사하단 말입니다. 그 계집애는 자기도 모르는 니힐리스트니까요.(253~254, 강조는 인용자)

강명하가 오세정을 만나기 이전에 아무 여자에게도 안주할 수 없었다고 하는 것은 오세정의 경우와 매우 상반되는 그의 삶의 방식을 드러내 보여준다. 그는 사랑이 아닌 성적 욕망을 매개로 이성과 관계를 맺은 결과 매번 새로운 대상을 찾은 것으로 보인다. 그런데 그가 오세정과 부부관계를 유지할 수 있었던 것은 석영희의 존재가 큰 몫을 하고 있는 것으로 나타난다. 오세정의 육체를 향한 강명하의 사랑은 오세정으로부터 도발을 받고 석영희를 통해 대리 만족을 함으로써 지속된 것이다. 이는 강명하가 오세정의 육체만을 사랑하기 때문에 가능한 일이라 하겠다. 여기에서 석영희가 강명하에게 있어 "오세정의 그림자"에 불과한 존재 의미를 가지며 석영희가 아닌 다른 사람을 통해서도 이와 같은 관계가 연장될 수 있다고 하는 사실은 강명하의 무차별적인 섹슈얼리티를 잘 드러내고 있다 할 수 있다. 강명하를 사랑하지 않음에도 불구하고 죽은 애인에 대한 죗값을 덜기 위한 마조히즘의 기제로 강명하와 부부관계를 유지하고 있는 오세정, 오세정의 육체만을 사랑하여 오세정의 육체를 통해 도발된 성적 욕망을 어느 여자를 통해서도 만족할 수 있다고 하는 강명하, 이들은 정상적인 아내와 남편의 정체성을 부정하고 있다 하겠다.

『파시』에서는 박응주와 조명화 그리고 박의사가 관련되어 전개되는 서사와 더불어, 피난민 수옥을 중심으로 한 서사가 비중 있게 전개된다. 수옥을 씨받이로 들이는 서영래와 수옥을 서영래에게 판 대가로 성립된 거래에 엮이는 인물들의 행태가 박진감 있게 전개되는바, 이를 통해 화폐 및 성적 욕망에 의해 주요 가치가 무차별화되는 양상을 살필 수 있다.

『파시』에서 피난민 수옥은 조명화의 아버지인 조만섭씨에게 거두어져 통영 조만섭씨의 집에서 생활하나, 서울댁에 의해 서영래에게 팔리어 서영래의 첩으로서 씨받이 역할을 하게 된다. 여기에서는 수옥을 판 대가로 서울댁이 자신의 동생 문성재를 위해 밀무역 두목인 서영래로부터 얻어 낸 밀수물품이 환전되어 처리되는 방식에 주목하기로 한다.[60] 문성재가 밀수물품을 팔아서 생긴 돈은 분명한 전주를 내세우지 못한 가운데 돌고 돈다. 그 돈은 불법적인 밀수 거래의 결과 얻은 것이

60 박경리의 대부분의 작품에서는 주요 인물이든 혹은 제3의 인물에 의해 이야기되어지는 부수적 인물이든 밀수업에 관여하는 인물들이 등장한다. 『파시』를 비롯하여 『나비와 엉겅퀴』, 『창』 등의 작품에서 인물의 직업으로 제시되는 밀수가 비정상적으로 작동되는 성적인 욕망과 동형적인 관계에 놓이는 것으로 볼 수 있다. 밀수에 의해 충족되는 물질적 욕망은 불륜 등의 비합법적인 성적 욕망과 마찬가지로 비밀리에 유통된다는 점에서 그러하다.

기 때문에 근본적으로 정당한 주인이 나설 수 없는 것이 당연하다 하겠다. 어쨌든 서영래로부터 나온 물건은 처음에 키작은 사나이가 문성재와 짜고 "물건은 빼앗겼다 하고 둘이서 갈라 먹기"(302) 할 계획을 세우나, 문성재가 혼자 그 돈을 차지한다. 그런데 문성재는 그 돈을 가지고 "계집애를 데리고 온천가고" 하는 등 허비하는데, 대부분의 돈이 바아에 여급으로 나가는, 밑바닥까지 내려간 학자에게 들어가고 만다. 이와 같이 서영래로부터 "횡령한 돈"을 다 쓴 문성재는 학자가 자신의 차지가 되지 않는다는 것을 알게 되자 돈 쓴 사실을 들어 항의하는데, 학자는 "남의 돈이기는 매일반이 아"니냐는 말로 응수하면서, "몸뚱이를 팔았으니까 따따부따 할 것 없"(352)다고 쏘아붙인다. 학자에게 간 돈은 다시 학자의 제법 호화스런 생활을 위해 소모된다. 이와 같이 수옥을 희생한 대가로 생긴 돈은 정당한 주인을 찾지 못한 가운데 수옥과는 전혀 무관한 문성재와 학자의 손을 거쳐서 사라지고 마는데, 이를 통해 돈의 일반적 속성인 비가시성[61]이 드러나고 있음을 알 수 있다. 서영래와 키작은 사나이를 거쳐 문성재에게 양도된 밀수품은 돈으로 환전된 이후 문성재가 그 돈을 갈취함으로써 학자가 개입한 가운데 정당한 주인을 확정할 수 없는 상황에서 사라지고 만 것이다. 이러한 상황은 또한 그 대상과 무관하게 언제 어느 때나 교환 가능한 돈의 무차별성과도 관련을 맺는다고 하겠다.

61 그리스 세계에서 가시적인 그리고 비가시적인 자산의 조직화와 이해에 있어서 변화를 촉진시키는 것은 돈이다. 그리스인의 사유에서 가시적인 것과 비가시적인 것의 구분은 가시적인 물질(ousia phanera)과 비가시적인 물질(ouisa aphanes) 간의 대립을 포함한다. 전자는 양도가 다른 사람들에게 보이는 자산이라면, 후자는 그것의 양도가 다른 사람들에게 보이지 않는 자산으로서 돈을 포함한다. M. Shell, *The Economy of Literature*, The Johns Hopkins Univ. Press, 1978, pp.30~31.

돈의 비가시적이고 무차별적인 속성은 성적 욕망과 상동적인바, 이는 문성재를 통해 병렬적으로 형상화된다. 이 작품의 세 번째 장은 「봉화(奉化)서 온 여자(女子)」인데, 이 장에서 문성재와 "재작년에 봉화서 결혼식"(61)을 올린 것으로 주장하면서 선애가 등장한다. 선애 자신은 문성재와 합법적으로 결혼식을 올린 것으로 주장하지만, 서울댁을 비롯한 문성재의 누이들과 문성재는 선애와의 혼인관계를 인정하지 않는다. 문성재는 선애가 통영에 찾아왔을 당시 학자와 문제를 일으켜 학수로부터 폭력을 당하여 병원에 입원해 있는 상태이나, 밥을 날라 온 수옥을 희롱하던 참에 자신을 찾아온 선애를 만나자 선애와 묵은 정을 나눈다. 문성재는 선애를 아내로 인정하지 않으나, 선애는 시종 문성재를 '주인'이라 부르면서 그의 곁을 떠나지 않는다. 문성재는 이러한 선애를 감언이설로 속이면서 무차별적인 성적 욕망을 발산한다. 그는 자신을 뒤쫓는 선애와 자신이 찾아다니는 학자 사이를 오가면서 성적인 관계를 맺는다. 뿐만 아니라, 자신에게 말을 걸어온 주인집 과부가 "사람에게 관심이 있었던 것이 아니고 일본물건에 관심이 있어서" 그와 같이 하였다는 사실을 알고 "실망"(179)하기도 한다. 문성재는 한편으로 선애에게 관심이 있어 키작은 사나이가 "침을 흘리는데도 기분나빠하는 기색"은 없이 "좋은 조건이 있으면 넘겨 주어도 무방하다는 그런 기색을 뚜렷이 나타내"(172~173) 보이기도 한다. 이처럼 그는 밀수품을 팔아서 챙긴 돈을 다루듯이 선애를 비롯한 주변의 여자들과 섹슈얼리티에 기반을 둔 관계를 맺는다. 여기에서 문성재는 여성인물들을 교환가능한 성적인 대상으로 치부함으로써, 이들의 정체성을 훼손하고 그 자신의 도덕적 정체성을 부정(否定)하고 있다 하겠다.

2. 가치의 무차별화와 죄의식의 문제

1) 물질욕망의 과잉에 따른 불의와 죄의식의 부재

박경리의 죄의식에 대한 문제의식은 분명히 피해자가 존재함에도 불구하고 가해자가 나서지 않는 경우, 즉 가해자(위법자)의 죄의식이 부재하는 경우와 관련하여서도 첨예하게 드러난다. 물질욕망에 의해 매개된 인간관계에서 가치가 무차별화될 경우 불의에 대한 죄의식의 부재가 문제시되는바, 여기에서는 이에 대해 살피기로 한다. 이는 이어지는 항에서 논의될, 인물간의 직접적인 관계에서 가치의 무차별화가 이루어질 경우, 그에 따른 죄의식이 생성되는 것과 차별화된다. 이와 관련하여 먼저 단편 「인간」(1966)과 「밀고자」(1970)를 대상으로 논의할 수 있다. 이들 작품에는 법이 선을 담보할 수 없다는 '순수형식'[62]으로서의 법에 대한 인식 또한 자리한다.

「인간」은 "가공의 무대"를 설정, 혁명의 소용돌이 속에서 전직 수도승이었던 사포라는 인물이 정계에 진출하여 부정부패를 일삼다 처형당하는 과정을 그린 단편이다. 혁명세력에 가담하였던 사포는 그러나, 혁명 이후의 혼란한 시기를 틈타 "막대한 금액의 수회사건"[63]을 저지르는 등 "민중의 이름을 팔고 치사스럽게 사욕을 채운 사나이"(27)로서 그려진다. 사포는 이 과정에서 적과 동지의 경계를 허물어뜨린다. 즉

62 1부 1장의 주 71 참조.
63 박경리, 「인간」, 『박경리 단편선』, 서문당, 1997.

정치세력 내에서 자신의 지위를 상승시키고 물질욕망을 채우는 데 유리할 경우 동지를 자처하지만, 불리해질 경우 적으로 돌아서는 인물이다. "친✕국 협회를 고발한" 사포가 상황이 달라졌을 때 "✕국 여자에게 청혼"(22~23)하겠다는 의사를 밝힌 사실은 그 반대의 예라 하겠다. 이러한 사포에 대해 이 작품은 "신의가 없는"(14) 인물로 단정하고 있는데, 그는 물질욕망을 매개로 적과 동지, 정의와 불의의 가치를 무차별화한 인물이라 할 수 있다.

이와 같이 성격화된 사포는 이 작품에서 죄의식이 부재하는 인물로 그려진다. 부정축재로 법망에 걸려든 사포는 마지막까지 자신의 결백을 주장하다 처형된다. 그런데 이러한 사포와 관련하여 주목되는 바는 그가 "영예스런 입법의회 의원"(15)으로 활약하였다는 점이다. 따라서 이 작품은 법의 입법 자체에 대한 비판적 성찰을 드러내 보인 작품이라 하겠다. 사포와 같은 악인이 입법에 간여할 수 있다는 사실을 통해 이 작품은 법이 선을 실현하는 완전한 도구가 될 수 없다는 '순수형식'으로서의 법에 대한 인식을 간접적으로 피력한 것으로 볼 수 있다.

「밀고자」[64] 역시 물질욕망에 따른 가치의 무차별화 양상을 드러내는데, 이 작품에서는 인물의 대사를 통해 순수형식으로서의 법에 대한 인식이 보다 직접적으로 나타난다. 「밀고자」는 외팔이 철물점 가게 주인 '나(이영준)'의 이야기와 '나'의 집에 세 들어 사는 덕호 가족의 이야기를 병치하고 있는데, 여기에 공통적으로 간여하는 마포 아저씨가 문제적 인물로 등장한다. '나'의 탐색을 통해 '나'와 얽힌 이 인물의 과거가 드러나

64 박경리, 「밀고자」, 『세대』, 1970.6.

는바, 한국전쟁 때 '나'와 우연히 한 기차에 탄 그는 '나'를 빨갱이로 밀고하였고, 그 일로 인하여 한쪽 팔을 잃게 된 '나'는 화가로서의 꿈을 접고 사랑하는 여인도 잃게 된다. 현재의 시간대에서 '나'의 추궁에 그가 답하는 바에 따르면, 그가 '나'를 빨갱이로 지목한 이유는 단순히 기차의 좌석을 차지하겠다는 욕구 때문이었던 것으로 드러난다. 그에게 있어서 좌석을 차지하고 앉은 '나'가 실제로 좌익인지 우익인지 판가름하는 것은 중요하지 않았던 것이다. 단지 자신의 편익을 위해 상대방을 좌익으로 밀고함으로써 한 청년의 삶을 송두리째 뒤바꾸어 놓았던 것이다. 이 역시 물질욕망(좌석)을 매개로 이념의 가치가 무차별화된 경우라 하겠다.

'나'와 관련하여 이와 같은 과거의 행적을 가진 마포 아저씨는 법의 허술함을 분명하게 인식하고 있는 것으로 드러나는데, 이러한 인식은 위법을 자행함에도 죄의식이 부재한 상황과 관련을 맺고 있는 것으로 보인다. 덕호 가족의 이야기는 사고사한 덕호의 죽음이 마포 아저씨에 의해 돈으로 무마되는 과정을 그리고 있다. 이 과정에서 그는 "돈이 법"(375)이라는 생각으로 덕호의 유가족을 설득하여 덕호를 과실치사한 윤씨로부터 합의금조로 많은 돈을 받아 내어, 세상물정 모르는 덕호의 모친과 처에게 소액의 금액을 내놓고 나머지는 자신이 착복한다. 그는 법의 맹점을 이용하여 자신의 편안함과 이익을 챙기는 인물로서, "법이란 사람이 만든 것"이고 "그 법을 통해 사람이 저지르는 모든 잘못을 가려낼 수 없다"(376)는 생각을 가지고 처신한 것이다. 이와 같이 박경리는 「인간」, 「밀고자」 등의 작품을 통해 법에 대한 인식을 드러냄과 더불어 물질욕망에 따른 불의에 대해 죄의식이 부재하는 인물을 성격화하고 있다.

박경리는 후기 장편인 『창』, 『단층』, 그리고 대하소설 『토지』에 이르러서 죄의식에 대한 문제의식을 심화한다. 『창』과 『토지』를 통해 특정 인물에 대한 사랑을 절대화한 애정갈등에서 비롯하는 죄의식의 문제를 다루는데, 이는 1부 3장에서 살필 것이다. 『단층』에서는 과도한 물질욕망을 갖는 인물들이 이로 인해 타인에게 가해를 하였음에도 불구하고 아무런 죄의식을 갖지 않는 상황을 문제시하고 있다. 이에 해당하는 인물로 한윤희의 할머니뻘 되는 노파를 들 수 있다. 이 노파는 한윤희가 어린 시절 해방이 되자 모친과 함께 아버지 먼저 일본에서 나와 생면부지의 조국에서 생활할 때 관계를 맺은 인물로 물욕 때문에 한윤희 어머니를 죽음에 이르게 한다. 노파는 한윤희의 아버지가 일본에서 "밀수꾼편"(201)으로 한윤희 모녀에게 보내 온 생활비를 가로채어 한윤희 모녀로 하여금 극단적인 가난을 경험하게 한다. 노파는 이러한 사실을 은폐하기 위하여 한윤희 모녀가 곁에 존재하지 않기를 바라는 마음을 갖게 된다. 이에 한윤희 모친에게 "정을 요구하다가 그게 거절되자"(196) 폐결핵을 앓는 한윤희 모친의 병이 "풍병"이라는 소문을 낸 마을의 사나이와, 공모하여 나쁜 소문을 퍼뜨림으로써 한윤희 모친을 결국 죽음에 이르게 한다. 이러한 과거의 사실을 알고 있는 한윤희는 하찮은 이익 때문에, "살인에 조력한 무리들"(200)에 대해 분노한다. 박경리는 수필에서 "어떤 법의 조문에도 저촉이 아니되는 검은 그림자 같은 범죄자를 누가 단죄"[65]할 것인지를 문제시하고 있는데, 『단층』의 한윤희 할머니뻘되는 노파와 사나이는 이에 해당하는 인물들이라 하겠다.

『단층』의 노파는 이러한 눈에 드러나지 않은 죄를 저질렀음에도 불

65 「화원을 꿈꾸며」, 『Q씨에게』, 163면.

구하고, 후일 한윤희 앞에서 자신이 죄를 저질렀다는 인식 자체가 부재하기에 한윤희를 격분케 한다.[66] 이와 같이 자신의 부당한 행위에 대해 죄의식을 갖지 않는 노파는 물질욕망을 매개로 가치의 무차별화를 자행하는 인물이다. 이는 물욕을 매개로 가족관계를 긍정하거나 부정하는 노파의 양면적 태도에서 잘 드러난다. 과거에 한윤희 모친이 자살한 후, 어린 한윤희를 데리고 있을 당시 일본의 한윤희 부친으로부터 온 돈으로 자신의 이익을 챙기고 한윤희를 타인처럼 사갈시하였던 노파가 부친의 유산으로 부유해진 후일의 한윤희 앞에서는 친척지간 임을 내세워 도움을 받고자 한다. 노파는 또한 자신의 자녀들에 내해서노 마찬가지의 태도를 보인다. 물욕을 앞세워 부적절한 자리에 딸을 혼인시키는가 하면, 물질적인 상황에 따라 딸과의 모녀관계를 맺거나 단절하는 비정함을 보인다. 이러한 노파를 통해 혈연공동체가 담지하는 가치가 물욕에 의해 무차별화되고 있음을 엿볼 수 있다. 이 작품은 모친의 간접적 살해자들을 단죄코자 하는 한윤희를 통해 이처럼 악행에 대해 죄의식이 부재하는 상황에 대한 문제 제기를 하고 있다. 노파의 죄악에 대한 무감각은 작품이 마무리되는 지점까지 유지된다. 이러한 노파의

66 『단층』은 정근태와 명자의 관계, 정근태와 살해당한 권씨의 관계, 한윤희와 그의 남편 이상우의 관계 등을 포함하여 다양한 각도에서 죄(의식)과 법(처벌)의 문제를 탐색한 작품이다. 그런데 죄의식 문제와 관련하여 중심에 놓이는 것은 자신의 모친을 죽음으로 몰고 간 '정신의 살해자'들을 단죄하고자 하는 한윤희 관련 서사이다. 이 작품에서 한윤희 모친의 간접적 살해자인 한윤희의 할머니뻘 되는 노파와 사나이는 자신들의 음해성 발언 및 행동이 결국 한윤희 모친을 죽음에 이르게 하였다는 사실을 전혀 인식하지 못한다. 따라서 이들은 아무런 죄의식을 갖지 않는다. 가해자의 죄의식이 부재할 때 그리고 피해자가 생존하지 않을 때, 이 두 상황에 있어서는 죄-속죄의 순환이 불가능하다. 이러한 측면에서 볼 때, 이는 이어지는 3장 3절 2항의 논의와 관련을 맺는다. 한윤희는 남편으로부터 받은 배반의 상처 때문에 죄 없는 죄인이 되어 자살한 모친에 대한 연민을 되새기고, 모친의 가해자들을 단죄코자 하나 아무런 죄의식을 갖지 않는 가해자들로 인해 결과적으로 더욱 절망하게 된다. 한윤희는 그들로부터 죄의 고백 듣기를 간절히 원하나, 결국 그 일은 이루어지지 않는다.

죄에 대한 불감증은 죄를 짓지 않았음에도 불구하고 살인현장에 있었다는 사실만으로 죄의식을 갖는 정근태와 대비된다 하겠다.

『단층』에서 노파의 죄의식이 부재하는 죄악적인 삶에 대한 이야기는 한윤희 남편 이상우의 무차별적인 욕망과 병렬적으로 전개된다. 앞에서 한윤희에게 상속될 허윤의 유산을 탐한 이상우가 가족의 가치를 무차별화하는 양상을 살핀 바 있다. 이상우 역시 자신의 부당한 행위에 대해 아무런 죄의식이 없는바, 『단층』을 통해 되비추어 볼 때 박경리 소설에서 물질 욕망을 매개로 가치를 무차별화하는 인물들은 공통적으로 죄의식을 갖지 않는다는 사실이 주목된다. 「평면도」를 비롯하여 『단층』과 상호텍스트적 연관이 있는 「우화」, 그리고 「쌍두아」, 『푸른 운하』, 『표류도』, 『김약국의 딸들』, 『창』, 『나비와 엉겅퀴』 등 소유욕망 혹은 배금주의에 따른 가치의 무차별화가 드러나는 작품에서 이로 인한 불의에 대해 관련 인물이 죄의식을 갖는 경우는 발견되지 않는다.

『토지』에서 소유욕망에 따른 가치의 무차별화가 가산 침탈의 형식으로 나타남을 본장의 1절에서 살펴보았다. 이와 관련되는 조준구, 귀녀, 김평산, 칠성이 등의 인물 또한 공통적으로 죄의식을 갖지 않는 것으로 성격화되어 있다. 그런데 박경리는 죄에 대해 불감증인 인물형상을 그려 보이는 것에서 멈추지 않는다. 비록 법의 처벌을 받았다 할지라도, 죄의식을 갖지 않는 인물의 죄는 '잔여의 죄'로서 자리하며, 이는 그의 후손에게 '상징적 빚'[67]으로서 승계된다. 『토지』는 박경리가 죄의

67 이 글은 '상징적 빚'이라는 용어를 라캉의 오이디푸스신화 분석 및 햄릿 분석에서 차용한다. 주판치치는 1950년대 라캉의 '실존주의적' 시기의 중심 물음이 죄와 상징적 빚(존재의 근본 층위에서의 죄)의 문제였음을 지적한 후, 라캉의 『오이디푸스』 및 『햄릿』 분석을 소개한다. Alenka Zupančič, 이성민 역, 『실재의 윤리—칸트와 라캉』, b, 2004, 259~286면.

식에 대해 갖는 문제의식의 끝자락이 되는 작품으로서, 이를 가족사적 차원에서 다루고 있다.[68] 그런 만큼, 앞의 제2세대에 해당하는 인물들에게 죄의식이 부재하다는 사실 자체가 문제시된다고 하겠다.

위의 인물들 가운데 김평산은 처형되는 순간까지 자신의 결백을 주장하며, 최치수의 살해를 교사하였으나 직접적으로 최치수 살해사건에 연루되지 않은 조준구는 아무런 죄의식 없이 최참판가의 가산을 모두 침탈하며, 그 이후에도 악행을 자행한다.[69] 한편, 김평산과 공모하여 칠성이로부터 씨를 받아 최치수의 아이를 가진 것처럼 꾸미기 위해 "자수당"에서 비는 귀녀에 대해 서술자는 그녀에게 있어서 음란, 거짓, 살인 모두가 죄가 아닌 것으로 정리하고 있다. 이때 귀녀에게 있어서 신은 "오로지 소망을 풀어줄 수 있는 능력"이 있느냐, 없느냐가 중요한 것이었지, "악도 선도 아니었"(1권, 400)던 것이다. 칠성은 자신의 다산성을 믿고 단순히 귀녀가 아이를 잉태하도록 하는 일에 일조하였을 뿐, 최치수 살해사건에 직접적으로 간여하지는 않으나 그 역시 물욕이 강한 부정적 인물로 『토지』의 전반부에 등장한다. 칠성의 아내 임이네는 다산하고 물욕이 강하다는 점에서 칠성과 동류의 인물이라 할 수 있다. 사법적 처형을 받은 앞의 인물들에 비해서, 임이네의 악행은 상대적으로 논의의 대상에서 제외되는 경향을 보이는바, 여기에서는 임이네를 중심으로 살피겠다. 『토지』에서 탐욕의 화신으로 등장하는 임이

68 이와 관련하여서는 1부 4장 2절에서 논의가 진행될 것이다.

69 조준구는 「5-3-3. 모화일가」에서 죽음을 맞이하는데, 죽음의 순간까지 그는 자신의 악행에 대한 죄의식을 갖지 않는다. 조준구는 기차에서 김평산의 아들 김두수(거복)를 우연히 만나는데, 이때 김두수로부터 최치수 살인 교사에 대한 이야기를 듣고 김두수를 피해 달아나는 장면(「3-5-9. 동승」) 이외, 어떤 곳에서도 자신의 죄에 대해 아무런 자의식을 갖지 않는다.

네는 물질욕망을 매개로 가치를 무차별화하는데, 그녀 역시 죄의식 부재의 인물이라는 사실이 주목된다.

최치수 살해사건이 발생하였을 때 김평산의 아내 함안댁이 자살한 것과 달리, 임이네는 아이들과 함께 외지를 떠돌다 평사리로 돌아와 "넘쳐흐르는 생명력"으로 활기를 되찾는다. 이러한 임이네는 "죄의식이 엷은"(2권, 319) 인물로 평가된다. 『토지』 초반부에서 생명력과 다산성의 상징으로 등장하였던 임이네는 이용의 아들 이홍을 낳은 이후 이용의 사랑을 받을 수 없다는 사실을 확인하면서부터 극단적으로 탐욕적인 인물로 성격이 변화한다. 임이네는 「3-3-12. 제삿날」에서 죽음을 맞을 때까지, 오로지 황금과 식욕과 생명에 대한 집착만을 보이는 인물의 전형으로서 등장한다. 임이네가 탐욕적인 인물로 성격 변화한 이후, 이용, 임이네, 월선 세 사람의 갈등은 남녀 간의 애정갈등으로 전개되기보다는, 임이네의 탐욕으로 인한 갈등에 방점이 놓인다.[70] 임이네에게 있어서 돈의 가치가 최고인 것에 비하여 가족의 가치는 무의미한 것으로 치부된다. 월선은 얼마간의 돈을 이홍을 위해 남겨두고 죽음을 맞이하는데, 임이네는 그 돈을 차지하려면 가족과의 인연을 끊으라는 이용의 조건을 선뜻 받아들인다. 이러한 임이네의 결단은 앞에서 살핀 바 있는, 가산침탈의 형식으로 가족의 가치를 무차별화한 경우와 유사하다 하겠다. 즉 그녀에게 있어서 가족은 소유욕망을 매개로 임의적으로 해체 혹은 구성될 수 있는 대상인 것이다.

임이네의 탐욕에서 비롯하는 무차별적인 행위는 아무런 죄의식 없

70 임이네는 월선이 경영하는 국밥집에서 돈을 횡령하여 돈놀이를 하는 등 극히 탐욕적인 행태를 보이는 인물로 계속하여 등장한다.

이 이루어지는바, 『토지』에서 임이네의 죄의식 부재의 비행은 임이네와 육친의 정을 나눌 수 없었던 그녀의 아들 이홍의 생모에 대한 죄의식으로 변이되어 나타난다. 이홍은 극단적인 탐욕으로 인해 남편도, 아들도 안중에 없는 임이네를 증오하는데, 생모인 임이네를 "거부하는 심정"(8권, 12)으로 인해 죄의식을 갖는다. 임이네의 사후, 그녀에 대한 절망적인 기억은 이홍에게 연민과 함께 죄의식을 불러일으킨다. 피를 나누지 않은 월선이 이홍에게 "영원한 어머니"(7권, 230)로서 기억되는 것과 대비되는 바이다.

이상 살핀 바와 같이 박경리는 물질욕망을 매개로 가치를 무차별화하는 인물에게는 죄의식이 부재한 것으로 그리고 있는데, 『토지』는 이들의 악행에 대한 죄의 값을 후대의 인물들이 치르게 됨을 보여준다. 이에 해당하는 주요 인물에 조병수와 김한복을 들 수 있는데, 이와 관련하여서는 4장 2절에서 상세히 다룰 것이다. 본항에서 살핀 바는 이어지는 항에서 논의될, 직접적인 인물관계에서 이루어지는 가치의 무차별화로 윤리를 위반하는 인물이 죄의식을 갖는 상황과 구별되어 부각된다.

2) 본능적 욕망의 '추상성'과 죄의식의 생성

박경리 문학에서 죄의식의 문제는 비교적 초기작에서부터 나타나, 후기의 장편인 『창』, 『단층』, 그리고 『토지』에서 본격적으로 다루어진다. 이 과정에서 박경리가 불의에 대해 죄의식이 부재하는 상황 역시 심도 있게 탐색하고 있음을 앞에서 살펴보았다. 박경리는 물질욕망을 매개로 행해진 가치의 무차별화와 그에 따른 불의에 대해 죄의식이 부재하는 인물의 존재 방식을 통해 죄의식에 대한 문제의식을 간접적으로 드러내는 한편, 직접적인 인물관계에서 가치를 무차별화한 결과 죄의식을 갖는 인물을 그려 보임으로써 죄의식에 대한 문제의식을 분명히 하고 있다. 이와 관련하여 『애가』, 『노을진 들녘』, 『타인들』, 「집」 등의 작품을 살필 수 있다.

「재귀열」(1959)[71]에서 선숙은 시동생 하영민에게서 죽은 남편 영구의 환영을 찾고 그를 사랑한다. 따라서 선숙의 하영민에 대한 사랑은 동일자에 대한 희구로서 에로스적 사랑이 근친적 애정의 형태로 나타난 것으로 볼 수 있다. 『애가』(1958)[72] 역시 형수인 영옥과 시동생인 윤상화의 근친적 애정을 다루고 있는데, 영옥이 남편의 환상을 좇는 것이 아니라 시동생인 윤상화를 욕망한다는 점, 윤상화에게 있어 영옥이 성적 대상이 된다는 점에서 「재귀열」과 차별화된다. 『애가』는 이민호, 김진수, 문설희의 삼각관계와 오형, 문정규, 강현회의 삼각관계를 중심으로 전개되는 박경리의 초기 장편이다. 문설희를 사랑하였던 윤상화는 시인으로 행세하며 무절제한 생활을 하는데, 이 작품의 결말 부분에서 오형, 문정규, 강현회의 관계를 중재하는 해결사 역할을 맡기도 한다. 이 작품에서 윤상화는 형수인 영옥을 성적인 대상으로서 욕망하는바, 이는 섹슈얼리티에 따른 가치의 무차별화가 이루어지고 있음을 의미한다 하겠다. 영옥 역시 상대가 시동생이라는 사실을 인식하고 있음에도 불구하고 "관능에 뒤틀린" "동물적인 애정"(289~290)을 윤

71 박경리, 「재귀열」, 『박경리 문학전집』 10, 지식산업사, 1980.
72 박경리, 「애가」, 『박경리 문학전집』 9, 지식산업사, 1980.

상화에게 쏟는다. 따라서 여기에서는 가족 제도 내에서의 가치가 무차별화된 것으로 볼 수 있다.

이들의 관계는 윤상화의 아이를 임신한 영옥이 아이를 지우기 위해 "키니네"를 먹고 죽을 고비를 넘기면서 일단락된다. 윤상화는 영옥과의 관계에 대해 계속하여 "죄 깊은 일"(290)이라는 것을 깨닫고 있다. 윤상화에게 있어 영옥은 "악과 관능과 그리고 동정의 대상"(335)이었던 것이다. 영옥이 재혼한 이후 윤상화를 다시 만났을 때, 이들은 죄의식으로 얼굴을 붉힌다. 이와 같이 가치의 무차별화를 자행하는 인물들의 죄의식은 근본적으로 어디에서 기인하는 것일까? 윤상화가 영옥과의 관계로 "짐승 취급"(341)을 받기도 한 것으로 그리고 있는바, 여기에서 섹슈얼리티에 따른 가치의 무차별화와 인간 욕망의 "추상적 본질"[73]의 관련성에 대해 생각해 볼 수 있다. 이러한 인간 욕망의 "추상성"은 인간을 동물과 구별 지을 수 없는 본능적 특성이라 할 수 있다. 같은 계열의 다른 작품들과 아울러서 살필 때, 박경리 문학은 가치 무차별화에 따른 죄의식의 기원을 인간 욕망의 추상적 특질에 두고 있음을 분명히 할 수 있다.

『노을진 들녘』(1961) 역시 근친상간을 주된 모티프로 삼고 있는데, 이 작품을 통해서도 인간 욕망의 추상적 본질을 살필 수 있다. 서울에서 대학을 마친 윤영재는 송화리의 과수원에서 매년 여름을 보낸다. 송주실의 할아버지이자 윤영재의 외할아버지인 송노인은 문명과 지식을 염오하여 손녀 주실을 교육시키지 않고 자연 속에서 "원시적인 소녀"(11)로 기른다. 그런데 외할아버지의 과수원을 찾은 윤영재는 성숙한

73 인간 욕망의 추상적 본질과 관련하여 1부 1장의 주 62를 참조할 것.

주실의 육체를 보고 외사촌인 그에 대해 견딜 수 없는 정욕을 느낀다. "개방적이고 자유로운 별천지인 송화리의 산야는 도처에서 윤영재에게 범죄를 권고하는 듯 밀어를 속삭이는 것"(33)처럼 생각된다. 윤영재에게 송화리의 산야는 "사랑이 없어도 생식은 가능하며 생존도 가능한"(37) 곳으로 다가온다. 이 작품은 이와 같이 원시의 자연을 배경으로 동물과 구별되지 않는 인간 욕망의 추상적 본질을 적실하게 드러내고 있다.

이와 같은 욕망에 굴복하지 않기 위해 윤영재는 송화리를 떠나기로 결심하는데, 떠나기 바로 전 천둥번개가 치던 날 밤에 자신의 방으로 뛰어든 송주실을 범하고 만다. 윤영재는 "동물적으로 길러"진 주실의 육체 앞에서 자신의 성적 욕망을 제어하지 못하고 만 것이다. 이러한 근친상간을 통해 가족 관계 내에서의 질서는 허물어지고 가치가 무차별화된 것으로 볼 수 있다. 이때 주실에 대한 윤영재의 섹슈얼리티는 인간 욕망의 추상성을 담지한 것으로 볼 수 있다. 윤영재는 송화리를 떠나기로 작정하였을 때 서울에서 알고 지낸 강일혜에게 편지를 쓰는데, 그 편지에서 그는 "인간을 원시적이랄까 원죄의 구렁텅이로 끌어들이는 마력"를 지닌 송화리의 "자연"(37~38)에 대해 쓴다. 그런데 윤영재가 주실의 "동물적"인 육체로 인해 이성을 잃고 말았을 때, 그는 이 송화리의 "자연"과 구별되지 않는 존재로 자리한 것이다. 이후 서사는 이 사건으로 인해 죄의식에 사로잡힌 윤영재의 방황, 이 사건을 엿본 김성삼의 협잡 등에 초점을 맞추어 전개되는바, 윤영재의 죄의식은 자신을 "자연"과 구별 짓지 못한 성적 욕망의 추상성에 그 기원을 두고 있다 하겠다.

이 작품은 원시적인 자연을 배경으로 원시적인 소녀를 등장시킴으로써, 도시에서 간 청년이 인간 본연의 욕망에 굴복하게 된 상황을 효과적으로 그려 보이고 있다. 작품 초반부 윤영재가 근친상간을 범하게 되기까지의 디테일은 박경리의 의도가 인간 욕망의 추상적 특질을 드러내는 데 놓여있음을 간파하게 한다. 물론, 원시의 자연 속에서 원시의 소녀를 대상으로 한 근친상간이기에 인간 본연의 욕망을 보편화하는 데 어느 정도 한계를 보이고 있다 하겠으나, 그럼에도 불구하고 이 작품은 윤영재가 갖는 죄의식의 기원이 욕망의 추상성에 있음을 잘 나타내고 있다 하겠다.

『타인들』(1965~66) 또한 죄의식을 생성하는 무차별적인 욕망의 발산을 다루고 있다. 하진은 한국전쟁을 겪으면서 상흔을 간직한 인물로서, 이로 인한 죄의식에 사로잡혀 이복동생 하영의 꼬임에 넘어가 마약을 하는 등 삶을 탕진한다. 이 작품의 후반부에서 하진은 아내 문희에게 자신이 한국전쟁 중 자행한 범죄사실을 고백한다. 지리산 토벌대로 있었던 하진 일행은 의용군인 한 여자를 윤간하고 살해하는데, 추후 하진은 그 여자가 자신의 애인이었다는 사실을 알게 된다. 이 사건 자체는 소설적 개연성이 없으며 통속적인 측면이 없지 않으나, 이를 통해 이 작품은 죄의식으로 인한 한 인간의 고뇌와 방황, 인간 본성에 대한 성찰 등을 잘 드러내 보이고 있다. 이러한 과거를 간직한 하진은 인간이 동물과 구별되는 존재가 아니라는 사실을 깨닫게 되는데, 이 깨달음은 하진의 대사를 통해 수차례 반복되어 나타난다.

하진은 과거에 자신을 사랑하였던 강경옥과 재회하였을 때, 그녀에게 자신이 아주 오래 전부터 인간의 존엄성을 부정해 왔는데, 그것은 인간을 모두 동물로 보게 된 것과 관련을 맺고 있는 것으로 이야기한다. 이때 인간을 동물로 보게 되었다는 것은 단순히 "성욕"이나 "식욕"

만을 두고 한 말이 아니라, "생존 본능"(74~75)을 두고 하는 말이다. 여기에서 하진 일행이 전쟁터에서 여자를 윤간 살해한 행동은 인간의 무차별적인 성적 욕망을 드러낼 뿐만 아니라, 과도한 생존 본능이 그와 같이 잔혹한 행동으로 나타났을 것이라는 추론을 해 볼 수 있다.[74] 한편, 하진은 문희에게도 이와 유사한 생각을 드러낸다.[75] 그는 자기 자신을 포함하여 인간을 "모두 동물에 지나지 않"(130~131)는 존재로 생각하고 있는데, 바로 이와 같은 생각이 화가인 그로 하여금 현재 작품 활동을 중단하게 한 것이라고 이야기하고 있다. 그런데 하진은 인간이 "동물이라는 결정을 내렸"음에도 불구하고 "양심이 항상 편치 못"(130~131)함을 느낀다. 이와 같이 인간을 동물과 구별 짓지 않는 하진의 생각은 한국전쟁 중의 무차별한 윤간과 살해의 기억에서 비롯되고 있는 것으로 볼 수 있는바, 이는 지울 수 없는 죄의식의 원인으로서 인간 욕망의 추상적 특질을 드러내 보이는 사건이라 하겠다.

마찬가지로, 과도한 생존 본능을 통해 인간과 자연의 구별을 무화시키는 욕망의 추상성을 나타내 보이는 작품에 단편 「집」(1966)이 있다. 새로 집을 장만한 연숙은 옥이와 대화하는 동안, 옥이의 외삼촌에 대

74 하진은 전쟁을 겪으면서 죽음의 냄새를 맡고 찾아오는 까마귀 떼에게 공포를 느끼고 있었으며, 전쟁이 끝난 후에도 까마귀에 대한 공포감을 간직하고 있는 것으로 나타난다.

75 【인용】(하진) 애당초부터 나는 결혼할 자격도 없고 여자를 사랑할 처지도 아닌 인간이었소. 그런 뜻에서 나는 문희에게 죄를 지은 사람이요. 나는 가장 근본적인, 부부로서 가장 근본적인 희생을 당신에게 강요해 온 셈이지. 누구, 다른 여자를 사랑했던 (…중략…) 때문에 그런 것은 물론 아니요. **나는 이미 나 자신을 포함하여 여자 남자 할 것이 인간은 모두 동물에 지나지 않는다고 생각하고 있소. 내가 작품을 못하는 이유는 거기 있는 거요.** (…중략…) 그러나 문제는 동물이라는 결정을 내렸으면서도 내 양심이 항상 편치 못하다는 거요. 그뿐이겠소? 산산이 부서진 나를 주워 모우기 위해 나는 과거 무척 애를 썼단 말이요. 그러기 위해 나는 당신하고 결혼을 했을 거요. 그러나 헛된 일이었소. 잊어야만 했는데 잊을 수가 없었소. **내가 짐승이 되든 사람이 되든 아뭏든 잊어야만 했는데 잊을 수가 없었소.** 세월이 갈수록 그것은 더욱더 짙게 내 눈앞에 나타나는 거요. 전쟁이요. 전쟁 탓이었소.(130~131)

한 이야기를 듣게 되는데, 이 이야기를 들은 연숙의 기억 속에 죽은 남편과의 과거가 떠오른다. 옥이의 외삼촌에 관한 이야기, 그리고 연숙의 남편에 대한 기억을 통해 인간의 무차별한 생존 욕망을 살필 수 있다. 옥이 외삼촌은 한국전쟁 전에 가족과 함께 월남하던 도중 아주 위급한 상황에서 혼자 살아남기 위해 가족을 버리고 도망해 왔다고 한다. 이러한 옥이 외삼촌의 이야기를 듣는 동안 연숙은 죽은 남편에 관한 기억을 떠올린다. 행복한 결혼 생활을 하였던 연숙 부부는 화재를 겪게 되는데, 화재 중에 남편은 혼자 살아남기 위해 매달리는 연숙을 뿌리치고 홀로 불을 피하던 중 사망하고 만다. 기절한 연숙은 소방대 사람의 구조로 살아남는다. 이 두 이야기를 통해 죽음 앞에서는 가족도 돌보지 않는 인간의 무차별적인 생존 욕망을 살필 수 있다.

옥이 외삼촌의 경우 자유를 찾아 남하하였지만 오히려 죄의식의 속박에서 벗어날 수 없는 아이러니한 상황에 처하게 된다. 가족을 버린 죄책감으로 인해 폐인이 된 옥이 외삼촌은 차츰 돈에 미친 사람이 되어 돈을 많이 벌었다고 한다. 조카들이 굶어 죽을 판인데도 불구하고 돈 한 푼 안 줄 만큼 돈에 집착하는 사람이 되었는데, 그는 그 돈을 모두 도박에 쓸어 넣었으며, 또한 술로 몸을 망치고 말았다고 한다. 결혼식만 해도 두 번을 올렸으나 끝내 잘 살지 못하였는데, 이는 모두 그의 가족에 대한 죄의식에서 비롯한 일이라 하겠다. 옥이 외삼촌은 "인간이란 별것 아닌 동물"과 같은 존재로서, "덫에 걸린 새끼나 여편네를 내버려두고 달아나는 이리"[76](80)와 다를 게 없다는 말을 반복한다. 이

76 박경리, 「집」, 『현대문학』, 1966.4, 80면.

는 동물과 구별되지 않는 인간 욕망의 추상적 본질에 대한 통찰을 잘 드러낸 말이라 하겠다. 죽음의 위협에 직면하였을 때의 가치의 무차별화와 그로 인한 죄의식은 근원적으로 이러한 욕망의 추상성에서 비롯한 것으로 볼 수 있다.

본항에서는 섹슈얼리티 혹은 과도한 생존본능에 따른 가치의 무차별화와 그로 인한 죄의식의 생성을 살펴보았다. 이는 물질욕망을 매개로 가치를 무차별화하는 인물에게는 죄의식이 부재한 상황과 차별화된다. 여기에서 박경리가 본능에 지배되어 가치를 무차별화하는 인물들을 통해 인간 욕망의 추상적 본질에 대한 통찰을 드러내 보이고 있음이 주목된다. 즉 인간 욕망의 원질이 대상들, 목표들과 무관하며, 동물의 그것과 구별되지 않는 것임을 인물의 대사 등을 통해 피력하고 있다. 따라서 박경리는 인물간의 직접적인 관계에서 본능에 의해 가치를 무차별화한 결과 인물이 갖게 되는 죄의식의 기원을 인간 욕망의 추상적 본질에서 찾고 있는 것으로 볼 수 있다. 이는 프로이트가 죄의식의 근원으로서 제시한 초자아의, 작동을 유발하는 원천에 대한 통찰인 것이다. 이러한 가치의 무차별화에 따른 죄의식의 생성은 3장에서 살필 가치의 절대화에서 비롯하는 죄의식의 생성과 구별된다. 모두 도덕과 상충된다는 점에서는 공통되나, 후자가 인간의 고급한 속성과 관련을 맺고 있다면, 전자는 인간의 동물적인 속성과 유관하다 할 수 있다.

3. 가치의 무차별화 양상과 작가의 현실비판

가치설정들의 임의성 혹은 교환가능성에 대한 의식을 의미하는 무차별성은 고도로 발달된 시장사회에서 불가피하게 나타나는 현상이다.[77] 그런데 박경리가 왕성한 소설 창작을 하였던 1960년대 한국 사회는 고도 자본주의 사회라 보기 어려우며, 박경리의 소설에 나타난 현실인식 또한 그러하다. 따라서 박경리 소설에 나타난 무차별화 현상은 윤지관이 지적한 바와 같이 자본주의의 "역사성"과 관련을 맺기보다 박경리의 "자본주의적 인간 이해"에서 비롯한 것으로 볼 수 있다.[78] 여기에서는 박경리 소설에 나타난 가치의 무차별화 양상을 통해 박경리의 한국적 자본주의 현실에 대한 인식 및 비판의식을 읽고자 한다.

앞에서 소유욕망에 따른 가산침탈이 가족의 가치를 무차별화하는 양상을 살펴보았다. 이러한 논의는 인간의 소유욕망이 갖는 본원적인 속성과 박경리 소설에서 나타난 가족에 대한 양가적인 접근을 드러내는 데 있어서 의미를 갖는다. 그런데 박경리 소설에서 왜 이와 같이 가산이 문제적인 소재로 등장하는가에 대한 해명이 필요하다고 본다. 여기에서는 가치에 대해 무차별적인 속성을 갖는 인간의 소유욕망이 박경리 소설에서 가산의 문제와 결부된 사실에 주목하여, 이를 통해 박경리의 한국적 자본주의 현실에 대한 인식을 살피고자 한다.

---

77 P. Zima, 앞의 책, 1997, 8면.

78 윤지관, 「한(恨)의 가치화와 소설의 공간—박경리론」, 『민족현실과 문학비평』, 실천문학사, 1990, 102면.

박경리는 『푸른 운하』, 『내 마음은 호수』, 『노을진 들녘』, 「흑백콤비의 구두」(1965) 등의 작품에서 주요 인물의 대사를 통해 한국사회의 실업에 대한 문제를 제기하곤 한다. 실업의 원인으로 공정한 인력관리가 이루어지지 않는 한국사회의 비리를 들기도 하지만,[79] 주요 인물의 대사를 통해 자본가들이 장기투자를 하지 않기 때문에 일자리 창출이 이루어지지 않는 상황을 지적하는 내용이 주목된다.

> ① 그럼, **결국은 우리 민족이 피흘린 보상금의 용도가 문제지. 어디로 흘러 들어가느냐가 문제란 말이야. 서울에는 하마 웅장한 저택이, 오피스가 설 거야. 그리구 그네들 세도가, 재벌 들을 위한 노다지를 쌓아둘 창고도 필요하지.** 공장도 일이 없구, 농토도 소용없단 말이야. **한국의 자본가들한텐 노동력이 필요 없거든. 뭐가 답답해서 장기간의 투자를 한단 말인가.** 흥! 그러나 물건은 누가 사지? 노동력까지 팔 곳이 없는 헐벗고 굶주린 백성들이 산단 말인가? 부패와 독재, 암담한 앞날이 있을 뿐이다. 그러나 그것을 우리는 처부숴야 한다.(211, 강조는 인용자)[80]

> ② **물자가 풍부하고 일거리가 많아짐으로써 소비력이 활발해진다는 것, 그것은 경제학에 있어 ABC죠. 소비자가 없는 자본가를 생각할 수 있겠읍니까. 그러나 한국은 가난하고 일거리가 없읍니다.** 지금까지 자본가가 육성되어 왔다는 일

---

79 단편 「흑백콤비의 구두」에서 이와 같은 상황을 그리고 있다. 이 소설은 유학파 인재인 신사가 공정한 일자리 관리가 이루어지지 않고 부당한 방법으로 "빙빙 돌아가고 있"(388)는 현실을 비관하여 자살하는 내용을 담고 있는데, S대학 법학과에 재학 중인 '나'의 시선을 통해 이러한 내용이 제시된다. 박경리, 「흑백콤비의 구두」, 『신동아』, 1965.4.

80 박경리, 「내 마음은 호수」, 『박경리 문학전집』 17, 지식산업사, 1982.

조차 실상은 우스꽝스런 일이었어요. 그러나 **그 자본가는 대부분이 생산자 내지 생산을 위한 자본가는 아니었고 그야말로 외국상품의 도매상이 아니었던가요? 국민들에게 일거리는 주지 않고 물건만 팔겠다는 심뽀이니 바닥이 이내 드러나죠.** 몸뚱이가 차츰 말라 비틀어져 가는데 어느 한 부분만 살이 찌고 피가 돈다고 하여 천하태평인 줄 안다면 참 그건 웃을 수도 없는 희극이에요.(299, 강조는 인용자)

인용문 ①은 한국전쟁과 종전 시기를 배경으로 하는 『내 마음은 호수』(1961)에서 경제학 전공의 송병림이 문진수에게 한국사회에 대한 비판을 하는 내용으로, 전후 한국사회 복구를 위해 외국에서 들어온 보상금이 국내 산업 육성에 투자되지 않고, "정치가", "재벌"의 결탁하에 부당하게 축적될 상황을 예견한 내용이다. 인용문 ②는 『푸른 운하』에서 김남식이 자유당 정권과 결탁하여 부를 축적한 부친을 상대로 한국의 경제를 비판한 내용으로, 인용문 ①에서와 마찬가지로 자본가들이 생산에 투자를 하지 않음으로써 일자리 창출을 하지 않는 상황을 비판하고 있다.[81] 이와 같이 박경리의 소설에서는 자본가들의 부당한 자본축적, 축적된 자본이 생산에 투자되지 않음으로써 일자리 창출이 부재한 상황, 정경유착의 현실 등을 날카롭게 지적함으로써 배경이 되는 시기의 한국적 자본주의에 대한 인식을 보여주고 있다.

부당하게 축적된 자본이 재생산에 운용됨으로써 사회에 환원되지 않고, 개인 소유에 머무는 이러한 현실에 대한 인식이 박경리의 작품

81 이러한 현실인식의 소유자인 김남식은 부친으로부터 자금을 지원받아 출판사를 운영함으로써 일자리를 마련하고 자본을 사회에 환원할 계획을 세우기도 한다.

에서 가산침탈이 주요 소재로 등장하는 것과 관련을 맺는다고 볼 수 있다. 박경리는 인간의 무차별적인 소유욕망을 고도 자본주의 사회를 배경으로 하기보다 가족관계 내에서 드러내 보인 것이라 하겠다. 이처럼 가산이 박경리의 소설에서 차지하는 비중이 큰 것과 관련하여, 그의 소설에 등장하는 인물들이 계, 고리대금업 등에 간여하는 경우가 많은 점 역시 주목할 필요가 있다. 「흑흑백백」, 「불신시대」 등의 초기 단편에서부터 『표류도』, 『푸른 운하』, 『영원한 반려』, 『창』 등의 장편소설들에 이르기까지 여성인물들은 대부분 계를 통해 가산을 관리하는 것으로 나타난다. 그리고 박경리 소설에서 실리 추구에 민감한 인물들은 대부분 부정적 인물로 그려지는데, 이들은 주로 고리대금업이나 땅 투기에 간여하는 것으로 등장한다. 『표류도』의 순재, 윤계영, 최강사, 『김약국의 딸들』의 용숙, 정국주, 『영원한 반려』의 강철애, 『나비와 엉겅퀴』의 송인숙, 『단층』의 정근태의 생모, 『토지』의 조준구와 임이네 등이 그 사례에 해당하는 인물이다. 이처럼 침탈을 통한 가산의 부당한 축적, 계와 고리대금을 통한 가산의 관리 등이 박경리의 소설에서 반복하여 나타나고 있음은 궁극적으로 작품의 배경이 되는 시기의 한국적 자본주의 현실, 즉 건전한 생산과 소비에 의한 산업의 발전이 제대로 이루어지지 않고 있는 상황, 금융 소득에 의존하는 천민자본주의에 대한 비판을 담고 있는 것으로 볼 수 있다.

한편, 박경리의 소설에서 교환가치에 따른 인간관계 및 야망에 의한 도구적 관계를 통해 사랑, 인간의 존엄성, 가족관계 등이 무차별화되는 양상이 드러나고 있음은 박경리가 교환가치의 매개를 통해 질적 가치가 부정되는 상황을 인식하고 있음을 반증한다고 하겠다. 박경리의 작품에는 좁은 의미에서의 '시장'이 자주 등장하는데, 특히 『시장과 전장』, 『파시』는 제목이 드러내듯이 작품 내에서 시장이 중요한 의미를 갖는다. 그런데 박경리의 이러한 작품에 나타나는 시장이 시장사회의 무차별성과는 무관한 공간으로서 형상화되어 있음에 주목해 보자. 『파시』에서는 작품의 초반부와 종결부에서 '파시'의 풍경을 묘사하고 있으며 그 외에도 자주 시장을 그리고 있는바, 여기에서 시장은 생존경쟁을 벌이는 사람들이 "야귀차고 억세게" 살아가는 삶의 터전으로서의 의미를 갖는다. 부산의 자유시장을 그린 부분에서는 전쟁과 무관하게 "상점마다 찬란한 일제, 미제 상품이 그득그득히 쌓여" 있는 풍경, "부잣집 틈에 낀 가난뱅이 같이 국산품 가게"가 "초라하고 풀이 죽어서"(129) 자리하고 있는 풍경 등에 시선을 맞추고 있다. 『시장과 전장』에서 전장과 병렬 배치되는 시장의 서사 역시 자본주의 시장사회의 교환가치에 의해 매개되는 공간으로서의 의미는 거의 드러내지 않는다. 이 작품에서 하기훈이 소모성의 속성이라는 이름 아래 시장과 전장을 하나로 묶어 상품과 생명이 소모되는 곳으로 추상하고 있다면, 남지영은 시장을 전장의 분위기를 초월한 곳, 전장의 기운을 녹여버리는 생명력이 넘치는 곳으로 파악하고 있다. 그리고 무엇보다도 정세의 변화에 가장 민첩하게 반응하는 곳이 바로 시장인 것으로 그리고 있다. 이처럼 박경리의 작품에 나타나는 시장은 자본주의 사회에서의 시장이 갖는 가치 무차별적인 공간으로서의 의미를 갖지 않는 것으로 정리해 볼 수 있다.

이는 박경리의 작품에 나타나는 교환가치에 의해 매개되는 가치의 무차별화 양상이 고도로 자본화된 시장사회의 현실을 반영한 것이기보다 "자본주의적 인간 이해"에서 비롯된 것임을 뒷받침한다고 하겠다. 가치에 대해 무차별적인 인물들은 인간 욕망의 추상적 본질을 드러내 보인다 할 수 있다. 이는 가치들, 목표들, 원천들과 무관하게 발동하는 인간 욕망의 본질로서, 프로이트에 따르면 리비도나 성욕에서 이와 같은 욕망의 속성을 발견할 수 있다. 들뢰즈와 가타리는 이러한 욕망구조에 대한 통찰을 통해 사회적 · 집단적 차원에서 인간의 자기비판이 가능한 것으로 보고 있다.[82]

마지막으로, 섹슈얼리티에 따른 가치의 무차별화 양상을 한국 자본주의의 취약성에 대한 박경리의 인식과 비판의식에 관련지어 살펴볼 수 있다. 박경리 소설에서 근친적 애정, 불륜 등을 모티프로 하여 나타나는 섹슈얼리티는 가치에 대해 무차별적이라는 측면에서 뿐만 아니라, 다른 한편으로 '비가시적'[83] 으로 유통된다는 측면에서도 화폐와 동형적이다. 박경리의 작품에서 반복적으로 나타나는 정경유착, 밀수는 비밀리에 이루어지는 부당한 재화의 유통이라는 점에서 박경리 소설의 섹슈얼리티와 관련지어 생각해 볼 수 있다. 정경유착과 밀수는 대부분 라이트모티프로서 작용하지는 않으나, 고리대금과 마찬가지로 부정적 인물들의 축재 수단으로서 박경리의 작품 내에서 반복하여 나타나기 때문에 주목할 필요가 있다. 정경유착은 『표류도』, 『푸른 운하』, 『노을진 들녘』에서 윤계영의 부친, 김남식의 부친, 강신혜 등의 부수적 인물과 관련하여 나타나며, 『내 마음은 호수』, 『창』에서 송병림, 맹시헌 등 주요 인물의 대사에서 언급된다.[84] 밀수는 「재귀열」의 서상철, 『표

82 G. Deleuze & F. Guattari, 최명관 역, 『앙띠 오이디푸스』, 민음사, 2000, 399~400면; E. W. Holland, 조현일 역, 『프로이트의 거짓말–정신분열분석 입문』, 접힘펼침, 2004, 90~91면.

83 M. Shell, *Op. cit.*, pp.30~31.

84 실제로 1960년대 한국경제는 재벌 중심의 비민주적 정경유착 경제체제로 전개되었다. 부패

류도』의 윤계영의 부친, 『푸른 운하』의 송민경, 『파시』의 서영래, 문성재, 『영원한 반려』의 윤필구, 『나비와 엉겅퀴』의 송인숙, 『창』의 맹시헌, 『단층』의 한윤희 할머니뻘 되는 노파와 거짓 소문으로 한윤희 모친을 죽음으로 몰고 간 사나이, 『토지』의 황춘배(황태수의 부친) 등이 간여하는 것으로 나타나고 있다. 이처럼 축재를 위한 정경유착, 밀수, 그리고 고리대금업 등이 박경리의 소설에서 반복하여 나타나고 있음은 섹슈얼리티의 무차별성과 일면 상동관계에 놓인다 할 수 있겠다. 이러한 부정 축재의 수단들은 섹슈얼리티와 마찬가지로 욕망의 비가시적이고 무차별적인 흐름과 관련을 맺기 때문이다. 여기에서 한국적 자본주의 현실의 취약상에 대한 박경리의 인식과 비판의식을 섹슈얼리티의 문제와 결부하여 접근해 볼 수 있다. 섹슈얼리티와 재화, 이들은 각기 성욕과 물욕으로 현상되며, 무차별적으로 움직인다는 점에서 닮아 있다. 이들을 통해 일자리 창출과 생산을 위한 자본의 투자가 아닌, 음성적 금융자본의 난무가 당대 한국적 자본주의의 실상임을 보여주고 있는 것이다.

한편, 박경리는 수필에서 물질적인 것을 앞세워 자신에게 "사랑의 가난"을 경험하게 한 어머니와의 추억을 떠올리며, "비교적 금전에는 무관심한 편이며 때론 일종의 혐오감이랄까 그런 저항의식을 가지게 된 것"이 이러한 경험과 관련된 것임을 밝히고 있다.[85] 박경리는 또 다른 수필에서 자신의 "문학의 기저(基底)"가 "인간의 존엄과 소외"이며, 인간이 소외되는 것은 "이해(利害)에 요인(要因)이 있을 때가 많"[86]은 것

한 권력과 야합한 재벌은 은행을 개인금고처럼 사용하여 쌓은 부(富)에 대해 겉으로나마 국민의 자산이니 겸허하게 대해야 한다는 말조차 한 적이 없다. 강만길, 「한국 자본주의의 역사를 어떻게 이해할 것인가」, 강만길 편, 『한국 자본주의의 역사』, 역사비평사, 2005, 24~25면.

85 「십이 년 만에」, 『Q씨에게』, 152면.

으로 보고 있다. 실제로 박경리의 대다수의 작품에서는 실리를 추구하는 이해관계에 민감한 인물들을 부정적 인물로 그리고 있다. 일견 박경리 문학은 인간의 물질주의에 대한 통렬한 비판이라고 볼 수 있다. 박경리의 소설은 생존본능, 섹슈얼리티 등에 의해 직접적인 인간관계 내에서 가치를 무차별화하게 된 인물들, 다음 장에서 살피게 될 도덕과 상충하는 가치를 절대화하는 인물들에게서는 죄의식이 민감하게 작동함을 보여준다. 반면, 물질욕망을 매개로 가치를 무차별화하는 인물들에게서는 불의에 대한 죄의식을 발견할 수 없음을 강조하고 있다. 여기에서도 물질주의에 대한 작가의 비판의식이 분명하게 드러남을 읽을 수 있다.

---

86 박경리, 「나의 문학적 자전」, 『원주통신』, 지식산업사, 1985, 97면.

제3장 가치의 절대화에 따른 인물형상(정체성·죄의식)과 현실로부터 소외

1. 질적 가치의 상실과 현실로부터 소외

앞에서 가치를 무차별화하는 인물군을 박경리의 중·장편소설 및 『토지』를 중심으로 살펴보았다. 그런데 1장의 〈표 1-1〉에 나타난 바와 같이 이 인물군은 박경리의 초기 단편에서부터 나타나는데, 작품의 반동인물들로서 등장한다. 그동안 논자들의 주목을 받아 온 1950~60년대에 발표된 박경리의 단편소설[1]에 등장하는 주요 인물들은 이들 인물

1 박경리의 단편소설과 관련하여 전쟁미망인과 딸, 그리고 친정어머니가 반복하여 등장하는 작품들의 사소설적인 측면을 거론한 논의, 속물화된 세계에서의 인간의 존엄에 대한 추구와 소외에 대한 논의, 가족서사의 입장에서 살핀 논의, 1960년대 단편에서 자본주의의 모순과 계층적 문제를 살핀 점에 대한 논의 등 다양한 연구가 있다. 홍사중, 「한정된 현실의 비극」, 『현대한국문학전집』 11권, 신구출판사, 1966; 김해옥, 「'여성적 자존(自尊)과 소외' 사이에서 글쓰기」, 한국문학연구회 편, 『『토지』와 박경리 문학』, 솔, 1996; 서은혜, 「박경리의 1960

군과 첨예하게 대립하는 경향을 보이는바, 이 글은 이들이 주인공을 사회현실로부터 소외시키는 원인으로서 존재하는 것으로 본다. 가치의 문제를 중심으로 박경리 문학을 전체적으로 조망할 때, 이 시기 발표된 단표소설에서 주인공이 현실로부터 소외되는 것은 주로 가치를 무차별화하는 인물군과 대립한 결과이다. 1950~60년대에 발표된 단편소설의 주인공들은 이른바 질적 가치를 추구하는 인물로서 규정해 볼 수 있다. 이들은 본장에서 본격적으로 논의하게 될 가치를 절대화하는 인물군의 원형이 되는 인물이라 할 수 있는데, 이들에 대한 논의를 통해 2장의 논의에서 제외되었던 가치를 무차별화하는 인물군의 원형을 동시에 살필 수 있을 것이다. 「계산」, 「흑흑백백」, 「전도」, 「불신시대」, 『애가』, 「벽지」, 「훈향」, 「암흑시대」, 「비는 내린다」 등의 작품을 통해 이를 논하겠다.

박경리의 단편소설에서는 인물들의 '질적' 가치에 대한 추구를 발견할 수 있다.[2] 이는 그의 등단작인 「계산」(1955),[3] 「흑흑백백」(1956)에서부터 나타난다. 「계산」은 현재의 시점에서 주인공 회인이가 친구인 정아를 배웅하면서 겪게 되는 사건을 그리는 한편, 회인의 기억을 통해 되살아나는

년대 단편소설」, 한국문학연구회 편, 같은 책; 김상욱, 「박경리 초기 소설 연구—증오의 수사학」, 『현대소설 연구』 4, 1996; 구재진, 「1960년대 박경리 소설에 나타난 '생활'의 의미—박경리론」, 『1960년대 문학연구』, 깊은샘, 1998; 장미영, 「박경리 소설 연구—갈등 양상을 중심으로」, 숙명여대 박사논문, 2002; 배경열, 「박경리의 초기 단편소설 고찰」, 『한국문학이론과 비평』 18, 한국문학이론과비평학회, 2003.3; 이금란, 「가족서사로 본 박경리 소설 연구—초기 단편을 중심으로」, 『현대소설 연구』 19, 2003.9.

2 골드만에 따르면, 소설에서는 주인공과 주변세계 사이에 단절이 일어나며 이때 주인공은 진정한 '질적' 가치를 찾아나서는 존재로 파악될 수 있다. 단절의 원인은 개인이 현실에서든 허구 속에서든 자기가 속한 사회의 감정적 · 윤리적 · 심미적 · 인식적 가치들과 직접적인 관련을 상실한 데 있으며, 이들 가치가 교환가치에 의해 매개된 형태로만 주어진다는 사실에서 기인한다. P. Zima, 김태환 편역, 『비판적 문학 이론과 미학』, 문학과지성사, 2000, 152면.

3 박경리, 「계산」, 『현대문학』, 1955.8.

과거, 간밤 정아와의 대화 내용이 교차하면서 전개된다. 정아와의 대화 내용은 회인이 애인 경구와 관련하여 겪은 과거사 및 회인의 현재의 결단을 담고 있다. 회인은 "경구가, 연애를 거친 회인과의 약혼을, 어느 좌석에서 후회 비슷하게 말한 사실"(113)을 뒷소문으로 듣고 아무 말 없이 고향에서 모습을 감추었던 것이다. 회인은 경구가 이와 같은 말을 한 것과 때를 같이하여 애정을 고백한 편지를 자신에게 보낸 사실을 수수께끼로 보고 경구를 도저히 용서할 수 없다는 입장을 분명히 함으로써, 자신과 경구의 사이를 회복시켜 주기 위해 찾아온 정아의 의도를 헛된 것으로 돌린다. 다음 대사는 회인이 이와 같은 내적 결단을 하게 되는 원인이 진정한 사랑(실적 가치)의 추구와 그 좌절에 놓이는 것임을 드러내 준다.

> (회인) 그래 그래 네가 할려는 말은 귀에 딱지가 앉겠다. 아까도 넌 진정으로 사랑 한다면 그 사소한 몇마디 말을 용서 못하는 것이 웃읍다고 했지? 그 한번 저지른 말 이외는 아무런 배신(背信) 행위가 없다고? 그래 그건 사실이야, 그렇지만 난 너의 말을 뒤집어 이야기 할게. 가령 여기 **바람잡이 남편**이 있다고 하자 그는 여러 여자 친구를 갖고서는 의연히 그의 아내에게 나는 당신을 가장 사랑한다고 했다 하자 그리구 또 한편은 **극히 품행이 단정한 남자**가 주위에 조작(造作)된 압력에 못 이겨 단지 자기만을 옹호하려는 이기심에서 그의 연인을 상(傷) 해서 말했다고 하자 **여기서 행하여진 이 두 가지 사실의 량(量)이 질(質)을 능가 하겠니? 그 사실이 크고 적은 것만으로 이 결말을 나에게만 책임 지운다면 너는 계량기처럼 수학적인 여자라고 할 수밖에 없구나. 연애는 그러한 공식으로 성립되는 것도 해소되는 것도 아니야 허기야 인간의 머리통이 그렇게 유물적으로만 되었다면야 좋겠다 마는** …….(115~116, 강조는 인용자)

정아는 회인을 위해 회인이 경구의 사소한 말실수 몇 마디쯤 용서해 주고 경구와 맺어질 수 있기를 진심으로 바라나, 회인은 정아의 이러한 바람에 반기를 든다. "바람잡이 남편"의 잦은 바람기와 "극히 품행이 단정한 남자"의 주위의 조작된 압력에 의한 애인을 상(傷)하는 몇 마디는, 그 양(量)의 많고 적음을 가지고 결코 비교할 수 없다는 것이 회인의 논리이다. 회인이 생각하는 연애는 결코 수치적인 것으로 계량할 수 없는 것이다. 회인은 상대가 사소한 몇 마디로 사랑하는 사람과의 관계에 흠집을 낸 것이라면 그것은 이미 그 연애에 질적인 타격을 준 것으로서 결코 회복될 수 없다는 입장을 분명히 한다. "유물적"인 것을 "생활적"인 것으로 생각하는 정아에게 있어서 회인의 이러한 입장은 "이상주의론"으로 비추이나, 질적인 가치로서 진정한 연애를 추구하는 회인에게 있어서는 이러한 연애의 이상이 마땅히 만족되어야만 결혼으로 이어질 수 있는 것이다.[4] 회인은 이를 만족시키지 못하는 결혼은 한낱 "실리적 수단"에 지나지 못하는 것이며, "허위와 이기"가 인간사회의 본질이라면 "연애란 자연적으로 소멸"(116)할 것으로 본다. 진정한 사랑을 결혼의 필요 · 충분조건으로 생각하는 회인에게 있어서 연애의 소멸은 곧 결별을 의미한 것이다.

「계산」의 회인과 같이 한 치의 어긋남을 허용하지 않는 인물의 성격은 박경리 초기소설에 등장하는 여성인물의 특성으로 흔히 논의되어지는 '결벽증'으로 볼 수 있는바, 이 글은 이러한 결벽증적 성격이 진정한 '질적'

---

4 박경리는 수필에서 "연애란 극히 희귀한 것"으로서 "갈구하면서도 좀처럼 얻어질 수 없는 것"으로 보고 있다. 그에 따르면, "육과 영이 완전히 어떤 상태로 승화된 경우"는 흔하지 않는 것으로서 "연애의 경지, 그것은 예술 이상의 경지"를 의미한다. 박경리는 이러한 연애의 이상을 만족시키지 못하는 남녀의 관계를 대부분 "정사(情事)"인 것으로 보고 있다. 「참다운 연애의 의미」, 『Q씨에게』, 328~329면.

가치의 추구와 관련을 맺고 있는 것으로 본다. 그와 같은 질적 가치에 대한 추구가 현실에서 결벽증의 형태로 나타나는 것은 그것을 현실화할 가능성이 희박함을 보여준다 하겠다. 현재의 시점에서 전개되는 에피소드 및 이와 유사한 과거의 경험은 회인의 결벽증적 성격을 잘 드러내 준다. 회인은 친구 정아를 배웅하기 위해 나선 새벽길에서 전차표 값을 대신 내 준 시골 학생의 호의에 전전긍긍한다. 이 부분에서 과거에 겪은 이러한 "자의적(恣意的) 혜택"(112)으로 인한 곤란이 회인의 기억을 통해 되살아난다.[5] 회인은 시골 학생의 호의에 답하기 위해 서울역에서 일하는 성씨를 통해 시골학생의 기차표를 사주기로 결심하고 이를 실행에 옮긴다. 그러나 성씨는 기차표를 사고 남은 거스름돈을 돌려주지 않았으며, 기차표를 사는 데 정신을 몰두하고 있던 회인은 어머니의 병환 때문에 일할오부 변으로 빌린 빚돈과 정아를 위해 요깃거리나 사주려고 넣은 돈이 없어진 사실을 알게 된다. 결국 회인은 가진 돈을 모두 잃고 시골학생의 친구로부터 "표야미꾼"(120)으로 몰리게 된다. 이처럼 회인의 결벽증적 성격은 거스름돈을 제대로 돌려주지 않고, 날치기꾼이 존재하는 "허위와 이기"의 세계와 충돌하게 되는바, 이어지는 등단작인 「흑흑백백」과 관련하여 볼 때 주인공은 이러한 세계로부터 소외되는 것으로 볼 수 있다.

「흑흑백백」[6]의 혜숙은 박경리 자신의 분신으로 논의되어지곤 하는, 친정어머니와 어린 딸을 데리고 사는 전쟁미망인이다. 이 작품에서도

5 회인은 아는 사람을 만나기 위해 다방에 갔다. 번잡한 다방에서 시선을 둘 곳을 찾기 위해 회인은 신문을 산다. 그런데 앞자리의 신사가 자신이 산 신문의 값을 대신 지불해 주자, 회인은 그 신사의 호의를 묵살하고 신문 값과 신문을 그대로 두고 다방을 나와 버린다.

6 박경리, 「흑흑백백」, 『현대문학』, 1956.8. 다음 문장을 통해 혜숙이 실직하게 된 직접적인 계기를 알 수 있다. "추근 추근하게 구는 뱃대기에 기름이 끼인 상부 사람이 더럽고, 또한 향락의 대상으로 보인 것이 분하고 원통하다는 데서 사표를 내던졌던 것이다."(113~114)

혜숙의 결벽증적 성격이 주목된다. 그녀의 결벽증은 다음 두 가지 사건으로 잘 드러난다. 첫째, 혜숙은 여성 가장으로서 가족을 부양해야 할 책임을 지고 있음에도 불구하고 "아니꼽고 더러우면 팩하니 침 뱉고 돌아 서" 버리는 "그의 결백성"(113~114) 때문에 두 달 전 실직을 하고 만다. 둘째는, 직장 동료였던 영민과 바꾸어 입었던 외투의 차액을 지불할 수 없게 되자, 영민의 반대에도 불구하고 값이 더 저렴한 자신의 외투와 영민의 외투를 바꾸어 입는 태도에서 나타나는 결벽증이다.[7]

그런데 이 작품에서 혜숙의 이러한 결벽증이 현실과 충돌하는 계기가 된다는 점, 그리고 혜숙을 소외시키는 세계의 성격이 문제시된다. 혜숙은 영민과 바꾸어 입은 외투 때문에 죽은 남편의 친구인 현선생을 통해 모처럼 얻은 교직에 취업할 수 있는 기회를 잃고 만다. 현선생이 모시고 있는 장교장은 혜숙의 면접을 보기 이전에 그 외투를 입은 영민을 먼저 본다. 장교장은 자신의 제자이자 현재 어느 관리의 부인이며 자신이 경영하는 모 여중의 자모이기도 한 황금순과 밀회를 하던 장소에서 쉽게 결혼할 수 없는 상황의 남자에게 임신 사실을 알리며 우는 영민을 목격하는데, 이때 영민은 혜숙과 바꾸어 입은 예의 그 눈에 띄는 빛깔("그린색")의 외투와 목도리로 치장을 하고 있었던 것이다. 결국 영민과 외투를 되바꾸어 입고 장교장에게 면접을 보러 간 혜숙은 바람 난 미망인으로 몰려 취업의 기회를 놓치게 된다. "친구에게조차 경제적 부담을 주지 않으려는" 혜숙의 결벽증이 오히려 바람 난 미망

7 「흑흑백백」의 혜숙은 자신의 친구에게조차 경제적 부담을 주지 않으려는 철저한 결벽의 소유자이다. 그런데 이러한 혜숙의 결벽증은 타인에게서 불쾌감과 모욕을 당했을 때 관계를 단절하는 행위로 나타난다. 이와 관련하여 배경열은 현실과 타협하지 않는 결벽증적 여성 스스로가 현실을 거부하고 소외되는 것으로 본다. 배경열, 앞의 글, 215면.

인으로 오해를 사게 된 계기가 되며, 이로 인해 혜숙은 현실로부터 소외되고 있는 것이다.

여기에서 혜숙을 소외시키는 세계의 성격에 주목할 필요가 있다.[8] 혜숙을 오해하여 교사 채용을 거부하는 장교장, 그와 불륜의 관계를 맺고 있는 황금순, 학교경영비를 유용하는 장교장을 돕는 현선생 등의 면면을 살펴보자. 장교장은 학교의 회계를 보는 현이라는 재치있는 "모사(謀事)꾼"(111)의 도움으로 학교경영비를 여기저기 유용하면서 황금순과 밀회를 즐기며, 이와 같은 장교장의 약점을 쥐고 있는 현선생은 장교장에게 교사채용 문제를 의뢰하며, 황금순은 장교장이 학교경영비에서 유용한 삼십만환을 빌려 쓰는 등 거래를 하면서 그와 불륜의 관계를 맺는바 마침내 장교장의 아이를 갖게 된다. 이와 같이 이들은 각자의 이해관계를 고려하면서 교환가치에 의해 매개되는 관계를 맺고 있는 것이다. 특히 장교장과 황금순의 관계는 사랑이 아닌 섹슈얼리티로 맺어진 관계로서 이는 화폐에 의해 매개되는 관계와 동형적이라 할 수 있다.[9]

결벽증의 소유자인 혜숙은 이처럼 교환가치 혹은 섹슈얼리티에 의해 매개되는 사회로부터 그 결벽증으로 인해 소외되는바, 「계산」과의 관계에서 볼 때 혜숙 자신을 질적 가치를 추구하는 인물로 보는 것은 무리한 설정은 아닐 것이다. 이 작품에서 한 치의 비리와 어긋남을 허용하지 않는 결벽증의 소유자인 혜숙은 "껍데기"에 불과한 의상[10]에 의해 질적 가

8 이를 전후의 속물화된 세계로 보는 것이 일반적이며, "자전적인 소외상황과 인간 존엄성 추구"를 관련짓고 있다. 위의 글, 209~210면. 여기에서는 이를 교환가치에 의해 매개되는 가치를 무차별화하는 세계인 것으로 본다.

9 P. Zima, 서영상 · 김창주 역, 『소설과 이데올로기』, 문예출판사, 1997, 340면.

10 박경리는 수필에서 모든 의상은 껍데기에 불과한 것이며, 그 속에 들어가는 것만이 정확한 것이며 에누리가 허용되지 않는 실재라는 의견을 밝히고 있다. 「의상」, 『Q씨에게』, 185면.

치의 추구를 부정하는 속물화된 세계로부터 차단된 존재라 할 수 있다.

「전도」(1957)[11]는 여주인공 숙혜를 통해 진정한 사랑의 형태로 나타나는 질적 가치의 추구 및 상실과 이로 인한 현실로부터의 소외를 다룬 작품으로 읽힌다. 숙혜는 Y은행 본점 조사과에 근무하는데, 극단적으로 사람을 피하는 성격의 소유자이다. 숙혜의 "경계적(警戒的)이고 회피적(回避的)"(87)인 태도는 직장 동료들의 동정을 사기도 하는바, 이러한 타인과의 교섭을 철저히 피하는 성격은 그녀의 과거와 관련을 맺고 있는 것으로 나타난다. 숙혜는 대동아전쟁 말기의 혼란스런 시기에 열여덟의 나이로 관례적인 맞선을 본 후 결혼하여 딸 경이를 얻는다. 그런데 여고의 음악 교사로서 경이의 피아노 선생이 된 강순명과 서로 사랑하게 된다. 숙혜는 강순명을 통해 "아름다운 삶의 극지"(89)를 경험하게 되는데, 숙혜는 강순명과의 사랑이 "이 절대적인 목숨이 존재하는 이유"였기에 이와 "대치(代置)시켜 볼 어떠한 것도 알지 못"(89)하였던 것으로 회고하고 있다. 강순명에 대한 숙혜의 사랑은 그 어떤 것과도 대체 불가능한 절대의 질적 가치를 지닌 사랑이라는 점에서 의미를 지니며, 이 사랑이 사회의 도덕과 상충된다는 점에서 문제적이다. 숙혜는 결단을 내려 남편에게 이혼 요청을 하였으나 강순명은 단호한 태도를 보이지 않았으며, 이 사건으로 인한 심로로 어머니가 세상을 떠나자 숙혜는 고향을 떠나 타인에 대해 경계적이고 회피적인 삶을 살아온 것이다. 여기에서 숙혜가 사회로부터 분리, 단절된 첫 번째 이유가 자신이 추구한 대체 불가능한 사랑(질적 가치)이 사회의 도덕과 상충된다는 데에 있음을 알 수 있다.

11 박경리, 「전도」, 『현대문학』, 1957.3.

다른 한편으로 숙혜로 하여금 죽음에 이르게 함으로써 사회로부터의 소외를 극단에 이르게 하는 것은 숙혜가 세든 주인집 아주머니와 주인 사나이가 대변하는 세계이다. 이들은 이후 박경리의 소설에서 반복하여 부정적 인물로 등장하는 물질적 가치를 추구하는 인물들로 가치를 무차별화하는 인물군의 원형이라 할 수 있다. 주인 사나이는 영세한 생산자와 동대문 포목상 사이에서 "세금 한푼 물지 않는 약빠르고 알찐 장사"(82)를 하는 피륙상으로서 일본에 가서 직물도안에 관한 연구를 했다는 주인집 여자를 첩으로 두고 있다. 이들은 "경제"는 상호 분리하고 있는 관계로서 그 문제만 제외하면 나머지는 모두 타협적으로 잘 해나가고 있는 것으로 그려진다. 숙혜는 윤병수에 의해 자신의 과거가 드러날 기미가 나타나자 은행을 그만두고 주인집 아주머니가 하는 직물도안을 돕는 공녀로 전락하는데, 이에 따라 숙혜를 대하는 아주머니와 주인 사나이의 태도가 달라진다. 아주머니와 숙혜 사이에는 "주종(主從) 관계 비슷한 것이 성립"(99)되며, 숙혜를 부르는 호칭도 "김선생"에서 "김씨"로 변화한다. 한편 주인 사나이는 숙혜를 성적인 대상으로 바라보게 되는데, 결국 숙혜를 강간하려다 살해하고 만다. 이들은 숙혜에게 "밥자리"(99)를 제공한다는 이유로 숙혜를 교환가치의 대상으로 바라보며, 주인 사나이는 더 나아가서 성적 욕망의 대상으로 삼으려다 살해하기에 이른 것이다.[12] 대체 불가능한 유일한 사랑의 추구와 상실을 경험

12 이덕화는 숙혜의 비극이 은행 동료 직원의 숙혜의 과거에 대한 빈정거림이나, 주인집 부부의 타산적인 인간관계에서 비롯한 것으로 보고 있다. 그에 따르면 여기에는 한 인간을 인격을 가진 고유한 존재로 인식하지 않고 자신의 이해관계에 의해서 비하하고 폭력을 휘두름으로써 인간을 인간답게 대접하지 않는 인간 자존의 문제가 결려 있다. 이덕화, 『박경리와 최명희－두 여성적 글쓰기』, 태학사, 2000, 120면.

한 숙혜에게 있어 이들이 대변하는 교환가치에 의해 매개되는 세계는 소외될 수밖에 없는 곳이라 하겠다.

박경리의 초기 단편소설에서 도덕과 상충되는 질적 가치를 추구하는 주인공이 사회로부터 소외되는 경우는 「벽지」(1958), 「비는 내린다」(1959)에서도 살필 수 있다. 「벽지」[13]에서 강숙인과 강혜인은 이복자매인바, "콤뮤니스트"였던 강숙인은 애인인 김병구를 두고 북에서 내려온 박이라는 사람과 함께 월북하고 만다. 강혜인은 대학 4학년 때, 정치과의 젊은 부교수로서 강숙인의 애인이었던 김병구를 처음 만났고, 그때 사랑에 빠졌으나 감정을 억제할 수밖에 없는 숙명이었다. 한국전쟁 때 가족을 모두 잃은 강혜인은 양장점을 경영하며 홀로 살아가는데, 어느 날 우연하게 이미 처자를 거느린 김병구와 해후하게 된다. 이들은 만남을 반복하는 동안 서로에 대한 감정을 드러내게 된다. 김병구가 강혜인을 포옹하고 입맞춤하였을 때 혜인은 자신이 "강숙인의 대용품"(127)이라는 말을 한다. 이 말에는 자신이 김병구에게 있어서 강숙인을 대체하는 존재가 될 수 없다는 마음이 담겨 있다고 할 수 있다. 이 일이 있은 후 김병구는 강혜인에게 편지를 쓰는데, 자신이 취한 행동을 사과하면서 전쟁으로 인하여 자신이 몸담았던 세계는 허물어졌으며, 자신에게 "그것에 대체(代替)될 세계가 아직 없"다는 고백을 한다. 그에 따르면 "숙인의 월북은 그 크다란 상실 속의 적은 파동"(129)이었던 것이다. 김병구는 한국전쟁을 통해 가족을 포함한 대체 불가능한 것들의 상실을 경험하였는바, 이것은 질적 가치의 상실이라 할 수 있

13 박경리, 「벽지」, 『현대문학』, 1958.3.

겠다. 강혜인이 자신이 강숙인을 대체하는 존재일 수 없다고 뇌인 바와 같이 김병구에게 역시 강숙인을 포함하여 전쟁을 통해 상실한 것들을 대체할 수 있는 것은 존재하지 않는 것이다. 이들은 모두 질적 가치에 대한 추구와 상실을 이야기하고 있다 하겠다.

김병구와 육체적인 접촉이 있던 날 강혜인은 "어디로 떠나야겠다는 생각"(128)을 처음 하게 된다. 김병구의 편지를 받고 그를 만난 날 강혜인은 애정을 부인하거나 시인하는 것에 앞서 그들 앞에 "실제적인 문제"(130), 즉 불륜의 관계가 갖는 한계를 거론하며, 그 다음 날 "도불(渡佛)준비"(130)에 착수한다. 이러한 강혜인의 결단은 그녀에게 있어 김병구가 유일한 사랑의 대상임을 반증한다. 그런데 김병구에게 있어서 자신은 대체할 수 없는 유일한 사랑의 대상이 아니라는 생각 때문에, 그리고 불륜의 사랑이 갖는 현실적 장애를 고려하여 강혜인은 파리를 새로운 "벽지(僻地)"(130)로 생각하여 그곳으로 떠날 결심을 굳힌 것이다. 이 소설은 서로에게 유일한 사랑(질적 가치)이기를 바라는 마음이 "실제적인 문제"와 배리되면서 주인공 강혜인이 현실로부터 유리되어 벽지로 떠나도록 한 것으로 볼 수 있다.

「비는 내린다」[14]는 한국전쟁을 배경으로 하여 윤지영과 윤지숙 자매가 함께 이민수를 사랑함으로써 야기된 사건을 다룬 작품이다. 이들 자매의 동생인 지윤의 가정교사로서 삼남매의 집에 입주하여 생활하였던 이민수는 처음에 동생인 윤지영과 사랑하는 사이였다. "고집이 세고 자존심이 강한 지영이었던 만큼" 윤지영의 이민수를 향한 "애정

14 박경리, 「비는 내린다」, 『여원』, 1959.10.

은 끈질겼"(350)다. 그런데 윤지영이 이민수와 함께 영화 관람을 하고 돌아오는 길에 갑작스럽게 교통사고를 당한다. 윤지영이 입원해 있는 사이에 윤지숙이 이민수에게 사랑을 고백하자 이민수는 지영인지 지숙인지 분간하지 못한 가운데 윤지숙과 관계를 맺고, 윤지숙이 임신을 하자 그녀와 결혼한다. 이 일을 겪은 윤지영은 우울한 사람으로 변화하여 가출하고 만다. 그 사이 한국전쟁으로 이민수가 의용군으로 나가고, 가출하였던 윤지영은 부산에 피난을 와 있는 가족 곁으로 돌아오지만 여전히 우울하게 지내다 가출하곤 한다. 가족 곁으로 돌아온 윤지영은 어느 날 의용군에서 돌아온 이민수가 윤지숙과 행복하게 지내는 모습을 보고 가출하여 자살하고 만다. 이때 윤지영이 가출하여 지내는 동안 마빈이라는 미국장교와 함께 생활하였던 사실이 드러난다.

이 작품에서 윤지영 역시 이민수를 향한 유일한 사랑을 포기할 수 없었기에 자살이라는 극단적 선택을 한 것으로 보인다. 윤지영은 언니 윤지숙에게 애인을 빼앗겨 결과적으로 언니의 남편을 지속적으로 사랑함으로써 근친적 애정이라는 금기에 맞닥뜨린 것이다. 윤지영의 이민수를 향한 대체할 수 없는 사랑(질적 가치)은 윤지영으로 하여금 외국인 장교와의 자포자기적인 동서생활을 하도록 이끌었으며 결국 자살이라는 파국적 결말을 통해 그녀를 현실로부터 소외시킨 것으로 볼 수 있다.

단편 「훈향」(1958)과 박경리의 최초의 장편인 『애가』(1958)는 상호 텍스트적 관련이 있는 작품들이다. 「훈향」[15]에서 문숙영은 서병민과 사랑하는 사이였으나, 한국전쟁을 겪으면서 애인 서병민과 오빠 문채호

15 박경리, 「훈향」, 『한국평론』, 1958.6.

의 생사를 알 수 없는 상황에서 올캐인 김순임이 아이를 낳고 "자간(子癇)의 발작"(199)을 일으키자 윤종필 교수의 경제적 도움을 받게 된다. 같은 대학에서 영문학을 전공한 문숙영, 서병민, 문채호, 김순임은 윤종필 교수를 중심으로 한 서클에서 활약한 바 있다. 한국전쟁 중에 아내를 잃은 윤종필 교수는 문숙영에게 "생활의 원조"를 제의하는데, 올캐 김순임의 일을 계기로 "마음의 부채"(199)를 안게 된 문숙영은 당시 행방불명이 된 애인 서병민을 두고 윤종필과 결혼이라는 형식을 밟게 된다. 그런데 후일 살아 돌아 온 서병민과 재회함으로써 갈등이 시작되는데, 문채호의 주선으로 윤종필 교수가 문숙영과의 이혼에 합의하자, 이들은 재결합하게 된다. 주로 비극적 결말을 맺는 박경리의 작품들 가운데서 예외적으로 행복한 결말을 맺는 이 작품은 물질적 도움에서 비롯한 관계가 남녀의 유일한 사랑을 대체할 수 없음을 보여준다. 문숙영이 윤종필과 맺어진 것은 사랑 때문이 아니라 경제적 원조를 받은 것에 대한 "마음의 부채" 때문이다. 이는 교환가치를 매개로 한 관계라 할 수 있다. 문숙영이 윤종필과 헤어져 사랑하는 서병민과 다시 맺어지게 된다는 줄거리는 교환가치를 매개로 한 현실로부터 분리되어 대체 불가능한 사랑(질적 가치)을 회복함을 의미한다고 볼 수 있다.

『애가』에서 강현회와 오형 부부, 그리고 문정규 간의 삼각관계는 「훈향」과 상호 텍스트적 관련을 맺는다. 강현회는 오형을 몹시 아꼈던 선배의 딸로서 일찍 부모를 여의고 일곱 살에 고아가 된다. 강현회는 고모의 슬하에서 성장하는데, 양육에 필요한 일체의 비용을 오형박사가 부담한다. 강현회는 여학교 때 문설희와 사랑형제를 맺으면서 문설희의 오빠이자 오형의 제자인 문정규와 사랑에 빠진다. 이 사실을 모르는 오형은 한국전쟁을 겪는 동안 연구의 공백기를 가지면서 강현회를 여자로 보게 되고, 그녀에게 결혼을 제안한다. 강현회는 오형의 인격, 과학자로서의 진지한 정열에 대하여 깊은 숭배감을 가지고 있었는데, 동일한 비중으로 의미 있는 존재인 오형과 문정규 사이에서 갈등하다 오형과 결혼한다. 그런데 이들의 관계에서 문정규가 강현회를 잊지 못하고 강현회가 자신에게 돌아올 날만을 기다리고 있다는 사실이 문제가 된다. 한편, 오형이 고백하는 바에 따르면, 오형은 선배의 아내인 강현회의 어머니를 사랑하였다고 한다. 선배를 질투하기도 하였는데, 선배가 우연한 사고로 죽자 미망인을 취하고자 하는 욕망에 불타오르곤 하였으나, 자신을 동생으로만 대하는 여자 앞에서 위축될 수밖에 없었다. 미망인 역시 세상을 뜨고 마는데 오형은 고아가 된 딸아이를 기르다시피 하였고, 그 아이가 현재 오형의 아내인 강현회인 것이다. 오형은 강현회가 자신을 존경은 하지만 사랑하지는 않으며, 의리 때문에 자신의 아내 자리를 지키고 있다는 것을 알고 있는 것으로 나타난다.

이 작품에서도 윤상화라는 중재자가 나서는바, 그의 중재로 문정규와 강현회가 사랑하는 사이라는 사실을 알게 된 오형은 이혼장을 문정규에게 주고 미국으로 떠난다. 강현회는 문정규를 따라 무의촌으로 떠난다. 오형과 강현회가 결혼한 지 육년이 지나도록 강현회를 잊지 못하여 결혼을 하지 않고 강현회를 기다리는 문정규에게 있어 강현회는 대체할 수 없는 사랑의 대상인 것이다. 오형과 강현회는 이러한 대체할 수 없는 사랑에 의해 맺어진 관계이기보다, 오형 편에서는 전쟁이 주는 절박감 속에서 강현회를 통해 위안을 얻기 위하여, 그리고 강현회의 편에서는 오형에 대해 존경하고 숭배하는 마음을 가지고 있는 한편 자신을 양육하고 교육시켜 준 오형에 대한 의리 때문에 맺어진 관계라 볼 수 있다. 오형은 자신의 또 다른 제자인 이민호에게 강현회의 어머니에 대한 마음을 고백하면서, “젊은 시절의 불행한 연애”는 “무서운 독소처럼 전생애를 지배하는 것”(276)이라고 말하는데, 오형에게 있어서는 강현회의 어머니에 대한 사랑이 대체할 수 없는 질적 가치를 갖는 사랑이라 볼 수 있다. 한편 오형과 강현회의 관계는 「훈향」에서의 윤종필과 문숙영의 관계에서와 마찬가지로 엄밀한 의미에서 오형의 강현회에 대한 경제적 원조에서 비롯하는 교환가치에 의해 매개된 관계라 할 수 있다. 『애가』에서도 오형이 강현회와의 이혼에 동의함으로써 문정규와 강현회의 대체 불가능한 사랑은 결실을 맺게 되며, 경제적 지원을 받은 것에 대한 의리에 의해 맺어진 오형과 강현회는 결별함으로써 교환가치에 의해 매개된 현실과 분리된 것으로 볼 수 있다.

「불신시대」(1957)와 「암흑시대」(1958)는 아들을 사고로 잃은 박경리의 자전적 체험이 짙게 묻어난 작품이다. 작품의 내용상으로는 「암흑시대」가 「불신시대」에 앞서고 있는바, 이 두 작품에서는 그 무엇과도 대체 불가능한 생명의 가치를 역설하고 있는 것으로 볼 수 있다. 「불신시대」는 종교의 탈을 쓰고 이해관계를 앞세우는 세태 및 생명을 담보로 한 병원들의 부당한 행태에 대한 비판을 그 내용으로 한다. 후자의 경우부터 살펴보자. 아들을 잃고 폐결핵을 앓는 진영은 Y병원, S병원, H병원 등의 병원들에서 인술을 행해야 한다는 당위를 위반하고 불법적 행위를 자행하는 것을 목격한다. Y병원에서는 주사약의 분량을 속이고 전체 분량의 삼분지 일만을 놓아 주었으며, S병원에서는 근처의 건달꾼이 의젓하게 가짜 의사 노릇을 하고 있다. 그리고 H병원에서는

빈 주사약병을 팔고 있는바, 이는 가짜 주사약의 범람을 예견하게 한다. 이러한 병원의 행태들에 대한 고발은 생명을 담보로 한 교환가치의 횡행을 비판한 것으로 볼 수 있다. 한편, 「불신시대」[16]의 기본 뼈대가 되는 에피소드는 진영 모녀가 죽은 문수의 영혼을 천도하기 위해 절에 위패를 모시는 사건이다. 신도가 내놓은 돈의 액수에 따라 절에서 신도를 대하는 태도가 달라지며 의례에 들이는 정성 또한 차별화되는 상황을 이 작품은 신랄하게 꼬집고 있다. 절에서의 영혼 천도식이 그 무엇과도 대체 불가능한 한 생명의 죽음을 기리는 의례라는 점을 고려할 때, 이 역시 생명의 질적 가치가 교환가치에 의해 평가되는 상황이라 할 수 있겠다. 이러한 현실에 대해 진영이 마지막 장면에서 "항거할 수 있는 생명"(140)이 있음을 내세우는 광경은 역설적이라 할 수 있다.

「암흑시대」[17] 역시 뇌수술을 받아야 하는 순영의 아들 명수의 생명을 담보로 이해관계를 앞세우는 인물들의 행태를 절박한 심정으로 그리고 있다. 중요한 수술에 써야 할 혈액을 사기 위해 부당한 거래를 해야 하는 상황, 돈이 없다는 사실을 병원 측에 내보여서는 안 되는 상황, 병원에서 제대로 된 치료를 받기 위해서는 "와이로"(141)를 써야만 하는 상황, 엑스레이도 찍어보지 않고 아이의 몸에 무참하게 칼을 대어 죽게 한 병원 측의 처사 등이 이 작품에 잘 드러나 있는바, 이 역시 대체 불가능한 한 인간의 생명을 이해관계를 매개로 부당하게 저울질하는 부조리한 상황을 고발하고 있다 하겠다.[18] 「불신시대」와 「암흑시

16 박경리, 「불신시대」, 『현대문학』, 1957.8.
17 박경리, 「암흑시대」, 『현대문학』, 1958.6~7.
18 배경열에 따르면 「불신시대」, 「암흑시대」 등에서는 외부현실에 대해 가지는 적대감, 분노는 폭력적인 현실을 개선하고자 하는 진정한 의미에서의 대결의식이 아니고 폭력적 대상에

대」의 자서전적 서술자는 대체 불가능한 인간 생명의 질적 가치가 교환가치에 의해 훼손당한 상황을 예리한 필치로 생생하게 전달하고 있다. 이들 작품의 주인공들 역시 부조리한 현실로부터 스스로 소외될 것을 선언한 것으로 볼 수 있다.

이 글은 박경리 소설의 특성으로서 흔히 거론되는 인물의 현실로부터 소외가 질적 가치의 추구와 그 좌절에서 기인하는 것으로 본다. 이는 일차적으로 인물 성격화를 통해 소외의 원인을 진단하는 입장인바, 인물의 소외를 불합리한 현실에 무게를 두어 거론하고 있는 상당수의 기존 논의와 차별화된다 할 수 있다. 또한 이러한 시각은 박경리가 1950년대 후반부터 발표한 중・장편소설들과의 관련선상에서 박경리 문학을 살필 때, 그 연속성의 발견을 통해 타당성을 입증 받을 수 있다. 한편, 여기에서의 논의를 통해 박경리의 초기 단편소설에서부터 첫 번째와 두 번째 인물군의 원형이 존재함을 엿볼 수 있었다. 즉 초기 단편에서 질적 가치를 추구하는 인물들은 가치를 절대화하는 인물들의 원형이 된다 하겠으며, 이들이 대결하는 교환가치에 의해 매개되는 세계는 가치를 무차별화하는 인물군으로 구체화된 것으로 볼 수 있다.

대한 증오, 원한 등의 주관적인 감정을 벗어나기 힘들다는 데 근본적인 한계가 있다. 작품 속 인물들은 그저 소극적인 반응의 수단으로서 현실에 대한 거부나 회피 등의 소외를 선택한다. 배경열, 앞의 글, 234면.

2. 가치의 절대화와 인물 정체성의 고정

1) 유일한 '사랑'의 좌절과 자살

박경리의 문학에서는 사랑하는 남녀가 혼사장애로 인하여 결혼에 이르지 못하거나, 이루지 못한 사랑을 유일한 사랑으로서 절대화함으로써 현실적인 삶에 동화되지 못하고 파국을 맞는 경우가 자주 발견된다. 이는 박경리의 소설에서 온전한 형태의 가족이 등장하는 경우가 드물다는 사실과 관계된다. 박경리의 자전적 체험이 반영된 초기 단편의 경우 한국전쟁이 가족 훼손의 직접적 원인이 되고 있으나, 1960년대에 발표된 일부 중·장편소설에서는 한국전쟁으로 인한 가족의 훼손 이외 혼사장애로 인해 이루지 못한 사랑을 절대화함으로써 가족이 훼손되는 경우가 종종 발견된다. 이는 유일한 사랑이 절대화됨으로써 가족의 가치가 도외시된 결과라 하겠다. 이는 또한 사랑을 가족형성의 필요·충분조건으로 생각한 결과라 하겠는데, 「어느 정오의 결정」(1959), 「목련 밑」 등의 단편과 1960년대 후반에 발표된 『영원한 반려』(1967), 『나비와 엉겅퀴』(1969), 『단층』(1974) 등의 작품에 이르러서 가족이 남녀 간의 절대적인 사랑에 앞서는 가치로서 부상하고 있음이 주목된다.

박경리의 작품에 나타나는 '영원한', '하나뿐이며 유일한' 이러한 사랑은 '낭만적 사랑'이라 할 수 있다. 낭만적 사랑은 연인 간 투사적 동일시(projective identification)에 의존하는 사랑이다. 이는 두 사람의 정체성이 과거에는 각기 달랐음을 인정한 가운데 다가오는 미래를 향해 사랑의 유대를 공유하고 새로운 정체성을 협상해 가는 '합류적 사랑(confluent love)'과 구분된다.[19] 박경리의 작품에 등장하는 낭만적 사랑을 하는 인물들은 그 사랑의 가치를 절대화하여 거기에 자신의 전 존재를 바친다. 따라서 그들은 현실적 장애에 직면하였을 때 미래의 지향점을 상실하여 자아정체성의 생성을 이루지 못하고 파국적 결말을 맞곤 한다.[20] 이와 관련하여 『애가』, 『성녀와 마녀』, 『내 마음은 호수』, 『가을에 온 여인』, 『시장과 전장』, 『영원한 반려』, 『나비와 엉겅퀴』 등의 작품을 살필 수 있다.

『애가』(1958)는 박경리의 첫 장편소설로서 이민호, 김진수, 문설희의 삼각관계와 문정규, 강현회, 오형의 삼각관계를 중심으로 전개된다. 후자의 삼각관계는 3장 1절에서 살핀 바와 같이 유일한 사랑을 질적인 가치로서 추구하는 인물들이 교환가치에 의해 매개되는 현실로부터 분리되어 사랑을 이루는 과정을 보여주고 있다. 이민호, 김진수, 문설희의 삼각관계는 절대화된 유일한 사랑이 가족제도와 부딪힘으로써 파국으로 치닫는 상황을 그리고 있다. 이민호와 김진수는 서로 사랑하는 사이였으나, 김진수가 한국전쟁 때 미국인 장교와 동서한 적이 있다는 사실이 드러남으로써 헤어지게 된다. 이민호는 김진수가 "정신의 순결"(232)까지 잃었다고 생각하지 않았으나, 김진수로부터 그녀의 과거에 대한 해명을 듣지 못한 상황에서 자신을 사랑하는 문설희와 결혼한다. 그런데 김진수를 잊지 못하는 이민호에게 있어서 문설희는 처음부터 김진수에 대한 그리움을 토로하기 위한 대체자로서 존재한다. 자

19 A. Giddens, 배은경 · 황정미 역, 『현대사회의 성, 사랑, 에로티시즘』, 새물결, 1996, 115~116면.
20 Giddens에 따르면, 자아정체성의 성찰적 구축은 과거의 해석에 의존하는 것만큼이나 미래의 준비에도 많이 의존한다. A. Giddens, 권기돈 역, 『현대성과 자아정체성』, 새물결, 2001, 158면.

신의 과거가 드러남으로써 이민호 앞에서 자취를 감추었던 김진수를 이민호가 문설희와의 신혼 여행길에서 마주치는 등 이민호의 뇌리에서 김진수가 사라지지 않을 계기가 우연적으로 만들어지기도 한다. 문설희와 결혼하여 삼 년이 지났을 때 이민호는 논문을 쓰기 위해 찾아간 산장에서 김진수와 재회한다. 이 재회를 통해 이민호의 문설희와의 결혼 생활 삼 년은 "부정"(319)되며,[21] 김진수와 마주한 현실만이 이민호에게 있어서 전부가 된다.

이 재회에서 의도하지 않았지만 양공주로서 살게 된 전력으로 인하여 이민호와 헤어진 김진수의 "생명과 삶 전부"가 이민호라는 "한 사나이에게 매어 있"(324)었던 것으로 드러나는바, 이민호와 김진수는 서로에 대한 유일한 사랑을 절대적인 가치로서 간직한 것으로 볼 수 있다. 이민호는 김진수와의 사랑을 "운명적"(364)인 것으로서 아내인 문설희에게 이야기하고 가정으로 돌아가지 않을 뜻을 밝힌다. 한편, 이민호와 김진수의 사랑이 절대적인 만큼, 이민호에 대한 사랑을 절대적인 것으로서 간직한 문설희는 남편 이민호가 자신에게 돌아오지 않을 결심을 한 사실을 깨닫고 자살한다. 이와 같이 이민호, 김진수, 문설희의 삼각관계에서는 가족제도와 충돌하는 사랑, 마주보지 않는 사랑을 절대의 가치로서 간직한 인물들이 그 사랑을 위해서 가족, 현실과 분리되어 있음을 엿볼 수 있다. 그 결과 사랑의 가치만을 절대화하는 이들의 정체성은 고정되며, 그 사랑이 좌절되었을 때 미래의 삶을 설계하

21 이 작품에서 이민호와 문설희의 결혼생활 3년에 관한 서사는 생략되어 있다. 이는 이 작품이 이민호와 문설희의 결혼생활보다 이민호와 김진수의 재회에 보다 비중을 두고 있음을 나타낸다 하겠다.

지 못한 가운데 죽음으로 치닫는 파국적 결말의 양상을 보이고 있다.

절대화된 유일한 사랑으로 인하여 가족이 훼손되고 주요 인물이 죽음을 맞이하는 결말은 역시 초기 장편에 해당하는 『성녀와 마녀』(1960~61)[22]를 통해서도 살필 수 있다. 이 작품은 안수영, 오형숙, 문하란의 삼각관계를 다루고 있는바, "유전적인 사실"(241)이 혼사장애로 자리한다. 안수영과 오형숙은 서로 사랑하는 사이인데, 오형숙의 생모가 "무서운 탕녀"(215)의 피를 가진 기생이었다는 사실이 안수영의 부친 안원석을 통해 드러남으로써 결혼에 이르지 못하게 된다. "순정형에다 감정파"(224)인 안수영이 오형숙을 사랑하는 만큼, 오형숙 역시 안수영을 사랑하지만 자신의 생모가 "기생"이었다는 사실을 "엄폐"하고 "동정"(240~241)을 받으며 살기 원하지 않는 오형숙은 다른 남자를 만나는 등 위악적인 행위로 안수영을 괴롭힌다. 결국 안수영은 자신을 사랑하는 문하란과 결혼한다. 그는 "애정이 아닌 정욕"(252)으로 문하란을 범한 후, 오형숙을 사랑하는 마음을 간직한 채 문하란과의 결혼을 결정한 것이다. 오형숙은 안수영과 문하란이 결혼한 후 미국으로 음악공부를 하기 위해 떠나는데, 안수영과 문하란이 결혼 2주년을 맞이하였을 때 귀국한다.[23]

박경리 문학에는 초기 단편에서부터 『토지』에 이르기까지 다수의 '마주보지 않는 사랑'이 나타나는데, 안수영, 문하란 부부 역시 서로 마주보지 않는 사랑으로 인해 위태로운 결혼 생활을 한 것으로 드러난다. 오형숙이 귀국한 후 그녀와 재회한 안수영에게 있어 오형숙이 여전히

22 박경리, 「성녀와 마녀」, 『박경리 문학전집』 12, 지식산업사, 1980.

23 『애가』의 경우와 마찬가지로 이 작품에서 안수영과 문하란의 결혼생활 2년의 서사는 생략된다. 마찬가지로, 안수영과 문하란의 결혼생활보다 안수영과 오형숙의 재회에 비중을 둔 결과라 하겠다.

안수영의 "세계"의 전부로서 "모든 것을 다 버리더라도" 취할 대상으로 존재한다면, 문하란은 안수영 "이외의 세계를 생각할 수 없는 여성"(307)으로 존재한다. 한편 문하란은 허세준의 "외곬으로 쏟아져" 나오는 "무서운 정열"(338)의 대상이 되기도 한다. 이처럼 이 작품은 안수영, 문하란 부부와 허세준 간의 애정갈등을 그려 보이는 한편, 결혼하였음에도 재회하였을 때 변함이 없는 안수영의 오형숙을 향한 애정을 강조하고 있다. 안수영이 문하란과 이룬 가족과 분리되어 오형숙에게 "전부"(319)를 준 것과 달리, 오형숙은 자신의 생모의 삶으로 인한 열등감 때문에 안수영에게 전부를 주고 싶은 욕망을 억누르며 여전히 여러 남자를 만나며 위악적인 삶을 살아간다. 『성녀와 마녀』 역시 『애가』에서와 마찬가지로 혼사장애로 인하여 결혼에 이르지 못한 남녀가 가족제도에 반하는 사랑에 몰두함으로써 파국으로 치닫는 결말을 맺고 있다.[24] 안수영과 오형숙은 둘만의 유일한 사랑을 절대화함으로써 (가족)현실로부터 분리되어 정체성이 고정된 인물이라 할 수 있다. 특히, 안수영은 결혼하였음에도 불구하고 가장으로서의 자아정체성을 생성한 것으로 보기 어렵다. 오형숙의 죽음으로 귀결되는 결말은 이와 관련을 맺는 것으로 볼 수 있다.

장편 『내 마음은 호수』(1961) 역시 혼사장애로 좌절된 사랑의 절대화와 주인공의 죽음을 다룬 작품이되, 결혼한 인물의 가족이 이미 해체된 상태에서 이야기가 시작된다. 이는 절대적 사랑이 가정의 해체를 야기하는, 앞의 작품들에 나타난 상황에서 변주된 부분이다. 이 작품에서는

24 위악적인 삶을 살아가는 오형숙이 유현준이라는 새로운 남자를 만남으로써, 안수영과 유현준 사이에 시비가 붙고, 이를 말리려다 오형숙은 유현준의 총에 맞아 죽음을 맞이한다.

이영설, 유혜련, 문명구의 삼각관계를 통해 이와 관련된 내용을 살필 수 있다. 이영설과 유혜련은 서로 사랑하였으나, 이영설에게 약혼녀가 있었던 사실로 인하여 결혼에 이르지 못한다.[25] 세월이 흘러 한국전쟁이 일어났을 때 이영설은 월남하며, 유혜련과 결혼하였던 문명구는 납북된다. 유혜련을 잊지 못하여 오랜 세월 방황하며 지낸 이영설은 술에 취하면 자살 시도를 하곤 한다. 피난지 부산에서 이영설과 유혜련은 재회하는데, 유혜련과 유혜련의 시누이 문명희가 탄 차에 이영설이 몸을 던진 일을 계기로 해서이다. 이 작품은 이들의 재회에서 시작하여 유혜련이 심장판막증으로 죽은 이후 이영설과 문진수의 친자관계가 확인되는 지점에서 끝을 맺는다. 이 스토리시간 동안 이영설과 유혜련은 반복되는 밀회를 갖고 결혼약속까지 하는데, 이들은 서로가 서로에게 있어 절대적인 사랑의 대상이라는 점을 잘 보여주고 있다. 유혜련은 이영설과 헤어져 있을 동안 작가로서 성공하는데, 그녀가 문학을 한 것은 "인생을 잃었기 때문"(56)인 것으로 나타난다. 유혜련의 내적 독백에 따르면 그녀는 "영설로 인하여 인생을 잃은 여자"(65)인 것이다. 이는 문

25 이영설과 문명구는 의대에 재학하고 있을 당시 하숙집의 딸인 유혜련을 동시에 사랑하였다. 유혜련은 두 사람 가운데 모범생 타입의 문명구가 아닌 열정적인 성격의 이영설을 사랑하였다. 이영설은 강제로 유혜련의 몸을 범하고 유혜련에 대한 자신의 소유를 주장하였으나, 그에게는 이미 고향인 평양에서 부모의 강요로 약혼을 한 홍은숙이라는 여자가 있었다. 음악에 재능이 있었던 이영설은 홍은숙과 결혼한다는 조건으로 부모를 설득하여 의대를 접고 음악공부를 하기 위해 홍은숙과 동경유학을 한다. 그런데 이영설의 이러한 행보는 임시방편적인 것으로서 일단 동경으로 간 후 홍은숙과 헤어질 계획이었으나, 이와 같은 계획을 적은 편지를 문명구가 가로채어 유혜련에게 전하지 않음으로써 유혜련은 이영설이 자신을 배반한 것으로 알게 된다. 이때 이미 이영설의 아이를 임신하고 있던 유혜련은 문명구와 결혼하여 문진수를 얻는다. 문명구와 유혜련의 결혼소식을 들은 이영설은 유혜련을 되돌려 받기 위해 문명구를 만나나, 문명구가 문진수를 자신의 딸로 속여 그 사진을 보여줌으로써 유혜련을 포기하게 된다. 이영설은 평양으로 돌아간 후 돌아오지 않았으며, 그 후 만주 등지에서 음악가로서 재능을 발휘한다. 그의 신변에는 늘 여성들이 있었으나, 정식 결혼은 하지 않았다.

명구와의 삶을 송두리째 부정하는 말로서 유혜련의 이영설을 향한 사랑이 그녀의 삶을 완전히 지배하는 것이었음을 의미한다. 문진수의 관찰에 따르면 유혜련은 "소극적이고 보수적이고 정물화처럼 움직일 줄"(20) 모르는 존재이다. 이영설과의 사랑을 잃은 이후 그녀는 현실과 분리되어 자신의 인생 전체를 문학으로 대신하게 되었으며, 이영설과의 과거에 고착된 채 고정된 정체성의 인물로 존재하였던 것이다.

이영설 역시 유혜련과의 사랑의 기억에 사로잡힌 삶을 살아온 것으로 나타난다. 그는 문진수가 자신의 딸인 것을 모른 상황에서 문진수에게 문명구와 자신, 그리고 유혜련 사이의 삼각관계를 밝히면서 다음과 같이 이야기한다.

> (영설) **나는 내 것을 찾은 것뿐이야.** / 옛날에 우리는 사랑했었다. 내가 성급하고 덤볐던 잘못도 있었지만 너의 아버지는 우리들 사이를 의식적으로 갈라놓았다. 혜련은 불행했고, 나도 불행했다. **내가 혜련을 단념하고 다른 생활을 찾았다면 몰라도 나는 그럴 수 없었다. 나는 아무하고도 결혼할 수 없었다. 이십 년 동안을 나는 외롭게 생활을 잃구 살아왔다. 이제 혜련을 도로 찾으려는 것이 문명구한테 죄가 되겠느냐?**(341, 강조는 인용자)

유혜련이 이영설과 헤어짐으로써 자신의 인생을 문학에 쏟아 부었다면, 이영설은 이십 년 세월 동안 결혼하지 않았으며 "생활"을 잃고 살아온 것이다. 이영설에게도 유혜련은 유일한 사랑의 대상이었으며, 그 사랑은 절대화된 것으로 볼 수 있다. 그가 술을 마실 때마다 자살을 시도한 것은 이 사랑에 고착된 채, 그의 정체성이 고정된 때문이라 할 수 있겠다.

문명구에 대한 신의 때문에 이영설과의 만남을 회피하던 유혜련은 자신의 삶이 얼마 남지 않았다는 것을 알게 되었을 때, 이영설을 기쁘게 해 주기 위해 그와의 결혼을 약속한다. 그녀는 이영설과의 사랑을 다시 시작할 때, 이제는 문학을 그만 둔다. 이처럼 그녀에게 있어서 문학, 그리고 인생 — 이영설과의 사랑 — 은 상호 대체가 가능한 절대의 것으로서 자리한 것이다. 그런데 이 작품은 과거의 사랑에 집착하여 오랜 세월을 보내 온 이들이 그 사랑을 이어가지 못하고, 유혜련이 죽음을 맞이함으로써 박경리의 작품에서 흔히 나타나는 비극적 결말로 끝을 맺는다. 이는 이들의 절대적 사랑을 그만큼 고양하는 결과를 낳는다 하겠다. 유혜련의 사후 이영설은 친구 윤병후에게 홀로 죽음을 기다린 유혜련을 원망하는 말을 하는바, 그에 따르면 이영설은 유혜련에게 자신의 "생애를 모조리 온통 쏟았"으며 유혜련을 "세계의 전부", "우주", "생명"(365)으로 생각하였던 것이다. 이는 유혜련에 대한 이영설의 절대적 사랑을 확인할 수 있게 한다. 이영설의 이러한 발언에 대해 윤병후는 "인생에 있어서 사랑이 전부일 순 없"으며, "사랑 이외 예술도 있구 돈도 있구 명예도 있"(366)다는 조언을 하는데, 이는 유일한 사랑에 절대의 가치를 부여한 이영설의 삶을 잘 지적하고 있다 하겠다.

『가을에 온 여인』(1962~63)에서는 오세정과 신성표의 관계를 통해 오세정의 과거의 사랑에 대한 집착을 읽을 수 있다. 오세정은 사랑하는 남성을 "송두리째 갖고 싶다는, 머리카락 한 오라기도 빼앗기기 싫다"(156)는 집착과 아욕을 소유한 인물로 등장한다. 그리고 그녀는 "사랑하기만 하면"(198) 상대를 파멸에 이르게 하는 독소를 가진 인물로 그려진다. 오세정은 현재 남편인 강명하의 동생을 과거에 사랑하였는데, 그가 나의

화를 사랑하여 결혼하자, 그와의 정사(情死)를 시도한다. 오세정은 애인의 죽음을 확인하기 위해 자신은 약을 적게 먹은 결과 홀로 살아남게 되는데, 정신과 의사인 현인구 박사의 도움으로 이 사건을 무마하고 강명하와 결혼하게 된 것이다.[26] 이러한 과거를 가진 오세정은 자신의 애인과 나의화 사이에서 태어난 찬이의 가정교사로 들어온 신성표를 사랑하게 된다.

그런데 오세정의 신성표에 대한 사랑은 과거 애인에 대한 사랑과 집착의 연장인 것으로 나타난다. 왜냐하면 그녀가 신성표 그 자체로서 그를 사랑하는 것이 아니라, 그를 통해 죽은 애인의 환영을 본 것으로 암시되기 때문이다. 이와 같은 암시는 작품 곳곳에서 나타난다. 오세정과 강명하가 소유한 푸른 저택에 가정교사로 들어온 신성표와 처음 만나는 장면에서 오세정은 신성표를 보고 "착각"을 일으켰다는 말을 하는데, 이는 신성표가 과거 애인을 닮아있음을 암시한다. 그녀는 음악가이었던 과거 애인을 추억하며, 성악을 전공하는 신성표에게 "음악가에 대해서 향수"(149)를 가지고 있다는 말을 하기도 한다. 오세정은 신성표를 "여자가 없는 곳, 사람이 없는 그런 곳"(192)에 묻어두고 싶다고 할 만큼 신성표에게 강한 소유욕을 보이는데, 신성표는 오세정이 자기를 두고 "옛날 애인의 환영"(225)을 보고 있는 것은 아닌가 하는 의구심을 갖는다. 나의화에 대한 사랑을 깨달은 신성표는 오세정에 대한 분명하지 못한 감정을 정리하고, 푸른 저택을 떠날 결심을 한다. 이러

26 강명하가 오세정을 선택한 것은 그가 오세정의 육체를 사랑하였기 때문인 것으로 나타나며, 오세정이 죽은 애인의 형인 강명하와 결혼한 것은 강명하를 통해 학대를 받거나 강명하가 "학대하지 않더라도 죽여버린 애인의 형을 보고 자기 학대"(253)를 할 요량인 것으로 드러난다.

한 상황은 오세정의 과거의 반복이라 할 수 있는데, 이때 신성표는 강명하를 통해 그가 "죽은 오부인의 애인과 비슷한 데"(315)가 있다는 말을 듣는다. 이와 같은 사실을 종합하여 볼 때, 오세정은 죽은 애인에 대한 사랑의 연장으로서 신성표를 사랑하였던 것으로 볼 수 있다.

신성표가 나의화를 사랑한다는 선언을 하고 자신의 곁을 떠났을 때, 오세정은 신성표를 파멸에 이르게 할 음모를 꾸민다. 파산한 강명하를 신성표가 죽인 것으로 꾸밈으로써 신성표를 "살인범"(342)으로 몰 계획을 세운 것이다. 오세정이 이와 같은 계략을 세운 것은 그녀가 절대의 가치를 둔 사랑을 잃은 것에 대한 앙갚음인 것으로 볼 수 있다. 그 사랑은 신성표 자신에 대한 사랑이기보다 정사를 시도하여 죽음에 이르게 한 과거의 애인에 대한 사랑이라 보는 것이 합당할 것이다. 이와 같이 한 사람을 향한 절대의 사랑은 오세정으로 하여금 살인과 상대를 파멸에 이르게 할 모략을 서슴지 않게 한다. 그런데 신성표를 살인범으로 만들고자 한 계획은 실패하고 마는데, 이에 대해 오세정은 자신의 "두뇌의 실수가 아니구 심장의 잘못인 것"(342)으로 이야기하고 스스로 목숨을 끊는다. 신성표에게서 죽은 애인의 환영을 발견하고 그를 사랑한 오세정 역시 미래를 향해 진행하는 시간을 살아가기보다 과거의 사랑에 집착한다는 측면에서 볼 때 고정된 정체성의 인물이라 할 수 있다. 오세정이 신성표를 통해 연장하고자 한 과거의 사랑을 또 다시 잃었을 때 행한 자살은 이를 증명한다 하겠다.

『시장과 전장』에서 이가화와 하기훈의 사랑은 이념과 함께 이 작품을 이루는 주요한 축으로서 거론되어진다. 이들은 작품 초반부에서 만남을 반복한 이후 하기훈이 남하하면서 헤어졌다가 이가화가 하기훈을 만나기 위해 빨치산이 됨으로써 재회한다. 이가화의 하기훈을 향한 사랑이 일관된 것으로 그려진 것과 달리, 하기훈의 이가화에 대한 태도는 작품의 종결부에서 사랑으로 변화한 것으로 나타난다. 하기훈은 이가화에게 총을 놓기 직전의 장면에서 "남자는 원래 여자를 다 좋아하"듯이 가화 역시 그렇게 생각하였지만, "여자가 남자의 마음을 바꿔어 놓은 일도 있"(410)다는 말로 가화에 대한 사랑을 고백한다. 하기훈에게 이와 같은 변화가 있기까지 이가화의 하기훈을 향한 절대적인 사랑이 함께 한다. 이는 다음의 사실들에서 드러난다. 가장 두드러지게는 그녀가 컴니스트가 아님에도 불구하고 헤어진 하기훈과 만나기 위해 의도적으로 빨치산이 된 사실에서 나타난다. 그녀가 빨치산이 되었을 때 하기훈과 행동을 같이하다 갈린 장덕삼을 만나 그의 중재로 하기훈과 재회한다는 사실이 서사의 개연성을 해치고 있는 것으로 보이나, 이는 이가화가 그만큼 하기훈을 향한 사랑을 절대시하고 있음을 엿볼 수 있도록 한다.[27] 다른 한편으로, 이가화는 서울에서 하기훈과 헤어지기 전 그의 정체가 컴니스트임을 알게 되는데, 그녀는 이북에서 컴니스트인 애인으로 인해 아버지와 오빠를 잃은 경험을 가지고 있다(91~92). 그럼에도 불구하고 이념과 무관하게 하기훈을 사랑한다는 사실은 그녀의 하기훈을 향한 사랑의 맹목성 내지 절대성을 알 수 있게 한다.

이러한 이가화의 면모는 그녀가 현실과 밀착되어 있지 않다는 결론에 이르게 한다.[28] 이가화가 등장하는 서사는 남지영을 중심으로 전개

27 이덕화는 이가화가 전쟁의 상처를 가지고 있는, 그래서 뭔가 얼빠진 듯 세상 물정에는 어둡지만 인간의 낭만과 이상, 즉 한 남자에 대한 사랑만 자신의 전 존재 의미가 되는 외곬 인간형으로 설정되어 있는 것으로 보고 있다. 이덕화, 앞의 책, 81면.

28 임경순은 이가화 역시 하기훈과 마찬가지로 일상과 분리된 초월적인 인물인 것으로 본다.

되는 서사 축과 전혀 겹치지 않는데, 이는 그녀가 남지영이 대변하는 시장의 현실과 분리되어 있음을 의미한다.[29] 특히 그녀가 이념에 의해 부친과 오빠가 희생된 가족사와 무관하게 컴니스트로서의 실체를 드러낸 하기훈에 대한 사랑을 일관되게 유지한다는 사실은 그녀가 이념적이지 않을 뿐만 아니라, 가족적 현실과도 분리되어 있음을 의미한다고 하겠다. 결과적으로 이가화는 현실과의 관계 내에서 정체성이 변화, 생성되는 인물이 아니라, 하기훈을 향한 사랑에 절대적 가치를 부여하여 이에 고착된 편집적 인물로서 정체성이 고정된 존재라 하겠다.

『영원한 반려』의 신병희 역시 성민수를 향한 사랑에 자신의 모든 욕망을 투여하는 편집적 성향의 인물이다. 이 작품은 이러한 신병희를 성격화하는 한 방편으로 신병구 씨와의 공통점을 지적하는 방식을 활용하고 있다.

> 도대체 이들은 뭐란 말이냐? 이 세상의 고통을 혼자 짊어졌단 말이야? 왜 좀 더 단순해지진 못해? 아무것도 아닌 걸, 잊어버리면 그만인 것을 언제까지 매달려 군소리를 할 작정인가? 모든 것은 마주치고 지나가고, 그게 사는 거지 별것 있느냐 말이다. 무슨 탈이 나긴 나겠어, 누이가 아니면 형이 …… **불구자들이야, 바보 천치들이야!** 아무데고 숨구멍은 틔어 있는데 왜들 이러는지 모르겠단 말이야. **어디 하느님이 그들을 위해 반반한, 끝간 줄 모르**

이가화는 일상과 단절된 채 사랑만을 본질로 하고 있기에 기훈의 알 수 없는 태도에도 불구하고 아이와 같은 기다림과 영문 모를 신뢰를 지니고 있는 것으로 본다. 임경순, 「유토피아에 대한 몽상으로서의 이념」, 『한국어문학 연구』 45, 2005.8, 282～283면.

29 하기훈은 「1-19. 수(數)와 상황(狀況)」에서 하기석의 집을 방문하였을 때, 이가화를 남지영에게 부탁하기 위해 말을 꺼내나 곧 마음을 바꾸어 이 계획을 중지하고 만다(199).

는 외길을 닦아놨단 말인가? 철부지라도 유분수지. **신병구씨가 소설을 못 쓴다고 해서 천지이변이 날 것도 아니겠고, 누이가 연애에 실패한다고 세상 제도가 바뀌어 질 것도 아니겠고,** 뭣 땜에 이르는 거야.(403~404, 강조는 인용자)

인용문은 소설을 쓸 수 없어 괴로워하는 신병구 씨와 성민수와의 결별로 힘들어하는 신병희를 바라보는 신병옥의 내면이다. 신병구 씨가 문학을 향하여 외골수적 욕망을 갖는 것과 마찬가지로, 남편의 죽음으로 홀로 된 신병희는 결혼 전 사랑하였던 성민수를 신병옥의 중재로 재회한 이래 그에 대한 외골수적 사랑을 키워온 것이다. "신병구 씨에게 있어서 문학이 살아가는 하나의 이유일 것 같으면 병희에게는 성민수라는 사나이가 살아가는 이유가"(387) 됨을 이 작품은 드러내고 있다.[30] 이와 같이 신병구 씨와 신병희는 어떤 하나의 가치를 절대화하여 그것에 자신의 모든 욕망을 집중하는 인물로 등장한다.

박경리는 수필에서 참다운 연애란 매우 희귀한 것이라는 견해를 밝힌 바 있는데,[31] 신병희는 이러한 참다운 연애를 하는 인물이라 할 수 있다. 그녀는 "추악한 흥정과 거래"가 횡행하는 정치무대에서 활약하는 성민수에 대한 "깨어날 수 없는 환상의 소치"로서 "상대적이건 일방적이건 사랑의 완전한 형태"(208)를 간직한 것으로 그려진다. 그런데 신병희는 "마음의 열쇠를 꼭 하나만, 그리고 오붓하게 지닌 여자"(247)이기에 외곬으로 흐르는 성민수를 향한 마음이 "다른 방향으로 돌려질 수 없는"(298) 성격의 인물로서, 자살로 끝맺음을 한 그녀의 비극은 이

30 문학을 절대화하는 신병구 씨의 성격화 양상은 본절의 4항에서 살필 것이다.
31 「참다운 연애의 의미」, 『Q씨에게』, 328면.

러한 성격과 관련을 맺는다 할 수 있다. 신병옥은 신병희에게 신병구씨의 집을 나가 독립할 것을 권유하나 신병희는 성민수와의 불륜의 관계가 드러나기 전까지 독립된 삶을 일구려 하지 않는다. 성민수와의 관계가 드러나자 신병희는 새 집을 구하여 이사를 하나, 그녀는 "마음과 몸을 담을 자기의 집을 가진다는 것은 바랄 수 없는 일같이 생각"(381)한다. 가정을 의미하는 집의 은유를 고려할 때, 이를 통해 신병희가 가족제도로부터 스스로 소외된 인물임을 알 수 있다. 이는 신병희가 불륜의 사랑을 외골수로 간직하는 사실과 관련을 맺는다 하겠다.

> 만나기 전에, 그리고 만났을 그 얼마간의 사이에는 병희의 결혼했던 처지라는 문제가 좋든 궂든 퍽 중요한 변화로 느껴졌었다. 그리고 자기의 약점을 합리화시키고 병희에 대한 죄책감을 외면하려던 여유를 가졌었다. **그러나 지금 성민수씨에게는 그 결혼이라는 병희의 이력이 하등의 의미를 갖게 하지 않았다. 병희는 그 외모에서뿐 아니라 그 정신면에 있어서도 이미 성숙한 여자이기는 했지만 남자를 체험한 여자 같은 느낌을 찾을 수 없었다. / 성민수씨에 대한 환상이 깨어지는 날 아마 병희는 완전한 여자가 될지도 모른다. / 성민수씨는 시간(時間)의 착각 속에 빠져 있었다. 옛날의 그 어느 지점으로 되돌아가서 병희와 자기가 마주 앉아 있는 것 같은 착각이었다.**(211, 강조는 인용자)

인용문은 신병희가 결혼하기 전과 남편과 사별하고 성민수와 재회한 현 시점 간에 하등의 변화가 없음을 드러내 보인다. 이는 시공간의 변화와 무관하게 신병희의 정체성이 고정되어 있음을 의미한다. 결혼 전이든, 후이든 성민수를 향한 마음의 빗장만을 간직한 신병희는 사랑이 없는 결혼의 고통을 호소하면서 다시는 결혼하지 않을 결심을 밝힌다. 대신에 어둠의 처지이긴 하나 "성민수씨의 애정을 한가닥 빛으로 하여 살아가려고 한 것"은 "산다는 하나의 이유로서 성민수씨를 보았"(387)기 때문인 것으로 드러난다. 이처럼 성민수를 사랑하는 존재로서 정체성이 고정된 신병희에게 있어 성민수의 결별 선언은 곧 삶의 이유를 상실하는 결과를 낳는다. 따라서 신병희는 자살하고 마는데, 이는 박경리 소설에 등장하는 유일한 사랑에 절대의 가치를 둔 인물들의 공통된 행보라 하겠다.

『나비와 엉겅퀴』(1969)[32]의 윤희련 역시 사랑의 가치를 절대화하는 인물의 성향을 뚜렷이 보이는데, 그녀는 강은애와 정양구 부부 등 주변 인물을 초점화하거나 강은식, 강은애 남매 등과 비교・대조하는 방식으로 성격화된다. 윤희련은 고등학교 교사이자 화가인 장기수와 사랑이 없는 결혼을 하였으나, 그와의 성적인 행위를 염오하여 그 상황을 견딜 수 없어 하는 장기수와 이혼하고[33] 양장점을 운영하면서, 한국전쟁으로 고아가 된 자신을 키워준 공을 내세워 괴롭히는 이복언니 윤희정과 함께 생활한다. 윤희련과 여학교 때부터 친구지간인 강은애에 따르면, 윤희련은 "편협하고 옹졸하지만 결코 자기 자신을 버리지 않으려는 투쟁"을 하는 인물로서 "한 번도 자신의 방향을 변경해 보려" 하지 않을 뿐만 아니라 "적응하지 않으면 안 될 경우" "죽음의 낭떠러

32 이 작품은 윤희정, 윤희련 이복자매의 갈등, 정신병력을 가진 가문의 후손인 강은식과 윤희련의 사랑, 윤희련을 대상으로 한 송인숙, 최일석, 장기수 등의 음모, 남미와 불륜의 관계를 맺은 정양구와 그의 아내 강은애 간의 갈등 등을 주요한 서사라인으로 하고 있다.

33 이금란은 희련의 이혼을 자아 찾기의 시도인 것으로 본다. 이금란, 「박경리 소설에 나타난 가족 이데올로기 연구」, 숭실대 박사논문, 2006, 130면.

지를 택할"(69) 인물이다. 정양구와 결혼하기 전에 한현설과 불륜의 연애를 하였던 강은애는 그 "불행했던 연애에서 몸을 빼내어 마음 구석의 적당한 자리에다 과거를 간직하면서 현실에 적응할 수 있었지만, 희련은 그런 경우 결코 몸을 빼낼 수도 없거니와 마음 한구석에 밀어놓고 살 수도 없는 여자"(49~50)이다. 즉 윤희련은 모든 것을 너무 분명하게 선택하려 하기 때문에 어느 한 곳으로 향하는 욕망으로부터 비켜설 수 없는 인물인 것이다. 이러한 윤희련의 편집적 면모는 그녀를 "극단적이고 편협하고 비상식적인 면이 있"(401)는 인물로 파악하는 정양구를 초점인물로 하여 잘 드러난다.

> 희련을 바래다 주고 돌아오는 길에서 정 양구는 이상한 생각을 했다. 하늘로 높이 치솟아가고 있는 빌딩하고 희련은 아무 관계가 없는 것 같았다. (…중략…) 지금 눈에 띄는 온갖 것, 간판이나 전선이나 눈을 부릅뜨고 긴장하여 걸어가고 있는 그들 행인하고도 관련이 없는 전혀 별개의 여자 같은 느낌이 들었다. (…중략…) / '아마 **그 여자는 이 무지무지하게 시끄럽고 바쁘고 규격화한 문명 때문에 미치는 일이라곤 없을 게야**. 나는 전에 그 여잘 좋아하지 않았었다. 그러나 지금은 좀 신기하다. 지금 그 여자가 열심히 쫓고 있는 건 대체 무엇일까? 과연 무엇일까? **그 여자는 무지무지하게 시끄럽고 바쁘고 규격화된 문명 속에서는 패배자도 승리자도 그 어느 것하고도 관련이 없을 것 같다. 은애는 자기모순 때문, 그리고 또 뭣인가 오늘의 소음에 부딪쳐 보고 미쳤지. 그가 말했다. 냉장고가 될 수 없고 피아노가 될 수 없다**고, 그렇게 되기까지는 정 양구나 한현설이라는 반쪽과 반쪽만의 사내들 속에 끼어들어 **자기모순에 빠지고 자기 혼란에 빠지고 감정은 분열되고, 거기에 자극한 것이 금속적**

> **인 소음이었다. 그러나 그 여자는 감정 분열이 없는 너무나 명백한 것이 탈이다.** 그게 싫었었지. 만일 처남을 그 여자가 좋아한다면 어떤 결과가 될까? **편협하고 여유가 없는 여자, 손바닥만 한 자기세계를 꼭 쥐고 놓으려 하지 않는 여자, 너무 명백하다. 저 차량의 무거운 바퀴는 그 여자를 살해할지는 몰라도 미치게는 하지 않을 게다.** 하지만 남 보기는 얼마나 아슬아슬한가. 차량의 무서움을 모르고 용케 누비고 지나가는 꼴이, 미치지는 않을 게다. 살해당할지는 몰라도.'(282~283, 강조는 인용자)

여기에서 윤희련은 강은애와 대비되어 성격화되는바, 모계의 정신병력을 가진 강은애가 정양구와 한현설이라는 "반쪽만의 사내들 속에 끼어들어 자기모순"에 빠지고 "금속적인 소음"으로 대변되는 문명화된 사회에 부딪혀 분열증적 광기에 사로잡힌 것이라면,[34] "감정 분열이 없이 너무나 명백한" "자기세계를 꼭 쥐고" 있는 윤희련은 문명화된 세계에 의해 "살해될지는 몰라도" 미치지는 않을 것이라고 파악되고 있다. 여기에서 윤희련의 '자기세계'란 "혼자만이 헤엄칠 수 있는 세계"로서 "희련으로 하여금 사람으로부터 격리되게"(280) 하는 결과를 낳는다. 윤희련 역시 현실과 분리되어 자기만의 세계에 존재함으로써 자아의 생성을 이루지 못한 인물인 것이다.[35]

---

34 정신병이 발병하여 강은애가 가출하자 정양구는 한현설을 만나 강은애의 행방을 수소문하는데, 이때 강은애의 정신병을 유전으로만 치부하는 한현설에게 반발하여 정양구는 은애를 "자동차의 부속품"처럼 취급한 자신과 한현설 사이에서 은애가 감정이 분열하여 발병한 것으로 이야기한다(210・212・218).

35 부분적 주체화의 핵심 지대가 창조적 과정들의 자율성 및 자기 생산에 흡수되거나 흡착되면서 구성될 때, 존재는 타자의 책임으로서 확인된다. 레비나스는 주체성을 '타인을 받아들임' 또는 '타인을 대신한 삶'으로 정의한다. F. Guattari, 윤수종 역, 「분열적 카오스모제」, 『카오스모제』, 동문선, 2003, 114면. 레비나스에 따르면 진정한 주체성은 타인의 존재를 자기

윤희련은 일본에서 사업을 크게 벌이고 있는 강은식을 만나 사랑에 빠진다. 강은식을 만난 윤희련에 대해 "이런 안도감으로써 이성을 대해 본 일이 없었"(180)던 것으로, 그리고 "비로소 사람의 구실을, 여자의 구실을 하기에 이르"(244)른 것으로 그리고 있다. 강은식은 윤희련을 만남으로써 "나 같은 사람을 나는 처음 만"(242)난 것으로 고백하고 있다. 이들은 서로를 통해 서로의 분신을 발견한 것이다. 윤희련은 모친의 정신병력이라는 과거에 얽매여 미래를 저당 잡힌 강은식과 마찬가지로 자신 역시 미래가 없을 것으로 생각한다(264). 이는 후손을 낳지 않기 위해 불임수술을 받았으며, 결혼할 마음이 없는 강은식이 일본으로 떠날 것을 예감한 데에서 비롯한 생각으로, 윤희련이 강은식과의 결별을 곧 자신의 미래의 유실인 것으로 생각하고 있음을 드러낸다. 한편, 윤희련은 강은식이 일본으로 떠난 이후 백일몽에서 "우린 서로 무한히 찾았음에도, 찾다가 서로 만났음에도 손이 닿질 못했다. 우린 꼭 같은 존재, 꼭 같은 분신, 영원히 궤도 밖으로 벗어나지 못하는 자기 혼자만의 유성이다"라는 내적 대화를 나눈다. 이처럼 각자에게서 서로의 분신을 발견하는 강은식과 윤희련은 각각 서로에게 있어 '유일한 존재'인 것이다. 그런데 과거의 삶에 미래를 저당 잡힘으로써, 그리고 자기만의 세계 내에 존재함으로써 이들은 궁극적으로 가족, 사회로부터 소외된 존재라 할 수 있다. 윤희련은 송인숙, 최일석, 장기수 등의 술수

안으로 받아들이고 타인과 윤리적 관계를 형성할 때 비로소 가능하다. 그는 나라는 동일자로 결코 흡수되지 않는 타자가 있음을 드러내고, 그 타자에 대해 내가 가지는 윤리적인 책임성이 나의 나됨, 즉 나의 주체성(subjectivité)을 구성하는 근본이라고 본다. 강영안, 「해설–레비나스의 철학」, 『시간과 타자』, 문예출판사, 1996, 142면; 서동욱, 『차이와 타자』, 문학과 지성사, 2000, 141면.

에 말려들어 강은식과 송인숙이 사귀는 것으로 오해하여 강은식과의 사랑을 부정하게 되며, 송인숙의 농간이 개입된 윤희정의 금전사고, 최일석의 정부로부터 받은 수모 등의 외적 현실에 몰려 스스로 생을 마감하고 만다. 정양구를 초점인물로 하여 성격화된 바와 같이, 윤희련은 "너무나 명백한" 자기세계로부터 결코 탈피할 수 없음으로 인하여 이 세계의 "무거운 바퀴"에 의해 "살해당하고" 만 것이다. 윤희련의 자살 역시 유일한 가치를 절대화한 결과 외골수적 삶의 막다른 위치에서 이루어진 것이라 할 수 있겠다.[36]

36 앞에서 살핀 작품들 이외 장편 『녹지대』(1965)와 중편 「겨울비」(1967)를 통해서도 유사한 인물 성격화 양상을 살필 수 있다. 『녹지대』에서 전쟁고아인 하인애는 김정현을 향한 유일한 사랑을 키운다. 그런데 김정현은 수예점의 여자('그 여자')에게 구속되어 하인애에 대한 사랑을 이룰 수 없는 상황에 처해 있다. 김정현이 '그 여자'에게 구속된 사연이 작품의 결말부에서 드러나는바, 김정현은 함께 귀향한 친구를 과실치사하게 되는데 이로 인해 그 현장의 유일한 목격자이자 김정현과 육촌간인 '그 여자'에게 자유를 저당 잡힌 것이다. 김정현이 하인애와의 사랑을 이루고자 하자, 살인의 비밀을 빌미로 김정현을 독점하고자 하는 '그 여자'는 김정현과 정사(情死)를 꾀한다. 이러한 사실들을 알게 된 하인애는 김정현을 처음 만났던 섬으로 떠날 결심을 한다. 이 작품에서 '그 여자'는 김정현에 대해 일방적으로 편집적 집착을 보이는바, 이는 절대화된 사랑의 부정적 변주라 할 수 있다. 한편, 하인애는 김정현을 향한 유일한 사랑이 좌절되자 현실부적응적 면모를 보인다는 점에서 앞에서 살핀 인물들과 유사한 범주에 든다고 할 수 있겠다. 「겨울비」의 정여사는 최한섭을 향한 사랑이 그에 의해 철저히 망각되었다는 사실을 깨닫고 좌절한다. 이로 인해 그녀는 모두가 타인이라는 사무치는 의식에 사로잡혀 인간과의 단절을 꾀한다. 세월이 흘러 최한섭과의 사이에서 태어난 사생아 정실을 매개로 최한섭과 재회하나, 그를 향한 사랑이 그에 의해 망각되었다는 사실을 극복하지 못한 정여사는 최한섭을 정실의 아버지로서 인정하지 못하고 자살한다. 정여사 역시 유일한 사랑의 좌절로 파국적 결말을 맺는 인물의 부류에 든다 할 수 있겠다. 박경리, 「녹지대」, 『부산일보』, 1965; 박경리, 「겨울비」, 『박경리 문학전집』 10, 지식산업사, 1980.

2) '운명'의 절대화와 몰락

『김약국의 딸들』에 대한 논의는 김약국 집안의 다섯 딸들의 삶을 중심으로 '여성 인물들의 험난한 삶'이라는 측면에 주목하여 진행되어 왔다.[37] 그리고 김약국 집안의 몰락이 사회적 인과관계가 아니라 어떤 초역사적이고 불합리한 운명에 의해 초래되고 있다는 점에 주목하여, 이 작품이 역사를 개인이나 가족에 닥치는 무서운 운명의 힘으로 추상화한 것으로 보는 기존 논의가 있다.[38] 이 작품에 대한 연구사를 종합하여 볼 때, 김약국 집안의 다섯 딸들의 삶에 주목하여 이 작품에 담긴 운명론적 세계관을 개인적 · 역사적 차원에서 조명하고 있는 것으로 정리해 볼 수 있다. 기존 논자들의 시선이 김약국의 다섯 딸들의 삶에 초점을 맞추고 있는 만큼, 다섯 딸들의 아버지인 김약국에 대한 관심은 거의 드러나지 않는다.[39] 그런데 이 작품이 운명론적 세계관을 펼쳐 보이고 있다는 입장을 내세울 경우, 김약국의 성격화 양상을 간과할 수 없다.

『김약국의 딸들』을 김약국을 중심으로 볼 때, 그가 자신의 집안에 예표된 운명에 예속된 인물이라는 사실을 간취할 수 있다. 운명론은 예정된 결정론의 한 형태로서, 미래를 통제하면서 미래를 지향하는 것

37 김치수, 「비극의 미학과 개인의 한」, 『박경리와 이청준』, 민음사, 1982; 백지연, 「박경리 초기 소설 연구—가족관계의 양상에 따른 여성인물의 정체성 탐색을 중심으로」, 경희대 석사논문, 1995.

38 윤지관, 「한(恨)의 가치화와 소설의 공간—박경리론」, 『민족현실과 문학비평』, 실천문학사, 1990, 97면.

39 박경리는 수필에서 『김약국의 딸들』이 애초에 '김약국'의 삶을 중심으로 서사를 전개할 의도를 가진 작품이었다고 술회한 바 있다. 그런데 처음의 의도와 달리 이 작품에서 김약국이 차지하는 비중은 크지 않은 결과를 낳고 있으며, 용빈의 성격화가 제대로 이루어지지 않은 것으로 밝히고 있다. 「창작의 주변」, 『Q씨에게』, 145~146면.

을 거부하는 태도를 낳는다. 자아정체성이 과거의 시간을 재구성하고 미래의 시간을 통제하는 시간과의 대화를 통해 창조될 수 있다는 것을 고려할 때,[40] 이와 같이 운명론적 태도를 취하는 인물의 자아정체성은 고정된 것으로 볼 수 있다. 김약국에게 초점을 맞추어 이 작품의 서사의 흐름을 살피는 과정에서 김약국이 시간을 통제하고 시간과 능동적 상호작용을 하는 역동적 과정을 배제하는 고정된 정체성의 인물임을 밝힐 수 있다. 이는 운명을 절대화하는 그의 태도와 관련을 맺는다.

『김약국의 딸들』은 전체 여섯 개의 장으로 구성되어 있는데, 그 가운데 제1장은 김약국의 딸들에 관한 이야기가 시작되기 이전의 시간대를 다루고 있다. 이 작품은 제1장에서 김약국(김성수)의 백부(봉제영감)와 아버지(봉룡) 대에서부터 이야기를 시작하여 한실댁과 결혼한 김약국이 둘째 딸 용빈을 낳았을 때까지를 다루고 있는바, 운명론적 세계관에 주목하여 이 작품을 볼 때 이 전사는 앞으로 전개될 서사의 방향, 즉 김약국 집안의 운명을 결정하고 있는 부분이라 할 수 있다. 제1장이 시작되면서 곧바로 전개되는 김약국의 어머니 숙정의 자살은 "비상 묵은 자손은 지리지(번식) 않는다"(37)는 속설과 함께 김약국 집안의 전도를 운명론적으로 예표한다.[41] 이 글은 이러한 속설이 예표하는 운명이 서사적으로 현실화되는데 있어서 운명을 절대화하는 김약국의 성격화가 밀접한 관련을 맺는 것으로 본다.

40 A. Giddens, 앞의 책, 145~146 · 192~193면.

41 김약국의 어머니 숙정을 결혼 전부터 사모하여 혼인을 한 첫날밤에 숙정을 한 번 보기 위해 찾아온 송욱으로 인하여 숙정은 남편 봉룡에게 정절을 의심받자 비상을 먹고 자살하고 만다. 송욱을 살해한 것으로 암시되는 봉룡은 마을에서 종적을 감춘다. 돌도 안 된 김성수는 백부 봉제영감의 슬하에서 성장한다.

숙정의 자살을 다루고 있는 제1장의 두 번째 절에서 이어지는, 제3절에서 열여섯 살이 된 소년 김성수가 등장한다. 김성수는 폐가가 되어 "도깨비집"이라 불리는 봉룡의 집에 가 있다 봉룡의 하인이었던 지석원에게 발견되어 그 집에서 이끌려 나온다. 봉룡의 집에 대해 마을 사람들은 "비가 부실부실 내리는 밤이면 비상을 먹고 죽은 숙정과 숲속에서 봉룡의 칼에 맞아 죽은 나그네의 혼령이 나타난다"(20)는 믿음을 가지고 있으며, 백모 송씨는 김성수가 그곳에 가는 것을 금지하고 있다. 그곳은 금기의 장소인 것이다. 이처럼 봉룡의 집이 출입금지구역이 된 이유로서 죽은 혼령들이 머문다는 믿음은 피상적인 것으로 보인다. 인용문[42]을 통해 봉룡의 집이 금기의 장소가 된 근본적 이유가 "비상 묵은 자손은 지리지(번식) 않는다"는 속설이 예고하는 운명을 피하고자 하는 데 있음을 알 수 있다.

그럼에도 불구하고 김성수가 부모가 살던 옛집을 찾곤 하는 것은 고향을 떠난 아버지 봉룡에 대한 그리움 때문인 것으로 이 작품은 나타내 보이고 있다. 부재하는 아버지를 향한 김성수의 애틋한 마음은 노란 머리털을 비롯하여 외양이 봉룡을 닮은 것으로 이야기되어지는 사촌누이 연순에 대한 근친적 애정과 중첩되어 나타난다. 김성수는 아버지를 찾아 타관에 나갈 계획을 단 한 번 실천에 옮기나, 백모 송씨의 만류로 포기하고 만다. 이후 전개되는 서사에서 아버지에 대한 그리움은 노란

42 【인용】 (송씨) "집안을 망쳐묵을라구 그기에 와 자꾸 간단 말꼬!" / 송씨는 한손으로 문지방을 친다. (…중략…) (송씨) "**비상 묵은 자손은 지리지(번식) 않는다는데 성수도 사람 구실 못할까봐. 남이 가라케도 피할긴데, 와 자꾸 그 집에는 가는지.**" / (봉희) "아따 형님도 별소릴 다 하시오. 명이란 타고난건데 어미가 비상 묵고 죽었다고 명대로 못살겠소." / 봉희는 볼멘 소리로 타박을 준다.(36~37, 강조는 인용자)

머리털을 기표로 중첩되는 연순에 대한 근친적 사랑으로 대치되어 절대화된다. 다른 한편, 부재하는 부의 존재를 회복하기 위한 욕망의 발현이라 할 수 있는 타관을 향한 동경이 좌절됨과 동시에 김성수는 폐가가 예표하는 운명을 수용할 자세를 갖춘다. 이는 그가 한실댁과 결혼하여 고향에서 일가를 이루며, 백모의 사후 "도깨비집을 중수하여"(92) 그곳으로 옮겨가는 사실로 뒷받침된다. 그가 고향인 통영을 떠나 넓은 곳으로 나아간다는 것은 자신의 운명을 예표하는 속설과 그로 인해 금기의 장소가 된 도깨비집으로부터 벗어남을 의미한다고 볼 수 있다. 그런데 김성수의 탈향은 좌절되는바, 이로 인해 그는 자신의 운명을 체념적으로 받아들인 것으로 보인다.[43] 성장한 김약국의 딸들이 등장하는 2장 이후의 서사에서 금기의 장소가 된 옛집이 예표하는 운명과 아버지 봉룡을 향한 그리움에서 전이된 것으로 보이는 연순에 대한 근친적 사랑이 김약국에게 있어서 절대화된 가치가 됨을 알 수 있다.

김약국이 자신에게 주어진 운명을 절대화하여 이에 순응하는 자세는 그가 관약국을 접고 시작한 어장을 함과 동시에 정국주에게 빚을 얻어 모구리 어장(잠수업)을 시작함으로써 파산에 이르는 과정에서 잘 드러난다. 김약국은 두 척의 기관선을 사서 제주도로 보내나 그중 한 척이 실종된다. 그 결과 그의 가산은 기울게 되며, 연 삼 년 어장에 흉어가 듦으로써 파산의 길로 들어서는데 그는 이 과정에서 모든 일을

43 제1장은 성수가 서른둘 되는 해인 1910년에 마감된다. 1910년 8월 29일 한일합병조약이 체결되었을 때 그의 "고종형인 중구가 벌겋게 핏발 선 눈으로 쫓아와서 통곡하고 울부짖었으나, 김약국은 무거운 침묵으로"(79) 대할 뿐 이처럼 크나큰 시대적 변동에 대해 별다른 반응을 보이지 않는다. 이를 통해 김약국이 통영이라는 운명적인 공간에서 시대의 변화에도 반응하지 않은 인물로 존재함을 알 수 있다.

서기두에게 위임하고 자신은 물러나 있으면서 일이 되어가는 대로 순응한다. 김약국이 망하게 되리라는 예감에 사로잡힌 서기두는 김약국에게 어장일에서 손을 뗄 것을 권하나, 그는 다음과 같이 답한다.

> 그러나 기두의 마음을 솔직하게 말한다면, 이 어장에서 손을 떼고 싶은 것이다. 예감에 지나지 못한 일이나 그는 김약국이 망하리라는 불길한 생각을 갖고 있었다. (…중략…) / "당분간 어장을 그만두면 어떨까 생각합니더." / 김약국은 말이 없다. / **"한번 일이 빗나가믄 늘 …….** " / **김약국의 시선이 너무나 강하여 기두는 말을 끝맺지도 못한다.** / **"인력으로 못하네. 그냥 계속해서 허게.**" / 한 마디 하고는 더 이상 말하지 않겠다는 기색이다.(281～282, 강조는 인용자)

여기에서 김약국이 자신의 파산을 "인력"으로는 어쩔 수 없는 기정사실로서 받아들이고, 이를 피하려는 아무런 대책을 세우고 있지 않음을 알 수 있다. 이는 "비상 묵은 자손은 지리지(번식) 않는다"는 속설로 인하여 금기의 장소가 된 도깨비집을 피하지 않고 그 집을 중수하여 삶의 터전으로 삼은 것과 상통하는 자세라 하겠다. 김약국은 타관으로 나갈 뜻을 접은 이래 도깨비집에 머무름으로써 생모 숙정의 죽음과 함께 예표된 운명을 피할 수 없는 절대적인 것으로서 상정하여 이를 따르고 있는 것으로 볼 수 있다. 이처럼 다가올 사건들에 그대로 순응할 태도를 보이면서, 미래의 시간을 통제할 것을 거부하는 김약국의 정체성은 불길한 운명을 예표하면서 비상을 먹고 자살한 생모 숙정의 아들로서 고정된 것이라 하겠다.

김약국이 금기의 장소인 도깨비집을 피하지 않는 것은 연순을 향한 금지된 애정을 영원히 간직하는 것과 동궤에 놓이는 것으로 볼 수 있다. 노란 머리털을 기표로 하여 성수의 아버지 봉룡을 향한 그리움과 연순을 향한 연정이 중첩되어 있음을 앞에서 살핀 바 있다. 그런데 그가 아버지를 찾아 타관에 나갈 뜻을 접음으로써 아버지를 향한 그리움은 배면으로 사라지고, 연순을 향한 사랑이 전경화된다. 이는 연순의 죽음 이후 수차례 김약국의 기억 속에서 되살아나는 연순에 대한 기억을 통해 뒷받침된다. 이러한 기억은 김약국이 소년 시절, 가을 추수기를 맞이하여 봉제영감을 따라 소작인들의 마을을 방문하였을 때 만난, 그 모습이 연순을 연상케 한 갑순이라는 소녀, 노란 머리털이 연순을 닮은 자신의 막내 딸 용혜를 매개인물로 하여 반복하여 되살아난다.[44] 김약국은 사촌누이 연순을 향한 근친적 애정을 죽음의 순간까지 간직한 것으로 나타나는데, 다음 인용문은 그가 실제로 주변의 그 누구도 가까이하지 않은 이기적인 인물임을 드러낸다.

> 아픈 상처는 혼자 남몰래 간직하고 싶은 것이다. 남의 설움을 따스하게 만져주지 못함과 마찬가지로, 자기의 고통도 혼자만이 지녀야 하는 일종의 고집이다. **마누라 · 딸들 · 사위, 그리고 살을 섞고 사는 소청이까지도 먼 타인으**

44 김약국은 갑순을 만났던 그 이듬해에 사슴의 피를 마시기 위해 찾아간 마을에서 나물을 캐는 소녀들을 보고 연순을 닮은 갑순을 생각하며, 가을에 백부가 정한 곳에 장가를 들기보다 "차라리 갑순이라던 그 처니를 얻었음"(57) 하는 생각을 한다. 작품의 후반에서 병을 얻어 용빈과 함께 진주의 병원에 가는 길에서도 김약국은 "감이 익은 농가"를 바라보며 갑순을 연상한다(421). 한편 김약국은 "유독 밤색 머리칼"을 가진 "용혜를 두고 연순을 연상"하면서 용혜를 "노랭이"라 부르며 사랑한 것으로 나타난다(92~93). 그는 또한 임종의 장면에서 "노오란 머리칼이 물결"치는 환상 속에서 "오래오래 용혜를" 바라본다(489).

> **로 느껴온 김약국이었다.** / 흔히 주색에 빠지고 방탕함으로써 인생을 죄되게 보낸 사람이 있다. **그러나 그런 탕아의 죄악 이상으로 죄악적인 타인에 대한 무관심과, 자기를 위한 성문을 굳게 지켜온 이기적인 김약국이 지금 자기의 육체가 허물어져 가는 마당에서 어떤 마음의 반려자를 구할 수 있겠는가?** 그러나 그는 애써 지켜온 고독, 그 고독을 즐기기조차 했던 지난날에 비하여 너무나 비참하게 그 고독을 무서워하고 있는 것이다. (…중략…) 뒤늦게 그의 마음을 사로잡은 마누라와 딸들에 대한 연민이었다. **자아(自我) 속에서 시름하던 그는 타아(他我)의 인과(因果)를 발견하고, 타아를 위하여 헛되게 보낸 세월을 후회하는 것이었다.**(398, 강조는 인용자)

김약국은 자신의 명이 얼마 남지 않았다는 것을 자각하면서, 지난 삶을 돌아보고 가족들, 기생첩 소청이 등 그 누구에게도 관심을 보이지 않은 자신의 이기적인 삶을 후회한다. 전지적 화자에 의해 서술되는 위의 인용문에 따르면 김약국은 "자기를 위한 성문을 굳게 지켜온 이기적인" 인물로서, 주변의 모든 사람들을 "타인"으로만 느껴왔다. 따라서 죽음을 눈앞에 둔 시점에서 "자아(自我) 속에서 시름하던 그는 타아(他我)의 인과(因果)를 발견하고, 타아를 위하여 헛되게 보낸 세월을 후회"하고 있는 것이다. 김약국이 "자아(自我) 속에서 시름"하였다 함은 그가 절대적 가치로 받아들인 운명에 순응하는 삶의 자세와 관련을 맺는 것으로 볼 수 있다. 다양한 차원들과 관계를 맺는 가운데 정체성이 생성된다는 점을 고려할 때, 타자[45]와의 연대를 회피한 김약국은 운명에 예속

45 여기에서 '타자'란, 레비나스가 말하는 바의 타자로서 나의 주체성(subjectivité)을 구성하는 근본이 되는 존재이다. 레비나스가 말하는 타자는 성격과 외모, 심리와 상관없이 단지 내가

되어 새로운 정체성을 창조하지 못한 인물이라 할 수 있다. 인용문은 김약국이 가깝게는 가족관계 내에서 가족적 자아를 생성하지 못한 인물임을 드러내고 있다. 김약국이 주변의 그 누구와도 진정한 관계를 맺지 않은 채, 죽은 사촌누이 연순을 향한 연정을 유일한 사랑으로 간직하였다는 사실은 그가 "자기를 위한 성문"에 갇힌 고정된 정체성의 인물이었음을 뒷받침한다. 이러한 김약국의 성격화 양상은 김약국 집안의 몰락에 이은 그의 죽음으로 그 서사적 귀결을 이룬다.

3) '이념'의 절대화와 고립

박경리가 『시장과 전장』을 발표할 당시의 평문에서부터 그 이후 상당수 논의들은 하기훈의 성격화에 주목하고 있다. 기존 논의들은 자칭 '컴니스트'인 하기훈의 공산주의자로서의 성격 및 그의 모순된 성격화 양상에 주목하고 있다. 백낙청의 논의에 따르면, 하기훈은 '철저한 공산주의자'로서 모순되게 성격화된 인물이다. 정명환은 하기훈이 허무주의자로서, 자칭 공산주의자일 뿐이라는 주장을 하고 있으며, 김치수 역시 하기훈을 허무주의자로서 규정하면서 그의 '모순된' 여러 가지 구체적 행태에 주목한다.[46] 이처럼 논자들이 공산주의자로서의 하기훈

아니며, 나와 다르다는 사실만으로 수용하고 인정하는 타인이다. 강영안, 『타인의 얼굴—레비나스의 철학』, 문학과지성사, 2005, 111면.

46 백낙청은 하기훈이 철저한 공산주의자로서, '인텔리'이면서 행동가요, 동시에 자신의 행동을 냉소하고 회의할 줄도 아는 인물로서 소설 내에서 모순투성이로 그려진 것으로 보고 있다. 그는 하기훈이 모순을 간직한 한 인간으로 생동하기보다 모순된 여러 요소의 복합으로 인하여 독자가 알아보기 어렵게 성격화된 것으로 파악하고 있다. 정명환은 하기훈이 근본적

의 성격 규정에 대해 대체적으로 반하는 입장을 보이고 있으며, 그가 모순되게 성격화되어 있음에 주목하고 있음을 알 수 있다.

이 글에서는 기존 논의 맥락을 이어서 하기훈이 '자칭 컴니스트'로서 성격화된 양상을 구체적으로 살피는 과정을 통해 그의 이념에 대한 태도에 접근하고자 한다. 하기훈이 자칭 공산주의자로서 평가받는 것은 그의 성격화 방식과 관련을 맺는다. 이데올로기는 집단적 관용어 또는 사회언(Soziolekt)이라고 정의할 수 있다. 이는 분파적인 사회적 이해관계를 표현한 말로서,[47] 이념의 구현은 사회적 현실과의 관계를 전제한다. 그런데 『시장과 전장』에서 컴니스트로 등장하는 하기훈의 사회주의 이념은 사회적 현실과의 긴밀한 관계 내에서 구현되고 있다고 보기 어렵다. 이는 작품 내에서 하기훈 자신이 생각하는 자신과 타자들의 시선에 잡힌 그의 실체가 일치되지 않는다는 점, 그가 전장의 현실뿐만 아니라 시장으로 대변되는 현실과도 분리되어 있다는 점 등을 통해 증명된다. 통상적으로 한 개인의 자아정체성은 그 유동적 본성에 따라 변화될 수 있는데, 이는 그가 활동하는 환경과 밀접한 관련을 맺는다.[48] 『시장과 전장』의 하기훈의 경우, 그가 속한 세계와 분리되어 이념 자체의 가치를 절대화하는 인물로 성격화되어 있는바, 따라서 컴니스트로서의 그의 정체성은 고정된 것으로 나타난다.

으로 허무주의자로, 허무를 벗어나기 위해 공산주의자임을 가장한 것이라는 결론에 닿고 있다. 그에 따르면, 하기훈은 전형적인 공산주의자이기는커녕 자칭 공산주의자일 뿐인 존재이다. 김치수 역시 하기훈을 허무주의자로 규정하고 있으면서, 그의 '모순된' 여러 가지 구체적 행태에 주목한다. 백낙청, 「피상적 기록에 그친 6·25수난—박경리 작 『시장과 전장』」, 『신동아』, 1965.4, 327면; 정명환, 「폐쇄된 사회의 문학」, 『사상계』, 1966.9; 김치수, 『박경리와 이청준』, 민음사, 1982.

47 P. Zima, 앞의 책, 1997, 25·29면.

48 A. Giddens, 앞의 책, 152~153면.

우선, 주변 인물들에 의해 파악된 하기훈과 그 자신이 생각하는 자아상이 일치되지 않게 성격화된 부분에 주목해 보자. 이 작품에서 석산, 장덕삼, 이가화 등 주변 인물들에 의해 파악된 하기훈은 통상적인 컴니스트의 존재 양상과 거리를 두고 있으나, 하기훈 자신은 이들의 의견에 반하여 자신이 이념에 투철한 컴니스트임을 강조하고 있다. 석산은 하기훈을 시인으로 규정한다.[49] 석산에 의해 시인으로 규정된 하기훈은 그 스스로의 언설을 통해 이러한 시인으로서의 면모를 부정한다. 그는 이가화에게 컴니스트로서의 정체를 밝히는 장면에서 "나는 아무도 사랑한 일이 없다. 나는 내 이념을 사랑했을 뿐이다"(192~193)라고 말한다. 이는 하기훈을 시인으로 규정한 석산의 발언과 대치된다. 이러한 하기훈의 발언은 장덕삼을 통해 다시 반박된다. 지리산 빨치산으로서 이가화를 만난 장덕삼은 하기훈에 대해 "이념보다는 사람을 더 좋아하"(364)는 인물이라고 말하고 있다. 이처럼 하기훈에 대해 주변 인물들이 생각하는 바와 하기훈 자신이 생각하는 바는 상반되며, 그 자신 이외 하기훈을 진정한 컴니스트로 파악하는 인물은 이 작품에 존재하지 않는다. 특히 장덕삼은 하기훈을 "휴매니스트"로 규정하는데, 맑스 역시 "휴머니스트"이었다는 하기훈의 말에, 그는 하기훈이 '볼세비크', '레닌', '스타린' 등의 컴니스트와 구별되는 휴머니스트임을 강조하고 있다(223). 하기훈은 작품 내에서 이러한 휴머니스트로서의 평가에 걸맞은 행동을 보여주기도 한다.[50] 한편 이가화가 생각하는 하기

49 석산에 따르면 "시인은 모든 것을 사랑하지만 또 모든 것을 믿지 않"는다면, "컴니스트는 모든 것을 사랑하지 않지만 완강한 믿음이 있"(71)는 존재이다.

50 그는 중립을 고집하는 석산을 인민재판에 회부하기로 결정한 동일한 장소에서 땅따기 놀이를 하는 사내아이와 비둘기를 기르는 눈 먼 소녀 남매에게 다정하게 말을 걸기도 한다. 인민

훈과 그가 이가화에게 각인시키고자 하는 그의 면모 역시 구별된다.[51]

이와 같이 주변 인물들의 시선을 통해 하기훈은 컴니스트가 아닌 시인, 휴머니스트로서의 면모를 보인 인물로서 성격화되어 있다. 이 글은 하기훈이 주변 인물들의 시선에 컴니스트와 거리를 둔 존재로서 인식된 것과 구분되게 스스로는 컴니스트로서의 정체성을 시종일관 분명히 하고 있다는 점에 주목한다. 석산을 인민재판에 회부하였을 때 그의 아내인 김여사가 찾아와 석산의 구명을 요청한다. 이때 하기훈은 "나는 옛날에도 공산주의자였고 지금도 공산주의자입니다"(189)라는 말로 컴니스트로서의 정체성에 변화가 없었음을 밝힌다. 이는 이 작품이 종결되는 지점까지 유지된다. 이처럼 하기훈이 주변 인물들에 의해 인식된 자신과 분리되어 스스로의 정체성을 자칭 컴니스트로서 일관되게 유지하고 있음은 그가 현실과 유리된 존재임을 의미한다고 하겠다.[52] 그는 현실과의 관련선상에서 이념을 내화하여 컴니스트로서의 정체성을 생성한 것이 아니라, 현실과 분리된 채 컴니스트로서의 정체성을 고정된 것으로서 스스로에게 부여한 것으로 볼 수 있다. 이는 하

군 부상병들이 후퇴할 당시 함께 건던 다리에 부상을 입은 소년을 지나가던 트럭에 실어주는 등 따뜻한 성품을 드러내 보이곤 하던 그는 지리산에서 빨치산으로 생활하면서 장덕삼의 도움을 받아 도망치는 소년을 붙잡아 사살한 후 확인 사살까지 하는 잔혹함을 나타낸다. 이러한 장면에서조차도 장덕삼은 그가 컴니스트가 아니기에 "자기자신에 대한 미움 때문에"(368) 소년을 스스로의 손으로 죽인 것으로 해석하고 있다.

51 컴니스트로서의 신분이 이가화에게 밝혀졌을 때 하기훈은 "저 권총으로 나는 수 많은 반동들을 처치했다. 왜 두려운가?", "이 지구에서 반동은 모조리 말살이다! 단 한 놈도 살아 남을 수는 없을 것이다"(191~192)라고 말하는데, 이는 자신을 전형적인 컴니스트로서 객관화하기 위한 의도로 한 발언인 것으로 보인다. 이러한 하기훈을 두고 이가화는 "거짓말! 거짓말! 당시 그런 사람 아니에요"라고 외친다.

52 이러한 입장은 하기훈이 이념을 매개로 일상에서 초월되어 있다는 임경순의 논의와 맥락을 같이 한다. 임경순은 하기훈의 관념적 초월성과 일상에 대한 추상적인 인식이 분리될 수 없는 두 요소인 이념과 정치를 분리하고 있는 것으로 보고 있다. 임경순, 앞의 글, 283~285면.

기훈이 현실을 객관적으로 인식, 판단함에도 불구하고 이에 전혀 영향받지 않는다는 사실을 통해 뒷받침된다.[53] 그는 무슨 일을 하느냐는 이가화의 물음에 대해 "내 생애에 성공할 것 같지도 않는 사업"(106)이라고 대답한다. 이는 그가 사회주의 혁명을 낙관하고 있지 않음을 드러낸다. 그는 또한 전세를 객관적으로 인식하여 '해방전'이 실패할 것으로 판단한다. 이어서 그는 "우린 컴니스트, 환영하건 배척하건 내가 컴니스트라는 것 하곤 상관이 없소. 회의하는 것은 열광하는 것과 마찬가지로 다 위험한 것이지"(223)라고 말함으로서 어떠한 경우에도 컴니스트로서의 정체성에 변화가 없을 것임을 분명히 하고 있다. 이러한 사실들은 그가 현실에서 분리된 채 이념 자체만을 절대화하여 추구하는 고정된 정체성의 인물임을 드러낸다. 한국전쟁의 현장에 존재함에도 불구하고, 그 현실과의 역동적인 관계 내에 존재하지 않는 하기훈은 다양한 층위의 대상들과의 접속을 통해 정체성을 생성하는 존재 양상과 거리를 두고 있다 하겠는데, 이러한 측면에서 그는 정체성이 고정된 편집적 성향의 인물이라 할 수 있다.

한편 하기훈이 시장의 현실로부터 분리되어 존재하는 인물이라는 사실은 하기훈과 남지영을 중심으로 전개되는 이 소설의 장(章)들이 병렬적인 배치를 이루고 있다는 점을 통해서 살필 수 있다. 앞의 논의가

53 가타리는 주체성이 다원적이며 다성적이라는 미하일 바흐친의 말을 인용하면서, 개인적·집단적·제도적 층위들에 의해서 생산되는 주체성에 대해 강조한다. 그는 주체성에 대한 횡단적인 관념을, 즉 특유한 영토화된 주체성 고리들(실존적 영토들)과 사회적 문화적 함의를 지닌 가치체계들(무형적 세계들)로의 주체성의 개방 둘 다에 대해 답할 수 있게 해주는 관념을 만들어 내는 것이 필요하다고 본다. 가타리에 따르면 인간 활동이 유일하게 받아들일 수 있는 합목적성은 세계와의 관계를 지속적인 방식으로 풍요롭게 해가는 주체성 생산이다. F. Guattari, 「주체성 생산에 관하여」, 앞의 책, 9·12·36면.

하기훈이 전장으로 대변되는 현실로부터 분리된 존재임을 나타낸다면, 병렬적인 장 배치는 하기훈이 시장으로 대변되는 현실로부터도 철저하게 분리된 존재임을 드러낸다. 이 작품에서 '시장'은 다양한 함의를 갖는다. 이는 남지영을 주축으로 구성되는 일상의 현실일 수 있으며, 상품과 물품이 거래되는 장(場)으로서 자본주의 사회의 현실일 수도 있다. 하기훈이 가정을 이루고 사는 하기석의 형이라는 사실을 고려할 때, 시장은 가족적 현실로서의 의미도 갖는다. 「1-17. 서울의 거리」와 「1-19. 수(數)와 상황(狀況)」에서 하기훈은 두 차례에 걸쳐 하기석의 집을 방문한다. 이 부분에서 전체적으로 병치되면서 선개되는 두 세계의 서사가 교차한다. 하기훈이 컴니스트로서의 정체성이 분명한 것과 달리, 하기석은 이념에 경사되지 않은 인물로 형상화됨으로써 이 작품에서 가족(형제) 간의 이념갈등은 드러나지 않는다. 이로 인해 『시장과 전장』은 이념의 문제가 가족적 현실과 접속하여 첨예한 갈등을 불러일으킬 수 있는 가능성을 피하고 있는 것으로 보인다. 오히려 하기훈은 그 자신이 절대적 가치를 부여한 이념의 문제가 가족과 연관되지 않기를 바라는 것으로 나타난다.

17장에서 하기훈이 하기석을 방문하였을 때, 그는 인민군의 전세를 낙관하여 인민공화국이 된 것으로 생각한다. 그런데 하기훈은 자신의 거취를 묻는 하기석에게 컴니스트로서의 정체를 비밀로 하려는 기색을 드러내 보인다. 그는 "문을 탁 닫아걸 듯" 하기석이 자신의 세계에 "한 발자국도 가까이 하지 못하게"(182) 한다. 이는 하기훈이 이념을 그 자신의 절대적 가치로서 한정하고 있을 뿐, 이를 가족적 현실과 분리시키고 있음을 의미한다고 하겠다. 곧 이어지는 19장에서는 17장에서와는 달리 인민군의 정세가 불리한 상황에서, 하기석이 입당원서를 낸 사실을 두고 그 위험성을 들어서 하기훈이 하기석을 질타하고 있다. 하기석은 이념에 경도되어서라기보다 자신의 가정을 지키기 위해 입당원서를 내었으나, 인민군의 정세가 불리하기 때문에 입당원서가 수리되지 않기를 바라고 있다. 이러한 하기석을 두고 하기훈은 공산주의자로서 뚜렷한 신념 없이 "개인주의"적으로 처신한 것을 비판하면서, 앞으로 하기석 자신과 그의 가족을 위해 자신의 이름을 거론하지 말 것을 명령한다(201~202). 17장과 19장의 교차된 서사에서도 하기훈이 인민군의 정세와 무관하게 자칭 컴니스트인 자신과 하기석(의 가족)을 철저히 분리하고 있음을 알 수 있다.

이상 살핀 바와 같이 하기훈은 전장과 시장의 현실로부터 분리된 가운데 이념 자체를 절대의 가치로서 추구하고 있다. 이러한 하기훈의 태도는 이념과 사랑의 관계에서도 드러난다. 그는 남자보다 여자, 그리고 여성적인 좋아하지만, "모든 여자를 다 좋아하는 자유를 빼앗길가봐"(221) 결혼하지 않았다는 말을 하며, 다수의 여자와 만나고 헤어진 과거를 드러내기도 한다. 이는 그가 특정 인물을 향한 사랑의 절대성을 인정하지 않는 입장을 나타낸 것으로 보인다. 이 작품에서 사랑은 이념과 유비적인 관계에 놓이거나, 혁명의 원동력이 되는 낭만으로서 이야기되어지기도 한다는 점을 고려할 때,[54] 이념을 절대화하는 하기훈이 사랑에 대해 이러한 태도를 취한다는 것은 자칫 모순되는 것으

54 "연인을 생각하듯 컴니즘을 동경"(219)하였다는 장덕삼은 사랑과 공산주의를 유비적인 관계에서 이야기하며(355~356), 조군관동무와 숙희의 사랑을 아름다운 것으로 보는 이동무는 인간에 대한 애정이 혁명의 원동력이 됨을 이야기하고 있다(337).

로 내비치게 된다. 그런데 다른 한편으로 이 작품에서 이야기되어지는 연인(숙희)을 향한 사랑을 위해 이념을 저버린 조군관동무의 에피소드에서와 같이 박경리는 그의 작품에서 종종 이념과 사랑을 양자택일의 선택항으로 놓고 있는바,[55] 이에 기대어 볼 때 하기훈의 사랑에 대한 이러한 태도는 그가 이념을 유일무이한 가치로서 상정하고 있음을 더욱 강조하여 드러내 보이는 것으로 해석할 수 있다. 주변과 격리되어 운명을 유일한 가치로서 상정한 김약국과 마찬가지로 하기훈은 현실을 초탈하여 이념을 절대의 가치로서 신봉하고 있다고 하겠다. 이와 같이 성격화된 하기훈의 전도 역시 주변과 고립되어 죽음을 맞을 것으로 암시된다.

4) '문학'의 절대화와 광기

1960~70년대에 발표된 박경리의 상당수 중 · 장편소설들이 통속소설로 분류되어 논자들의 주목을 받지 못하고 있다. 『신교수의 부인』이라는 원제로 『조선일보』에 연재된 『영원한 반려』(1967) 역시 그러하다. 연구사로 이덕화의 논의가 발견되는데, 그는 이 작품이 '가정이라고 하는 폭력적 제도'에 의해서 한 인간이 황폐화되어가는 바를 그리고 있는 것으로 파악하고 있다.[56] 이 글은 이와 시각을 달리하여 박경리가 수필에서 곧

55 「벽지」에서 "콤뮤니스트"인 강숙인은 애인 김병구를 저버리고 북에서 내려온 박(朴)이라는 사나이와 함께 월북하고 만다. 「재귀열」에서도 주인공 김난우의 애인이었던 민석구는 김난우를 버리고 "이북에서 내려온 당의 무슨 여자라는 사람"과 월북하고 만다.

56 이덕화, 앞의 책, 157면.

자신의 자화상인 것으로 고백하고 있는 신병구 씨의 개성적인 성격화 양상에 주목하고자 한다.[57] 이 작품에서는 가치를 절대화하는 인물과 상대화하는 인물의 대비가 비교적 선명하게 드러나는데, 신병구 씨는 그의 누이동생 신병희와 함께 전자의 범주에 드는 인물이라 할 수 있다. 신병구 씨는 그와 갈등관계에 있는 그의 아내 강철애, 자신의 문학세계를 이해하고 대화의 상대자가 되어주는 김혜화, 황금과 미모를 무기로 작가가 되고자 하는 김영미 등이 관련되는 서사에 등장하며, 신병희는 국회의원 성민수와의 불륜의 사랑을 모티프로 하는 서사에 간여한다. 신병옥을 중심으로 하는 서사는 작품에서 차지하는 비중이 작으나 박경리 소설에서 점차 우위를 점하게 되는 가치를 상대화하는 인물의 특질을 드러내 보이기에 주목된다.

대학교수이자 소설가인 신병구 씨가 성격화되는 양상은 우선 서술자의 직접적 진술을 통해 살필 수 있다. 이에 따르면 신병구 씨는 "폭이 좁고 편협하며 외곬인 성격"(29)의 인물로서, 현실적이며 생활력이 강한 강철애와의 갈등으로 "머리에 피가 솟구칠 듯 노여워하다가도" 문학을 향한 "외곬으로 쏟아지는 싸늘한 물줄기를 잊지 않"(91)는 인물이다. 그를 바라보는 주변 인물들의 입장 역시 이와 유사한 것으로서 신병구 씨의 책을 출판하고자 한 은령출판사의 김상철의 눈에 비친 신병구 씨는 "고집쟁이 편협한 인물 외골수"(103)이다. 한편 신병구 씨는 신

57 박경리는 수필에서 『영원한 반려』에 자신의 체험이 직접적으로 반영되어 있는 것으로 밝히고 있다. 이 작품과 관련하여, 박경리는 "신교수를 여자로 하고 그의 부인과의 관계를 어머니와의 관계로 대치시킨다 하더라도 조금도 무리가 가지 않았을 것입니다. 그만큼 내 체험이 직접적으로 많이 들어간 작품이죠"라고 술회하고 있다. 「사소설 이의—Q씨에게」, 『Q씨에게』, 118면.

병옥을 초점인물로 하여 강철애, 신병옥 등과의 성격적 대비를 통해 형상화된다. 신병옥에 따르면, 신병구 씨는 "소설 쓰는 데만 미쳐서 있는 사람"으로서 평가된다. 또한 신병구 씨는 "좋은 것, 나쁜 것, 다 거쳐서" 기어오르고자 하는 신병옥과 달리, "한자리에 가만히 서서 자기 둘레에는 아무도 가까이 오지 못하게"(149)하는 인물이다.

이상의 성격화된 바에 따르면, 신병구 씨는 문학을 절대의 가치로서 추구하는 인물로서 반복해서 규정되고 있다. 그는 또한 자신에 대해서 "나는 이 세상에서 내 자신을 제일 예뻐하니까 내 말만을 들을 수밖에 없지"(30)라고 뇌인 바와 같이 스스로를 주변 인물들로부터 차단하는 극단적인 이기주의자이다. 이 작품에서 신병구 씨를 성격화함에 있어서 가장 주의를 기울인 부분은 바로 그의 문학을 향한 외골수적 욕망과 이에 뒤따르는 주변세계로부터의 그의 분리이다.

> 신병구씨는 혜화의 얼굴이 수척해졌다고 생각했다. 자신이 잘못을 저지르고 있다는 생각도 했다. 그 잘못의 이유는 가벼운 휴식처, 엷은 면사포 같은 감정의 율동밖에 더 이상 진전해 가지 못하는 자신에게 있었다. 얼마간 안정되기는 했으나 **그의 머리속 8할은 작품을 위해 가득차 있었으니, 도저히 집념에까지는 올라갈 수 없는 일이다. 절망과 희열은 인생에서가 아니고 예술에서, 그만큼 신병구씨는 인생의 허한 구멍을 내려다보고 있었는지도 모른다.** / 그러나 초연해질 수 없는 것은 그가 종교에 의거하지 않고 현실을 헤쳐 나가는 하나의 작업에 종사하고 있었기 때문인지도. **인간의 작업은 신의 작업처럼 완전할 수 없고 실증적인 생명이 아닌 추상적인 개념이며 무궁하게 도전해 가지 않으면 안되는, 그러나 불가능의 영역인 것이다. 여기에 무력한 인간의, 그**

리고 작가 신병구씨의 몸부림이 있고, 에고가 있고, 욕망이 있고, 노여움과 한편 인간 멸시의 감정이 도사리게 되는 것이다.(262, 강조는 인용자)

인용문에 따르면, 신병구 씨의 "머릿속 8할은 작품을 위해 가득차 있"는 것으로 드러난다. 이를 통해 문학의 가치를 절대화하는 그의 삶의 자세를 다시 확인할 수 있다. 이 작품에서 신병구 씨는 다섯 번에 걸쳐, 자신의 제자인 김혜화와 만남을 갖는다. 그의 아내 강철애 여사는 이 만남을 불륜으로 오해하여 자살소동을 벌이는 등 신병구 씨의 가는 신경을 힘들게 하나, "모랄리스트"로서 평가되는 신병구 씨는 도덕원칙에 따라 김혜화를 사랑하는 마음을 자제한다. 그는 김혜화를 상대로 자신의 문학관을 피력하는 대화를 나누는 정도의 건전한 관계를 유지한다. 신병구 씨는 김혜화에게 그의 소설 속에 등장하는 "추악하고 이기적이고 가엾은" 인물들이 "승화될 때"까지 "착하고 순결하고 용기 있"(178)는 것을 향한 그의 싸움은 계속될 것이라고 말한다. 그가 절대의 가치로서 추구하는 문학의 목표는 바로 이상적인 인간형을 창조하는 데에 놓이는 것으로 볼 수 있다. 그런데 이를 위한 그의 노력이 인간적 한계 내에서 이루어진다는 데에서 그의 작가로서의 몸부림, 에고, 욕망, 노여움, 인간 멸시의 감정이 비롯하는 것으로 분석되어지고 있다. 바람직한 인간상을 창조하는 것을 목표로 하는 신병구 씨의 문학을 향한 집념은 정통문학에 한정된다고 할 수 있다. 이를 이루고자 하는 욕망과 한계로 인하여 고통받는 신병구 씨를 향하여 그의 동료교수인 이기영은 정통문학이라고 하는 "신비스런 샘가를 뱅뱅 돌아다니지만 말고" "고발문학이라도 좋고 작가의 사회참여도 좋"으니 "살짝 몸을 비켜"(414)볼 것을 권고한다. 그러나 신병구 씨는 도달하기 힘든 목표를 상정하고 문학을 하는바, 그런 만큼 이를 절대의 가치로서 추구하는 그의 집념은 강하다고 볼 수 있다. 이는 신병구 씨가 김혜화에게 "어떠한 집념보다 쓰는 집념만큼 강한 것은 없다"(357)고 한 직접적 발화를 통해서 드러난다.

이처럼 정통문학에 대한 외골수적 집념을 소유한 신병구 씨는 가족, 사회로부터 스스로를 격리한다. 작품의 초반에서 신병구 씨는 만약 돈이 생기면 무엇을 할 것이냐는 이기영 교수의 물음에 첫째 이혼하고, 둘째 학교 그만두고, 셋째 전국 유람하겠다는 의사를 밝힌다. 그가 이혼을 원하는 것은 강철애라고 하는 특정 인물과의 갈등에서 비롯하는 것이 아니라, 비단 상대가 김혜화나 혹은 다른 사람일지라도 "결혼 그 자체"(53)에 대해 후회한다는 뜻을 드러낸다. 강철애에 따르면, 그는 "가정이라는 것을 거의 저주하다시피"(251) 한 인물로서 스스로를 "애당초부터 남편될 자격도, 아버지가 될 자격도 없"(387)는 존재로서 규정한다. 신병구 씨가 광기에 사로잡히는 마지막 순간까지 "강렬한 소유욕"으로 그를 괴롭힌 강철애는 신병옥에 따르면 신병구 씨에게 있어서 "사회의 한 축도(縮圖)"(404)와 같은 존재이다. 즉 강철애로 대변되는 "사회란 비정으로 조직화한 올가미"이며 "망가뜨리는 한이 있어도 예속시킬 수밖에 없는 인간들의 조직"(431)인 것이다. 신병구 씨는 광기에 사로잡혀 집을 나왔을 때, "전쟁도 없고, 세금장이도 없고, 우편배달부도 없는 언덕 위의 새 집"(423)에서 대작을 쓰겠노라고 한다. 여기에서 '세금장이'는 '의무감'을, '배달부'는 '조직화된 사회와의 교류'(424)를 의미하는 것으로 해석된다.

이와 같이 신병구 씨가 격리를 희망하는 사회는 또한 속물들의 세계이다. 박경리 문학에서 가치를 절대화하는 인물들은 대체적으로 가치를 무차별화하는 인물들과 대립하는바, 이들이 존재하는 세계는 속물적 특성을 지닌다. 신병구 씨의 강철애 여사와의 가족 내에서의 갈등이 조직화된 사회로부터의 분리로 연장된다면, 작가로서의 명성을 탐하여 신병구 씨와의 교류를 희망하는 김영미와의 갈등은 속물적 사회와의 대결로 확대해 볼 수 있다. 이 작품에서 김영미, 윤필구 부부는 자신의 개인적 판단에 따라서가 아니라, 타자가 욕망하는 바에 따라서 욕망한다는 점에서 속물근성을 지닌 인물이다.[58] 사업에 성공하여 많은 재산을 가진 윤필구는 "자신의 값어치를 올리기 위한 겉치레와 곰팡 냄새나는 족보에의 동경과 학벌에 대한 열등감"을 지닌 인물로서 이 작품에 등장한다. 그는 전처소생의 딸아이를 미국에 보내어 박사학위를 받아오도록 강요하며, "대학 중퇴라는 간판"에 미모인 김영미를 후처로 맞이하여 "소설가로 등장시키려는 노력"을 아끼지 않는다는 점에서 "신흥 귀족병"(237)을 앓는 속물이라 할 수 있다. 김영미 또한 부잣집 유한부인으로서 소설가라는 이름을 장식품처럼 갖기 원한다는 점에서 속물이라 할 수 있다. 신병구 씨는 광기에 사로잡히기 전, 작가가 되기 위한 욕망을 앞세워 자신을 이용하고 음해하였던 김영미의 무분별한 삶의 태도를 질타하는데, 이는 그녀가 대표하는 속물적 사회와의 대결이라 하겠다.

이와 같이 문학에 절대적 가치를 부여하여 욕망을 집중한 가운데 가

58 지라르에 따르면, 속물도 역시 한 모방자이다. 그는 그 출신 · 재산을 부러워하거나 그 멋을 부러워하는 존재를 맹목적으로 모방한다. 속물은 자신의 개인적인 판단을 감히 믿지 못하고, 다른 사람이 욕망하는 대상들만 욕망한다. 이러한 모방적 욕망 역시 자신과 타인을 같이 보려는 차이 없음, 혹은 무차별의 정신에서부터 출발하고 있다고 볼 수 있다. R. Girard, 김치수 · 송의경 역, 『낭만적 거짓과 소설적 진실』, 한길사, 2001, 67면; 김진식, 『르네 지라르에 의지한 경제논리 비판』, UUP, 2005, 97면.

족과 사회로부터 분리된 신병구 씨는 그 자신으로부터 탈피할 수 없는 인물이다. 신병구 씨가 김영미와 사귀고 있는 것으로 오해한 강철애가 삼자대면할 것을 요청하자, 신병구 씨는 "나를 개조하려고 덤벼들어도 소용없어! 누구의 바지저고리도 될 수 없단 말이야. 나는 나일 수밖에, 나대로 행동한다!"(343)라고 외친다. 이를 통해 타자와의 연대를 부정하는 신병구 씨의 삶의 태도를 읽을 수 있다. 이와 같은 성향에서 신병구 씨의 고정된 정체성이 비롯한다 하겠다. 그는 정통문학을 하는 작가로서의 자신만을 고집할 뿐, 가족관계 내지 사회적 현실과의 역동적 관계를 통한 자아의 창조를 도모하지 않는다.

이상 살핀 바와 같이 문학 이외의 것으로 비켜설 수 없을 뿐만 아니라, 주변세계로부터 분리된 신병구 씨는 이 작품의 종결부에서 광기에 사로잡히고 만다. 신병옥은 신병구 씨가 광기에 빠지게 된 것은 더 이상 "글을 쓸 수 없었기 때문"(433)인 것으로 진단한다. 신병구 씨의 유일한 삶의 지렛대인 문학을 더 이상 할 수 없다는 깨달음이 그를 광기에 사로잡히게 한 것이다. 신병구 씨는 현실로부터 소외되어 문학만을 절대의 가치로서 추구하는 고정된 정체성의 인물이라 하겠는데, 이와 같이 성격화된 다른 인물들처럼 파국적 결말을 맞이하고 있다.[59]

59 『가을에 온 여인』의 나성구의 성격화 양상은 이와 대비되어 주목된다. 나성구는 "정규적인 음악공부"를 하였으나, "대중가요의 작곡가"(133)로서 성공한 인물이다. 신병구 씨가 정통문학에 유일의 가치를 부여, 이를 고집한 것과 달리, 나성구는 동일하게 예술을 한 인물로서 정규적인 음악이 아닌 대중음악이라는 새로운 분야를 개척하고 나섬으로써 자신의 활로를 새롭게 연 인물인 것이다. 신병구 씨가 정통문학을 하는 작가로서의 정체성을 스스로에게 고정시킨 것과 달리, 나성구는 대중음악 작곡가로서 자아를 확대한 인물로 볼 수 있다.

3. 가치의 절대화에 따른 죄의식과 해소방안 모색

1) 사랑의 절대화에 따른 애정갈등과 죄의식의 문제

(1) 근친적 사랑의 절대화와 죄의식의 양가성

박경리 문학에서 애정갈등서사는 대부분 장애를 갖는 사랑을 대상으로 다양한 형태로 전개되는데, 근친적 애정은 반복되는 모티프 가운데 하나이다. 근친적 애정은 그 욕망의 형태가 에로스적인 경우와 성적인 경우, 그리고 그 경계가 분명하지 않은 경우 등으로 다양하게 나타난다. 박경리 소설에서 다양한 관계로 나타나는 근친적 애정은 다음과 같다. 시동생과 형수의 관계(『애가』, 「재귀열」, 『토지』), 외사촌간의 관계(『노을진 들녘』), 시아버지와 며느리의 관계(『김약국의 딸들』) 등에서 근친적 애정갈등을 살필 수 있으며, 자매가 한 남자를 좋아하는 경우(「비는 내린다」), 고모와 조카가 한 남자를 좋아하는 경우(『내 마음은 호수』), 아버지와 아들이 한 여자를 좋아하는 경우(『파시』), 형제가 한 여자를 좋아하는 경우(『토지』) 등으로 다양하게 변주된 형태의 근친적 애정관계를 살필 수 있다. 이러한 근친적 애정관계는 기본적으로 도덕과 상충되기 때문에 죄의식의 문제를 제기한다. 특히 근친적 애정이 현실적인 관계맺음으로 발전하였을 때 그러하다. 여기에서는 도덕과 상충되는 근친적 애정을 절대화함으로써 이를 극단으로 몰고 나갔을 때 제기되는 죄의식의 문제를 「재귀열」, 『내 마음은 호수』, 『토지』를 대상으로 살피기로 한다.

「재귀열」(1959)은 한국전쟁 직후를 배경으로 김송우와 김난우 자매의 애정갈등을 중심으로 전개되는 중편이다. 조산원인 김난우는 집요하게 구애하는 서상철의 그릇된 애정을 물리치고 외과 전문의 하영민과 맺어지는데, 이 과정에서 하영민 역시 홀로 된 형수 선숙의 그릇된 애정으로 인하여 괴로움을 받는다. 이 작품에서 형수의 시동생을 향한 근친적 애정은 선숙이 죽은 남편 영구의 환영을 하영민을 통해서 찾고 있다는 점에서 문제적이다. 선숙은 결혼 전 피아니스트로서의 재질을 갖추고 있었으나, 결혼 후 가정주부로서의 삶에 만족한다. 선숙이 남편과 사별하자 하영민은 선숙이 음악적 재질을 살려 사회적 활동을 할 것을 권유하나, 선숙은 그와 같은 활동을 하지 않고 하영민을 통해 죽은 남편에 대한 사랑을 이어가고자 한다. 따라서 선숙은 "내 남편을 남의 여자한테 빼앗긴다는 착각 때문에" 하영민과 김난우가 맺어지는 것을 방해하기도 하는데, 선숙의 하영민에 대한 근친적 애정은 죽은 남편을 잊을 수 없는 데에서 비롯한 것으로 나타난다. 선숙이 하영민을 통해 죽은 남편의 "환상"(281)을 보고 동일자를 희구한다는 측면에서 볼 때, 이는 죽은 남편을 향한 사랑의 절대화라 볼 수 있다. 하영민의 측면에서 볼 때는 선숙의 일방적인 애정이기에 편집적 집착이라 할 수 있겠다.

따라서 이러한 근친적 애정으로 제기되는 죄의식의 문제에 대한 선숙과 하영민의 접근 태도는 상이하다. 하영민은 자신을 향한 선숙의 그릇된 애정이 죽은 형 영구를 생각하였을 때 "죄"라는 생각을 하나, 선숙은 그리움만을 남겨 두고 죽어 없어진 영구가 자신에게 보다 큰 "죄"를 지은 것으로 생각한다. 하영민에게 있어서 영구의 죽음은 "인간의 힘으로 어쩔 수 없는 일"이라면, 선숙에게 있어서 영구의 죽음은 "운명이 한 짓"이며 그것에 억울하게 굴복해서는 안 되는 것이다. 하영민은 선숙의 "인간 본연의 거짓없는 울부짖음"을 보고 "인간들의 여러 가지 제도나 풍습이 참으로 허술하고 허약한 것"(281~282)이라는 생각을 한다. 선숙은 남편의 "환영"을 보게 하는 시동생 하영민에 대한 사랑을 이룰 수 없다는 깨달음에 이르자 자살하고 만다. 자살할 당시의 선숙의 내적 독백에 따르면, 하영민을 통해 간직한 죽은 남편에 대한 그리움은 욕된 것, 죄스러운 것이 아니며, "죄인의, 패륜의 여자"라는 낙인은 "풍습"(318~319)이 지어준 이름인 것이다.

이 작품은 선숙을 통해서 인간 본연의 욕망과 제도의 갈등을 보여준 것으로 읽힐 수 있다. 그런데 마찬가지로 그릇된 편집적 애정을 가지고 있는 서상철의 김난우에 대한 입장과 대비하여 살필 때, 이 작품이 죄의 문제에 심도 있는 질문을 하고 있는 것으로 볼 수 있다. 서상철은 이름난 수재였으나, 대학시절부터 김난우에 대한 일방적 애정에 집착한 결과 군수품 절도, 밀무역, 강간 등 명백히 법에 저촉되는 죄를 짓고 그 죄로 인하여 결국 자결하고 만다. 서상철의 범법적인 죄가 단의적으로 죄로서 규정되는 것과 달리, 선숙의 "인간 본연"의 욕망은 "제도나 풍습"에 저촉되는 것으로서 여기에서 제기되는 죄의식의 문제는 양가적인 것으로 드러난다. 즉, 선숙을 사랑하지 않는 하영민의 편에서 볼 때 선숙의 태도는 "죄"이나, 하영민을 통해서 죽은 남편에 대한 절대적인 사랑을 이어가고자 하는 선숙의 편에서 볼 때 이는 "풍습"에 저촉되는 바인 것이다. 따라서 선숙은 죄의식이 문명의 소산으로서 도덕법칙에 의해 작동된다는 프로이트의 입장과는 거리를 두고 있다 하겠다.

『내 마음은 호수』(1961)는 한국전쟁의 막바지를 배경으로 음악가인 이영설의 유혜련을 향한 절대적 사랑을 중심으로 전개되는 장편이다.

이 작품은 다른 한편으로 유혜련의 시누이인 문명희가 남편 한석중의 외사촌 동생인 송병림을 사랑함으로써 야기되는 애정갈등을 소재로 하고 있다. 문명희의 송병림을 향한 사랑은 형수와 시동생의 관계로서 근친적 애정인데, 여기에 더하여 송병림이 문명희의 조카인 문진수와 사랑하는 관계가 됨으로써 한 남자를 사이에 둔 고모와 조카의 애정갈등을 보여주고 있다. 문명희와 송병림의 관계에 초점을 놓고 보았을 때, 문명희의 송병림을 향한 사랑은 그녀에게 있어 최초의 절대적 사랑이라 할 수 있다. 문명희는 대학 재학 중 한석중과 결혼하였는데, "사랑에 대한 애상이나 꿈으로 이루어진" 결혼이기보다 "생활적인 면에서" 한석중을 선택하여 "가장 알맞게 주판 놓은" 결혼인 것으로 이야기되어진다. "매사에 대하여 개방적이고 소탈한 기질이 강"(14~15)한 문명희는 한석중과 결혼한 사이임에도 불구하고 대학 동기인 강준과 자유로운 교제를 하기도 한다. 문명희는 남편의 외사촌 동생이며, 두 살 연하인 송병림을 처음 보았을 때 격렬한 사랑의 감정에 빠져들게 되는데, 그녀는 송병림에 대한 감정을 극단으로까지 밀고 나간다. 문명희는 송병림을 속여 여관으로 불러들여 그와 하룻밤을 보내고자 하나 거절당한다. 이에 문명희는 자살을 시도하나 미수에 그친다.

문명희의 시동생 송병림에 대한 근친적 애정은, 강준의 동거인이 된 미스 김이라는 인물의 기계적인 삶과 대비된다.[60] 문명희가 자신의 감

60 미스 김은 강준이 소속한 미군부대의 세탁부였다. 그녀는 말 한 마디 없이 시키는 일에 기계처럼 순종하고, 자신의 몸을 요구하는 뭇 사내들에게 아무런 보수 없이 명령에 복종하듯 몸을 주는 그런 여자이다. 강준은 미스 김을 동정하기보다 함께 살면 편리하겠다는 생각에 동거를 시작한 것이다. 그런데 어느 날 미스 김은 주인댁 아이가 준 빨간 백일홍을 보고 눈물을 흘리면서, 전쟁의 상처를 이야기한다. 미스 김의 아버지는 인민군에게 총살되고, 그의 애인은 부역하였다고 하여 국군에 의해 총살되었다. 일사후퇴 당시 피란 내려오다 미스 김

정에 충실하여 송병림에 대한 애정을 절대화하는 것과 달리, 미스 김은 전쟁의 상처와 충격으로 감정을 상실하였다. 미스 김의 삶이 "어둠의 상징이요 죄악의 상징이요 허무의 상징"이되, "아무 회한도 애착도 없는 망각의 강물"(267)인 것과 달리, "시동생한데 반해 버린" 문명희의 "인간적"(266)인 고뇌는 죄의식의 문제를 제기한다. 문명희는 감정을 구속할 수 없다는 생각에 송병림이 "시동생이라는 것, 자기가 남편 있는 여자라는 것, 병림의 나이가 젊다는 것", 그리고 조카인 문진수와 사랑하는 사이라는 것을 도외시한다. 그녀는 "습관성의 비정상이나 윤리에서 오는 죄의식"(130)을 무시하려 든다. 이 작품에서 문명희는 죄의식을 느끼지 않는 것이 아니라, 이를 상관치 않으려는 태도를 보인다는 점에서 죄의식에 대해 양가적이다. 다음의 대화는 이를 잘 뒷받침한다. 문명희는 "타인의 한 사람"인 송병림을 "사랑한다는 것은 진실"이기에 그 "진실이 죄가 될 순" 없다는 논리를 펼치는데, 이에 대해 송병림은 죄가 될 수 없다고 주장하는 것이 벌써 죄를 느끼고 있다는 증거가 된다는 대답을 한다. 이 말은 문명희의 "가장 아픈 곳을 찌른 것"(245)으로 이 작품은 나타내고 있다. 문명희는 "윤리에서 오는 죄의식"보다 절대적인 사랑의 진실을 더욱 강조하고 있는 것으로 표면적으로 나타나나, 내밀한 감정에서는 이미 죄의식이 싹트고 있다 하겠다.[61]

박경리 문학에서 근친적 애정갈등이 에로스적 사랑의 절대화 양상으

은 검둥이들에게 윤간당한 후 정신 이상이 되 것이다. 강준은 자신과 미스 김이 동일한 정신 상실자라고 하면서, 미스 김을 동정하지 않는다고 말한다. 단지 생활의 편리를 위해 그와 동거하고 있노라고 말한다.

61 송병림에 대한 사랑을 극단으로 까지 밀고 간 문명희는 자살시도가 미수에 그친 이후, 한석중의 아내로 머물게 된다. 이 작품의 결말에서 한석중과 문명희는 독일로 이민을 떠날 결심을 한다.

로 나타난 경우는 위 두 작품 이외 『토지』에서 살필 수 있다. 『토지』에는 넓은 의미에서 세 개의 근친적 애정서사가 전개된다. 이부 형 최치수의 아내(형수)인 별당아씨를 사랑한 구천의 경우, 임명희를 동시에 마음에 두게 된 조용하와 조찬하의 경우, 이상현과 봉순의 딸로서 최서희의 양녀로 자란 양현을 사랑한 윤국의 경우 등이 그것이다. 이 가운데 근친적 사랑의 절대화가 죄의식의 문제와 결부되는 경우는 첫 번째 구천(김환)의 사례이다. 구천과 별당아씨의 근친적 사랑이 현실적으로 지속될 수 있었던 것은 또 다른 죄의식의 소유자인 윤씨부인의 묵인하에서이다. 윤씨부인의 죄의식과 관련하여서는 절대화된 불륜의 사랑의 경우에서 살펴보겠거니와, 『토지』에서 구천과 별당아씨의 근친적 사랑은 김환의 기억을 통해서만 전개되는 독특한 방식을 취하고 있다. 여기에는 법도에 어긋나는 이들의 사랑을 아름답고 환상적인 것으로 처리하기 위한 작가의 의도가 담겨 있는 것으로 볼 수 있다.[62] 김환은 별당아씨와 사별한 사실에 대해 "어느 누구보다 철저하게, 대치(代置)가 불가능하였기에 그토록 철저하게 잃은 것"(11권, 40)으로 회상하고 있는바, 김환의 별당아씨에 대한 사랑은 대체 불가능한 절대적 사랑이라 할 수 있다.[63]

이처럼 절대화된 근친적 사랑이 내포하고 있는 인륜과 법도의 위반은 필연적으로 죄의 문제를 제기한다 하겠는데, 『토지』는 이와 관련하여 김환의 태도를 통하여 이중적 입장을 드러내 보이고 있다. 김환은

62 이에 대해 박경리는 "처절한 분신찾기의 행동"인 이들의 사랑의 진실을 훼손하지 않기 위한 방편이었던 것으로 밝히고 있다. 박경리, 「인간 탐구」, 『문학을 지망하는 젊은이들에게』, 현대문학, 1995, 284~285면.

63 김환은 사랑을 절대화하고 있으나, 여기에 매몰되어 정체성이 고정되지는 않는다. 그는 새로운 차원으로의 지평 확대를 이룸으로써 정체성을 생성하고 있다. 이와 관련하여서는 4장에서 살필 것이다.

동학혁명의 풍운아인 김개주, 김개주로부터 겁간을 당하여 자신을 낳은 윤씨부인, 자신이 사랑하였던 별당아씨, 그리고 테러의 방식으로 독립운동을 하고 있는 자기 자신에 대해 "애비는 살인귀! 어미는 부정녀?" "나도 살인귀 내 그 여인도 부정녀!"(6권, 390)라고 규정함으로써 자신을 중심으로 한 주변의 인물들을 모두 죄인으로 규정하고 있다. 그런데 이러한 죄인의식이 상대화된다는 점이 주목되는 바이다. 즉, 김환은 "성현"의 자리 너머에는 무수한 피 흘림이 자리한다는 원리를 들어 선이 그 이면에 악을 배태하고 있음을 지적하고 있다.[64] 그럼에도 별당아씨를 향한 대체불가능한 절대의 사랑이 낳은 패륜이 김환에게 죄의식을 심어주고 있음을 『토지』의 문면은 드러내 놓고 있다.

김환은 봉건질서를 대변하는 최참판가와의 관계에서 피해자임과 아울러 가해자로서의 존재가치를 갖는다. ① 김개주의 윤씨부인 겁간(윤씨부인의 불륜)과, 생모로부터 버림받음, ② 이부형인 최치수의 아내를 빼앗음이라는 이력들은 이를 나타낸다 할 수 있다. 그런데 이러한 법도 위반들에 대해 김환이 양가적인 입장을 갖는다는 점이 주목된다. 김환이, 구천이 아닌 동학재건세력의 지도자인 김환으로서 용정의 최서희를 처음 찾았을 때, 김환은 김길상과 함께 하는 자리에서 "양반의 법도"가 부조리함을 들어 김개주와 윤씨부인의 불륜, 김환 자신과 별당아씨의 패륜을 변호하는 입장의 독백을 한다. 여기에서 제도와의 관계에서 죄를 상대화하고 있음을 엿볼 수 있다. 그러나, 동일한 장면에서 김환은 그의 포효하는 독백이 본질적으로는, 그의 존재를 얽매는 "쇠철갑"[65]에서 비

64 이러한 죄의 상대화와 관련하여서는 4장 2절 1항에서 상세히 살펴보겠다.
65 「2-5-10. 찾아온 사람」.

롯한 것임을 보여준다. 이 글은 "쇠철갑"이 사회적 법도의 위반에 뒤따르는 초자아의 발현, 죄의식을 뜻하는 것으로 본다. 이를 통해 김환이 ① ②의 사건과 관련하여 사건의 당사자들을 변호하는 입장을 보임과 아울러 스스로의 죄의식을 드러내고 있음을 파악할 수 있다. 김환의 죽음 장면은 이러한 해석을 뒷받침한다. 김환은 일경에 체포된 상황에서 지리산 독립운동세력의 활약상에 대해 영원히 함구하기 위해, 스스로 생을 마감한다. 이때, 그는 ① ②의 사건에 대해 여전히 양가적 입장을 지니고 있음을 보여준다. 자살을 결단하면서, 김환은 자신의 죽음 이후에 대한 생각을 하는데, 그 가운데 저승에서 김개주-윤씨부인, 김환-별당아씨가 도요새가 되어 자유롭게 날거나, 아니면 "불륜, 패륜의 어미와 아비와 여자와 자신이 손잡고 피 흘리며 바늘산"[66]을 걷게 될 것이라는 부분에 주목해 보자. 김환이 여기에서도 죄로부터 자유로울 수 있으리라는 생각을 함과 아울러, "쇠철갑"처럼 자신을 옭죄는 죄의식으로부터 놓여나지 못하고 있음을 엿볼 수 있다.

여기에서는 절대화된 에로스적 사랑의 형태로 전개되는 근친적 애정갈등에서 제기되는 죄의식의 문제를 살펴보았다. 「재귀열」, 『내 마음은 호수』 그리고 『토지』를 통해 이를 살핀바, 이와 관련된 인물들은 공통적으로 근친적 애정에서 파생되는 죄의식의 문제에 양가적인 태도를 취하

66 【인용】 영겁의 세월이 흐르고 있을 저 머나먼 곳에서 여자를 다시 만날 수 있는가, 자기 자신에게 물어보았던 푸른 은빛 그 밤하늘이 아직 가슴에 있어서 환이는 귀신은 음이요, 그 말에 집착해 보는 것일까. 귀신은 음이요 신은 양이라, 음양의 이기(二氣)가 굴신(屈伸)하여 자연의 묘용천지만물(妙用天地萬物)을 낳게 한다면 환이는 여자를 꽃이 되게 하고 자신은 나비가 되고자 하는가. **아비, 어미는 길잡아주는 도요새가 되고 자신은 새끼 도요새가 되어 머나먼 창공을 날자 하는가. 아니면 불륜, 패륜의 어미와 아비와 여자와 자신이 손잡고 피 흘리며 바늘산을 걷자고 하는가.**(「3-3-18. 환의 죽음」)

고 있음을 알 수 있다. 「재귀열」의 선숙, 『내 마음은 호수』의 문명희 등은 표면적으로 감정과 사랑의 진실을 내세우고 있으나 내밀하게는 절대화된 근친적 사랑에서 불가피하고 파생되는 죄의식을 간직하고 있다 할 수 있다. 그리고 『토지』의 김환은 죄의 상대성에 대한 인식을 드러내 보이지만, 속죄의식을 행함으로써 죄의식을 드러내고 있다 하겠다.

(2) 불륜의 사랑의 절대화와 죄의식의 생성

박경리는 여러 작품에서 불륜의 사랑을 그리고 있는데, 그와 같은 불륜의 사랑에 내포된 절대성에 초점을 맞추거나, 에로스적 사랑이 아닌 성적 욕망으로서 그리고 있다. 불륜의 사랑을 죄의식의 문제와 가볍게 결부한 작품으로 「재귀열」과 『영원한 반려』를 들 수 있다. 「재귀열」에서 김난우의 애인 민석구는 이념을 좇아 북에서 내려온 당의 여자와 함께 월북하고 만다. 김난우는 잃어버린 사랑에 집착하지 않고 하영민이라는 사랑하는 대상을 새롭게 발견한다. 한편, 김난우의 언니 김송우는 강상훈을 사랑하였으나, 그가 학병으로 끌려가 있을 당시 문성환에게 강간을 당한 후 문성환과 결혼한다. 김송우는 불행한 생활을 하는데, 그녀의 불행은 전쟁에서 비롯되었다기보다, "맺지 못할 인연을 맺은 그의 결혼"(239)으로 인하여 시작된 것으로 이야기되어진다. 이북에서 생활하다 한국전쟁이 발발하자 문성환을 북에 두고 월남하던 도중 아들을 잃고 딸과 서울에 정착한 김송우는 방황하는 날들을 보낸다. 미국에서 결혼생활을 하던 도중 귀국한 강상훈과 해후한 김송우는 그와의 못다 이룬 사랑을 불태운다. 김난우와 달리 김송우는 이루지 못한 과거의 사랑에 집착한다는 점에서 유일한 사랑을 절대화하는 인물에 속한다고 볼 수 있다. 유일한 사랑을 절대화함으로써 연결되는 불륜의 인연은 필연적으로 죄의 문제를 제기하는데, 이 작품에서 김송우는 강상훈과의 관계에 대해 "누구의 잘못"이며, "누구의 죄"(249)인가 하는 내적인 질문을 한다. 한편 『영원한 반려』에서 신병희는 유부남인 성민수에 대한 절대적인 사랑을 간직한 여성으로 그려지는데, 그녀는 "의외로 도덕적인 가책감이 엷은 편인 것"으로 언급함으로써, 죄의식의 문제에 관심을 보인다. 박경리는 후기 장편소설인 『창』(1970)과 『단층』(1974), 그리고 『토지』에 이르러서 죄의식의 문제를 깊이 있게 천착한다. 여기에서는 『창』과 『토지』를 중심으로 불륜의 사랑을 절대화한 결과 제기되는 죄의식의 문제를 살피기로 한다.

『창』은 송기화와 불륜의 사랑을 맺어온 맹시헌이 송기화와 맺어지기 위해 한국전쟁이 한창인 서울에 아내 김정자와 아들 기성을 방치하고 떠남으로써 죽음에 이르게 한 사건으로 평생 죄의식을 간직하고 살아가는 내용을 담고 있다. 맹시헌이 죄의식을 갖게 된 직접적인 원인은 아내와 아들을 의도적으로 죽음에 이르도록 방치하였다는 데에 놓이지만, 보다 근원적인 원인은 송기화와의 불륜의 사랑에 있다. 아내와 아들을 죽음에 이르도록 할 만큼 이 사랑은 절대적인 것이었다고 볼 수 있다. 이 작품은 죄의식에 대해 심도 있는 통찰을 보이고 있는바, 맹시헌이 죽은 아내와 아들에 대해 갖는 죄의식을 "입 속에 벙벙히 괴는 핏덩어리"(213)와도 같은 것으로 묘사하고 있다. 이와 달리 맹시헌이 아내와 아들, 그리고 애인인 송가화 모두를 잃고 난 후, 자학적인 삶은 살아가던 중 불륜의 관계를 맺게 된 이지숙이 느끼는 죄의식을 "계산서"와도 같은 것으로 그리고 있다. 이러한 차이는 죄의식의 원인이 되는 불륜의 애정이 갖는 성격과 관련이 있는 것으로 보인다. 맹시헌의 송기화를 향한 사랑은 자신의 모든 것을 바칠 만큼 절대적인의 것이었기에, 그로 인한 상실은 그만큼의 반작용으로 절대의 죄의식을 심어준 것으로 볼 수 있다.

> (맹시헌) "**지숙이, 죄의식이라는 것 말이야,** 그거 엄격히 말하면 사실은 의식 밖의 현상이라고 나는 생각해. 그러니까 신을 통해서 느끼는 게 아니라 사람을 통해서 느낀다 그 말이지. 엄밀히 따지면 **그건 계산서 같은 거지만 말이야.**" (이지숙) "계산서라구요?" (맹시헌) "왜? 모욕받는 것 같애? 바로 그게 계산서 같은 거다 그 말이지. 그것도 요즘의 **그 이중장부 같은 건데 진짜 계산서, 그러니까 마음속엔 진짜 계산서가 있고 내보이는 거는 가짜 계산서 아니겠어?** 내가 거룩한 부처님이 중생들을 내려다보고 계신다 했을 때 지숙인 겁이 난 얼굴이었다. 왜 겁이 나지? 도금한 한갓 나무부처가 무서웠나? 아니야. 인간들의 습관에서 온 속성이야. 그 속성에는 지숙하고 관련이 있는 인간들이 주렁주렁 매달려 있었던 거야. **그 인간들은 모조리 지숙과 이해(利害)로써 맺어진 인간들이란 말이야, 그 이해는 물질적인 것이 아닌 경우도 있지만. 내 명예, 내 위치, 내 생활, 내 도리, 도리라는 것은 명예에다 몰아버려도 되는 일이긴 하지만 그런 것들을 상실해서는 안되겠다는 의식이 죄의식으로 둔갑한 거지.** 그러니까 지숙이 마음에는 신 같은 것 아예 없었던 것 아니겠어? 누가 불러주었다고 해서 부처님을 겁낼 필요는 조금도 없어. 여긴 아무도 아는 사람이 없는 외진 곳이야."(109, 강조는 인용자)

그런데 이 작품의 현재의 시간대에서 전개되는 맹시헌과 이지숙의 불륜은 서로에게 있어 절대적인 것으로 각인될 만큼 간절한 사랑으로 그려지지 않는다. 이지숙은 맹시헌과 함께 하는 순간 그와의 결합을 위해 가정과 가족을 포기할 각오가 되어 있는 것처럼 이야기하지만, 남편 김재경이 자신의 불륜을 알게 되었을 때 자신이 현재 소유한 물질적으로 풍요하고 안락한 삶을 잃지 않겠다는 욕망을 맹시헌에 대한 사랑보다 앞선 것으로 내세운다. 따라서 절대의 사랑을 얻기 위해 상실한 가족들로 인한 맹시헌의 죄의식과, 이지숙의 죄의식은 질적으로 동일하다 할 수 없다. 인용문은 맹시헌을 통해 이지숙이 갖는 죄의식의 실상을 통찰력 있게 제시하고 있다. 맹시헌의 냉소적인 지적에 따르면 인간이 갖는 죄의식이라는 것은 신과의 관계를 통해서 느끼는 것이 아니라 자신과 이해관계를 맺고 있는 인간과의 관계에서 비롯되는 것이다. 따라서 그것은 "이중장부"와 같은 것으로서 "내 명예, 내 위치, 내 생활, 내 도리" 등을 상실해서는 안 되겠다는 생각과 관련을 맺는다. 이지숙은 이와 같은 것들을 잃지 않기 위해 맹시헌과의 관계를 절대의 사랑으로 굳건히 지키지 못하고 갈팡질팡하는 태도를 보이는데, 맹시헌의 통찰대로 그녀의 죄의식은 겉으로 내보이기 위한 "가짜 계산서"와 같은 것이라 할 수 있겠다.

맹시헌은 남편과 이혼한 후 헤어져 살던 아들을 잃은 선영을 통해서도 죄의식에 대한 통찰을 보여주고 있다. 그는 슬픔에 젖어 있는 선영의 내면에서 아들에 대한 죄의식을 끄집어냄으로써 슬픔과 죄의식이 평행이 되고, "죄의식과 슬픔이 평행해 가다 보면 슬픔을 누르고 일어서는 것"은 "죄의식"(288)이 되는 원리를 알려 준다. 이어서 맹시헌은 송기화와 맺어지기 위해 아내와 아들을 전쟁의 포화 속에 방치하여 죽게 하고, 이들이 죽은 책임을 송기화에게 전가, 그녀마저 학대하여 죽게 한 자신의 과거를 선영에게 들려줌으로써 "핏덩이같이 입 안 가득히 고이는"(216) 자신의 죄의식과 아들의 죽음에서 비롯하는 선영의 죄의식을 비교하도록 만든다. 이때 선영의 죄의식은 맹시헌의 죄의식에 비하여 상대적으로 작은 것이 될 수밖에 없으며, 이를 통해 선영은 조금이나마 위로를 받을 수 있게 된 것이다. 죄의식에 대한 이와 같은 맹시헌의 예리한 통찰은 현재의 그의 삶을 송두리째 지배하고 있는 그 자신의 죄의식에 뿌리를 둔 것으로 볼 수 있다. 그의 죄의식이란 송기화와의 불륜을 절대의 사랑으로서 유지하고자 하는 의도에서 근원적으로 비롯된 것임은 앞에서 밝힌 바와 같다.

『토지』의 방대한 서사의 기원은 윤씨부인이 김개주에 의해 겁간을 당하여 사생아 김환을 낳은 사건이다. 이는 서사의 표면에서 전개되지 않고 『토지』의 서사적 시간 이전에 자리하는 사건으로서 윤씨부인, 문의원, 최치수 등의 기억을 통해 재생된다. 이 사건에서 비롯하여 윤씨부인의 사생아인 구천(김환)이 최치수의 아내인 별당아씨를 사랑하여 윤씨부인의 묵인하에 도피함으로써 『토지』의 서사가 시작되고 있음은 주지의 사실이다. 김개주의 윤씨부인 겁간과 사생아의 탄생은 『토지』 서사의 원천으로서의 의미뿐만 아니라, 이 작품의 시대적 배경과 관련하여 동학의 풍운아 김개주로 대변되는 근대적인 것과 최참판가의 당주격인 윤씨부인이 대변하는 봉건적인 것의 결합을 의미하기도 한다.[67] 그런데 이 사건을 통해 윤씨부인이 갖게 되는 죄의식의 문제에 대해서는 그동안 간과한 측면이 있다. 여기에서는 윤씨부인의 죄의식의 기원에 대해 상세히 살피도록 하겠다.

67 김은경, 「『토지』 서사구조 연구」, 서울대 석사논문, 2000 참조.

『토지』에서 김개주에 의한 윤씨부인의 겁간과 그로 인한 사생아의 출생에 대해 알고 있는 인물은 김개주와 윤씨부인 당사자뿐만 아니라, 김개주의 형인 우관선사, 문의원, 윤씨부인의 가복인 바우와 간난할멈, 그리고 월선어미 등이다. 그런데 김개주, 우관선사, 문의원 등이 바라볼 때, 이 사건은 윤씨부인이 당한 불의의 횡액일 뿐 윤씨부인에게 죄가 아닌 것으로 평가된다. 그럼에도 불구하고 윤씨부인 자신은 이 사건을 통해 깊은 죄의식에 사로잡힌다. 윤씨부인의 과거가 윤씨부인의 기억을 통해 최초로 되새겨지는 장(「1-2-2. 윤씨의 비밀」)에서, 윤씨부인은 문의원과 내적 대화를 나눈다. 이때 문의원은 윤씨부인에게 죄가 없음을 강조하는데, 이에 대해 윤씨부인은 자신의 마음이 "사악"하고, 자신의 마음속에 죄가 있다고 대답한다. 이 윤씨부인의 마음속에 자리하는 죄는 서사가 전개되면서 윤씨부인의 비밀이 벗겨짐과 동시에 점차적으로 드러난다. 최치수를 "형리"(2권, 208)로 한 죄의식, "젖꼭지 한 번 물리지 않고 버린"(1권, 364) 자식 김환에 대한 연민과 죄의식은 최참판가의 청상으로서 양반가의 법도를 어기고 사생아를 낳았다는 사실, 그리고 그 자식을 버렸다는 사실 이전에 근원적으로 윤씨부인 자신이 김개주에 대한 사랑을 간직하고 있었다는 사실에서 비롯한 것으로 드러난다.[68] 윤씨부인은 이로 인하여 죄의식을 품고 끊임없이 자신을 매질해 왔던 것이다. 윤씨부인의 죄의식은 근본적으로 김개주에 대한 불

68 **【인용】이십 년 넘는 세월 동안 그의 바닥에는 한 남자가 살고 있었다. 그 남자의 비극이 삼줄과 같은 질긴 거미줄을 쳐놓고 있었다.** 형장의 이슬로 사라진 그 남자, 그 남자의 비극과 더불어 살아온 윤씨부인이 사면을 거절한 것도 그 때문이요 피맺히는 아들의 매질을 원했던 것도 그 때문이다. 뜻밖의 재난으로써 그치지 않았기 때문에 그는 운명을 원망하지도 않았었다. 영원히 사면되기를 원치 않았던 그에게는 그와 같이 끈질기고 무서운 사랑의 이기심이 도사리고 있었던 것이다.(2권, 209~210)

륜의 사랑이 오랜 세월 동안 절대적인 것으로서 간직되어 있다는 사실에서 기인한 것으로 볼 수 있겠다. 이는 사랑의 진실을 들어 이성보다 감정을 우위에 두고 죄에 대해 양가적인 태도를 드러내는 근친적 애정 갈등에 간여하는 인물들의 경우와 대비되는 바이다. 윤씨부인의 경우 자신의 감정을 엄격하게 저울질하여 불륜의 행위 자체보다 김개주를 향한 사랑을 간직해 온 마음의 진실 자체가 죄의식의 근본적인 원인이 되고 있는 것이다.

박경리는 후기 장편인 『창』에서 『단층』을 거쳐 『토지』에 이르는 동안 불륜의 사랑에 대해 엄격하게 죄의식의 문제를 제기한 것으로 보인다. 박경리 문학에서 대표적인 불륜의 사랑인 『토지』의 이용과 월선의 관계에서도 월선을 통해 죄의식의 문제를 다루고 있음은 이를 뒷받침한다. 만남과 헤어짐을 반복하면서 더욱 절실해진 이용과 월선의 외골수적 사랑은 서로에 대해 절대적인 사랑이라 할 수 있다. 신분의 문제, 후사의 문제 등으로 인하여 혼인관계 내에서 이루어질 수 없었던 이들의 사랑은 박경리의 초기작에서부터 계속되어온 불륜 모티프가 순정한 남녀 간의 사랑으로 형상화된 경우라 하겠다. 그런데 이 경우에도 월선의 내밀한 의식에 죄에 대한 인식이 자리하고 있음이 주목된다.

칠월 백중날 모친 월선네의 "우란분재(盂蘭盆齋)"(3권, 189)를 드리기 위해 절을 찾은 월선의 내면은 재를 드리는 데에 집중되지 않고 자주 혼란을 일으킨다.[69] 영신과의 내적 대화를 통해 월선은 자신의 마음속

---

69 월선이 내면이 이와 같이 산란스러운 것은 김서방댁을 통해 임이네에 대한 소문을 들은 때문이다. 김서방댁에 따르면, 임이네는 이용이 사다준 깔진(당혜)를 신고 다니면서 자신에 대한 이용의 마음씀을 과시하고 다닌다는 것이다. 그런데 이용을 초점화자로 하여 드러난 바에 따르면, 그 깔진은 임이네 자신이 임이의 혼수용으로 마련한 명주 한 필을 팔아서 이용

에 임이네의 죽음을 바라는 마음이 있다는 질책을 받는다. 월선은 임이네가 죽기를 바라는 마음이 있었다는 것을 인정할 수 없었으나, 자신의 마음을 깊이 들여다본 결과 강청댁의 죽음을 연상하고 임이네의 죽음을 전혀 바라지 않은 것은 아니라는 결론을 내리게 된다. 이러한 월선의 내적 대화는 이용에 대한 사랑이 절대적인 만큼 그 사랑을 온전히 이루고자 하는 무의식적 욕망에 뿌리를 둔 것으로 볼 수 있다. 그런데 그와 같은 바람은 임이네가 존재하는 한 이루어질 수 없는 것이기에 임이네의 죽음을 바라는 내밀한 죄를 내포하고 있다 할 수 있고, 그와 같은 죄에 대한 인식이 이러한 영신과의 내적 대화를 통해 드러난 것으로 볼 수 있겠다.

여기에서는 절대화된 불륜의 사랑에서 기인하는 죄의식의 문제를 살피고 있다. 박경리는 후기작에 이르러서 이 문제에 대한 심화된 인식을 드러내 보인다. 근친적 사랑을 하는 인물의 경우 사랑하는 감정 자체에 방점을 두어 죄의 문제에 대해 양가적인 입장을 보이고 있는 것과 달리, 불륜의 관계가 제기하는 죄의 문제에 대해서는 인물의 내밀한 감정에 자리하는 죄의식을 심도 있게 부각하고 있다. 『창』에서는 죄의식에 대한 예리한 통찰을 보임과 함께 도덕과 상충하는 절대의 사랑에서 죄의식이 비롯함을 보여주고 있으며, 『토지』의 윤씨부인을 통해서는 자신을 겁간하여 사생아를 낳게 한 김개주에 대한 내밀한 사랑의 감정 자체가 유발하는 죄의식이 다른 이유에서 비롯하는 죄의식들을 능가하는 본원적인 것임을 천착하여 보여주고 있다. 『토지』는 또한 불륜의

으로 하여금 사오도록 한 것으로 임이의 혼수용품이었던 것이다.

관계에 있는 이용과의 절대의 사랑을 완전하게 이루고자 하는 월선의 무의식적 욕망과 거기에서 비롯하는 죄의식을 들추어내고 있다.

2) '죄-속죄'의 불가능한 교환과 '마조히즘'적 삶의 자세

박경리의 죄의식에 대한 문제의식은 이의 해소방안에 대한 모색으로 이어진다. 한 인물을 향한 절대의 사랑이 살인으로 이어진 『가을에 온 여인』, 그리고 도덕과 상충하는 절대의 사랑에서 비롯하는 죄의식을 간직한 인물들이 등장하는 『창』, 『토지』 등을 통해 이를 살필 수 있다. 이들 작품들을 통해서 공통적으로 드러나는 바는 죄의식을 갖는 주체(가해자)와 죄의식의 원인(피해자) 양자 간의 폐쇄적 관계 내에서 죄와 속죄의 교환이 온전하게 이루어질 수 없다는 점이다. 특히, 죄의식의 원인이 되는 피해자가 죽어 존재하지 않는 경우, 직접적인 피해자를 대상으로 한 죄와 속죄의 순환윤리는 완성될 수 없다. 여기에서는 이러한 상황에 놓인 죄의식의 주체가 죄의식에 대응하는 양상을 살피겠다. 이 글의 논의 대상이 되는 작품에서 인물의 죄의식은 법의 집행 혹은 처벌과 분리되어 있는바, 죄의식의 해소방안에 대한 모색에 있어서도 법적인 대응은 드러나지 않는다.[70]

70 박경리는 「인간」, 「밀고자」, 「환상의 시기」, 『창』, 『단층』, 『토지』 등의 작품에서 법의 집행 / 처벌과 인물의 죄에 대한 인식이 분리되어 있음에 대한 인식을 보여준다. 이와 관련하여 이 글은 칸트의 '순수형식'으로서의 법에 대한 논의를 적용하여 간단히 언급한 바 있다. 1부의 2장 2절 1항 참조. 이에 대한 상세한 논의는 김은경, 「박경리 소설에 나타난 '죄의식'의 경제」, 『인문논총』 55, 서울대 인문학연구원, 2006.6에서 이루어지고 있다.

『가을에 온 여인』은 애인과의 정사(情死)를 시도한 결과 범죄에 연루된 바 있는 오세정, 그리고 그녀의 죽은 애인의 형이자 남편인 강명하의 과거가 추리 소설적 기법으로 드러나는 작품이다. 이 작품에서 죄의식의 문제가 표면적으로 나타나지는 않으나, 이들을 둘러싼 과거의 죽음, 그 죽음과 관련된 인물의 삶의 방식이 주목된다. 여주인공 오세정은 사랑하면 상대를 송두리째 소유하고자 하는 집착을 지닌 인물로서, 그 집착으로 인하여 범죄마저 서슴지 않는다. 오세정이 강명하의 동생과 정사를 시도하여 그를 죽게 하였던 사건[71]은 의사 현인구의 도움으로 무마되는데, 이 일의 내막을 아는 사람은 강명하, 현인구, 오세정 세 사람뿐이다. 애인과 정사를 도모하였으나 홀로 살아남은 오세정은 결국 살인을 한 결과를 낳는데, 현인구의 개입으로 이로 인한 법적인 처벌의 대상이 되지는 않는다.

이 작품에서 주목되는 바는 오세정이 죽은 애인의 형인 강명하와 결혼한 사실이다. 강명하의 스토리텔링에 의해 드러나는 바에 따르면, 강명하 자신은 오세정의 영혼이 아닌 육체를 사랑하여 오세정과 결혼하였으나, 오세정은 강명하를 사랑하지 않음에도 불구하고 그와 결혼한다. 강명하에 따르면 오세정은 과거 애인의 형인 강명하로부터 "학대받을 각오"를 하고 강명하와 결혼하였거나, "죽여버린 애인의 형을 보고 자기 학대를 할 참"(253)으로 강명하와 결혼한 것이다. 강명하 동생의 죽음에 대해서는 살인 혹은 자살로서 명백히 규정하기가 애매하다 하겠는데, 오세정의 입장에서는 그 죽음에 책임이 없다 할 수 없을 것이

71 오세정은 과거에 미국에서 강명하의 동생을 사랑하였다. 그런데 강명하의 동생은 한국에 나와 있는 동안 나의화와 사랑에 빠지게 되었으며, 이로 인해 오세정은 강명하의 동생과 정사를 시도한다. 그녀는 애인의 죽음을 확인하기 위해 자신은 약을 조금 먹는데, 결국 홀로 살아남는다.

다. 그런데 정사사건이 법적인 제재를 받을 범죄사건으로 떠오르지 않았을 뿐만 아니라 상대가 이미 죽어서 존재하지 않은 상황에서 속죄할 대상을 잃은 오세정은 죄의 무게를 덜기 위한 방편으로 "마조히즘"적 삶의 자세를 취한 것으로 볼 수 있다. 그녀는 "사디즘"(252)인 강명하의 육체적 학대를 감내하며, 죽은 애인에 대한 기억 속에 몰입하여 의미 없는 삶을 살아간다.[72] 이 경우 강명하와 현인구는 가해자와 피해자 간 양자 대결구도에 개입된 제3자 인물들이나, 오세정의 속죄를 도울 수 있는 인물이라 할 수 없다. 강명하는 오세정의 마조히즘을 충족시켜 주는 사디즘의 주체일 뿐이며, 오세정을 사랑하는 현인구 역시 오세정의 비밀을 지켜주는 대가로 그녀의 육체를 요구한다.[73] 따라서 이 작품에서 오세정이 속죄의 방편으로 마조히즘의 삶의 방식을 취한 것은 피해자가 죽어 존재하지 않는 상황에서 가해자-피해자 양자 간의 폐쇄적 구조 내에서 죄와 속죄의 순환윤리를 이루려 한 것으로 볼 수 있다.

『창』은 ① '맹시헌'과 그의 죽은 처자(김정자, 기성)의 관계, ② 맹시애와 하상호의 관계, ③ 맹시헌과 이지숙(맹시헌과 불륜의 관계에 있는 김재경의 처) 등을 통하여 죄와 법의 관계 및 죄의식의 문제를 다양한 각도에서 심층적으로 탐색한 작품이다. ①과 ②의 차이점은 법의 처벌 유무 및 피해자의 생존 여부이다. ②와 ③은 공통적으로 속물적 인간이 갖는 죄의식의 계산적 측면을 드러내고 있다. 여기에서는 ①을 중심으로

72 이와 같은 상황과 관련하여 강명하는 "사디즘과 마조히즘이 만났으니 우리는 헤어질 수 없게 되지 않았소?"(252)라고 말한다.

73 현인구는 미국에서의 정사사건에서 약을 먹은 사람이 강명하 애인인 것으로 꾸며 오세정을 도왔을 뿐만 아니라, 오세정이 새롭게 사랑하게 된, 과거의 애인을 닮은 신성표를 살인자로 만들 음모에 공모하기도 한다.

논의를 진행한다. ①이 ② 및 ③과 구별되는 점은 속죄의 대상을 갖지 못한다는 점에 있다.[74] 맹시헌은 내면에 자리하는 죄의식과 관련하여 속죄할 대상을 갖지 못한다는 사실 때문에 절망한다.

> (맹시헌) "자네한테 **속죄의 기회**를 주려고 끌고 왔네." (…중략…) "**보상을 하게. 시애는 아직 살아 있단 말이야. 살아 있지. 죽어서 없어진 여자에겐 아무리 보상을 할래도 할 길이 없네. 자넨 다행이라 생각하게.**" / 하상호가 얼굴을 돌려 맹시헌을 봤을 때 맹시헌은 심약하게 웃고 있었다. 울고 있는 것 같기도 했다. 무안을 타는 소년의 얼굴이었다. **나쁜 짓을 하다 들킨 소년의 얼굴**. (71~72, 강조는 인용자)

방약무인하며 불같은 성격의 맹시애는 가문의 마지막 남은 재산을 가지고 하상호와 도피행각을 벌이나, 결국 제자리로 돌아온다. 그 일로 맹시헌의 가문은 몰락의 길을 재촉하게 된다. 한편, 하상호의 모친은 맹시애의 남다른 성격을 염려하여 하상호와 맹시애의 결혼을 반대한다. 이에 맹시애는 하상호의 집에 불을 지르고, 그 죄의 대가로 법의 처벌을 받는다. 의지박약하며 우유부단한 하상호의 성격은 이러한 맹시애의 삶에 간접적인 책임이 있다고 할 수 있다. 폐결핵에 걸려 다시 만나게 된 맹시애를 하상호에게 맡기면서 맹시헌은 위와 같이 말한다. 위의 대사는 맹시헌의 가슴 속에 자리하는 내밀한 죄의 간접적 고백이며, 속죄

74 애인 송기화와 맺어지기 위해 아내 김정자가 죽어 없어져 주기를 바라는 마음을 가졌던 맹시헌은 한국전쟁의 소용돌이 속에 처자를 방치하였고, 그 후 그는 처자의 생사를 확인하지 못한 채 살아간다.

할 수 있는 직접적 대상을 잃은 상황에서 비롯하는 절망의 토로이다. 하상호가 "시애를 보고 조금 슬퍼"하며, "조금 그리워하고, 선심을 써보겠다고 마음을 먹고, 그래서 간단하게 지나간 어느 페이지의 삽화같이 지난 일들을 되살려보는"(89) 것과 달리, 맹시헌 자신의 기억 속 아내와 송가화는 여전히 그의 마음속에 단단히 자리를 잡고 있으면서, 미워할 수도 사랑할 수도 속죄할 수도 없는 대상으로 자리하고 있는 것이다.

맹시헌이 자신의 처자와, 사랑하였던 여인 송가화의 죽음에 대해 갖는 죄의식을 치유할 수 있는 방법은 우선, 그와 같은 과거를 철저하게 망각하는 방법이 있을 수 있다.[75] 그러나 맹시헌에게 있어 "세월은 망각의 정화작용을 해주지 못하였"(292)다. 그는 처자의 죽음과 사랑하였던 여인 송기화의 죽음에 대한 죄의식에 사로잡혀 현재의 삶을 살아가며, 그와 같은 죄의식으로부터 놓여나기 위해 스스로의 삶을 탕진하는 방식을 취한다. 맹시헌은 오십의 문턱을 바라보는 나이까지 가정을 갖지 않고 호텔생활을 전전하면서, "적당한 생활을 위해 법망을 피하고 계집들을 농락한다."(88) 밀수를 업으로 하며, 그것을 성사시키기 위해 "남창"의 역할까지 서슴지 않으면서 자학적인 삶을 살아간다. 이러한 맹시헌의 삶의 방식에 대해 "악(惡)의 의식을 마비시키기 위해 악에 젖어들려는 그 무리한 행적에는 다분히 소아병적인 요소가 있음을 부인할 수 없"(84)는 것으로 평가가 내려진다. 이는 속죄의 직접적 대상을 잃은 절망의 표현이며, 죄의식을 해소하기 위해 스스로에 대한 처벌을

75 데리다는 순환적 교환의 고리를 탈피할 수 있는 방법으로 망각(forgetting)을 제시한다. 철저한 망각이 주기(give)에 대한 답례(return)의 순환을 끝맺는, 선물(gift)의 조건임을 강조한다. J. Derrida, *Given Time : I. Counterfeit Money*, The Univ. of Chicago Press, 1992, 35면.

자초하는 '마조히즘'의 심리적 기제[76]에서 비롯한 삶의 방식이라 하겠다. 이러한 맹시헌의 삶의 방식은 때로 가학의 충동으로 나타나기도 한다. 그는 자신의 집에서 식모로 일하는 여주댁의 딸인 선영을 사랑하게 된다. 그런데 과거 송기화에게 그랬던 것처럼 선영을 향한 가학의 충동을 느낀다. 이러한 "가학(加虐)의 충동"에 대해 맹시헌은 "선영을 통한 자기 자신에 대한 가학"인 것으로 해석한다. 즉 그것은 "자기 영혼에서 솟아나는 무구(無垢)한 애정에 대한 학대"이며, 또한 "법에 저촉되지 않는 정신적 살해의 범죄자로서 기화를 희생시킨 그 독아(毒牙)를 선영에게"(292)[77] 반복한 것으로서 규정된다.

『창』(1970)에서 드러난 이러한 관념들, 즉 '죽은 자'에 대한 속죄의 불가능함으로 인해 배가되는 죄의식, 그 죄의식을 해소하기 위한 자학 및 가학을 통한 자학 등은 그보다 앞서 발표된 장편 『타인들』(1965~66)에서 그 맹아를 보인다.[78] 이와 같이 죄의식을 갖는 인물들이 죄의식

---

76 프로이트는 마조히즘의 형태를 성감발생적 · 여성적 · 도덕적 마조히즘의 세 가지 형태로 구분한다. 이 가운데 도덕적 마조히즘은 무의식 상태의 죄의식으로서, '죄가 되는' 행동을 하고 싶은 유혹을 만들어낸다. 프로이트에 따르면 마조히즘 환자는 형벌을 자초하기 위해서 부적당한 것을 해야 하며, 자신의 이익에 반해서 행동해야 하고, 현실세계에서 자신에게 열려져 있는 좋은 전망을 망쳐 놓아야 하며, 급기야는 자기 자신의 현실적 존재 자체를 파괴해야 하는 태도를 보인다. S. Freud, 「마조히즘의 경제적 문제」, 『쾌락 원칙을 넘어서』, 열린책들, 1980, 170~182면.

77 **【인용】 그 가학(加虐)의 충동은 선영을 통한 자기 자신에 대한 가학은 아니었을까? 자기 영혼에서 솟아나는 무구(無垢)한 애정에 대한 학대임이 분명하다.** 선영에게 맹시헌 스스로가 말했듯이, 지금 그는 법에 저촉되지 않는 정신적 살해의 범죄자로서 기화를 희생시킨 그 독아(毒牙)를 선영에게 들어대려 하고 있다. 그 독아는 애정과 더불어 자라나는 것이며, 애정이 깊어질수록 그 독도 짙어질 것이요 상대가 그 애정에 응할 시에는 한층 악질로 변할 것이다. (…중략…) (내 얘기를 듣고 나면 달아날 거야.) / 한마디로 그것이 두렵다 할 수밖에 없을 것이다. 달아나서는 안 된다. 꽉 잡아매어 놓고 가혹하게 그 마음에 매질을 하고 그 정신을 살해해야 한다. **그것은 사랑하는 여자를 통해 자기 자신의 정신을 살해하는 방법이다. 자해하는 방법**이다.(292~293)

78 『타인들』의 경우 인물의 가치에 대한 태도가 섹슈얼리티에 따른 가치의 무차별화와 그에

을 해소하기 위해 취하는 '마조히즘' 혹은 '사디즘'이 결합된 '마조히즘'은 속죄의 대상이 '죽은 자'라는 사실, 결과적으로 죄-속죄의 교환이 불가능하다는 사실에서 비롯한 것으로 볼 수 있다. 이는 이후 4장의 논의에서 살피게 될, 제3의 가치에 욕망을 투여함으로써 죄-속죄의 순환 윤리를 완성하는 인물들과 차별화된다 하겠다.

박경리의 죄의식에 대한 문제의식은 『토지』로 이어지는바, 여기에서의 논의맥락과 관련하여 윤씨부인을 생각해 볼 수 있다. 윤씨부인이 양반가 수절과부로서 동학장수 김개주로부터 겁간을 당하고 사생아를 출산한 사건에서 그녀는 엄격한 의미에서 피해자라 할 수 있다. 그럼에도 불구하고 윤씨부인은 죄의식을 갖는데, 그 죄의식은 심층적으로 그녀가 김개주에 대한 사랑을 간직하고 있다는 사실에서 비롯함을 앞에서 살펴보았다. 이는 김개주가 부당한 방식으로 자신의 육체를 범하고 양반가 수절과부로서의 삶을 위협하였음에도 불구하고, 윤씨부인이 그와의 첫 만남 이후 오랫동안 간직해 온 유일한 사랑이라는 점에서 절대적이라 할 수 있다. 『토지』는 윤씨부인이 김개주로 인해 정절을 훼손한 이래, 스스로의 "사면을 거절"하며, 아들인 최치수의 "매질"(2권, 210)을 원해왔던 것으로 그리고 있다. 그리고 구천을 최참판댁의 가복으로 받아들인 것도 그가 자신을 "매질"하기 위해 나타난 것으로 생각하였기 때문인 것으로 드러난다. 이는 윤씨부인이 자신의 죄의식에 대해 마조히즘적 대응 방식을 취하고 있음을 알 수 있게 하는바, 이러한 태도는 이면적으로 김개주에 대한 사랑의 집념을 나타내는 것

따른 죄의식의 생성으로 구분되기에 여기에서는 논외로 한다.

으로 볼 수 있다. 이 사랑의 집념을 갖는 한 스스로를 엄격하게 단죄하는 윤씨부인이 최치수를 비롯하여 최씨집안에 대해 죄-속죄의 순환윤리를 이룰 수 있는 길은 차단되어 있다고 하겠다.

죄의식으로 인한 윤씨부인의 마조히즘은 모성을 억압하는 방식으로 드러난다. 윤씨부인은 적자인 최치수와 사생아인 김환 사이에서 "어미의 손길을 결박당한 채" "어느 편에도 기울 수 없는 저울의 추"가 되어 두 아들을 향한 모성을 포기한다. 윤씨부인이 최치수를 가까이하지 못한 것은 "죄의식"과 "젖꼭지 한번 물리지 않고 버린" 김환에 대한 "연민" 탓이며, 김환을 돌보지 못한 것은 최치수에 대한 "의무와 애정 탓"(1권, 364)인 것으로 나타난다. 윤씨부인은 또한 패륜을 범한 김환과 별당아씨의 도망을 묵인해 줄 때에도, 최치수를 의식하여 이들 불륜의 남녀를 위해 피신처까지를 마련해 주지 못한 것으로 드러난다.

윤씨부인은 타의에 의해 정절을 훼손당하였지만, 그 사실로 인하여 스스로 최씨 가문의 가해자가 되었을 뿐만 아니라 최치수와 김환 두 아들을 치죄자로 하여 속죄의 고행을 생을 마감하는 순간까지 지속한다. 특히 김환은 최씨가문에 대한 가해의 원인 제공자이면서 최씨가문의 편에 선 윤씨부인을 가해자로 만들기도 한 존재이기에 윤씨부인으로 하여금 "저울의 추"처럼 그 어느 편에서도 죄와 속죄의 교환을 이루지 못하도록 하게 한다. 신분의식에 철저하지 않은 윤씨부인은 김환을 도우면서 스스로를 "최씨 문중의 사람"이 아닌 "타인, 고공살이"(2권, 315)를 한 존재로 생각함으로써 자신의 "죄책감"을 무마하기도 한다. 그러나 윤씨부인은 그 스스로 피해자이면서 가해자이기도 한 존재로서 "부정(不淨)의 여인이며 아내와 어미의 자격을 잃은 육체적인 낙인이 빚은 절망" 이외 "핏덩어리를 낳아서 팽개치고 온 뻐저린 모성의 절망"으로 인해 최치수를 "형리"로 하여 끊임없이 스스로를 "치죄(治罪)"(2권, 209)한다. 윤씨부인 역시 가해자와 피해자의 양자 간 폐쇄적 구조 내에서 속죄의 고행으로 마조히즘의 방식을 취한 것으로 볼 수 있다.

이상 살핀 작품들은 공통적으로 도덕과 상충되는 가치를 절대화한 결과 죄의식을 갖는 인물들이 이를 해소하기 위한 방편으로 마조히즘을 취하는 양상을 보이고 있다. 이때 죄의식의 직접적 원인이 되는 피해자의 죽음 등의 이유로 당사자에게 속죄할 수 없는 상황은 죄와 속죄의 순환윤리를 불가능하게 하는 주요 원인이 된다. 이는 가해자와 피해자의 양자관계를 전제하는 폐쇄적 구조 내에서 죄-속죄의 순환윤리를 적용한 결과라 하겠는데, 이러한 상황에서 죄의식의 주체가 공통적으로 마조히즘을 취하고 있음을 살펴보았다. 죄의식 관련 박경리의 문제의식은 『토지』에서 그 해답을 발견하는바, 이는 가해자와 피해자 간의 폐쇄적 구조를 탈피하여 제3의 가치를 발견함으로써 가능해진다.

제4장 가치의 상대화에 따른 인물형상(정체성·죄의식)과 현실참여

1. 인물의 '굴절'과 정체성의 생성

1) '생명'의 존중과 실존적 자아

박경리 문학에서 생명사상은 핵심적인 요소인 것으로 알려져 있다. 그런데 그의 상당수 작품들은 인물의 죽음으로 끝이 난다. 3장 2절의 논의에서 드러나듯이, 이는 대체로 절대적 가치의 추구 및 그 좌절과 관련을 맺는다. 박경리의 작품에는 다른 한편으로 생명을 궁극의 가치로서 상정함으로써, '굴절'[1]하는 인물들이 발견된다. 교환가치가 팽배

1 '굴절'의 개념은 1장 2절에서 밝힌 바 있다. 이는 인물들이 가치 일원론 혹은 이원론적 대립을 지양하고, 가치의 상대화를 통해 갈등상황에 대처함으로써 그들의 정체성을 생성하는

한 현실과의 갈등상황에서 마지막으로 "항거할 수 있는 생명"이 있음을 외치는 박경리의 초기작 「불신시대」의 진영은 이러한 인물의 원형에 해당한다 하겠다. 여기에서는 갈등상황에 처한 인물이 생명의 가치를 새롭게 발견함으로써 굴절하여 정체성을 생성하는 경우를 살피기로 한다. 이와 관련하여 살필 수 있는 작품으로 『표류도』(1959)와 『시장과 전장』(1964)이 있다.

『표류도』는 박경리의 초기 장편에 해당하는 작품으로 불륜의 사랑을 소재로 하고 있다. 다방 마돈나의 마담인 강현회는 신문사의 논설위원으로 다방을 자주 찾는 이상현과 불륜의 사랑을 나누는 사이이다. 이 작품에서 강현회는 이상현과의 사랑 자체 만에 전적으로 몰두하는 것으로 나타나지 않는다. 이상현과 그의 아내 양수정이 속한 계층과 자신이 속한 계층 간의 거리를 생각하고 있을 뿐만 아니라, 불륜의 사랑이 갖는 한계에 대한 인식도 철저하다. 그러함에도 그녀는 "애정 이외의 일을 생각하고 싶지 않는"(4회, 152) 유혹을 느끼기도 한다. 불륜의 사랑이긴 하지만 강현회의 이상현에 대한 사랑은 그녀의 삶에서 매우 큰 비중을 차지하는 것으로 나타난다. 다방의 경영난으로 인한 물질적인 궁핍, 불륜의 사랑에 대한 주변의 따가운 논총과 비난, 친정어머니와 이복동생, 그리고 사생아와 함께 꾸리는 힘겨운 가정사 등 고난의 연속 속에서 강현회가 가장 중요하게 생각하는 것은 죽지 않고 "사는 것"(5회, 111) 자체인 것으로 드러난다. 강현회는 "어떠한 절박한 골목길에서도 부정하지 못할 것은 자신의 생명"이라고 생각한다. 이에 비할

원리를 뜻한다.

때, 이상현에 대한 사랑은 "생명"(6회, 149)은 아닌 것이다. 이는 박경리 작품에 흔히 나타나는바, 불륜의 사랑을 절대의 가치로 추구하는 인물이 현실적 장벽에 부딪혔을 때 파국을 선택하는 경향과 대비된다.

이처럼 강현회는 이상현에 대한 사랑을 의미 있는 가치로 추구하되, 이를 생명 가치보다 우위에 두지는 않는다. 결말 부분에서 강현회의 선택은 이러한 사고방식과 관련을 맺는 것으로 볼 수 있다. 속물 최강사에 의해 자신이 외국인에게 창부처럼 매매되는 상황에 분노하여 최강사를 살해한 강현회는 수감생활을 하며, 이를 마치고 나왔을 때 사생아인 자신의 딸 훈아가 교통사고로 숨진 사실을 알게 알다. 이로 인한 고통으로 강현회는 자학하기도 하나, 결국 자신의 곁을 떠나지 않는 이상현과 김환규 두 남자 가운데 김환규를 선택하여 결혼할 의지를 굳힌다. 김환규는 강현회가 자학의 수단으로 취한 무모한 "노동의 강행(强行)"을 보고 "산다는 것만은 확실하고 확실한 기간 동안 자기를 낭비하지 않는다는 것은 물리적으로도 강한 에너지가 될 수 있"(10회, 149~150)다는 말로 생명의 가치를 역설한다. 김환규에 따르면 이상현이 강현회에게 있어 "감정의 대상"이라면, 자신은 "의지의 대상"(10회, 152)인바, 강현회가 "감정의 대상"이 아닌, "의지의 대상"을 선택하는 결말은 불륜의 사랑과 생명의 가치 가운데 생명을 비교우위에 둔 결과라 하겠다. 이를 통해 그녀는 이상현과의 불륜, 살인의 전력, 자식을 잃은 아픔 등의 갈등상황으로부터 굴절하여 삶의 지향점을 새롭게 마련한 것이다. 생명 가치의 인식에서 비롯하는 실존적 자아의 각성은 의지적 존재로서의 자아의 성장을 이룬 것으로 볼 수 있다.

『시장과 전장』에서 이데올로기 간 갈등은 나타나지 않는다.[2] 이 작품에서 하기훈을 중심으로 한 전장의 서사와 남지영을 중심으로 한 시장의 서사가 병치되어 전개되나, 이 양대 서사는 이데올로기 간 갈등을 드러낸다고 보기 어렵다. 그런데 이들 서사를 세부적으로 볼 때, 하기훈과 남지영의 대비구도 이외 하기훈과 석산, 하기훈과 장덕삼의 관계가 내포하는 의미에 대해 생각해 볼 수 있다. 이념 가치를 절대화한 하기훈이 사회주의자로서의 정체성을 일관되게 유지한 것과 달리, 석산과 장덕삼은 모두 컴니스트였으나 석산은 아나키스트가, 장덕삼은 전향하여 남측의 빨치산 토벌대장이 된다. 「1-16. 비둘기」에서 석산은 하기훈과 대좌하여 한때 컴니스트였던 적은 있으나 공산당이었던 때는 없었다고 선언하여 하기훈에 의해 인민재판에 회부된 이후 서사의 표면에서 사라진다. 석산이 좌・우익 중 어느 쪽도 선택하지 않는 바쿠닌 추종자로서 이와 같은 입장에 서기까지의 변화 과정을 드러내지 않는 가운데 작품 전반부에 존재한 인물이라면, 장덕삼은 「1-18. 김여사(金女史)」에서 처음 등장한 이후 2부에서 내적 변화를 겪으면서 컴니스트에서 토벌대장으로 전향한다. 여기에서는 장덕삼의 전향 과정에 굴절의 원리가 적용됨을 밝히고자 한다.

장덕삼은 처음부터 열렬한 컴니스트로서 등장하지 않는다. 1부 18장에서 부수적 인물로서 잠시 나타났던 그는 「2-1. 꽃상여」에서부터 주요 인물로 등장한다. 그는 이 장에서 하기훈과 함께 남행하면서 많은

2 구재진은 『시장과 전장』이 생존과 생활을 갈망하는 민중의 목소리를 통해서 6・25의 대립 구도를 이데올로기 간의 대립 구도가 아닌 이데올로기 대 생활이라는 대립 구도로 변화시켰으며 그 속에서 이데올로기가 갖고 있는 추상성과 허위성을 드러낸 것으로 보고 있다. 구재진, 「1960년대 박경리 소설에 나타난 '생활'의 의미—박경리론」, 『1960년대 문학 연구』, 깊은샘, 1998, 309~310면.

이야기를 나눈다. 이에 따르면 장덕삼은 처음부터 "사상으로 시작된게 아니구 혁명가의 한 스타일을 동경하며 컴니즘에 접근"해 간 인물이다. 장덕삼은 자신의 학생시절 컴니즘에의 동경이 "확고한 이념"에서 비롯된 것이 아니라, "연인을 생각하듯" 시작된 "낭만"(219)이었던 것으로 이야기하고 있다. 이와 같은 방식으로 컴니즘에 경도되어간 그는 자본주의 사회 뿐만 아니라, 공산주의 사회까지 비판하는 객관적 안목을 갖추고 있다. 그는 남행길에 하기훈에게 "자본주의 사회에 있어서 자본가에 의한 임금노예나 공산주의 사회에 있어서 국가에 의한 빵의 노예"(223~224)가 다르지 않다는 의견을 피력한다. 이와 같이 이념에 대해 객관적 거리 유지를 하고 있는 장덕삼은 이후 하기훈과 두 차례 헤어지고 만나는 과정을 되풀이하면서 자신의 사회주의 이념에 대해 회의하는 절차를 걸쳐 전향하게 된다.

「2-5. 야전병원」에서 하기훈과 헤어진 장덕삼은 「2-13. 인민의 적」에서 지리산 빨치산으로서 하기훈과 재회한다. 이 부분에서 장덕삼은 자신이 목격한 사회주의 혁명의 실상을 하기훈에게 말하면서 사회주의 이념에 대한 깊은 회의를 드러낸다. 이와 관련하여 장덕삼이 하기훈에게 "그 무지막지한 머슴놈들이 대창으로 사람을 찔러죽이는 꼴을 이 눈으로 똑똑히 봤단 말이요. 피에 굶주린 이리떼 같은 놈들이 젖먹이 아이까지 대창으로 찔러 죽이더군"(340)이라고 말하는 부분에서는 그의 감정 섞인 어조가 묻어난다. 동일한 행태를 하기훈을 초점인물로 하여 묘사한 부분에서는 객관적 시점을 유지하고 있는바,[3] 이는 장덕

3 【인용】 머슴 출신의 열렬한 공산당원들이 대창을 들고 핏발선 노한 짐승같은 눈을 하고서 마을을 휩쓸고 다닌다. (…중략…) 사람을 죽이러 다니는 그 머슴들의 눈보다 더 미친것 같

삼의 경우와 구별된다. 앞에서 하기훈이 현실과 분리된 가운데 자칭 공산주의자로서 자신의 이념에 대해 절대적 가치를 부여하여 이를 고수하는 편집적 성향의 인물임을 살핀 바 있다.[4] 여기에서 장덕삼은 하기훈과 달리 이념이 현실에서 구체화되는 양상을 직시하고 그에 대해 회의함으로써 자신의 이념으로부터의 굴절을 예비하고 있다 하겠다.

「2-15. 이가화」에서 장덕삼의 사회주의 이념에 대한 회의는 하기훈과 나눈 대화 및 구체적 행동을 통해 보다 분명하게 드러난다. 장덕삼은 여자의 됨됨이를 잘못 보고 사랑에 빠진 사람이 자신을 배반한 여자의 본바탕을 일찍부터 파악했음에도 불구하고 그 여자에 대한 생각을 바꾸려 하지 않는 것이 일종의 자기기만이듯 공산주의에 대한 경도 역시 그와 같은 자기기만임을 이야기하고 있다. 그는 또한 무산계급의 계급의식이 본능이라면 유산계급의 계급의식은 의식적인 것으로서, 지주의 아들이며 대학을 나온 인텔리인 장덕삼 자신이 결코 노동자일 수 없음을 이야기함으로써 계급의식의 한계를 토로한다. 이를 통해 장덕삼은 이념에 대한 회의를 더욱 짙게 드러내고 있다. 이러한 장덕삼의 이념에 대한 회의는 식량을 얻기 위해 마을에 내려갔을 때 도망하는 소년을 돕는 행동으로 구체화된다. 「2-16. 이 세상 사람들에게 꽃을」에서 장덕삼은 자신의 도움으로 도망하다 들킨 소년을 사살한 하기훈에게 항의하며, 토벌대에게 쫓길 때 하기훈과 합류하지 않는다. 이후 그는

은 광채를 낸다.(282)

4 이와 관련하여 구재진은 하기훈이 이념의 내용이 아니라 그 이념을 지키는 행위 자체에 더 집착하는 것으로 보고 있다. 하기훈에게 있어 중요한 것은 그가 신봉한 이념이 현실 앞에서 무너지고 있음에도 불구하고 그는 변함없이 그 이념을 붙들고 있다는 것이다. 구재진, 앞의 글, 313~314면.

「2-18. 탈출」에서 전향하여 토벌대장의 신분으로서, 붙잡힌 하기훈과 다시 만난다.

장덕삼이 하기훈의 전향을 설득하는 부분에서 그의 목소리에 주목할 필요가 있다. 장덕삼은 "무엇보다 사는게 중하오"(384), "사는 자유만이라도 꼭 나누어 주고 싶소"(385)와 같이 말하면서 생명의 중요성을 역설한다. 그는 "철저한 자기기만 속에 산다면 이쪽이나 저쪽이나 마찬가지 아닐까요?"라고 말하고 있는바, 그의 전향은 이념적 선택의 결과이기보다, 그가 수차례 강조하고 있는 바와 같이 "사는 자유"를 위하여 이루어진 것이라 할 수 있다. 장덕삼이 파악한 남한 사회 역시 이상적인 곳은 아니다. 남한은 "자살을 하고 굶어죽고 실직하고 범죄가 우굴거리"는 곳이기도 하지만, 그곳에 "사는 생명의 자유"는 있다. 장덕삼은 "돌을 쪼개고 흙을 파도 사는 자유는 소중한" 것이라고 역설하고 있다. 그는 "개처럼 죽고 싶지 않"았기 때문에, 잡혔을 때 "살고 싶어서 정직한 자백서를 썼"다고 하기훈에게 솔직하게 고백한다. 이처럼 생명의 소중함을 들어 전향을 설득하는 장덕삼의 주장에 대응하는 하기훈의 응답은 길지 않으나, 그는 자신에게 "영웅심"(403~404)이 살아있음을 이야기한다. 물론, 이러한 발화 자체가 하기훈이 마지막까지 전향하지 않는 이유의 전부인 것으로 보기는 어렵다.[5] 어떻든 장덕삼은 이러한 하기훈을 설득함에 있어서 일관되게 생명의 소중함을 강조한다. 그는 하기훈에게 "나는 생명을 위해 당신은 서푼어치 가치도 없는 명예심을

5 박경리가 밝히고 있는 바에 따르면, "'멜로드라마'에 빠뜨리기 싫은 작가적 양심에서 기훈을 최후까지 귀순으로 끌고 가지 못"한 데에 작가의 의도가 놓인 것으로 드러난다. 박경리, 「띄엄띄엄 읽고 갈겨쓴 비평일까」, 『신동아』, 1965.5, 367면.

위해 그 어느 쪽이 더 인간답죠?"라고 묻는다. '영웅심'을 잃지 않는 하기훈에게 있어 "생명을 위하는 편이 동물"(405)다운 것이라면, 장덕삼에게는 '생명'을 위하는 것이 인간다운 것이다.

이처럼 생명의 소중함을 역설하고 있는 장덕삼의 태도는 그가 사회주의 이념으로 인한 갈등상황에서 굴절하고 있음을 드러낸다. 이때 그가 새롭게 발견한 가치는 또 다른 이념이 아니라, 바로 생명이다. 하기훈이 자신의 생명마저도 포기할 각오를 하고서 이념을 고수한 것과 달리, 장덕삼은 객관 현실과의 관계 내에서 이념에 대한 회의 및 이에 따른 실천을 거쳐 생명 가치를 비교우위에 두고 굴절한 결과 전향을 결정한 것이다. 그 역시 실존적 자아의 각성을 통해, 토벌대장으로서의 정체성을 생성한 것으로 볼 수 있다.

『시장과 전장』에서 시장의 서사는 남지영을 중심으로 전개되는데, 하기훈을 중심으로 한 전장의 서사와 병렬 배치되는 이 서사에서 핵심적 의미소는 생활 혹은 일상인 것으로 거론되어진다. 기존 논의에서 남지영은 그 성격이 변화하는 입체적 인물로 그려져 있다는 데에 합치된 의견을 보인다.[6] 그런데 그 성격변화가 갑작스럽게 이루어지고 있는 점이 주목된다. 이 글은 남지영을 하기훈과 대비되는 성격의 인물로서 장덕삼과 함께 주목하고 있는바, 장덕삼의 굴절이 이념에 대한 객관적 거리두기와 회의의 과정을 거쳐 이루어진 것이라면, 남지영의 변화는 이

6 임경순은 남지영이 전쟁을 전후하여 다르게 인식하는 일상의 개념을 중심으로 논의를 전개하고 있다. 전쟁을 계기로 지영의 정체성을 훼손시키는 폭력적인 흐름이었던 일상이 무엇으로도 훼손되어서는 안 되는 생존의 존엄함이라는 의미를 획득하게 된다. 임경순에 따르면 이 과정에서의 변화는 극에서 극으로의 이동이지 내면의 성찰을 동반한 진정한 것이라고 보기 힘든 것이다. 임경순, 「유토피아에 대한 몽상으로서의 이념」, 『한국어문학 연구』 45, 2005.8, 275・279~280면.

러한 내적인 과정을 거치지 않는다. 그녀의 변화는 '일상에 대한 태도' 내지 '가족에 대한 사랑'의 측면에서 거론되는바, 이러한 부분에 초점을 맞출 경우 그 변화의 갑작스러움이 부자연스럽게 드러나는 감이 있다.

남지영은 작품의 초반에서 가족을 떠나 황해도 연안의 학교에 교사로 취직하여 떠난다. 그녀가 가족을 떠나 홀로 연안에서 교사생활을 하게 된 계기는 「1-11. 전야(前夜)」에서 남편 하기석에게 보내는 편지글을 통해 생각해볼 수 있다. 이에 따르면, 남지영 자신은 사람들 속에 섞이는 것을 무척 싫어하는 성격이나 하기석의 "소박한 허영"이 "대학 나온 아내"를 갖기 원하며 "아내가 여학교 선생님이라는 말"을 듣기 원하는 것이 그녀의 취직과 관련이 있는 것으로 드러난다. 그러나 남지영이 연안의 여학교에서 교사로 일하게 된 것은 전적으로 하기석의 이러한 의사에서 비롯된 것이 아니라, 남지영 자신이 "결혼을 염오"하고 "그것에서 도망치고 싶었던 마음이 충분히 있었"(119~120)으며 이 또한 그 이유가 된 것으로 고백되어진다. 남지영의 이러한 고백은 그녀가 연안에서 지내는 동안의 내면을 통해서도 뒷받침된다. 연안 여학교에서의 첫 날, 기숙사의 숙소에 들어간 남지영은 "이제는 내 혼자, 내 혼자야, 이렇게 혼자 될 수 있는 걸"(37)하고 생각하는데, 이러한 생각은 그녀가 가족과 분리되어 홀로 지낼 수 있기를 소망하고 있음을 드러낸다 하겠다. 남지영은 또한 학교에서 월남한 학생을 면담한 이후에 "만일 내가 이북으로 납치되어 영영 가버린다면?"라고 생각하는데, 이러한 생각에 대해 전지적 서술자는 "가족들과 아주 헤어져 버린다는 무서운 욕망 때문에" 남지영이 "그런 불행한 사태에 대하여 어떤 기대 비슷한 것을 갖는"(100)것으로 기술하고 있다. 이처럼 연안의 여학교 교

사로 재직할 당시 남지영은 가족의 일원으로서가 아니라 '나'로서의 삶을 열망하는 것으로 드러난다.[7]

한국전쟁이 발발한 후 남지영의 이러한 태도는 급격히 변화하여 가족에 대한 사랑과 애착을 드러내 보일 뿐 아니라 생활(일상)에 밀착하는 태도를 보인다. 특히 「2-3. 환상(幻想)」에서 하기석이 실종된 이후, 남지영의 변화는 더욱 두드러져 보인다. 여기에서 남지영이 이처럼 변화하게 된 계기를 그녀가 생명의 가치를 새롭게 발견한 것에 둘 경우 그녀의 변화에서 묻어나는 갑작스러움이 오히려 자연스러운 것으로 파악될 수 있다. 작품의 배경이 한국전쟁이라는 사실을 고려할 때, 이러한 시각은 설득력을 갖는다. 장덕삼이 전향한 이후 생명의 가치를 역설하고 있는 바와 마찬가지로 남지영 역시 한국전쟁을 맞이하여, 또한 남편 하기석의 생사를 알 수 없는 상황에서 무엇보다 생명의 소중함을 절감하고 있는 것으로 드러난다. 남지영과 대화를 나누는 여의사의 의견과 같이 전쟁은 무엇보다 "사는 일이 징그러운 그런 때"(277)인 것이다. 남지영은 하기석의 생명에 대해 강한 애착을 드러내 보일 뿐만 아니라, 남은 가족들과 함께 생명을 유지하고자 하는 의지를 강렬하게 나타낸다. 서대문 형무소에 기결수로 넘어간 남편이 살아있다는 사실을 확인한 남지영은 그가 살아있는 이상 무슨 일을 해서라도 그를 구해내겠다는 생각을 굳힌다(298). 대전으로 이감되는 죄수들 가운데서 하기석을 발견하지 못한 남지영은 "팔 다리가 다 떨어지고 몸둥아리 만

7 『시장과 전장』에서 남지영이 지향하는 '나'로서의 삶의 구체적인 지향점은 분명히 드러나지 않으나, 그녀가 아내, 어머니, 딸로서의 삶이 아닌, 자아실현을 이루는 삶을 추구한 것으로 추측해볼 수 있다.

이라도 돌려준다면" "깡통을 들고 밥을 빌어다가 먹여살릴 건데"(326)라고 생각하는바, 여기에서 하기석의 생존을 간절하게 염원하는 남지영의 마음을 읽을 수 있다.

> "**밟혀도 밟혀도 뻗어가는 잡초. 난 잡초야!**" 지영은 우물 속을 향해 나지막하게 중얼거린다. 소리가 울려서 우물 속에 퍼진다. "**끈질기고, 징그럽고, 지혜롭고 민감하고 무서운 여자야!**" 소리는 다시 울려 퍼진다. "**살고 싶다! 내 자식들, 내 어머니, 당신은 죽어도 난 죽지 못해요!**" 소리는 크게 울려 퍼지면서 지영의 몸은 우물 속으로 자꾸 기우러진다. "신비합니다. 하나님 신비합니다. 이렇게 신비하게 살 수 있는데 왜 그 힘이 그에게는 미칠 수 없었을까요? 그냥 그냥 없어지고, 없어지고 ……." 소리는 크게 울려 퍼지면서 지영의 몸은 우물 속으로 자꾸 기우러진다.(330면, 강조는 인용자)

남지영은 남편의 생환을 바라는 마음이 간절한 만큼, 윤씨를 비롯하여 희, 광이 두 아이들과의 생존을 위해 "사나이같이 꿋꿋하고 보초선 군인같이 억"(323)센 모습을 보여준다. 위 인용문은 그 어떤 어려운 일이 있어도 살아남겠다는 남지영의 강인한 생명력을 보여준다. 남지영을 주동 인물로 하는 서사가 마무리되는 부분에서 이 작품은 남편과 모든 생활의 터전을 잃은 남지영이 "다만 잃지 않았던 것은 슬기로운 목숨과 삶을 향한 의지"(397)임을 밝히고 있다.

남지영은 작품 초반부에서 타자와의 관계 속에서 살기보다 자아 속으로 침잠하여 혼자만의 삶을 욕망한 것으로 드러난다. 이러한 면모는 가치를 절대화하는 편집적 인물의 속성과 유관하다 하겠는데, 남지영은 한국전쟁의 발발과 함께 이러한 욕망으로부터 굴절하여 가족에 대한 헌신적 사랑을 드러내고, 한국전쟁이라는 현실적 장애에 슬기롭게 대처하는 면모를 보여준다. 그녀는 '나'로부터 탈피하여 가족 및 사회와 접속한 것이다. 이 글은 남지영의 이와 같은 변화가 생명 가치의 발견을 통해 실존적 자아를 각성한 결과인 것으로 본다. 남지영은 전쟁이라는 한계상황에 처하여 생명을 궁극의 가치로 상정함으로써, 기존의 개인적 욕망으로부터 굴절하여 가족 내에서의 강인한 자아상을 확립한 것으로 보인다.

2) '가족'의 형성 · 유지와 가족적 자아

가치를 절대화하는 인물이 '유일한 대상'에 욕망을 집중하는 것과 달리 가치를 상대화하는 인물은 어떤 대상에 대한 욕망으로부터 탈주하는 유연성을 보인다. 이러한 양상은 '출세주의'를 내세우던 삶의 방식을 지양하고, 새로운 가치를 발견하는 인물을 통해서도 살필 수 있다. 2장에서 가치를 무차별화하는 인물 가운데 야망을 이루기 위해 도구적 관계를 맺고 자아실현을 이루는 대신 자아의 파탄을 맞는 경우를 살핀 바 있다. 여기에서는 작품의 전반부에서 출세주의를 지향하나, 작품이 전개되면서 이로부터 굴절하여 '가족'의 가치에 무게를 두는 인물을 살피고자 한다. 이러한 인물의 존재 방식은 가치를 무차별화하는 인물과 구별될 뿐만 아니라, 가치를 절대화하는 인물의 외골수적 삶의 태도와도 대비된다. 이와 관련하여 후기 장편인 『영원한 반려』, 『나비와 엉겅퀴』, 『단층』을 살피기로 한다.

『영원한 반려』에서 신병옥은 가치를 절대화하는 인물인 신병구 씨 및 신병희와 대비되거나 이들을 관찰하는 초점인물로 등장한다. 작품에서 차지하는 비중이 크지 않으나 가치를 상대화하여 굴절하는 면모를 보인다는 점에서 주목된다. 우선 그가 신병희와 대화를 나누면서 신병구 씨의 외골수적 성향을 지적하는 대목을 살펴보자.

> (병옥) 사람마다 누구나가 다 고통을 받지요. 괴롭지 않은 사람이 어디 있겠어요. 그간 내가 깨달은 것은 고통을 간단히 처리하는 것이죠. **자기 인생을 송두리째 좌우하는 것은 없어요. 여자고 돈이고 모든 것이 말입니다. 빨리만 처리하면 …… 밥만 먹을 수 있으면 무슨 일이든 언제든지 새로 시작할 수 있는 거 아닙니까?** 단순한 거죠. 안 그래요? **가다가 길이 막히면 돌아서죠. 그럼 그만 아니예요? 형님은 막힌 길을 뚫으려고 하니까 기진해서 나가떨어지는 겁니다. 가능에는 한계가 있어요. 불가능이 없다는 말도 한갓 호기에 지나지 않지만, 외곬의 불가능은 더 빨리 오거든요. 한곳을 파야 물이 나온다는 말은 잘못입니다. 물이 나오는 곳을 찾아야죠.**(403, 강조는 인용자)

3장 2절에서 살핀 바와 같이 신병구 씨는 문학에 인생의 8할을 걸고 생활하다 소설을 더 이상 쓸 수 없게 되자 광기에 사로잡힌다. 신병희 역시 성민수를 향한 사랑에 자신의 인생 모두를 걸었기에 그 사랑을 잃자 자살하고 만다. 이와 같이 이들은 절대적 가치를 부여한 어떤 한 대상에 인생의 대부분을 거는 경향을 보인다. 이와 달리 신병옥은 인용문에 드러난 바와 같이 한 사람의 인생을 "송두리째 좌우하는 것"은 없다고 강조하면서 신병구 씨의 외골수적 경향을 비판하고 있다. 그가 출세주의를 지향하다 삶의 방향을 전환하는 것은 이러한 그의 인생관과 유관하다고 하겠다.

신병희와 한 어머니를 가진 신병옥은 신병구 씨와는 배다른 형제이다. 방탕하였던 아버지를 닮아 일찍부터 이성문제로 말썽을 일으키는 등 좌충우돌하는 청년의 삶을 살아가는 신병옥은 사실상 분명한 자신의 세계를 가지고 있는 신병구 씨를 존경하고 누이인 신병희에게 지극한 애정을 가지고 있는 것으로 드러난다. 그런데 출세주의를 추구하는 전반부의 서사에서 신병옥은 가족・사회로부터 분리되어 자기만의 세계에 갇혀 있는 신병구 씨와는 달리 "좋은 것, 나쁜 것, 다 거쳐서" "기어올라"(149) 보겠다는 의지를 보인다. 이에 그는 신병희가 신접살림을 하였던 D시로부터 신병구 씨의 집으로 거처를 옮기기로 결정하였을 때, 신병희의 짐을 정리하기 위해 D시로 가던 길에 우연히 만난 국회의원 성민수를 통해 졸업 후 취직을 해 보겠다는 "현실적인 계산"(142)을 한다. 이때 그는 '나를 지키려면 나는 낙오자가 되어야 한다. 또 내가 지켜야 할 개뿔이나 있나? 날아온 기회를 잡아야지. 날려보내고 돌아보아서는 안 된다'(149)라고 생각한다. 이와 같은 내적 독백에는 출세주의에 대한 신병옥의 비판적 관점에 담겨 있다고 볼 수 있는데, 그럼에도 불구하고 그는 신병희와 성민수의 지난 인연을 이용하여 성민수를 통해 취직을 해 보겠다는 의지를 굳히고 있다. 그는 결국 성민수와 신병희의 재회를 주선함으로써 성민수의 비서직을 맡는다. 신병옥은 '출세'하겠다는 자신의 목적을 위해 신병희와 성민수가 불륜관계를 다시 맺도록 한 것이다. 여기에서 수단을 가리지 않는 신병옥의 출세주의를 읽을 수 있는바,

이는 가치를 무차별화하는 인물의 삶의 방식에 근접한 경우라 하겠다.

그런데 이처럼 누이를 이용하면서까지 취직을 하고자 하였던 신병옥은 갑작스럽게 성민수의 비서직을 그만 둔 것으로 드러난다. 이 작품은 신병옥이 호기스럽게 내세운 자신의 출세주의를 내려놓게 된 점진적인 성격 변화의 과정을 제시하고 있지는 않으나, 출세주의로부터 굴절한 그가 평범한 가족 형성을 지향하고 있음을 알 수 있게 한다. 그는 "돈푼이나 있고 집안에는 제법 굵직굵직한 양반들이 있어서 줄이 튼튼"(309)한 소녀 대신, "평범한 성격"이나 "실리적인 면"을 가지고 있지 않을(335) 뿐만 아니라 외골수적 인물인 "병희의 거추장스런 성격"(139)과도 다른 선자를 택하여 결혼할 결심을 굳힌다. 여기에서 신병옥이 신병구 씨와 달리 "외곬의 불가능"을 탈피한 인물로 형상화되어 있음을 알 수 있다. 신병옥은 그만둔 국회의원 비서직과 함께 출세주의를 버리고 자기의 현 위치에서 진정한 자기를 발견한다. 배경이 좋아 출세에 도움을 줄 수 있는 소녀 대신 선자와 결혼하기로 결심한 신병옥은 "끼리끼리 모여 살아야 하"(333)는 상황을 인식한 것이다. 신병옥은 가족 · 사회로부터 분리되어 유일한 가치를 절대화하는 인물과 달리, '출세'의 욕망에서 굴절하여 동류의 사람과 이루는 '가족'에 보다 큰 가치를 둠으로써, 가족적 자아를 형성하게 된 것으로 볼 수 있다.

초점인물로서 가치를 절대화하는 인물인 윤희련의 성격화에 기여한 바 있는 『나비와 엉겅퀴』의 정양구는 출세와 실리를 추구하는 타산적 인물에서 성격 변화를 일으킨다. 그는 강은식에게 윤희련에 대해 "극단적이고 편협하고 비상식적인 면이 있어 전엔 싫어도 했읍니다만 아주 순결한"(401) 여자라고 말한다. 이를 통해 우선 정양구가 윤희련과 다른 성향의 인물일 것임을 예측해 볼 수 있다. 그는 가치를 상대화하는 인물의 면모를 보이는바, 신병옥의 경우와 마찬가지로 극단적 출세주의에서 굴절하여 '가족'의 가치에 의미를 둔다. 정양구의 출세주의는 서술자의 직접적 진술로 드러나거나, 강은애, 윤희련을 초점인물로 하여 나타난다. 정양구는 작품의 전반에서 "기계적인 일상에 불만이 없었으며, 게다가 은애에게는 없는 출세욕, 혹은 재물을 쌓겠다는 야망이 강한 남자"로서 "가능의 최대한도까지 발을 뻗어 보겠다는 강한 의식하에 결코 타산을 잃지 않는 적응성"(48)을 지닌 인물로 형상화된다. 그런데 아내인 강은애의 정신분열증이 발병한 이후 「붕괴(崩壞)」장에서부터 정양구의 성격은 갑작스럽게 변화한다.

> **계산하여 걸어왔다.** 머리 꼭대기에서 발끝까지 단정했던 그 자신의 모습같이 어느 곳에서도 차질은 나지 않았었다. **아니 차질을 원했다면 그것은 그가 계산한 수자에서 뛰어넘는 것보다 상향(上向)하는 차질이었을 것이다. 그 생활의 신조가 지금은 한낱 무력한 잿빛, 아니 잿빛으로 화한 잿더미 같은 것이었다는 깨달음을 정 양구는 어떻게 안간힘을 써도 부정할 수 없었다.** 상황이 그랬었다면 부정할 수도 있었을 것이다. 그러나 지금은 그것이 마음의 소리였다. 자기 심장에서 울려 퍼지는 마음의 소리를 부정할 수는 없다. / (목적이 무엇이었나?) / 정양구는 자신이 **계산하여 달음질친 목적이 무엇이었느냐고 이제야 질문을 자신에게 제시해 보는 것**이다.(182, 강조는 인용자)

박경리의 작품들에서 '계산'은 긍정적인 의미를 갖는 경우와 부정적인 의미를 갖는 경우가 있다.[8] 인용문에서 "계산"은 부정적 의미를 갖는다. 정양구는 자신의 삶을 반추하면서 타산에 능한, 그리고 출세를 향해 줄달음치는 자신의 욕망에 대해 회의하는 입장을 드러내 보이고 있다. 이와 같은 회의를 불러일으킨 직접적 계기가 작품 내에서 분명하게 그리고 점진적으로 제시되고 있지는 않으나, 작품의 흐름상 강은애의 발병에 있다고 볼 수 있다. 이는 정양구가 가족의 소중함을 깨달은 것이 그 계기가 된다고 확대 해석할 수 있는 여지를 마련해 준다. 정양구는 발병한 강은애를 책임질 의향을 밝힌 강은식을 향해 강은애와 이혼하지 않겠다는 뜻을 분명히 한다. 종전 성격대로라면 의당 강은애와의 이혼을 요구했을 정양구가 이와 같은 결정을 내린 것에 대해 이 작품은 정양구가 "자기 자신 속에, 자기 자신을 위한 방황"(187)을 시작한 것으로 제시하고 있다. 한편, 예상을 뒤집는 정양구의 결정을 지켜본 강은식은 "철저하게 이기적이면 또 철저하게 희생적일 수도"(230) 있는 것으로 생각을 정리하고 있다.

정양구는 "계산하여 달음질친 목적"이 무엇이었는가에 대한 해답을 발견함으로써, 신병옥의 경우에서처럼 현 위치에서 자신의 정체성을 분명히 한다. 그는 계산하며 살아온 삶의 목적이 기실 "천하를 쥐어 볼 것도 아니었고 경제계를 쥐고 흔들 만한 대재벌이 되려던 것도 아니었"음을 깨닫는다. "안정된 소시민, 일개 월급장이로서 오늘 이 현실에서 문명족들에 발맞추어 가는 고작 그것"(183)이 출세주의, 실리주의로

8 박경리의 전 작품을 망라하여 볼 때, 박경리는 동일한 하나의 현상, 개념에 대해 양면적인 태도를 보이는 경우가 종종 발견된다. 「계산」, 『표류도』 등의 작품에서 '계산'은 부정적 의미를 갖지 않는다. 그런데 상당수의 작품에서 '계산'은 인용문에서와 같이 '타산'의 의미로서 부정적 함의가 있다. 이 외 박경리 문학에서 양가적 의미를 갖는 개념으로 흔히 박경리 문학의 핵심어로 거론되는 운명을 들 수 있다. 박경리는 그의 작품에서 '운명론'을 지향하는 입장과 지양하는 입장을 동시에 드러내 보인다.

부터 굴절한 그가 발견한 진정한 자아상인 것이다. '출세'보다 '가족'의 가치를 비교우위에 두게 된 정양구의 결심이 이와 같은 발견을 가능하게 한 것으로 볼 수 있다. 『나비와 엉겅퀴』의 정양구 역시 출세주의로부터의 '굴절'하여 가족적 자아를 형성한 것이다. 이는 가족·사회로부터 분리되어 존재하며 유일한 가치를 절대화하는 인물과 대비되며, 출세(야망)를 위해 가치를 무차별화하는 인물과도 구별되는 바이다. '나'로부터 탈피하여 가족적 자아를 형성하는 신병옥, 정양구 등은 타자와의 관계맺음을 통해 자아의 확장을 이루고 있다 하겠다.

『단층』은 주인공인 정근태 집안의 인물들과 관련한 이야기 및 정근태의 사촌누이인 정재선의 가족과 관련한 이야기를 큰 틀로 하여 전개된다.[9] 정재선의 장남인 윤수용은 『영원한 반려』의 신병옥, 『나비와 엉겅퀴』의 정양구와 마찬가지로 출세주의자의 면모를 보이는 인물이다. 윤수용은 그 스스로 자신이 출세주의자임을 인정하고 있는데, 한윤희와 함께 여행을 하는 길에 자신에 대해서, "약게 빈틈 없이 처신해 왔고 출세주의의 속성인 치사하고 비겁한 면을 지닌 것도 틀림이 없"(84)다고 말하고 있다. 그는 신병옥과 마찬가지로 출세주의에 대해 부정적 입장을 취하면서도 출세주의를 지향하는 인물인 것이다. 윤수용의 선배 역시 그의 출세주의, 공리주의를 지적하고 있다.

9 정근태와 명자의 불륜과 관련된 이야기, 정근태와 그의 부모의 과거사, 판자촌에서 산다는 사실을 숨기고 부잣집 남자와 결혼하여 신분 상승할 것을 꿈꾸는 큰 딸 기옥을 둘러싼 이야기 등이 정근태 집안의 인물들이 펼치는 서사이다. 한편, 정재선에게는 윤수용과 윤부용 남매가 있는데, 윤수용은 한윤희, 향이 등의 여성인물과 관련을 맺으면서 죄의 문제, 결혼의 문제 등과 관련하여 서사를 이끌어간다. 윤부용은 현실참여주의자인 오인환과 관계를 맺으면서 결혼풍속도 등의 이야기를 펼친다.

자네 같은 출세주의자는 대열에서 낙오되는 것을 젤 무서워하는 거야. 뛰고 또 뛰고, 낙오되는 것이 무서워 뛰고 또 뛰는데 나중에는 왜 뛰는지조차 모르고 무조건 뛰게 되는 거야. 한데 말일세. 그 대열은 어디로 향해 가는 대열이야? (…중략…) 죽음도 들러리로 격하된 세상이지. **굳이 개개인의 인간성을 따질 것 없어. 그건 한 시절 전의 얘기고 집단이야 집단 …… 대열이거든. 너도 나도 아우성치며 달려가는 대열이란 말이야. 수가 많으면 떳떳해지는 법이야. 그게 아닌데? 하는 소리쯤 쥐구멍 속의 쥐새끼 혀차는 정도, 천지를 진동하는 공리주의 출세주의 찬송가가 귀청을 찢는 시대야. 아아, 언제나 시대에 재빠른 편승이, 그렇고말고, 소수보다 다수에, 약체보다 강력한 곳에 승리의 깃발은 나부끼게 마련이지.**(96~97, 강조는 인용자)

인용문은 출세주의자가 대열에서 낙오되는 것을 두려워하면서, 삶의 목적이 무엇인지도 모르고 뛰어가는 행태를 꼬집고 있는데, 이는 『나비와 엉겅퀴』에서 정양구가 회의하던 바와 유사하다. 그런데 여기에서는 이러한 출세주의가 개인적 차원의 문제가 아니라, 시대적 풍조인 것을 들어서 이를 비판하고 있다.[10] 윤수용의 회상을 통해 드러나는, 윤수용의 선배가 내보이는 이러한 견해는 개개인이 개성이 중요한 것이 아니라 "대열"을 채우는 사람의 수가 많으면 떳떳해지는 상황, "시대에 재빠른 편승"을 할 때, "소수보다 다수에, 약체보다 강력한 곳에" 설 때 공리주의, 출세주의를 실현시킬 수 있는 시대적 여건을 부정

10 이덕화는 박경리가 이 작품에서 드러내고자 하는 인물은 공리주의자나 출세주의자의 대열에 서 있는 사람보다 그 대치점에 있는 인물들인 것으로 보고 있다. 여기에서는 윤수용이 출세주의로부터 '굴절'하여 변모되는 양상에 초점을 맞춘다. 이덕화, 『박경리와 최명희—두 여성적 글쓰기』, 태학사, 2000, 188면.

적 시각에서 지적하고 있는바, 이를 개인의 차원이 아닌 집단의 차원에서 거론하고 있다는 점에서 주목된다.

『단층』의 윤수용 역시 신병옥, 정양구와 같이 이러한 출세주의로부터 한 발 물러선다. 윤수용은 납북된 부친 윤해성의 친구이자, 한윤희 부친의 친구인 재일교포 사업가 허윤으로부터 자신의 후계자가 되어 달라는 제안을 받는다. 허윤은 이러한 제안을 하면서 남편 이상우에게 자신의 모든 재산을 빼앗길 위기에 처한 한윤희가 이혼한 후 윤수용이 한윤희와 결혼할 것을 조건으로 내세운다(131~135). 윤수용은 자신이 사귀고 있는 부자집 딸 향이와 한윤희를 "저울대 위에 올려놓고" 갈등을 계속하다, 자신의 "계산속"을 비난하는 모친 정여사와의 대화 끝에 "무계획", "무계산"(185)으로 돌아선다. 『영원한 반려』의 신병옥, 『나비와 엉겅퀴』의 정양구가 출세주의(공리주의)에 대한 분명한 회의 끝에 이로부터 굴절하여 '가족'에 보다 큰 가치를 부여하는 것과 달리, 『단층』의 윤수용은 자신이 추구하던 출세주의에 대한 특별한 회의 과정을 거치지는 않는다. 그의 출세주의에 대한 적극적 지향은 작품 중반에서부터 향이와 한윤희 사이에서의 갈등으로 축소되는 경향을 보이다가 급격하게 사라진다.

작품의 종결부에서 윤수용은 타자와의 연대를 통한 "우리"의 형성에서 보다 큰 의미를 찾는다. 그는 "가족"에서 먼저 "우리"를 발견하고 한윤희에게 자신의 가족이 되어줄 것을 제안한다. 윤수용 역시 신병옥, 정양구와 마찬가지로 자기중심적인 출세주의에서 굴절하여 "가족"이 함께 이루는 "우리"에서 새로운 가치를 발견한 것이다. 이러한 태도는 타자와의 연대를 통해 자아의 확장을 이룰 수 있는 가능성을 갖는 것으로 볼 수 있다. 윤수용은 인척간인 정근태 집안과 관련하여, 사생아인 기표를 자신의 아들로 되돌려 받게 된 명자, 명자에게 기표를 되돌려주고 "가장(家長)"으로 거듭난 정근태 등이 비록 "높은 이상과 거룩한 사명은" 없다 할지라도 "가족이라는 순애보(純愛譜)"(385~386)에서 "우리"를 찾은 것으로 보고 이를 긍정하고 있다. 이는 윤수용 자신도 거창한 출세주의를 버리고 가족적 자아에 정향하게 될 것임을 암시한다 하겠다.

3) (가족)-민족과의 접속과 공적 자아

『단층』 이전 박경리의 중·장편소설들에서는 대체적으로 편집적 성향을 보이는 두 번째 유형의 인물이 주요 인물로서 등장한다. 이들은 사랑·운명·이념·일·도덕 등의 가치를 절대화하여 추구하며, 가족과 사회로부터 소외되어 등장한다. 그 결과 이 인물들이 우위를 점하는 박경리의 작품에서 가족은 훼손되거나 그 형성이 좌절되며, 사회는 대개 가치를 무차별화하는 인물들이 점유하는 공간으로서 작가의 비판적 현실 인식이 자리하는 곳이다. 그런데 인물이 가치의 상대화를 추구할 때, 드러나는 특징 가운데 하나는 가족 형성이 이루어진다는 사실이다. 앞에서 살핀 바와 같이 『표류도』, 『시장과 전장』, 『영원한 반려』, 『나비와 엉겅퀴』, 『단층』 등에서는 가족이 형성·유지되는바, 이는 인물이 생명·가족 등에 새로운 가치를 부여하여 굴절한 결과이다. 『단층』과 『토지』에서는 가치를 절대화하는 편집적 성향의 인물이 사라지고 가치의 상대화를 통해 굴절하는 인물들이 전면화 된다. 특히 『토지』에서는 상당수의 주요 인물들이 굴절하는 양상을 살필 수 있다. "사모(思慕)"의 대상인 이상현에게 집착하지 않고 최참판가를 복원하기 위해 김길상을 결혼 상대자로 택한 최서희의 경우를 대표적 사례로 들 수 있다. 최서희는 에로스적 사랑보다는 가문의 가치를 상대적 우위에 둔 것이다. 『토지』의 기본 주제는 '가족'[11]이라 할 수 있는바, 가족은 인물들이 추구하는 가치의 하나이다. 따라서 『토지』의 주요 갈등상황은 가족의 문제와 관련을 맺는다고 할 수 있다. 여기에서는 『토지』의 인물이 이러한 가족문제에서 굴절하여 '민족'을 새로운 가치항으로 설정, 이에 접속함으로써 가족문제에서 비롯한 갈등상황에 대처하는 양상을 살피기로 한다.

(1) 가족의 복원과 항일운동 지원

'가족'을 기본항으로 하는 『토지』는 최참판가의 '가족' 훼손에서 이야기가 출발하여 가족의 회복으로 이어진다. 이 과정에서 최서희는 가문의 복원을 절대의 가치로 추구한다.[12] 최서희가 김길상, 공노인, 김환 등 주변 인물의 도움을 받아 이루는 최참판가 복원은 공노인이 조선을 내왕하며 조준구와 지략싸움을 벌인 결과 조준구로부터 최참판가의 토지를 모두 회수하여 이를 최서희에게 "최종보고"(6권, 264)하는

11 서정미는 『토지』의 기본 주제는 가족이며 그것을 벗어나는 모든 거창한 주제들은 다소간 실패하는데, 그것은 정치를 일상으로부터 고립된 것으로 파악하기 때문이라고 본다. 서정미, 「『토지』의 한과 삶」, 정현기 편, 『한과 삶–『토지』 비평 1』, 솔, 1994, 105면.

12 『토지』는 5세대에 걸친 가족사 소설로서, 가문의식이 중요시된다. 이 글에서 주요 가치로서 살피고 있는 '가족'은 '가문'보다 그 함의가 좁으나, 양자는 상호 불가분의 관계가 있기 때문에 그 개념을 특별히 구별 짓지 않는다. 최시한은 '가정소설'에 대한 저서에서 가문의식이 가정소설에 보편적인 것이기 때문에 가문소설이 가정소설의 상위에 놓이거나 따로 놓일 수 없다고 본다. 그에 따르면 한 세대 중심의 이야기를 가정소설의 단순형태 또는 기본형태라고 할 때 가문소설은 그것의 복잡형태 또는 확장형태라고 할 수 있다. 최시한, 『가정소설 연구』, 민음사, 1993, 31면 참조.

부분에서 일단락 지어지며, 최서희가 조준구로부터 평사리의 집을 오천 원에 사들이는 것으로 완성된다고 할 수 있다. 그런데 이 부분에서 최서희는 최참판가 복원을 이룬 것에 대한 만족보다는 "생명의 허무"를 느낀다. 이는 자신이 절대화하였던 가치에 도달하였을 때 가질 수 있는 허무감이라 할 수 있다. 이러한 최서희의 내면은 최참판가 복원 이후, 그녀의 존재 방식에 변화가 있을 것임을 예표하는 내적인 계기라 할 수 있다. 한편, 최서희는 조준구로부터 평사리의 집을 되돌려 받을 수 있음에도 불구하고 오천 원에 사들인다. 이는 함께 귀국하지 않고 간도에 남은 김길상의 존재와 관련을 맺는 것으로 드러난다. 최서희는 조준구를 만나기 전에 "자금관계"로 간도에서 온 "자그마한 사내"의 방문을 받는데, 그 "사내의 출현"(7권, 138)이 불러일으킨 김길상에 대한 분노가 이와 같은 결정을 내리게 한 것이다. 최서희가 간도에서 온 사나이의 방문을 받았다는 것은 그녀의 존재 방식의 변화를 예고하는 외적인 계기라 할 수 있다. 이는 항일운동이 열띤 사나이들의 세계와만 관련을 맺는 것이 아니라, 최참판가의 여주인 최서희와도 관련을 맺게 될 것임을 암시한다.

최참판가 복원 이후 '가족사적 서사'의 흐름 내에서 최서희의 비중은 현격하게 줄어드는바, 이러한 내·외적 계기와 관련하여 이후 서사 내 최서희의 존재 방식이 어떤 방향으로 변화할 것인가는 간도에서 온 사나이의 방문을 받은 최서희의 내면을 통해 생각해 볼 수 있다.

> **'나는 항일운동가의 아내는 아니야. 친일파 최서희, 내게는 아직 친일파가 필요하다. 그러나 그 사람은 내 자식의 아비요, 내 남편이다.'** / 서희 얼굴에 핏기가

돈다. 이성으로는 달래볼 수 없는 분노가 치민다. 십 년 전에 이동진이 군자금을 요청했을 때 거절한 일이 생각난다. 기본적으로 그때 생각과 오늘의 생각엔 별 변화가 없다. 다만 다르다면 그땐 냉정했었고 지금은 감정이 앞서는 차이점이다. 그리고 또 그때 이성은 편협했지만 지금의 감정은 포용의 폭이 넓어진 것도 사실이다. 여기서 서희의 생각은 중단되었다. 유모가 문밖에 와서 부르고 있었다.(7권, 181~182, 강조는 인용자)

최서희는 "항일운동가의 아내"가 아니라 "친일파"인 것을 내세우고 있다. 최서희가 이처럼 친일파임을 내세우는 것은 가문의 복원을 위해서와 마찬가지로 가문의 유지를 위해서 친일을 하는 것이 더 필요하다는 이유에서이다. 이어지는 장면에서 최서희는 간도에서 온 사나이와 연결되는 것으로 암시되는 지리산 혜관스님의 방문을 받는다. 최서희의 예측대로 혜관은 최서희에게 군자금을 요청하며, 최서희는 "친일을 더해야겠다는" 말로 이를 수락한다. 이 말은 "용정촌에 군자금을 보낸 행적을 은폐하기 위해 위장을 한다는 뜻"(7권, 190)이다. 여기에서 최서희가 군자금 지원을 결정한 것은 "내 자식의 아비"요 "내 남편"인 김길상이 항일운동에 간여하고 있다는 사실과 관련을 맺는다. 가문의 복원을 절대의 가치로 상정하고 이를 위해 매진할 수 있었던 것이 "편협"한 "이성"이었다면, "포용의 폭이 넓어진" "감정"은 새로운 가치와 직면하도록 한다. 가문의 복원을 일단락지은 이후의 내적인 허무, 그리고 가족의 일원인 김길상의 부재로 인한 결여는 만주에서 찾아온 사나이의 방문을 받은 외적인 계기와 맞물려 최서희로 하여금 군자금 지원의 형태로 항일운동에 간여케 한 것으로 볼 수 있다.[13] 이는 가문을 절대의 가치로 여기던 최서희가 삶의 지평을 확대하여 민족의 문제와 접속하는 결과를 낳고 있다.[14] 그런데 "항일운동가의 아내"가 아님을 강조하는 대목에서 확인할 수 있듯이, 여기에서 최서희가 '공적 자아'로서 의식화된 것으로 보기는 어렵다.

최서희는 군자금을 지원함으로써 항일운동에 간여함과 동시에 "애국부인회"의 간부로서 일하는 등 친일을 하기도 한다. 그것은 항일운동을 하는 "남편에 대한 일종의 구명책이기도 했고 아들 둘에 대한 보호책"(14권, 388)이기도 한 것으로 드러난다. 그런데 최서희의 항일과 친일은 모두 그 자체를 목적으로 하기보다, 가문의 복원・유지에 구심점을 둔다고 할 수 있다.

> 순철이는 고개를 숙인다. / "그 말 때문에 때린 거는 아니고요, **니 아부지는 종이라 했더니.**" / "그랬었구나. 말한 대로 들려주어 고마워." / 서희의 음성은 잠긴 물처럼 조용했다. / "순철아." / "야." / "그랬다면 환국이 잘못한 것은 없구나. 네 잘못이야. **왜냐하면 환국이 아버님은 종이 아니었거든. 그리고 나라 위해 몸 바친 분이었단다.**" / 박 의사는 눈길을 떨어뜨렸다. 강인한 억제, **마지막의 말은 모든 것을 건 모성(母性)의 승리**였다. (…중략…) 강가까지 온 서희는 / '**여보, 당신이 그곳에 남은 뜻을 이제 확실히 알겠소.** 하지만 장하지 않아요, 당신 아들 환국이가?' / 찬바람 속에 서서 서희는 오랫동안 흐느

13 최서희가 군자금 조달 방식으로 항일운동을 지원하는 것은 위 장면 이외의 곳에서도 발견된다. 계명회에 연루되어 수감된 김길상이 출감하였을 때, 군자금으로 유용할 수 있도록 땅 오백 섬지기를 내놓는다(11권, 380).

14 신덕룡은 이 부분에서 복수 뒤에 오는 허무와 역사의 만남이 이루어지면서 서희의 사회적 역할이 드러난 것으로 본다. 신덕룡, 「『토지』의 삶과 역사 I」, 솔 편집부 편, 『한・생명・대자대비－『토지』 비평집 2』, 솔, 1995, 225면.

껴 울었다.(8권, 175~176, 강조는 인용자)

인용된 장면은 최서희가 항일운동을 하기 위해 간도에 남은 남편 김길상을 "나라 위해 몸 바친 분"으로 규정하고 있기에, 스스로를 "항일운동가의 아내"가 아니라고 한 앞의 장면과 구별되어 주목된다. 최서희의 큰 아들 환국이 "종"의 아들이라는 친구 순철의 말을 듣고 그에게 폭력을 행사하여 상처를 입혔을 때, 병원을 찾은 최서희는 환국의 아버지인 김길상이 "종"이 아니라, "나라 위해 몸 바친 분"임을 강조한다. 이 부분에서 최서희는 김길상이 간도에 남은 뜻을 분명히 알게 된다. 하인의 신분이었던 김길상과의 결혼을 불사하면서 가문의 복원을 절대의 가치로서 추구하였던, 최서희는 당시의 시대적 상황하에서 그와 같은 결혼이 야기하는 문제를 뼈저리게 인식한 것이다. 그런데 이는 당시의 상황에서 가문의 문제라는 범주 내에서는 메울 수 없는 부분이다. 여기에서 항일운동을 위한 김길상의 만주 잔류는 이러한 갈등상황에 가장 현명하게 대처할 수 있는 방편으로서 최서희에게 인식되어진다. 이는 민족이라는 보다 큰 가치에 지평 확대하여 직면하는 과정을 통해 이에 종속되는 가문이 안고 있는 문제를 의탁할 수 있다는 깨달음인 것이다. 여기에서 하나의 가치를 그 하나의 가치에 대한 절대적 추구만으로 구하기보다는 새로운 가치의 발견과 실천을 통해 문제 상황을 해결코자 하는 굴절의 원리가 작용하고 있다 하겠다. 이를 통해 최서희는 "나라 위해 몸 바친 분"의 아내로서 '공적 자아'를 각성하고 있는바, 이는 "모성(母性)의 승리"이기도 한 것이다.[15]

김한복과 김영호 부자를 통해서도 인간 존엄성의 회복, 가문 복원의 욕망이 굴절의 원리를 통한 공적 자아의 생성과 관련을 맺고 있음을 살필 수 있다. 『토지』에서 김한복은 세 차례에 걸쳐서 만주행을 한다. 이 과정에서 군자금을 전달하는 등 항일운동을 지원하는데, 점차 살인자 후손으로서의 아픔을 치유하고 인간의 존엄성을 회복할 뿐만 아니라, 평사리에서 김한복 일가의 뿌리를 굳건히 내리게 된다. 최치수를 살해한 김평산의 차남 김한복은 모친 함안댁이 자살하고 김평산이 처형된 후, 함안의 외가로 보내진다. 그곳에서 매년 평사리를 다시 찾아들곤 하던 그는 성장하여 평사리에서 일가를 이룬다. 그는 지리산 항일운동세력 가운데 대표적인 인물인 송관수, 그리고 김환의 뒤를 이어 지리산 항일운동세력을 이끄는 김길상의 지시를 받고 세 차례에 걸쳐 만주행을 하는 가운데 공적 자아로서 거듭난다.[16]

첫 번째 만주행에서 김한복은 형 김두수(김거복)를 방패막이로 하여 군자금 전달하는 일을 맡는다. 김한복은 "살인자인 아버지와 매국노인 형에 대한 보상이란 생각"(7권, 303)을 가지고 이 첫 번째 만주행을 감행한다. 군자금 전달의 임무를 맡고 만주로 간 김한복은 김길상과의 대화를 통해 부친과 형의 악업에 얽매인 자신으로부터 탈피하여 그 자신으로서의 자아의식을 갖게 된다. 두 번째 만주행에서 김한복은 항일운

15 김혜정은 이 장면에 대한 분석에서 최서희가 가족의 사랑을 지켜나가기 위해서는 민족을 지키는 것이 선행되어야 한다는 사실을 뒤늦게 자각한 것으로 보고 있다. 이러한 최서희의 깨달음은 신분의 허위를 깨뜨리고 사회적 자아의 실현을 통해 '인간'의 존엄성을 회복하면서 살고자 하는 욕망과 관련을 맺는 것으로 보고 있다. 김혜정, 「박경리 소설의 여성성 연구」, 충북대 박사논문, 1999, 125면.

16 『토지』의 항일운동세력은 크게 만주의 항일운동세력, 지리산 항일운동세력, 서울의 항일운동세력으로 나누어볼 수 있다. 김환의 테러리즘 이후, 지리산 항일운동세력의 활약 가운데 김한복의 세 차례에 걸친 만주행은 중요한 몫을 담당한다. 김은경, 「박경리 『토지』의 유기적 인물 관계와 '리좀적' 서사구성」, 『관악어문연구』 31, 2006.12 참조.

동을 하기 위해 만주행을 결행하는 정석의 안내역을 맡는다. 한편, 김한복이 세 번째 만주행을 하기 전, 송관수와 함께 한 술자리에서 나누는 대화가 주목된다. 그는 "살인죄인으로 세상 끝내기 보담이야 애국자로 세상 끝내는 편이" 낫기 때문에 항일운동을 지원하는 일에서 발을 빼지 않을 결심을 이야기한다. 송관수는 이러한 김한복을 두고 "니야말로 젤 깨끗한 애국자"(11권, 241~242)라고 말하는데, 여기에서 "애국자"로서의 김한복의 '공적 자아'가 드러남을 알 수 있다. 이러한 공적 자아는 김한복이 살인자 김평산의 후손으로서, 그 오명을 씻고 '가문'을 재건하고자 하는 가치의 실현을 위해 삶의 지평을 확대, 굴절함으로써 민족의 가치를 발견하고 이를 위한 애국·애족을 실천하는 가운데 형성된 것으로 볼 수 있다.

이상 살핀 바와 같이 최서희와 김한복은 가문 복원·유지를 그 자체로서 이루려하기보다는 군자금 조달 내지 전달 등의 방식으로 항일운동을 지원, '민족'과 접속함으로써 가문의 문제가 야기하는 갈등상황에 대처하고 있다. 이들은 이러한 굴절의 원리에 의해 공적 자아를 생성하고 있는 것이다. 이 외에도 이용과 임이네의 소생인 이홍을 통해서도 이와 동일한 양상을 살필 수 있다. 『토지』에서 항일운동서사는 주요한 서사 줄기를 형성하고 있으나, 항일운동세력의 활약상이 서사의 표면에서 구체적으로 전개되는 경우는 드물다. 인물들의 후일담 등을 통해 드러나는 바에 따르면, 『토지』에서 항일운동은 여기에서 살핀 바와 같이 이를 지원하는 경우와 수감, 테러 등의 방식으로 직접 참여하는 경우로 크게 나누어 볼 수 있다. 전자의 방식으로 진행되는 항일운동이 가족의 복원과 접속한다면, 후자의 방식으로 전개되는 항일운동은 가족의 훼손과 관련을 맺는다. 후자의 경우에 대해서는 이어지는 논의를 통해 살피겠다.

(2) 가족의 포기와 항일운동 참여

이와 관련하여 김환, 정석, 유인실, 길여옥의 경우를 살필 수 있다. 이들은 공통적으로 가치(사랑, 가족)의 상실에 직면하였을 때, 파국으로 치닫는『토지』이전 작품에서의 일반적 경향을 탈피하여, 지평 확대를 통해 새로운 삶의 지향점을 발견한다. 김환은 최참판가의 가족사를 훼손한 최서희의 적대적 인물임과 동시에 별당아씨와의 아름다운 사랑을 실천한 인물이며, 항일운동을 주도한 주요 인물이다. 김환을 규정하는 전자와 후자의 사실들은 밀접한 관련을 맺는데, 이는 이 글의 논점과 관련을 맺는다.

김환은 별당아씨를 잃고 난 이후 전개된 서사에서 별당아씨만을 유일하게 사랑한 인물로 등장한다. 그런데 이 사랑을 상실, 가족 형성으로 결실을 맺지 못한 김환은 이에 좌절하지 않고 민족에서 새로운 가치를 발견하여 삶의 지향점을 마련한다.[17] 가족에서 탈주한 김환의 욕망은 항일운동 '참여'와 관련을 맺는데, 이를 서사전개의 장면 배치를 통해 확인해 볼 수 있다.『토지』에서 김환과 별당아씨의 사랑은 라이트모티프로 작용하나, 서사의 표면에서 전개되지 않는다. 김환이 별당아씨

17 이는 한 대상을 향한 사랑을 유일한 가치로 하여 추구하다, 이에 좌절할 경우 파국으로 치닫는 박경리 중·장편소설들에서의 서사전개와 차별화된다. 예를 들면,『내 마음은 호수』(1961)의 이영설은 유혜련을 향한 유일한 사랑을 곧 생의 전부인 것으로 생각하고, 유혜련이 병사하자 새로운 삶의 지향점을 발견하지 못하고 방황한다. 이와 관련한 상세한 논의는 3장 2절 1항에서 이루어지고 있다.

와 함께 하는 장면은 총 세 차례에 걸쳐서 김환의 기억을 통해 환기되는데, 모두 김환이 항일운동세력으로서 중요한 행보를 하는 장면과 인접하여 배치되어 있다. 첫 번째는 묘향산에서 별당아씨와 사별한 김환이 거지 행장으로 지리산에 돌아왔을 때, 그의 의식 속에 떠오르는 장면이다. 김환이 앓아누운 별당아씨를 매일 단장하여 주던 일, 별당아씨가 홀로 세상을 떠난 일, 그에게 "화전"을 만들어 주고 싶다던 별당아씨의 목소리 등이 장면제시를 통해 회상되는데, 곧 이어서 그는 "왕시의 동학장수"(3권, 317)를 만난다. 이는 김환이 그의 부친 김개주의 뒤를 이어 동학당과 관련을 맺게 될 것임을 암시한다. 두 번째는 김환이 강쇠의 죽은 친구 인이의 아내 선산댁의 사랑 고백을 받는 장(章)에서 김환의 의식 속에 별당아씨와 함께 한 장면이 떠오른다. 김환은 선산댁으로부터 사랑 고백을 받는데, 이를 거절한다(5권, 203~205). 김환은 별당아씨와 사별함으로써 사랑하는 여인과 함께 가족을 이루고 사는 삶의 가치를 유실한다. 그런데 가족의 포기가 함의하는 문제 상황은 김환이 민족에서 새로운 가치를 발견함으로써 굴절된다. 즉, 김환은 가족을 포기함과 동시에 삶의 지향점을 새롭게 발견하는바, 그것은 동학재건세력으로서 항일운동에 참여하는 것이다. 이는 선산댁의 자살로 지체한 김환이 강쇠와 함께 동학당의 최초의 회합에 참여한다는 사실을 통해서 뒷받침된다. 이 회합에서 김환이 동학당이 이끄는 항일운동세력의 지도자 위치에 있음이 드러난다. 세 번째는 지삼만의 밀고로 일경에 체포된 김환이 유치장에서 자살하기 전, 별당아씨와 함께 하였던 장면이 그의 의식에 떠오른다. 김환은 자신과 함께 체포된 동학당의 석포가 고문에 못 이겨 숨을 거둔 이후, 동학당의 활약을 "영원한 미결"로 남겨 두기 위해 자살한다(8권, 370). 이상 서사의 표면에 드러나지 않고 김환의 의식을 통해서만 세 차례에 걸쳐서 환기되는 별당아씨와 김환이 함께 하는 장면과 동학당의 항일운동세력으로 활약하는 김환의 삶의 역정 가운데 주요한 장면이 인접하여 제시된 사실을 통하여 사랑의 상실, 곧 가족 형성의 좌절이 새로운 삶의 지향점, 즉 항일운동 참여와 접속함으로써 '공적 자아'를 생성하고 있음을 알 수 있다.

평사리의 민중 가운데 지식층으로 성장하여 지리산 항일운동세력의 일원으로서 국내뿐만 아니라 만주에서 항일운동에 적극적으로 참여하는 인물에 정석이 있다. 정석의 항일운동 참여의 이면에는 일본 제국주의로 인한 가족사의 훼손이 자리한다. 정석 일가는 지속적으로 일본 제국주의의 침해를 받는 가족으로 등장한다. 일본 제국주의로 인한 정석 일가의 훼손은 크게 보았을 때 정석의 부친인 정한조와 조준구의 악연, 정석과 그의 아내 양을례와의 악연에서 비롯한다. 전자의 악연은 정석으로 하여금 지리산 동학당의 일원으로서 항일운동에 참여케 하며, 후자의 악연은 정석이 국내를 떠나 만주에서 항일운동을 하게 되는 계기가 된다. 김환의 테러리즘을 제외하고, 『토지』에서 독립운동가들의 적극적인 활약은 서사의 표면에 거의 드러나지 않는바, 여기에서 정석이 주목되는 것은 평사리 민중으로서 지식계급으로 성장하여 항일운동에 참여한다는 점, 가족을 포함하여 우리민족이 반동인물로 연루된 상황에서 일본 제국주의의 침해를 받는 가족사의 주인공이라는 점 때문이다.[18]

18 『토지』에서는 가족 내부에서 주동 인물과 반동인물이 고루 등장한다. 『토지』의 대표적인 악역인 조준구, 김두수, 임이네 등이 그러하며, 정석의 아내 양을례 역시 정석의 가족사를 더욱 불행하게 한 장본인이다.

조준구와 정석 일가의 악연은 시종 일본 제국주의의 침해라는 큰 틀에서보다 조준구가 최참판가를 잠식함과 동시에 평사리 민중의 일원인 정한조를 죽음으로 몰고 간 가족사의 차원에서 다루어지는 감이 있다. 정석이 최참판가의 복원을 돕기 위해 조준구 집에 사환으로 들어갈 때, 그 목적은 조준구를 물리쳐 부친의 원수를 갚기 위한 것이었다(6권, 82~84).

> **아배 원수를 갚겠다는 그따우로 시시한 생각이믄 애시 날 따라나설 염도 내지 마라.** 한평생이 잠깐인데 무덤 속에 묻히서 다 썩어부린 세월까지 뒤비시 가지고 살아줄라 카는 것은 어리석은 짓이라. (…중략…) **세상이 달라지야 하는 기라, 세상이.** 되지도 않을 꿈이라 생각하겄지. 모두가 그렇기 생각한다. 천한 백성들은 그렇기 자파하고 살아왔다. 그러나 꿈이라고만 할 수는 없제. **세상이 한번 바뀔 뻔했거든. 왜놈만 아니었으믄. 지난 동학당 난리얘기는 니도 많이 들었일 기다. 왜놈만 병정을 몰고 안 왔이믄 …….** **정사를 틀어쥐고 있던 양반놈들, 그놈으 자석들은 세상이 바뀌는 것보담 남으 나라 종놈 되는 편을 원했으니께. 그러니께 송두리째 넘어갔지. 땅도 넘어가고 백성도 넘어가고.**(5권, 169~170, 강조는 인용자)

그런데 이보다 전에, 정석은 송관수의 인도로 동학당의 일원이 되는데, 인용문은 정석의 항일운동에의 참여가 가족 훼손이라는 문제 상황에서 굴절, 지평 확대된 것임을 알 수 있게 한다. 인용문은 송관수가 정석에게 들려준 말로 정석이 송관수와 함께 "동학 별파(別派)의 중요 간부 중 한 사람"인 윤도집의 집을 방문하러 가던 길에 되새기는 말이다. 송관수가 처음 동학당과 관련을 맺게 된 것은 "세상이 불공평해서는 안 되겠다”(11권, 25)는 생각에서 비롯한다. 인용문은 이러한 송관수의 생각을 내비치고 있는바, “동학당 난리”를 통해 세상을 개혁할 수 있는 기회를 없이 한 양반들에 대한 반감, 일제에 대한 저항의식 등을 드러내고 있다. 이는 정석이 자신과 동사함에 있어서 아버지의 원수를 갚겠다는 사사로운 감정에 얽매이기보다는 부조리한 세상에 대한 안목을 갖기 원하는 마음의 반영인 것이다. 정석의 항일운동 참여는 이와 같이 가족사의 훼손이라는 문제 상황에서 굴절하여 공적인 삶에 가치를 둠으로써 '공적 자아'를 일깨우는 데서부터 시작한다.[19]

『토지』에는 임명희, 강선혜, 길여옥, 홍성숙, 유인실 등 다수의 신여성이 등장한다. 그 가운데 유인실은 “일본 여자대학”을 나온 재원으로서 여성으로서는 유일하게 “사회과학의 연구단체 비슷한”(8권, 393) 계명회에 연루되어 수감되는가 하면, 만주의 항일운동세력에 합류하여 여성 투사로서 활약하는 등 항일운동에 직접 참여한다. 투철한 배일감정을 가진 유인실은 만주의 항일운동세력으로서 활약하게 되기까지 일본인 오가다 지로에 대한 사랑과 민족을 배신할 수 없다는 당위 사이에서 첨예하게 갈등한다. 유인실은 오가다 지로에게 평생 결혼하지 않고 혼자 살 것을 약속하는 것으로 사랑의 고백을 대신한다(9권, 439). 일본인과 맺어지는 것을 스스로 용서할 수 없는 유인실이 오가다 지로를 사랑할 수 있는 유일한 길은 오가다 지로 이외의 어떤 사람과도 결혼하지 않고 혼자 사는 것이다. 이러한 유인실의 결심은 '모성성의 억

---

19 이러한 정석의 삶의 태도는 『나비와 엉겅퀴』(1969)에서 가치에 무차별적인 인물들에 의해 가산을 침탈당하고 사적 자아를 훼손당한 윤희련이 자살하고 만 상황과 대비된다. 정석은 항일운동이라는 공적인 삶에서 새로운 삶의 지향점을 발견하고 있다.

압'이라는 치열한 선택으로 이어진다. 유인실은 오가다 지로와 하룻밤을 보낸 이후, 그의 아이를 갖게 되는데 일본에서 조찬하의 도움을 받으며 아이를 낳지만, 오가다와 결혼하지 않을 뿐만 아니라 그 아이를 기르지 않을 결심을 한다. 이와 같은 결심의 배경에는 자신이 오가다 지로에게 "생명보다 중한 것을 주었"기 때문에 "더 이상" "줄 것이 없"다는 생각이 깔려 있다. 여기에서 "생명보다 중한 것"이란, "단순히 여자의 순결을 두고 하는 말이 아니라", "조국에 헌신할 것을 맹서한 여자가 그 조국에 반역 행위를 했다는"(12권, 41) 뜻을 갖는 것으로 해석된다.

유인실이 이처럼 오가다 지로를 향한 사랑과 아이에 대한 모성성을 외면했다는 것은 스스로 가족의 일원이 되기를 포기했음을 의미한다. 대신 그녀는 조국과 민족을 위해 헌신할 결심으로 만주의 용정촌으로 간다. 여기에서 유인실이 오가다 지로를 향한 유일한 사랑과 가족을 포기하면서, 민족에 가치를 두고 조국을 향한 사랑의 실천으로 굴절하고 있음을 알 수 있다. 『토지』 이외의 박경리 작품에서 한 인물을 향한 사랑과 그 유일한 사랑의 좌절로 인한 가족의 훼손 내지 포기가 죽음(자살)으로 이어지는 경우가 자주 발견한다.[20] 이와 비교해 볼 때, 여기에서 유인실이 사랑과 모성, 즉 가족을 포기하고 민족애의 차원으로 삶의 지평을 확대하고 있음은 주목되는 바이다. 이렇게 되기까지 그녀는 "하나의 생명을 떠밀어내고" 온 데에서 비롯하는 "나락과도 같은 죄의식"에 사로잡힌 "자신과의 작별"의 과정을 거친다. 그 치열한 자신과

20 『애가』, 『성녀와 마녀』, 『내 마음은 호수』, 『가을에 온 여인』, 「겨울비」, 『영원한 반려』, 『나비와 엉겅퀴』 등의 작품에서 이러한 편집적 성향의 인물들이 등장한다. 한편, 사적 차원의 사랑의 좌절을 딛고 공적 차원의 삶으로 나아가는 유인실의 행보는 『김약국의 딸들』의 용빈에게서 그 원형을 찾아볼 수 있다.

의 싸움은 사랑하는 사람과 가족을 이루고자 하는 욕망에서 탈주하여 조국을 향한 사랑과 접속하는 과정으로 볼 수 있다. 유인실은 "해란강 강가"에서 "네댓 명의 중학생이 모래밭에 앉아서" 부르는 "선구자" 노랫소리를 듣고(12권, 271) 비워둔 아내, 어머니의 자리를 떠나서 '공적 자아'로 거듭난다. 그녀는 곧 "김길상과의 연고를 더듬어" 송장환을 만나고, 송장환을 통해 동경 유학시절의 지인이며 만주의 항일운동가들을 뒷바라지해 주는 심운회의 사위인, 윤광오를 만나 만주 항일운동세력의 일원이 된다. 유인실의 항일운동가로서의 활약상이 『토지』에 등장하는 다른 항일운동가들의 경우와 마찬가지로 서사의 표면에서 구체적으로 전개되지는 않으나, 유인실은 심운회 집안을 매개로 지리산의 항일운동세력으로서 만주에 간 정석, 이홍 등과 가까운 자리에 존재하는 여성 투사로 등장한다.

이 외 유인실의 여학교 동창으로 전도부인으로서 활약하는 길여옥의 경우를 통해 사랑하는 사람과 가족을 이루고 살아가는 여성으로서의 삶을 포기하고 다수를 위해 헌신하는 삶을 선택하여 굴절한 결과, 공적 자아로 거듭나는 양상을 살필 수 있다.

4) '나라'찾기의 욕망과 과도적 자아

동학혁명, 갑오개혁 이후의 신분해체기를 배경으로 하고 있는 『토지』는 상당수의 인물들이 잔존하는 신분질서로 인하여 갈등하는 양상에 비중을 두고 있다. 이와 관련된 인물에 양반가의 청상과부인 윤씨부인과 동학혁명의 우두머리였던 김개주의 사생아인 김환, 버려진 고아로서 최참판가의 하인이었던 김길상, 백정의 사위가 된 송관수와 그의 아들 송영광, 무녀의 딸인 공월선, 기생 기화와 양반 이상현 사이의 사생아인 이양현 등이 있다. 이들은 신분해체기임에도 불구하고 공고하게 잔존하는 신분적 차별로 인하여 훼손된 자아를 가진 인물들이다. 이 외에 양반 신분임에도 불구하고 낡은 신분의식에 사로잡혀 폐쇄적 · 독단적인 인간이 된 장암, 김훈장, 최치수 등과 변화하는 현실을 인정할 수 없어 방황과 퇴폐, 자기 학대의 삶을 살아간 이상현도 신분질서의 피해자라 할 수 있다.[21] 이처럼 신분질서로 인하여 훼손된 자아를 가진 인물들 가운데 김환, 김길상, 송관수 등은 자아의 회복을 위한 현실변혁에의 (잠재적) 의지를 갖는다. 그런데 일제강점기를 배경으로 한『토지』에서 이들의 현실변혁의지가 '나라'찾기로 굴절되어 나타난다는 점이 주목된다. 이들은 '나라'찾기의 욕망에 접속, 항일운동에 참여하는 공적인 활동을 통해 훼손된 사적 자아의 정체성을 생성한다.

『토지』는 김개주와 김환(구천)이 최참판가의 여인들(윤씨부인 · 별당아씨)을 사랑하여 관계를 맺은 사건을 단순히 양반가의 법도의 차원에서 윤리적인 문제로만 다루지 않는다. 상민과 양반가 과부의 불륜, 이들의 사생아와 양반가 유부녀의 패륜으로 정리되는 이들의 사건은 당시

21 정호웅은『토지』가 조선조 봉건사회의 급속한 해체기를 신분질서의 해체 측면에 지나치게 치우쳐 파악하고 있다는 점을 문제점으로 지적하고, 봉건적 신분 질서를 벗어난 결연이 무더기로 설정되어 전환기의 양상을 드러내 보인다고 보고 있다. 박명규는『토지』에서 신분이라는 것이 제도로서가 아니라, 또 지배층만의 이데올로기로서가 아니라 그 시대를 살았던 모든 이들의 의식과 행동을 규제하는 문화의 한 형태로 자리하고 있다고 보고 있다. 정호웅,「『토지』론」, 정현기 편, 앞의 책, 267~268면; 박명규,「『토지』와 한국 근대사—사회사적 이해」, 솔 편집부 편, 앞의 책, 139~140면.

의 시대를 규율하는 윤리적인 측면 이외의 과부의 재가금지, 신분차별 등의 봉건성에 대한 문제의식을 담지하고 있다. 『토지』는 이 가운데 신분 제도와 관련하여서 심도 있는 문제제기를 하고 있다고 볼 수 있다. 이러한 입장은 윤씨부인과 김환 등 관련된 인물들의 내면, 김개주와 김환 부자가 관련을 맺고 있는 동학의 교리 등에 의해 뒷받침된다. 동학은 "제세구민(濟世救民)에서 출발하여 인간의 주체성을 강조하고 만민은 평등하다는 인내천(人乃天), 즉 지상천국을 표방한 현실적 종교"(11권, 27)이다. 김개주는 만민 평등을 강조하는 동학사상을 실천하기 위하여 떨치고 일어난 동학의 "풍운아"이다. 『토지』는 "억압된 상민들의 진실이요 소망"인 "반역의 피"가 김개주에 이어 김환에게 이어져 내려온 것으로 그리고 있다. 김환이 "양반댁 유부녀를 데리고 달아난 것도 반역의 피 때문"(6권, 153)인 것으로 보고 있다.

『토지』에서 상층 양반의 신분으로서 신분제도와 관련하여 시대의 조류에 민감하게 반응한 인물은 윤씨부인을 제외하고는 발견되지 않는다. 『토지』의 무수하게 엮어지는 "갈등의 핵심에는 신분문제가 자리잡고 있다"[22] 하거니와, 김훈장, 이동진, 이상현 등은 양반으로서 신분제도에 고루하게 반응함으로써 오히려 이의 피해자가 된 인물이라 할 수 있다. 한편, 윤씨부인을 대하는 김환의 마음에는 "최치수의 어머님으로서 결코 환이의 어머니가 될 수 없었던 여인에 대한 원한"뿐만 아니라 "최참판댁 마님이라는 신분에 대한 증오심"(3권, 323~324)이 있었던 것으로 드러난다. 윤씨부인이 상층의 인물로서 하층의 인물들에게

22 정호웅, 위의 글, 267면.

애정을 가지고 있었던 것과 달리, 김환은 양반과 상민의 사생아로서 양반에 대한 반감을 가지고 있는 것으로 나타난다. 그가 동학잔당을 규합하여 항일운동을 함에 있어서 "일본 토벌대에 쫓겨만 다니는 허약한 선비가 이끈 의병들"에게 "달라붙어 방화 살인을 감행하고 그들에게 범행을 전가하는 수법"(5권, 96)을 사용한 것도 이러한 양반에 대한 감정과 유관한 것으로 볼 수 있다.

> 어머니! 어머니! 당신은 두 아들을 섬긴 한 며느리를 용서하셨습니다! 왜 그러셨습니까! 내게 진 빚 때문에 그러셨습니까! 아니면 그 강간자를 당신은 사랑했기 때문에 그러셨습니까! 대답해 주십시오! **양반의 법도를 저주했노라고** 말씀해 주십시오! 어머님! 당신보다 며느님이 진실했다고 말씀해 주십시오. **어머님! 저는 한번 짖어보려고 만주 땅에 왔습니다! 짖어보려고 무거운 쇠철갑을 벗어보려구요! 아버지의 피를 아십니까! 내 아버지는 옳았소! 옳았소이다! 당신을 유린한 것도 옳았고 아귀같이 피를 뿌린 것도 옳았소! 내게 더 많은 피를 뿌리게 하옵시고 더 큰 역도가 되게 하옵시고! 조선 천지를 피로 씻어내게 하옵시고! 방방곡곡 슬픈 울음이 끊기게 하옵시고 죄 아닌 것을 죄 되게 하지 마시옵고!**(6권, 329~330, 강조는 인용자)

인용된 대사는 김환이 김길상을 만나 "사흘 밤 사흘 낮"을 마시고 함께 뒹굴면서 "깝대기를 홀랑 벗"는 과정에서 토로한 바이다. 이 대사는 김개주와 윤씨부인의 불륜, 김환과 별당아씨의 패륜의 사랑에 대한 고백을 바탕에 두고 있다. 윤씨부인이 별당아씨와 자신의 패륜을 용인한 것이 김개주에 대한 사랑, "양반가의 법도"에 대한 저항과 관련을 맺고 있을 것이라는 추단을 한 가운데 김환은 자신이 만주에 온 목적을 이야기하고 있다. 이에 대해 그는 "짖어보려고 무거운 쇠철갑을 벗어보"기 위한 것으로 말하고 있다. 이어서 그는 동학당의 우두머리로 활약한 그의 부친 김개주의 행적을 긍정하고 있으며, 그 자신이 부친의 삶을 따르겠다는 소망을 드러내 보이고 있다. 이러한 전후 문맥으로 볼 때, 김환은 최참판가의 여인들과 관련하여 김개주와 자신의 이대에 걸친 삶에서 비롯하는 "무거운 쇠철갑"을 벗기 위하여, 동학의 정신을 이어받아 "반역의 피"를 뿌리고 부조리한 현실을 개혁하기 위하여 만주에 온 것으로 볼 수 있다. 여기에서 "무거운 쇠철갑"이란 양반가의 법도하에서 부자 이대에 걸쳐 이루어진 불륜(패륜)의 사랑으로 인한 사적 자아의 훼손이라 할 수 있다.[23] 김환은 이러한 상태를 벗어나기 위해 동학의 우두머리였던 부친의 전철을 밟고자 한 것이다. 이는 김환이 사적 자아의 훼손이라는 문제 상황을 극복하기 위해 직접적으로는 현실개혁에 가치를 둔 것이라 하겠다.

김환이 동학잔당을 규합하여 항일운동을 시작한 것은 이러한 내적 계기를 가진 것으로 볼 수 있다. 김환은 별당아씨 사후 전국을 떠돌다 지리산으로 돌아와 윤씨부인이 자신을 위해 남긴 토지 오백 섬지기를 밑바탕으로 하여 동학별당을 조직하여 항일운동을 시작한다. 그가 만주행을 한 것은 김길상을 통해 만주에서 항일운동가로 활약하는 권필응, 송장환 등을 만남으로써 지리산 항일운동세력과 만주 항일운동세력이 연결되는 계기를 마련한 것으로 볼 수 있다. 여기에서 김환이 이끄는 동

23 김치수는 『토지』가 개인의 인물 탐구와 사적인 자아의 추구로 일관된 그 전체적 성격 때문에, 항일운동을 한다는 김환 역시 사적인 자아로서 문제가 되고 있는 것으로 보고 있다. 김치수, 「『토지』의 세계」, 정현기 편, 앞의 책, 190면.

학당의 성격을 잠시 살펴보자. 김개주와 동시대에 동학세력으로서 활약한 바 있는 운봉 양재곤을 총수로 한 동학재건세력은 윤도집을 중심으로 한 동학교를 앞세우는 파와 김환을 중심으로 한 동학당을 앞세우는 파로 갈리어진다. 동학교가 "교세의 확장, 교리의 전파, 교도박해에 대한 순교정신"에 목적을 두고 있다면, 동학당은 "정권과 제도변혁을 위한 정치적 행위, 국가와 민족의 존립을 위한 외세타도"(11권, 27)에 그 목적을 두고 있다. 김환은 이 가운데 '동학당'의 지도자격인 인물로서, 이는 그가 현실 변혁과 '나라'찾기에 방점을 두고 있음을 의미한다. 현실변혁이라고 할 때, 그것은 김환의 사적 자아의 훼손과 긴밀한 관련을 맺고 있는 "양반의 법도"를 탈피하는 삶의 질서를 정립하는 것이라 할 수 있다. 그런데 김환의 활약상은 '나라'찾기에 보다 무게중심을 두는 것으로 드러난다. 김환을 중심으로 한 지리산 세력과 만주의 항일운동세력의 연결은 이를 뒷받침한다. 일제강점기라는 시대적 상황이 이러한 결과를 낳았다 할 수 있거니와, 이는 사적 자아의 회복을 위한 현실변혁에의 의지가 '나라'찾기의 욕망으로 굴절한 것으로 볼 수 있다.

김환이 주도하는 항일운동세력의 활약상은 살인, 방화 등 테러리즘의 형태로 전개된다. 지리산 항일운동세력의 주요 인물인 송관수를 통해 김한복을 만주에 보냄으로써 군자금 지원의 형태로 만주의 항일운동세력과 연결되기도 한다. 이처럼 항일운동을 주도함으로써 현실변혁의 욕망은 '나라'찾기의 욕망으로 굴절되어 나타나는바, 그 결과 김환의 훼손된 자아형상이 어떻게 변화하였는가는 김길상이 김환의 생애에 대해 생각하는 부분에서 분명히 드러난다.

신분의 차이, 생활의 빛깔이 다르다는 것, 그것은 도처에서 자신에게 부딪쳐오는 것이다. 물론 길상은 그것에 사로잡히지는 않는다. **그러나 김환의 생애, 김환의 부친인 김개주의 생애가 길상의 가슴을 뜨겁게 하곤 했다. 얼마만큼 세월이 흘러야 인간은 그런 비극을 극복할 수 있을 것인지, 진실로 동등하고 뜨거운 가슴과 가슴만으로 함께 가는 세월, 그 세월은 언제쯤일까.** 환국이 송영광에 관한 말을 했을 때, '**신분에 대한 절망도 극복하지 못하고 어떻게 자유로워지느냐**'고 길상은 말했었다. 그러나 길상은 영광의 말을 들은 적도, 만나본 일도 없었지만 환국이보다 훨씬 진하게 그의 갈등을 느꼈었다. 말로는 그랬지만 영광이 혼자 극복한다고 될 일 아니며 끝내 혼자서 극복이 되는 일도 아니다. **사람 모두가, 역사가 극복하지 않으면 안 될 일이다. 김개주도 김환도, 역사의 산물이며 그 오랜 역사를 극복하려다 간 사람이다. 자신도 그 길을 가고 있다.**(12권, 211~212, 강조는 인용자)

인용문에서 다시 김개주, 김환의 사적 자아를 훼손한 조선 왕조의 규율이 구체적으로 신분질서임이 드러난다. 고아로서 근본을 알 수 없는 김길상 역시 이러한 신분질서의 규율에 의해 훼손된 자아를 가진 인물이다. 김길상을 통해 "김환의 생애, 김환의 부친인 김개주의 생애"는 "뜨겁게" 되살아난다. 이들 부자는 만민평등의 인내천 사상을 실현코자 하는 욕망을 간직하고 있었다 할 수 있거니와, 김환의 경우 이를 이룰 수 있는 현실변혁의 욕망으로부터 굴절하여 '나라'찾기의 욕망에 접속하고 있음을 앞에서 거론하였다. 그런데 "진실로 동등하고 뜨거운 가슴과 가슴만으로 함께 가는 세월"은 아직 오지 않은 것이다. "신분에 대한 절망"은 "사람 모두가, 역사가 극복하지 않으면 안 될 일"인 것이다. 김개주도 김환도 이를 극복하기 위한 투쟁의 과정에 나섰던 인물들이다. 따라서 신분질서로 대변되는 봉건성 극복의 의지에서 굴절하여 '나라'찾기에 욕망을 투여하였던 김환은, 이를 이루는 과정 중에 존재한 '과도적 자아'의 형상을 가진 인물이라 할 수 있다.

김환을 이와 같이 회상한 김길상 역시 김환과 동일한 부류의 인물이라 할 수 있다. 인용문에서 김길상은 백정의 외손자라는 사실 때문에 방황하는 송관수의 아들 송영광을 두고 "신분에 대한 절망도 극복하지 못하고 어떻게 자유로워지느냐"라고 말하지만, 그 자신이 신분질서의 질곡에서 벗어나지 못한 인물이다. 그에게 있어 "서희와 두 아들은 끝없는 사랑의 대상"이지만, 그럼에도 "또랑이 있고 장벽이 있는 대상"인 것이다. 이러한 상황은 최서희의 하인에서 남편의 자리로 격상한 시초에서부터 비롯한다. 최서희의 편에서 그녀가 김길상을 선택하여 결혼을 한 것은 "과감하게 껍데기를 찢어발기고 핵을 보존키 위해 오히려 양반의 율법에 반역"(7권, 183)을 한 것이라면, 김길상의 편에서 최서희와의 결혼은 "길상 자신을 잃을 수밖에 없"는 상황에 놓이게 한다. 김길상은 '양반'과 '상민', '남편'과 '하인', '부자'와 '빈자', '애국자'와 '반역자' 가운데 그 어느 편에도 설 수 없는 인물이 된 것이다(6권, 213) 이처럼 최서희와의 결혼으로 김길상의 위치가 하인에서 최참판가의 사위로 격상한 것은 김길상을 그 자신으로서 존재할 수 없게 한 결과를 낳는다. 이는 그의 사적 자아를 경계에 선 존재로 만듦으로써 그 정체성을 훼손한 결과를 낳은 것이다. 이와 같은 상황에 처한 김길상은 김환과 유사한 도정을 밟게 되는데 이에 대해 살피겠다.

만주, 서울, 지리산의 항일운동세력에 모두 포함됨으로써 항일운동가로서 중요한 위치에 자리하는 김길상은 최서희의 남편으로서 귀국하지 않고, 만주에 남아 항일운동을 할 결심을 한다. 전지적 서술자를 통해 드러난 그 당시 김길상의 내면에 따르면, 그가 만주에 남기로 결정한 것은 물론 '나라'찾기의 '대의'를 위한 것이었다. 그런데 그러한 선택은 "대의와 가족"을 두고 이루어진 것이 아니라, "자아(自我)와 가족"을 두고 이루어진 것이다(13권, 295). 최참판가를 복원하기까지 최서희에게 있어서 가문이 절치부심을 하고 재건해야만 할 대상이었던 것과 달리, 김길상에게 있어서 가족은 자아에 비해 앞선 자리에 놓일 수 없는 것이다. 이에 최서희가 가문의 복원, 유지를 위한 욕망에서 출발하여 민족의 가치를 발견하고 항일운동을 지원한 것과 달리, 김길상은 신분질서로 인하여 훼손된 사적 자아를 위하여 항일운동 참여를 결정한 것이다. 이러한 김길상의 내면은 역시 신분제도로 인하여 훼손된 자아를 가진 송관수의 아들 송영광에 의해 파악된다. 송영광은 자신의 부친 송관수, 그리고 김길상이 독립투사로서 활약한 이유로 "동족을 구제하기" 위한 목적보다 "자기 신분에 대한 한풀이"를 할 목적이 앞선 것으로 말하고 있다. 민족과 자아 가운데 자아를 앞세운 것으로 보는 이러한 송영광의 진단은 과도한 감이 있지만, 신분질서로 인해 훼손된 사적 자아의 회복을 위해 이들이 항일운동에 참여하였다는 점에서는 앞의 김길상의 내면과 일치한다. 이렇게 볼 때 훼손된 사적 자아를 회복할 수 있는 현실변혁의지에서 굴절하여 일본제국주의를 대상으로 한 '나라'찾기에 가치를 부여한 김환의 경우와 유사하게 김길상은 훼손된 사적 자아를 회복하기 위해 현실변혁을 향한 (잠재적) 욕망을 갖지만, 이로부터 굴절한 결과 항일운동에서 삶의 지향점을 발견한 것으로 볼 수 있다.[24]

김길상은 지리산과 만주에서 주도적인 항일운동세력으로 활약하였던 송관수 사후, 사상범으로서 자신의 "예비검속"이 임박하였을 때, 지리산에서 관음탱화를 장엄한다. 이와 관련한 김길상의 내면에 대해 『토지』의 전지적 화자는 인용문과 같이 정리하고 있다.

> 이동진의 산천과 김길상의 강산, 청백리로 이어졌던 선비 이동진의 산천과 버려진 생명을 우관대사가 거두어 길렀으며 윤씨부인 요청에 따라 최참판댁 하인이 된 김길상의 강산은 다르다. **이동진이 이 산천을 위하여 강을 넘었다면 길상도 이 강산을 위하여 간도에 남았다. 그러나 다 같은 길이었지만 길상의 경우는 일종의 귀소본능(歸巢本能)이라 할 수 있었다. 제 무리에 어우러지기 위한 귀소본능, 이동진은 돌아오기 위해 떠났지만 길상은 제 무리들에게 돌아가기 위해 남은 것이다. / 절에 와서 관음탱화를 그린 것도 입적한 지 오래인 우관대사 뜻에 따른 것이기는 하지만 귀소본능과 무관하지 않을 듯싶다. 아내와 자식들에 대한 애정 때문에 길상은 자신과 동류였던 그 무리에 대한 그리움이 잊혀졌던 것은 아니었다. 아픔이 사라진 것도 아니었다.** 심신을 저미듯 그렇게 살다간 김환, 우관이며 혜관 관수 석이 용이 영팔 노인 그 밖의 수많은 사람들, 용정촌 연해주의 그 끌끌한 사내들, 그 뜨거운 피를 잊지 못하는 것이며 그들로 인하여 끝없이 인내하고 협조하는 가족들마저 낯설어지는 것이었다.(13권, 296, 강조는 인용자)

24 신덕룡은 최서희가 더 이상 김길상 자신이 보호해야 할 존재가 아니라는 생각을 했을 때, 최서희 옆에 자신의 자리는 없는 것으로 보고 자신의 자리, 즉 자기 정체성의 확보를 위해 대의에 따라 자신을 희생할 수 있는 일에 투신한 것으로 본다. 신덕룡, 「『토지』의 삶과 역사 I」, 솔 편집부 편, 앞의 책, 228면.

기존 논의는 관음탱화의 장엄을 통해 김길상이 내적 갈등을 해소한 것으로 보는 경향이 있다.[25] 그런데 인용문에 따르면, 김길상의 관음탱화 장엄 역시 그의 신분의식에서 비롯한 것으로 드러난다. 이동진이 간도에 간 것과 김길상이 간도에 남은 것은 모두 "산천" 혹은 "강산"을 위한 것이라고 할 수 있다. 이들의 이러한 행동의 이면에는 공통적으로 나라의 독립을 희원하는 마음이 깔려있다 하겠다. 그러나 인용문은 이동진의 강산과 김길상의 산천이 다른 것임을 강조하고 있다. 양반인 이동진이 기존의 사회 질서를 회복하여 되돌아오기 위해 떠난 것이라면, 하인의 신분으로 최서희의 남편이 된 김길상은 이러한 상황에 동화할 수 없었으며 결과적으로 제 무리에 돌아가기 위한 "귀소본능"에서 간도에 남은 것으로 보고 있다. 김길상의 관음탱화의 장엄 역시 이러한 귀소본능과 무관하지 않다. 아내 최서희와 자식들이 신분의 괴리를 느끼게 하는 존재들이라면, 그와 뜻을 같이 하였던 김환, 우관, 혜관, 관수, 석이, 용이, 영팔이, 그리고 용정촌과 연해주의 사내들은 자신과 "동류"의 사람들인 것이다. 같은 장(章)의 인용문 뒷부분에서 김길상은 기생 봉순과 이상현 사이에서 태어난 사생아인 양현을 자신의 아들 윤국과 맺어주려 하는 최서희를 향해 "사람이나 짐승이나 자기 태생(胎生)대로 사는 것이 가장 자연스러운 일"이라는 말을 하면서 양현을 놓아줄 것을

25 신덕룡은 김길상의 역사에의 참여가 과거 종이었다는 것과 사내로서의 자존심에서 기인한 한을 풀기 위한 방편이며, 이를 통해 신분 변화라는 사회적 관계를 정립한 것으로 본다. 관음탱화의 장엄은 이를 달성한 이후, 근원적 자아에 대한 물음인 것으로 파악하고 있다. 그는 또한 관음탱화의 완성이 일제 말기 역사적 현실 속에 신음하는 공동체 차원의 염원을 형상화한 것으로 보고 있다. 박혜원은 관음탱화의 장엄을 통해 김길상이 자신의 한을 승화시키고 있는 것으로 보고 있다. 신덕룡, 위의 글, 229~230면; 박혜원, 「박경리 『토지』의 인물 연구」, 이화여대 박사논문, 2002, 29면.

요구한다. 이어서 김길상 그 자신의 경우에 대해 묻는 최서희의 물음에 그는 "후회하지 않소. 다만 자기 뿌리에 대한 그리움 같은 것, 그건 인지상정 아니겠소?"라고 답한다. 최서희와의 이러한 대화를 통해서 김길상이 신분의식에서 탈피하지 못한 인물임을 알 수 있다.

김개주와 김환이 신분의식으로 대변되는 봉건성을 극복하기 위한 길을 걷다 간 것처럼, 김길상 역시 "그 길을 가고 있"는 것이다. 따라서 김길상도 김환과 마찬가지로 '과도적 자아'의 형상을 드러내 보이고 있다고 할 수 있다. 김길상은 가깝게는 아내와 자식들에게서도 신분의 괴리를 느끼며, 동류를 그리워하는 모습을 보여준다. 그가 항일운동가로서 '나라'찾기의 욕망에 접속한 것은 훼손된 사적 자아를 회복하고자 한 욕망이 굴절된 결과인 것이다. 그런데 그는 자신의 "원력(願力)을 건" 관음탱화의 장엄에 이르러서도 다수의 무리와 섞이기보다는 동류를 찾는 면모를 보임으로써 신분질서로 대변되는 봉건성의 질곡에서 완전하게 탈피하지 못한 인물로 자리한다. 김환과 마찬가지로 김길상은 '나라'찾기의 욕망에 접속, 과도적 자아를 생성한 것으로 볼 수 있다.

송관수는 김환이 이끄는 동학별당의 인물로서, 김환의 경우처럼 동학교로서가 아니라 동학당으로서 동학과 밀접한 관련을 맺는다. 송관수의 동학과의 관계는 "모친이 아비는 동학당이었다"고 한 말에서 비롯한다(11권, 25). 그는 "동학의 종교적 측면은 일체 고려하지 않"고 "세상이 불공평해서는 안 되겠다는" 현실의식에 초점을 맞추어 동학에 가담한 만큼, 그의 "양반들에 대한 비판은 신랄하고 가혹했다."(3권, 302) 이처럼 세상의 불공평함에 대한 문제의식에서 출발하여 동학당과 관련을 맺고, 김환과 함께 항일운동에 가담한 사실을 통해 볼 때 송관수 역시 현실개혁에의 욕망에서 굴절하여 '나라'찾기의 욕망과 접속한 것으로 볼 수 있다. 세상의 불공평함에 대한 송관수의 인식은 양반에 대한 반항의식으로 두드러지게 나타나는데, 이는 그의 현실개혁 의지 역시 신분제도에 대한 문제의식에서 출발한 것을 의미한다. 송관수는 상민의 신분에서 백정의 사위가 된 인물로서, 김환, 김길상과 달리 신분이 최하층인 백정으로 하향 이동함으로써 신분질서의 질곡을 가장 뼈저리게 인식한 인물이다. 송관수의 독립투사로서의 활약은 그의 아들 송영광이 진단한 바와 같이 "자기 신분에 대한 한풀이"로서의 의미가 깊다 하겠다. 상민의 신분에서 더 나아가 백정의 사위로 하향 이동한 자기 신분에 대한 한이 그로 하여금 현실변혁에의 의지를 공고히 하도록 하였으며, 이러한 현실변혁에의 의지는 '나라'찾기의 욕망으로 굴절된 것으로 볼 수 있다.

송관수는 그의 아내 영선네에 대한 연민 때문에 진주에서 일어난 형평사 운동에 참가함으로써, 신분질서에 정면으로 도전하기도 한다. 그런데 형평사 운동이 "조선사람들 신분(身分)끼리의 쌈질"로서의 단순한 의미만을 가진 것은 아니다. 형평사 운동 역시 신분질서의 타파로 대변되는 현실변혁만을 목적으로 한 것이 아니라, 일본제국주의에 대항하여 조직화된 힘을 발휘함으로써 항일운동을 함께 한 것으로 드러난다. 송관수의 삶을 요약한 바에 따르면, 형평사 운동에 참여한 것이 그의 항일운동가로서의 활약과 깊은 관련을 맺고 있음을 알 수 있다. 그는 형평사 운동에 참가하면서 시야를 넓혔고 활동의 방향을 잡았으며, "의병에서 동학잔당으로, 형평사운동에서 사회주의 흐름 곁에 서게 된 것"이다. 송관수가 파악한 사회주의는 동학의 핵심적인 실천적 요강과 다르지 않은 것이다.[26] 그것은 바로 "세상을 바꾸어놔야 한다는 것, 배고프고 핍박받는 사람이 없어야 한다는 것"이다. 이러한 생각이 송관수의 "정열의 모든 것"(13권, 383)이었던 것으로 정리하고 있다. 송관수는 이처럼 세상의 불공평을 시정해야 한다는 인식하에 동학 및 사회주의(형평사)와 인연을 맺고 일본제국주의에 대항하여 활약한 것이다. 따라서 그의 활약상은 세상의 불공평함의 대표적 원흉이라 할 수 있는 신분제도의 문제, 즉 사회사적 차원의 문제 상황에 대한 인식에서 출발하여 '나라'찾기를 목표로 하는 항일운동으로 굴절된 것으로 볼 수 있다. 송관수의 신분제도에 대한 저항의식은 강렬한 것이었으며, 그의 아들 송영광이 진단하고 있듯이 백정의 사위로서 그 자신과 가족들의 사적 자아가 침해받은 것에 대한 한풀이가 송관수가 동학잔당으로서 활약하게 된 중요한 원인이라 하겠다.

신분제도의 문제는 『토지』가 종결될 때까지 중요한 갈등요소로 자리한다. 제4세대에 해당하는 송영광과 이양현의 사랑은 『토지』 5부의 중요한 서사 축을 형성하는데, 이들의 사랑을 가로막는 중요한 갈등요소는 백정의 외손자인 송영광과 기생과 양반의 사생아인 이양현의 신분문제이다. 『토지』는 그만큼 신분의식을 강고한 것으로 그리고 있다 하겠는데, 백정 등 천민에 대한 신분적 차별은 더욱 엄격하였던 것으로 드러난다(7권, 156). 특히 송영광의 삶은 백정의 외손자라는 굴레에 의해 크게 침해를 받는 것으로 그려진다.[27] 이처럼 『토지』가 송관수,

26 박명규는 『토지』가 일제강점기에 한국사회 내부에서 주체적이고도 건강한 민족운동세력이 성장하였다는 점을 강조하고 있다고 보고 있다. 『토지』는 그 주체성, 민중성의 뿌리를 동학농민전쟁에서 찾고 있는데 그 정신과 지향이 일제하의 전시기를 통해 민족운동의 바탕이 되었던 것이라고 보았다. 주체적 개화론의 내용도, 사회주의자들의 개혁 내용도 이미 동학농민전쟁의 지향 속에서 나타나고 있었다는 것이다. 박명규, 「『토지』와 한국 근대사—사회사적 이해」, 솔 편집부 편, 앞의 책, 137면.

송영광 부자 이대에 걸쳐서 신분의 문제를 비중 있게 그린 것은 당시 사회에서 "신분적 차별이 얼마나 뿌리 깊게 개개인의 삶과 의식, 관념 속에 남아 있었는지를"[28] 보여주기 위한 것으로 파악된다.

송관수는 세상의 불공평함에 대한 개안을 하고 동학에 가담한 인물이다. "주체적 개화론의 내용도, 사회주의자들의 개혁 내용도 이미 동학농민전쟁의 지향 속에서 나타나고 있었다는" 사실을 고려할 때, 만민평등이라고 하는 동학의 중요한 실천적 요강을 그의 정열의 밑바탕으로 하여 동학잔당에서 활약한 송관수는 일찍부터 근대적 각성을 한 인물로 볼 수 있다. 그런데 그는 죽음을 맞이하기 바로 전의 장면에 등장할 때까지 백정의 신분으로 인한 고뇌를 드러내 보인다. 송관수는 만주에서 활약하던 중 목단강 방면으로 행상을 나갔다가, 전염병에 걸려 죽음을 맞이한다. 그가 죽음을 맞이하기 직전의 장면은 이홍의 기억을 통해 재현되는데, 이에 따르면 그는 둘째아들 영구를 앞에 앉혀놓고 백정의 딸인 아내 영선네를 부정하는 말을 한다. 그리고 백정의 신분에 대한 "병적인 혐오감"(13권, 29)을 드러내 보인다. 이는 근대적 각성하에 세상의 불공평함을 시정하고자 직접 형평사 운동에 참여하기도 하고 사회주의 계열의 민족운동자와 교유하기도 한 송관수가 당시 사회에 뿌리깊이 박힌 강고한 신분질서에 의해 훼손된 사적 자아를 치유 받지 못하였음을 의미한다. 그가 천민의 신분으로서 신분질서의 피해자가 될

---

27 중학시절 만나 사랑하였으나 헤어질 수밖에 없었던 강혜숙과의 관계, 일본에서의 노동자 생활과 부상, 이양현과의 사랑과 이별, 색소폰 연주자로서의 방랑생활, 화해하지 않은 가운데 맞이한 아버지 송관수의 죽음 등으로 요약되는 송영광의 삶은 모두 백정의 후손이라는 신분질서의 억압하에서 전개된다.

28 박명규, 「『토지』와 한국 근대사—사회사적 이해」, 솔 편집부 편, 앞의 책, 139면.

수밖에 없는 것은 인물의 의식을 앞지르지 못하는 제도의 문제라 할 수 있으나, 그 역시 결과적으로는 김환, 김길상과 마찬가지로 봉건성의 족쇄를 탈피하지 못한 '과도적 자아'의 형상을 보인 인물이라 할 수 있다. 송관수는 그의 유서에서 김환을 중심으로 한 지리산 항일운동세력의 일원으로서 항일운동에 투신하여 활약하다 생을 마감하게 된 자신의 삶에 대해 후회가 없으며, 여한을 남기지 않는다고 밝히고 있다. 그러나 그의 유서를 통해, 그가 항일운동가로서의 공적인 삶 자체에는 여한을 남기지 않는다 할지라도, 그의 아내 영선네와 그의 아들 송영광과의 관계에서 그의 사적 자아가 신분의 질곡으로부터 탈피하지 못하였음을 읽을 수 있다. 그 역시 "역사를 극복"하기 위해 "길을 가고" 있었던 '과도적 자아'의 형상을 드러내 보인 것이다.

5) 에로스적 사랑의 문제와 모(부)성적 자아

박경리 문학에서 남녀 간의 애정관계는 라이트모티프로서 주요하게 자리한다.[29] 박경리 소설에는 다양한 형태의 남녀 간의 애정관계가 존재하는데, 그 가운데 특징적으로 나타나는 사랑의 양식을 크게 가치를 절대화하는 인물군과 가치를 상대화하는 인물군의 사랑으로 대별해 볼 수 있다. 전자의 인물 유형은 유일한 대상을 향해 에로스적 욕망을 집중

29 류보선은 박경리가 성장기의 체험을 통하여 자기의식을 소유하지 않는 삶이 허망하다는 것을 절감, 이 자기의식에의 열정이 그의 문학에서 낭만적 사랑에 대한 집착으로 나타난 것으로 본다. 그는 박경리의 대부분의 소설에서 반드시 이 주제가 끼어있음을 지적한다. 류보선, 「비극성에서 한으로, 운명에서 역사로」, 『작가세계』, 1994 가을, 22면.

하며, 장애에 부딪힐 경우 가족의 훼손, 죽음, 떠남 등의 결말을 맺는다. 이들은 사랑과 결혼 간의 불가분의 관계를 상정하고 있다고 볼 수 있다. 후자의 인물 유형은 사랑이 결혼으로 이어지지 않을 때 전자의 인물 유형과 같은 파국적 결말을 맺지 아니한다. 이들은 사랑과 가족의 문제가 상충될 때, 가족을 선택하는 경향을 보인다. 이 유형의 인물들에게 있어서 사랑과 결혼은 불가분의 관계를 맺지 않는다고 볼 수 있다.

두 번째 유형의 사랑을 하는 대표적 인물로는 『영원한 반려』의 신병옥, 『나비와 엉겅퀴』의 정양구, 『단층』의 정근태 등이 있다.[30] 특히 『단층』의 정근태와 명자의 관계는 본절의 논의와 관련하여 주목된다. 『단층』에서 명자에 대한 불륜의 사랑을 간직하고 있던 정근태는 자신과 명자 사이에서 태어난 사생아 기표를 명자에게 돌려주고 자신은 가장으로서 가정에 복귀한다. 정근태는 사랑하는 사람과 가족을 이룰 수 없는 상황에서, 에로스적 욕망으로부터 굴절하여 사랑하는 사람이 모성적 자아를 회복할 수 있도록 돕고 있다. 정근태의 이러한 결단은 『단층』 이전의 작품에서 흔히 나타나는 바와 같은, 불륜의 사랑을 이룰 수 없을 때 파국적 결말로 귀결되는 경우와 구별된다. 『토지』와 창작시기가 겹치는 『단층』은 박경리의 작품 가운데 최초로 삼대의 부계 가족사가 형성된 작품이라는 점에서 의미가 깊다 하겠는데, 『토지』의 몇몇 애정관계를 앞의 사례와 연관선상에서 해석할 수 있는 단초를 마련하고 있다. 『토지』 역시 그 이전의 작품에서와 마찬가지로 다양한 애정갈등서사를 전개하고 있는데, 마주보지 않는 애정관계이거나 불륜 등 장애

30 이와 관련하여 본장 3절에서 상세히 살필 것이다.

를 갖는 사랑인 경우가 대부분이다. 여기에서는 『단층』의 정근태와 명자의 관계에 대한 해석의 연장선상에서 공월선과 이용의 관계, 이상현과 기화·임명희의 관계, 오가다 지로와 유인실의 관계에서 장애를 가진(가족관계 내에서 이루어질 수 없는) 사랑의 문제를 가치를 절대화하는 인물군의 사랑 방식과 차별화되게 풀어나가는 방식을 살피고자 한다.

이용과 월선의 애정서사는 이용, 월선이, 강청댁의 삼각관계에서 이용, 월선이, 임이네의 삼각관계로 변주되면서 전개되는바, 월선의 죽음과 함께 종결된다. 이용과 월선의 애정서사 가운데 이용, 월선이, 강청댁의 이야기는 단편 「약으로도 못 고치는 병」(1968)에서 전개되는 이용, 월선이, 죽림댁 간의 삼각관계를 반복하고 있다고 볼 수 있다.[31] 『토지』에서는 여기에 이용, 월선이, 임이네의 삼각관계가 변주되어 첨가된다. 『토지』는 이용과 임이네의 소생인 이홍의 존재를 이들의 삼각관계에 더함으로써 「약으로도 못 고치는 병」에서부터 반복되는 불륜의 사랑에 더하여 '모성'의 문제를 부각시키고 있다.

『토지』에서 이용과 월선의 불륜의 사랑은 월선이 병을 얻어 죽음에 이르기까지 지속된다. 이들은 축첩이 자연스럽게 용인되는 시대적 배경하에서 에로스적 사랑의 좌절에 직면하지 않고 이를 지속할 수 있었던 것으로 보인다. 따라서 이들의 관계에서는 에로스적 욕망의 실현 혹은 좌절이 문제가 되는 것이 아니라, 가족관계 내에서 사랑을 실현시킬 수 없다는 사실이 문제로서 자리한다. 이용과 월선의 사랑은 가족형성으로 이어질 수 있는 기회를 두 차례 놓치고 만다.[32] 신분과 자

31 박경리, 「약으로도 못 고치는 병」, 『월간문학』, 1968.11.
32 한 번은 신분질서로 인하여 월선이 이십 년 연상의 절름발이 봇짐장수에게 시집을 가고, 이

손을 장애요인으로 하여 결혼계약에 도달할 수 없었던 이들의 사랑은 가족관계로 이어질 수 없는바, 이에 초점을 맞추어 이들의 사랑이 진행되는 방향을 살필 필요가 있다. 순정한 사랑이 가족관계 내에서 이루어질 수 없다는 문제 상황에 직면한 이용과 월선의 관계에서는 이 문제에 굴절의 원리로 접근하고 있다.

임이네는 『토지』 초반부에서 생명력이 넘치는 "자연" 그 자체인 존재로 그려진다. 그런데 이용과 맺어진 이후 임이네는 이용의 사랑을 받을 수 없다는 사실을 확인하게 되고, 그 결과 그녀의 넘치는 생명력은 지칠 줄 모르는 물질에 대한 탐욕으로 변화한다. 이처럼 탐욕의 화신이 된 임이네는 『토지』에서 모성이 부재하는 인물로 그려진다. 반면 월선은 이홍과 피를 나누지 않은 관계이지만, 이홍에게 "영원한 어머니", "그리운 어머니"(12권, 225)로 기억되는 모성을 보여준다. 월선과 이홍이 비-혈연적인 모자관계의 싹을 틔운 것은 이용이 평사리 민중의 의병봉기에 합류하여 마을을 떠났을 때이다. 이용이 조준구가 장악한 최참판가의 고방을 털어 의병봉기에 가담한 까닭에 평사리에서 살기 어려워진 임이네는 하동 장터의 월선에게 기대어 생활하게 된다. 이때 월선은 어린 이홍으로부터 "간도댁 옴마"라는 말을 처음 들으며, 홍이와 친해질 수 있는 것을 유일한 낙으로 삼는다. 한편, 간도에서 생활하면서도 월선은 이홍과 "위태, 위태롭게" "모자지간의 정"(4권, 283)을 이어간다. 월선의 국밥집에서 나오는 수입에 기대어 살아가는 삶을 떳떳하지 못하게 생각한 이용은 지나친 탐욕으로 국밥집의 수입을 횡령하여 이자

용은 강청댁과 혼인하는 부분에서 가족형성의 기회를 놓친다. 다른 한번은 이용이 임이네의 몸에서 아들 이홍을 얻음으로써 이들이 가족으로 맺어질 수 없는 장애가 가로놓인다.

놀이를 하는 임이네를 데리고 통포슬로 떠나는데, 이때 그는 월선에게 이홍을 남긴다. 이후 이들 월선과 이홍의 비-혈연적인 모자관계는 피를 나눈 모자지간 이상으로 친밀한 것으로 그려진다. 신분제도, 조강지처에 대한 인륜, 자손을 낳아준 사람에 대한 불문율 등 사회적 제도와 관습의 제약 때문에 이용을 사랑하지만 그의 아내로서 살아갈 수 없는 월선은 이홍에 대한 모성으로 가족원 되기와 양립하지 않는 불륜의 사랑이 갖는 한계를 극복한다. 월선은 이용과의 부부관계를 용납하지 않는 제도와 관습의 틀에 정면으로 도전하지 않고, 피를 섞지 않았지만 아들 삼은 이홍에 대한 헌신적 모성에 가치를 부여하여 굴절함으로써 사랑과 가족형성이 동시에 충족되지 않는 문제 상황을 극복한 것이다. 월선의 모성적 자아는 "영원한 어머니"로서 이홍의 기억 속에 남는다.

『토지』에서 이상현은 어느 것에도 발붙이지 못하는 "자의식" 강한 지식인으로 등장한다.[33] 그는 3부에서 만주로 간 이후, 하얼빈 등 만주를 배경으로 등장하여 "패배주의자"의 면모를 드러내 보이는데, 이러한 삶의 역정과 그의 애정갈등은 밀접한 관련을 맺는다. 이상현은 애정관계에 있어서도 여러 여성 인물들과 사랑을 주고받지만, 아무에게도 정착하지 못한다. 여기에서는 이상현과 최서희・기화・임명희 간의 애정서사에 주목해 보기로 한다.

이상현이 가정에 안착하지 못하고 방황으로 치닫게 된 것은 최서희에

33 그는 청백리이자 독립투사인 이동진의 아들로서 "조선사람의 힘으로 독립이 된다는 것에 회의를 품"고 있기 때문에 항일운동에 적극적으로 투신하지 않으며, 일본 유학을 다녀왔으나 조선에서 계통을 밟지 않았기 때문에 "의사, 교사, 변호사가 될 자격도 없이 돌아온 후 철새 같은 기자생활"을 한 것이 고작인 인물이다. 그는 또한 양반의 권위의식에 사로잡혀 있으며, 조혼한 아내를 사랑할 수 없어 가정생활에 뿌리를 박을 수 없는 인물이다(7권, 397).

대한 연정에서 비롯한 것으로 드러난다. 그는 최서희에게 남다른 감정을 품고 함께 용정행을 한다. 이상현과 최서희는 서로에 대해 사랑하는 마음을 가지나, 이상현이 기혼자의 몸이라는 사실은 이들의 관계를 더 이상 나아가지 못하게 하는 한계로 자리한다. 이처럼 최서희를 사랑하였던 이상현은 귀국하여 서울의 지식인들과 교유하는 동안 임명희로부터 사랑고백을 받으나, 이를 차갑게 거절한다. 한편, 이상현은 서울에서 생활하는 동안 "연민과 편안한 잠, 잠시나마 쉴 수 있는 가슴, 방황을 하는 공통점" 등을 이유로 하여 기화와 "기약도 없는 만남을 지속"한다(7권, 397). 기생이자 최참판가 침모의 딸이었던 기화가 자신의 딸을 낳았다는 사실을 알게 된 이상현은 도망치듯 만주로 간다. 이처럼 이상현은 최서희・임명희・기화의 세 여성인물과 애정서사를 펼치는데, 이상현이 이들에게 갖는 복합적 감정은 『토지』 이전의 작품에서와 구별된다.

나는 이 일을 누구에겐가, 특히 명희 씨에게 밝혀두지 않고는 소설을 쓸 수 없었습니다. 왜 그래야 하는지 나도 그 이유를 뚜렷이는 알지 못하오. 사람에게는 여러 가지 사랑이 있는 것 같소. 사실 여러 가지 사랑이 있소. 남녀간의 사랑, 육친에 대한 사랑, 우정, 조국을 사랑하는 마음, 여러 가지 성질의 사랑이 있소이다. 불타는 사랑, 연민도 사랑일 것이며 때론 미움이 사랑일 수도 있을 것이오. (…중략…) 앞서 사랑에는 여러 가지 성질의 것이 있다고 했지요? 그것도 나로서는 깨달음이었소. 나는 지난날 어떤 기생을 사랑했소이다. 기생이기 이전에는 최참판댁 침모의 딸이었지요. 나는 그 여자에 대한 감정을 동정이라 생각했소. 나중에는 바람기라 생각했소. 더 나중에는 수치로 생각했소. 그는 남몰래 내 딸을 낳았기 때문입니다. 내가 이곳으로 도망온 뒤 그 여자는 비참하게 세상을 떴고 내 딸은 지금 최참판댁 부인이 거두어주고 있다는 것입니다. 나는 진실로 그 아이에게 내 사랑을 전하고 싶소. (…중략…) 그간 명희 씨에게 부탁하고 싶은 것은 앞으로도 부쳐 보낼 예정인 원고, 물론 잡지사에서 소화해 주어야겠으나 그 원고에서 받게 될 원고료를 아이 양육비에 도움되게 선처하여 주셨으면 하는 것입니다.(9권, 387~388, 강조는 인용자)

인용문은 만주의 이상현이 서울의 임명희에게 보낸 편지의 일부이다. 인용문에서 주목되는 바는 이상현이 "여러 가지 성질"의 사랑을 인정하고 있다는 점이다. 그는 사랑의 대상이 다양할 수 있듯이 사랑의 성질도 여러 가지 것이 있어 "불타는 사랑"과 함께 "연민"이 사랑일 수 있으며, 때로 "미움"도 사랑일 수 있다는 깨달음을 얻고 있다. 인용문에서 이상현이 "여러 가지 성질"의 사랑에 대한 깨달음에 이르고 있음은 『토지』 이전의 작품에 나타나는 남녀관계 양상과 구별되는 바이다. 이상현은 "기생"이며 "최참판댁 침모의 딸"인 기화에 대한 감정을 동정, 바람기, 수치 등으로 생각하였으나, 결국은 사랑으로 인정하고 있다. 임명희에게 보낸 편지에서 기화에 대한 감정을 사랑으로 인정하고 있는 것처럼, 이상현은 임명희에 대한 감정도 사랑임을 고백한 바 있다.[34] 이처럼 이상현이 최서희・임명희・기화를 향한 "여러 가지 성질"의 사랑을 고백하고 있음은 『토지』 이전 작품에서 나타나는 유일한 대

34 만주로 떠나기 전 임명빈의 집 앞에서 임명희를 우연히 만난 이상현은 "나는 여자를 하나도 얻지 못했어요. 처음 여자는 나보다 딴 사내를 좋아했구요, 두 번째 여자까지 딴 사내를 진정으로 사랑했다면 나는 악마가 됐을지도 모르지요!"라는 말을 한다. 여기에서 두 여자란 최서희와 임명희를 말하는 것으로, 그는 이 말을 함으로써 임명희에게 사랑 고백을 한 것이다(8권, 257).

상을 향한 절대의 사랑과 구별될 뿐만 아니라, 대상이 되는 인물의 가치를 무차별화하여 이해관계에 따라 움직이는 관계와도 차별화된다.[35]

이상현은 하얼빈에서 심운회의 집에 송장환과 함께 초대를 받아 가는 길에 기화를 통해 얻은 딸에 대한 생각을 한다. 이어서 그는 송장환에게 기생이 자신의 딸을 낳은 사실이 "창피스럽고 수치스럽고 그래서 도망" 온 것이라는 고백을 한다. 이때 이상현은 기화와 기화가 낳았다는 계집아이에 대한 "아픔과 연민"을 느끼면서 자기 자신 속에 "부성애" 비슷한 감정이 있음을 감지한다(9권, 269). 이러한 이상현의 부성애는 자신이 소설을 써서 받은 원고료를 아이의 양육비로 써 달라는 부탁을 임명희에게 하는 것으로 구체화된다. 여기에서 나타나는 부성애는 『단층』에서의 모성적 자아의 생성과 관련지어 볼 수 있는 바이다. 또한 월선이 가족과 양립하지 않는 불륜의 사랑이 갖는 한계를 모성애로 굴절함으로써 극복하였던 것과 마찬가지로, 이미 가정을 가진 이상현이 기화를 향한 사랑을 인정한 가운데 양현에게 아버지로서의 사랑을 전하고자 한 것 또한 에로스적 사랑의 부성애로의 굴절이라 볼 수 있다. 여기에서 이상현은 부성적 자아로서의 정체성을 생성하고 있다 할 수 있다.

이상현이 기화가 낳은 자신의 딸에 대한 부성애를 통해 부성적 자아를 엿보이고 있다면, 이상현을 향한 에로스적 사랑을 이루지 못한 임명희는 이로부터 굴절하여 기화가 낳은 이상현의 딸 양현에 대한 모성애를 드러내 보인다. 임명희는 결혼하기 전 기혼자인 이상현을 사랑하

35 『토지』에서는 이상현과 마찬가지로 최서희, 최환국 등도 여러 인물에 대한 성질이 다른 사랑을 인정하고 있다. 최서희는 이상현, 김길상, 박효영 의사에 대한 감정이 모두 사랑임을 인정한다. 한편, 최환국은 길상과 대화중에 "연민의 정도 애정"이라는 결론에 이른다. 그는 이어서 송영광을 사랑하였으나 신분의 문제 때문에 헤어진 강혜숙에 대한 사랑의 감정을 토로한다.

여, 좋은 혼처를 물리치곤 하였다. 이러한 임명희의 의중을 간파한 임명빈은 신여성을 신교육은 받았지만 묵은 인습을 타파할 정열이 부족한 부류와 용감하게 행동하는 부류로 양분하여 임명희가 전자에 속한다는 신여성론을 펼치면서 임명희에게 결혼할 것을 권한다(7권, 353~356). 이상현을 한 번 만나보고 결혼을 결심할 마음을 먹은 임명희는 이상현에게 사랑을 고백한다. 이상현으로부터 거절을 당한 임명희는 곧 일본으로부터 작위를 받은 조병모 남작의 장남 조용하의 후처가 된다. 임명희의 이와 같은 선택은 사랑과 결혼의 불가분적 관계를 고집하여 에로스적 사랑이 좌절될 경우 파국적 결말로 이어지곤 하는 『토지』 이전의 작품과 구별된다. 한편, 조용하와 결혼한 후 수년이 지나 임명희는 이상현으로부터 앞의 편지를 받는데, 그녀는 곧 진주의 최서희를 방문하여 양현을 자신의 양녀로 삼을 결심을 이야기한다. 최서희는 생부 이상현이 나타나 양현을 찾는 것이 아니라면, 양현을 내줄 수 없다는 말로 거절한다(9권, 481). 여기에서 임명희의 이상현을 향한 사랑이 그의 딸을 향한 모성애로 굴절하고 있음을 알 수 있다. 임명희의 양현을 향한 모성애는 이후의 서사에서도 드러난다.[36] 이상현을 사랑하였으나 이 사랑을 이루지 못하였던 임명희는 이로부터 굴절하여 이상현의 딸을 통해 모성적 자아를 생성하고 있다고 볼 수 있다.

36 임명희는 조용하 사후 조찬하를 통해 상당한 유산을 물려받아 서울에서 모란유치원을 경영한다(13권, 79). 양현은 결혼한 최환국의 집에서 의전에 다니는데, 임명희와 가깝게 지낸다. 양현이 송영광을 만나는 장면을 목격한 임명희는 "서희가 양보만 해주었다면 명희 자신이 길렀을 아이, 이상현의 당부가 아니었어도 돌보아주고 싶었고 사랑했던 아이"인 양현에 대해 자신이 다 안다고 생각했던 것이 어처구니없어 "쓸쓸함, 배신감 같은 것"을 느끼기도 한다. 임명희는 최환국의 아내인 황덕희와의 갈등으로 힘들어 하는 양현에게 조언을 해 주거나, 생부에 대해 묻는 양현에게 이상현에 대해 상세히 이야기해 주는 등 살뜰한 정을 보여준다(14권, 164~172).

이용과 월선의 관계, 이상현과 최서희・임명희・기화의 관계는 제도나 관습의 문제로 인한 장애를 가진 사랑의 한계를 드러내 보인다. 앞에서는 인물들이 이러한 사랑에서 비롯하는 문제 상황에서 굴절하여 모성적 혹은 부성적 자아를 생성하는 양상을 살폈다. 『토지』에는 '사랑'이라는 동일한 제명의 장이 「2-5-8. 사랑」, 「3-5-17. 사랑」, 「4-3-5. 사랑」에서 세 번 나타난다. 2부의 「사랑」 장은 임종을 맞이한 이용과 월선의 사랑을, 그리고 3부와 4부의 「사랑」 장은 유인실과 오가다 지로의 사랑을 그리고 있다. 이용과 월선은 불륜의 사랑을 지속하면서 가족형성과 사랑을 함께 충족시킬 수 없다는 문제를 노정하고 있다면, 유인실과 오가다 지로의 사랑은 민족과 사랑이 양립할 수 없는 문제를 다루고 있다. 전자의 사랑이 가족의 범위 내에서 갈등관계를 이루고 있는 것이라면, 후자의 사랑은 범위를 넓혀 사랑과 가족의 문제뿐만 아니라 민족의 문제를 갈등관계에 포함시키고 있다. 투철한 배일사상을 가진 유인실은 단 한 번 "생명보다 중한 것"을 내줌으로써 오가다 지로를 향한 자신의 사랑을 육체적 행위로 드러냄과 동시에 "조국과 내 겨레를 배신"하였다는 생각을 갖게 된다(13권, 445). 그런데 유인실이 가족형성을 포기하면서 이로부터 굴절하여 조국 독립을 위해 투사로서 참여하게 됨을 본장의 1절 3항에서 살폈다. 여기에서는 오가다 지로에게 초점을 맞추어 좌절된 에로스적 욕망이 부성애로 굴절되는 과정을 살펴보자.

유인실은 조선인이라는 민족적 정체성 때문에 이민족, 특별히 조선을 식민통치하고 있는 일본인에 대한 사랑과 그 일본인과의 사이에서 태어난 혼혈의 아이를 포기한 것으로 볼 수 있다. 이와 달리 코스모폴리탄임을 자처하는 오가다 지로는 좌절된 유인실과의 사랑을 잊지 못한 가운데,

결혼하지 않고 일본과 신경 등지를 오가며 방랑하는 삶을 살아간다. 오가다 지로가 유인실과의 에로스적 사랑이 좌절되었음에도 불구하고 정신적으로 유인실을 잊지 못하여 결혼하지 않고 살아가고 있다는 점에서 볼 때, 그는 편집적 성향의 인물로서 외골수적인 사랑을 하고 있다고 볼 수 있다.[37] 여기에서는 오가다 지로가 유인실을 향한 정신적 사랑을 지속적으로 유지한다는 측면은 논외로 하고 이들의 애정서사가 사랑과 민족의 양립할 수 없는 문제를 풀어나가는 방식에 주목하도록 한다.

이를 위해 오가다 지로 이전에 조찬하를 살필 필요가 있다. 조찬하는 친일귀족인 조병모 남작의 차남으로서 임명희를 사랑하였으나, 그의 형 조용하가 재빠르게 본처와 이혼하고 임명희를 후처로 맞이함으로써 임명희와의 사랑을 이루지 못한다. 이후 그는 일본인 노리코와 결혼하여 일본에서 생활하면서 스스로를 국적이 없는 사람이라고 생각한다. 그는 노리코와의 사이에서 딸 후미를 얻는다. 그가 이와 같이 일본인과 결혼하여 혼혈의 후손을 본 것은 조선의 친일귀족인 조병모 남작 가문의 문을 닫고자 하는 의도가 있었다고 볼 수 있다. 그는 실제로 폐암을 앓던 형 조용하가 자살하자, 유산을 물려받지 않음으로써 가문을 멸문에 처하도록 한다. 조찬하는 자신이 "나라를 망하게 한 고관대작의 자손"이라는 자의식에 사로잡혀 있으면서 적극적으로 항일운동에 동참하지도 못하는 불행한 지식인이다. 이러한 그가 조선인으로서 민족의식을 드러내 보일 수 있는 최소한의 선택은 스스로 자신의 가문이 멸문의 길로 들어서도록 하는 것이었다고 할 수 있다. 그런데 조찬하는

37 단, 그는 세츠코와 애정이 없는 정사를 나누기도 한 것으로 나타난다(12권, 311).

노리코와의 사이에서 태어난 후미뿐만 아니라 오가다 지로와 유인실 사이에서 태어난 아들 쇼지의 아버지가 된다. 유인실이 사도코로 맡겨줄 것을 부탁한 아들 쇼지를 조찬하가 양자 삼아 기른 것이다. 이처럼 조찬하가 후미와 쇼지의 아버지로 자리하고 있음은 민족의 경계를 띄어 넘은 부성애를 간직한 것으로 볼 수 있다.

조찬하는 오가다 지로 모르게 일본에서 오가다 지로의 아이를 낳은 유인실을 도왔을 뿐만 아니라 유인실과 오가다 지로의 재회를 가능하게 하는 중재자의 위치에 선다. 조찬하는 만주를 여행하던 중 하얼빈에서 독립투사로 활약하는 유인실과 조우한다. 그는 유인실에게 오가다 지로를 만나 아이의 존재를 알릴 것을 설득한다. 그 설득의 내용은 "민족의식이 에고이즘이 되어서는 안"된다는 것, "일본인을 사랑했다는 죄의식에서 벗어나"서 "사람을 사랑한 것뿐"(13권, 423)임을 인정할 것 등이다. 이러한 설득에는 민족에 대한 사랑이 한 개인의 사랑을 지나치게 침해해서는 안 된다는 생각이 깔려 있다고 하겠다. 그런데 오가다 지로의 발언은 그가 유인실의 선택을 긍정하는 입장에 서 있음을 드러낸다. 오가다 지로는 민족을 위한 사랑 때문에 개인의 사랑을 희생시키지는 않을 것이지만, 민족이 정의롭지 못한 힘에 의해 압제를 받는 상황이라면 그 또한 민족을 위해 개인의 사랑을 희생할 각오도 되어 있다는 생각을 나타내고 있다(15권, 322). 오가다 지로 역시 유인실의 입장을 이해하고 있음을 고려할 때, 이들이 민족과 사랑의 양립할 수 없는 갈림길에 서 있다는 것을 다시 한 번 확인할 수 있다. 이러한 상황의 타개는 개인의 사랑을 포기하고 민족을 위해 헌신하는 유인실을 오가다 지로가 쫓는 것으로 이루어질 수는 없는 것이다.

이 작품은 민족의 경계를 허무는 부성애를 간직한 조찬하를 오가다 지로와 유인실의 조력자로 내세움으로써 이들이 직면한 딜레마적인 상황의 타개책을 제시하고 있다. 십일 년간 쇼지의 아버지였던 조찬하는 쇼지의 존재를 유인실에게 드러내고, 유인실을 통해 오가다 지로에게 알린다. 유인실이 오가다 지로에게 아들 쇼지의 존재를 고백함으로써, 그 사실은 쇼지의 생부인 오가다 지로에게 "환희"를 안겨준다. 민족에 대한 사랑과 한 개인의 사랑이 양립할 수 없다는 문제 상황은 오가다 지로가 유인실이 낳은 자신의 아들 쇼지의 존재를 확인함으로써 부성애로 굴절하고 있는 것이다. 오가다 지로는 이제부터 자신의 삶을 진지하게 생각할 것을 결심한다. 그는 쇼지와 함께 만주를 여행하면서 "애정에 대한 갈망"을 느낀다. 그것은 "쇼지를 통한 인실에 대한 갈망"이며 "인실을 통한 쇼지에 대한 사랑의 갈망"인 것으로 정리된다(15권, 303). 유인실을 향한 오가다 지로의 사랑은 지속된다. 유인실 역시 오가다 지로를 잊지 않을 것을 다짐한다. "일본이 망할 때까지, 그때까지 살아 있다면" 그들은 "다시 만날 수 있을"(13권, 447) 것이다. 조국의 독립을 위해 투사로서의 삶을 살아가는 유인실과 일본의 불의를 인식하고 유인실의 삶을 긍정하는 오가다 지로 사이에는 개인적 사랑보다 우위에 놓이는 민족의 문제가 가로놓여 있는 것이다. 오가다 지로가 아들 쇼지의 존재를 확인하면서 "인실을 통한 쇼지에 대한 사랑의 갈망"을 가짐으로써, 그는 이러한 상황에서 굴절하여 부성적 자아를 확립한 것이다. 오가다 지로와 유인실 사이의 아들인 쇼지에 대한 오가다 지로의 부성애는 민족의 경계를 허무는 자리에 놓이는 것이라 하겠다.

2. '상징적 빚'의 승계와 가치의 상대화를 통한 대속

1) 구원의 가능성 발견과 상징적 빚의 승계

(1) 죄의 고백과 '가족'을 통한 구원의 가능성

2장 2절과 3장 3절을 통해 인물의 가치에 대한 태도와 결부되는 죄의식의 문제를 논의하였다. 도덕과 상충하는 가치를 절대화하는 인물 및 인물간의 직접적 관계 내에서 가치를 무차별화하는 인물이 죄의식을 갖는 것과 달리, 물질욕망을 매개로 가치에 대해 무차별적으로 접근하는 인물들은 죄의식을 갖지 않는 양상을 살펴보았다. 비교적 초기 작품에서부터 비롯한 죄의식에 대한 박경리의 문제의식은 후기의 장편 『창』, 『단층』을 거쳐 대하소설 『토지』에 이르러서 보다 심화된다. 여기에서는 '소극적인 가치'[38]로서의 죄악 자체에 함몰되지 않고, 타자와의 관계를 통해 새로운 가치를 발견하여 굴절함으로써 죄의식으로 인한 갈등상황으로부터 놓여날 수 있는 가능성을 찾는 인물들에 대해 살피겠다. 『타인들』, 『창』, 『단층』을 논의대상으로 한다.

3장 3절 2항에서는 가치를 절대화하는 인물들이 죄의식의 주체('나')와 죄의식의 원인 간 폐쇄적 구조 내에서 속죄의 방안을 찾지 못하고 마조히즘적 삶의 태도를 취하는 양상을 살펴보았다. 그런데 이와 관련하여

38 1부 1장 2절의 연구의 시각에서 긍정적 측면의 가치와 부정적 측면의 가치에 대해 정리한 바 있다. 전자는 적극적인 가치(positive value)로, 후자는 소극적인 가치(negative value)로 불리어진다. 1부 1장의 주 37 참조.

논의된 바 있는 『창』의 맹시헌은 다른 한편으로 '나'의 범주를 탈피하여 사랑하는 사람에게 죄를 '고백'하고 '가족'을 이룸으로써 구원에 이를 가능성을 내비치기도 한다. 한국전쟁 때 애인을 윤간 살해하고 이로 인한 죄의식으로 괴로움을 당하는 『타인들』의 하진의 경우, 이와 같은 방법으로 구원에 이른다. 이는 죄의식을 갖는 인물이 과거의 죄악으로 인한 갈등상황에 함몰되지 않고 새로운 가치에 의미를 부여하여 미래 지향적인 삶의 방식을 취할 때, 그로부터 놓여날 수 있음을 의미한다 하겠다.

『타인들』과 『창』의 주인공 하진과 맹시헌은 자신들의 죄를 철저하게 비밀로 간직한다. 『타인들』에서 하진은 애인을 윤간・살해한 과거의 비밀을 전체 24개 장 가운데 마지막에서 두 번째 장에서 아내에게 고백한다. 이처럼 이 작품의 대부분은 죄의식으로 말미암아 고통 받는 하진의 삶에 초점이 맞추어져 있는데, 독자는 왜 그가 그와 같이 고통스런 삶을 살아야 하는가에 대해서 추측을 통해 접근해 나갈 수밖에 없다. 『창』에서는 맹시헌의 법에 저촉되지 않은 마음속의 죄가 그의 누이동생 맹시애의 법의 처벌을 받은 죄와 대비를 이루면서 작품 초반부터 맹시애가 그의 동거인 김성애에게 하는 대사, 서술자의 서술 등을 통해 단편적으로 서술된다. 그러나 맹시헌의 자학적인 삶의 원인이 되는 과거의 진실을 분명히 알고 있는 등장인물은 맹시헌이 선영에게 그 사실을 고백하기까지 아무도 존재하지 않는다. 『창』에서 선영을 대상으로 한 맹시헌의 고백이 이루어지는 장은 전체 13장 가운데 열 번째 장에서이다. 『타인들』에서와 마찬가지로 『창』에서도 작품의 후반부에서 맹시헌의 죄에 대한 고백이 이루어지는바, 이는 '고백'[39]이 갖는 의미가 중요하다는 것을 반증한다 하겠다.

여기에서 고백을 듣는 청자-인물은 가해자와 피해자의 폐쇄적 구조를 벗어나서 죄의식 문제를 해결할 수 있는 단초를 제시한다고 할 수 있다. 그런데 죄의식의 원천이 되는 사건의 고백에 대한 청자-인물의 반응은 『타인들』과 『창』에서 구별되어 나타난다. 『타인들』에서 하진은 자신의 비밀을 아내 문희에게 털어놓는다.[40] 이와 같은 하진의 내밀한 고백이 있은 후, 이들 부부가 나눈 대화는 다음과 같다.

> "**말을 하고 나니 속이 후련해지는군. 생각한 것보다 시원해. 중병을 앓다 일어난 사람같이** ……." / (문희) "당신은, 당신은 다시 살아날 수 있어요. **당신은 괴로움을 저에게 나눈 거예요. 작품을 하세요. 이제부터 그림을 그리시란 말예요.**"(195, 강조는 인용자)

여기에서 하진은 고백을 통해 그가 진 죄의 무거운 짐을 덜어 놓은 것이며, 그를 사랑하는 아내 문희는 그의 짐을 나누어 가짐으로써, 하진으로 하여금 과거의 죄가 짓누르는 무게를 덜고 새로운 삶을 살도록

---

39 데리다에 따르면, 고백은 그 고백을 듣는 사람에게 그의 전 존재를 제공하는 것이며, 용서(forgiveness)는 이러한 고백에 대하여 대가없이 제공하는 선물(gift)이다. 한편, Martyn은 사드의 쾌락의 경제적 구조를 논의하면서, 자랑(boast)이 보상받을 만을 가치가 있는 일을 이야기하는 것으로 그 이야기에 대하여 칭찬이 교환될 것을 기대하며, 이와 달리 고백(confession)은 처벌받은 만한 일을 이야기하는 것으로 그 이야기에 대하여 비난이 있을 것을 예상하고 이루어진다고 본다. J. Derrida, *Given Time : I. Counterfeit Money*, The Univ. of Chicago Press, 1992, p.121; David Martyn, *Sublime Failures : The Ethics of Kant and Sade*, Wayne State Univ. Press, 2003, p.93.

40 하진은 아내인 문희가 알지 못하도록, 고아가 된 정애라는 소녀를 돌봐왔다. 정애 아버지는 하진의 선배였고, 하진은 정애의 고모였던 사람을 사랑하였다. 전쟁이 나자, 당시 의과대학생이었던 정애 고모는 의용군에 끌려 나갔고, 하진은 국군에 나갔다. 지리산 토벌대에 있었던 하진은 그곳에서 죽음의 냄새를 먼저 맡은 무수한 까마귀들을 보았고, 그때부터 까마귀에 대한 공포감을 갖게 된다. 어느 날 하진 일당은 여자 한 사람을 끌고 가서 윤간한 후 죽인다. 그런데 그 여자가 바로 하진이 사랑하였던 정애의 고모였던 것이다.

이끈다. 하진이 고백을 통해 그 자신을 문희에게 제공한 것이라면, 문희는 그의 짐을 나누어가짐으로써 그리고 '용서'함으로써 하진이 과거의 죄로 인한 죄의식을 씻을 수 있도록 돕는다. 이 작품은 죄의식으로부터 놓여 난 하진이 관계 회복을 한 문희와 가정생활을 원만하게 하게 될 것, 그리고 화가로서의 작품 활동에 가치를 두는 삶을 살게 될 것을 암시하면서 끝을 맺는다. 다소 통속적인 감이 있는 『타인들』의 이와 같은 결말은 『창』에서 유사한 구도를 취하되 변주되어 나타난다.

『창』에서는 맹시헌의 고백이 있기 전에 서술자의 서술을 통하여 맹시헌의 드러나지 않는 죄가 정리된다. 그에 따르면 맹시헌은 한국전쟁이 발발하자, 북쪽으로 가면 죽음의 길이라는 것을 알고 있으면서 모두 남쪽으로 내려가는데 그 혼자 북쪽을 향해 올라간다. "아내 정자가 이 세상에서 없어져 주기를 바라며, 그 정자를 따라 어쩔 수 없이 운명을 같이할 수밖에 없는 어린것도 뇌리에서 밀어내며, 마지막 기차에 올랐던 맹시헌의 행위는 이미 살인"(235)이었던 것으로 규정된다. 이와 같은 사실은 맹시헌의 고백을 통해 보다 구체화되며, 그의 애인 송기화에 대한 내밀한 살의까지 폭로된다. 맹시헌은 아내와 이혼하고 송기화와 결혼할 것을 원하였으나, 유달리 집념이 강한 아내 김정자와의 이혼이 불가능하다는 사실을 깨닫는 순간 처자에 대한 "살의를 품"으며, 한국전쟁을 절호의 기회로서 이용하는데 막상 그의 처자가 이 세상에 존재하지 않게 되자, 송기화가 자신을 파괴하여 살인자로 만들었으며 자신으로 하여금 살인자의 십자가를 지게 한 인물로 생각되어, 그녀를 정신적으로 살해하여 결국 자살하게 만들었음을 고백한다(295~298). 이러한 맹시헌의 고백에 대한 선영의 반응을 『타인들』에서의 문희의 응답과 비교하여 살펴보자.

> 선영의 팔을 잡았다. 선영은 조심스럽게 팔을 뿌리쳤다. 그리고 돌아서려 했다. 맹시헌은 허둥지둥 돌아서려는 선영의 두 어깨를 꽉 누른다. (맹) "날, 날, 나를 **용서**해 주어." (…중략…) 선영의 눈에는 **아픔과 무한한 연민**이 있었다. 그러나 **애정은 아니었다.** 한 가닥의 경계마저 있었으나 그것을 감추기에는 선영에게 여유가 있었고, 감추었다 한들 속을 맹시헌도 아니었다. / **"날, 나를 용서해 주어, 나는 나, 나는 비천한 인간이다."** (…중략…) (선영) (저, 저, 전 힘이 없어요. **선생님을 사랑하진 않았으니 말예요. 그 큰 고통을 같이할 순 없어요. 사랑이 없이, 어, 어떻게 그걸 나누어 가질 수 있겠어요?**) / 그렇게 사과를 하고 있는 눈이었다. (…중략…) 늘 입가에 띠고 있던 냉소도 찾아볼 수 없었다. 동정도, 육친적인 애정도, 이해하는 우정으로써도 이 사나이를 구원할 수 없고, **최초의 여자 이브가 되고 한 마리의 비둘기가 되어야만 구원할 수 있을는지 모른다. 그러나 선영은 그의 여자가 될 수 없고, 비둘기가 될 수도 없었다. 선영의 강렬한 감정은, 동정이나 이해하는 아픔으로써만이 그의 여자가 될 수는 없다는 것이었다.**(298～299, 강조는 인용자)

『타인들』에서 하진의 고백을 들은 문희가 하진을 사랑하기 때문에 그의 짐을 나누어 짊으로써 하진의 죄의식이 해소된 것으로 쉽게 처리하고 있는 것과 달리, 『창』에서 맹시헌의 고백은 그와 같이 단순하게 처리되지 않는다. 자신의 고백을 들은 선영에게 용서를 비는 맹시헌에 대해 선영은 그를 사랑하지 않기에 그의 짐을 나누어 가질 수 없음을 분명히 이야기한다. 『창』에서 선영은 "강한 여자이며 리얼리스트"(354)로서 그려지는데, 그녀는 맹시헌의 죄의식이 갖는 성격 내지는 그의 본질에 보다 냉철하게 그리고 심층적으로 접근한다. 선영은 "아무도 이분의 삶에 입김을 불어넣어주지는 못한다. 이분 앞에 있는 생활이란 벌써, 벌써 옛날에 굳어버린 바위에 불과한 거"(355)라는 생각을 하면서, 더불어서 자신의 맹시헌을 향한 감정이 사랑이 아님을 분명히 깨닫는다. "최초의 여자 이브"가 되지 않는 이상 그를 구원할 수 없을 것임을 확신한다. 맹시헌은 자신과 죄의 짊을 나누어 갖기를 거절한 선영과 대면한 이후 "마지막의 구원이라 생각했던 그 모든 것이 썰물같이 육지 방천에서 멀어져가고 있는 것"(354)으로 생각한다. 맹시헌 또한 그 "자신이 갇힌 고리를 넘어설 수 없"(355)으리라는 사실을 다시 한 번 분명히 하면서, 선영의 사랑을 얻어 새로운 '가정'을 이룸으로써 자신이 구원에 이를 것이라는 기대를 버린다.

이와 같이 죄의식을 갖는 인물이 사랑하는 사람에게 죄의 '고백'을 하고, 그와 이룰 '가정'에 가치를 둠으로써 얻게 될 구원의 가능성은 『타인들』, 『창』보다 앞선 작품인 『노을진 들녘』과의 대비를 통해 분명해진다. 『노을진 들녘』에서 윤영재는 외사촌인 송주실과 근친상간을 행한 후 극단적인 죄의식의 고통을 겪는다. 그런데 그는 이 사실을 마지막까지 그 누구에게도 털어놓지 않는다. 근친상간의 현장을 목격한 김성삼이 이를 이용하여 송주실과 결혼하고 주실의 할아버지인 송노인의 유산을 가로채려 하는 것은 근친상간의 사실이 비밀인 한에서 가능한 일이다. 그런데 윤영재는 결코 자신의 범죄사실을 누군가에게 털어놓고 용서를 구할 생각을 하지 않는다. 오히려 그는 송주실을 범한 사실로 인한 죄의식으로부터 잠시라도 벗어나기 위해 강일혜를 사랑하지 않음에도 불구하고 그녀와 반복되는 성관계를 맺는 등 일탈적인 삶을 살아가기도 한다.

이 작품에서 윤영재는 자신의 죄를 고백할 기회들을 가지나 이를 모두 놓치고 만다. 송주실이 김성삼의 마수로부터 벗어나 서울로 도망해 왔을 때, 송주실의 소재를 알게 된 윤영재는 친구인 이동섭에게 송주실을 잠시 맡기기 위해 그간의 사정을 이야기한다. 그런데 자신과 송주실의 근친상간의 비밀만은 고백하지 못한다. 이동섭과의 대면에서 그는 "모든 것을 고백하여라. 그리고 용서를 빌어라. 아니 형벌을 받아라"라는 내면의 속삭임을 듣지만 자신의 범죄 사실을 털어놓지 못한다. 이러한 자신에 대해 윤영재는 스스로에게 "거짓의 고통의 시간을 연장"(312)하고 있다는 자의식을 갖는다. 한편, 윤영재는 강일혜와의 사랑이 없는 만남을 지속하는 가운데, 홍수명을 만나 사랑하게 된다. 그는 자신의 고통을 조금이라도 덜어주기 위해 열린 마음을 갖는 홍수명을 향해서도 근친상간의 비밀을 털어놓지 못하고 만다. 결국 윤영재는 범죄의 비밀을 그 누구에게도 고백하지 못한 가운데 김성삼의 협잡으로부터 놓여나기 위해 김성삼을 죽임과 동시에 자살하는 방식을 취한다. 그는 근친상간의 죄악에 갇혀, 이로부터 굴절할 수 있는 방안을 강구하지 않고 극단의 방법을 택한 것이다.

그런데 타자에게 죄를 '고백'하고 용서를 받음으로써(혹은 사랑을 얻음으로써) 구원에 이를 수 있는 가능성은 그 고백이 진실을 담지하고 있을 때에 한해서 존재한다. 『단층』은 죄의식이 부재하는 인물의 죄에 대한 거짓 고백이 하등의 의미가 없음을 보여준다. 『단층』에서 한윤희는 남편 이상우의 탐욕 때문에 결혼생활이 파탄에 이르게 된 것을 계기로, 자살한 모친과 관련된 과거의 아픈 기억 속에 매몰되어 간다. 한윤희는 자신이 만약 이상우와 행복한 가정을 이루었다면, 생모와 관련된 추억을 되새기며 분노하게 되지는 않았을 것이라고, 그에게 호감을 갖는 청년 윤수용에게 말한다. 그녀는 법에 저촉되지 않는 교묘한 방법으로 "생명줄과도 같은 돈"을 탈취하고, 자신의 생모를 음해하여 죽음에 이르게 한 노파와 사나이를 찾아가 죄의 고백을 듣고자 한다. 자신의 잘못에 대해 아무런 죄의식이 없는 노파 앞에서 한윤희는 "잘못했다고 빌"(350)면 용서[41]해 주겠다고 마음속으로 외친다. 그러나 당시의 사건을 조작하는 노파의 거짓 진술에 한윤희는 절망한다. 공모하여 한윤희의 생모를 죽음에 이르도록 한 노파와 사나이는 한윤희를 간첩혐의로 거짓 투서하는데, 한윤희는 이 사실을 역이용하여 그들로부터 과거의 죄에 대한 "진술서 같은 것"을 받아 낸다. 한윤희는 "양심에는 무서움이 없어도 철창은 무서웠"기 때문에, 그들이 작성한 "한오리의 회한도, 한 여자를 비참히 죽게 한 죄책도 없이 거짓 눈물과 거짓 음성으로 진술한 이 진술서"(398)가 무용지물임을 깨닫는다.[42]

『창』과 『단층』은 죄의식의 문제로부터 구원을 얻지 못한 맹시헌과 한윤희가 스스로 죽음을 선택하는 것으로 끝을 맺는다. 『창』의 맹시헌이 선영의 사랑을 얻어 가족을 이루는 것이 자신을 구원할 수 있는 "마지막의 가능성"일 것으로 기대한 것처럼, 『단층』의 한윤희는 "가족의 순애보"를 통해 죄와 처벌의 사슬에서 놓여나고자 한 것으로 보인다.

---

41 아렌트는 죄에 대한 반동 형식으로 이루어진 보복으로써는 처음 잘못된 행위의 결과에서 끝을 낼 수 없는 것이며, 죄는 용서하여 잊는 것을 필요로 함을 주장한다. 그에 따르면 보복은 잘못에 대한 자연스럽고 자동적인 반동이고 행위 과정의 환원불가능성 때문에 예상할 수 있지만, 용서는 결코 예기할 수 없는, 예기치 않은 형식으로 일어나는 유일한 반동이다. H. Arendt, 이진우・태정호 역, 『인간의 조건』, 한길사, 2000, 305면.

42 이러한 깨달음은 '순수형식'으로서의 법이 갖는 한계와 맥락을 같이 한다. 들뢰즈에 따르면, 법은 인식 대상을 갖지 못하기 때문에, 그것은 진술을 통해서 밖에 확정되지 않으며, 처벌행위를 통해서 밖에 진술되지 않는다. G. Deleuze & F. Guattari, 조한경 역, 『소수 집단의 문학을 위하여 – 카프카론』, 문학과지성사, 1997, 85~86면.

인용문의 대사는 이를 시사한다.[43] 또한 한윤희는 자살하기 전 마지막으로 윤수용에게 보낸 편지에서 "혈연"(398)에 대한 그리움을 토로하고 있다. 『창』과 『단층』은 각각 가해자와 피해자의 입장에서 죄악 자체의 문제에서 굴절하여 '가족'의 가치를 추구하는 것을 죄의 문제에서 놓여날 수 있는 방안으로 제시하고 있으나, 이를 시사하는 차원에서 종결된다. 피해자가 부재하는 『창』의 경우와 마찬가지로, 죄의식의 주체가 부재하는 『단층』은 청산되지 않은 '잔여의 죄'를 남기게 된다. 이러한 상황에 대해 맹시헌과 한윤희는 자살로서 대처한다.

그런데 박경리의 죄의식에 대한 탐색은 여기에서 멈추지 않는다. 『창』(1970)과 『단층』(1974)의 집필 시기는 『토지』(1969~94)가 집필되던 기간의 초반기와 겹쳐지는데, 『토지』는 앞의 두 작품에서 완결되지 않은 죄 문제에 대한 탐색을 이어간다. 『창』과 『단층』이 죄의 문제와 관련하여 조밀하고 집중적인 탐색을 한 작품이라면, 『토지』는 이러한 문제의식에 보다 거시적 차원에서 접근하여 작품의 주요한 골격에 스며 있도록 한 작품이다. 『토지』가 앞의 두 작품과 관련하여 차별화되는 지점은 죄의 문제를 '가족사'의 차원에서 다룬다는 점이다. 본절에서 구원의 가능성으로서 살핀 '가족'[44]의 문제는 『토지』에 대한 논의를 통해 보다 분명한 윤곽을 그려볼 수 있을 것이다.

---

43 【인용】"기표 엄마 그인 …… 이제 행복해졌어요. 착한 여자, 아니 이젠 엄마이지만요. 거기다가 착한 아들이니까 노후가 무척 아름다울 것 같아요." / "거 보세요. 거기에도 **우리가 있지** 않습니까? 서울 아저씨도 **우릴 찾았구요**. 높은 이상과 거룩한 사명은 없지만 거긴 **가족이라는 순애보(純愛譜)**가 있지 않습니까?" / "하긴 **수용씨에게도 우리는 있겠군요**. 어머님과 누이동생 그리고 매부 …… **난 늦었어. 소위 가족의 순애보가 없어요.**" / 윤희는 까르르 소리내어 웃는다. "내 가족이 되세요. 내 가족이 ……" / 윤희는 굳게 입을 다물어버린다.(385~386)

44 특별히, 『단층』은 '가족 구성'에 큰 의미를 부여하고 있는데, 가족사 연대기 소설인 『토지』와 집필 시기가 겹치는 점을 고려할 때 시사하는 바가 크다.

(2) 죄의 상대화 및 가족사적 승계

죄의식 문제와 관련하여 『창』, 『단층』 등의 선행 작품과 『토지』가 차별화되는 점은 일차적으로 『토지』가 '가족사 소설'의 형식을 취한다는 점과 연관된다. 이는 『토지』의 두드러진 특성 가운데 하나이되, 이 글은 이러한 형식이 선행 작품에서 완결하지 못한 죄의식에 대한 문제의식과 관련을 맺는 것으로 본다. 죄의식 문제를 본격적으로 다룬 『창』, 『단층』까지의 작품이 피해자와 가해자 간의 폐쇄적 구조를 탈피하지 못하고 있다면, 『토지』는 그러한 폐쇄적 구조를 탈피한 작품이라 할 수 있다. 이를 가능하게 하는 요소로서 죄의식의 문제가 개별 주체의 문제에서 가족 내지 가족사의 문제로 확장된다는 점을 들 수 있다.

죄의식은 법의 처벌과 무관하게 작용하는 것이며, 법의 처벌을 받을지라도 죄의식이 부재할 경우 그것은 '잔여의 죄'로 남아 '상징적 빚'[45]으로서 형성된다. 『창』은 맹시헌을 통해 '죽은 자'에 대한 죄의식으로 인한 자학이 죄-속죄의 순환윤리를 이룰 수 없음을 보여주며, 『단층』은 자신의 악행에 대해 죄의식이 부재하는 인물을 그림으로써, 마찬가지로 죄-속죄의 교환이 불가능한 폐쇄적 구조를 제시하고 있다. 『창』, 『단층』의 주인공들이 마지막으로 선택한 '죽음'은 죄의식 문제에 대한 궁극적인 해결책일 수 없다.[46] 『토지』에서 동학혁명이 있던 해, 최참판가를 찾은 김개주가 윤씨부인에게 던진 첫 마디는 "나를 용서하

---

45 1부 2장의 주 67 참조.

46 주판치치가 〈오이디푸스 왕〉과 〈햄릿〉 분석에서 죽음(자살)이 채무(죄)의 변제를 가능케 하는 것으로 본 것과 달리, 박경리는 '자살'(죽음)이 죄의 문제를 해결할 수 있는 마지막 방책이 아님을 강조한다. 이는 『토지』를 통해 잘 드러난다. Alenka Zupančič, 이성민 역, 『실재의 윤리－칸트와 라캉』, b, 2004, 273・283~284면.

시요. 살아주어서 고맙소"(2권, 68)[47]이다. 김개주는 윤씨부인을 겁탈한 가해자의 위치에서 윤씨부인에게 용서를 구하는데, 죽은 자에 대한 죄의식을 갖는 『창』의 맹시헌의 상황과 대비하여 주목되는 장면이다. 그런데 죄-용서의 단순한 구도가 박경리의 죄의식 관련 문제의식의 종결지점인 것으로 보기는 어렵다.

『토지』는 죄의식 관련하여 선행 작품에서의 문제의식을 거시적·다층적·상대적 차원에서 접근함으로써 풍부한 논의의 장을 마련하고 있다. 여기에서 거시적이라 함은 죄의식 문제를 개인의 차원이 아닌 가족사, 나아가서 민족의 차원에서 다루고 있음을 의미한다.[48] 또한 『토지』는 봉건적 가치와 근대적 가치가 충돌하는 구한말에서 제국주의의 폭력이 지배하는 일제강점기를 시대적 배경으로 함으로써 죄를 규율하는 법도 내지 가치의 규준 자체에 대한 문제 제기를 한다. 이는 선행 작품에서부터 제기되어온 '순수형식'으로서의 법의 한계가 『토지』에서 보다 첨예하게 드러남을 의미한다. 나아가서 『토지』에는 신분제도의 제약하에 있는 다양한 부류의 인물들이 등장하는바, 이와 관련하여 죄의식 문제에 대한 다층적인 접근이 가능하다. 이러한 이유

---

47 김개주(가해자)-윤씨부인(피해자)의 관계에서 만약 윤씨부인이 자신의 정절을 훼손한 김개주의 행위를 단죄하기 위해 자살을 선택하였다면, 그것은 "힘이 없"는 자가 선택하는 "복수"의 방편이 되었을 것이다. 『단층』의 다음 대사는 죄-속죄의 순환에서 죽음이 갖는 의미에 대한 작가 의식의 단면을 보여준다.
【인용】 (근태) 아, 아니지요! 아니란 말입니다. 우리 혜화동 할아버지를 누른다는 것은 세계를 정복하는 것만큼이나 어, 어려운 일이란 말입니다. 그, 그렇지요! 부모를 정복한다는 것은 될 법이나 한 일인가요? 안 그렇습니까? 형님! (…중략…) **자, 자살이란 산 사람에 대한 보, 복숩니다 …… 복수란 말입니다. 히, 힘이 없을 때 내, 내 목에다가 구, 구멍을 뚫는 겁니다.** 아시겠습니까? 그, 그게 마지막 힘이거든요. (68)

48 예를 들면 왜헌병의 총에 맞아 숨진 정한조의 후손인 정석 일가의 수난은 지속적으로 일본제국주의의 죄악과 연결된다. 그런데 정석의 처인 양을례를 일제의 편에 서게 함으로써, 박경리는 선의 세력과 악의 세력 간의 이분법적 대결 구도를 탈피한다.

들 때문에 『토지』에서 죄는 상대화되는데, 여기에서는 이와 관련하여 논의를 전개하는 한편, 죄의식이 '상징적 빚'으로서 후속세대에 승계되는 양상을 간단히 정리하겠다.

박경리 문학에서 물질적 탐욕에서 비롯한 범죄를 저지른 인물은 법의 처벌을 받더라도 대체적으로 죄의식이 부재한 반면, 가족·연인 등 인간관계에서 비롯하는 죄의식은 인물의 내면에 깊숙이 각인되는 양상을 보인다.[49] 『토지』에 등장하는 인물 가운데 최치수 살해에 연관된 인물들은 전자에 해당하며, 윤씨부인과 김환은 후자와 관련하여 생각해 볼 수 있다. 최치수 살해에 연루된 인물들에는 명백한 살해자인 몰락 양반 김평산, 최치수 살해에 가담하지 않았으나 그의 살해를 교사하고, 최치수와 윤씨부인 사후 최참판가의 재산을 착복한 양반 조준구, 물질적으로 좀 더 풍요한 삶을 희구한 평사리의 소작인 칠성이 등이 있다. 여기에 최치수의 아들을 낳음으로써 종의 신분을 탈피하고자 하였던 귀녀가 포함되나, 그녀는 자신의 죄를 인정하고 뉘우친다는 점에서 앞의 인물들과 구별된다. 귀녀는 강포수와의 관계를 통해 잉태한 두메를 출산하고 처형되기 직전 "개심(改心)"하여 "칠성이 무죄하다는 말"(2권, 312)을 남긴다. 이들의 죄의 무게는 죄의식을 갖는지의 여부, 신분 등을 변수로 하여 김평산·조준구, 칠성이, 귀녀의 순으로 상대화해 볼 수 있다. 후속 세대에 의한 상징적 빚의 승계 및 탕감의 방식은 이러한 관점을 뒷받침해준다.

평사리의 청백리 이동진이 개탄한 바 있듯이 당시 양반은 "죄인"이라 할 수 있는데, 신분제의 폐단에서 놓여나는 것을 목적으로 범죄를 저지

49 이와 관련하여서는 2장 2절에서 논의된 바 있다.

른 귀녀의 경우 스스로 개심하고 처형되는 것에서 죄-처벌의 순환을 마감한다. 강포수는 두메의 모친 귀녀의 비밀을 스스로 생을 마감함으로써 지키는데, 두메는 뛰어난 자질을 가진 인물로서 모친의 행적과 관련된 '상징적 빚'과 무관하게 독립을 위하여 투신하는 인물이 된다. 한편 최참판댁의 소작인으로서 물질적 탐욕이 강하고 왕성한 생식력을 가진 칠성은 귀녀로 하여금 최치수의 아들을 낳은 것으로 가장하도록 하기 위해 귀녀와 성관계를 맺는다. 이 일로 그는 최치수 살해 사건에 연루되어 처형되는데, 죽음을 앞둔 귀녀에 의해 최치수 살해와는 직접적으로 관련이 없음이 밝혀진다. 칠성이의 유족 가운데 아들들은 굶주려 죽고 임이네와 임이가 살아남는다. 임이네 역시 물질적 탐욕과 왕성한 생명력을 갖춘 인물로 이후 서사에서 탐욕의 화신으로 형상화되며, 남편 칠성이의 행적과 관련하여 아무런 죄의식을 갖지 않는다. 처형된 칠성의 탐욕은 임이네를 통해 재현된다고 하겠는데, 임이네와 이용 사이에서 출생한 이홍이 이들의 죄에 대한 '상징적 빚'을 떠맡는다. 그는 생모 임이네를 혐오하는 데서 오는 죄의식과 연민 사이에서 방황하는 청년기를 보낸다.[50] 죄의 무게가 가장 큰 인물은 최치수 살해자인 김평산이다. 그는 몰락양반으로서 무위도식하며 양반의 신분을 이용하여 갖은 패악을 저지르지만, 죄의식이 부재하는 인물이다. 죄의식 없이 처형된 김평산의 악행은 그의 둘째 아들 김한복과 그의 후손에게 '상징적 빚'으로 이전되어 탕감된다. 김평산과 비견되는 죄의 무게를 가진 인물은 조준구로서, 그는 '상징적 빚'의 이전과 관련하여 가장 문제적인 인물이다. 그는

50 이러한 홍의 방황은 『토지』 8권, 「3-2-12. 강물에 띄워보내고」에 잘 형상화되어 있다.

최참판가의 외척으로 최치수 살해를 교사하였지만 이에 대한 분명한 물증을 남기지 않으며, 추후 최참판가의 재산을 착복하는 죄의식 부재의 인물로서, 선량한 평사리의 소작인 정한조를 일본인 헌병을 시켜 사살하는 등 친일행위를 자행한다. 그는 법의 처벌(법망)을 피하여, 갖은 악행을 아무런 죄의식 없이 행하는 인물로서 「밀고자」의 마포 아저씨, 『단층』의 노파와 사나이 등이 조준구의 원형을 이루는 인물이라 할 수 있다. 조준구의 처 홍씨 역시 탐욕적인 인물로서 조준구와 동일한 부류이며, 그의 꼽추 아들을 학대한다. 조준구와 그의 처 홍씨의 죄의식 부재의 죄는 불구의 몸으로 태어난 아들 조병수에게 이전되어 탕감된다.

한편 『토지』에서 살인 · 탐욕 · 절도 등과 같은 드러난 범죄의 경우와 비교할 때, 직접적인 인간관계에서 비롯하는 죄의식을 통해 보다 분명한 죄의 상대화 양상을 살필 수 있다. 3장 3절에서 김개주에 대한 불륜의 사랑을 절대화한 결과 윤씨부인이 갖게 된 죄의식에 대해 살핀 바 있다. 그런데 윤씨부인으로 하여금 죄의식을 갖게 한 그녀의 행적 자체, 즉 양반가 청상과부로서 김개주에 의해 겁간을 당한 후 사생아를 낳은 사실은 주변 인물들에 의해 죄가 아닌 것으로 생각되어진다. 이와 같은 판단은 '윤씨부인의 비밀'을 알고 있는 우관스님, 문의원, 그리고 사건의 직접적 관련자인 김개주에 의해 내려진다. 이들이 이와 같은 판단을 내리게 된 이면에는 조선왕조를 이끈 양반의 법도에 대한 비판이 담겨 있다 하겠다. 『토지』는 우관, 문의원, 김개주 등의 인도적이고 근대적 각성을 한 인물들을 통해 윤씨부인이 정절을 훼손한 사실 자체가 단죄를 받아야 할 절대적 죄악이 아니라는 입장을 부각하여 드러내고 있다. 이들에 따르면, 윤씨부인이 당한 사건은 "뜻하지 않게 당한 횡액"(2권, 23)일지언정 윤씨부인 자신의 죄는 아닌 것이다. 이와 같이 봉건성과 근대성이 혼재하는 시대적 정황하에서 윤씨부인의 행적은 보는 관점에 따라 죄로 규정되거나 그렇지 않을 수 있는 것인바, 『토지』에서 죄는 상대화되고 있는 것으로 볼 수 있다.

그런데 가족의 법도를 벗어난 사랑 혹은 혈연관계에서 비롯하는 윤씨부인의 죄의식은 김환에게 승계되며, 그를 통해 반복된다. 김환은 태생적으로 윤씨부인과 그 죄의식의 원천을 같이한다고 볼 수 있다. 김환이 그 자신에 대해 "애비는 살인귀! 어미는 부정녀?", "나도 살인귀, 내 그 여인도 부정녀!"(6권, 390)라고 자탄하듯이, 그는 겁간당한 여인의 몸에서 사생아로 태어난 인물이다. 따라서 그는 존재의 근본 층위에서 법도가 규정한 죄의 지배를 받는 인물인 것이다. 김환은 또한 최치수의 아내인 형수 별당아씨를 사랑하여 도피하는 패륜을 범함으로써 아버지의 죄를 배가하여 반복하고 있다 하겠다. 그러나 윤씨부인의 죄가 구한말의 시대적 상황하에서 상대화되듯이, 동학의 접주로서 시대의 변혁을 꾀하고자 하였던 김개주와, 그의 아들로서 동학의 잔존세력을 규합하여 항일운동에 투신하는 김환 부자의 법도에 어긋난 행적은 시대의 맥락에서 상대화된다. 이는 김개주의 다음 대사에서 시사된다.

> 나도 모르겠다. 왜 그런 생각을 하는지 …… **백성을 위하는 것도 하나의 도가 아니겠느냐?** 나는 그 도 밖에서 이는 일시적 삭풍(朔風)일 게다. 혼돈 속에서만 말을 몰 수 있는 위인이야. 화평스런 대로를 시위 소리 들으며 대교 타고 갈 위인이 못 된다 그 말이니라. **내 그 동안 수많은 군졸을 거느리고 탐관오리를, 악독한 양반들을 목 베고 추호도 가차없었으나 그게 사명감에서 한 짓인**

지 진정 자신 못하겠다. 그 밀물 같은 시기가 지나가면 나는 잠을 이룰 수가 없다. 바닥 모를 허무의 아가리가 밤새껏 나를 괴롭히는 게야. 실은 내 속에 이는 원한도 진정 그게 원한인가 믿을 수 없구나. 불민한 너를 위한 아픔도 진정 그게 아픔인가 믿을 수 없구나.(3권, 325, 강조는 인용자)

시대의 변혁을 위해 수많은 살생을 범한 자신의 지난 삶을 반추하며 걷잡을 수 없는 "허무"에 빠져드는 김개주의 위 대사는 김환에 의해 환기되는데, 이를 통해 선악 판단의 문제가 보편적인 차원에서 상대화됨을 엿볼 수 있다. 김평산의 최치수 살해와 동학접주 김개주의 양반살해는 살인이라는 점에서 동일하나, 그 명분에 있어서 구별된다. 김평산의 살인이 개인적 탐욕을 추구하기 위한 것이라면, 김개주의 "탐관오리" 혹은 "악독한 양반들"의 살상은 시대의 변혁이라는 명분을 갖는다. 따라서 김개주와 김평산의 경우를 대비하여 볼 때 죄의 문제가 그 목적과 명분에 따라 상대화된다고 할 수 있겠는데, 위의 대사는 시대의 변혁이라는 명분 역시, 인간 살상이라는 죄 문제를 상쇄하는 면죄부가 될 수 있는지에 대한 회의를 피할 수 없음을 드러낸다. 이는 또한 죄가 절대적으로 규정될 수 없는 것처럼 그와 대척 지점에 놓인 선 역시 마찬가지임을 인정한 것이라 하겠다. 이와 유사한 맥락에서 동학잔존세력의 우두머리 김환으로 거듭난 구천이 만주에서 최서희의 남편이 된 김길상을 만나 일갈하는 대사의 일부분에 주목해 보자.

살생 아니하고 간음 아니하고 도둑질 아니하고 허언 아니하고 모함 아니하고 그 아니하는 성현을 먹고 마시고 입고 잠들게 한 것은 하나님 아닌 죄인들의 덕분

이라, 소의 세상, 호랑이의 세상, 살인강도의 세상에서 어찌 성인인들 연명하여 도를 닦았겠느냐? 살아 생전에는 죄인들 덕분에 덕을 높일 수 있었고 죽어서는 또 극락 꽃밭에서 소요하는 신세, 그래 대성(大聖)은 무엇이냐! 대오각성한 자가 대성이라, 무엇을 대오각성하였느냐! 살생을 하지 말아라, 그러면 굶어죽을 것이요, 먹혀죽을 것이다. (…중략…) 요만큼도 실은 아니되는 일이로되 죄인의 멍에를 지는 자는 있어야 할 것인즉 그렇지이, 대성의 자리가 맑고 그 자리가 피로 물들지 않는 것은 무수한 죄인들의, 무거운 죄인의 멍에 덕분이거늘 그 위대한 희생자는 도시 무엇이냐! 영원한 육도(六道)윤회의 죄인들이요 육도 중에서도 천상(天上)만은 아득한 노예들이다, 그 말이냐?(6권, 399, 강조는 인용자)

선(善)을 체현하는 "성현"의 존재 이면에 죄가 자리한다는 김환의 논리는 시대의 변혁이라는 대의를 위하여 자행한 악을 반추하면서 허무를 느낀다는 김개주의 발언에 대한 항변으로 읽을 수 있다. 앞에 인용된 김개주의 대사가 김환에 의해 환기된다는 사실은 김환 역시 그의 부친과 동일한 부류의 인물임을 시사하나, 김길상에게 던지는 위의 대사는 일본제국주의에 항거하는 김환의 투사로서의 삶을 예표하는 것이라 할 수 있다. 김환은 별당아씨와의 사별로 패륜적 사랑에 종지부를 찍은 이후, 동학잔존세력을 진두지휘하여 일본인 테러 등의 방법으로 일본제국주의에 대항한다. 그는 민족적 차원에서 일본제국주의라는 보다 큰 악에 대적함으로써 개인적·가족적 차원에서의 죄의식을 상쇄해 가는바, 이와 관련하여서는 이어지는 논의를 통해 살피겠다.

이처럼 『토지』는 조선왕조의 몰락기와 일제강점기를 시대적 배경으로 하여 선과 악의 가치를 절대화하는 입장을 지양하고, 죄의 문제에 대해서도 상대적으로 접근하고 있다 할 수 있다. 특별히 시대의 변혁을 꿈꾸었던 김개주와 김환 부자를 통하여 이와 같은 작가의식이 첨예하게 드러나고 있음을 살펴보았다. 이러한 죄의 상대화는 '상징적 빚'을 승계받은 인물들이 죄의식의 주체와 그 원인 간 폐쇄적 구조를 탈피하여 죄의식을 해소하는 방식과 관련을 맺는다. 『토지』는 서사의 지평을 시대의 문제, 민족의 문제 등으로 넓힘으로써 죄의식과 그 원인의 양자적 관계 내에서 죄-속죄의 순환윤리를 이루고자 하는 선행 작품의 한계를 극복한다.

2) 제3의 대상으로 욕망투여를 통한 상징적 빚의 대속

앞에서 죄의식과 관련된 박경리의 문제의식이 첨예하게 드러난 후기 장편 『창』, 『단층』을 통해 '가족'이 구원의 가능성으로서 제시되고 있음을 살펴보았다. 『토지』는 가족사 소설로서 죄의식 문제를 가족의 문제로 확대하여 그 해소방안을 강구하는 작품이다. 여기에서는 『토지』를 중심으로 선대의 죄를 '상징적 빚'으로서 심리적으로 승계받은 후손들이 이를 탕감하는 양상에 주목한다. 『토지』의 제1세대 인물들에서 비롯하는 죄의 문제는 김환을 비롯하여, 조병수, 김한복, 이홍 등의 후속 세대에 의해 존재의 근본 층위에 자리하는 죄의식의 문제로 치환되어 그것의 해소와 관련하여 지속적으로 작가의 탐색 대상이 되는데, 이 글은 이를 '상징적 빚'이라는 말로 대신하고 있다. 이후 논의를 통해 상징적 빚을 승계받은 이들 후속세대가 새로운 가치에 욕망을 투여, 굴절함으로써 죄의식을 해소 내지는 대속하는 양상을 살필 것이다.

죄와 속죄의 순환윤리와 관련하여 가장 문제적인 경우는 조준구 일가라 할 수 있다. 박경리는 수필에서 "이해(利害) 상관을 가늠하면서 박수도 치고 응원도 하는 구경꾼들", "어떤 법의 조문에도 저촉이 아니되는 검은 그림자 같은 범죄자를 누가 단죄"할 것인지에 대해 문제 제기하면서, 진정한 뜻에서 소설이란 이러한 것들에 대한 응시이며 "악에 대한 뜨거운 증오의 정열"[51]을 포괄하는 것이라는 의견을 개진하고 있다. 이는 박경리가 작가로서의 사명감을 드러낸 것으로 읽히며, 그의 단편소설에서부터 『토지』에 이르기까지 지속적으로 탐색되어온 죄—속죄 / 처벌의 문제는 이러한 그의 문학적 사명감의 구체화인 것으로 보인다. (특히 수필의 인용된 구절과 관련하여) 박경리의 문제의식이 첨예하게 드러난 작품으로 『단층』, 『나비와 엉겅퀴』[52]를 들 수 있으며, 『토지』에서 조준구의 최참판가에 대한 악행을 생각해 볼 수 있다. 『단층』에서 한윤희가 어떤 법의 조문에도 저촉되지 아니하는 범죄자를 단죄하기 위한 시도가 불가능하다는 것을 깨닫고 '자살'을 선택하는 것을 앞서 살펴보았다. 『토지』에서 조준구의 최참판가에 대한 악행은 법의 저촉을 받지 않는다는 점에서, 그리고 죄의식이 부재하다는 측면에서, 『단층』에서 한윤희를 죽음으로 몰고 간 노파와 사나이의 행적과 연장선상에 놓이는 것으로 볼 수 있다. 이 글은 조준구 부처의 악행이

51 「화원을 꿈꾸며」, 『Q씨에게』, 162~163면.

52 『나비와 엉겅퀴』는 한 인간을 교묘하게 정신적으로 살해하는 물질지상주의적 속물들의 삶을 다루고 있다. 원죄 『죄인들의 숙제』는 이러한 작품의 문제의식을 보다 분명하게 드러낸다.

그의 꼽추 아들 조병수에게 상징적 빚으로 승계되어, 그가 이를 대속하는 과정에 주목한다.

> 불구자로서의 번민이나 부모가 자식에게 가한 수모, 천지간에 맘도 몸도 기댈 수 없었던 처절한 고독, 그것은 병수 자신을 위한 목마름이었지만 **그 목마름 같은 것을 누르고도 남을 크나큰 고통은 자기 자신이 죄인이라는 의식**이었다. **부모의 큰 죄는 바로 자신의 죄**요, 부모의 악업으로 얻은 재물로 자신이 연명되고 있다는 그 뼈를 깎는 고통, 더러운 곡식을 아니 먹으려고 **수없이 기도했던 자살**, 그러나 생명에의 집착 때문에 스스로 죽음을 포기하였고 더러운 물 더러운 곡기를 미친 듯 빨아당기지 아니했던가. 병수는 죽지 못하는 치욕 때문에 미쳐 날뛰었다. **그를 구원한 것이 바로 이 소목일이었다. 이제 병수는 용서를 받은 것이다. 자학은 일(예술)에서 승화되었다. 일은 그에게 만남**이었다.(9권, 340, 강조는 인용자)

박경리는 죄-속죄의 순환윤리를 탐색하는 자신의 문학적 여정에서 '잔여의 죄'에 대해 마지막까지 추궁하는 입장을 취한다. 조준구의 최참판가 재산 착복과 관련된 악행은 최서희에 의해 합법적으로 응징된다. 그러나 조준구 부처의 죄의식의 부재함, 이어지는 악행, 그리고 법의 집행 너머의 최치수 교사 혐의는 여전히 잔여의 죄로 남는다. 죄의식이 부재하는 조준구의 죄의 계정에서 결코 청산될 수 없는 악행인 것이다. 이는 그의 후손 조병수와 조남현에게 '상징적 빚'으로 승계되며, 이를 청산하기 위한 조병수의 몸부림은 처음에 자학의 형식으로 나타난다. 죄의식 부재의 죄, 법의 집행 너머의 죄를 단죄할 수 없다는 절망에 『단층』의 한윤희가 죽음을 선택하였듯이, 조병수 역시 자신의 생명을 내어놓는 것으로 자신이 짊어진 빚을 청산코자 한다. 그러나 자학 혹은 '단순한 자살'이 죄-속죄의 문제를 해결하는 방편일 수 없음을 『토지』의 박경리는 『창』에 이어서 적극적으로 피력한다. 자신이 떠맡은 빚의 무게 때문에 고통 받던 조병수를 구원한 것은 소목일이었다. 인용문에 드러나듯이 조병수는 "일(예술)"을 통해 "자학"이 아닌 구원에 이른다. 조병수의 죄의식(X)은 법의 어떤 조문에도 저촉되지 않을 뿐만 아니라, '죄의식 부재하는' 부친의 악행으로 인한 빚을 대신 짊어진 것이기 때문에, 그가 죄의식을 해소할 수 있는 대상(-X)은 원천적으로 부재한다고 할 수 있다.[53] 여기에서 조병수의 절망은 비롯하는 것이며, 그것은 자학 — 자기 처벌 — 의 형태로 나타났던 것이다. 그런데 조병수는 제3의 대상, 즉 예술(소목일)에서 가치를 발견하고 이에 욕망을 투여, 굴절함으로써 창조하는 과정을 통해 죄악 자체에 함몰되지 않고 죄와 속죄의 폐쇄적 순환 구조를 넘어선다.

한편 『토지』의 표층적 서사에 주목하여 볼 때, 『토지』에는 "형무소", "감옥", "수감" 등의 사법적 용어가 쓰이는 사건들이 빈번하게 등장한다. 동학잔존세력과 연계되어 항일운동을 하는 대부분의 인물들은 형무소에 수감되며, 김길상을 포함하여 계명회 사건에 연루된 다수 인물들이 간여하는 서사 역시 형무소 수감을 주요한 모티프로 하여 전개된다. 여기에서는 최치수 살해와 관련하여 '상징적 빚'을 인계받은 인물들이 형수

53 Martin은 사드의 작품에 드러나는 쾌락의 경제를 논의하면서, 타자의 고통이 자아의 쾌락이 되는 폐쇄적 구조(X = Y)에 범죄 및 그 범죄에 대한 처벌이 더해짐으로써 쾌락의 경제에 인플레이션이 작용함(X = Y + 1)을 밝히고 있다. David Martyn, *Op. cit.*, pp.84~85.

소 수감이라는 법의 처벌[54]을 받는 과정에서 죄의식을 상쇄하고 '상징적 빚'을 대속하는 양상을 살피겠다. 법의 처벌이란 기본적으로 죄의식의 상승과 유관하다 하겠는데, 김한복, 김영호, 김환 등 『토지』의 인물들은 오히려 국권회복이라는 제3의 가치에 욕망을 투여, 일제 강점기의 선을 담보하지 않는 법의 처벌을 받음으로써 '상징적 빚'에서 놓여난다.

『토지』에는 지각 있는 일본(지식)인의 입을 빌려 일본 제국주의를 비판하는 장면이 자주 나타낸다. "코스모폴리탄"을 자처하는 오가다 지로의 누이 유키코가 하는, "국가나 민족을 업고서 저지르는 도둑질이나 살인은 범죄가 아니라는 것과도 통한다. 하여 사람들은 얼굴 없는 하수인, 동물적인 광란에도 수치심 죄의식이 없게 된다"(10권, 354)와 같은 발언이 이에 해당한다. 이러한 일본 제국주의 지배를 받는 조선인에게 있어 죄와 처벌의 문제는 선악 이분법의 공식을 따르지 않는다. 아버지 김길상이 계명회 사건에 연루되어 수감되었을 때, 그의 둘째 아들 윤국의 내면을 통해 드러나듯이[55], 『토지』는 법과 처벌의 형식논리, 즉 법의 한계에 대한 인식을 극명하게 드러내고 있다 하겠는데, 이는 선대의

---

54 들뢰즈는 칸트의 『실천이성비판』에 드러난 '순수형식'으로서의 법의 논리가 사드와 마조흐에서 아이러니 혹은 유머로서 작용하는 양상을 살피고 있다. 그에 따르면, "매저키스트는 법을 처벌 과정으로 간주하며 그러므로 스스로 처벌을 요구한다. 그러나 처벌이 끝나면 지금까지 법이 금지해 왔던 쾌락을 경험할 자격이 주어진 것처럼 느낀다. 매저키즘에서 유머의 본질은 바로 이것이다." 한편, Martyn은 사드의 작품에 나타난 쾌락의 경제를 논의하면서, 사드가 상대의 고통을 통해 자아의 쾌락을 얻은 방식에서 나아가, 여기에 범죄를 추가함으로써 처벌을 통하여 쾌락을 배가시키는 원리를 분석하고 있다. 그는 여기에 칸트의 '형식'으로서의 법에 대한 입장이 적용됨을 밝히고 있다. G. Deleuze, 이강훈 역, 「유머, 아이러니, 법」, 『매저키즘』, 인간사랑, 1996, 99~100면; David Martyn, *Ibid.*, pp.84~88.

55 **【인용】 형무소**는 죄인들이 가는 곳이다! 살인 도둑놈 사기꾼, 남한테 몹쓸 짓을 한 놈들이 가는 곳이다! 반역자, 제 민족 팔아먹은 놈이 가는 곳이다! 내 땅, 내 민족이 사는 곳, 저 도적놈들이 샛별같이 빛나는 사람들을 잡아 가두는 곳이 형무소라, 왜 그래야 하나 왜 그래야만 하나.(11권, 113~114)

죄업을 '상징적 빚'으로서 승계받은 인물들이 그 빚을 탕감하는 계기와 맞물린다. 이와 관련된 『토지』의 주요 인물들은 죄(악)를 상대화함으로써, 가해자와 피해자 간 양자 관계의 폐쇄적 구조를 탈피하여 '상징적 빚'을 대속하게 된다. 이들은 보다 큰 악에 대항하기 위해 새로운 가치에 욕망을 투여하여 굴절하는바, 이 과정에서 법의 처벌을 받게 된다. 박경리의 작품은 법 집행과 죄의식 형성이 분리된 상황을 통해 '순수형식'으로서의 법에 대한 인식을 드러내 보이는 한편, 대의를 위해 악법의 처벌을 받음으로써 죄의식에서 놓여나는 인물을 형상화하고 있다.

김평산 일가의 경우, 김평산이 살인죄로 처벌되고 함안댁이 자살하였음에도 불구하고 그의 후손 김한복이 잔여의 죄를 '상징적 빚'으로 이전받아 그로 인한 죄의식을 갖는데, 그는 만주의 독립운동가들에게 독립자금을 전달하는 일을 수행함으로써 스스로가 죄인이라는 생각에서 탈피하게 된다. 『토지』는 여기에서 나아가, 김평산의 손자이자 김한복의 아들인 김영호가 광주학생운동의 여파로 진주의 각급 학교에서 번진 시위운동 및 맹휴(盟休)계획을 한 "주모자의 한 사람으로 경찰에 연행된" 사건을 겪으면서, "진정한 뜻에서 한복이 일가"가 평사리 "마을 사람들과 화해"하도록 한다. 그 일로 김영호는 "영웅"이 되며, 독립자금 전달 임무를 마치고 만주에서 돌아온 김한복은 "영웅의 부친"이 된다. "중인출신의 조모와 살인죄인의 조부, 동네 머슴이던 부친과 거렁뱅이였던 모친, 그런 가계"의 김영호는 "희망의 대상으로 부상"하며 한복 일가는 그 일을 계기로 "회복할 수 없었던 인간으로서의 존엄성"(10권, 64)을 되찾는다. 김한복은 처음 독립자금 수송책을 맡았을 때, "살인죄인으로 세상 끝내기 보담이야 애국자로 세상 끝내는 편"이 낫기 때문에 그 일을 기꺼이 떠맡겠으며, 그 일을 통해 "빚을 갚"(11권, 241)겠다는 의지를 갖는다. 이를 통해 김평산이 남긴 상징적 빚은 어느 정도 대속되는데, 김한복의 아들 영호가 일본제국주의에 대항하여 식민지 법의 처벌을 받음으로써 김한복 일가의 상징적 빚은 청산된다.[56] 김평산이 후손에게 남긴 잔여의 죄는 그의 손자 대에서 일본제국주의라는 보다 큰 악에 대항하여 식민지 법의 처벌을 받는 과정에서 탕감된 것이다. 살인죄로 처형된 조부대의 법 집행이 김평산 가문에 '상징적 빚'을 남긴 것이라면, 김평산의 손자 김영호가 대의를 위해 식민지 법의 집행을 받은 것은 가계를 타고 이어져 내려온 빚을 청산하는 계기가 된 것이다. 이들 부자는 죄의식과 그 원인 간 폐쇄적 구조를 넘어 민족적 차원에서 보다 큰 악에 대항하여 국권회복이라는 새로운 가치를 추구하는 과정에서 악법의 처벌을 받음으로써 죄의식을 해소하게 된 것이다.

김환은 "인생 초반에서 가장 비극적인 상실을 목도하면서 살아남은 처지"의 인물로서, 특별히 그가 '별당아씨'를 잃은 것에 대해서는 "누구보다 철저하게, 대치(代置)가 불가능하였기에 그토록 철저하게 잃은 것"(11권, 40)으로 정리된다. 그럼에도 불구하고 그는 "존재의 신비를 사

---

56 이와 관련하여 한복의 장녀 인호와 야무의 인연 역시 시사하는 바가 크다. 인호는 살인죄인의 후손으로서 마땅한 혼처가 나지 않아, 겨우 결혼을 하였으나 파경을 맞는다. 인호는 친정인 평사리에 돌아온다. 비슷한 시기에 일본 노동자로 일하던 야무네의 장남 야무가 병들어서 돌아온다. 그는 일본에서 노동운동에 연루되어 '까막소' 신세를 지고 거의 죽게 되어 고향의 품으로 돌아온 것이다. 추후 인호는 야무와 맺어진다. 이와 관련하여 다음의 인용에 주목해 보자.

【인용】 까막소, 음산하고 공포감 없이 사람들은 그곳을 생각하지 않는다. 인생의 끝이요 살아 있는 무덤, **그러나 식민지의 까막소는 쥐틀 속의 쥐새끼처럼 범죄자만 갇혀 있는 곳은 아니다. 애국자, 사상가들이 노한 사자같이 눈을 부릅뜨며 있는 곳, 부당한 침해에 방어하려다 무고하게 투옥된 양들도 있으며 재판소의 서기는 억울하다는 말이 왜말로 번역이 안 되어 고심한 다든가.**(11권, 「4-3-2. 야무의 귀향」, 177)

랑한" 인물로 그려지나, 윤씨부인-별당아씨로 이어지는 관계의 사슬에서 갖게 된 죄의식으로 인해 자학과 가학이 함께 하는 삶의 태도를 가진 것으로 평가된다. 이 글은 김환이 김한복, 김영호 부자와 유사한 과정을 거쳐서 최참판가와 관련된 죄의식을 해소하는 것으로 본다. 특히 김환은 절대적 선을 부정한 것과 마찬가지로 악의 상대적 속성을 인식한 인물로서, 일본제국주의라는 보다 큰 악에 대항하여 조국독립이라는 대의에 욕망을 투여하는바, 이로써 최서희와의 관계에서 자신의 패륜으로 인한 묵을 갈등을 해소하는 장면이 있어 주목된다.

동학접주 김개주와 양반가의 수절과부 윤씨부인 사이의 사생아이자, 형의 아내를 가로챈 간부 구천의 죄업은 존재의 근본 층위에 자리하는 것이며, 그것은 시대적 상황과 관련하여 상대화되는 측면이 있음을 앞에서 살펴보았다. 그는 별당아씨 사후 김환으로 거듭난다. 김환은 동학잔존세력을 이끌면서 독립운동에 투신하는데, 김길상의 주선으로 만주벌판에서 독립운동을 하는 사나이들과 교류하기도 한다. 김환이 만주에서 이동진과 대면하는 다음 장면에 주목해 보자.

> (이동진) "자네가 이십 년 동안 어디서 무엇을 했으며 어떻게 살았는가, 그건 내 알 바 아니나 **설령 의병장을 하였다손 치더라도 그것으로 과거의 파렴치가 상쇄된다는 생각을 한다면 의병장 아니라 왜놈의 산귀신(일본 천황을 이름)을 찔러죽였다 하더라도 말짱 헛거야.**" / 담뱃재를 떨어내는 이동진의 손이 덜덜 떤다. (…중략…) (김환) "그런 말씀이 두려웠으면 찾아왔겠습니까? 고매하신 도덕군자가 무서웠다면 말입니다." / (이동진) "뭣이라구? 이놈!" / (김환) "**살인, 간음, 도둑의 집안이어서도 아니 되겠으나 허울만 좋고 편협한 도**

덕군자의 집안이어서도 일이 되는 것은 아니지요. 수신제가(修身齊家)의 그 어정쩡한 자리는 당분간 아녀자에게나 맡기시는 것이 어떠하올지."(6권, 396, 강조는 인용자)

청백리로 알려진 이동진은 하인 김길상과 최서희의 결혼을 심정적으로 받아들일 수 없었던 인물이다. 그런 만큼 김환이 조국독립이라는 대의를 위하여 헌신한다 할지라도, 과거의 파렴치, 즉 간부로서의 행적은 용서받을 수 없다는 말을 김환에게 던진다. 이에 맞서 김환은 간부로서의 자신의 죄를 인정하되, 도덕군자의 편협함이 당시의 시대적 상황에서 긴요하지 않음을 주장한다. 일본 제국주의라는 보다 큰 악에 맞서 싸우는 현실하에서 좁게는 양반가의 법도, 넓게는 도덕을 운운하는 것에 대해 냉소하는 김환과의 대화 끝에 이동진은 "지난날의 양반이란 이젠 죄인"이며 "자학하지 않으면 아니"됨을 통감한다.[57] 김환의 이러한 논리는 가문을 복원하기 위해 하인과 결혼한 최서희에 의해 허용된다. 김개주와 윤씨부인, 김환과 별당아씨로 이어지는 불륜(패륜)의 직접적인 피해자는 최서희라 하겠는데, 그녀는 일본인을 암살하고 왜헌병에게 쫓기는 김환을 평사리 최참판가 사당에 숨겨준다. 이를 통해 최서희는 일본 제국주의라는 보다 큰 악에 대항함으로써 자신의 존재

57 여기에서 작가의 가치관에 대한 박경리의 글편에 주목해 보자. 그는 수필집 『Q씨에게』에 두 번째로 수록된 글편에서, 도스토예프스키의 「프로할징」이라는 단편에 대한 단상을 쓰고 있다. 다음은 그 가운데 일부이다. "**도덕이나 법률이라는 불완전한 규제를 걷어 젖히고 보다 깊은 곳으로 보다 깊은 곳으로 내려가 인간을 보고 느끼는 작가의 가치관은 얼마든지 불완전한 규제에서 이탈할 수 있는 것**이고, 상황에 던져질 인간을 사회가 기준한 가치를 뒤엎어서 가치 짓는 것은, 그러나 그것은 작가의 전횡은 아닐 것이며 **모든 습관이나 제도나 법률이 인간 본질에 멀리 미치지 못한다는 어쩔 수 없는 결함 때문**이죠." 「작가의 가치관」, 『Q씨에게』, 18면.

자체와 함께 하는 죄의식을 극복코자 하는 김환의 논리를 수락한 것이라 할 수 있다. 이때 최서희를 초점화자로 하여 김환의 모습은 인용문에서와 같이 그려진다.[58] 이 부분에서 최서희는 일경에게 쫓기는 신세로 최참판가를 찾은 김환이 그의 아버지 김개주와, 그 자신이 구천의 이름으로 최참판가에 행한 과오와 그로 인한 내면적 고뇌로부터 놓여나고 있음을 직시하고 있다 하겠다. 이러한 김환의 면모는 최서희가 그를 최참판가의 사당에 숨겨 주겠다는 결단을 내리는 데 긍정적 영향을 미친 것으로 나타난다.

김환은 『토지』의 「3-3-18. 환의 죽음」에서 마지막으로 등장하는데, 자신을 적대시하는 지삼만의 밀고로 감옥에 수감되어 생을 마친다. 그는 동학잔존세력의 존재를 일본 통치자들에게 드러내서는 안 된다는 사명감 때문에 스스로 생을 마감함으로써,[59] 자신의 행적을 영원한 미결의 사건으로 종결짓는다. 여기에서 김환의 자살은 대의를 위한 '희생의 논리'[60]를 따르는 것으로서, 앞의 『창』 등에서 나타난 자살과는

58 【인용】 옛날같이 절망의 정열, 스스로 위기에다 몸을 내던지고자 하는 감정과 제어하려는 의지와의 싸움, 그 날카로움, 오뇌, 갈등을 찾아볼 수 없다. 자연이다. 김환은 이제 자신을 자연으로 환원(還元)시킨 것일까. 서희는 그것을 느낀다. 한 인간이 도달할 수 있는 지극히 높은 영혼의 경지를 느낀다.(8권, 「3-2-14. 탈 속에는」, 48)

59 【인용】 말할 입은 석포의 죽음으로 닫혀버렸다. 눈치 채지 않게 금식함으로써 서서히 죽어가든, 아니면 혀를 물고 죽든 이제는 홀가분하게 된 것이다. 아주 홀가분하게. **뒷일을 위해서는 스스로 목숨을 끊지 않는 것이 적절할 테지만, 사세 여하에 따라서 자살도 수단으로 하지 않으면 안 된다. 죄상(罪狀)을 내놓는 기결(旣決)로 가서는 절대 안 되기 때문에. 오로지 미결(未決), 영원한 미결, 무혐의는 기대할 수 없기 때문에 죽음이 있을 뿐인 것이다.** 아닌게아니라 구름 송이가 지나가던 높다란 철창문에 노을이 타는데, 온종일 환이를 불러내 가지 않는다. 어젯밤에도 불러내 가지 않았었다. 노을이 타는 철창문을 바라보다가 환이는 다시 눈을 감는다. 홀가분하다. 말할 수 없이 홀가분한 것이다. 그러나 마음 밑바닥에서 불어오는 차디찬 바람은 무슨 바람인가. 골수를 쑤시는 것 같은 허무.(8권, 「3-3-18. 환의 죽음」, 370)

60 칸트는, 자살을 다음 두 가지 유형으로 구분하는데, 김환의 자살은 첫 번째에 해당한다. "첫째로 희생의 논리를 따르는 자살이다. 의무가 부를 때 나는 이것 혹은 저것을 그리고 필요하

구별된다. 김환은 생의 마지막 순간까지 "허무"에서 놓여나지 못하지만, "죄업"과 함께 하는 자신의 존재 자체를 희생의 제단에 내어 놓음으로써 대의의 실현을 기도한다. 김한복-김영호로 이어지는 김한복 가문에서와 마찬가지로, 김환 역시 국권회복을 위해 식민지 법에 대항하여 그 법의 처벌을 받는 과정에서 자신을 희생함으로써, 결과적으로 출생과 함께 자신에게 잠복한 죄의식을 상쇄한 것으로 볼 수 있다.

『토지』는 박경리의 초기작에서부터 드러나는 죄의식 관련 작가의식의 긴 도정이 마침표를 찍는 작품이라 할 수 있다. 『토지』에 이르러 죄는 상대화되며, 죄의식을 갖는 인물들이 죄와 속죄의 폐쇄적 순환의 고리 — 피해자와 가해자간의 혹은 죄업과 그로 인한 죄의식의 단선적 관계의 틀 — 를 벗어나 보다 큰 악에 대항하기 위해 제3의 가치를 발견, 굴절함으로써 '상징적 빚'을 청산하고 죄의 사슬에서 벗어나는 활로를 보여주고 있다 하겠다.

다면 심지어 나의 생명을 희생한다. 여기서 우리는 무한한 '정화'의 논리를 다루고 있는 것이다. 나의 생명을 희생하는 것은 단지 앞으로 나아가기 위한 '또 하나의 단계'에 불과하다. 즉 희생되어야만 하는 수많은 '대상들' 가운데 하나에 불과한 것이다. 두 번째 유형의 자살은 더 대중적이다. 아무런 대의에도, 아무런 목적에도 소용이 없으니 말이다." Alenka Zupančič, 앞의 책, 134~135면.

3. 인물의 삶의 지평 확대와 '굴절'의 미학

1) 인물의 현실참여 지향성과 생명사상 발현

가치의 생성을 강조한 니체는 가치가 생명을 강화한다는 점을 가치의 주요한 요건으로 들고 있다.[61] 본절에서 살핀 인물들은 가치의 생성을 통해 굴절함으로써 삶의 지향점을 모색하고 있다. 가치를 상대화하는 인물들의 이와 같은 성격은 반(反)-생명지향성을 내비친, 가치를 절대화하는 인물의 성격과 크게 구별되는 바이다. 이 글은 가치의 생성을 통해 굴절하는 인물 성격화 방식이 박경리의 생명주의 미학을 직접적으로 드러내고 있는 것으로 본다. 인물의 정체성 및 죄의식의 문제를 중심으로 인물 성격화 양상을 다각도로 논의하는 과정을 통해, 가치 일원론을 지양하고 가치의 상대화를 통해 굴절하는 인물들이 대체적으로 '나'로부터 탈피하여 가족, 민족 혹은 사회로 삶의 지평을 확대하고 있음을 알 수 있다. 즉 현실참여 지향성을 드러내는바, 대부분의 인물들이 항일운동에 간여하는 『토지』에 이르러서 이와 같은 특성이 두드러지게 나타난다. 이는 가치의 생성이라는 측면에서뿐만 아니라, '타자'와의 공동체적 연대를 추구한다는 점에서도 생명사상과 관련을 맺는다 할 수 있다.[62] 그런데 인물의 삶의 지평 확대는 『영원한 반려』, 『나

---

61 F. Nietzsche, 강수남 역, 『권력에의 의지－모든 가치의 가치전환의 실험』, 청하, 2003, 227면; E. E. Sleinis, *Nietzsche's Revaluation of Values*, University of Illinois Press, 1994, pp.13~14.

62 박경리는 생명 일체는 공동체인 동시에 개체인 것으로 보고 있다. 그는 지구와 모든 생명은 공동체이며 같은 운명이라는 점을 강조하여 지구의 환경을 보호할 것을 촉구하고 있다. 이

비와 엉겅퀴』, 『단층』 등 박경리의 후기 장편에서부터 『토지』에 이르기까지 점진적 과정을 거쳐 나타남을 알 수 있다. 에로스적 사랑으로부터 굴절하는 인물의 존재 방식을 통해 이를 일관되게 살필 수 있다.

사랑은 박경리 문학의 중요한 화두 가운데 하나이다. 앞에서 살핀 바와 같이 박경리 문학에서 사랑은 절대화된 유일의 가치로서 추구되는가 하면, 가치의 무차별화를 자행하는 인물들에 의해 그 질적 가치가 사장되기도 한다. 이러한 양상들은 가치의 생성을 이루지 못한다는 점, '나'와 '타자들'간의 진정한 연대를 이루지 못한다는 점에서 생명주의 미학과 거리를 두고 있다 하겠다. 가치를 상대화하는 인물들은 장애를 갖는 에로스적 사랑으로부터 굴절하여 가족, 공동운명체적 사랑 등에 비교우위의 가치를 두는바, 이는 가치의 생성을 통해 삶의 지향점을 마련한다는 측면에서뿐만 아니라, 타자와의 상호침투를 시도하고 있다는 점에서 생명사상을 발현한 것으로 볼 수 있다.[63]

가치를 절대화하는 인물들이 사랑을 결혼에 도달하기 위해 충족시켜야만 할 유일의 가치로 본 것과 달리,[64] 후기의 장편에 이르러서 사

러한 박경리의 생명사상은 개별성과 전체성을 생명의 본성으로 보는 김지하의 생명사상과 상통한다. 그에 따르면, 나를 중심으로 볼 때는 이웃이 둘레이고, 이웃을 중심으로 볼 때는 내가 둘레이다. 마찬가지로 모든 사람은 자기가 중심이면서 모든 전체 속의 하나이다. 이것이 생명의 기본 원리이다. 박경리, 『생명의 아픔』, 이룸, 2004, 12 · 20면; 이경숙 · 박재순 · 차옥숭, 『한국 생명 사상의 뿌리』, 이화여대 출판부, 2001, 166~167면. 이덕화는 박경리의 『토지』에 나타나는 생명사상을 '나'와 '타자'의 상호침투 양상에서 찾고 있다. 그는 인물 상호간의 긴밀한 연관성에서 비롯하는 유기체적 존재론이 박경리의 생명사상을 잘 드러낸 것으로 보고 있다. 이덕화, 앞의 책, 27~29면.

63 이와 관련하여 가타리의 생태학 역시 시사점을 준다. 가타리는 환경생태학, 사회생태학, 정신생태학을 주장하는데, 각각에 대해 자연, 사회관계, 인간의 주체성을 대응시키고 있다. 가타리는 개인들이 타자에 대해서 연대함과 동시에 타자와 점점 다른 존재로 되어야 한다는 것을 이 세 가지 생태학의 공통적인 구상으로 본다. F. Guattari, 윤수종 역, 『세 가지 생태학』, 동문선, 2003, 57~58면; 윤수종, 「가타리의 사상 변화」, 같은 책, 103~105면.

64 장애를 갖는 사랑에서 이와 같이 사랑의 가치를 절대화할 경우, 그 결과는 가족의 파괴에 이

랑에 대한 가치 일원론적 입장이 지양되고 가족 형성 내지 유지에 보다 큰 의미를 두게 된다. 『영원한 반려』에서 신병옥이 선자를 택하여 결혼을 결정하는 과정에는 성민수를 향한 신병희의 사랑에서와 같은 '참다운 연애'[65]의 원질이 자리하지 않는다. 신병옥은 선자와 사귀면서 자신이 "사회에 나와 직장을 갖게 된다면 과연 자기는 선자하고 결혼할 것인가"(147)하는 물음에 쉽사리 해답을 찾지 못한다. 이러한 그가 선자와의 결혼을 결정하게 된 계기는 부잣집 소녀와 같은 "숙녀의 비위 맞출 재간도 없고 말 안 들으면 두들겨 주기도 불편하고"(333), "사내대장부가 계집의 치마 밑에서 출세하려는 게 틀렸다는 생각"(335)을 했기 때문인 것으로 드러난다. 여기에서 박경리 작품에서 추구되곤 하던 '참다운 연애'를 가능케 하는 사랑이 결혼을 성사시키는 절대적 가치로서 자리하지 않음을 알 수 있다.[66]

가치를 상대화하는 인물들은 모두 이러한 입장을 드러낸다. 대신 그들은 가족(결혼)의 가치에 비중을 두는데, 『나비와 엉겅퀴』에서 그것은 구체적으로 '생활'에 대한 의미부여로 나타난다.[67] 이 작품의 초반에서

르거나 가족 형성에 좌절하는 결과를 낳는다. 3장에서 살핀 바와 같이 상당수 박경리 작품은 절대화된 사랑의 추구가 파국적 결말로 치닫는 양상을 그려 보이고 있다.

65 박경리는 수필에서 진정한 의미에서의 연애란 "갈구하면서도 좀처럼 얻어질 수 없는 것"이며, "인간들의 결합은 그 대부분이 정사에 속할 것"이라는 극단적인 의견을 피력한 바 있다. 「참다운 연애의 의미」, 『Q씨에게』, 329~330면.

66 이에 앞서 사랑이 결혼의 불가결한 조건이 아니라는 인식에 도달한 인물에 「재혼의 조건」(1962~63)에 등장하는 유강옥이 있다. 이 작품에서 유강옥은 한국전쟁 때 국군에 의해 죽은 애인 윤명환의 죽음에 책임이 있다고 생각하여 처녀 며느리로 윤명환의 집(시댁)에서 생활한다. 그렇게 생활한 지 칠 년 되는 해에 시부모의 권유로 교직에 들어선다. 유강옥은 동료교사로서 유부남인 남성우와 사랑에 빠진다. 이에 유강옥은 윤명환의 친구이자 동료로서 오랫동안 유강옥을 사랑해 온 이치영의 사랑을 받아들이지 못한다. 그녀는 자신을 찾아온 남성우와 육체의 결합을 한 이후 사랑의 허무를 발견하고, 이치영의 청혼을 받아들일 결심을 한다. 박경리, 「재혼의 조건」, 『朴景利文學全集』 10, 지식산업사, 1980.

67 구재진은 1960년대 박경리의 단편소설에서 '생활'이 그 중심에 놓인 것으로 본다. 그에 따르

강은애는 윤희련에게 장기수와 재결합할 것을 권유하면서 자신의 결혼관을 이야기한다. 그에 따르면, 결혼은 "자유이기보다 의무"이고, "애정이기보다 생활"(22)이다.[68] 이와 같은 결혼관이 박경리의 작품에서 의미를 갖는 것은 '낭만적 사랑'을 중요시하는 작품에서는 사랑이 결혼에 이르기 위한 절대적 가치로서 여겨져 왔기 때문이다. 이는 결혼을 위한 유일의 가치로서 사랑을 내세우는 입장을 지양하고, 사랑보다 생활에 가치를 둔다는 점에서 주목된다. 이와 같이 사랑에 대한 가치 일원론을 지양하고 가치를 상대화하는 인물들은 순조롭게 결혼에 이르며, 불륜의 사랑을 절대화하여 가족을 파괴하는 등 파국에 이르는 결과를 낳지 않는다.

부부관계에서 사랑보다 생활을 중요한 것으로 인정하고, 이를 실천한 인물은 『나비와 엉겅퀴』의 정양구이다. 정양구는 아내인 강은애 이외 남미와 불륜의 사랑을 한다. 정양구는 남미에 대해 "상당히 짙은 농도의 애정"(119)을 갖는다. 그런데 정양구가 강은애와 남미를 두고 하는 내적 독백에서 그가 남미와의 사랑보다 강은애와의 "생활의 질서"를 더욱 중요시한다는 점이 드러난다. 이 내적 독백에서 정양구는 자신이 강은애를 사랑하고 있는가에 대한 물음에 "아니다. 나는 아내로

면 외부세계에 대한 환멸과 증오를 뚫고, 또한 삶의 무의미와 부조리를 뚫고 세계와 대결할 수 있는 힘을 박경리는 '생활' 속에서 발견한 것이다. 구재진, 앞의 글, 305면. 여기에서는 '참다운 연애'가 지향하는 사랑을 결혼의 절대적 조건으로 보는 입장을 떠나서 '생활'을 결혼의 중요한 가치로 인정하는 인물들이 새롭게 등장하고 있음에 역점을 둔다.

68 엥겔스는 자본주의적 사회의 결혼에서 '경제적 고려'가 배우자 선택에 큰 영향을 주고 있음을 지적한다. 자본주의적 생산과 이에 기인하는 소유관계가 지양될 때 결혼에서 상호 간의 애정 이외에 다른 아무런 동기가 없게 될 것으로 본다. 기틴스는 공동의 거주, 경제적 협동, 재생산, 성애를 가족의 네 가지 기본적 기능으로 내세운 머독의 가족관을 인용하고 있다. F. Engels, 김대웅 역, 『가족 사유재산 국가의 기원』, 아침, 1999, 109면; D. Gittins, 안호용·김홍주·배선희 역, 『가족은 없다』, 일신사, 2003, 93면.

서 그 여자를 아끼고" 있다는 해답을 내놓는다. 그렇지만 이혼할 생각은 없는데, 그것은 강은애가 자신의 "생활의 질서"를 유지하는 데 필요하기 때문이며, 여기에서 말하는 "생활의 질서"란 "주어진 여건을 십분 이용하는 행위"인 것으로 드러난다. 그는 남미를 사랑하지만, 만약 남미가 "날아가 버린다면" 어쩔 수 없다는 결론을 내린다(122~123).[69] 이처럼 사랑보다 "생활의 질서"를 우위에 두는 정양구의 입장은 남미와 사적인 관계를 맺을 때와 외부에서 활동할 때 확연히 구분되는 그의 태도에서 드러난다. 정양구는 남미 곁에서는 그녀에 대한 정애의 샘이 솟는 것을 느끼지만, 삶의 현장으로 나아갔을 때 그의 태도는 날렵한 생활인의 면모를 보인다. 그는 남미가 "그에게 있어 어느 순간에 귀중한 존재"이지 "절대적인 존재가 아닌 것"(126~133)으로 생각한다. 강은애의 발병을 계기로 정양구는 남미에 대한 사랑의 "진실"보다는 강은애를 비롯한 가족에 대한 "의무"(404)에 더 비중을 둠으로써 가족을 지키며 파국적 결말을 피하게 된다. 사랑보다 가족의 가치를 비교우위에 두고 굴절하는 정양구의 면모는 불륜의 사랑을 절대화함으로써 반(反)-생명지향성을 보이는 인물들과 대비된다.

『단층』의 정근태와 명자의 경우는 불륜의 사랑이 가족의 유지와 병행하는 특별한 사례에 해당한다. 정근태는 이른 나이에 항일투사의 손녀인 옥이네와 결혼한 이후 한국전쟁 때 재산을 탐낸 친척의 밀고로 일가몰살을 당하고 홀로 살아남은 명자를 만나 사랑에 빠진다. 정근태와

69 이 내적 독백은 강은애가 발병하기 이전에 이루어진 것으로, 강은애의 정신병 발병 이후 강은애를 비롯한 가족과 좀 더 밀착된 관계를 갖는 상황과 구별된다. 한편, 남미는 '낭만적 사랑'을 하는 박경리 소설에서의 다른 인물들과 달리 정양구에게 집착하지 않고 물질에 현혹되어 정양구를 떠난다.

명자의 사랑 이야기는 정근태의 사촌누이인 정재선의 기억을 통해서, 그리고 과거에 좌익 지식인이었으나 현재 리어카 장사를 하고 있는 권씨에게 근태가 하는 말을 통해 반복해서 재구성된다.[70] 마흔을 넘긴 나이에 무위도식하는 생활을 하던 정근태는 명자와 우연히 재회하는데, 명자를 향한 근태의 사랑은 시종일관 지고지순한 것으로 그려진다.

> **하늘에서 돈뭉치가 하나 떨어졌으면 좋겠다. 비탈진 언덕이라도 좋고 어느 다리 밑이라도 좋고 방 한 칸이 있었으면 좋겠다.** 답삭 채서 그 방안에다 명자를 숨겨놓고 싶다. 아무도 몰래. 어떤 피해의 손도 닿지 않게. **사랑하는가, 사랑한다. 어떤 경우 어떤 꼴이 되어도 사랑하는 것은 명자다. 세월이 흐르고 흘러도 명자는 한 마리 가엾은 비둘기, 근태 자신의 세계다.**(127, 강조는 인용자)

정근태가 명자와 재회할 당시 명자는 창가에까지 몸을 내맡기는 등 험하게 생활하고 있는데, 근태는 이러한 명자를 자신이 보호하고 도와야만 한다고 생각한다. 인용문의 문면에 따르면, 정근태의 명자를 향한 사랑은 "어떤 경우 어떤 꼴이 되어도" 변하지 않을 사랑이다.[71] 그런

---

70 한국전쟁 당시 사관학교 출신의 장교였던 스물다섯의 정근태는 열다섯에 일가몰살을 당하고 열아홉이 된 명자를 만나 동거생활을 한다. 이들은 기표라는 아들을 얻는데, 장손이라는 이유로 정근태의 부친인 정노인이 기표를 데려다 본가에서 기른다. 이를 말리던 근태는 권총자살을 시도하다 다리병신이 되고 만다. 이후 근태와 명자는 광산촌으로 흘러가 어렵게 생활한다. 그런데 명자를 집요하게 좇는 강길삼이라는 인물이 광산촌에 나타났을 때, 근태는 명자가 술집에 나갈 수밖에 없는 어려운 상황을 모면하기 위해 명자를 강길삼과 함께 광산촌에 남겨 두고 서울의 본가로 돌아가고 만다. 명자와의 이러한 과거 사연을 지니고 있는 근태는 현재 무위도식하며 생활하다, 창가에 몸을 내맡기기까지 하면서 험하게 살아가고 있는 명자와 우연히 재회한다.

71 이처럼 사랑하는 명자를 위해 정근태는 무위도식하던 생활을 청산하고 리어카 장사를 시작한다. 얼마 지나지 않아 정근태가 권씨와 함께 있던 상황에서 권씨가 살해당하자 살인혐의를 두려워하여 명자와 함께 궁벽한 산골 등지에서 도망생활을 한다. 살인하지 않았음에도

데 정근태는 부친인 정노인, 아내인 옥이네를 비롯한 가족과 사랑하는 명자 가운데서 양자택일해야 하는 상황에 처한다. 정근태는 “한가지 일만 해결된다면” “무슨 일이든 해서 가족을 책임지겠다”는 의사를 밝히는데, 그 한 가지 일이란, “기표를 그 생모에게 돌려주는 일”(329)이다. 기표를 생모인 명자에게 돌려주고 자신은 본가의 가장으로서 복귀하겠다는 정근태의 결정은 사랑과 가족 사이에서 팽팽한 긴장을 보이는 다른 작품에서와 양상을 달리하기에 주목된다. 여기에서는 사랑의 자리에 ‘모성의 회복’이라는 제3의 가치가 대체되고 있다.[72] 이는 유일한 가치를 절대화하는 인물, 이해관계에 따라 가치를 무차별화화는 인물과 구별되는 삶의 방식이다. 정근태는 사랑하는 명자와의 관계에서 모성의 가치를 생성함으로써, 사랑을 유일한 가치로 추구하는 가치 일원론을 지양하고 굴절의 계기를 마련한다.[73] 결과적으로 정근태는 명자에게 모성을 회복시켜 주고 자신은 가정을 지킨다.

「상흔(傷痕)」이라는 제목으로 시작되는 『단층』의 첫 장은 정노인, 정근태, 그리고 근태와 옥이네 사이에서 태어난 정근태의 둘째 아들 기

정근태는 쫓기는 생활을 하면서, 명자와 “밀월”같은 시간을 보낸다. 산골에서 함께 생활하던 점순네의 시동생이 살해당한 권씨임을 알게 되자 이들은 산골을 버리고 어촌으로 간다. 그곳에서 우연히 조카 윤수용을 만난 정근태는 자신이 살인과 무관하다는 사실을 알게 된다.

72 박경리는 수필에서 평등한 생존의 권리를 갖고 출생한 개인에게 사생아니 서자니 하는 제도상의 명칭을 붙여 그의 기본적인 인권을 박탈한다는 것은 분명히 제도의 변형인 것으로 보고, 어떠한 사회의 실정이라 할지라도 사생아나 서자에 대하여 열등의식을 강요하게끔 하는 여러 가지 실질적 또는 정신적 차별대우는 부당한 일인 것으로 보고 있다. 「사생아·서자의 열등감―사회와 개인」, 『Q씨에게』, 349면.

73 일부일처제가 법제화되고 축첩이 자연스러울 수 없는 현대를 배경으로 하는 『단층』에서 정근태의 이러한 결단은 명자의 모성의 회복이라는 측면에 초점을 맞추어 해석하는 것이 타당하다 하겠다. 이는 『토지』에서 이용, 공월선, 임이네의 삼각관계에서 이용과 임이네의 소생인 이홍과 공월선 간의 인위적인 모자관계를 통해 변주되어 나타난다. 이와 관련하여 본 장 1절 5항에서 논의된 바 있다.

웅의 삼대를 등장시킨다. 그런데 정근태는 가장으로서 아무런 실력을 행사하지 않는 가운데, 부친인 정노인과 "팽팽한 침묵의 대결"(10)을 벌인다. 이후 서사가 전개되면서 정근태와 그의 부친, 생모 간의 갈등이 제시되는데, 정근태가 기표를 명자에게 돌려주고 귀가하기까지 정노인과 정근태 부자는 불화한 것으로 나타난다. 귀가한 이후 이 작품의 마지막 장인 「가장(家長)」 장에서 근태는 중풍으로 반신불수가 된 정노인에 대한 태도를 달리하여 그와 화해한다. 아내인 옥이네에게도 "지난 세월은 다 없었던 것으로 여기며 새 출발 하자는 말"을 하여 남편으로서, 가장으로서 거듭난다. 정근태 역시 사랑보다 가족의 가치를 비교우위에 둔 것으로 볼 수 있다. 단, 정근태는 사생아에 대한 모성을 제3의 가치로 존중함으로써 불륜의 사랑과 가족 가운데 양자택일해야 하는 난제에 대한 해결책을 찾고 있다. 이 작품 역시, 불륜의 사랑을 절대화함으로써 파국적 결말로 치닫지 않는다는 점, 자기 본위의 이기주의를 탈피하여 모성(가족)의 가치를 생성하고 있다는 점 등에서 반(反)-생명지향성을 보이는 작품들과 차별화된다 하겠다.

한편 『단층』에는 사적 차원의 사랑에서 굴절하여 공동운명체적 사랑을 각성하는 인물이 등장하여 주목된다.[74] 이 작품에서 윤수용은 가

74 『단층』에 앞서 『김약국의 딸들』의 용빈을 통해 이의 원형을 살필 수 있다. 용빈은 통영의 자산가인 정국주의 아들 정홍섭을 사랑하였으나 정홍섭의 배반으로 그와 헤어진다. 그런데 용빈은 박경리 소설에 흔히 나타나곤 하는 유일한 사랑의 좌절이 파국으로 이어지는 경로를 밟지 않는다. 용빈은 교사로서 일하면서 자신의 삶을 책임지며, 추후 고종사촌 태윤을 통해 강극을 소개받는다. 용빈은 이 작품의 결말 부분에서 강극과 수차례 만남을 갖는데, 태윤과 강극이 독립운동을 하는 인물이라는 점을 고려할 때, 용빈의 강극과의 만남은 공적 자아의 발현 가능성을 내포한다. 『김약국의 딸들』에서 용빈은 공동운명체적 사랑의 각성을 분명하게 보이지는 않으나, 사적 차원의 사랑을 잃은 시련을 극복하고 공적 차원으로 지평 확대할 수 있는 가능성을 보여주기에 주목된다.

산에 대한 탐욕으로 부정한 일을 도모하는 남편에 대한 배반감과 아무런 죄의식 없이 생모를 죽음으로 몰고 간 악인들에 대한 복수심 때문에 불행한 삶을 살아가는 한윤희에 대해 에로스적 사랑의 감정을 갖는다.[75] 그런데 윤수용의 한윤희에 대한 감정은 한윤희가 그녀와 부부관계를 유지하고자 하는 남편 이상우와 헤어지지 않는 한 장애를 갖는 사랑이라 할 수 있다. 이러한 상황에서 윤수용의 한윤희에 대한 감정이 공동운명체적 사랑으로 굴절한다는 점이 주목된다.

> 향이의 경우는 스스로 의심할 수밖에 없는 애정이면서도 악마적인 쟁취의식이 팽배했었다. 한데 윤희의 경우는 강렬한 소유욕을 느끼지 않는 것은 왜? 왜 그럴까. **어쩌면 윤희가 여자 아닌 남자였고 이성에 대한 사랑 아닌 우정이었다 하더라도. 인간적인 아픔에서 밀착되는 애정의 농도는 별 다를 바가 없었을는지 모른다. 동지라든지 공동운명체적인 것에 대한 사랑이 여인에의 사랑보다 강한 것을 더러 보기 때문에.** 아픔, 다소 호들갑스러운 비유인지 모르지만 새끼를 낳은 호랑이가 아사상태에 있는 것을 보고 살신공양한 부처의 전생(前生)처럼 모든 인간에게도 그와 같은 사랑의 성성(聖性)은 본시 있는지 모른다. **그것은 상대를 구원하기 앞서 자신을 구원하는 가장 위대한 사랑의 비밀은 아니었을까. 희생은 남을 위한 것인 동시 자신에의 구원이며 욕망은 남을 해침과 동시 자신에의 파괴를 초래하게 마련,** 현실 속에는 성공이 기라성처럼 무수하고 또한 파괴되는 자도 기라성처럼 무수하다. / 수용에게 있어서 근간에 일어난 변화는, 그것을 경하해야 할 일인지 슬퍼해야 할 일인지, **한 여자의 아**

75 윤수용의 한윤희에 대한 사랑은, 허윤의 유산을 물려받아 손쉽게 출세가도를 달릴 수 있으리라는 계산이 끼어든 관계이기에 순수한 사랑이라고 보기는 어렵다.

> **픔을 통해 자신의 아픔을 발견하고 거기서 인간 공통의 아픔에까지 발전해 갈지 모른다는 일을 경하해야 할지 슬퍼해야 할지, 새까맣게 물든 공리와 욕망이 빈틈 없이 충일하여 비비고 나갈 구멍도 없게 생긴 현실에서.** 그 욕망의, 공리의 대열에서 낙오될 것을 두려워하여 이를 악물고 뛰어든 수용이, 역시 패배자임이 분명하다. 용기도 아무것도 아닌지 모른다. / **공리주의가 승리하고 욕망의 능동이 승리하고, 그것은 역학의 결과인지도 모른다. 진정 수용에게 일어난 변화를 경하해야 할 것인가.**(297~298, 강조는 인용자)

윤수용은 재산을 빼앗기 위해 혈안이 된 남편과 불화하며, 이로 인해 과거의 기억 속에 침잠하여 생모를 죽음에 이르게 하였음에도 죄의식 없이 살아가는 인물들에 대한 적의로 괴로워하는 한윤희의 "인간적인 아픔에 밀착"하여 "이성에 대한 사랑 아닌 우정이었다 하더라도" 별다를 바 없는 "동지라든지 공동운명체적인 것에 대한 사랑"을 감지한다. 서술자는 "공리와 욕망이 빈틈 없이 충일"한 현실에서 "한 여자의 아픔을 통해" "인간 공통의 아픔"까지를 공유할 가능성을 보이는 윤수용의 변화에 대해 어떤 태도로 접근해야 할지를 수사의문문의 형식으로 반복해서 묻고 있다. 이러한 서술자의 진술 태도에는 "공리주의가 승리하고 욕망의 능동이 승리"하는 현실에서 "공동운명체적인 것에 대한 사랑"에 눈뜨는 윤수용의 변화를 긍정하는 시각이 담겨 있다고 할 수 있다. 개인적인 출세주의와 에로스적 사랑이 착종된 가운데 갈등하던 윤수용은 이러한 갈등상황으로부터 굴절하여 공동운명체적 사랑을 각성하는바, 이러한 윤수용의 변화에 대해 내포 작가는 진정 "경하"하고자 하는 입장을 내비치고 있는 것이다.

이와 같이 한윤희를 통해 공동운명체적 사랑에 눈뜬 윤수용은 작품의 종결부인 「단층(斷層)」 장에서 "우리"를 발견한다. 이는 '나'의 테두리 내에 머무는 가치 일원론적 인물과 현저하게 구별되는 바로서, 가치를 상대화하여 굴절하는 인물의 특징이라 할 수 있다.

> (윤희) "수용씨, 유령이지요? 육이오의 유령 아니냐 말예요." (수용) "유령이군요." (윤희) **"그런 식으로 우리가 존재하는 거 아닐까요? 오늘날 우리라면 밀입니다."** (수용) "그런 식이라니?" (윤희) **"이해(利害)의 공통에서 이루어지는 우리 ……"** (수용) **"그러한 우리만 존재한다 생각지 마십시오. 이상과 사명의 공통에서 이루어지는 우리도 분명 있읍니다.** 힘이 약하지만요." / 수용은 저도 모르게 한숨을 내쉰다.(383, 강조는 인용자)

한윤희가 자신의 생모를 간접적으로 살해한 인물들의 과거를 추적하자 그들은 한윤희를 간첩협의로 투서하여 그녀로 하여금 조사를 받도록 함으로써 역공격한다. 조사를 받고 혐의를 벗어난 한윤희는 우리가 사는 이 시대에는 "이해(利害)의 공통에서 이루어지는 우리"만이 존재한다고 항변한다. 한윤희를 통해 타인의 아픔에 공감하고 동지애적 사랑을 발견한 윤수용은 한윤희의 이러한 항변에 대해 "이상과 사명의 공통에서 이루어지는 우리도 분명 있"(382~383)다고 역설한다. 이는 개체의 차원을 넘어서서 공동체에 대한 개안이 이루어지는 부분으로서 현실참여 지향성을 드러냄과 동시에 생명사상의 단면을 보여주는 부분이라 할 수 있다.

윤수용의 공동운명체적 사랑의 각성과 '우리'의 발견은 현실참여에 대한 긍정으로 이어진다. 『단층』에서는 그 이전의 박경리 작품에서와는 달리 비록 서사의 표면에서 적극적으로 활약하지는 않으나, 의식 있는 현실참여주의자가 등장한다.[76] 그는 윤수용의 여동생 부용의 애인인 오인환이라는 인물이다. 윤수용은 작품의 전반부에서 오인환을 포함한 모든 현실참여주의자들에 대해 부정적 시각을 견지한다. 이러한 윤수용이 자신의 야망을 이룰 수 있는 구체적 방법으로 택한 길은 작품의 전후문맥으로 보았을 때 자신의 출세에 도움을 줄 수 있는 배우자를 갖는 것이었음을 알 수 있다. 그런데 작품의 중반 이후 윤수용은 이러한 욕망을 이루기 위해 적극적으로 행동하지 않고 "흐리멍덩 애매모호"(395)한 태도를 취하는데 이는 그가 "우리"를 발견하게 되기까지의 과정과 유관하다 할 수 있다.

> ① **사회를 위해, 인류를 위해 …… 자신 있는 놈 있냐! 없다!** 그러면 날더러 뭘 하라는 게냐? 바다냐 뭍이냐 아니면 바다와 뭍의 사이냐! **이번에 서울로 돌아가면 그 자식을 만나봐야지. 선배님 어쩌구 저쩌구 인환이 그 새끼가 날 비웃겠지? 그놈하고 함께, 식구들 데리고 깊은 곳에 가서 이상국(理想國)을 건설해 본다?** 우리가 세 식구, 그쪽도 부모님과 세 식구, 도합 육 명인데 그 이상국에서도 통치가 필요할 텐데 그럼 또 유혈극이 벌어지는 거 아닐까? 그보다 내게는 색시가 없으니 곤란하겠구나.(302)

76 이덕화는 박경리가 『단층』에서 민중들에게 적극적인 관심을 보인 이유로 이 작품을 발표하기 일 년 전 박경리의 딸 김영주와 결혼한 사위 김지하의 영향을 들고 있다. 이덕화, 앞의 책, 172~173면.

② 제기랄! 하룻밤 사이 눈은 쓰레기로 변했구먼. 참말 윤희는 먹을 것 입을 것이 넉넉한 데서 온 병이란 말이야? 식량 부족이 오고 인구는 폭발하듯 불어나고 그러면 사람들은 기아선상을 헤매게 되고, 아이를 팔아 먹고 늙은이는 죽이고 그러면은 윤희씨 당신은 어찌하겠냐 말이요! 죽어요! 죽어! 죽어 마땅하다 그 얘기야! 그땐 오로지 인간은 생존해 있을 뿐일 테니 말이야! 사랑? 예술? 하하하 …… 웃기지들 말라 그거야. 인륜 도덕? 웃기지들 말라 그거야! 그러면은 진정 우리는 지옥으로 가고 있다 그 얘기야? 윤희는 일찌감치 에덴동산? 천당에 가 계시겠다 그 얘기야? **아아, 우리 자랑스러운 매부여, 자유투사여! 자넨 현명한 아낼 얻었으니 제발 사랑하는 미래의 너희 자식들을 위해서 이 세상이 지옥으로 떨어지지않게 싸워달라 그 얘기야! 기아선상에서 자식을 팔아먹는 어미 아비가 되지 않게시리 싸워달라 이거야! 어이구 취한다아!**(396, 강조는 인용자)

위의 인용문들은 윤수용이 한윤희의 인간적 아픔에 밀착함으로써 "공동운명체적인 것에 대한 사랑"(297)에 눈을 뜬 이후, 그의 내면에 자리한 상념들이다. 인용문 ①은 윤수용이 "자신 속의 야망이 완전히 무너지고 다시 일으켜 세울 지경도 아닌 것을 똑똑히 자각"(302)하였을 때의 생각이며, 인용문 ②는 겨울 바다를 보기 위해 한윤희가 홀로 떠나자 그녀의 죽음을 예감하고 한윤희와 향이 모두를 놓친 자신의 "애매모호 흐리멍덩"한 태도를 인식하였을 때 이어진 상념이다. 두 개의 인용문에 드러난 윤수용의 입장은 약간의 차이가 난다. 인용문 ①에서 윤수용은 이제껏 적대시하였던 오인환을 만날 생각을 한 점에서 현실참여주의자에 대해 적대적인 기존의 입장을 벗어나 있으나, "이상국(理想

國)"에 대한 소망을 가진다는 점에서 그리고 "사회"와 "인류"를 위한 현실개혁에 자신 있는 사람이 없다고 보는 점에서 현실참여에로 크게 나아간 바 없다고 볼 수 있다. 그런데 인용문 ②는 인류의 미래에 대한 부정적 전망에서 출발하여 자신의 매부가 된 오인환으로 대표되는 현실참여주의자들의 활동에 희망을 걸고 있다는 점에서 현실참여에 대한 윤수용의 생각이 크게 바뀌어 있음을 보여준다. 이러한 윤수용의 상념은 작품의 전반부에서 "사일구 데모"에 참여한 사람들에 대해 "바보새끼들! 앞장서서 매맞을 건 뭐람. 책가방 뺏기면 누가 사준대나?"(181)라고 내뱉은 말과 크게 차이가 난다. 여기에서 윤수용이 개인적 차원의 갈등상황에서 굴절하여 현실참여라는 공적 가치를 긍정하는 인물로 거듭나고 있음을 알 수 있다.

이상 에로스적 사랑의 추구에서 굴절하여 가치를 상대화하는 인물들이 삶의 지평을 확대, 점진적으로 현실참여 지향성을 드러내 보이는 양상을 살펴보았다.[77] 가치의 상대화를 통한 삶의 지평 확대는 가치의 창조를 통해 삶의 지향성을 모색한다는 측면에서 생명주의 미학을 드러내 보인다 할 수 있다. 나아가서 삶의 지평 확대를 통해 자기중심적 이기주의를 탈피하여 타자를 수용하고 궁극적으로 공동체적 삶의 가치를 추구한다는 점 역시 생명사상과 유관한 것으로 볼 수 있다.

---

77 인물의 현실참여는 항일운동서사가 주요하게 전개되는 『토지』에서 두드러지게 나타난다. 김은경, 앞의 글, 2006.12 참조. 본장 1절에서 살핀 바와 같이, 김한복, 김영호, 조남현, 김환 등 『토지』의 인물들은 국권회복이라는 대의에 욕망을 투여하여 식민지 법의 처벌을 받음으로써 역설적으로 죄의 문제에서 비롯하는 갈등을 해소하고 있다. 또한 『토지』에서는 항일운동에 투신하는 송관수, 정석, 김한복 등 평사리의 민중에서부터 주로 일제강점기 상황과 관련한 담론을 펼치는 서울의 지식인, 그리고 만주에서 활약하는 인물들에 이르기까지 상당수의 인물들이 항일운동에 직·간접적으로 간여한다.

2) 인물의 '굴절'에 따른 『토지』의 공간기호학

앞의 논의를 통해 가치 일원론을 지양, 가치의 상대화를 통해 인물의 정체성이 생성되고 죄의식의 문제가 해결되는 양상을 살펴보았다. 특별히 『토지』에서 인물의 굴절은 이 작품의 소설 미학적 특질과 관련을 맺는다. 우선, 쉽게 간취되는 점은 『토지』의 주요 인물들이 가치의 상대화를 통해 굴절함으로써, 『토지』의 서사가 촉급한 결말로 치닫지 않고 대하장편으로서 장구한 서사를 펼치게 된다는 것이다. 보다 분석적인 접근을 할 때 도출되는 특질로는 인물의 굴절이 『토지』의 공간문제와 관련을 맺는다는 점을 들 수 있다. 후자에 초점을 맞추어 상론하겠다.

『토지』의 서사공간은 하동의 평사리에서 시작하여 한반도와 일본, 만주로 확대된다. 이에 대해 많은 논자들이 주목하고 있지만, 그와 같은 공간 확대의 내적인 원리를 규명하고 있지는 못하다. 여기에서는 『토지』의 공간 확대가 인물의 굴절의 원리와 관련을 맺는 것으로 보고, 이를 구체적으로 살피기로 한다. 굴절이란, 가치 일원론 혹은 이분법적 대립을 탈피하여 가치의 상대화를 통해 갈등상황에 대처하는 원리인바, 『토지』 이전 작품에서부터 이러한 굴절의 원리가 가치를 절대화하는 양상과 대비되어 나타나고 있음을 살폈다. 이 글은 『토지』에 이르러서 두드러지게 나타나는 굴절의 원리가 논자들의 주목을 받아온 『토지』의 서사적 공간과 관련을 맺고 있는 것으로 본다.[78] 여기서

78 박혜원은 『토지』의 인물을 정체된 인물과 변화하는 인물로 나누고, 정체된 인물이 소유공간에 집착하는 것과 달리 변화하는 인물은 공간의 갈등을 통해 정체적 자아를 깨트리고 생성적 자아로 나아가는 것으로 보고 있다. 박혜원, 앞의 글, 21면.

는 가치의 생성을 통해 '굴절'함으로써 갈등상황에 대처하는 인물 성격화 방식이 『토지』의 공간 이동 및 확대를 수반함을 밝히고자 한다. 그런데 이러한 공간이동(확대)은 『토지』의 주요 갈등 축들에서 각각 독특한 '공간기호학'[79]을 드러내는바, 이를 구체적으로 논의할 것이다.

『토지』의 근간이 되는 서사는 최참판가의 가족사이다. 이를 통해 『토지』의 주요 갈등 축들을 도출해 볼 수 있다. 최서희를 중심으로 전개되는 서사는 재산 빼앗김 모티프를 라이트모티프로 하여 전개되는데, 여기에서 빼앗김-되찾음의 갈등 축을 생각해 볼 수 있다. 한편 『토지』의 원천이 되는 서사라 할 수 있는 윤씨부인의 전사를 통해 다음 두 개의 갈등 축을 생각해 볼 수 있다. 즉 윤씨부인과 김개주의 불륜관계 및 김환의 출생으로 대변되는 갈등 축인바, 우선 양반가의 청상과부 윤씨부인과 동학장수 김개주, 그리고 이들의 사생아인 김환의 존재가 나타내는 갈등 축은 봉건성과 근대성의 충돌이라는 의미를 내포한다. 그리고 윤씨부인과 김개주의 불륜, 이어지는 김환과 별당아씨의 패륜을 통해 애정갈등 축이 도출된다. 이상을 통해 『토지』의 주요 갈등 축으로 다음을 상정해 볼 수 있다. ① 빼앗김-되찾음의 갈등, ② 봉건적 가치와의 충돌로 인한 갈등, ③ 남녀 간의 애정갈등. 이러한 갈등 축들은 최참판가의 가족사를 통해 도출된 것이나, 『토지』의 전체 서사를 통해 동일한 갈등 유형이 반복되므로, 『토지』의 주요 갈등 축이 된다 할 수 있

79 이를 '공간기호학'으로서 살피는 입장은 로트만의 『신곡』 분석에서 시사를 받고 있다. 로트만은 단테의 『신곡』을 하나의 거대한 건축물로 보고 이를 공간기호학으로 의미 구명하고 있다. 그는 율리시즈의 수평적 운동과 단테의 수직적 운동을 비교, 논의하면서, 『신곡』에서 단테의 상-하 수직운동은 도덕적 가치의 축을 따라 상승하려는 노력과 결부된 것으로 본다. Iu. M. Lotman, 「예술적 공간에 관한 소고」, 러시아시학연구회 편역, 『시간과 공간의 기호학』, 열린책들, 1996, 13~29면.

다.[80] 이들 갈등 축은 앞에서 『토지』 주요 인물의 굴절을 통한 정체성 생성 양상을 살피는 과정에서 논의된 항과 대체로 상응한다.

(1) 빼앗김-되찾음 갈등 축에서의 굴절과 공간적 회귀

빼앗김-되찾음의 갈등 축은 최참판가의 가족사적 차원에서뿐만 아니라 민족적 차원에서 국권상실과 국권회복의 갈등 축으로서 확대하여 생각해 볼 수 있다.[81] 최참판가의 가산 상실과 회수 과정에 초점을 맞출 때, 이 갈등 축의 형성과 해소의 과정에서 공간기호학이 '공간적 회귀'임을 밝힐 수 있다. 이 갈등 축을 일제강점기 우리민족의 현실로 확대하여 볼 때, 『토지』의 스토리시간이 1945년 8월 15일 광복이 되는 시점에서 끝을 맺고 있기 때문에 이 갈등 축에 간여하는 주요 인물들의 광복 이후의 존재 방식을 살필 수 없으나, 국권 회복 후 이들이 공간적으로 회귀할 것으로 예측된다.[82] 여기에서는 가족사적 차원의 빼앗김-되찾음의 갈등 축에서 갈등상황에 처한 인물이 '굴절'을 통해 갈등해소

80 ① 빼앗김-되찾음의 갈등 축은 가족사적서사를 추동하는 주요 갈등 축이며, ③ 남녀 간의 애정갈등 축은 애정갈등서사를 이룬다. ② 봉건적 가치와의 충돌로 인한 갈등 축은 본장 1절 4항의 논의에서 드러나듯이, 항일운동으로 굴절하는바, 이는 항일운동서사를 이룬다고 할 수 있다. 이들 가족사적서사, 애정갈등서사, 항일운동서사는 『토지』를 이루는 주요 서사 갈래들이라 할 수 있다. 김은경, 앞의 글, 2006.12 참조.

81 최서희를 주동 인물로 한 빼앗김-되찾음의 서사는 『토지』의 스토리시간에 해당하는 일제강점기의 국권 침탈-회복의 역사적 상황과 상징적 상사관계에 놓이는 것으로 볼 수 있다. 정현기는 『토지』의 공간 배치가 평사리를 축으로 한 환형구조로 되어 있는 것으로 보고, 서희의 평사리 귀환에 대해 국권 회복의 상징적 의미를 부여한다. 제5부 마지막 장에서 최서희가 평사리에서 광복을 맞이하는 상황은 이와 관련하여 의미가 있다 하겠다. 정현기, 「박경리의 『토지』 연구」, 정현기 편, 앞의 책, 307~308면.

82 본장 1절 3항에서 논의된 인물들은 가산의 빼앗김-되찾음 및 국권상실과 회복의 갈등 축에 간여하는 것으로 볼 수 있다. 본장 1절 4항에서 논의한 인물들 역시 국권상실과 회복의 갈등 축에 간여한다 할 수 있으나, 이들에게서는 봉건적 가치와의 충돌이 보다 비중 있게 드러나므로 이와 관련하여 논의할 것이다.

하는 과정에서 공간적 회귀의 공간기호학이 드러나는 양상을 살피겠다. 그런데 이 갈등 축은 갈등형성에 있어서도 이에 간여하는 인물들이 공간적으로 회귀하는바, 이를 먼저 정리하겠다.

최참판가의 몰락은 『토지』의 주요 무대인 평사리라는 폐쇄된 공간을 배경으로 하되, 이러한 갈등의 계기가 상당부분 평사리 외부의 공간에서 등장한 인물들에 의해 마련된다는 점이 주목된다. 최참판가 몰락 서사가 전개되는 『토지』 1부의 공간은 크게 평사리 · 하동 · 지리산으로 분할되며, 진주 · 서울 · 간도 등이 '극적 공간'[83]으로 자리한다. 서사의 표면에서 드러나는 최참판가 몰락의 시초가 된 사건은 구천의 출현으로 인한 별당아씨의 부재이다. 이후의 서사에서는 구천이 지리산에 근거지를 둔 인물임이 드러난다. 그가 윤씨부인의 묵인하에 별당아씨와 도망하였을 때, 일차적으로 지리산을 도피처로 삼는다. 이는 구천이 공간적으로 회귀하였음을 보여준다. 최참판가 몰락의 직접적 계기는 이와 맞물리는 사건이되, 김평산, 귀녀, 칠성, 조준구, 강포수가 연루되는 최치수의 죽음이다. 「1-1-10. 주막에서 만난 강포수」에서 서울로부터 조준구가, 지리산으로부터 강포수가 평사리에 등장한다. 조준구는 김평산 등의 음모를 알아채고 최치수 살해를 교사함으로써, 강포수는 이 음모의 주역이라 할 수 있는 귀녀를 배태시킴으로써, 최치수 살해 계기를 마련하여 최참판가 몰락 서사에 간여한다. 최치수 살해 결과, 이에 직접적으로 간

83 『토지』의 서사전개에 극적 원리를 적용할 경우, 이 공간에서의 서사전개는 '극적 공간'에 자리한다고 볼 수 있다. 이와 관련하여, 텍스트를 무대상에 나타나도록 예정되어 있는 것(무대 공간(espaces scénique))과 상상적 무대 밖을 가리키는 것(극적 공간(espaces dramaturgique))의 두 층위로 구분, 무대 밖 공간의 환유적 역할이 무대 공간의 수사학 속에 포함되는 것으로 보는 연극 이론을 적용할 수 있다. A. Ubersfeld, 신현숙 역, 『연극 기호학』, 문학과지성사, 1997, 177면; 양승국, 『희곡의 이해』, 연극과인간, 2001, 176~177면.

여한 김평산, 귀녀, 칠성은 죽임을 당함으로써 퇴장한다. 강포수는 귀녀가 낳은 아이를 안고 평사리에서 자취를 감춘다. 한편, 최치수 살해를 교사한 이후 평사리에서 서울로 갔던 조준구는 살해 사건이 마무리된 이후, 다시 평사리에 나타나 윤씨부인 사후 최참판가의 가산을 갈취하여 서울로 간 것으로 드러난다. 이상 살핀 바와 같이 최참판가 몰락 서사에 간여하였으나 생존하는 인물들(구천 · 조준구 · 강포수)은 모두 평사리 외부의 인물들로서 평사리에 나타나 변화된 상태에서 다시 처음의 공간(지리산 · 서울 · 산)으로 돌아간다.[84] 이를 통해 주요 갈등 축이 형성되는 과정에서 제3의 공간으로부터 평사리에 들어온 인물들이 중요한 계기를 마련하고 있으며, 이들이 다시 처음의 공간으로 되돌아가고 있음을 알 수 있다. 이는 『토지』의 갈등상황이 제3의 공간을 필요로 하고 있음을 알 수 있게 한다.

『토지』의 갈등 축과 서사적 공간의 상관관계에서 이 글이 주목하는 바는, 굴절의 원리가 작용하는 갈등해소 과정에서 제3의 공간으로의 이동이 이루어지며, 결과적으로 서사가 확장된다는 점이다. 빼앗김-되찾음의 갈등 축에서 이와 관련하여 살필 수 있는 주요 인물은 최서희와 김한복이다. 최서희는 이 갈등 축에서 주동 인물이며 김한복은 반동인물인 김평산의 후손이다. 그런데 이들이 각각 굴절을 통한 갈등해소의 과정에서는 모두 주동 인물로서 공간적으로 회귀하고 있음은 『토지』가 선악 이분법적 대결구도를 탈피한 서사문법을 취하고 있음을 알게 한다.

84 '구천'과 '김환'은 동일 인물을 지칭하나 그 존재 방식은 구분되는바, '구천'이 형수인 별당아씨와 패륜의 사랑을 나눈 인물로서 등장한다면, '김환'은 김개주의 혈육으로서 동학재건세력을 이끄는 인물로 등장한다. 따라서 이 글은 여기에서 논의된 '구천'과 본장 1절 3항에서 논의된 '김환'을 구별하는 입장을 취한다.

먼저, 최참판가 가산 빼앗김-되찾음 갈등 축의 주동 인물인 최서희를 중심으로 전개되는 서사의 공간기호학이 공간적 회귀로 나타나는 양상을 살피겠다.[85] 윤보를 중심으로 한 평사리의 장정들이 기민쌀을 공평하게 나누지 않는 조준구에 대항하여 최참판가의 고방을 턴 이후, 최서희는 의병에 합류하였던 인물들 및 그들의 가족과 함께 용정으로 떠난다. 이러한 공간 이동은 최서희가 조준구에게 가산을 침탈당한 갈등상황으로부터 굴절한 상황과 맞물린다. 최참판가는 구한말 평사리의 지주로서 농업에 의존하여 축재한 계층이라 할 수 있다. 최참판가의 집을 포함하여 모든 토지를 부당한 방법으로 조준구에게 빼앗긴 최서희는 용정에서 매점매석을 하는 등 상업에 의존하여 자본가 계층으로 부상한다.[86] 즉, 윤씨부인이 최서희에게 닥칠 불운을 예상하여 장롱의 농발 대신 숨겨 둔 금은을 밑천으로 하여 최서희는 토지가 아닌 상업 자본을 새로운 가치로서 추구한 것이다. 최서희는 조준구로 대표되는 악의 세력과 직접적으로 투쟁하기보다는 제3의 공간에서 김길상, 공노인 등 조력자들의 도움을 받아 제3의 가치를 얻기 위해 굴절한 것으로 볼 수 있다.

이 과정에서 『토지』는 그 서사공간을 한반도의 경계를 넘어서 만주에까지 넓히게 된다. 또한 이를 계기로 송장환 가문, 옥이네, 공노인, 주갑, 그리고 만주의 항일운동세력 등이 등장하는 간도의 서사가 분

85 빼앗김-되찾음 갈등 축의 대표적 반동인물인 조준구를 중심으로 한 서사에서 또한 공간적 회귀의 공간기호학이 나타남을 앞 단락에서 언급한 바 있다. 평사리 외부의 공간인 서울에서 최참판가의 식솔로서 평사리에 등장한 조준구는 최치수와 윤씨부인의 사후 고아가 된 최서희로부터 최참판가의 가산을 침탈한 이후 서울로 돌아간다. 1부 5편에서 최서희 일행이 용정으로 떠난 이후, 조준구가 다시 등장한 것은 「2-3-4. 개화당의 반개화론」에서 이상현이 동석한 서울 지식인들의 대화 속에서이다.

86 최참판가의 회복을 위해 최서희가 친일을 불사한다는 점, 매점매석을 자행한다는 점 등은 그녀가 절대적인 선의 편에 서는 인물이 아님을 드러낸다.

열, 확장된다. 상업 자본으로 축재한 최서희는 공노인, 임역관 등의 중재로 합법적으로 조준구로부터 최참판가의 토지를 모두 회수한 후 조선(진주)으로 회귀한다. 그런데 최서희의 이 공간적 회귀는 불완전한 것이라 할 수 있다. 왜냐하면, 그녀는 가문의 복원을 위해 최참판가 하인 출신이었던 김길상을 택하여 결혼하였던바, 신분질서가 완고하게 남아있는 당시의 상황에서 이로 인한 갈등의 씨앗을 안고 있었으며, 김길상이 함께 귀국하지 않았기 때문이다. 또한 조준구가 최참판가의 집을 소유하고 있는 평사리로의 귀향은 아니기 때문이다.

> **최참판댁 가문의 말로는 세 사람의 여자로 하여 난도질을 당한 것이라고. 윤씨는 불의의 자식을 낳았고 별당아씨는 시동생과 간통하여 달아났으며 서희 자신은 하인과 혼인하여 두 아들을 낳았다. 이러한 기막힌 일들이 불가피한 숙명의 실꾸리에 얽혀 되어졌다 하더라도 서희는 참으로 오열 없이 그 일들을 생각할 수 없는 것이다.** 호열자가 만연했던 그 해, 할머니를 위시하여 서희를 길러준 유모와 김 서방, 그리고 충직하였던 하인들이 죽어나가던 그 해도 전율 없이 회상할 수가 없다. 기둥뿌리도 기왓장도 모조리 들린 것처럼 불행의 연속이었던 그 집을 떠난 뒤의 최서희는 권위 뒤에 웅크린 고독과 풍요 뒤에서 한숨쉬던 허기와의 싸움에서 허기지고 **고독한 승리를 안고 오로지 목표였던 가문의 존속, 영광을 위해 돌아왔지만 막상 돌아와보니 서희에게는 사당문을 열고 조상에게 고할 말이 없었다. 성씨조차 알 길 없는 사내 김길상은 지금 이곳 민적에는 최길상으로 기재되었으며, 따라서 아들 둘은 최환국, 최윤국이다. 최서희는 김서희로. 기막힌 사연을 조상에게 무슨 말로 고하라는가. 그러나 두 아이는 여하튼 최참판댁의 핏줄인 것이다.**(7권, 270~271, 강조는 인용자)

최서희는 용정에서 환국, 윤국 두 아들을 데리고 귀국하여 진주에 삶의 터전을 마련한 후 평사리행을 하지 않는다. 그 이유로 평사리에서의 불행했던 어린 시절 삶에 대한 추억, 자신과의 혼담으로 괴로운 기억을 안겨준 조병수가 그곳에 살고 있다는 사실 등을 들고 있는데, 여기에 더하여 근본을 알 수 없는 김길상과 결혼하여 최참판가의 존속을 기도하였으나, 이 "기막힌 사연"으로 인한 괴로움이 제시된다. 최서희는 마지막으로 평사리의 집마저 조준구로부터 사들이는데, 이 일을 완료함과 동시에 그녀는 군자금의 형식으로 항일운동을 지원하게 된다(「3-1-2. 비어버린 번데기」). 이 과정을 통해 최서희는 최참판가의 가산은 회복하였지만, 김길상과의 결혼으로 안게 된 보다 고질적인 갈등상황, 즉 신분질서로 인한 갈등상황에 굴절의 원리로서 대처하게 됨을 본장 1절 3항에서 살펴보았는바, 최서희의 평사리로의 완전한 귀향(공간적 회귀)은 이와 같은 굴절을 거친 이후 이루어진다.

한편, 최서희와 상반된 입장에서 빼앗김-되찾음의 갈등 축에서 주요하게 등장하는 인물은 김한복이다.[87] 김한복은 아버지 김평산이 살인죄로 잡혀가고, 어머니 함안댁이 자살한 이후 형 거복과 함께 평사리에서 추방된다. 이때부터 한복과 거복은 서로 다른 길을 걷게 된다. 2부 이후 김두수(거복)가 다시는 고향을 찾지 않고 만주 일대를 떠돌면서 일본의 밀정으로 활약하는 것과 달리, 평사리로 귀향하여 삶의 터전을 잡은 김한복은 살인죄인의 후손이라는 불명예를 극복해 나가게

87 박혜원은 최서희와 김한복에게 귀향 모티프를 적용하여 살피고 있다. 그에 따르면 이들은 '귀향'이라는 행위를 통해 생명의 모태공간을 찾아가는 인물들로서 이들에게 귀향모티프는 단순히 고향으로 되돌아옴이 아니라 자아 정체성의 회복이라는 심층구조를 갖는 것으로 보고 있다. 박혜원, 앞의 글, 16~17면.

된다. 어린 시절 함안 외가로 추방된 김한복은 조준구가 최참판가의 살림을 착복하기 위해 다시 나타나는 「1-3-12. 달구지를 타고 오는 소년」에서 평사리에 찾아와 두만네의 보살핌을 받은 이후, "철새처럼" 평사리에 다시 찾아들곤 한다. 성인이 된 김한복은 마을 아낙들의 주선으로 장터의 거지였던 소녀와 결혼하여 평사리에 터전을 잡으며, 봉기, 야무네, 복동네 등과 함께 평사리의 주요 인물로서 등장한다. 이와 같이 김한복이 형 거복과 달리 살인죄인의 후손으로서 직면해야 할 멸시와 불명예를 감당하며 고향인 평사리로 회귀한 것은 이를 극복하고자 하는 의지의 발현인 것으로 볼 수 있다. 선의 세력과 악의 세력 간의 이분법적 대결구도를 탈피하고 있는 『토지』는 김평산의 후손인 김한복이 선대의 악업을 씻고 인간으로서의 존엄성을 회복할 수 있는 길을 마련하고 있는바, 여기에 굴절의 원리가 작용하고 있음을 본장 1절 3항에서 살펴보았다. 그런데 이 경우 역시 인물의 공간 이동이 부수되어 주목된다.

김한복은 군자금 전달 등 항일운동세력을 지원하기 위한 임무를 띠고 총 세 차례에 걸쳐서 만주행을 한 것으로 나타난다. 그의 첫 번째 만주행은 서사의 표면에서 전개되는바, 그는 용정, 연해주를 거쳐 평사리로 돌아온다. 그의 이 첫 번째 만주행을 계기로 독립운동가들 간의 연락책을 맡게 될 주갑의 서울행이 이루어진다.[88] 그는 두 번째 만주행을 통해 항일운동세력으로서 만주에 진출하는 정석을 인도한다. 세 번째 만주행은 부산의 송관수를 경유하여 이루어지며, 김훈장의 유해를 평사리로 옮기기 위해 그의 양아들 한경이 동행한다. 김한복이 어

88 김한복의 첫 번째 만주행이 다루어지는 장은 「3-2-1. 용정행」, 「3-2-2. 아버지의 망령」, 「3-2-4. 형제」이다. 한편, 주갑의 서울행은 「3-2-8. 오열」에서 다루어진다.

린 시절 추방지에서 돌아온 평사리가 아버지대의 죄업을 씻기 위해 오히려 그것과 정면으로 대응하기 위한 공간이었다면, 군자금 운반 혹은 항일운동세력의 안내를 위해 수차례 왕래한 만주의 공간은 김한복으로 하여금 아버지 대 악업의 사슬에서 벗어나 훼손된 자아 회복의 계기를 마련, 평사리에 회귀할 수 있도록 하는 제3의 공간이 된다. 김한복은 이러한 과정을 통해 살인죄인의 아들이라는 오명을 씻고 '애국자'로 거듭난다.

이상 살핀 바와 같이 빼앗김-되찾음의 갈등 축의 서사 진행은 그 갈등형성 및 해소의 과정에서 공간이동(확대)이 병행되고 있다. 특히 최서희, 김한복의 경우를 통해 이들이 갈등의 원인이 되는 요인과 직접적으로 충돌하기보다는 제3의 가치영역을 추구하거나 이에 헌신함으로써 갈등해소의 과정을 밟게 되는 굴절의 원리가 공간이동(확대)을 수반하고 있음을 살필 수 있었다. 여기에서의 갈등 축이 빼앗김 → 되찾음이라는 원점회귀의 서사 과정인 것과 이러한 갈등 축에 등장하는 주요 인물들을 통해 공간회귀의 공간기호학이 나타내고 있음은 상호 유관하다 할 수 있겠다.

(2) 봉건적 가치로 인한 갈등 축에서의 굴절과 공간적 편력

『토지』에 등장하는 상당수 인물들은 항일운동을 지원하거나, 이에 참여한다. 이들이 항일운동과 관련을 맺게 된 계기는 항일운동 그 자체를 목적으로 한 데 있기보다는 각자의 사적 갈등상황으로부터 굴절하여 국권회복을 새로운 가치로서 추구한 데 있다. 본장 1절 4항에서는 항일운동서사에 등장하는 인물들의 사적 갈등이란 주로 강고한 신분질서로 인해 훼손된 사적 자아의 문제이며, 이를 극복하기 위한 현실변혁에의 의지가 항일운동으로 굴절하고 있음을 논의하고 있다. 이는 봉건적 가치로 인한 갈등 축을 형성하고 있다 하겠는데, 이와 관련된 서사전개 역시 공간이동(확대)을 수반하고 있으며 빼앗김-되찾음의 갈등 축과는 구별되는 공간기호학을 드러내고 있는바, 여기에서는 이를 살피도록 하겠다.

『토지』에서 지리산은 항일운동세력의 본거지로서 중요한 공간이다. 이 지리산이 평사리 외부의 공간으로서가 아니라, 『토지』의 주요 서사공간으로서 자리하기 시작한 것은 구천이 김환으로 등장하면서부터라 할 수 있다. 즉, 최참판가의 머슴으로 들어갔던 신분이 불분명한 '구천'이 아닌 동학장수 김개주의 아들 '김환'의 생장이 드러나고, 그가 생모 윤씨부인이 자신에게 남긴 오백 섬지기 토지를 군자금으로 하여 지리산에서 동학당을 결성하면서부터이다. 구천이 윤씨부인과 관련하여 "최참판댁 마님이라는 신분에 대한 증오심"(3권, 323~324)을 간직하고 최참판가에 머슴을 가장하여 들어가 이부형인 최치수의 아내 별당아씨를 사랑하여 패륜을 범한 것은 봉건성에 대한 도전으로 볼 수 있다. 별당아씨를 구천에게 빼앗긴 최치수가 두 남녀를 붙잡아 벌할 계획을 세우고 지리산으로 향하였을 때 지리산은 추적과 도피의 공간으로서 최치수가 대표하는 봉건성과 동학장수 김개주의 외아들인 김환이 대표하는 근대성이 충돌하는 지점이 된다 하겠다. 그런데 이들의 대결은 구천과 별당아씨의 구명을 도운 우관선사와 윤씨부인의 완충작용으로 파국으로 치닫지 않는다. 별당아씨를 잃은 김환이 전국을 편력한 후 지리산에서 동학 잔당을 규합하여 동학재건세력을 이끌게 되었을 때, 그 근거지가 된 지리산은 굴절의 원리가 작동하는 공간으로서 의미를 갖게 된다. 김환의 편에 선 동학재건세력은 동학의 교세확장이 아닌 국권회복을 목적으로 하는바, 이는 현실변혁에의 의지에서 굴절한 것으로 볼 수 있기 때문이다.

김환은 용정의 공노인이 최서희의 재산 회수를 돕기 위해 최서희의 대리인으로서 서울의 조준구를 상대로 지략싸움을 벌일 때, 그를 돕기 위해 지리산을 떠나 서울을 오간다. 이러한 김환의 태도와 관련하여서는 그가 봉건성과 근대성에 대해 양가적인 태도를 취한 것으로 평가할 수 있으나, 이 일을 끝낸 이후 김환의 용정 방문(「2-5-10. 찾아온 사람」)은 그의 나아갈 방향을 분명히 드러내 보인다. 이는 지리산 항일운동세력의 최초 만주행이라 할 수 있다. 용정에서 김환은 구천이 아닌 김환으로서 김길상과 결혼한 최서희를 만나 그녀의 친인척으로서의 정체를 밝힌다. 더불어서 그는 김길상을 상대로 한 독백조의 외침을 통해 만주를 방문한 본래의 목적이 자신의 존재의 근원에서 비롯하는 갈등, 즉 윤씨부인을 겁간한 김개주의 사생아로서 다시 형수를 사랑하는 패륜을 범한 삶이 내포하는 갈등상황으로부터 벗어나기 위한 것임을 드러낸다. 그것은 스스로의 존재 자체가 법도의 틀에 얽매어 죄인이 될 수밖에 없는 (봉건적인) 상황과 대결하기보다 그로부터 굴절하여 항일운동세력으로서의 기개를 펼치고자 하는 의지라 할 수 있다. 이러한 결단은 김환이 용정에 이어 간도 일대와 하얼빈을 찾는 행동을 수반한다. 그는 김길상과 함께 하얼빈 · 훈춘 · 연해주 등지를 편력하면서 만주의 항일운동세력인 송장환, 권필응 등과 교분을 맺고, 이들과 함께 활약하고 있는 이동진을 만난다. 이러한 김환의 만주 방문은 지리산 항일운동세력과 만주의 항일운동세력을 연결하는 첫 번째 계기가 된다. 이를 통해 인물의 공간이동은 서사의 확장뿐만 아니라 서사의 연결에도 중요한 몫을 담당함을 알 수 있다. 이후의 서사(3부 3편)에서도 김환이 만주를 다시 방문하였음이 풍문을 통해 드러난다.

김환은 지리산 동학재건세력의 우두머리로서 인근의 산청・구례・남원・평사리 등지를 무대로 활약하며, 일경에게 체포되어 진주 경찰서에서 자살한다. 김환은 봉건적 가치와의 충돌로 인한 갈등상황에서 굴절하는 삶의 지향성을 보이는바, 이는 지리산과 그 인근 및 만주 일대(용정・하얼빈・훈춘・연해주 등지)를 편력하는 공간기호학을 드러내 보인다.[89] 빼앗김-되찾음의 갈등 축에서 공간적 회귀의 공간기호학이 나타난 것과 달리 이 갈등 축에서는 대체로 상향공간으로 이동하는 공간적 편력의 공간기호학을 보이는바, 이는 갈등해소의 지점이 아니라 갈등해결의 도정을 보이는 것으로 볼 수 있다. 신분질서로 대변되는 봉건적 가치의 강고함이 이러한 상황과 관련을 맺는다 하겠다.

『토지』의 서사적 시간이 시작되기 이전 지리산의 연곡사에서 윤씨부인에게 맡겨져, 최참판가의 종으로 등장하는 고아 김길상 역시 봉건적 가치와의 충돌로 인한 갈등의 소인을 간직한 인물이다. 이와 같은 갈등은 그가 용정에서 최서희와 결혼한 이후 표면화된다. 최서희에게 있어 용정이 갈등상황이 일단락되는 제3의 공간이었다면, 김길상에게 있어 용정은 신분적 질곡으로 인한 갈등상황으로부터의 굴절이 이루어지는 공간이다. 이 또한 공간이동을 수반하는바, 최서희와 함께 평사리로부터 용정으로 옮겨와 최서희의 갈등해결에 도움을 준 김길상

89 박경리는 김환에 대해 "숙명 같은 그의 생장과 필연적인 환난"이 "그에게 불행한 유랑의 습성을 길러" 준 것으로 그리고 있다(2권, 137).

은 최서희가 진주(평사리)로의 회귀를 준비할 즈음, 만주에 잔류할 것을 결심하게 된다. 이용 일가, 김영팔 일가 등 평사리 최참판가의 소작인이었던 인물들은 최서희의 갈등해소 과정에 편승하여 진주행을 결행한다. 그러나 최참판가 종의 신분에서 최서희의 남편이 된 김길상은 신분제도라는 봉건적 가치와 첨예하게 충돌하는바, 이로부터 굴절하여 국권회복을 위해 헌신하는 것을 새로운 삶의 지향점으로 삼게 된다. 김길상의 이러한 결단은 그가 용정으로부터 하얼빈으로 공간 이동하는 것과 맞물려서 구체화된다. 그는 하얼빈에서 만주의 항일운동세력인 송장환, 권필응을 만나 대화를 나눈 후, 송장환에게 만주에서 동사할 뜻을 분명하게 밝힌다(「2-5-5. 하얼빈행」). 이어서 김환이 용정을 방문하였을 때, 그와 함께 하얼빈 · 훈춘 · 연해주 등지를 돌면서 김환이 송장환, 권필응, 이동진 등과 교분을 틀 수 있도록 돕는다.

만주에 잔류한 김길상이 항일운동세력으로서 활약한 바는 구체적으로 형상화되지 않는다. 다만, 최서희의 귀향과 대비되어 항일운동세력의 일원이 된 만주의 김길상이 북방공간에서 편력의 도정에 있으리라는 예측이 가능하다. 김길상의 새로운 공간이동은 계명회 사건에 연루되어 서울로 압송됨으로써 이루어진다. 김길상의 계명회 사건 연루는 서울의 항일운동세력과 만주의 항일운동세력이 연계되는 계기를 마련한다.[90] 이 년 이상의 영어생활을 마치고 출감한 김길상은 진주의 집으로 돌아가는데, 이때의 귀환은 신분상승한 최서희의 남편으로서보다 항일운동가로서의 이력을 지닌 인물로서 이루어진 것이라 할 수 있다. 그러

90 추후 유인실은 계명회 사건에서 김길상과의 친분을 매개로 만주의 송장환과 연결되며, 그를 통해 동경유학 시절 지인인 윤광오와 이어진다.

나 김길상은 출옥 후 삼년이 지나는 동안에도 "서희와 두 아들에게까지 어떤 거리감"(12권, 211)을 느끼는 자신을 감지한다. 따라서 신분적 질곡으로 인한 그의 갈등상황은 여전히 잔존하고 있다 하겠는데, 이어지는 김길상의 행보는 이때의 그의 귀가가 완전한 공간적 회귀가 아님을 나타내 보여준다. 김길상은 김환의 뒤를 이어 지리산 항일운동세력을 진두지휘하며, 동학당이 해체될 무렵 지리산에서 관음탱화를 장엄하기도 한다(「5-1-5. 관음탱화」). 본장 1절 4항에서 논의된 바와 같이, 원력을 건 관음탱화의 장엄 역시 완고한 신분의식의 발현과 무관하지 않다 하겠는데, 김길상의 항일운동가로서 굴절된 삶과 이에 수반되는 공간적 편력은 갈등해소의 도정을 걷고 있는 것으로 볼 수 있다. 그는「5-3-1. 소식」에서 사상범 예방구금령으로 재수감된 것으로 나타난다.[91]

김길상이 평사리에서 용정과 만주 일대(하얼빈 · 훈춘 · 연해주) · 서울 · 진주(평사리) · 지리산 · 서울 등의 공간을 편력하는 공간기호학을 드러내 보인 것과 같이, 평사리 윗마을 출신으로서 주요 지리산 항일운동세력의 주요 인물인 송관수 역시 진주 · 지리산과 그 일대(산청 · 구례 · 남원) · 부산 · 서울 · 신경 등 한반도와 만주 일대를 편력하는 삶을 살다 죽음을 맞이한다. 송관수가 김환이 이끄는 동학재건세력의 일원으로서 항일운동에 투신하게 된 과정은 본장 1절 4항에서 논의한 바 있거니와, 그 역시 백정의 사위로서 강고한 신분질서의 피해자이며 여기에서 비롯한 현실변혁에의 의지가 항일운동세력으로서의 활약으로

91 봉건적 가치와의 충돌로 공간적 편력의 공간기호학을 보이는 인물들은『토지』가 마감되지 전에 대체로 죽음을 맞는데, 김길상의 경우 서울의 서대문 형무소에 수감된 상태에서 서사가 종결된다. 그런데 광복 이후의 우리 역사적 상황을 고려할 때, 사상범으로서의 이력을 지닌 김길상은 광복 이후에도 완전한 공간적 회귀를 이루기 어려울 것으로 보인다.

굴절하게 된 것이다. 최참판가의 소작인이 아닌 상민으로서 양반에 대한 반감을 크게 가진 송관수는 이용, 김영팔 등의 최참판가 작인들과 달리 최서희의 용정행에 합류하지 않고 진주로 공간 이동한다. 일찍부터 김환의 동학재건세력에 합류한 그는 진주에 삶의 터전을 잡는다. 이로써 진주로 솔가한 정석 일가, 김두만 일가, 그리고 진주에서 기생이 된 기화(봉순이) 등과 함께 2부에서 용정의 서사가 진행되는 동안 극적 공간에서 전개된 진주・평사리 서사의 주요 인물로 등장한다. 백정의 사위인 송관수는 그 누구보다 신분질서라는 봉건적 가치와의 충돌을 첨예하게 경험하는 인물인바, 그런 만큼 항일운동을 통한 그의 갈등해소의 도정 역시 그 누구보다 적극적인 것으로 그려진다. 지리산 항일운동세력의 선봉으로서 왜경의 감시 대상이 된 그는 가족과 함께 "뜨내기"와 같은 쫓기는 생활을 한다(「4-3-6. 깨끗한 애국자」). 따라서 진주에서 부산・지리산・신경 등지로의 그의 공간적 편력 또한 박진감 있게 그려진다. 가솔을 이끌고 신경에 정착하였던 송관수는 목단강 방면으로 항일운동가로서 활동 차 행상을 나갔다가 호열자에 걸려 숨을 거두며, 그의 유해는 지리산으로 옮겨진다. 송관수의 편력하는 삶은 역시 신분질서로 인해 훼손된 삶을 살아가는 그의 아들 송영광에게 이어질 것으로 암시된다.[92]

이 밖에 북방공간으로의 공간적 편력의 공간기호학에 포함되는 인물에 이동진, 김훈장, 이상현, 이홍, 정석, 혜관, 주갑 등을 생각해 볼 수 있다.[93] 이동진은 『토지』에서 최초로 항일운동을 위해 국경을 넘은

92 송영광은 악극단의 색소폰 연주자로서 방랑하는 삶을 살아간다. 「5-5-2. 합류」에서 그는 이홍, 정석, 이상현 등의 만주의 항일운동세력과 함께 활약할 것으로 암시된다.

인물이다. 그는 용정·훈춘·연해주 등지에서 활약하다 "노령 연추에서 오십구세를 일기로 세상을 떠난"(8권, 136)다. 김훈장은 최서희의 용정행에 합류하였다가 용정을 찾은 혜관과 함께 삼원보행을 한 후 그곳에서 세상을 떠난 것으로 알려진다(「2-5-1. 황막하다는 것」). 이상현 역시 최서희의 용정행에 합류하였으나, 최서희와의 애정갈등으로 귀국한 이후, 동경에서 공부한 바 있으며, 서울의 지식인들과 어울린다. 기화가 자신의 딸을 낳았다는 사실을 알고 도피하듯이 서의돈과 함께 만주로 떠난다. 이후 그는 연해주·하얼빈 등지를 방황한다. 그런데 이동진과 김훈장은 봉건적 가치와의 충돌로 인해 갈등상황에 처하기보다 이를 묵수하기 위한 입장에 선 인물들로서 "모호한 나라의식"을 가진 것으로 지적된다.[94] 이상현의 북방공간에서의 편력은 김환, 김길상, 송관수 등에게서 살필 수 있는 굴절의 원리와 무관한 것으로서 패배주의적 색채를 드러내 보인다. 김길상과 최서희의 결혼을 인정할 수 없었던 그 역시 전통윤리의 묵수의 편에 선 인물이라 할 수 있다.

혜관과 주갑은 가족적인 삶과 무관하게 행운유수의 삶의 살아간 인물들로서, 이들의 북방공간에서의 편력 역시 봉건적 가치와의 충돌과 무관하다. 이들의 공간적 편력은 『토지』의 서사공간들을 연결해 주는 데에 큰 역할을 하기에 주목된다.[95] 한편, 이홍과 정석은 가족적인 삶과

---

93 이들에게서 봉건적 가치와의 충돌로 인한 갈등상황은 나타나지 않지만, 이들의 공간적 편력이 서사공간의 확장과 매개에 기여함을 밝히고자 한다.

94 박혜원은 이동진과 김훈장이 양반 계층으로 가문잇기에 집착한다는 공통점을 지닌 인물들로서 전통윤리의 묵수를 기도한 것으로 보고 있다. 박혜원, 앞의 글, 76~77면.

95 행운유수의 삶을 살아가는 혜관과 주갑은 『토지』의 산개한 서사공간들을 매개하는 역할을 한다. 혜관은 2부에서 최초로 평사리 / 하동 / 진주와 서울, 그리고 용정을 오가며 인물 간 연결고리로서의 역할을 한다. 이외에도 그는 지리산 독립운동세력의 살림을 맡은 인물로서 만주를 유랑하는 등의 활약을 통해, 독립운동세력을 연결해 준다. 주갑 또한 『토지』의

관련하여 굴절의 원리가 적용되는 삶을 살아간 인물들이나, 이들을 통해서도 봉건적 가치와의 충돌 양상을 발견하기는 어렵다. 최치수 살해에 연루된 칠성이의 아낙으로서 추후 이용과 결합하여 이홍을 낳은 임이네의 탐욕적이고 몰가치적인 삶으로 인해 이홍은 부산·동경 등지를 오가며 고뇌하는 청춘을 보낸다. 그는 양친이 세상이 떠난 이후 만주로 솔가하여 신경에서 사업을 하며 항일운동가들을 지원한다. 임이네와 임이 등 피로 맺어진 가족으로 인해 갈등상황에 처한 그는 피를 나누지는 않았지만 "영원한 어머니"로 기억되는 공월선, 그녀의 삼촌인 공노인, 그리고 주갑 등과의 가족적인 관계에서 새로운 가치를 발견하며 이들을 통해 항일운동에 관계하게 된 것이다. 한편, 조준구의 모함으로 아버지 정한조를 잃은 정석은 송관수의 인도를 받아 항일운동에 투신하는데, 가족사적 차원의 갈등상황을 넘어서서 국권회복이라는 대의를 위해 굴절한다. 진주·서울·지리산·통영 등지에서 활약하던 그는 김한복의 안내를 받아 만주로 간 이후, 하얼빈에서 이홍, 이상현, 강두매, 송영광 등과 합류한다.

『토지』에서 신분질서는 제4세대에 해당하는 송영광, 이양현 등에 이르기까지 심정적으로 강고하게 자리하며, 이로 인한 갈등상황은 빼앗김-되찾음의 갈등 축에서와 달리 갈등해소가 이루어지는 것이 아니라, '갈등해소의 도정을 밟고 있는 것'으로 그려진다. 갈등상황에서의 굴절이 공간이동(확대)를 수반하는 『토지』의 서사구성 원리를 고려할 때, 봉건적 가치와의 충돌로 인한 갈등 축에 등장하는 인물들이 '공간적 편력의

후반부 서사에서 만주의 독립운동세력들을 연결해 주는 연락책으로서의 임무를 수행한다.

공간기호학을 드러내 보인 것'은 그들이 갈등을 해소하는 것이 아니라, 그 도정을 밟고 있는 것과 관련을 맺는 것으로 볼 수 있다. 한편, 공간적으로 편력하는 인물들이 서사의 확장에 기여할 뿐만 아니라, 각 공간의 서사를 매개하는 역할을 하고 있음을 부가적으로 살펴보았다.

(3) 남녀 간 애정갈등 축에서의 굴절과 공간적 거리

『토지』에서 애정갈등서사는 대체로 장애요인과 충돌함으로써 파국으로 치닫거나, 이를 극복함으로써 사랑을 완성(결혼)하는 방향으로 나아가는 것이 아니라, 오히려 이별의 상황을 유지함으로써 애정갈등을 삭이는 방향으로 전개된다. 『토지』의 애정갈등서사에 등장하는 인물들은 현실적 당위(제도)와 사랑이 충돌할 때, 사랑을 절대화하는 가치 일원론적 태도를 지양하고 현실적 당위를 우선시하는 경향을 보이며, 혹은 이별의 상황을 감내하면서 공동체적 가치, 모성적·부성적 가치 등의 제3의 가치영역을 발견하기도 한다. 이 과정에서 연인 간(혹은 부부 간) 공간적 거리를 유지하는 공간기호학이 나타난다. 앞의 갈등 축들에서는 인물의 갈등상황으로부터의 굴절이 공간이동을 수반하는 양상이 나타남을 살폈다. 애정갈등서사에서는 이와 다르게 갈등상황에 처한 인물이 먼저 공간이동을 함으로써 새로운 가치를 발견하여 굴절하기도 한다. 이 갈등 축은 『토지』의 공간 확대 및 서사의 확장에 기여하는 바가 크다.

평사리에서 출발하여 확대되는 『토지』의 공간들 가운데 남녀 간의 애정갈등이 그 공간 확대의 계기로 작용하는 경우가 상당수 발견된다. 지리산·하동·용정·서울·진주·전주·통영·인천·회령·하얼빈·통포슬·동경 등의 공간이 그러하다. 지리산이 처음 『토지』의 공간적 배경이 된 것은 서사적 시간이 시작되기 이전, 윤씨부인과 김개주의 애정갈등에서 비롯한 것으로 볼 수 있다. 스토리시간 내에서는 사랑의 도피를 한 구천과 별당아씨를 최치수가 쫓기 시작하면서 이다. 처음 평사리에서 하동으로 배경이 넓혀지는 데에는 이용과 월선의 사랑이 큰 몫을 한다. 결혼에 실패하고 하동 장터에서 주막을 하는 월선을 이용이 장날이면 찾는 것에서 하동이 『토지』의 서사적 배경으로 자리하게 된다. 한편, 용정(간도)이 처음 거론된 것은 월선을 통해서이다. 이용의 본처인 강청댁으로부터 폭행을 당한 월선은 간도로 떠나는데, 추후 그녀가 간도의 삼촌내외와 함께 지냈다는 소문이 전해진다(「1-3-21. 바닥 모를 늪」). 진주가 처음 서사의 표면에서 서사적 공간으로 자리한 것 역시 애정갈등에서 그 계기가 마련된다. 김길상을 사랑하였지만, 그가 최서희를 마음에 두고 있다는 사실을 안 봉순은 최서희 일행의 용정행에 합류하지 않고 진주에서 기생이 된다. 2부에서 용정의 서사가 진행되는 동안 극적 공간에 자리하던 조선이 서사공간으로 떠오른 것은 서울의 이상현을 통해서이다. 이상현이 서울에 있게 된 계기 역시 용정에서 최서희와의 애정갈등이라 할 수 있는데,[96] 서울의 지식인들과 어울리던 이상현은 용정의 소식을 알고자 하는 혜관의 방문을 받은 이후, 진주의 기생 기화(봉순)를 방문한다. 이 일을 계기로 기화, 그리고 송관수, 정석 등과 관련하여 진주의 서사가 본격적으로 전개된다. 전주가 처음 『토지』의 서사적 배경으로 등장한 것은 이상현이 전

96 서울이 처음 서사공간으로 자리한 것은 서울에서 방탕한 젊은 시절을 보낸 최치수의 후일담을 통해서이다(「1-1-14. 악당과 마녀」). 이후 항일운동을 위해 만주로 떠났던 이동진이 귀향하면서, 서울에 들림으로써 서울이 서사의 표면에서 배경이 된다(1-4-7. 주막에서 만난 늙은이).

주에서 기생노릇을 하고 있는 기화를 찾으면서이다(「3-1-2. 전주행」). 통영은 이홍이 그곳 출신의 허보연과 혼례를 치르면서 『토지』의 서사공간으로 떠오르는데, 이후 이홍이 자신의 일터를 찾은 첫사랑 염장이와 간통사건을 벌이는 서사가 통영을 배경으로 전개된다(「3-3-9. 죄인들」). 주요 공간은 아니지만, 송영광과 이양현의 사랑은 서울과 인천의 거리를 두고 전개된다. 한편, 회령은 김길상이 옥이네와 처음 인연을 맺으면서 『토지』의 배경으로 자리한다(「2-1-5. 가스집」). 김길상은 상전인 최서희에 대한 사랑 때문에 갈등하면서도, 과부인 옥이네를 취하여 결혼하고자 마음을 먹는데, 이 시절 그는 용정과 회령을 사업 차 오가면서 옥이네를 만나곤 한다. 김길상이 최서희와 결혼한 이후 옥이네는 하얼빈으로 옮겨가는데, 추후 하얼빈이 서사의 표면에서 최초로 『토지』의 서사공간이 된 장에서 김길상은 옥이네를 찾는다(「2-5-5. 하얼빈행」). 퉁포슬은 이용과 공월선의 관계에 공간적 거리를 그으면서 『토지』의 배경으로 자리한다(「2-2-2. 남도 사내」). 동경이 처음으로 서사의 표면에서 『토지』의 공간적 배경이 된 것은 오가다 지로를 주요 인물로 하는 장에서이다(「4-2-3. 퇴역장군」). 이 장에서 유인실을 사랑하는 오가다 지로는 사촌 지에코와의 혼담을 건네는 백부의 권유를 물리친다.

이와 같이 남녀 간의 애정갈등은 『토지』의 공간이동(확대)과 밀접한 관련을 갖는데, 그런 만큼 『토지』에서 남녀관계는 밀착되어 있기보다 거리 유지를 하고 있는 것으로 볼 수 있다. 『토지』의 다양한 남녀 간 애정갈등 가운데, 갈등상황에서 굴절하여 공간적 거리를 갖게 되는 경우 혹은 공간적 거리 유지가 갈등상황으로부터의 굴절로 이어지는 경우에 대해 상세히 살피도록 하겠다.

『토지』에서 애정갈등서사의 백미는 평사리의 건실한 상민 이용과 무당의 딸 공월선을 중심으로 전개되는 이야기라 할 수 있다. 이들의 이야기는 월선이 결혼생활에 실패하고 하동으로 귀향하여 장터에 주막을 차리는 것에서 비롯하는데, 그 이전 신분적 장애로 인하여 월선과 이용이 맺어질 수 없었던 사연이 서사적 시간 이전의 극적 공간에 자리한다. 월선이 귀향한 후 오광대 굿 구경(「1-1-8. 오광대」)을 한 것을 계기로 인연을 맺게 된 이들은 사랑을 키워 나간다. 그러나 이들의 사랑에는 평사리와 하동장터를 잇는 섬진강의 거리만큼의 공간적 거리가 가로놓인다. 월선이 간도로 옮겨감으로써 이들 사이의 공간적 거리는 조선과 간도 사이로 넓혀진다. 그러나 월선이 떠난 후 피폐해진 용의 삶을 통해 알 수 있듯이 이들의 사랑은 그 거리만큼 더 절실해진다. 이들 사이에 이와 같은 공간적 거리의 공간기호학이 나타나고 있음은 신분제도, 결혼제도 등의 현실적 당위를 사랑의 실현(가족 이루기)보다 우위에 두고 굴절한 결과라 하겠다.

한편, 월선이 간도로부터 귀향함으로써 이들 간의 공간적 거리는 좁혀지나, 자식을 낳아준 임이네를 후처로 취한 이용의 가족과 월선 사이에는 다시 넘을 수 없는 간극이 자리하며, 이는 역시 평사리와 하동 간의 공간적 거리가 이들 사이에 자리하게 한다. 이용의 가족과 월선은 최서희의 용정행에 합류하는데, 이용과 월선은 다시 용정촌과 퉁포슬 간의 공간적 거리를 두게 된다. 이는 자식을 낳아 준 여자를 내칠 수 없다는 불문율의 당위로 인한 공간적 거리라 하겠는데, 월선은 이용이 임이네와의 사이에서 낳은 이홍을 향해 모성을 간직함으로써 이 공간적 거리에 가교를 놓게 된다.[97] 애정갈등에 처한 상황에 정면으로 충돌하지 않고 거리를 유지함으로써 월선은 모성이라는 새로운 가치를 향해 굴절할 수 있게 된 것이다. 그런데 현실적 사랑의 실현을 막는 이 공간적 거리가 이용과 월선의 사랑을 더욱 짙은 것으로 만들고 있음은 월선의 죽음에서 분명히 드러난다. 이용은 죽음을 앞둔 월선을 찾아보지 않고 퉁포슬 근처의 산판으로 벌목 일을 떠난다. 그는 월선과 공간적 거리를 유지함으로써 그녀와 사별하게 된 상황의 아픔을 감내하며, 이를 통해 월선을 향한 지극한 사랑을 드러내 보인다. 월선 역시 이 공간적 거리가 그들의 사랑을 해하는 것이 아님을 믿고 있기에, "실낱같은 생명이 끊겼다 이어지곤 하면서"(6권, 286) 이용이 산판일을 마치고 자신을 찾을 때까지 생명을 유지한다. 이용은 월선이 자신을 만나기 전에는 죽지 않으리라는 신념을 가지고, 산판일을 마친 후 월선을 찾는다. 이상 살핀 바와 같이 신분제도, 결혼제도, 불문율 등의 현실적 당위를 우위에 두었기에 둘 사이에 평사리-하동장터, 조선-간도, 용정촌-퉁포슬이라는 공간적 거리를 둘 수밖에 없었던 이용과 월선의 사랑은 이 공간적 거리로 인해 더욱 굳건해지는 역설적 상황을 만들고 있다.[98] 또한 월선은 이용과의 공간적 거리를 유지함으로써 모성이라는 새로운 가치를 얻게 된다.

유인실과 오가다 지로의 관계에서는 남녀 간의 사랑과 민족애가 상충하게 되는데, 유인실은 이와 같은 갈등상황에서 민족애를 우위에 둔다. 이들은 처음 동경에서 만나 사랑을 키운 것으로 나타나는데, 동경

97 이용은 월선의 국밥집에서 돈을 횡령하는 임이네를 데리고 퉁포슬로 가면서, 이홍을 월선에게 맡기면서 교육시킬 것을 부탁한다.

98 이와 관련하여 월선의 삼촌 공노인의 다음 대사는 시사하는 바가 크다.
【인용】 허혼을 했다 한다면은 물론 이 서방하고 내 조카딸은 은앙새 겉이 잘 살았겠지. **그러나 만났다간 헤어지고 헤어졌다간 또 만나고 그 끈질긴 인연하고 기구한 세월이 반드시 음, 그렇지 그렇기 때문에 그 사람들 맘이 더 굳게 떨어질 수 없게 되었다면은 반드시 박복했다 할 수만도 없을 것 같애.**(6권, 295~296)

에서 대학을 졸업하고 서울에서 생활하는 유인실을 오가다 지로가 찾는 과정에서 서로를 향한 사랑을 확인하게 된다. 철저한 배일사상으로 무장한 유인실은 오가다 지로와의 결합을 그녀 스스로 용납할 수 없기에 그 누구와도 결혼하지 않으리라는 말로 오가다 지로에 대한 사랑 고백을 대신한다(「3-5-17. 사랑」). 유인실은 오가다 지로와 하룻밤을 보내고 그의 아이를 잉태하게 되는데(「4-3-10. 명희의 사막」), 그 이후 항일투사로서 조찬하를 통해 오가다 지로와 재회하기까지 그를 다시 만나지 않는다(「5-2-2. 송화강의 봄」). 유인실은 동경에서 홀로 지내면서 조찬하의 도움을 받아 오가다 지로의 아이를 비밀리에 출산한다. 그녀는 "삿포로[札幌]"에서 중학교의 교사로 일하고 있는 오가다 지로에게 이 사실을 알리지 않고 그와의 공간적 거리를 유지한다. 출산한 아이를 조찬하에게 맡기고 유인실은 만주로 떠나는바, 그녀는 그곳에서 항일투사로 거듭나며 그만큼 일본의 오가다 지로와의 공간적 거리는 멀어진다. 유인실을 잃은 오가다 지로는 만주를 방황하는가 하면, 신경에서 직장생활을 한다.[99] 그는 여행길에 하얼빈에서 유인실을 목격하지만, 그와 유인실의 공간적 거리는 조찬하의 중재로 재회할 때까지 유지된다.

이와 같이 유인실과 오가다 지로의 관계에서는 유인실이 사랑보다 민족애를 우위에 두고 삶의 지향을 사랑하는 사람과 가정을 이루는 데 두지 않고, 국권회복이라는 대의에 둔 결과 공간적 거리의 공간기호학을 보이고 있다. 한편, 오가다 지로는 유인실과의 좁힐 수 없는 거리에 조찬하가 양육하고 있는, 유인실과의 사이에서 낳은 아들 쇼지를 향한 부

99 오가다 지로를 통해 만주에서 생활하는 일본인들 관련 서사가 확장된다.

성애에 가치를 두어 굴절함으로써 유인실과의 거리에 가교를 놓는다.

청백리 가문의 후손으로서 조혼하여 가정을 가졌으나 이에 정착하지 못하고 평생 방랑하는 삶을 살아가는 이상현의 경우를 통해서도 애정갈등의 공간기호학을 생각해 볼 수 있다. 그가 떠도는 삶을 살아가게 된 첫 계기는 가정을 가진 몸으로 최서희를 사랑한 것에서 비롯한다. 조혼한 아내에 대해 애정이 없으나 양반가의 자제인 최서희를 취할 수 없다는 현실적 당위 앞에서, 그리고 가문의 복원을 위해 김길상과 결혼하고자 하는 최서희의 선택 앞에서 그는 자신의 사랑을 이룰 아무런 가능성을 갖지 못한다. 이상현은 부친 이동진이 항일운동가로서 활약하고 있는 연해주를 거쳐 서울에 머문다.[100] 이상현과 최서희의 이룰 수 없는 사랑은 파행적 갈등상황으로 치닫지 않고 서울과 용정 간의 공간적 거리를 두는 것으로 마감이 된다. 서울에서 이상현은 신여성인 임명희의 사랑 고백을 받으나, 이혼하고서 임명희와 결혼할 수 없다는 현실적 당위를 앞세워 물리친다. 추후 그는 임명희를 사랑했노라고 고백한다. 일, 인간관계 등에서 안주할 곳을 찾지 못한 이상현은 기생인 기화와 "기약도 없는 만남"(7권, 397)을 갖는다. 그런데 기화가 자신의 딸을 낳았다는 사실을 알고 "최참판댁의 침모 딸이며 기생인 기화 몸에서 자신의 핏줄이 태어났다"는 것에 "치욕감"(8권, 149)을 느끼는데, 이는 그가 서울을 떠나 만주로 가게 된 한 계기가 된다. 세월이 흘러 그는 기화에 대한 연민의 감정도 사랑이었음을 인정하는데, 이때의 만주행으로 그는 이른 죽음을 맞이한 기화와 다시는 만날 수 없게 된다.

---

100 이상현을 통해 서울 지식인들의 서사가 확장되어 본격적으로 전개된다.

이상현은 최서희, 임명희, 기화 세 여성을 사랑하였으나, 그 누구와도 함께 하지 못한다. 용정과 서울, 만주와 조선, 혹은 이승과 저승의 공간적 거리를 유지하게 되는데, 이는 사랑의 감정보다 결혼제도와 같은 현실적 당위, 양반의 체면 등을 우위에 둔 결과이다. 이와 같이 사랑을 이루지 못한 이상현은 추후 기화가 낳은 자신의 딸 양현에게 부성애적 감정을 갖게 된다. 이는 남녀 간 애정갈등으로 인한 공간적 거리두기가 부성애라는 감정가치의 발견을 통한 굴절로 이어진 경우라 하겠다.

지금까지 애정갈등에 처했을 때 가치의 상대화를 통해 굴절함으로써 공간적 거리두기를 하는 경우 혹은 공간적 거리의 유지를 통해 굴절하는 경우에 대해 살펴보았다. 그런데, 드물게 『토지』에서는 일방적으로 (유일한) 사랑에 대한 집념을 갖는 인물들이 발견된다. 『토지』의 대표적인 악인인 김두수는 노름꾼 아버지에 의해 청루에 몸이 팔렸던 심금녀에게 일방적으로 집착한다. 이들은 공간적 거리두기가 아닌 추적과 도피의 서사를 전개하는데, 이 역시 『토지』의 공간 확대에 기여한다. 훈춘과 연해주로의 공간 확대가 서사의 표면에서 이루어진 것은 김두수가 밀정으로서의 역할을 함과 동시에 심금녀를 추적하는 것에 의해 이루어진다. 심금녀는 김두수를 쫓는 항일운동가 장인걸과 박재연에 의해 훈춘에서 구원을 받지만(「2-2-4. 바닷가에서」), 하얼빈에서 김두수에게 사로잡혀 자살하고 만다(「3-2-3. 영원한 잠」). 한편, 민지연은 자신과 약혼한 사이였으나, 약혼을 파기하고 불가에 입문한 하기서에 대해 일방적 사랑의 집념을 불태운다. 지리산 도솔암의 주지가 된 일진(하기서)의 행방을 알게 된 민지연은 지리산에 정주한다. 그녀는 지리산에서 속세를 버린, 그리고 항일운동에 참여하여 만주로 간 일진을 일방적으로 기다린다.[101] 김두수와 심금녀가 추적과 도피의 서사를 전개한 것과 달리, 민지연은 기다림의 서사를 펼친다. 이들은 『토지』 이전의 작품에서 유일한 사랑을 절대화하여 파국에 이른 인물들의 부정적 변주라 할 수 있다.

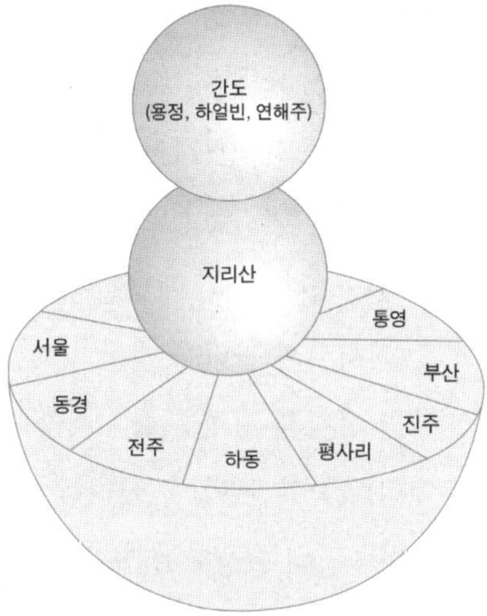

〈그림 4-1〉 갈등 축을 통해 본 『토지』의 공간 조감도

지금까지 살핀, '굴절'의 원리가 적용되는 세 갈등 축에 나타난 공간기호학을 〈그림 4-1〉과 같이 조감하여 정리해 볼 수 있다.

『토지』의 서사는 평사리에서 시작하여 하동·지리산(구례·남원)·진주·서울·전주·통영·인천·회령·간도(용정·퉁포슬·훈춘·연해주)·하얼빈·동경 등으로 확대된다. 본절은 이와 같이 광대하게 이루어지는 서사공간의 확대가 갈등 축의 형성 및 해소 과정과 밀접한 관련을 맺고 있음을 논의하고 있다. 즉, 여기에서는 『토지』의 서사적 특질 가운데 하나인 공간이동(확대)을 '굴절'의 원리가 적용되는 갈등상황과의 관련선상에서 논의함으로써, 그와 같은 공간이동(확대)의 내적 원인을 밝히고 있다.

앞의 논의에서 드러난 바와 같이 이와 같은 공간 확대의 계기는 상당 부분 남녀 간의 애정갈등 축에서 만들어진다. 물론, 각 공간이 서사

101 송관수와 인연이 있는 사회주의자 이범준의 이종사촌이자 소지감의 외사촌 누이인 민지연은 「4-1-13. 집념」에서 지리산에 발을 들여 놓은 이후, 일진을 기다리면서 몸종 소사와 함께 지리산에 정주한다.

의 표면에 등장하기 이전에 인물의 대화, 회상 등을 통해 거론되기는 하지만, 서사공간으로서 구체적인 장면제시의 배경이 되는 것은 대체로 애정갈등을 계기로 해서이다. 이는 빼앗김-되찾음의 갈등 축, 봉건적 가치와의 충돌로 인한 갈등 축에는 한정된 인물들만이 유관한 것과 달리, 남녀 간의 애정갈등 축에는 『토지』의 인물들 대부분이 간여한다는 사실과 관련을 맺는다. 또한 그 애정서사가 대체로 남녀 간의 어긋난 사랑을 제재로 함으로써 공간적 거리의 공간기호학을 이루기 때문인 것으로 보인다. 이러한 남녀 간 애정갈등 축은 공간적 거리두기와 병행하여 형성되며, 또 이를 통해 갈등해소의 출구를 찾기에 『토지』의 광대한 서사공간 형성에 큰 몫을 담당한다고 볼 수 있다.

지리산과 만주(용정 · 하얼빈 · 연해주 · 하얼빈)를 〈그림 4-1〉과 같이 도해한 것은 이 공간들에서 대체로 인물의 굴절이 이루어지기 때문이다. 앞의 논의를 통해 용정 · 하얼빈 · 연해주 등의 공간은 각 인물들이 자신이 처한 갈등상황에서 굴절하여 갈등해소하거나, 갈등해소의 도정에 있거나, 혹은 갈등해소를 위한 출구를 마련하는 곳임을 알 수 있다. ① 빼앗김-되찾음의 갈등 축에서 최서희와 김한복은 평사리 → 만주(용정 · 연해주 · 하얼빈) → 진주(평사리)와 같은 공간적 회귀의 도정을 거쳐 갈등을 해소하게 된다. ② 봉건적 가치와의 충돌로 인한 갈등 축에서 김환, 김길상, 송관수 등의 갈등해소 과정은 지리산 · 용정 · 훈춘 · 연해주 · 하얼빈 등지로의 편력의 도정과 맞물린다. ③ 한편, 남녀 간의 애정갈등 축에서 월선이, 유인실, 오가다 지로, 이상현 등은 통포슬 · 하얼빈 · 연해주에서 갈등상황으로부터 놓여날 수 있는 가능성을 마련한다. 한편, 지리산은 동학당의 김환, 송관수, 김길상 등의 주요 인물들이 갈등 해소의 도정에서 거치는 공간임과 아울러, 도피의 공간—별당아씨, 김환, 안또병 일가, 징용기피자들 등—으로서 역할을 한다. 지리산은 적극적인 의미에서 갈등상황에 직면하여 이를 해결해 나아가는 공간임과 동시에, 강력한 외압으로부터의 도피라는 소극적 현실대응 양상을 나타내 보이는 공간이기도 한 것이다. 따라서 이 글은 지리산이 『토지』에서 경계공간으로서 의미를 갖는 것으로 본다.[102]

이와 같이 지리산과 만주가 굴절의 원리가 적용되는 공간으로서, 그곳에서 갈등해결의 단초를 마련하는 경향을 보이는 것은 수평면에 해당하는 조선의 한반도가 일제 강점하에 놓인 것과 관련을 맺는 것으로 보인다. 『토지』의 인물들은 항일운동에 적극적으로 나서거나, 이를 지원하는 방식으로 대부분 현실참여를 하고 있다. 이들은 대체로 국권회복이라는 공동체적 가치를 추구함으로써 사적 갈등상황으로부터 굴절하는바, 일제의 세력이 미치는 한반도보다는 지리산과 만주가 이에 합당한 공간이라 할 수 있다.

각 갈등 축의 서사는 대략적으로, 수평면에서 출발하여 ① 수직적 상승의 정점에서 회귀하거나, ② 경계공간을 거쳐, 수직적으로 상승(편력)하거나, ③ 수평면 내에서 그리고 수평면과 수직면 간에 공간적 거리를 확보하는 방식으로 전개된다 하겠다. 지금까지 살핀 바와 같이, 굴절의 원리가 작동하면서 공간이동(확대)과 맞물리는 갈등구조는 한반도와 만주 및 동경에 걸쳐 넓게 확대되는 『토지』의 공간문제를 해명할 수 있

102 김진석은 세속과 초월의 경계, 도시와 시골의 경계로서 지리산의 경계공간으로서의 성격을 지적하고 있다. 김진석, 「소내(疎內)하는 한의 문학」, 솔 편집부 편, 앞의 책, 267~268면. 이 글에서 지리산을 '경계 공간'으로서 성격 규정한 것은 각 갈등 축 내에서 인물들의 갈등해소 과정과 관련된다.

는 내적인 원리가 된다 하겠다. 여기에서는 굴절, 즉 가치의 상대화가 『토지』의 소설 미학적 특질과 불가분의 관계를 맺고 있음을 논증하였다. 이는 본장에서 살핀 가치를 상대화하는 인물군의 존재를 방증하는 효과를 갖기에, 인물형상에 대한 논의의 연장선상에서 자리매김해 볼 수 있겠다.

제5장 결론

이 글은 '가치'의 문제를 통해 방대한 박경리 문학의 원질을 밝힘과 아울러, 그 흐름을 조망하고 있다. 박경리 소설에는 개성적으로 성격화된 다수의 인물들이 생동하고 있다. 그들이 가치의 문제에 직면하는 양상을 통해, 세 부류의 인물군을 범주화할 수 있다. ① 가치를 무차별화하는 부류, ② 가치를 절대화하는 부류, ③ 가치를 상대화하는 부류. 이 글은 이러한 범주화를 통해 박경리 소설을, '박경리 소설답게 하는 인물형상'을 논함과 아울러, 작가의 현실관을 살피고 있다. 가치에 대한 태도를 기준으로 분류된 인물형상은 다시, 이와 상관되는 '정체성의 양상' 및 '죄의식의 기제'에 대한 논의를 통해, 소설 속 생동하는 인물에서 논리적 담론 속 분석・해부된 인물형상으로서 재탄생하게 된다. 이는 이 글의 거시적 논조라 할 수 있는바, 이를 통해 『토지』를 비롯한 박경리의 방대한 문학 세계를 지탱하는 원질(原質)에 접근할 수 있었다는 의미 부여를 해 볼 수 있다. 이른바, 움직임動과 멈춤靜. 이는 박경리 문학의 내적 질서를 가장 적정하게 나타내는 개념이라 할 수 있다. 앞의 부류들 가운데, ① ③이 움직임動의 질서라면, ②는 멈춤靜의 질서이다. 이러한 질서들은 가치의 문제, 정체성의 양상, 그리고 죄의식의 기제 등을 내적으로 조율하는 질서라 할 수 있는바, 이 글은 2장, 3장, 4장에서 이에 대해 상론하고 있다.

2장 「가치의 무차별화에 따른 인물형상(정체성 · 죄의식)과 현실비판」. 가치의 무차별화는 4장의 가치의 상대화와 더불어 움직임動의 질서를 보이되, 그 양상은 크게 다르다. 2장에서 논하고 있는 가치의 무차별화란 비속한 욕망의 지배를 받는 인물형상에서 나타나는 바로서, 그 움직임이 무정형하고 몰가치적이라 할 수 있다. 4장에서의 가치의 상대화란, 인물의 이성적 의지에 의해 가치의 지양(止揚)이 이루어지는 경우이다. **2장 1절**에서는 가치의 무차별화가 인물의 정체성과 관련을 맺는 양상을 논의하였다. 가치를 무차별화하는 인물군은 교환가치를 좇아 움직임으로써 제반 가치들에 몰가치적으로 대응하며, 결과적으로 물질주의적 속성을 보인다. 이 글은 이 부류의 인물들이 나타내 보이는 가치에 대한 무차별적 접근 양상을 이해관계 및 섹슈얼리티를 매개로 논의하였다. 이해관계에 따른 가치의 무차별화는 크게 소유욕망에 따른 가산침탈, 실리에 따른 이데올로기적 입장, 교환가치에 따른 인간관계, 야망을 위한 도구적 관계 등의 양태로 나타난다. 이러한 경우들에서 인물들은 교환가치를 좇아 가족 · 이데올로기 · 사랑 · 인간의 존엄성 등에 대해 몰가치적 태도를 취한다. 그 결과 이 인물군은 가족관계 내에서의 정체성, 윤리적 · 이데올로기적 정체성 등이 위기를 맞으며 자아실현과 거리를 긋게 됨을 논의하였다. 한편, 박경리 소설에 반복하여 나타나는 근친적 애정, 불륜 등을 통해, 섹슈얼리티를 매개로 한 가치 무차별화 양상을 논의하였다. 여기에서는, 에로스적 사랑이 아닌 섹슈얼리티 — 성적 욕망 — 가 화폐의 교환가치와 동형적이라는 점에 착안하여 논의가 이루어지고 있으며, 섹슈얼리티를 매개로 무차별하게 움직이는 인물들 또한 정체성의 위기에 직면함을 밝힐 수 있었다.

2장 2절에서는 가치를 무차별화하는 태도와 죄의식의 관련 양상을 논의하였다. 박경리 문학 전반에서 남녀 간의 사랑과 더불어 죄의식은 감정서사로서의 지위를 내세울 수 있을 만큼 큰 비중을 차지한다고 할 수 있다. 여기에서의 죄의식 논의는 이어지는 3장과 4장에서의 죄의식 논의와 더하여져 박경리 소설에서 뚜렷한 기조를 이루고 있는 '죄의식의 기제'에 대한 담론을 형성하게 될 것이다. 이는 '죄의식의 생성과 해소'에 대한 해명을 포함한다. 인물의 가치를 무차별화하는 태도는 죄의식의 생성과 관련하여 소극적인(negative) 논점을 제시한다. 박경리 소설은 죄의식의 생성 못지않게 죄의식의 부재함에 대해 큰 의미를 부여한다. 가치를 무차별화하는 인물들은 그와 같은 태도가 낳은 죄의 문제에 대해 무감각한 존재로 성격화된다. 이들의 죄의식 부재함은 3인칭 관찰자 혹은 초점화된 피해자-인물들에 의해 비판적으로 제시되는데, 특별히 물질욕망으로 인해 가치 무차별화를 자행한 인물들이 이 부류에 속한다. 이에 반해, 직접적인 인간관계 내에서 본능적 욕망을 제어하지 못한 결과, 가치를 무차별화하여 죄를 짓게 된 인물들은 죄의식을 갖는다는 점에 주목하였다.

2장 3절에서는 1절과 2절의 논의에 기초하여 박경리 소설에 나타난 현실비판 양상을 논의하였다. 이 글은 가치의 무차별화를 초래하는 교환가치와 섹슈얼리티가, 박경리 소설에서 상호 불가분적이며 동형적인 것으로 나타나고 있음을 밝히고, 이에 기초하여 박경리 소설에 나타난 '한국적 자본주의 현실'에 대한 비판 양상을 논하였다. 교환가치와 섹슈얼리티 추구에서 초래되는 가치 무차별화 양상을 통해, 당대의 불구적 산업현장, 천민자본주의 등에 대한 비판적 인식을 밝힐 수 있었다. 박경리의 소설은 효율적인 투자와 일자리 창출, 건전한 생산과 소비에 미치지 못한 당대의 우리나라 자본주의 실상을 비판한다. 또한 박경리의 소설에는 정경유착과 더불어 계, 고리대금업, 밀수 등의 모티프가 반복적으로 나타나는데, 이를 통한 부정축재와 음성적 금융소득에 의존하는 천민자본주의에 대한 비판적 인식이 잘 드러나고 있다.

3장 「가치의 절대화에 따른 인물형상(정체성 · 죄의식)과 현실로부터 소외」. 가치를 절대화하는 인물군은 움직임動의 질서에 따르는 인물군과 달리, 박경리 소설의 낭만주의적 정향을 잘 보여주는 부류이다. 박경리 소설은 이들을 멈춤靜의 질서에 '예속된' 인물형상으로서 그리고 있다. **3장 1절**에서는 이러한 인물군의 원형을 박경리의 초기 단편소설에 대한 논의를 통해 밝히고 있다. 박경리 소설에서 가치를 절대화하는 인물군은 가치를 무차별화하는 인물들이 점유한 사회로부터 소외되는 경향을 보인다. 상당수 박경리 단편소설에 등장하는 인물들은 결백한 삶의 자세를 유지하는 가운데 질적 가치를 추구하는데, 이들은 박경리 중 · 장편 소설에서 본격적으로 등장하는 가치를 절대화하는 인물군의 원형이 된다. 이들이 대결하는 속악한 현실에는 가치를 무차별화하는 인물군의 원형이 존재하는데, 하나의 가치를 절대화하는 주인공들은 이러한 현실로부터 소외된다. 여기에서는 박경리 연구사에서 거론되어 온 현실로부터 소외의 문제를 가치를 절대화하는 주동 인물과 가치에 대해 무차별적인 반동인물(현실)과의 관계를 통해 새롭게 조명하고 있으며, ①과 ② 두 인물군의 원형을 밝히고 있다는 점에서 의미가 있다 하겠다.

3장 2절에서는 1절에서의 논의에 이어, 박경리의 중·장편소설에 등장하는 가치를 절대화하는 인물군의 정체성에 대해 논의하였다. ①과 ③의 인물군이 정체성의 위기를 맞이하거나 정체성을 생성해가는 것과 달리, ②의 인물군은 하나의 가치를 절대화한 결과, 정체성이 고정되어 있음을 밝혔다. 이들의 가치를 절대화하는 태도는 단편소설에서와 마찬가지로 현실로부터의 분리를 초래한다. 이러한 가운데 이 인물군은 사랑·운명·이념·문학 등을 유일한 가치로서 절대화하여 추구하는바, 갈등상황을 타개하지 못하고 죽음·몰락·고립·광기 등의 파국을 맞이한다. 가족적·사회적·역사적 현실과의 관련 내에서 현실변화에 능동적으로 대처함으로써 인물의 정체성이 생성된다고 할 때, 현실로부터 소외되어 유일의 가치를 추구하는 이 인물군은 고정된 정체성의 양상을 보인다. 정체성을 생성함으로써 새로운 삶의 지평을 열어가는 ③ 인물군과의 비교를 통해, 정체성의 고정과 파국의 의미가 상대적으로 부각됨을 논의하였다.

3장 3절에서는 가치를 절대화하는 태도와 관련지어 죄의식의 생성과 해소에 대해 논하였다. 이 인물군이 유일의 가치로서 추구하는 바가 도덕과 상충할 때, 이들에게서 죄의식이 생성됨을 읽을 수 있다. 근친적 애정, 불륜의 사랑 등을 절대화할 경우, 이러한 가치와 상치하는 도덕의 문제가 인물의 내면에 죄의식을 생성토록 함을 밝혔다. 이는 죄를 부정하면서 동시에 죄의식을 갖는 식의 양가성을 보이는가 하면,

엄정하게 스스로를 단죄하는 방식으로 나타난다. 더불어서, 이 인물군을 통해서는 죄의식을 해소하기 위한 모색의 태도를 살필 수 있었다. 그러나 이들은 가해자와 피해자, 죄의식과 그 원인 간 양자관계의 폐쇄적 구조 내에 머무름으로써, 죄와 속죄 간 순환윤리를 이루지 못한다. 이에 대한 반작용으로 마조히즘적 삶의 자세를 취함을 밝힐 수 있었다. 이들은 이른바 멈춤靜의 감정기제를 나타내 보이고 있다 하겠다. 죄의식의 해소와 관련된 이와 같은 측면은 ③의 인물군의 경우와 대비되는바, 이에 주목할 필요가 있다.

4장 「가치의 상대화에 따른 인물형상(정체성 · 죄의식)과 현실참여」. 거시적 관점에서 박경리 문학의 흐름을 논할 때 그 지향점은 바로 가치를 상대화하는 인물군에 놓인다고 할 수 있다. 이들은 『토지』 이전의 작품들에서도 발견되지만, 『토지』의 주축을 이루는 인물군이기 때문이다. ②의 멈춤靜과 대립하며 ①의 움직임動과는 구별되는, ③의 움직임動은 굴절(屈折)하는 삶의 태도를 통해 발현되는 것이다. 굴절이란, 가치의 실현에 좌절할 때 거기에 머무르지 않으며 움직이되, 그 움직임이 무차별적이지 않고 선택적일 때를 의미한다. **4장 1절**에서는 가치를 상대화는 인물군을 통해 정체성이 생성되는 양상을 논하였다. 이 인물군은 전쟁과 같은 극한 상황에서 생명을 궁극의 가치로서 인정하여 이념 등의 추구하던 가치로부터 굴절하여 실존적 자아를 생성하거나, 추구하던 출세주의라는 가치에 편집적으로 매달리지 않고 가족의 형성 · 유지에 비중을 두어 굴절함으로써 가족적 자아를 생성한다. 『토지』에 이르러 가치를 상대화하여 굴절하는 인물이 대거 등장하는데, 가족의 문제에서 굴절하여 항일운동을 지원하거나 이에 참여하여 공적 자아를 생성하는 경우, 신분질서라는 공고한 봉건적 가치와의 충돌에서 굴절하여 '나라' 찾기의 욕망에 접속함으로써 과도적 자아를 생성하는 경우, 에로스적 사랑이 야기하는 갈등상황에서 굴절하여 모성적 · 부성적 자아를 생성하는 경우 등을 살펴보았다. 가치를 절대화하는 인물들이 대부분 파국에 이르는 점과 비교하여 볼 때, 여기에서 살핀, 가치를 상대화하여 굴절(屈折)하는 인물군은 박경리의 생명사상을 서사적으로 잘 보여주고 있다 할 수 있겠다.

4장 2절에서는 가치를 상대화하는 태도와 관련하여 죄의식의 문제를 논하였다. 이는 3장 2절에서 거론한 죄의식의 해소방안 모색의 연장선상에 놓이는 것이다. 여기에서는 죄의식의 해소방안에 대해 적극적으로 분석하고 있는바, 앞에서의 논의와 가장 크게 다른 점은 바로 가해자와 피해자, 그리고 죄의식과 그 원인의 양자 간 폐쇄적 구조를 탈피하여 죄의식의 해소방안을 제시하고 있다는 점이다. 제3자에게 죄를 고백하고 가족을 통해 구원의 가능성을 모색하거나, 선대의 죄를 후손이 대속하는 등의 죄의식을 해소하는 방안들이 나타남을 살필 수 있었다. 여기에서도 '굴절'은 중요한 기제로 작용한다. 가치를 상대화하는 인물들은 선대로부터 승계한 죄의식에 갇혀 있지 않고, 보다 큰 악에 대한 저항을 통해 굴절함으로써 상대적으로 보다 작은 악이라 할 수 있는 선대의 죄업으로 인한 죄의식을 해소하거나, 가족 · 사랑 · 예술 등 제3의 가치에 욕망을 투여하는 과정에서 구원의 가능성을 찾는다. 이러한 논의를 통해 새로운 가치로의 지양을 통해 삶의 지평을 넓힘과 아울러, 인물을 옭죄는 죄의 빚을 청산할 수 있음을 밝힐 수 있었다. 여기에는 움직임動의 감정기제가 작용하고 있다 하겠다. 한편, 이러한 죄의식 해소 과정을 통해, 법에 대한 불신이 반복적으로 나타나는 점에 주목하였다.

4장 3절에서는 가치를 상대화하는 인물들이 굴절함으로써 삶의 지평을 확대한 결과 현실참여가 이루어짐을 논하였다. 인물의 가치에 대한 태도에 따라, 작품에서 나타나는 현실관이 차례로 한국적 자본주의 현실 비판, 인물의 현실로부터 소외, 그리고 인물의 현실참여로 이어짐을 알 수 있다. 이 가운데 현실로부터 소외를 낳는 가치를 절대화하는 인물군과 대비하여 볼 때, 가치를 상대화하여 굴절하는 인물군은 가치의 창출을 통해 가족, 사회 및 민족과 접속함으로써 삶의 지평을 확대한다는 점이 두드러진 차이로 나타난다. 이 글에서는 개인의 에로스적 사랑을 추구하던 자리에서 굴절하여 가족, 혹은 공동체적 연대의 의미를 각성하고 현실참여로 나아가는 인물들을 살필 수 있었다. 이를 통해 박경리의 생명사상이 타자의 수용과 공동체적 결속의 의미를 포함하고 있음을 지적하였다. 마지막으로, 굴절을 통한 가치의 상대화가 소설 미학적 특질과 연계되는 양상을 『토지』를 중심으로 살폈다. 인물의 굴절이 공간 확대(이동)와 관련을 맺는다는 명제에서 출발하여, 세 개의 갈등 축을 중심으로 일관되게 나타나는 공간기호학을 다음처럼 정리해 보았다. ① 빼앗김-되찾음 갈등 축에서의 굴절과 공간적 회귀, ② 봉건적 가치로 인한 갈등 축에서의 굴절과 공간적 편력, ③ 남녀 간의 애정갈등 축에서의 굴절과 공간적 거리. 굴절과 결부되는 이러한 소설 미학적 특질은 인물 형상에서 굴절이 갖는 의미의 중요성을 방증한다 할 수 있겠다.

이상 2장, 3장, 4장에서의 논의는 **1장 3절**에서 미리 정리한 바 있는 박경리 문학의 큰 흐름을 보여준다. 이러한 흐름은 직선적 그래프로 나타낼 수 있을 만큼 단선적인 것이 아니고, 단지 경향성으로서 나타난 것임을 밝혀둔다. 크게 보았을 때, 박경리 문학은 가치를 절대화하는 멈춤靜

의 질서에서 가치를 상대화하는 움직임動의 질서로 나아가는 양상을 보여준다. 움직임動의 또 다른 양태인 가치의 무차별화는 박경리 문학 전반에 고르게 포진하고 있다 할 수 있다. 이와 같은 경향성을 통해 박경리 문학을 사조적 · 사상적 · 감정적 측면에서 조명해 볼 수 있다. 이른바 박경리 문학에는 전반적으로 낭만주의와 사실주의가 혼재하고 있다 할 수 있다. 박경리 문학 전반에 포진하고 있는 ①의 인물군을 통해, 박경리의 예리한 현실비판의식을 읽을 수 있는 한편, ②에서 ③으로의 이행은 낭만주의의 점진적인 후퇴라 할 수 있다. 후기의 문학에서 상대적으로 우세하게 나타나고 있는 ③은 공동체에 대한 인식 및 공동체로의 참여의지를 통해 사실주의적 현실관을 보여준다. 이 글은 박경리 문학의 낭만성에 주목하는 기존연구와 시각을 달리하여, 그의 문학을 통해 시종 자본주의 현실에 대한 비판이 첨예하게 나타나며, 현실참여의식이 드러나고 있음을 논하였다. 한편, 이 글은 박경리의 생명사상을 박경리 자신의 담론(Discourse)이 아닌, 소설(Narrative)에 대한 분석을 통해 구명하고 있다. 이 글에서 밝히고 있는 박경리 소설의 흐름을 통해, 박경리의 생명사상이 반(反)-생명지향성에서 생명에의 의지를 발현하는 방향으로 전개되어 왔음을 밝힐 수 있었다. ②에서 ③으로의 이행은 이를 잘 보여준다. 마지막으로, 사랑 · 죄의식 등의 문제에 천착하여 이러한 감정서사가 박경리 문학에서 독자적 지위를 점유한 것으로 보고, 이에 대한 객관적 조명을 하고 있다는 점에서 이 글의 의의를 찾을 수 있다. 감정서사는 위의 흐름 내에서 유일성의 추구에서 유일성의 탈피, 폐쇄성에서 개방성의 방향으로 이행하면서 전개된다고 할 수 있다. 이는 감정서사에서의 멈춤靜의 질서와 움직임動의 질서를 이룬다.

제2부

박경리 문학과 『토지』, 고금(古今)과 동서(東西)의 좌표

제1장 박경리의 『토지』와 바진[巴金]의 『격류삼부곡』 비교 고찰

'가족사 소설'의 관점에서*

1. 들어가며

박경리의 『토지』는 작가 자신의 대표작임과 동시에 한국문학사 내에서도 주목받는 작품이다. 복합적인 층위를 드러내 보이는 『토지』를 장르적으로 규정하기 위한 논의가 다양하게 전개되어 왔으나, 이 작품을 '역사소설'로 범주화하는 것이 지배적인 시각이다.[1] 따라서 박경리

* 이 글은 저자의 글 「박경리의 『토지』와 바진[巴金]의 『격류삼부곡』 비교 고찰」, 『한국 현대문학 연구』 29집, 2009.12의 내용을 수정・보완한 것이다.

1 한국문학사를 서술한 저서들은 『토지』를 역사소설의 범주에서 다루고 있다. 김윤식・정호웅, 『한국소설사』, 예하, 1999; 이재선, 『현대 한국소설사』, 민음사, 1991; 권영민, 『한국 현대문학사』 2, 민음사, 2002. 『토지』의 장르 규정과 관련된 논의가 다음의 글들에서 이루어지고 있으나, 모두 『토지』가 역사를 다룬 작품이라는 측면에서는 일치된 의견을 보이고 있다. 염무웅, 「역사라는 운명극」, 정현기 편, 『한과 삶－토지 비평 1』, 솔, 1994; 강만길, 「소설 『토지』와 한국 근대사」, 정현기 편, 같은 책; 이재선, 「숨은 역사・인간 사슬・욕망의 서사시」,

의 대표작 『토지』는 한국문학사 내에서 대표적인 역사소설로서 굳건히 자리매김하고 있다고 볼 수 있다. 그런데 여러 세대에 걸친 가족의 역사를 근간으로 하여 전개되는 『토지』는 '가족사 소설(The Family Novel)'로서의 성격 또한 갖추고 있는바, 이 글은 '가족사 소설'의 관점에서 중국 문단을 대표하는 작가 바진(巴金, 1904~2004)의 『격류삼부곡』[2]과 박경리(1926~2008)의 『토지』(1969~94)를 비교 고찰코자 한다.[3] 비교문학의 방법을 도입하여 『토지』를 고찰함으로써 보다 거시적이고 상대적인 관점에서 그 특질을 양각할 수 있을 것이다.

이와 같은 이 글의 논의는 자명한 영향과 수용관계에 있지 않은 문학까지 비교할 수 있다는 미국 비교학파의 입장에 기대어 전개된다.[4] 또한 이 글의 논의는 두 작가의 작품을 모두 '가족사 소설'로 범주화할 수 있다는 사실을 전제로 한다. '가족사 소설(The Family Novel)'의 중요한 장르적 특성은 여러 세대에 걸친 가족의 역사를 그리면서, 동시에 사회 변동의 제

정현기 편, 같은 책; 김병익, 「한(恨)의 민족사와 갈등의 사회사」, 정현기 편, 같은 책.

2 『격류삼부곡』은 연작 형식으로 발표된 『家』, 『봄』, 『가을』을 포함한다. 이 가운데 가장 먼저 발표된 『家』는 상해에서 간행된 『時報』(1931.4.18~1932.5.22)에 연재되었으며, 『家』의 속편인 『봄』은 1938년에 발표되었다. 이어서 『격류삼부곡』의 마지막 작품인 『가을』이 1940년에 발표되었다. 호미, 「염상섭과 빠진[巴金]의 가족사 소설 비교 연구」, 서울대 박사논문, 2009.2, 3・19면 참조.

3 루카치가 역사소설의 역사와 장르적 특질을 논의한 이래 '역사소설'이 소설문학의 주요 장르로서의 위상과 보편성을 획득하고 있음은 주지의 사실이다. 이와 같은 '역사소설'의 범주에서 『토지』와 외국문학 간 비교 고찰을 수행하는 것 또한 의미 있는 작업이 될 것으로 기대되나, 이는 차후의 과제로 미루기로 한다.

4 비교문학의 방향은 자명한 영향과 수용관계에 있는 문학의 비교만을 고집하는 프랑스학파의 입장과 비영향적이고 비수용적인 현상까지도 문학의 비교뿐만 아니라, 문학과 문화의 비교, 번역과 오역(誤譯)의 비교, 문학과 타예술의 비교, 문학과 아이디어의 비교로 영역을 넓혀서 비교할 수 있다고 보는 미국학파의 입장으로 대별된다. 또한 그 목적이 자국문학의 특수성과 우선권을 내세우는 것에 있는 경우가 있는가 하면, 외국문학 및 문학과 타 분야와의 상관관계에서 차지하게 되는 보편성과 대등성을 강조하는 것에 있는 경우가 있다. 윤호병, 『비교문학』, 민음사, 1995, 47~56면.

반 양상과 역사 발전의 총체성을 재현한다는 것으로 정리해 볼 수 있다.[5] 중국에서 『격류삼부곡』에 대한 논의는 다양한 각도에서 전개되어 왔다. 이 작품을 '가족사 소설'의 범주로 묶어 살핀 연구 또한 발견되는데, 삼부곡 가운데 『家』에 편중되어 연구가 진행되어 있음이 지적되고 있다.[6] 한편, 『토지』는 유래를 찾아볼 수 없을 만큼의 거작으로서, 배경이 되는 시대의 총체성을 재현하는 역사소설의 면모를 갖추고 있으나, 그 서사의 근간이 최참판가를 중심으로 한 가족의 역사임을 간과할 수 없다. 따라서 이와 같은 측면에 주목하여 『토지』를 '가족사 소설'로 규정하는 입장이 있다.[7] 이 글에서의 비교 연구는 이러한 연구사적 업적에 기초하여, 이와 같은 시각을 낳은 두 작품의 특질에 주목하여 이루어질 것이다.[8]

가족사 소설은 가족 갈등을 핵심축으로 한다. 가족 갈등은 다시 세대갈등과 남녀갈등으로 세분할 수 있는데, 이는 각각 작품의 수직적 갈등 축과 수평적 갈등 축을 형성한다. 이러한 갈등 축은 배경이 되는 역사적 현실에 대한 재현으로 확대되며, 이를 통해 작중 인물의 현실대응 양상 및 가치관을 살필 수 있다.[9] 이 글은 다른 장르의 작품들과 구별되어 비교적 방대한 서사체를 이루는 '가족사 소설'의 주요 갈등 축, 즉 세대갈

---

5 Yi-Ling Ru, *The Family Novel : Toward a Generic Definition*, NY : PETER LANG, 1992, pp.5～12. 이링 루(Yi-Ling Ru)는 바진[巴金]의 『격류삼부곡』, Martin du Gard의 *Les Thibault*, John Galsworthy의 *The Forsyte Saga*를 비교 고찰하는 과정을 통해 '가족사 소설'의 장르적 개념을 구축하고 있다. 이 글은 상당 부분 비교 연구를 통해 귀납적으로 '가족사 소설'을 개념을 정립해 나가고 있는 이링 루의 논의에 기대고 있다.

6 호미, 앞의 글, 8면.

7 이재선, 「농경적 상상력과 『토지』」, 『현대문학』, 1994.10.

8 『격류삼부곡』과 한국문학작품과의 비교 연구가 '가족사 소설'의 관점에서 이루어졌으나, 박경리 『토지』와의 비교 고찰은 아직 시도된 바 없다. 김성옥, 「염상섭의 『삼대』와 巴金의 『家』에 대한 비교 연구」, 고려대 석사논문, 2001; 최계화, 「1930년대 한·중 가족사 소설 비교 연구」, 전남대 박사논문, 2003; 호미, 앞의 글.

9 Yi-Ling Ru, *Op. cit.*, pp.28～40.

등 및 남녀갈등의 양상에 초점을 맞추어 『격류삼부곡』과 『토지』를 비교 연구하고자 한다. 이와 같은 갈등 축에 주목할 때 두 작품은 선명한 대비를 이루는바, 이는 이 글의 비교 연구가 '거시적인 관점'에서 이루어지는 결과를 낳게 할 것이다. 박경리의 『토지』와 바진의 『격류삼부곡』을 상호 조명하는 이 글의 논의를 통해 연구사에서 간과된, 두 작품의 주요한 특질들이 드러나게 될 것으로 기대된다.[10] 즉, 『토지』는 『격류삼부곡』에, 그리고 『격류삼부곡』은 『토지』에 비추어봄으로써, 두 작품의 상대적인 특질을 살필 것이다. 단, 이러한 논의가 두 작품에 대한 가치평가로 수렴되지 않음을 미리 밝혀둔다.

2. 『격류삼부곡』의 세대갈등 및 남녀갈등 양상

1) 세대갈등의 이원성과 제도에 대한 '제한적' 저항

연구사에 따르면, 중국에서 바진과 그의 대표작 『격류삼부곡』은 모두 상반된 평가를 받아 온 것으로 드러난다. 즉, 한편에서 바진은 1930

10 이 글에서의 작품 논의는 다음을 기본 자료로 한다. 박경리, 『토지』 1~16, 솔, 1996; 바진[巴金], 박난영 역, 『家』 1~2, 황소자리, 2006; 바진[巴金], 연변인민출판사 편집부 역, 『봄』 1~2, 백양출판사, 1995. 바진의 작품에 등장하는 인물의 이름 등은 모두 박난영의 번역 표기에 맞추어 통일한다. 이 글은 『가을』의 번역본을 구하지 못한 이유로 이를 직접 분석한 후 논의에 포함시키지 못한 한계를 갖는다. 따라서 『가을』에 대한 논의는 연구사에 이 글의 관점을 적용하는 방식으로 최소한 이루어진다. 추후 이를 보완할 계획이다.

년대 중국 문단에서 가장 진보적인 작가로서 평가받으며, 반봉건 사상을 철저하게 드러내 보인 『격류삼부곡』은 이러한 바진의 진보성을 대변하는 작품인 것으로 지목된다. 그런데 바진의 생애를 돌이켜 볼 때, 다른 한편으로 그는 문화대혁명 시기에 반혁명분자로 몰려 시련을 겪었으며, 그의 『격류삼부곡』 또한 가오 씨 일가 몰락의 사회적 원인을 명확히 제시하지 못한 작품으로서 부정적 평가를 받기도 한다.[11] 이와 같은 상반된 평가를 『격류삼부곡』에 비추어볼 때, 상반된 두 입장이 모두 일견 타당성을 갖는 것으로 보인다. 『격류삼부곡』에서 바진은 봉건성을 대변하는 전통을 타파해야 할 대상으로 보고 이에 대한 예각적인 대결의식을 드러내 보인다.[12] 이와 같은 대결의식은 그의 작품에서 ① '전통(옛 것, 봉건) = 구세대 = 부정적인 것 = 열등한 것', ② '새로운 것(반봉건) = 신세대 = 긍정적인 것 = 우월한 것'의 도식으로 이분법적 가치 평가를 낳는다. 그런데 이러한 도식적 가치평가가 개재된 신 · 구의 대결이 '제한적인 차원'에서 이루어지고 있음을 연구사의 두 번째 지적과 관련하여 주목해볼 필요가 있다. 이 글은 『격류삼부곡』에서 신 · 구를 대변하는 세대 간 갈등이 곧 제도에 대한 저항의 의미를 내포하고 있다는 기존 논의에 동의하지만, 그것이 제한된 차원에서 이루어지고 있음을 박경리 『토지』와 대비되는 측면으로서 거론코자 한다. 또한 전기한 이분법적 가치평가 또한 『토지』와 구별되는 양상인바, 이와 관련하여 먼저 상론해 보겠다.

11 호미, 앞의 글, 6~7면; 박난영, 『바진 – 혁명과 문학의 경계에 선 아나키스트』, 한울아카데미, 2006, 294면; 바진, 위의 책, 2006 참조.

12 이와 관련하여 호미는 바진의 이원적 세계관을 염상섭의 가치중립적 세계관과 대비되는 것으로서 주목하면서, 바진이 전통을 타파의 대상으로 보고 있음을 밝히고 있다. 호미, 위의 글.

『격류삼부곡』은 중국 현대사의 전환점이 되는 격변의 시기를 묘사함으로써, '5 · 4' 시기를 반영한 뛰어난 작품으로서 평가되기도 한다.[13] 이 작품은 이 시기를 관통하면서 변화하는 '가오'씨 가족의 세대갈등을 중심으로 전개된다. 가오 가(家)는 총 4대가 대가족을 이루어 저택에서 함께 거주하는데, 1, 2세대와 3세대 간 '대결적인' 세대갈등이 작품의 핵심서사를 이룬다. 구세대를 대변하는 1, 2세대는 다시 그 성격이 갈리는바, 자수성가하여 관료대지주 가문의 반석을 쌓은 제1세대 가오 노인이 전제적인 봉건 가부장의 위상을 갖춘 인물이라면, 그의 아들들로 이루어진 '커'(커밍, 커안, 커딩)자 항렬의 제2세대들은 아버지 세대의 부와 권력에 기대어 생활(기생)하면서 윤리적으로 타락한 행동을 일삼는 인물들이라 할 수 있다. 따라서 2세대 인물들은 가오 노인이 누린 것과 같은 확고부동한 가부장의 권위를 누린다고 할 수는 없지만, 내포작가에 의해 ①의 도식에 따른 평가가 내려지는 인물들이다. '쥬에' 항렬의 제3세대 인물들은 이들 1, 2세대 인물들의 견고한 가치체계와 대결하면서 세대갈등의 주축을 담당한다. 가오 노인의 장자의 아들들로서 종가를 이루는 쥬에신, 쥬에민, 쥬에후이 형제는 이 작품의 주인공격에 해당하는 인물들이다.[14] 특히 쥬에민, 쥬에후이 형제와 1, 2세대 인물

13 박난영, 앞의 책, 254면. 박난영은 『격류삼부곡』의 스토리시간이 1919년에서 1924년까지인 것으로 보고 있다. 그런데 『家』 도입부에 해당하는 「기쁨도 슬픔도 없는 나날」 장에 따르면, 가오 가문의 장손이자 제4세대에 해당하는 하이천이 태어나고 2년 후에 '5 · 4운동'이 폭발한 것으로 나타난다. 1919년에 발생한 '5 · 4운동'시기를 고려한다면, 이 작품의 스토리시간은 이보다 앞선 1917년에서 시작된 것으로 보아야 옳다. 바진, 박난영 역, 『家』 1, 황소자리, 2006.

14 쥬에신은 연구사에서도 지적된 바 있듯이 '장자형 콤플렉스'(호미, 앞의 글 참조)를 가진 인물로서, 신사상을 수용하지만 이에 맞게 행동하지 못하는 이중적인 면모를 보인다. 결과적으로 그는 봉건 가부장제에 의해 스스로의 청춘을 저당 잡히고, 희생된다. 그러나 그 또한 '가오' 가문의 몰락을 수용하면서 집을 떠나 새로운 출발을 할 것으로 『가을』에서 그려지고 있기에 '신세대'에 속한 인물로 볼 수 있다.

간 가치관의 차이는 현격하며 따라서 이들의 대결 양상은 첨예하다. 바진은 시종 쥬에민과 쥬에후이의 시각에서 세대갈등을 그리고 있는바, 이들을 통해 작품 내에서 앞의 이분법적 도식이 예각화된다고 할 수 있다. 이와 같이 『격류삼부곡』은 이분법적 가치매김으로 1, 2세대 대(對) 3세대 간 세대갈등을 첨예하게 그리고 있는데,[15] '新 = 신세대, 舊 = 구세대'의 도식이 해체되는 『토지』와 비교할 때 여기에 내재된 작가 바진의 진보에 대한 생각은 급진적이라 할 수 있다.

『격류삼부곡』은 이분법적 가치평가에 기반을 둔 급진적 진보를 추구하지만, 가족 내에서 일어나는 세대갈등에 초점을 맞추어볼 때 그와 같은 세대갈등이 내포하는 저항은 '제한적인' 양상을 드러내 보인다. 이 작품에 나타나는 동・서 의학에 대한 입장을 통해 이와 같은 두 가지 측면을 동시에 살필 수 있다. 『家』의 후속작인 『봄』에서는 두 차례에 걸쳐 동・서 의학의 격돌이 세대갈등의 구체적인 사례로서 등장한다. 쥬에신과 루이쥐 사이에서 태어난 가오 가문의 장손 하이천의 죽음과 쥬에신의 외사촌누이로서 쥬에신이 연정을 품었던 후이의 죽음은 동・서 의학에 대한 내포작가의 평가를 드러내 보인다. 어린 나이에 죽음을 맞이한 하이천의 병명은 뒤늦게 불러들인 프랑스인 축의사에 의해 '뇌막염'으로 명쾌하게 밝혀지며, 신의(新醫)의 빠른 처치를 받지 못한 것이 그의 이른 죽음의 원인인 것으로 드러난다. 여기에는 중국으로

15 가오 씨 집안의 2세대 인물과 같은 세대에 속하지만, 혁신적인 사상을 가진 인물로서 쉐첸루의 아버지를 예외적인 인물로서 고려해 볼 수 있다. 쥬에민 형제의 고종사촌으로서 신교육을 받고 있는 친과 동급생인 쉐첸루는 용감하게 단발을 감행함으로써 신여성의 면모를 여실히 보여준다. 그녀의 아버지 또한 동경 유학을 한 인물로서 쉐첸루의 지지자인 것으로 간략히 언급된다. 그러나 그는 작품 내에서 간단히 스쳐가는 인물로서 등장하기 때문에 (『家』 2, 193) 앞의 도식에 영향을 미친다고 볼 수는 없다.

대표되는 동양의학은 열등한 것, 서양의학은 우월한 것이라는 가치판단이 내재되어 있다고 할 수 있다. 한편, 후이는 성 내에 거주하는 프랑스인 의사를 통해 임신으로 인해 생긴 방광염을 앓고 있기 때문에 수술로써 치료가 가능하다는 진단을 받지만, 중국인 의사의 진료를 고집하는 시어머니의 반대로 인해 병의 치료시기를 놓치고 결국 죽음을 맞이한다. 이러한 후이의 죽음을 통해서도 동·서의학에 대한 이분법적 가치판단을 엿볼 수 있으며, 나아가서 동·서의학을 매개로 한 신·구의 세대갈등을 살필 수 있다.

이러한 삽화들을 통해서 『격류삼부곡』에 나타난 저항이 『토지』에 비하여 제한적이라는 판단을 내릴 수 있다. 5·4운동의 목적은 "비타협적으로 제국주의에 반대하고 철저히 비타협적으로 봉건주의에 반대"하는 데 있다.[16] 이러한 5·4운동 시기를 배경으로 한 『격류삼부곡』에서는 일제 강점기를 배경으로 한 『토지』의 경우와 다르게 제국주의에 대한 저항이 드러나지 않는다. 동·서의학에 대한 이분법적 가치판단이 두드러진 앞의 삽화들은 『격류삼부곡』이 신·구 대결의 예각화에 치중한 나머지, 제국주의에 대한 인식 자체를 담지 않고 있음을 드러낸다.[17] '가족사 소설'이 가족의 역사를 중심으로 하는 소설이되, 시대 현실에 대한 총체적 반영을 통해 리얼리즘을 표방하는 장르라는 점을 고려할 때 『격류삼부곡』의 이와 같은 측면은 『토지』와 비교하여 주목되는 바이다.

---

16 丸山松幸, 김정화 역, 『오·사운동의 사상사』, 일월서각, 1983, 54면.

17 『격류삼부곡』의 배경이 되는 시기에, 이 작품의 공간적 배경인 사천성에는 제국주의의 침입이 본격적으로 진행되지 않았던 정황 또한 이에 영향을 미친 것으로 보인다.

『격류삼부곡』에 나타난 저항이 제한적임은 신분제도 및 이와 밀접한 관련을 맺는 토지제도 문제를 통해서도 살필 수 있다.[18] 『家』와 『봄』은 각각 신분제도 및 토지제도와 관련을 맺는 서사를 전개하고는 있지만, 이러한 제도에서 비롯하는 갈등을 전면화하지는 않는다. 따라서 이와 관련하여 진보적 사상이 거의 드러나지 않는다고 볼 수 있다. 『家』에서 제3세대의 가장 저항적인 인물로서 성격화된 쥬에후이는 가오 씨 집안의 하녀 밍펑을 사랑한다. 신분을 초월한 이 사랑은 계급질서가 엄격한 가오 씨 집안 내에서 혁신적일 수 있지만, 이는 명사 '사랑' 그 자체에 내려질 수 있는 평가이다. 쥬우후이와 밍펑이 상대를 사랑하는 방식, 즉 동사적 차원의 사랑은 다분히 구습의 질곡에 얽매여 있다 할 수 있다. 『家』는 이 사랑이 결실을 맺는 것이 불가능함을 당사자들의 의식을 통해 직접적으로 명시하고 있다. 하녀로서의 신분을 '팔자'로 여기는 밍펑은 쥬에후이의 '영원한 노예'로서 그를 사랑할 것을 갈망한다. 결정적으로 쥬에후이는 밍펑이 펑러산의 첩으로 팔려가게 되었다는 사실을 알고서도, 자신을 유일한 구원자로 생각하는 밍펑을 단념하고 만다. 이와 관련하여 『격류삼부곡』은 "진보적 사상을 지닌 젊은이의 헌신적 열정"을 지탱해 주는 또 다른 버팀목이 "쁘띠부르주아적 자존심"(『家』 1, 89~90)인 것으로 서술하고 있다. 쥬에후이는 신분을 초월하여 하녀 밍펑을 '사랑'하였지만, 그 '사랑'을 현실화할 만큼의 행동력을 갖추지 못한 것이다. 이는 신분적 제약을 넘어설 수 없는 의

18 5·4운동의 사상사를 살핀 연구서에 따르면, 1911년 신해혁명의 실패 이후 중국의 혁명파들은 '봉건적 사회구조의 변혁'을 목표로 활동을 하였다. 여기에는 지식인을 포함한 민족부르주아뿐만 아니라 농민과 도시하층민이 참여하였다. 丸山松幸, 앞의 책, 23~24면.

식의 한계에서 기인한 것이라 할 수 있다.[19] 『격류삼부곡』은 또한 『봄』에서 대토지를 소유한 관료 지주 가문인 가오 가에서 소작인들을 관리하는 양상을 보여준다. 그런데 홍수와 도둑의 창궐이라는 재해 및 치안의 차원에서 토지문제를 다룰 뿐, 이를 적극적인 사회문제로 제시하여 갈등을 증폭시키지 않는다.[20]

한편, 신세대를 대표하는 가오 가의 제3세대 인물 쥬에민, 쥬에후이 형제는 5·4운동의 영향을 받아 학생운동에 적극 가담하면서 '인도주의'와 '사회주의'를 추종하는 것으로 그려진다. 그런데 이들 형제의 이와 같은 혁신적 사상은 5·4시기 '학생운동'의 차원에서 그려지기에, 가오 가(家) 내에서의 세대갈등을 다각적으로 확대하지는 않는다. 다양한 각도에서 사회변혁운동을 펼친 5·4운동 시기 중국 사회상을 고려할 때, 이 또한 세대갈등이 내포하는 저항의 의미를 제한하고 있다 하겠다. 결과적으로 『격류삼부곡』에서 세대갈등은 '혼인제도에 대한 저항'에 초점을 맞추어 첨예한 신·구 대결 양상을 보인다 하겠는데,[21] 이와 관련하여서는 다음 절에서 상론하겠다.

---

19 박난영 또한 쥬에후이의 의식 심층에 유교 문화의 축적으로 인한 나약함이 숨겨져 있음을 지적하고 있다. 쥬에후이는 밍펑의 사후 부유한 집안의 규수인 밍펑과 재회하는 꿈을 꾸는데, 박난영은 이 꿈을 통해 쥬에후이 역시 잠재의식 속에서는 봉건적 의식과 완전히 절연한 상태는 아님을 지적하고 있다. 박난영, 앞의 책, 269~271면.

20 가오 씨 가문은 『가을』에서 경제적으로 몰락하는데, 그 원인이 막대한 토지에서 나오는 이익으로 무위도식하며 사치와 향락을 즐기는 '커'자 항렬의 제2세대 인물들에게 있는 것으로 시사하고 있다.(호미, 앞의 글, 79~86면 참조). 『격류삼부곡』은 지주 관료 가정의 이러한 생활상을 여실하게 보여줌으로써 배경이 되는 시대의 경제상을 비판하고 있지만, 사회 구조적인 차원에서 이에 대한 문제의식을 심화시키고 있다고 보기는 어렵다.

21 물론, 성공적인 결혼을 위해 어머니에 의해 전족을 강요당한 수전, 봉건적인 미신으로 인해 죽음으로 내몰린 루이줴, 주변의 반대를 무릅쓰고 남녀공학에 입학코자 하는 친 등을 통해서도 세대갈등이 드러나지만, 이는 작품 내에서 보다 본격적으로 전개되는 혼인갈등에 비해 많은 비중을 차지한다고 보기 어려우며, 궁극적으로는 혼인제도 문제에 포함된다고 볼 수 있다.

2) 남녀갈등에 나타난 '순혈주의'와 '요절'의 의미

『격류삼부곡』에 나타나는 남녀갈등은 주로 부모세대(혹은 선대)에 의해 정해진 혼사에 대항하여 혼인자유를 추구하는 과정에서 나타난다. 따라서 이 작품에서 남녀갈등의 문제는 세대갈등과 불가분의 관계를 맺는다고 할 수 있다. 기존 논의는 가문의 입지와 실리를 고려하여 후손의 혼인을 결정하는 1, 2세대 인물과 혼인 자유를 추구하는 3세대 인물간의 대결에 주목하고 있는바, 이는 세대갈등의 한 측면으로서 남녀갈등을 논의한 결과를 낳는다. 이 경우 남녀갈등의 문제는 앞 항[22]에서 제시한 ① ②의 도식이 적용되는 신・구세력이 대립하는 세대갈등의 범주를 벗어나지 못한다. 이 글은 바진의 『격류삼부곡』에 나타나는 남녀갈등의 특질을 그 자체로서 살피고자 한다.

『격류삼부곡』은 가오 가의 제3세대 인물 가운데 쥬에신, 쥬에민, 수잉을 중심으로 혼인자유의 문제를 다룬다. 이와 같은 혼인자유의 문제는 결혼 당사자의 의사를 무시하는 전통적인 혼인제도와 충돌, 대립하는 부분에서 진보성을 담지한다고 할 수 있다. 소설에 나타난 결혼계약위반(간통)의 의미에 대해 논의한 토니 태너(Tony Tanner)에 따르면, 서양 부르주아 사회에서 결혼은 사회의 구조와 체계를 유지하는 또 하나의 체계이다.[23] 『격류삼부곡』에서 1, 2세대 인물들에 의해 강요된 결혼 또

22 본절의 1항 '세대갈등의 이원성과 제도에 대한 '제한적' 저항'을 뜻함.

23 태너에 따르면, 결혼은 자산이 있는 곳에 리비도와 충성과 다른 모든 소유물과 산물들을 두도록 하는 의식인 것이다. 따라서 남자에게 있어 결혼은 그 자신과 세계 내에서 그의 지위를 생각하도록 하는 제도라 할 수 있다. Tony Tanner, *Adultery in the Novel*, The Johns Hopkins Univ. Press, 1979, pp.15・17~18.

한 바로 이와 같은 의미를 갖는다고 할 수 있다. 즉, 단순히 봉건적 유습이라기보다는 봉건 관료 지주 집안의 세를 굳건히 하고 사회 지배층으로서의 기득권을 유지하기 위한 수단으로서 가문의 조건을 고려한 혼인 강요가 이루어진다고 할 수 있다. 따라서 이와 같은 강제적인 혼인에 대한 제3세대 인물들의 저항은 그 자체로서 진보성을 갖는다 하겠다.

그런데 『격류삼부곡』에서 제3세대 인물들의 혼인자유 추구는 '순혈주의'적 면모를 보임으로써, 박경리 『토지』에 나타나는 남녀갈등에서와 같은 혁신성을 드러내지는 않는다. 혼인자유를 추구하는 제3세대 인물들은 같은 계급, 동일한 봉건 관료 지주 집안의 친인척과의 자유연애를 통해 혼인에 이르고자 한다. 『家』에서 강요된 혼인의 가장 큰 희생자는 쥬에신이다. 그는 이종사촌 메이와 사랑하는 사이였지만, 부모의 강요에 의해 봉건 관료 집안 출신의 루이쥐와 혼인한다. 루이쥐 사후에는 외사촌 후이를 연모하지만, 후이 또한 부모의 강요에 의해 원하지 않는 결혼에 이르게 된다. 쥬에민은 형 쥬에신의 전철을 밟지 않기 위해 조부 가오 노인에 의해 강요된 혼인에 저항한다. 결과적으로 쥬에민은 강요된 혼인의 희생양이 되지는 않지만, 그가 추구한 혼인자유는 고종사촌 친과의 자유연애로 귀결된다. 여기에서 드러나는 '순혈주의'는 이종사촌 혹은 고종사촌과의 혼인을 허용하는 당시 중국의 사회상을 반영한 것으로 볼 수도 있으나, 다른 한편으로 『격부삼부곡』에 신분제도에 대한 각성된 의식이 예리하게 드러나지 않음과 궤를 같이 하는 것으로 볼 수 있다. 하녀 밍펑에 대한 쥬에후이의 사랑은 이러한 의식의 발로라 할 수 있으나, 앞 절에서 살핀 바와 같이 신분제도와 관련하여 봉건적 의식과 완전히 절연하지 못하는 한계를 노정한다. 따라서 제

3세대 인물들이 추구하는 혼인 자유는 개성 해방의 의미는 갖지만, 봉건 전제주의에 입각한 체제 전복의 혁신성을 담지한다고 볼 수 없다. 이는 『토지』와의 비교 고찰을 통해 보다 선명하게 드러날 것이다.

『격류삼부곡』에서 에로스적 사랑을 매개로 하여 신분을 초월한 남녀 간 맺어짐은 나타나지 않는다. 신분적으로 상하관계에 있는 남녀가 맺어질 수 있는 유일한 가능성은 하녀를 '첩'으로 맞아들이는 것이다. 이 경우 에로스적 사랑은 개재하지 않는다. 첩은 상전의 위치에 있는 남성의 성욕을 충족시키거나 아들을 낳아 후사를 잇는 도구 이상의 의미를 갖지 못한다. 완얼은 60대 펑러산의 첩으로 팔려가며, 첸얼 또한 부인 실씨와의 사이에서 아들을 얻지 못한 커딩의 첩이 된다. 이들은 강요에 의하거나, 상전의 첩이 되어 호사를 누리고자 하는 욕망 때문에 처첩갈등을 겪으면서 상전의 첩이 된다. 이는 『격류삼부곡』에 나타나는 남녀갈등의 한 주요 국면이라 할 수 있는데, 강요된 첩으로서의 삶에서 직면하게 될 굴욕을 피하여 그리고 자신의 순결한 사랑을 지키기 위해 자살을 택한 밍펑의 결단은 의미 깊다 하겠다.

한편, 『격류삼부곡』은 강요된 혼인으로 인하여 세대갈등에 종속된 남녀갈등을 겪는 인물 가운데 상당수가 요절하는 양상을 보여주는데, 이는 '강요된 혼인'과 '순혈주의적 사랑'이 내포하는 한계, 즉 체제 유지의 보수성을 극복할 수 있는 가능성을 시사한다. 이는 가오 가의 쥬에신을 중심으로 한 남녀갈등을 통해 분명하게 드러난다. 쥬에신은 큰 꿈을 가진 전도유망한 청년이었으나, 종갓집 장손인 그에게 이미 정해진 운명에 순응하는 삶을 살아간다. 그는 이종사촌누이 메이를 사랑하였지만, 전통적인 혼인제도에 순응하여 루이줴와 결혼한다. 강요된 혼인이었지만 쥬에신은 루이줴와의 사이에서 아들 하이천을 얻고 결혼 생활의 기쁨을 누린다. 그런데 쥬에신은 강요된 혼인의 결과 얻은 가족을 모두 잃는다. 루이줴의 죽음과 관련하여 『家』는 전근대적인 미신 숭배에 대한 비판을 전면화하지만, 다른 한편으로 루이줴의 죽음은 제4세대의 장손인 그녀의 아들 하이천의 죽음과 함께 봉건적 체제 유지의 도구가 되는 전통적 혼인제도에 대한 암묵적인 부정 내지 저항의 의미를 갖는다고 볼 수 있다. 쥬에신은 이와 같은 강요된 혼인으로 구축된 가정을 잃을 뿐만 아니라, 사랑하는 여인들의 이른 죽음을 지켜본다. 강요된 혼인에 응한 메이는 결혼한 지 일 년이 못되어 남편을 잃고, 쥬에신에 대한 미련을 버리지 못한 채 병을 얻어 요절하고 만다. 쥬에신이 루이줴와 사별한 이후 『家』의 후속편 『봄』에서 사랑하게 되는 외사촌 누이인 후이 또한 강요된 혼인의 희생양으로서 요절하고 한다. 메이와 후이의 이른 죽음은 루이줴의 죽음과 마찬가지로 체제유지를 위해 강행된 혼인의 폐해를 적시할 뿐만 아니라, '순혈주의적' 사랑 또한 구습을 혁파할 만큼의 힘을 갖지 못함을 드러낸다 하겠다.[24]

쥬에신은 『가을』의 결말부에서 후사를 이으라는 커밍의 유언을 좇아 하녀 추이환과 결혼하여 새로운 가정을 이룬다. 이 결합은 사랑보다는 후사를 잇겠다는 목적의식이 앞서는 한계를 갖지만, "과거의 주

24 친과 쥬에민의 관계는 친이 신교육을 받은 인물로서 봉건질서의 폐해에 대해 당차고 주견 있게 대처하는 측면을 보인다는 점에서 단순한 '순혈주의적' 사랑의 범주에서 벗어나 있다 하겠다. 한편, 부친 커밍에 의해 강요된 혼인을 피해 가오 가를 탈출하는 수잉은 자신을 사랑하는 먼 친척 천지엔윈의 도움을 받는다. 몰락한 양반 집안의 후손인 천지엔윈은 수잉의 탈출을 돕는 것으로 수잉에 대한 애정을 표현한 후 그 여파로 건강이 악화되어 요절하고 만다. 천지엔윈의 '순혈주의적' 사랑은 죽음을 통해 완성되고 새로운 것의 도래를 돕는다는 측면에서 이 글의 논의 맥락에 닿는다 하겠다.

인과 노예가 평등한 신분으로 가정을 이룸으로써 민주로써 전제를 대체하려 한 작가의 의도"[25]를 표현한 것이라 할 수 있다. 쥬에신과 추이환의 결합은 5·4운동의 사상이 담긴 "새로운 이론"에 심취하지만, 종갓집 장손으로서의 의무를 다하기 위해 점점 "낡은 환경에 순응하며 살아가는 데 아무런 모순을 느끼지 않"게 되었던 쥬에신의 "이중인격"(『家』 1, 74)이 새로운 것의 편에서 새롭게 정립될 것을 예견토록 한다.

3. 『토지』의 세대갈등 및 남녀갈등 양상

1) 제도에 대한 '다각적' 접근과 세대갈등의 이원성 해체

『격류삼부곡』이 이원화된 세대갈등에 대해 이분법적 가치판단을 내리고 있으며, 봉건 대가족 내에서의 혼인제도에 제한하여 첨예한 세대갈등을 드러내 보이고 있음을 살펴보았다. 갑오농민혁명이 있은 직후인 1894년에서부터 1945년 일본 제국주의 압제에서 벗어나 광복을 맞이하기까지 기간을 스토리시간으로 하는 박경리의 『토지』는 제도에 대한 접근과 세대갈등의 양상 측면에서 『격류삼부곡』과 뚜렷한 변별점을 갖는다. 이와 관련한 논의를 동시에 전개해 나가겠다.

25 박난영, 앞의 책, 265~266면.

『토지』는 철저한 혈연의식에 기반을 둔 신분제도에 많은 비중을 두어 세대갈등을 다룬다. 신분제도는 토지제도와 밀접한 관련을 맺을 뿐 아니라, 혼인제도에 결정적인 영향을 미친다. 또한, 『토지』는 철저한 배일감정에 입각하여 제국주의에 대한 저항을 작품의 핵심서사로 하며, 일본의 식민지 지배와 함께 본격적으로 유입된 자본주의 제도에 대해서도 비판적 접근을 한다. 『토지』의 세대갈등은 이처럼 다각적인 제도의 문제들에서 비롯하며, 이러한 세대갈등에 내재하는 가치판단은 『격류삼부곡』에 나타나는 바와 같은 도식과 이원성을 해체한다.

『토지』는 5세대에 걸친 최참판가의 가족사를 근간으로 하되, 이 외에도 평사리 민중들의 가족사를 포함하여 다양한 계층에 속하는 인물들의 가족사를 광대한 공간을 배경으로 하여 펼쳐 나간다. 그런데, 『토지』의 거대서사가 시작되는 최참판가의 세대갈등에서부터 '봉건 = 구세대, 반봉건 = 신세대'라는 도식은 성립되지 않는다. 최참판가의 제1세대 인물인 윤씨부인은 조선 오백 년을 지탱해 온 봉건왕조의 운명이 저물어가고 있음을 예견하며, "양반의 폐단이 골수까지 사무친"[26] 장암 선생을 적대시하는 중인 문의원 등과 뜻을 같이 한다. 또한 그녀는 자신을 강간하여 사생아를 낳도록 한 동학혁명의 풍운아 김개주에 대한 연모의 감정을 부정하지 않는다. 따라서 윤씨부인은 구한말 격동의 시기에 반봉건의 편에 선 인물이라 할 수 있다. 그러나 양반가 청상과부가 지켜야 할 금기를 위반한 어머니의 과거사를 알게 된 이후부터 자기 학대의 삶을 살아온 최치수(제2세대)는 구한말 조선왕조의 권력구조에

26 「1-2-9. 과거에 거울에 비친 거울」, 1권, 361.

대한 저항정신을 갖지만, 백성을 우중(愚衆)으로 보고 혁명을 인정하지 않는 스승 장암의 사상에 압도된 인물이다. 양반가 법도에 얽매어 어머니 윤씨부인의 상흔을 포용하지 못하고 백성이 주인이 되는 정치를 부정하는 최치수는 봉건적 구습의 편에 가까운 인물이라 할 수 있다.

이 외에도 다각적인 측면에서 전개되는『토지』의 세대갈등은『격류삼부곡』에서와 같은 도식적인 이원성을 해체하면서 전개되는바, 여기에는 급진적 진보에 대한 지향보다는 점진적 역사발전에 대한 믿음이 전제되어 있다고 볼 수 있다. 실제로『토지』는 세대 간 '대결'을 앞세우기보다는, 세대 간 갈등이 가족사적 흐름 내에서 '극복'되는 양상을 보여준다. 또한 극복하기 어려운 봉건적 유습이 세대를 관통하여 갈등요소가 되는 양상에 초점을 맞추기도 한다.

신분제도의 문제는 세대를 관통하는 봉건적 유습으로서『토지』에서 가장 비중 있게 다루어지는 사항이다.『토지』는 이를 혼인제도 및 토지제도를 비롯한 가족의 경제적 기반과 관련된 문제로서 예각화한다. 신분제도와 결부된 혼인제도의 문제는 남녀갈등을 통해 첨예하게 다루어지므로 이와 관련하여서는 다음 절에서 논의키로 하고, 여기에서는 후자의 문제를 상론하겠다.『토지』의 주요 서사는 최참판가의 몰락에서 복원의 구조를 취한다. 이 서사의 전개 과정에서 '토지'는 핵심적인 문제로 자리한다. 최참판가 또한 가오 집안처럼 관료 지주 가문으로서 위상을 굳건히 해 왔지만, 가족 구성원들의 죽음에 이어 토지를 외척 조준구에게 찬탈 당함으로써 몰락한다. 천애고아가 된 최참판가의 유일한 혈손 최서희의 숙원은 조준구에게 빼앗긴 '토지'를 되찾아 최참판가의 위상을 되찾는 것이며, 그녀는 남편 김길상의 도움을 받아 이 일을 실현시킨다. 그리고 최서희는 시종 최참판가의 유일한 혈손인 자신을 돕던 평사리 민중들의 지주로서의 위치를 재정립한다. 이처럼 『토지』는 지주-소작제도의 복원을 외척 조준구와 최서희의 갈등이 해소되는 지점에 두고 있다. 따라서 『토지』 또한 '토지제도'와 관련하여 진보성을 담지한다고 보기 어렵다. 즉 『토지』는 지주-소작제도에 대한 각성된 의식을 보여주지는 않는다. 이는 부당한 방법으로 최참판가의 토지를 침탈한 조준구나 침탈당한 토지를 회수하는 것을 삶의 목표로 삼은 최서희 모두에게 적용된다 할 수 있다. 그런데 『토지』는 최참판가의 몰락-복원의 서사에서 최서희가 최참판가의 토지를 회수하기 위해 하인 김길상을 택하여 결혼함으로써, 신분제도와 혼인제도, 그리고 토지제도 간 긴밀한 관계의 고리를 허물었다는 점에서 진일보한 측면을 보여주고 있다.

한편, 종의 후손이지만 면천하여 경제력을 획득한 김두만 일가의 가족사를 통해서 토지제도와 신분제도의 결속이 해체되지 않고 잔존하고 있음을 살필 수 있다. 이 가족의 제1세대라 할 수 있는 두만아비와 두만네 부부는 두만아비가 지나치게 실리를 추구하는 반면, 두만네는 사리에 밝고 후덕한 인물로 성격화된다. 실리를 추구하는 성격의 두만아비는 비록 종의 후손이지만, 경제력을 쌓음으로써 가문을 일으켜 세우는 토대를 마련한다. 제2세대 김두만의 대에 이르러서는 진주에서 행세하는 집안이 되는데, 김두만의 집안이 경제적으로 부유해질 수 있었던 결정적인 동력은 상업(비빔밥집과 양주장의 운영)에 있었다. 실리를 우선시하는 두만아비의 판단이 농업이 아닌 상업으로 집안의 경제력을 증강시킬 수 있는 계기를 마련해 주었던 것이다. 『토지』는 이와 같은 김두만 일가의 가족사를 통해 종의 후손이 경제력을 획득하고 가문을 일으켜 세우는 근대 지향적 면모의 긍정적 측면을 부각하는 데서 그치지 않는다. 경제력에 기반을 둔 새로운 계층 형성에 대한 긍정적 접근은 실리를 우선시하는 자세로 성실히 일하여 땅을 사들이고 경제적 기반을 쌓은 두만아비 대의 삶에 한정된다. 그의 아들 김두만은 자본주의의 부정적 이면인 물질주의에 침윤되어 타락한 행태를 보이며, 보다 많은 부를 획득하기 위해 일본 제국주의의 편에 섬으로써 두만아비와의 세대갈등을 불러일으킨다. 나아가서 『토지』는 면천한 집안의 후손이라는 열등감을 극복하지 못한 김두만의 궁극적 목적이 토지를 사들여 봉건지주와 같은 사회적 입지를 굳히는 데 있음을 강조한다. 이러한 김두만의 삶을 통해 『토지』는 아버지 세대보다 더 퇴보한 아들 세대의 보수적 이데올로기와 자본주의의 부정적 이면을 적실하게 드러내 보인다.[27]

지금까지 『토지』에 다각적 층위의 세대갈등이 나타나며 그와 같은 세대갈등에 『격류삼부곡』에서와 같은 이분법적 도식이 적용되지 않음을 양반 가문인 최참판가와 면천한 가문인 김두만가를 중심으로 살펴보았다. 이 외에도 『토지』에는 여러 부류의 가족의 역사가 전개되는 바, 이들 가족사 내에서의 세대갈등은 첨예한 '대결' 양상을 보이기보다 선대가 남긴 갈등요소를 후대 인물들이 '극복'해 가는 양상에 주로 초점을 맞추고 있다. 친일귀족 조병모 남작 가문의 가족사를 통해 선

27 『토지』의 스토리시간은 갑오개혁 이후인 1897년에서부터 시작된다. 이 시기는 역사적으로 신분제도가 해체된 시기이다. 그런데 『토지』는 신분제도가 형식상으로는 해체되었지만, 감정적으로 잔존함으로써 등장인물들의 삶을 구속하고 있음을 계속하여 보여준다. 청백리의 후손인 이상현이 신흥 자본가 계급의 아들인 송장환과 나누는 대화(인용문)는 이와 같은 서사의 흐름을 예견케 한다.
【인용】 신분제도는 이미 **형식상으로는** 타파되지 않았습니까. 그러나 **감정적으로** 용납되기는 오랜 시일이 걸리지 않을까요?(「2-1-10. 정호의 질문」, 4권, 134)

대의 잘못된 삶을 씻기 위해 의미 있는 결단을 내리는 후대의 고뇌를 엿볼 수 있다. 조병모 남작은 일본제국주의와의 결속을 통해 세습된 상층 신분과 경제력을 더욱 공고하게 다짐으로써 '친일귀족'이라는 불명예스런 수식어를 얻게 되지만, 그의 차남 조찬하가 순수 부계 혈통으로 이어지는 가족사의 단절과 가산의 계승 거부를 결단함으로써, '친일귀족'이라는 오명을 희석하게 된다. 또한, 부친 김평산의 죄업으로 인해 '살인자의 아들'이 된 김한복은 일본 제국주의에 대한 대항을 통해 아버지에게서 계승된 죄의식이라는 갈등요소를 극복해 나가게 된다. 한편, 『토지』에서 세대갈등의 결정적인 소인이 되는 봉건적 유습은 남녀갈등을 통해 위협받거나 극복되는 양상을 보이는데, 이와 관련하여서는 다음 절에서 상론하겠다.

2) 남녀갈등의 '혁신성'과 새로운 질서 정립

『격류삼부곡』에서 남녀갈등이 세대갈등에 종속되어 나타나며, 혼인자유의 추구가 순혈주의적 면모를 보임으로써 봉건적 사회체제 전복의 의미를 갖지 못함을 살펴보았다. 『토지』에서 다채롭게 전개되는 남녀갈등은 보다 적극적인 의미를 갖는다. 또한 『토지』에서의 남녀갈등은 잔존하는 봉건적 유습으로부터 결코 자유롭지 못한 세대갈등의 한계를 '극복'하는 기제로써 작용함으로써, 새로운 질서의 정립에 기여한다.

계층 이동이 자유롭지 못한 사회에서 결혼은 체제 유지를 뒷받침하는 제도이다. 그렇다면 이 결혼 계약을 위협하는 간통(Adultery)은 사회

구조에 대한 전면적인 대항의 의미를 갖는다 하겠다.[28] 『토지』는 이러한 의미 부여가 가능한 간통 사건에서부터 그 장대한 서사를 시작한다. 중인 출신으로서 동학혁명에 앞장 선 김개주가 최참판가의 기둥이라 할 수 있는 윤씨부인을 강간한 사건이 그것이다. 이 사건은 김개주와 윤씨부인 사이의 사생아인 김환의 존재를 최참판가에 등장시킴으로써 연쇄적으로 별당아씨와 김환 간의 불륜을 낳는다.[29] 봉건적인 양반지주가문의 여인들이 체제 유지의 버팀목이 되는 결혼 계약을 위반하게 된 이 간통사건들은 체제 전복의 가능성을 시사하는 것으로 볼 수 있다. 실제로 최참판가의 여인들에게 발생한 이 두 사건은 봉건지주가문인 최참판가의 몰락을 부추긴 결정적인 계기가 된다.

한편, 이용과 월선의 간통에 대해서도 본절의 논의 맥락에서 새로운 해석을 내려 볼 수 있다. 합법적인 혼인관계로 맺어질 수 없는 이용과 월선의 사랑에는 신분질서와 후사를 잇는다는 명분이 혼사장애로 작용한다. 기존 연구는 주로 신분질서로 인한 혼사장애, 그로 인해 결혼으로 맺어질 수 없음에도 불구하고 아름답게 유지되는 두 인물의 사랑, 그리고 모든 장애를 인내하며 아름다운 사랑을 이어가는 이용과 월선의 성격화 양상에 초점을 맞추고 있다.[30] 이 글은 이러한 기존 논의와 시각을 달리하여 이용과 월선의 비합법적 관계에 대해 평사리로 대변되는 농경

---

28 Tony Tanner, *Op. cit.*, p. 17. 여기에서 '간통(Adulter)'은 결혼계약을 위반하는 남녀 간의 정사를 통칭하는 의미로 쓰인다. 이 글에서 '간통'은 태너가 정의한 대로의 의미를 갖는다. 따라서 김개주가 윤씨부인을 강간(rape)한 사건 또한 이에 포함된다.

29 이재선은 윤씨부인의 몸에서 양반의 핏줄인 최치수와 이단의 핏줄인 김환이 태어난 것에 주목하여 이에 대해 "역사적인 변환과 전이를 위한 분기의 유추"라는 의미부여를 한다. 이재선, 앞의 글, 1994.10.

30 이덕화, 「서술 의도에서 본 『토지』의 인물 유형」, 한국문학연구회 편, 『『토지』와 박경리 문학』, 솔, 1996; 김은경, 「박경리 문학 연구-'가치'의 문제를 중심으로」, 서울대 박사논문, 2008. 2.

사회의 계통성을 흔드는 이질적 결합으로서의 의미 부여가 가능하다고 본다. 정상적인 가족제도 내로 편입되지 못한 월선은 매우 박복한 생을 살아가지만, 삼촌뻘인 공노인과의 관계를 통해 최초로 간도라는 공간을 『토지』의 배경으로 확장하는 인물로서 국밥집을 운영하여 이재에만은 능한 측면을 보여준다. 이후 간도는 평사리에서 토지를 찬탈당한 최서희 일행이 상업을 통해 거금을 벌어들이는 공간으로서 중요한 의미를 갖게 된다. 따라서 이용과 월선의 결혼계약을 위반하는 결합은 평사리 공동체의 농경사회로서의 계통성에 상업을 중심으로 하는 새로운 경제 질서를 접목하는 상징적 의미를 갖는다 할 수 있다.

김두만과 서울네의 비합법적 관계 또한 같은 맥락에서 생각해 볼 수 있다. 『격류삼부곡』에서 상류층의 축첩제도를 용인하고 있는 것과 달리, 『토지』는 이에 대해 관대하긴 하지만 일부일처제의 가족제도를 당연시하고 있다. 그런데 실리에 밝은 아버지인 두만아비의 수완에 힘입어 목수일을 배우기 위해 일찍이 상경한 김두만은 본처인 막달을 두고, 서울에서 서울네를 작은댁으로 맞는다. 『토지』는 첩을 두고 본처를 박대하는 김두만의 행태를 윤리적 차원에서 질타하는 내용의 서사를 전개하는 한편, 김두만이 서울네의 도움을 받아 상업으로 경제력을 증강시키는 부분에 강조점을 두고 있다. 따라서 평사리 공동체의 민중 막달네의 딸 막달과 두만의 합법적인 결혼 계약이 농업의 계통성을 이어간다는 의미를 갖는다면, 김두만과 서울네의 비합법적 관계는 자본주의 경제 질서의 정립과 밀접한 관련을 맺는다 하겠다.

이 글은 앞 절에서 신분제도가 쉽게 청산되지 않는 봉건적 유습으로서 잔존하면서 세대갈등을 낳는 양상을 살핀 바 있다. 그런데 『토지』는 또한 이러한 신분질서의 한계를 결혼관계를 통해 극복하는 양상을 보여준다. 최서희와 김길상의 합법적 결혼제도를 통한 결합은 대표적 사례이다. 앞서 최서희가 지주제도의 구습을 유지하려는 보수적 의식세계를 보이는 한편, 토지 회수를 궁극의 목적으로 하는 최참판가의 복원 과정에서 김길상의 도움을 받기 위해 과감하게 그와 결혼함으로써, 혼인제도 · 토지제도 · 신분제도 간의 공고한 결속을 무너뜨렸음을 지적한 바 있다. 최서희와 김길상이 혼인에 이르는 과정에는 김길상과 옥이네, 최서희와 이상현 간의 애정갈등이 비중 있게 그려진다. 이는 김길상과 최서희의 혼인을 저해하는 요소들로서, 잔존하는 신분제도와 결혼제도 간 밀접한 관련성을 보여준다 하겠다. 또한, 최서희 · 김길상의 아들 최환국은, 서울의 갑부로서 중인출신인 황태수의 딸 황덕희와 혼인관계를 맺는다.[31] 이로써 최서희 일가는 양반계급의 문벌을 상징하는 '최참판댁'으로서보다 '최부자댁'이라는 호칭에 걸 맞는 위상을 세우게 된다. 한편, 이용과 월선의 관계가 제시하는 일차적인 문제는 바로 신분제도이다. 상민 이용은 무녀의 딸인 월선과 신분질서의 제약 때문에 맺어지지 못한 것이다. 이를 통해 『토지』에서 신분제도가 상층계급에서뿐만 아니라 평민들에게도 민감하게 작용하는 문제로 다루어지고 있음을 알 수 있다. 그런데 신분제도의 한계로 인해 월선과의 사랑을 결혼제도 내에서 승인받지 못한 부친 이용과 달리, 그의 아들인 이홍은 경제적으로 한미하지만 양반이라는 신분의식이 투철

31 황태수의 부친 황춘배 노인은 "청나라와의 밀무역으로 거상(巨商)이 된"(「2-3-4. 개화당의 반개화론」, 5권) 것으로 그 내력이 드러난다. 한편, 환국은 황덕희와 결혼하기 전에, 백정의 손자인 송영광을 사랑하였지만 이별해야만 했던 강혜숙에 대해 연민 섞인 연정을 품는다.

하였던 평사리 김훈장의 외손녀 허보연과 결혼함으로써 아버지에게는 삶의 질곡이었던 신분제도를 극복한다. 그는 혼전에 같은 상민 출신의 염장이에 대한 연정으로 애정갈등을 겪지만 우여곡절 끝에 허보연과의, 신분적으로 '앙혼'을 하게 된다.

5세대에 이르는 가족사를 중심으로 전개되는 『토지』의 서사에서 남녀갈등이 신분제도를 극복하는 방향으로 단선적으로만 전개되는 것은 아니다. 그 사례를 송관수와 그의 아들 송영광의 경우를 통해서 살필 수 있다. 평사리의 농민 봉기에 참여하였지만, 최서희 일행과 함께 간도행을 하지 않았던 송관수는 보신책으로 백정의 딸과 결혼한다. 당시 백성의 신분적 위계를 고려할 때 송관수가 상민으로서 이러한 혼인을 결정한 것은 최서희와 김길상의 결혼만큼 파격적인 것이라 할 수 있다.[32] 그러나, 잔존하는 신분제도의 폐해로 연인 강혜숙과 이별하는 아픔을 겪은 후 제도권 내에서 정착하지 못하는 송영광의 삶은 신분에 구애받지 않고 백정의 딸과 혼인한 송관수의 결단이 진정한 의미에서 신분제도의 압제를 극복한 것이 아님을 시사한다.

이상 살핀 바와 같이 『토지』에서 전개되는 남녀갈등서사는 『격류삼부곡』의 경우보다 혁신적인 방향으로 전개되며, 새로운 질서 정립에 대한 전망을 제시한다. 그러나 송관수에서 송영광으로 이어지는 가족사를 통해 전개되는 남녀갈등서사는 『토지』에 담긴 역사관이 급진적 변혁을 향한 열망이기보다 점진적 진보에 대한 믿음임을 엿볼 수 있도록 한다.

32 우찬제, 「지모신(地母神)의 상상력과 생명의 미학」, 솔 편집부 편, 『한 · 생명 · 대자대비—『토지』 비평집 2』, 솔, 1995, 48면. 우찬제는 송관수와 백정의 딸이었던 영선네의 결합을 창조관계로서 평가한다. 송관수는 결혼 후 형평사운동 및 동학운동을 보편적인 민중운동으로 확대시키려는 고양된 실천의 모습을 보이기 때문이다.

4. 나오며

이 글은 가족사 소설의 관점에서 바진의 『격류삼부곡』과 박경리의 『토지』를 비교, 고찰하였다. 두 작품은 모두 가족사 소설의 장르적 특성을 보이는바, 여러 세대에 걸친 가족의 역사를 핵심서사로 하며 세대갈등과 남녀갈등을 주요 갈등 축으로 하여 전개된다. 따라서 이 글은 『격류삼부곡』과 『토지』의 세대갈등 및 남녀갈등 양상을 중심으로 그 차이점에 주목하여 논의를 전개하였다.

바진의 『격류삼부곡』에서 세대갈등은 '대결'의 양상으로 전개되며, 그와 같은 신・구세력의 대결에 '전통(옛 것, 봉건) = 구세대 = 부정적인 것 = 열등한 것', '새로운 것(반봉건) = 신세대 = 긍정적인 것 = 우월한 것'의 도식으로 이원적 가치판단이 개재하고 있음을 밝힐 수 있었다. 이와 같은 도식적 가치판단하에서 전개되는 세대갈등은 전통적 혼인제도에 대한 저항에 집중되는 제한적인 양상을 보인다. 따라서 『격류삼부곡』에서 남녀갈등은 세대갈등에 종속된다고 할 수 있는데, 이 글은 제3세대 인물들의 혼인자유 추구 양상을 통해 '순혈주의'의 특성을 도출하여 이에 대한 의미를 규명하여 보았다. 혼인자유를 얻기 위한 투쟁 자체는 진보적이라 할 수 있지만, 이의 '순혈주의적' 성격은 체제 전복적 혁신성을 담지한다고 보기 어렵다. 『격류삼부곡』은 전통 혼인제도에 굴복한 인물들이 '요절'하는 양상을 통해 체제유지를 위해 강행된 혼인의 폐해를 적시하고 있다고 볼 수 있다.

박경리의 『토지』에서 전개되는 세대갈등에서는 『격류삼부곡』과 달리 신・구에 대한 가치판단의 도식적 이원성이 해체되고 있음을 밝힐 수 있었다. 또한 세대갈등이 상호 공고한 결속을 맺게 마련인 신분제도・토지제도・혼인제도, 나아가서 제국주의와 자본주의 등의 다각적인 측면과 관련을 맺고 전개됨을 밝혔다. 『토지』의 가족사 내에서 인물들이 전통적인 제도와 새로운 이념에 대해 갖는 태도는 세대의 흐름 내에서 단선적으로 나타나지 않는다. 따라서 『토지』의 세대갈등에 내재하는 가치체계는 이원성을 해체하고 있다 하겠다. 한편, 『토지』는 잔존하는 봉건적 유습으로 인한 세대갈등을 '극복'해 나아가는 과정을 보여준 작품이라고 할 수 있다. 『격류삼부곡』에서와 달리, 혁신적 성격을 띠는 『토지』의 남녀갈등은 세대갈등을 극복하는 기제로써 작용한다. 혼인 계약을 위반하는 간통 모티프를 통해 남녀갈등의 체제 전복적 면모와 새로운 질서 정립에 대한 전망을 살펴보았다. 또한 세대갈등에서 극복되지 못한 봉건적 유습인 신분제도가 가족사 내에서 남녀갈등서사를 통해 점진적으로 극복되는 양상을 밝힐 수 있었다.

이상의 논의를 종합하여 볼 때, 바진의 『격류삼부곡』이 봉건성과의 대결에 비중을 둔 작품이라면, 박경리의 『토지』는 근대적 질서의 확립에 비중을 둔 작품이라고 할 수 있다. 전통과의 첨예한 '대결' 양상을 보이는 『격류삼부곡』이 '급진적 진보에 대한 열망'을 드러내 보이고 있다면, 전통적 유습을 '극복'해 나아가는 과정을 보여주는 『토지』는 '점진적 진보에 대한 믿음'을 보여주고 있다고 할 수 있다. 두 작품의 이와 같은 성격은 서사구조를 통해서도 드러난다. 『격류삼부곡』이 '관료지주 가문의 흥성-몰락'의 서사구조를 취하고 있는 것과 달리, 『토지』의 핵심서사는 '최참판가의 몰락-최부자댁의 복원'의 구조를 취하고 있다.[33]

이상 이 글에서 논의한 두 작품의 상대화된 특질은 각각의 작품이 생산된 시기의 사회·역사적 배경과 긴밀한 관련을 맺는다 할 수 있다. 따라서 바진의 『격류삼부곡』과 박경리 『토지』의 비교 연구를 보다 심화, 확대하기 위해서는 문학사회학적 연구가 뒷받침되어야 할 것으로 보이나, 이는 차후의 과제로 미룬다.

33 이와 같은 『토지』의 서사구조는 이-링루가 제시한 '가족사 소설'의 일반적 서사구조와 일치하지 않는다. 이-링루는 『격류삼부곡』을 포함하여 서양 가족사 소설들이 가문의 흥성-몰락의 구조를 취하고 있음에 주목하여 이와 같은 서사구조를 가족사 소설의 장르적 특성으로 보고 있다. Yi-Ling Ru, *Op. cit.*, p.2.

제2장 박경리의 『토지』와 도스또예프스끼의 『죄와 벌』 비교 고찰

시공간성(Хронотоп)과 '감정경제'에 주목하여

1. 들어가며

이 글에서는 박경리(1926~2005)의 『토지』에 대한 연구의 연장선상에서 외국문학과의 비교 연구를 할 것이다. 『토지』는 작품의 방대한 규모라는 겉으로 드러난 부분에서뿐만 아니라, 보다 본질적으로 작품의 서사구조, 인물창조, 장르적 특질 등의 측면에서 독자적인 면모를 보인다. 이를 자국문학의 범주 내에서 고려할 경우, 이는 박경리 『토지』의 문학적 성과를 논의하는 데 그칠 수 있다. 이에 대한 논의를 외국문학과의 비교를 통해 성공적으로 이루어낼 경우, 이는 한국문학 고유의 서사적 고유성들을 밝히는 데 기여할 수 있을 것이다. 이 글은 박경리 『토지』의 서사적 특질들이 상당 부분 한국문학의 서사전통에 접맥되며, 나아가서는 사상적 측면에서도 한국문화의 전통을 계승하고 있음을 밝힐 것이다.

박경리 『토지』에 대한 연구는 이를 단독적인 논의 대상으로 하여 이루어진 경우가 상당수이다. 이에서 논의 범위를 확대하여 박경리의 다른 작품들과 함께 연구한 경우, 보다 넓게는 『토지』를 포함한 박경리의 문학 전체를 논의한 경우 등이 있으나, 박경리의 방대한 문학세계에 대한 연구는 아직 시작단계라 할 수 있다.[1] 그런데 박경리의 『토지』는 그 자체만으로도 충분히 외국문학과의 비교를 위한 기준들을 세울 수 있는 내용적 · 형식적 특질을 지닌 작품이다.[2] 박경리 문학의 시작점에서부터 도달점까지가 함께 한다 할 수 있는 『토지』에 대한 연구의 시각을 이처럼 넓힘으로써 오히려, 내부적으로 박경리의 문학세계에 대한 연구를 보다 심도 있게 할 수 있을 것으로 기대된다.

이 글이 비교 대상으로 하는 『토지』(1969~94)와 『죄와 벌』(1866)의 거리는 멀다고 할 수 있다.[3] 시대적 · 역사적으로뿐만 아니라, 장르적으

1 저자는 박사논문을 통해 박경리의 문학세계를 전반적으로 논의한 바 있다. 김은경, 「박경리 문학 연구—'가치'의 문제를 중심으로」, 서울대 박사논문, 2008.2.

2 비교 연구로는 국내의 다른 역사소설을 대상으로 하거나, 영화나 드라마 등으로의 장르전환 양상을 논의한 경우가 있다. 외국문학과의 본격적인 비교 연구를 한 논문으로 다음이 있다. 김은경, 「박경리의 『토지』와 바진[巴金]의 『격류삼부곡』 비교 고찰」, 『한국 현대문학 연구』 29집, 2009.12.

3 박경리와 도스또예프스끼 간 영향관계를 직접적으로 파악할 수 있는 자료는 없다. 박경리의 작품 및 수필을 통해 간접적으로 이들의 영향관계를 추측할 수 있다. 『토지』의 「3-5-6. 민족개조론」과 「4-5-7. 떠나는 마차」에서 도스또예프스끼에 대한 언급이 인물의 대화중에 나타난다. 특히, 「4-5-7. 떠나는 마차」에서는 오가다 지로와 대륙낭인 무라가미가 도스또예프스끼의 『죄와 벌』을 들어 초인사상을 논하는 대화가 길게 이어진다. 또한 박경리는 수필에서 도스또예프스끼의 『죄와 벌』에 나타난 초인적 개인주의를 그의 초기 단편소설 「프로할징」과 관련짓고 있다. 「작가의 가치관」, 『Q씨에게』, 13~18면. 김윤식은 박경리의 초기 문학에 나타나는 악마적 글쓰기가 도스또예프스끼의 글쓰기와 관련이 있음을 논하고 있다. 김윤식, 『박경리와 토(土)지(地)』, 강, 2009, 15~39면. 또한, 박경리 문학에서는 법(입법, 사법)에 대한 불신, 죄의식, 인간의 악한 본성 등에 대한 천착이 일관되게 나타나며, 그녀는 인간 심리 파악에 능한 작가로 평가받는바, 이는 도스또예프스끼 문학과 유관하다 할 수 있다. 김은경, 「박

로도 그러하다. 그러나 두 작품을 묶을 수 있는 비교의 기준들은 명확하다. 이 글은, 서구의 지성들이 이루어낸 도스또예프스끼(1821~81) 문학에 대한 연구사 가운데, 바흐친의 '시공간성(Хронотоп)' 개념에 주목한다. 주지하듯이 『토지』는 방대한 시공간을 배경으로 전개된다. 이는 '연극성'[4]이 주요 특질로 지목되곤 하는 도스또예프스끼 문학과 크게 구별되는 바이다. 직관적으로 그 차이가 파악되는 두 작품의 시공간성은 이 글의 비교 연구를 위한 '거시적 기준'이 된다. 문학작품 내에서 예술적으로 구성된 시공간성은 소설의 형식적 요소이면서, 그 내용을 또한 풍부하게 하는 문학의 한 범주이다. 이러한 시공간성은 소설의 플롯, 인물형상 등과 불가분의 관계를 맺으면서 작품의 의미구현에 기여하는바,[5] 두 작품은

경리 소설에 나타난 '죄의식'의 경제」, 『인문논총』 55, 서울대 인문학연구원, 2006.6.

4 조주관, 『죄와 벌의 현대적 해석』, 연세대 출판부, 2009.

5 M. Bakhtin, *The dialogic imagination : four essays*, ed. by Michael Holquist, tr. by Caryl Emerson and Michael Holquist, Austin : University of Texas Press, 1981(М. Бахтин, Формы Времени и Хронотопа в Романе, *Эпос и Роман*, Санкт-Петербург Издательство, 2000, pp.9~12); Michael Holquist, *Dialogism : Bakhtin and his world*, London / New York : Routledge, 1990. 바흐친이 그의 논문에서 제시한 시공간성(Хронотоп)의 기본개념은, 문학작품 속에 예술적으로 구축된 '상관적인 시간과 공간의 상호 관련(взаимосвязь временных и пространственных отношений)'이다. 이른바 시간과 공간의 상관적인 관계에 대한 인식을 바탕에 둔 개념이라 할 수 있기에, 이는 자연과학에서의 시공간성 개념을 문학작품에 대한 논의에 적용한 것이라 할 수 있겠다. 바흐친은 그의 논문에서 러시아 문학에 대한 역사적 고찰을 통해 각 시기 각 장르의 문학에 담긴 시공간성의 특질을 논의하고 있다. 여기에는 플롯과 인물형상에 대한 논의가 포함된다.

이 책은 바흐친의 시공간성 개념에 착안하여, '시공간성' 개념을 다음처럼 정립한다. ① 소설작품에 조감시점으로 접근하여 시간성과 공간성을 '동시적으로', 즉 4차원적으로 파악할 때, 이를 일차적 의미에서 시공간성이라 한다. 이에 대한 논의는 그 시공간성의 규모와 양태를 두고 이루어진다. 시공간성의 규모가 어느 만큼의 크기인지, 팽창하는지 혹은 축소되는지 등에 대해 관심을 기울이는 한편, 시공간성이 이질적으로 구획되는지, 그렇다면 이질적인 시공간성의 관계는 어떠한지에 대해서도 논한다. ② 다음으로 이 책에서는, 시간성과 공간성을 분리하여 각각의 특질을 살핌과 아울러 양자의 '상관적' 관계를 논한다. 공간성에서는 다층성, 개방성과 폐쇄성, 공간지도(회귀, 유랑과 정주, 거리 등), 접속과 차단, 그리고 시간성에서는 속도, 반복, 우연, 영원성, 연속과 단절 등의 자질들을 통해 양자의 '상관적' 관계를 살필 수 있다. 한편 시간성과 공간성은 각기, 대칭적이거나 비-대칭적인 구도들을 나타내 보이는

이와 연관하여 사상적 · 미학적 · 감정적 측면에서의 비교 연구를 위한 '세부적 기준' 설정이 가능하다. 비교의 세 측면 가운데 감정적 측면과 시공간성의 관련성이 가장 직접적이다 할 수 있는데, 이 글의 논의는 이에 강조점을 두는 바이다. 앞의 사상적 · 미학적 측면에서의 비교는 동양과 서양을 가르는 사상적 · 문화적 지표들과 유관한바, 이 글은 이와 같은 측면들이 미학적으로 발현되는 양상에 주목할 것이다.

시공간성은 본 비교 연구의 거시적 기준으로서, 두 작품 간 차이를 우선 '직관적으로' 파악할 수 있게 한다. 이 글은 여기에서 출발하여 두 작품을 비교할 수 있는 세부 기준들을 발견하고 이를 논의에 적용함으로써, 두 작품 간 차이에 대한 객관적 논증을 함께 아울러 의미 있는 주장들을 이끌어낼 것이다. 이 글은, 한 세기의 거리를 둔 작품들이지만 상호 든든한 비교의 거점이 되는 두 작품 간 비교를 통해, 각 작품의 특질들을 선명하게 드러내게 될 것이다. 특별히, 『토지』의 서사적 특질들은 우리의 서사적 · 사상적 전통과 접맥된다는 사실에도 주목할 것이다. 나아가서 이 글에서의 논의는 시공간성을 매개변수로 하여 서사문학 전반에 적용되는 법칙을 정식화할 수 있는 가능성을 열어주게 될 것이다.[6] 즉, 시공간

데, 이를 통해서도 시간성과 공간성의 상호 관련을 논할 수 있다. 이의 연장선상에서, 작품 전체의 시공간성이 비-균질적인 경우, 그와 같은 차이가 두 요소 가운데 어느 쪽에서 기인하는 것인지에 대해서도 관심을 기울인다. ③ 또한 작품의 시공간성 구축에 인물의 시계, 의식, 세계관 등에 투영된 시공간성이 중요한 역할을 할 경우, 이를 시공간성 개념에 포함한다. ④ 마지막으로, 이 책에서는 구체적인 장소, 시대적 · 사회적 배경 등을 매개로, 이로부터 확대된 시공간성 논의를 하고 있다.

이상의 시공간성 개념을 궁극적으로 규정하는 최상위의 의미소는 그것이 '시공간적 요소로서의 위상'을 갖추어야 한다는 점이다. '시공간적 요소로서의 위상'이란, (대부분 작가의 미학적 고려에 의해) 시간성과 공간성이 '동시적으로' 혹은 '상관적으로' 작품의 의미 구현, 특별히 감정경제 실현에 관여하는 것을 말한다.

6 이 책의 2부 3장에 수록된 「소설에 나타난 '감정경제' 정식화를 위한 시론」은 이를 논한 글이다.

성은 연관되는 세부적 기준들에 의한 비교 연구를 통해 서사문학 연구 전반에 적용할 수 있는, 예외적인 것들을 인정하면서 설정할 수 있는 '과학적 정식화'의 가능성을 고려해 볼 수 있도록 한다. 본 연구의 보다 직접적인 목적은 『죄와 벌』과의 비교 연구를 통해 나타나는 『토지』의 변별점이 우리의 서사적 · 사상적 전통과 접맥됨을 나타내 보이는 데 있다.[7]

2. 사상적 측면-선악에 대한 접근 방식의 차이

1) '시험 중인 사상'과 절대적 선악관의 옹호

(1) 노파살해와 '절대적 선악관'에 대한 문제제기

『죄와 벌』은 이론에 입각하여 살인을 행한 주인공이 그 '이론'을 철회하지 않은 가운데 사법적 처벌을 받고, 이후 유형기간에 자신의 이론이 잘못된 것임을 인정하기까지의 과정을 서사의 중심축으로 하여 전개된다. 이 글은 그 이론이 '시험 중인 사상'[8]을 내포한 것이라는 점에 주목, 이를 분석하는 것에서 논의를 시작하겠다. 『죄와 벌』에서 이를 잘

---

7 이 글의 기본 자료는 다음과 같다. 박경리, 『토지』 1~16, 솔, 1996; Ф. М. Достоевский(표도르 미하일로비치 도스또예프스끼), 홍대화 역, 『죄와 벌(*Преступление и Наказание*)』 상, 열린책들, 2000.

8 「5-4」, 809 참조. 로쟈가 자신의 사상에 대한 '시험'을 하고 있다는 언급이 나타난다. 이하 지면을 고려하여 인물의 이름은 주로 애칭으로 표기한다.

나타내주는 부분은 ① 로쟈와 뽀르피리의 첫 번째 만남(「3-5」), ② 로쟈와 소냐의 첫 번째 만남(「4-4」), ③ 로쟈와 소냐의 두 번째 만남(「5-4」), ④ 스비드리가일로프와 두냐의 만남(「6-5」)이다. ①에서는 뽀르피리의 물음에 답함으로써 로쟈가 자신의 논문에 실린 이론을 구체화하며, ②에서는 로쟈가 기독신앙에 맞서 자신의 이론이 정당함을 주장하며, ③에서는 죄의 고백에 앞서 스스로의 이론에 대한 부정 및 자기비하가 이루어지며, ④에서는 로쟈의 고백을 들은 스비드리가일로프에 의해 로쟈의 이론이 두냐에게 객관적으로 전달된다.

나열한 부분들을 통해 로쟈의 이론을 분석해 보면, 다음의 두 가지 질문을 담고 있음을 알 수 있다. 로쟈는, 예를 들면, 나폴레옹이 흘린 피에 대한 후세의 판단을 근거로 ㉮ '죄란 절대적인가'라는 질문을 던진다. 또한, 살해 대상인 노파는 '이(蝨)'와 같은 존재이기에 전도유망한 젊은이의 앞날을 위해 아무런 쓸모가 없는 '이(蝨)', 즉 노파는 제거되어도 마땅하다는 주장을 통해 ㉯ '인간의 본성에 대한 질문을 던짐과 아울러 대상이 행위(죄)를 정당화할 수 있는지'에 대해 묻고 있다고 볼 수 있다. 두 번에 걸친 소냐와의 만남을 통해 변호되거나 비판되는 로쟈의 이론은 기독사상에 대한 비판이며, 구체적으로는 '절대적 선악관'에 대한 문제 제기인 것이다. 「에필로그」 이전(「6-8」)까지 로쟈는 자신의 사상을 철회하지 않은 것으로 나타나는데, 이는 그의 사상이 '시험 중'임을 의미하지, 신념으로 굳혀진 것은 아님을 보여준다. 그 시험성에 대해 분석해 보자.

『죄와 벌』은 앞의 두 질문과 관련하여, 로쟈의 주장을 뒷받침하는 상황들을 서사적으로 전개함과 아울러, 이에 반하는 로쟈의 자기분석 혹은 무의식을 보여준다. ㉮'죄란 절대적인가'라는 물음을 긍정적으로 뒷받침하는 사항은 ①에서 이미 제시되는바, "인류의 은인과 건설자들의 대부분이 특히 무서운 살인자들"(「3-5」, 496)[9]이라는 역사적 사실이다. 이는 로쟈가 제기한 절대적 선악관의 문제에 대한 부정적 답의 근거가 된다. 다른 한편으로, 인물이 처한 상황 역시 로쟈의 주장을 뒷받침한다. 마르멜라도프 일가의 존재가 그것이다. 아버지 마르멜라도프와 딸 소냐는 독실한 기독신앙을 가진 이들이다. 동시에, 이들은 로쟈의 기독교 비판의 근거가 되기도 한다.[10] 그들에게 닥친 극빈과 이로 인한 비극 때문이다. 출구가 없어 보이는 극빈 때문에 어린 뽈랴 역시 창녀의 길로 내몰릴 것이라는 예견과 함께, 로쟈는 '권력'이 곧 '목적'(「4-4」, 635)임을 강조한다. 이는 로쟈가 소냐에게 요청한 대로, 「요한의 복음서」 11장에 있는 '라자로의 부활'에 대한 대목을 읽으면서 "전대미문의 가장 위대한 기적에 대한 말"을 읽고 "엄청난 승리감"에 사로잡힌 소냐의 신앙과는 대척점에 놓이는 주장이다. 자유 대신 권력, 즉 힘에 대한 추구는 '절대적 선악관'의 기초를 허무는 것이라 할 수 있다. 이처럼 절대적 선악관에 대한 문제 제기는 논문에 실린 이론과, 서사적 상황을 통해 뒷받침된다.

이는 또한 로쟈의 자기분석을 통해 부정되기도 한다. 소냐와의 두 번째 만남(「5-4」)에서 로쟈는 왜 노파를 살해하였는지에 대해 파헤친다. 여기에서 로쟈는 논문에 실린 자신의 이론을 다시 언급하면서, 이

9 로쟈는 뽀르피리의 질문에 답하면서, "아주 고대로부터 시작해서 리쿠르고스, 솔로몬, 마호메트, 나폴레옹 등으로 이어지는 인류의 입법자들과 제정자들"이 "모두가 하나같이 범죄자들"(「3-5」, 496)임을 내세운다.

10 로쟈는 자신에 대한 범죄 혐의의 "모든 것이 서로 다른 양끝을 가리키고 있다"(「4-6」, 691~692)라고 되뇌곤 한다. 이러한 양면성은 마르멜라도프와 소냐, 레베쟈뜨니꼬프, 스비드리가일로프 등의 성격창조에서도 나타나는바, 이들의 존재 의미에서 양면성이 나타난다.

를 분석한다. 이러한 논변은 소냐와의 대화가 끼어드는 것을 경계로 네 개의 단위로 묶어볼 수 있는데, 이론에 대한 옹호와 비판이 뒤섞여 있어 이론의 시험성을 내적 독백에 가까운 주인공의 고백을 통해서도 증명하고 있다 할 수 있다.

㉠ 목적의 정당성이 악행을 허용할 수 있다는 명제에 대한 지지와 부정 (「5-4」, 801~802)

㉡ 두 부류의 인간론에 대한 지지와 부정(「5-4」, 802~803)

㉢ 불합리한 역사적·사회적 현실을 근거로 이론 뒷받침함(「5-4」, 805~807)

㉣ 이론과 범죄 간 거리(「5-4」, 808~809)

자기분석이 진행될수록 로쟈가 세운 이론에 대한 옹호와 비판은 첨예해진다. ㉠과 ㉡에서는 각각 죄의 절대성과 인간의 본성에 대한 상반된 입장을 동시에 보여준다. 이론을 뒤집고 있다고 할 수 있다. ㉢에서는 "불합리한 세상"을 비판함과 아울러 논문에 실린 이론을 다시 변호하며, ㉣은 이러한 ㉢에 대한 부정이라 할 수 있다. ㉠에서 로쟈는 범죄의 목적이 범죄를 정당화할 수 있다는 자신의 이론이 범죄로 이어지는 과정을 고백한다. 그는 '나폴레옹이라면 자신의 출세를 위해 '고리대금업자 노파'를 살해할 수 있을 것인가?'라는 질문을 던져 본다. "그 일이 위대한 것과는 너무나 거리가 멀고 …… 또 죄이기" 때문에 그 일을 실행하지 않았을 것이라는 답에 접근한다. 다른 한편으로, "만약 다른 방도가 전혀 없다"면 그 일을 과감히 행하였을 것이라는 결론에 도달한다. 여기에서 목적의 정당함이 악행을 덮어줄 수 있다는 명제에 대한 상반된 답이 내려지고 있는 것이다.[11] 노파살해는 후자의 답을 선택한 결과 이루어진 것으로서, 선택되지 않은 전자의 답을 내포한다 하겠다. 따라서 ㉠에서의 고백은 목적의 정당성을 선악 판단의 기준으로 세움으로써 절대적 선악관에 대한 질문을 던짐과 아울러, 로쟈의 범행이 '역사적 사실의 사적 전유'에 불과한 것이라는 자기비판을 담고 있다 할 수 있다. ㉡에서는 범죄의 대상이 된 노파가 "이(蝨)"에 불과하기 때문에 자신의 범행이 정당화될 수 있다는 논변을 펼침과 아울러, 이를 반박한다. 여기에 "특별한" 존재가 "출세"라는 목적을 달성하기 위해 "재료에 불과한" 존재를 박해해도 된다는 이론이 자리한다고 할 수 있다. 특별히, 그 "재료에 불과한" 존재가 이(蝨)와 같이 백해무익하기 때문에 제거해도 된다는 생각에는 대상의 악함이 "특별한" 존재의 악을 정당화할 수 있다는 상대주의적 입장이 담겨 있다고 하겠다.

㉢에서 로쟈는 역사적 · 사회적 현실의 불합리함을 들어 자신의 이론을 뒷받침한다. "특별한" 사람만이 "사람들의 주권자"가 될 수 있음을 "인간의 법칙"으로서 정식화하면서, "용기를 내어 일을 감행하는 자"만이 "입법자"이자 "옳은 사람"이 된다는 것이 역사적 · 사회적 현실임을 내세운다. 즉 세상은 불합리하고 "권력은 용기를 내서" 줍는 자에게만 주어진다는 법칙을 들어, 노파 살해는 "다만 (권력을) 감행"한 것이라는

---

11 (이 책의 385면에서 제시한 바 있는) ①④에서는 뽀르피리와 스비드리가일로프에 의해 로쟈의 논문에 실린 이론에 대한 논박과 재정리가 이루어진다. 이 가운데 로쟈의 고백을 엿들은 스비드리가일로프가 두냐에게 전하는 말에 따르면, 로쟈의 이론을 다음처럼 정리된다. 첫 번째, "**본질적인 목적만 정당하다면 한 번 정도의 악행은 허용될 수 있다**는 그런 식의 이론"(「6-5」, 948), 두 번째, 사람들을 "**재료에 불과한 사람들**"과 "**특별한 사람들**"의 두 부류로 나눌 수 있는데, 후자는 전자에게 "법률을 만들어 주는" 존재로서 "고민할 것도 없이" 악을 밟고 앞으로 나갔다는 이론(「6-5」, 949). 이러한 재정리는 로쟈 자신의 고백에서보다 이론에 대한 객관화가 이루어진 것으로 볼 수 있다.

주장을 한다. 이러한 선악에 대한 귀납적 접근에는 절대적 선악관에 대한 문제의식이 담겨 있다 하겠다. ㉣에서는 두 가지 항목으로 요약되는 로쟈의 이론 모두가 부정된다. 로쟈는 노파살해가 특별한 목적 없이 행하여졌음을 인정한다. 그는 '나폴레옹'에 대한 고민은 자신이 나폴레옹이 아니라는 사실을 증명하는 것이며, 그의 범죄가 "오로지 나 자신만을" 위한 것이었음을 고백한다. 자신의 범죄가 역사적 사실의 사적 전유에 불과한 것이라는 인식이 여기에서 다시 나타난다.[12] ㉣의 고백에서 보다 중요한 부분은 그의 범행이 '두 부류의 인간론'에 대한 '시험'이라는 것이다. 그에 따르면, 노파 살해는 '내가 '이'인가, 아니면 인간인가'라는 명제를 "다만 '시험해 보기 위해서'" 행하여진 것이다. 그 자신이 "벌벌 떠는 피조물"이 아니라, "권리"를 지닌 존재임을 증명하기 위해 범행하였으나, 그 '시험'을 통해 로쟈는 그 자신이 "다른 사람들과 똑같은 '이'" 라는 결론에 도달한다.[13] 타인을 이(蝨)로 규정하고, "선을 뛰어넘음"(「5-4」, 809)어 다른 피조물들을 지배하는 존재가 되려 한 로쟈는, 자신의 시험(이론)과 현실 간의 괴리를 인정하고 있는 것이다. 여기에는 절대적 선악관에 대한 부정을 부정하는 인식이 실려 있다고 할 수 있겠다.[14]

절대적 선악관의 문제에 대한 해답은 「에필로그」에서 내려진다. 「에필로그」의 두 장 가운데, 첫 번째 장에서는 로쟈의 유형생활에 대한 내용이 소냐의 관점에서 객관적으로 전개되며, 로쟈의 관점에서 전개되는 두

12 '목적이 행위를 정당화한다'는 이론은 본문의 마지막까지 철회되지 않으며, 「에필로그」에서 유형생활 중인 로쟈의 꿈을 통해 그 이론의 철회가 이루어졌음을 간접적으로 보여준다.

13 이는 곧 의문시되는바(「5-4」, 812), 총 6개의 장으로 구성된 소설의 본문에서 로쟈의 생각은 대체로 '서로 다른 양끝을 향하는' 양면성을 보인다.

14 로쟈는 '두 부류의 인간론'을 시험하기 위한 범죄행위가 '악마가 유혹한 결과'(「5-4」, 809)라는 점을 소냐에게 강조한다.

번째 장은 로쟈의 그 자신에 대한 성찰을 포함하고 있다. 이에 따르면, 8년의 유형을 선고받고 시베리아에서 9개월(범죄를 저지른 날로부터 거의 1년 반의 시간)을 보낼 때까지 로쟈는 자신의 유죄를 인정하지 못한 것으로 나타난다. 형사적인 범죄가 저질러진 것은 사실이지만, "나의 양심은 편안하다"(에, 1048)는 것이 로쟈의 자기분석이다. 5장 4절에서 이론과 범죄 간 거리는 인정하였으되, 유형생활 9개월이 될 때까지 로쟈는 그의 사상을 철회하지 않은 것이다.[15] 변화는 종교적인 각성과 더불어 나타난다. 병을 얻어 수인병동에서 생활하면서, 다른 죄수들과 자신 사이에 놓인 "무서운 심연"(에, 1050)을 인식하며 그 심연을 가르는 가장 큰 요인이 불신앙임을 깨닫게 된다. 소냐가 죄수들의 '어머니'로서 사랑받는 것과 달리 로쟈는 '불신자'이기에 증오의 대상이 된 것이다. 병중에 이러한 깨달음을 얻을 즈음, 로쟈가 꾼 꿈은 그가 자신의 사상을 철회하였음을 보여준다. 그 꿈은 "전염병"처럼, 모든 사람이 소위 "특별한" 존재가 되어 서로 자신이 옳다고 우김으로써 "온 인류가 그리고 모든 것들이 파멸해" 간다는 것을 내용으로 한다.[16] 여기에서 절대적 진리관에 대한 문제의식이 이를 옹호하는 쪽으로 전환됨을 읽을 수 있다. 개인주의의 만연을 초래하여

15 인류 역사에 등장하는 권력자들, 특히 "스스로의 힘으로 권력을 잡은 인류의 수많은 은인들"이 사형을 당하는 대신, 전진하였고, "그랬으므로 그들은 옳았다"(에, 1048)는 역사를 근거로 로쟈는 유형생활을 하면서도 여전히 자신의 사상을 고수한다.

16 꿈의 내용은 다음과 같다. 인류는 "전염병" 때문에 "아주 적은 수의 선택받은 사람들을 제외하고는 모두들 죽어야만"하는 상황에 처한다. "어떤 섬모충"이 출연하는데, 이는 "사람들의 몸 속에 기생"하는, "지성과 의지를 부여받은 영(靈)적 존재였다. 그 생물에 감염된 사람들은 즉시 발광해서 미쳐 버리게 되어 있었다. 그러나 **감염된 사람들만큼 자기가 진리에 확고히 뿌리를 박은 현명한 사람이라고 여기는 사람들은 일찍이 없었다.**" 그 결과 "**모두들 불안에 빠졌고, 서로를 이해하지 못하며, 오로지 각자 자기 속에만 진리가 있다고 생각하며,** 다른 사람들을 보면서 괴로워하고, 가슴을 치면서 울부짖으며 손을 쥐어 틀었다." 사람들은 "저마다 자신의 생각과 대책을 제안했지만, 의견의 일치를 볼 수 없기 때문에, 가장 일상적인 일들마저도 손을 놓게"(에, 1053~1054) 된다는 것이 꿈의 내용이다.

인류 멸망의 길에까지 이를 수 있음을 엿보게 하는 꿈을 통해 목적과 행위자의 부류를 두고 상대적 진리관을 펼치던 로쟈의 사상이 철회되고 있음을 읽을 수 있다.[17] 이처럼 로쟈가 그의 '시험 중인 사상'을 버리게 되기까지의 과정에서 사법적 처벌은 그 본질적 원인이 된다고 보고 어렵다. '절대적 선악관'에 도전하는 '시험 중인 사상'이 기독사상에 대한 비판이기도 한 만큼, 유형생활 중 로쟈의 사상이 변화되기까지 소냐가 미친 영향은 크다 할 수 있다. 로쟈는, 시베리아 감옥에서도 "인생을 사랑하고, 삶을 소중히 여기는"(에, 1049) 다른 죄수들이 모두 자신은 증오하면서, 소냐는 사랑하고 있다는 점을 깨닫는다. 그 자신과 달리 감옥 동료들이 모두 삶을 사랑한다는 점, 또 "불신자"이기에 그들이 자신을 증오한다는 점을 깨닫게 되면서 로쟈는 이와 같은 '꿈'을 꾸게 된 것이다.

(2) 피할 수 없는 초자아의 개입과 사법에의 굴복

『죄와 벌』은 주인공 로쟈의 내적 투쟁의 과정과 그 결과에 대한 이야기라 할 수 있다. 이러한 '내적 투쟁'은 작품 전체를 통해 〈그림 2-1〉과 같은 두 개의 방향성을 갖는다.

앞에서 분석한 로쟈의 논문과 고백은 기독교 비판을 바탕으로 한 그의 지성의 산물이라 할 수 있다. 여기에 나타난 그의 담론과 자기 분석은 역사적 · 사회적 현실에 대한 인식과 인간에 대한 이해를 바탕으로 한 것이되, 거기에 담긴 '절대적 선악관'에 대한 문제 제기는 궁극적으로 기독신앙에 대한 비판이라는 점에서 지성적(의지적)이면서도 수직적

17 도스또예프스끼가 그의 문학을 통해 개인주의와 자유의 문제에 대해 지속적으로 관심을 표명하고 있다는 주장은 그의 문학을 평가하는 일반적인 시각이 되고 있다.

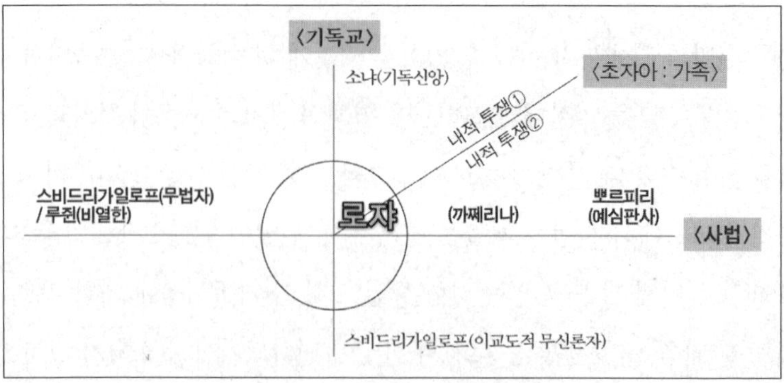

〈그림 2-1〉 로쟈의 내적 투쟁 양상

인 내적 투쟁이라 할 수 있겠다. 이 글은 이러한 내적 투쟁①과 구별되는 또 다른 차원의 내적 투쟁②가 『죄와 벌』을 이루고 있다고 본다. 그것은 '가족'의 일원이자 '시민'인 로쟈가 이러한 관계들 내에서 겪게 되는 내적 투쟁이다. 로쟈가 자신의 담론을 통해 피력하듯이 전자가 절대적 진리관에 대한 문제 제기라면, 후자는 '사회적 존재'로서 로쟈가 겪게 되는 갈등이며 이는 전자의 문제의식을 희석시킨다 할 수 있다.

의사 조시모프의 진단은 내적 투쟁①에 '초자아'가 개입함으로써 내적 투쟁②를 낳고 있음을 파악하게 한다. 그에 따르면, 로쟈의 병은 "일종의 도덕적인 문제가 원인이 되어 생긴 것"(「3-1」, 393)으로서 한 가지 문제(살인사건)에만 유독 예민하게 반응하는 편집광 증세를 보이는 것이다. 이러한 병증은 로쟈가 그의 지성의 산물인 이론을 의지적으로 실행하였지만, 여기에 불가피하게 초자아가 개입하고 있음을 보여준다 하겠다. 이처럼 병증으로 나타나는 초자아의 개입은 비의지적인 것으로 볼 수 있다.[18] 『죄와 벌』에서는 이러한 양태의 초자아 개입과 더

18 로쟈의 병증은 범행 과정에서 억압된 초자아가 불가피하게 발현된 결과라 할 수 있다. S. Freud, 서석연 역, 『정신분석학 입문』, 범우사, 1992.

불어, 보다 적극적인 초자아 개입의 양상을 살필 수 있다.

전자의 경우는 로자가 범행을 결정하는 과정을 통해 살필 수 있다. 범행의 계획 단계에서 로쟈는 '그런 일'에 대해 이중적 감정을 갖는다. '그런 일'에 대해 혐오감과 두려움을 갖는가 하면 정신력과 의지를 키우면 극복할 수 있는 일인 것으로 생각한다(「1-1」). 이러한 내적 갈등은 인간의 사악함을 여과 없이 보여주는 꿈(「1-5」)을 꾼 이후, 범행 계획을 포기함으로써 해소된다. 그런데 그 계획은 부활하는바, 이는 지성과 의지로 세운 계획과 그 계획의 실행 간에는 거리가 있음을 보여준다. 그것은 '우연들'에 의해 그 계획이 부활되기 때문이다.[19] 계획의 실천은 지성과 의지의 뒷받침을 받은 것이 아니라, 우연한 사건들과 요행수에 의해 이루어지고 있는 것이다. 처음부터 나타난 계획과 실천 간의 거리는 '초자아'의 존재를 문제 삼게 한다. 무의식의 반영이라 할 수 있는 꿈을 통해 개입한 초자아는, 한낱 우연과 요행수들에 의해 제어되고, 범죄는 실현된 것이다.

이러한 초자아는 작품 전편에 걸쳐서, 감각적으로 혹은 이성적으로 개입하면서 내적 투쟁②를 이끌어간다. 내적 갈등①이 반-기독사상의 차원에서 이론에 대한 검증과 회의에 치중한 담론적인 것이라면, 내적 갈등①에 초자아가 개입하여 전개되는 내적 갈등②는 '고백해야 한다는 의무감'[20]으로 나타난다. 로쟈는 소냐와 만나기 전, 두 차례에 걸쳐

19 악몽은 술 취한 사람들이 늙고 힘없는 암말을 학대하면서 즐거워한다는 내용이다. 이 꿈을 꾼 날 로쟈는 계획을 포기하지만, 같은 날 센나야 광장에서 '우연하게' 리자베따를 만남으로써, 그녀가 그 다음 날 저녁 때 집을 비우게 된다는 사실을 알게 되면서 '그런 일'을 실행키로 한다(「1-5」). 범행 당일인 그 다음날에는 범행을 행하기 전에 선술집에서 로쟈 자신의 이론을 지지하는 내용의, 대학생과 장교가 나누는 대화를 엿듣게 된다.

20 로쟈는 범행 이후 '자백'하겠다는 의지를 수차례 보인다. 경찰서에서 소환장을 받았을 때, 첫 번째 혼수상태에서 깨어났을 때 등이 이에 해당한다. 그런데 그는 경찰이 아닌, 소냐에게 자신의 범행을 고백한다. 여기에는 로쟈의 사법에 대한 불신이 원인으로 작용한다. 그는

서 경찰서에 가서 자백할 것을 고려한다. 한 번은 소환 이유가 집주인의 빚독촉임을 모르고 경찰서에 소환되어 갔을 때(「2-1」)이고, 다른 한 번은 루쥔과 두냐의 결혼이 진행되고 노파살해사건이 수사 중인 상황에서 모든 것에서 놓여나고 싶다는 생각에 경찰서행을 결행하지만 중도에 그만 두게 된 때(「2-6」)이다. 이후 로쟈는 소냐를 상대로 범행의 바탕이 된 자신의 이론과, 범행에 대해 두 차례에 걸쳐 '고백'하며(「4-4」·「5-4」), 경찰에 '자백'하기는 결말에서 일리야 빼뜨로비치 중위를 상대로 이루어진다(「6-8」). 이 과정에서 고백하겠다는 결단이 '감각적으로' 이루어진다는 점이 주목되며, 또한 이를 통해 '진정한 고백의 의미'에 대한 고려가 이루어지고 있음을 살필 수 있다.

첫 번째 경찰서행에서의 결단과 소냐에게 한 두 번째 고백은 유사한 과정을 거쳐 상이한 방향으로 이루어진다. 모두 그 결단이 '감각'에 의해 혹은 '느낌'으로, 이루어진다는 점에서는 동일하다. 그런데 전자는 자백을 금하는 쪽으로, 후자는 지금 당장 고백해야 한다는 쪽으로 결단이 이루어진다. 첫 번째 경찰서행에서의 결단은 '진정한 고백의 의미'에 대한 '감각적'인 판단을 담은 것으로 볼 수 있다. 일관되게 사법을 불신하는 로쟈가 이러한 사법 당국에 행한 고백은 그 진정성 없이도 행하여질 수 있는 것이라는 점을 "의식이나 관념이었다기보다는 감각"(「2-1」, 199~200)으로 파악한 것으로 나타난다. 이와 같이 진정성이

결국 소냐가 제안한 대로 '속죄를 위한 고행'으로서 사법적 처벌을 받기로 한다. 이 작품에서 로쟈는 사법적 처벌에 대한 공포와 불안을 강하게 나타내 보이는 한편, 사법에 대한 불신을 일관되게 드러내 보인다. 사법적 처벌을 받는 상황을 가정할 때, 로쟈에게서 즉각적으로 일어나는 감정은 수치감인 것으로 나타난다. 그것은 로쟈 자신의 패배가 공식적으로 인정된 것에서 비롯한 감정으로서 죄의식과는 구별되는 것이기에 사법적 처벌이 초자아와 직접적 관련을 맺는다고 보기는 어렵다.

없을 수도 있는 고백을 피하는 로쟈의 결단에는 초자아의 개입이 감각적으로 이루어지고 있는 것이다.[21] 소냐에게 고백하기로 결단하기까지의 과정 또한 이와 유사하다. 루쥔을 통해 인간의 '비열함'이 증명됨으로써 자신의 이론에 대한 자신감을 갖게 된 로쟈는, 그럼에도 불구하고 소냐의 집 앞에 당도하였을 때 "피할 수 없는" 고백의 '순간'이 다가왔음을 "이해"한 것이 아니라 "느끼"게 된다.[22] 이 글은 이해가 아니라, '느낌'으로 고백의 순간을 파악하게 하는 내적인 바탕에 초자아가 함께 한 것으로 본다. 소냐를 희생양으로 삼아 이득을 취하려 한 루쥔의 비열함을 들어, 자신의 이론을 증명하고자 한 로쟈의 마음은 소냐의 방 '문 앞'에서 한순간에 변화한다. 이는 경찰이 아닌, 소냐에게 먼저 고백해야 한다는 판단이 작용한 한편, 자신의 이론을 지지하려는 의지보다 초자아의 감각적인 발현이 우세하게 나타난 결과라 할 수 있겠다.

『죄와 벌』에서는 이처럼 비의지적이고 감각적인 방식으로 초자아가 개입하는 것 이외, 보다 적극적인 초자아의 발현 양상을 살필 수 있다. 바로 가족에 대한 로쟈의 태도를 통해서 이다. 로쟈와, 그의 어머니와 누이동생 두냐 간의 만남은 모두 5차례 이루어진다.[23] 그는 가족과의

21 로쟈는 범행 이후 경찰서에 소환됨으로써 가졌던 극도의 공포감에서 놓여나면서, "앞으로 사는 동안 그 어떤 경우에도 그들에게 말을 걸 필요가 없다는 사실"을 **"의식이나 관념이었다기보다는 감각"**(「2-1」, 199~200)으로 깨닫는 것으로 나타난다.

22 【인용】 까뻬르나우모프의 아파트가 가까워지자 그는 갑자기 **무력감과 공포**에 휩싸였다. '누가 리자베따를 죽였는지 말할 필요가 있을까?'라는 이상한 의문을 품으면서, 그는 생각에 잠겨 **문앞**에 멈추어 섰다. 그 의문은 분명 이상한 것이었다. 왜냐하면 **그와 동시에** 그는 이야기하지 않으면 안 될 뿐 아니라, 이 순간을 잠시 미루는 것조차 불가능하다는 사실을 **느끼고 있었기 때문**이다. 그것이 왜 불가능한지는 그도 아직 **이해할 수 없었다**. 그는 다만 그것을 '**느꼈을**' 뿐이다. 그리고 **이 피할 수 없는 의무** 앞에서 자신이 무력하다는 의식에 그는 고통스럽게 짓눌려 있었다. 그는 더 이상 생각하고 고민하고 싶지 않아서 문을 재빨리 열고 문간에서 소냐를 쳐다보았다.(「5-4」, 783~784)

23 ① 빼쩨르부르그에서의 첫 만남. 로쟈의 방(「2-7」~「3-1」), ② 모녀, 루쥔이 정해 준 바깔레

만남의 장면에서 그 자신이 '살인자'라는 인식을 가장 뚜렷하게 한다. 그는 '시험 중인 사상'을 철회하지 않은 상황에서도, 자신이 어머니와 누이동생의 사랑을 받을 가치가 없는 사람이라는 생각을 한다(「6-7」). 이러한 생각은 첫 만남에서부터 이어져 오는바, 그것은 그들과의 거리두기로 나타난다. 단적으로, 모녀가 행하는 신체접촉을 통한 애정표현에 부담감을 가지며, 그 자신은 이를 행하지 않는다.[24] 두냐와의 마지막 만남에서까지 노파살해를 '범죄'로 인정하지 않은 것이 로쟈의 '시험 중인 사상'에 의한 것이라면(「6-7」, 1000), 모녀와의 의도적인 거리두기는 자신의 행위가 '살인'이었다는 점을 인정한 결과라 하겠다. 후자를 통해 초자아의 적극적인 개입을 엿볼 수 있다. 그는 세 번째 만남에서 가족과의 절연을 선언한다(「4-3」). 이는 소냐와의 첫 번째 만남이 이루어지던 날(「4-4」), 이를 결정한 상황에서 이루어진다. 그는 '가족과 절연'하고 소냐를 그의 동반자로 선택한 것이다. '고백'의 대상으로 두냐를 생각하였던 적도 있었던 것으로 나타나지만(「5-5」), 로쟈는 결국 두냐가 아닌 소냐를 상대로 고백하게 된다(「5-4」). 소냐와의 첫 만남에서 왜 소냐를 고백의 대상으로 선택했는지에 대한 자기 분석을 행한다(「4-4」). 그에 따르면, 소냐와의 '동류의식'이 고백의 대상이 소냐이어야만 하는 이유인 것으로 나타난다. 로쟈는 "선을 넘어선" 존재들이라는

예프 건물의 임시 거처에서 로쟈의 방을 찾음. 로쟈, 두냐의 결혼 반대(「3-3」), ③ 로쟈, 모녀의 거처를 찾음. 두냐-루쥔 파혼, **가족과 절연**(「4-3」), ④ 두냐, 로쟈 방문(「5-5」), ⑤ 로쟈, 바깔레예프 건물에 정한 거처에서 어머니를 만남. 로쟈의 방에서 두냐와 만남(「6-7」). ① 이전에, 어머니가 R주에서 보내 온 편지(「1-3」)와 돈(「2-3」)이 도착하며, 두냐의 약혼자인 루쥔과 로쟈의 만남이 모녀와의 만남 이전에 이루어진다.

24 5장 4절에서 소냐에게 고백한 날, 로쟈를 방문한 두냐와 헤어지면서, 로쟈는 다음과 같이 생각한다. "내가 지금 자기를 안았던 것을 나중에 기억하고는, 온몸이 오싹할 거야. 그리고 내가 자기 입술을 훔쳤다고 생각할 거야!"(「5-5」, 823)

측면에서 소냐와 동류의식을 가지며, 이는 그가 가족이 아닌 소냐를 고백의 상대, 같은 길을 가야 할 존재로 선택한 이유로 제시되어진다.[25] '선을 넘어섬'이란 사회계약에 입각한 사회적 관계의 테두리를 이탈하였음을 의미하고, 이에 대한 인식은 초자아의 발현이라 할 수 있다.[26]

'이론(논문)'과 자기분석을 포함한 '고백'의 형식으로 나타나는 내적 투쟁①에 더하여, 내적 투쟁②가 초자아의 발현에 의해 이루어짐을 논의하였다. 이는 로쟈의 '시험 중인 사상'과는 다른 차원에서 감각적으로 혹은 보다 적극적으로 나타나는바, 이 또한 '절대적 선악관'을 옹호하는 한 국면이라 할 수 있겠다. 이와 관련하여 로쟈에게 행해진 사법적 처벌의 의미를 정리해 보자. 일리야 빼뜨로비치를 상대로 한 로쟈의 자백은 소냐에게 행한 고백에서 이어지는 것이지만, 그 본질은 다르다. 소냐에 따르면 자백하고 사법적 처벌을 받아들이는 것은 죄의 짐을 덜기 위한 고행의 의미를 갖는다. 로쟈의 입장에서 자백은 소냐의 권유를 받아들여 행한 것이되, 발각될 위기에 처한 정황에 굴복한 것으로 나타난다. 그러나 아무런 대가없이 치러질 것으로 생각되어진 유형생활은 로쟈가 단순한 '자백'의 결과가 아닌, '고백'의 경지에 이르

25 【인용】 나중에 알게 될 거야. 당신 역시 똑같은 일을 했잖아? 당신 역시 선을 넘어선 거야 …… 넘어설 수 있었던 거지. 당신은 자기 몸에 손을 댔고, 스스로를 죽여 버렸어 ……. '자기 생명'을 말이야. (어치피 마찬가지야!) 당신이 정신과 이성으로 살아갈 수 있다 해도, **결국에 가서는 센나야 광장에서 죽게 될 거야** ……. 그렇지만 당신은 참을 수 없게 될 테고, 만약 '혼자' 남게 된다면 **당신도 나처럼 미쳐버리게 될 거야**. 당신은 지금도 벌써 미친 사람 같으니까. 그러니 **우리는 같은 길을 가야 해!** 그러니 함께 갑시다!(「4-4」, 634)
다음은 스비드리가일로프가 두냐를 상대로 로쟈에 대해 분석한 것으로서, 이는 로쟈가 초자아의 지배로부터 이탈할 수 없는 존재임을 보여준다.
【인용】 "그는 자기가 이론을 만들어 낼 줄만 알았지, **아무 생각 없이 한계를 뛰어넘지 못했기 때문에** 자기가 천재적인 인물이 아니라는 생각이 들어 몹시 괴로워했고, 지금도 괴로워하고 있습니다."(「6-5」, 949)

26 이와 관련하여 정신분석학적 개념인 '아버지의 법'을 고려해 볼 수 있겠다.

도록 한다. (소냐의 입장에서) 고통을 받아들임으로써 죄의 짐을 덜기 위한 '목적'으로 시작된 자백과 유형생활은 (로냐의 입장에서) 내적인 변화를 낳는다. 이러한 변화는 소냐에게 감화됨과 아울러, 다른 죄수들의 삶을 관찰하면서 이루어진 것이다. 이와 같은 과정들은 사법이 초자아/정의 실현과 같은 지위에 놓이는 것이 아님을 보여준다 하겠다. 그러나 이의 한 방편이 될 수 있음을 『죄와 벌』은 보여준다.

2) 절대적 선악관과 상대적 선악관의 분화

(1) 인간의 악한 본성과 '절대적 악'의 존재

본절의 주제와 관련하여 『죄와 벌』과 『토지』는 ① 선악관의 문제에 절대성과 상대성의 측면에서 접근한다는 점, ② 종교적인 접근이 이루어진다는 점, ③ 사법에 대한 불신을 보인다는 점에서 유사하다. 그러나 그 세부에서는 차이들을 발견할 수 있다. 사법에 대한 불신은 두 작품 모두에서 일관되게 나타난다. 선악관의 문제에 대한 종교적 접근이 『죄와 벌』에서는 두드러지게 나타나는 반면, 『토지』에서는 이러한 접근이 저변에서 이루어진다. 여기에서는 ①에 초점을 맞추기로 한다.

『죄와 벌』이 절대적 선악관에 대한 문제 제기에서 출발하여, 이를 옹호하는 방향으로 전개된 것과 달리, 『토지』는 절대적 악의 존재를 일관되게 인정하면서 전개된다. 『토지』에 등장하는 다수의 인물들 가운데, 절대적 악인의 범주에 묶을 수 있는 인물군을 찾아볼 수 있다.[27]

27 작품의 성격상 『죄와 벌』에 대한 논의가 주로 주인공에 초점을 맞추는 것과 달리, 『토지』에

이들은 그 존재가 작품 내에서 사라질 때까지 악인의 본성을 유지한다는 측면에서 '절대적 악'의 성격을 띤다. 『토지』의 주요 갈등 축에서 등장하는 절대적 악인형 인물들은 다음과 같다.

- 최참판가의 훼손-회복서사 : **조준구 / 홍씨**, 김평산, (귀녀, 칠성이, **임이네**, 임이), *조병수, *이홍
- 항일서사 : **김두수**, 김두만, (조준구, 나형사, 배설자 등), *김한복[28]

『죄와 벌』에서 로쟈가 세운 두 부류의 인간론은 결국 해체되는바, 상대가 '이(蝨)'라면 나도 '이(蝨)'라는 결론에 도달하면서 그러하다. 모든 인간은 피조물이며, 기본적으로 악한 본성을 가지고 있다는 기독교적 세계관에 접근하는 것으로 『죄와 벌』은 결말을 짓는다. 이와 달리 『토지』에서는 그 본성이 악한 존재에 대한 뚜렷한 인식하에 악인형 인물의 성격창조가 이루어진다. 이 작품에서는 악인형 인물을 두고 "사람 영악한 것은 범보다 더 무섭다"[29]는 표현이 자주 나타나는바, 이 말을 받는 인물들의 면모를 고려할 때 『토지』에 등장하는 악인형 인물들은 그 본성의 악함이 천성인 존재들이다. 이들의 공통점은 아무런 '죄의식' 없이 악행을 지속적으로 자행한다는 점이다. 이들에게서는 초자아의 발현을 발견할 수 없으며, 이러한 악인형(혹은 악인화된)인물의 성

대한 논의는 다수의 인물들을 대상으로 이루어진다.

28 이 글에서는 강조 표시한 인물들에 대해서만 논하기로 한다. 이들은 자연적인 죽음을 맞는 순간까지 혹은 작품의 마지막까지 철저하게 악인인 인물들이다. 이들과 혈연관계인 *표시한 인물들은 악인형 인물들의 악업으로 인해 고통받는 존재들로서 그들과 상반된 길을 걷는다.

29 이 속담이 처음 쓰인 것은 어린 최서희가 최참판가를 침탈한 조준구의 아내, 홍씨에게 건넨 말에서이다(「1-5-16. 악은 악을 기피한다」).

격은 그들이 작품에서 하차할 때까지 변화하지 않는다. 그리고 이들 악인형 인물을 특징짓는 가장 주요한 특질이 '탐욕'임을 살필 수 있다.

조준구-홍씨 내외와 김평산-김두수 부자는 대표적인 악인형 인물이다. 조준구 내외와 김평산은 최참판가 훼손-회복서사에서의 안타고니스트로서, 같은 악인형 인물의 범주에 들지만, 최치수 살해사건을 두고 각각 교사자와 살인자로 그 운명이 갈린다. "영락한 양반인 김평산"[30]은 최치수 살해범으로서 발각되어 아무런 뉘우침 없이 사법적 처벌(사형)을 받는다. 그런데 귀녀, 칠성이와 더불어 후사가 없는 최치수의 아이를 귀녀가 낳은 것처럼 꾸며 최참판가의 재산을 침탈할 계획을 세우고 있던 김평산에게, 최치수를 단순히 기만하는 것이 아니라 살해하도록 교묘하게 부추긴 인물이 조준구임이 드러난다.[31] 이로써 칠성이의 아이를 낳아 최치수의 아이를 낳은 것처럼 꾸미려던 음모는 최치수 살인사건으로 비화된 것이다.[32] 악인형 인물들의 탐욕이 이러한 일련의 사건의 저변을 이루는바, 이 사건의 결과 가장 큰 이득을 본 인물은 조준구 / 홍씨 내외이다. 사건에 직접적으로 가담한 김평산, 귀녀, 칠성이는 모두 처형되지만, 이때부터 가장을 잃은 최참판가에 대한 조

30 『토지』는 "영락한 양반"(「1-1-6. 마을 아낙들」)으로서 최치수를 살해한 김평산보다는 사법적 처벌에서 제외된 교사자인 조준구에게 악인형 인물의 비중을 둔다. 『죄와 벌』에서 또한 직접적인 살인자인 로쟈와 간접적 살인자인 것으로 암시되는 스비드리가일로프의 대립을 보여준다.

31 「1-2-7. 암시」, 「1-2-8. 행패」.

32 이 사건에 직접적 · 간접적으로 가담한 인물들 가운데 귀녀만이 유일하게 처형되기 전에 악행에 대한 뉘우침을 보인 것으로 나타난다. 그녀가 범행을 계획하게 된 데에는 신분질서에 대한 저항이 자리하는바, 이는 이번 항에서 살필 '상대적 선악관'과 유관하다 할 수 있다. 그러나 이에 접근하는 그녀의 방식(기만과 살인)은 탐욕에 기초한 것으로서 악인형 인물의 면모를 보인다 할 수 있다. 칠성이 또한 물질에 대한 탐욕이 죄를 불러일으킨 것으로 그려진다. 추후 칠성이는 서낭당에서의 정사에만 간여한 것으로 밝혀져, 윤씨부인이 그의 죽음에는 억울함이 있음을 인정하게 된다.

준구 내외의 침탈이 본격화되기 때문이다. 이후 일본 제국주의와 손잡고 최참판가의 재산을 모두 착복하는바, 최참판가 훼손-회복서사의 주요 적대자인 조준구 내외는 이 과정에서 아무런 죄의식을 보이지 않는다. 최참판가로부터 빼앗은 평사리의 집을 다시 최서희로부터 거금을 받고서 팔 수 있는 파렴치한으로 그려지는, 조준구 내외의 탐욕과 이를 채우기 위한 악행은 그들이 죽음을 맞을 때까지 지속된다.

악인형 인물의 탐욕과 인륜은 어긋나게 맞물린다. 특히, 자녀에 대한 도리라는 측면에서 그러하다. 조준구와 홍씨 내외는 꼽추로 태어난 아들 조병수에 대한 부모로서의 도리를 방기하며, 심지어는 그를 학대하기까지 한다. 그들은 조병수에게 부모로서의 도리를 전혀 베풀지 않는 대신, 부당하게 취한 물질에 대한 탐욕을 극대화하여 보여준다. 이들과 유사한 부류의 인물로서 임이네를 살필 수 있다. 칠성이의 아내로서 동물적 욕망(성욕, 식욕, 생명력)을 극대화하여 보여주는 인물로 성격화된 임이네는 칠성이의 죽음에 이은 고난, 명목상으로만 용이의 아내인 지위가 주는 불만과 불안 등으로 인해 점차 성격변화를 하게 된다. 그녀의 넘치도록 타고난 동물적 욕망은 '아귀지옥'을 연출하는 탐욕으로 변화한다. 탐욕은 그녀 자신에 대한 것과 물질에 대한 것으로 국한되는바, 그녀 또한 "사람 영악한 건 범보다 무섭다"[33]라는 평가를 받는 악인형 인물이라 할 수 있겠다. 임이네에게 있어 아들 이홍은 가부장제 사회에서 자신의 지위를 지켜주는 수단으로서의 의미를 갖는다. 이용과의 관계에 절망하게 되었을 때, 그녀의 삶에서 아들 이홍은

33 「2-2-5. 임이네 작전」.

도외시된다. 조준구와 임이네는 삶에 대한 끈질긴 집착을 보이면서 추하게 최후를 맞은 것으로 그려진다.

한편, 2세대로서 천성적인 악인으로 등장하는 인물은 김평산의 아들 김두수이다. 몰락한 양반인 김평산은 중인 신분의 함안댁과 낙혼하였는데, 이들 사이에서 태어난 그(김거복)는 아우인 김한복과 성격적으로 뚜렷하게 대비되는 인물로서, 어릴 때부터 김평산의 악한 본성을 고스란히 이어받은 것으로 그려진다.[34] 그 또한 "사람 영악한 것 범보다 무섭다"[35]라는 평가를 받는 인물로서, 악한 본성이라는 측면에서 성격적으로 변화하지 않는다. 그는 밀정[走狗]으로서 일본 제국주의 편에 서서 출세함으로써, 영락한 양반 가문 후손으로서의 자존심을 지키고 패배감을 극복하고자 한다. 조준구의 탐욕이 개인적 차원에 머무른 것이라면, 김두수는 만석살림을 꿰 차는 데에서 나아가서 대륙을 호령하는 호걸이 되기를 염원하는 무의식을 갖는다.[36] 악에 대한 정당한 처벌을 두고 그릇된 원한을 갖는 김두수는 최참판가에 대한 대결의식을 가지며 이는 출세욕으로 나타난다. 그는 밀정으로 활약하면서, 경제력을 쌓고 지위를 격상시키는 데 주력하는바, 그만큼의 악행이 쌓인다.[37] 이러한 과정에서 그는 앞의 조준구 내외, 임이네와 차별화되는

34 『토지』에서 악한 본성은 세대 간 연속과 단절의 양상을 함께 보인다. 김평산의 악함은 김두수로 이어지지만, 김한복은 이들의 죄 닦음을 한다. 임이네와 칠성이의 딸인 임이는 모성 부재의 강팍한 인물로 그려지지만, 이용과 임이네의 소생인 이홍은 생모에 대한 애증으로 힘들어하면서도 건실하게 살아간다. 조준구와 홍씨의 아들 조병수는 부모의 죄업으로 인해 고통 받는 인물로서 그에게 부모의 악한 본성은 이어지지 않는다.

35 「5-2-1. 밀수 사건」.

36 김두수의 꿈에 나타난 김평산의 망령을 통해 이를 엿볼 수 있다(「2-5-13. 김두수」). 한편, 김두수는 그가 사십 줄에 들어선 시기에 '우연'히 조준구와 한 기차에 동승한다. 그는 "재주는 곰이 넘었는데 돈은 중국놈이 먹었다"는 말의 의미를 새기면서, 조준구가 교사자임을 환기시킨다. 그러나 "묵은 인연이 얽힌 악당과 악당"의 만남은 단지 스쳐지나가는 것으로 그려진다(「3-5-9. 동승」).

점을 나타내 보인다. 그것은 가족에 대한 극진함과 애착이다. 동생인 김한복, 자신의 자녀들에게 강한 가족애를 보인다.[38] 그의 출세욕에는 김평산의 악행으로 해체된 가족을 다시 일으켜 세우려는 욕구가 포함되기 때문인 것으로 볼 수 있다. 그러나 악행을 수단으로 하여 그가 세운 가족과 그의 동생 김한복이 세운 가족은 합쳐지지 않는다.

(2) 제도와의 대치 및 '상대적 선악'의 문제

이렇듯 『토지』는 인간의 악한 본성을 들어 '절대적 악'이 존재함을 주요 갈등 축에서 보여준다. 이러한 절대적 악에 대한 인징은 '상대적 선악관'과 대조를 이룬다. 『죄와 벌』이 절대적 선악관에 대한 문제 제기에서 시작하여 이를 옹호하는 방향으로 전개된 것과 달리, 『토지』는 선악의 상대성에 대한 인식을 반복하여 보여준다. 절대적 악이 인간의 본성에서 비롯한 것이라면, 상대적 악은 제도와의 대치에서 비롯한 상황적인 것으로 나타난다. 절대적 악의 주체가 죄의식이 부재한 반면, 상대적 악을 행한 인물들은 대체로 죄의식을 갖는다. 또한 상대적 악과 사법은 무관하거나, 먼 거리에 있다. 우선, 『토지』에 나타나는 악행 내지 비행들을 다음과 같이 정리해 볼 수 있다.

- 살인 : 최치수 살해 / **동학재건세력 · 만주독립운동세력의 테러** / (오서방의 우서방 살해)

37 용정의 일본 영사관에서 일하는 최서기에 따르면, "회령에서 순사부장"까지 지낸 바 있는 김두수는 "독립군 잡는 데는 귀신"이라는 평가를 받는 인물이다(「3-2-2. 아버지의 망령」).

38 이는 여성에 대한 강한 집착으로 왜곡되어 나타나기도 한다. 김두수는 심금녀가 죽음에 이르기까지, 그녀에 대한 편집적 집착을 보인다.

• 친일 : 김두수, 조준구, 김두만, 나형사 등 / **최서희**

• 불륜 : **윤씨부인-김개주, 별당아씨-구천, 이용-월선, 이상현-최서희-봉순이-임명희** / 조용하-홍성숙, 나형사-양을례 등

• 재산의 침탈 : 조준구의 최참판가의 재산 침탈, 임이네의 돈에 대한 집착과 착복

위의 분류 가운데 강조 표시한 항목들을 통해 상대적 선악관을 엿볼 수 있다. 동일한 살인이지만 동학재건세력이 독립운동차원에서 행한 살인은 최치수 살해와 동급에 놓일 수 없는 것이다. 이른바 '그 목적이 정당하면 그 행위도 그러할 수 있다'는 로쟈의 명제가 『토지』에서 또한 선악담론의 한 부분으로서 자리하고 있는 것이다. 그러나 『토지』는 이에 대해 『죄와 벌』과 다른 각도에서 접근한다. 동학장수 김개주와 그의 아들 김환은 죽음을 앞둔 시점에서 '대의를 명목으로 뿌린 피가 과연 정당한가'에 대해 묻지만 그 답을 유보한다. 다만, 허무감과 죄의식을 엿볼 수 있다.[39] 그들의 행위가 절대적 선일 수 없다는 인식을 보이고 있는 것이다. 동시에, 반봉건 투쟁이며 일본 제국주의에 대한 저항이라는 상황성이 김개주-김환 부자의 행위에 대해 상대적 악의 지위를 주고 있는 것이다. 이는 개인적 탐욕을 채우기 위해 최치수를 살해한 사건이 명백한 악행으로서 사법적 처벌을 받은 것과 구별된다.

한편, 친일에 대해서도 『토지』는 상대적 접근을 한다. 이른바 최서희의 친일은 김두수의 친일과 상이한 것으로 나타난다. 최서희는 최참

39 「1-5-11. 대면」. 이는 권력자들이 뿌린 피가 정당화되는 상황을 역사적 사실로서 전제하고 이에 기대어 살인을 행한 로쟈의 경우와 대비된다.

판가를 복원하는 과정에서, 친일을 수단으로 삼는다. 만주 용정에서 밀정 김두수와 맞닥뜨렸을 때, 그녀는 친일로 대응한다. 김두수가 국외자의 입장에서 일본 제국주의 편에 서서 돈과 지위를 얻은 것이라면,[40] 최서희는 최참판가를 복원하여 다시 주류가 되기 위해 친일을 수단으로 삼는다. 『토지』에서 최서희가 행한 친일은 실리와 유용성의 측면에서 긍정적인 접근이 이루어진다.[41] 최서희는 "원수의 힘을 빌려 원수를 칠 것이"[42]라는 전략을 가지고 친일을 허용하면서 자신의 목표에 다가간 것이다. 용정에서 최서희는 최참판가의 복원에 방해될까 저어하여 독립자금을 대라는 이동진의 요구에 불응하는데, '법회' 장면에서의 내적 독백은 그녀가 이에 대해 일말의 자의식을 가짐을 엿볼 수 있게 한다. 친일에 대한 최서희의 이러한 입장은 절대적 악으로 단죄할 수 없는 요소를 갖는다 할 수 있다.

제도의 산물이라 할 수 있는 불륜은 선악의 상대성을 가장 잘 보여준다. 그 불륜이 사랑에 기초한 것이냐, 다른 목적을 위한 것이냐에 따라 (내포작가의 입장에서) 그 평가와 접근이 다르게 나타난다. 여류 성악가로서의 출세를 위해 조용하와의 불륜을 자행한 홍성숙, 남편과 아이들을 버리고 허영을 좇아 일제의 앞잡이인 나형사와 불륜행각을 벌인 양을례 등의 불륜은 여기에서 논외가 된다. ① 윤씨부인-김개주, ② 별당아씨-구천, ③ 이용-월선, ④ 이상현-최서희-봉순이-임명희 등의

40 한편, 2세대 인물 김두만(김이평-두만네) 또한 김두수와 같은 입장에서 친일에 앞장 선 것으로 볼 수 있다. 그는 종의 자손이라는 신분을 지우기 위해 일본 제국주의에 협력하면서 경제력을 쌓는다.

41 이와 관련하여 본장의 3절 2항 '탈중심적 자아관과 부가가치형 서사전개'에서 논의가 이루어질 것이다.

42 「2-1-13. 법회」.

관계를 통해 상대적 선악관을 엿볼 수 있다. 이들의 불륜은 과부개가 금지제도, 신분제도, 조혼제도 등의 제도와 대치되는 상황하에서 행하여지는바, 당사자들은 모두 이를 '죄'로 간주한다. 제도와 법률 등으로 실체화된 초자아의 개입이 있는 것이다. 그런데 당사자의 입장에서는 강간, 사생아, 패륜, 불륜 등을 '죄'로서 간주하고 엄정하게 접근하지만, 타자의 입장이 되었을 때 이는 죄가 아닌 것으로 용인된다.

②는 ①에서 파생하는바, 양자를 함께 고려해 보자. ①의 주요 내용은 '겁간', '사생아 버림', '모성의 회피'이다. 윤씨부인이 가장 큰 죄로 인정한 것은 자신을 겁간한 김개주를 사랑하였다는 점이다. '제도적으로 금지된 사랑'에 대한 인식이 첨예하게 나타난다. 이어서 사생아 김환을 버리고, 적자 최치수에 대한 모성을 거두었다는 데에로 죄의식은 확산된다. 그러나 ①의 다른 한 축을 이루되 작품의 전면에 거의 나서지 않는 김개주는 윤씨부인과 다른 입장을 보인다. 그는 청상의 과부를 사랑한 것이 죄는 아니라는 생각을 그의 아들 김환에게 내비친다. 김환 또한 아버지와 같은 생각을 하게 되는 것으로 나타난다. 최서희가 만주에서 고국으로 돌아갈 준비를 할 때, 구천이 아닌 윤씨부인의 아들로서 용정의 김길상을 만난 김환은 부모인 김개주-윤씨부인의 관계, 자신과 별당아씨의 관계에 대한 입장을 토로한다. ①에 대해서는 "앙화를 당한 여자를 매질할 수" 없다는 점, "임자 없는 여인을 사랑할 수"[43]있으며, 그것은 죄가 아니라는 점을 이야기한다. 윤씨부인에게 평생 질곡이 되었던 김개주와의 사건은 그 아들을 통해 죄가 아닌 것으로 용인된다.

---

43 「2-5-10. 찾아온 사람」.

②는 '생모인 윤씨부인에게 매질하기 위해 최참판가의 하인이 됨', '별당아씨를 사랑함', '윤씨부인의 용인하에 별당아씨와 도망함', '별당아씨의 죽음'을 주요내용으로 한다. ①에 제도에 대한 문제의식이 자리한 것과 달리, ②는 명백한 패륜으로서 사랑의 이름으로 미화될 수 없는 측면을 지닌다. 그럼에도, 이는 『토지』의 불륜들 가운데 가장 미학적으로 그려지는바, 이들의 사랑을 현실이 아닌 낭만적 세계에 두기 위한 의도인 것으로 보인다. 다만, 김환은 "두 아들을 섬긴 한 며느리를 용서"한 윤씨부인의 내면을 분석하는데, 자신에게 진 빚의 탕감, 김개주에 대한 사랑, 양반의 법도에 대한 저주 등의 문항을 던져본다. 김환은 윤씨부인의 입장에서 별당아씨와의 사랑이 용인된 이유를 따져 본 것이다. 이는 모두 별당아씨와의 "죄 많은 불륜"을 변호하는 문항들이다. 실제로, 윤씨부인이 이들의 도망을 도운 사건과 이와 관련된 윤씨부인의 내면은 상당한 거리를 두어 서술되는데,[44] 여기에서 김환이 윤씨부인을 향해 던진 세 개의 질문에 대한 답을 구할 수 있다. 그 가운데 양반의 법도에 대한 문제 제기가 주목된다. 이는 동학란을 주도하던 중 최참판가에서 동학군들과 하룻밤을 보낸 김개주와의 만남에 대한 윤씨부인의 회상을 통해 나타나는바, 여기에서 양반의 법도에 대한 저항을 엿볼 수 있다. 객관적으로 그리고 사건의 당사자들에게 있어서는 명백한 패륜인 이 사건이 이를 용인한 윤씨부인의 입장에서는 제도와의 충돌이라는 측면에 무게가 실리고 있는 것이다.

③ 또한 그 미학이 돋보이는 불륜서사이다. 이의 미학은 제도와의

44 전자는 「1-1-3. 골짜기의 초롱불」에서, 후자는 「1-2-9. 과거의 거울에 비친 풍경」에서 서술된다.

관계, 그리고 타자의 형상에 의해 실현된다. 여기에는 내포작가의 입장이 실려 있다 할 수 있으며, 이는 불륜 주체의 형상 자체와는 거리가 있다. 이용-월선의 불륜은 신분제도에 대한 문제 제기라 할 수 있는바, 정작 당사자들은 이에 저항하지 않고 순응한다. 이러한 순응은 불륜의 사랑을 여한을 남기지 않는 사랑으로 승화시켜 가는 미학을 이룬다.[45] 동시에, 제도적 · 혈연적 가족과 실재적 가족이 일치하지 않는 상황을 통해 그러한 순응의 불합리함 또한 적시한다. 이를 통해 내포작가의 신분제도에 대한 비판을 읽을 수 있다. 한편 이들의 불륜은 임이네, 즉 타자의 형상에 의해 그 서사미학을 만들어낸다.[46] 타자의 형상을 통해 불륜 주체 입장을 유리하게 조명하고 있는 것이다. 앞서 살폈듯이, 임이네는 탐욕의 화신으로서 이용의 사랑을 받을 수 없는 인물이다. 또한 이홍에게는 증오의 감정과 더불어 죄의식을 심어주는 인물이다. 이러한 임이네의 형상은 이용의, 자식을 낳아 준 아내에 대한 방기에 정당성을 준다. 한편, 첩으로서 떳떳하지 못한 월선의 지위와 그로 인한 그녀의 죄의식을 살필 수 있는바, 이는 "본디 죄의식이 엷은 여자"[47]로 성격화된 임이네와 대비를 이룬다.[48] 여기에서 타자의 형상을 통해 선

---

45 본장의 4절 2항 '공간의 확산과 감정의 점진적 전화'에서 이와 관련된 상세한 논의를 할 것이다.

46 용이의 조강지처인 강청댁 또한, 강짜가 심하며 아이를 낳지 못한다는 측면에서 흠결이 있는 인물이다. 그녀는 월선에게 폭행을 가하여 그녀가 하동을 떠나 용정행을 하도록 한다. 이는 로자의 '두 부류의 인간론'과 연관되는 바이다. 『죄와 벌』은 대상의 악함이 주체의 악행을 정당화할 수 있는가의 문제에 살인이라는 극단적 상황을 두고 접근하며, 「에필로그」에서 주인공은 이러한 사상을 철회한다. 『토지』는 한 개인이 아니라, 불합리한 제도와의 대치를 다루기에 『죄와 벌』에서와 같은 날카로운 해부는 나타나지 않는다.

47 「1-3-18. 습격」.

48 「1-5-1. 황천의 삼도천」에서 「1-5-2. 꽃신」에 걸쳐서 임이네로 인한 월선이의 질투심과 죄의식이 나타난다. 임이네가 이용의 사랑을 받고 있는 월선을 의식하여, 스스로 산 깔진(당혜)을 이용이 사준 것으로 하여 소문을 퍼뜨린다. 이에 월선은 크게 위축되는 모습을 보이며, 인근의 사찰을 찾아가 자신의 외로운 상황에 대해 읍소한다. 그 가운데 그는 자신이

악의 상대성에 대한 인식을 내비치고 있다 하겠다. 이처럼 『토지』는 제도에 대한 순응을 통해 그 제도의 불합리성을 극대화하여 나타내며, 타자의 악함을 통해 제도에 어긋나는 당사자의 행위를 상대적으로 되비추는 방식으로 ③의 서사를 전개하고 있다.

한편, 『토지』는 ④를 통해 제도가 올무가 되어 금지된 사랑을 하는 당사자(이상현)를 구속하는 양상을 보여준다. 그는 조혼제도의 피해자로서, 제도적으로는 한 가정의 가장이지만, 실제적으로는 외로운 방랑자의 삶을 살아간다. 『토지』는 이상현과 세 여성인물 간의 관계를 통해, 제도가 한 개인의 삶에서 '선'이 될 수 없는 상황을 잘 보여준다. 이용이 가족제도에 순응하되, 불륜의 형태로 월선과의 사랑을 유지한 것과 달리, 이상현은 제도에 순응할 수 없지만 이를 타파하고 나아갈 용기를 지니지 못하기에 '사랑'과 '가족' 모두를 소홀히 하는 불행을 겪는다. 따라서 그를 통해서는 한 개인의 삶을 뒤흔드는 '제도적 악'을 읽을 수 있다. 최서희가 신분제도의 구속을 뚫고 나아간 것과 달리, 이상현은 기혼자라는 사실 때문에 최서희에 대한 사랑으로 상처받고 신여성인 임명희의 사랑을 거부한다. 제도와의 충돌을 피하여 기생인 기화(봉순)를 통해 위안을 얻는 이상현의 삶은 그 삶의 주체인 이상현을 두고 선악을 논의할 수 있는 여지를 주지 않는다. 다만, 제도에 구속된 그의 삶이 불행하다는 사실을 통해 ④는 처자식을 방기한 이상현의 잘못보다는 '제도적 악'에 보다 주목하게 한다.

임이네의 죽음을 바랐다는 사실을 인정하고 죄의식을 갖는다.

3. 미학적 측면–갈등 양상에 나타난 주체 관념

지금까지 살핀 선악관의 차이는 두 작품의 중요한 사상적 측면이다. 이는 그 자체로서 연구의 주제이되, 이 글은 이러한 차이가 작품의 미학적 측면과 유관하다는 명제를 증명하고자 한다. 두 작품에서 상이하게 나타나는 선악관은 갈등 양상과 불가분의 관계를 맺는다 할 수 있다. 선악에 대한 가치판단은 갈등관계를 낳게 마련이기 때문이다. 절대적 선악관으로 귀결되는 『죄와 벌』에서의 갈등 양상은 수렴적이며, 상대적 선악관이 우세한 『토지』에서의 갈등 양상은 발산적인 것으로 나타난다. 또한 두 작품에 나타난 선악관의 차이는 주체 관념과 결부된다. 양자가 직접적 관련을 맺는다고 보기는 어렵지만, 상관관계에 놓인다 할 수 있다. 선악의 절대적 지평이란 주체중심적 사고라 할 수 있으며, 선악의 상대성이란 대상과의 관계를 통해 주체를 논하는 것이기에 탈중심적 사고라 할 수 있겠다.

이러한 전제하에 본절에서는 두 작품의 미학적 측면을 살피기로 한다. 자아관, 서사구성방식 등을 살핌으로써 앞의 전제들을 증명할 것이다. 이러한 논의과정을 통해 두 작품의 사상적·미학적 측면이 상이하게 구성되는 두 작품의 '시공간성'[49]에 영향을 미치고 있음을 밝힐 것이다.

49 본장의 1절 '들어가며'(382~383면) 참조.

1) 개체중심적 자아관과 반대급부형 서사전개

(1) '동요중인 주인공'과 중심서사전개의 지연 / 가속

『죄와 벌』은 철저하게 주인공인 로쟈를 중심으로 전개된다.[50] 그의 범죄와 그에 대한 처벌, 그리고 회심이 서사의 뼈대를 이룬다 할 수 있다. 그런데 주인공 로쟈가 이러한 서사 과정에서 끊임없이 동요한다는 점이 두드러진다. 그 소인으로 우선 '시험 중인 사상'을 들 수 있다. 자신이 세운 이론에 대한 확신과 회의가 반복되면서 로쟈는 동요한다. 다른 한편으로, 로쟈는 자신이 경찰에 발각되느냐의 문제를 놓고, 자수와 투쟁 사이에서 동요한다. 이러한 주인공의 '동요'는, 궁극적으로 관념-세우기에서 관념-허물기로 나아가는 『죄와 벌』의 중심서사 내에 상존한다. 그것은 중심서사와 관련을 맺으면서, 결과적으로 중심서사전개의 완급을 조절하는 다른 두 개의 서사 축과의 관계를 통해 살필 수 있다. 로쟈 가족을 중심으로 한 현실적 차원의 서사와 소냐의 가족을 중심으로 한 종교적 차원의 서사가 중심서사에 개입하는 다른 두 개의 서사 축에 해당한다. 전자가 사법적 차원의 중심서사전개에 속도를 더해 준다면, 후자는 이를 지연시킨다. 두 개의 서사 축은 중심서사와 지그재그로 관련을 맺으면서 '로쟈의 이론과 그에 따른 담론을 생성'함과 아울러 '동요중인 주인공'의 형상을 잘 보여준다.

『죄와 벌』의 로쟈에게 있어서 사법은 발각의 공포와 처벌의 수치를 안겨주는 것으로서만 부각된다. 심지어 그는 유형생활을 하면서도 자

50 로쟈는 소설의 40개 장면 가운데 37개의 장면에 등장한다. 조주관, 앞의 책, 151면.

신의 내적 투쟁과 관련하여 그것의 무의미함에 대해 생각한다. 따라서 사법은 로쟈의 '시험 중인 사상'과 직결된다고 보기 어렵다. 그럼에도 불구하고 사법적 차원의 서사는 『죄와 벌』의 중심을 이룬다. 이는 이를 지지하는 양대 서사와의 관계 속에서 그 의미를 해명해야 함을 의미한다. 사법적 서사의 주요 내용을 정리하면 다음과 같다.

> ① 사전답사 / 범행 ㉮ ② 경찰서 1 ㉯ ③ 자모또프와의 비공식적 만남 ㉰ ④ 뽀르피리 비공식적 방문 ㉱ ⑤ 경찰서 2, 뽀르피리 공식적 방문 ㉲ ⑥ 로쟈의 방을 방문한 뽀르피리(자수권유) ㉳ ⑦ 경찰서 3, 일리야 빼뜨로비치에게 자수함 ⑧ 시베리아 유형 ⑨ '시험 중인 사상'의 철회[51]

이러한 전개 과정에서 마르멜라도프 가족의 서사 개입이 갖는 의미는 크다. ①의 범죄를 계획하는 과정에서 로쟈는 주정꾼 마르멜라도프를 만나, 창녀가 된 그의 딸 소냐에 대한 이야기를 듣는다(㉮). 그의 긴 대사를 통해 그의 가족이 처한 극빈상황, 하나님은 소냐를 포함하여

51 ①②③…… 은 사법적 차원의 중심서사가 전개되는 과정이며, ㉮㉯㉰…… 는 소냐(의 가족) 및 로쟈의 가족과 관련되는 종교적・현실적 차원의 서사를 나타낸다. 후자의 주요 내용은 다음과 같다.
㉮ 마르멜라도프와의 첫 만남
㉯ 첫 번째 경찰서 소환 이후, 혼수상태로 3~4일을 보냄. **라주미힌이 바실리예프스끼 섬에서 로쟈의 거처 인근으로 이사, 혼수상태에 빠진 로쟈를 돌봄**
㉰ 마르멜라도프의 죽음(자살) 목격
㉱-1 고발자의 방문을 받음; ㉱-2 **가족과 절연**; ㉱-3 소냐에게 첫 번째 고백을 함
㉲-1 니꼴라이의 거짓 자백; ㉲-2 소냐를 모함하는 루진의 비열함 목격; ㉲-3 소냐에게 두 번째 고백을 함, 까제리나의 죽음; ㉲-4 스비드리가일로프가 로쟈 자신의 고백을 엿들었음을 인지함; ㉲-5 까쩨리나의 장례 기간 동안을 혼몽하게 보냄
㉳-1 **두냐가 스비드리가일로프의 음모에 말려들 것을 우려, 자수 결정**; ㉳-2 가족과의 만남; ㉳-3 소냐를 방문, 십자가를 받음
(강조 표시된 부분은 로쟈의 가족과 관련된 현실적 차원의 서사이다.)

그 어떤 사람도 용서하신다는 믿음 등이 로쟈에게 전해진다. 추후 로쟈는 이 만남이 자신의 범죄 계획의 일부였음을 인정한다. 그는 이때부터 범죄에 대한 '고백'의 상대를 소냐로 정하여 둔 것이다. 여기에서 로쟈가 처음부터 '고백'의 상대를 정하고 있음은 중요한 의미를 갖는다. 단순한 죄의 '자백'이 아닌, '고백'이란 '사실'의 진술이 아닌 '진심'의 전달이어야만 하기 때문이다.

이의 연장선상에 놓인 ㉰㉱㉲에서 마르멜라도프 가족의 서사가 사법적 서사전개 과정에 개입하는 것은 중요한 의미를 갖는다. 그것은 자백이 아닌 고백을 이루어내기 위한 과정으로서, 사법적 서사전개의 측면에서 보면 속도의 '지연'인 것이다. 범행 이튿날, ②에서 방세 미불을 이유로 경찰서 소환을 당한 바 있는 로쟈는 그 긴장에서 풀려나면서, ③에서 범행에 대한 승부수를 띄우는 차원에서 경찰서행을 결정한다. 그러나 이 결정은 자묘또프와 식당 수정궁에서 비공식적인 만남을 갖는 것으로 끝을 맺는다. 그는 자묘또프를 대상으로 범행의 일부를 사실대로 말한다. 이는 추후 경찰 측을 뒤흔들어놓기 위한 작전이었던 것으로 라주미힌에 의해 해석되는데, 로자의 입장에서 이는 증거가 전혀 없는 상태에서 경찰이 자신을 의심할 수 있는지에 대해 알아보기 위한 승부수였던 것으로 나타난다.[52] 자묘또프와의 만남 이후 로쟈는 범행현장을 방문하는 등 그 스스로 경찰서행을 지연시키는데, 결정적으로는 ㉰에서 마르멜라도프의 죽음(자살)을 목격한 것이 경찰서행으로 나아가는 사법적 서사의 지연을 낳는다.

52 추후 이 일은 뽀르피리의 수사 과정에 큰 영향을 미친 것으로 암시된다.

이는 단순한 '자백'이 아닌, 혼돈스런 내면의 '고백'을 위한 단초가 된다. 로쟈는 마르멜라도프 유족을 돕는데, 이 일을 계기로 당초에 계획한 대로 소냐에게 모든 것을 '고백'하겠다는 결정을 한다. 마르멜라도프가 죄악시한 바 있는 '극빈' 상태인 소냐 가족은 종교적 차원 서사에서 큰 역할을 한다. 로쟈는 그의 이론에서 '힘(권력)'에 대한 추구를 보이는바, 소냐 가족이 처한 상황은 그의 '시험 중인 이론'을 뒷받침한다고 볼 수 있다. 이에 고무된 로쟈는 ③에서 던진 승부수가 어떤 영향을 가져올지에 대해 알아내기 위해 ④에서 뽀르피리와의 비공식적 만남을 갖는다. 로쟈의 범죄이론이 담긴 논문에 대한 이야기를 주로 나눈 이 만남을 통해 로쟈는 뽀르피리가 자신에게 혐의를 두고 있으며, 그가 자묘또프를 통해 던진 승부수들을 알고 있음을 감각적으로 파악한다.

이와 같은 상황에 처하여 로쟈는 ㉣-1에서 앞으로 자신을 고발하게 될 인물의 방문을 받는다. 이후 서사는 자백에 앞선, (자백이 아닌) 고백이라는 이 작품의 의도를 다시 확인시켜 준다. ㉣-3에서 소냐와의 첫 번째 만남이 이루어지며, 다음날 ⑤에서 로쟈는 고발자의 존재를 확인하기 위해 뽀르피리와의 공식적 만남을 갖는다. 그런데, ㉣-3의 고백은 더욱 심화된 고백을 위한 시작이며, 아직 고백해야할 범행사실과 사상이 남아 있는 상태이다. ⑤에서 뽀르피리는 칸막이 너머의 고발자와 로쟈를 대면시킴으로써, 로쟈를 범인으로 검거할 계획을 가지고 있었지만, ㉤-1에서 노파살해 혐의로 검거된 니꼴라이의 거짓 자백으로 이는 무산된다. 여기에서 부수적 인물인 니꼴라이가 갖는 의미는 크다. 그가 실천코자 한 종교적 고행은 로쟈의 고백을 들은 소냐가 로쟈에게 요구한 바이고, 로쟈가 검거되기에 앞서 소냐를 상대로 완전한 고백을 함으로써 그가 자신의 범죄행위에 대해 종교적 접근을 할 수 있도록 다시 한 번 기회를 준 것으로 볼 수 있다(㉮-3). 완전한 고백이 이루어진 상태에서, 로쟈는 스비드리가일로프가 자신의 고백을 엿들었음을 인지하고(㉮-4),[53] ⑥에서 뽀르피리의 방문을 받는다. 고백이 이루어졌으며, 그 고백을 자신의 이익을 위해 이용하려드는 염탐꾼의 존재를 알아차린 가운데, 뽀르피리가 로쟈를 방문하여 형기를 두고 협상을 한 것이다. ㉯-3에서 로쟈는 마지막으로 소냐를 방문하여 십자가를 받은 다음, ⑦에서 자백하기에 이른다. 이와 같이 『죄와 벌』의 중심축인 사법적 서사는 종교적 서사가 매 단계에 개입하는 가운데 지연되면서 전개된다. 이는 죄의 '자백'이 아닌 '고백'을 위한 경로임을 논하였다.

한편, 로쟈의 가족, 즉 누이동생 두냐와 어머니 뿔헤리야 알렉산드로브나는 그 존재함 자체만으로도 로쟈가 중요한 결단들을 하도록 이끈다. 이로써 사법적 서사가 속도를 내어 전개되도록 한다. 우선, 가족의 존재는 로쟈가 ㉱-3에서 소냐를 상대로 첫 번째 고백을 결행하도록 하는 데 큰 영향을 미치는 것으로 나타난다. ㉯에서 로쟈 곁으로 이사하여, 범행 결과 혼수상태에 빠지는 등 극도의 긴장감에 시달리는 로쟈를 돌보는 한편, ㉱-2에서 로쟈를 대신하여 그의 어머니와 두냐를 가족처럼 대하는 라주미힌의 존재는 로쟈가 심적으로 가족에 대한 책임감을 내려놓을 수 있도록 도움을 준다. 결정적으로는 두냐와 비열한

53 ㉮의 서사범위 내 사건이되, 여기에서 언급하지 않은 바는 다음과 같다. 마르멜라도프의 추도식에서 소냐에게 도둑 누명을 씌우는 루쥔의 비열함(㉮-2). 루쥔의 모함을 받은 소냐의 억울한 상황을 법에 호소하기 위해 거리에 나서지만, 폐결핵이 악화되어 죽음을 맞은 까쩨리나 이바노브나의 비극(㉮-3). 이 두 개의 사건은 로쟈의 이론을 뒷받침하는 근거가 된다는 측면에서, 주인공의 동요를 유발한다고 할 수 있다.

루쥔 간의 파혼이 성사됨과 아울러, 두냐를 사랑하는 라주미힌이 두냐의 동반자가 될 것을 약속함으로써, 로쟈는 가족과의 절연을 선언하게 된 것이다(㉣-2).[54] 이는 살인자인 로쟈가 자신의 삶의 행보에 가족을 포함시키지 않겠다는 결연한 의지를 표명한 것으로 볼 수 있다. 이러한 가족과의 절연이 이루어짐으로써, 결과적으로 ㉣-3에서의 첫 고백이 결단력 있게 이루어지고 있다 할 수 있다. 그는 가족이 아닌, 소냐에게 동류의식을 표명하면서 '고백'을 시작한 것이다.

한편, ⑥에서 뽀르피리가 로쟈를 방문하여, 자신의 심증에 확신을 가지면서 로쟈에게 자백할 것을 회유한 이후, ⑦에서 로쟈가 일리야 빼뜨로비치에게 자백하기까지의 과정에서 누이동생 두냐에 대한 염려는 로쟈의 결단을 부추기는 역할을 한다. 스비드리가일로프가 자신의 고백을 모두 엿들었다는 사실을 인지한 이후의 혼몽한 3일을 보낸 로쟈는(㉤-4 · 5), 자신의 모든 정신적 투쟁을 뒤로하고 자수할 것을 결심한다. 『죄와 벌』은 무법자이자 무신론적 이교도인 스비드리가일로프의 음모에 말려들 것으로 예견되는 두냐에 대한 염려가 이러한 결심을 부추긴 결정적 계기가 됨을 보여주고 있다(㉥-1). 로쟈는 가족과의 만남(㉥-2), 소냐와의 만남(㉥-3)의 수순을 밟아 자백하기에 이른다. 살핀 바와 같이, 로쟈가 가족과의 관계에서 펼치는 사회적 서사는 그의 고백과 자백을 부추기는 동력으로 작용하고 있다 하겠다.

이상의 고찰을 통해 사법적 서사가 『죄와 벌』의 중심이되, 종교적

54 로쟈가 가족의 문제를 접어둘 수 있게 된 데에는, 두냐가 스비드리가일로프의 아내 마르파 빼뜨로브나의 유산을 일부 상속받은 것도 한몫을 한 것으로 나타난다. 스비드리가일로프의 집에서 입주 가정교사로 일하던 두냐는 호색한인 스비드리가일로프로 인해 추문에 휩싸이는데, 추후 진실을 알게 된 마르파 빼뜨로브나는 두냐에게 3천 루블의 유산을 남긴다(「4-1」).

서사와 현실적 서사의 개입을 통해 그 전개 속도가 지연되거나 빨라지면서 주인공의 동요를 보여줌과 동시에 작품의 주제에 접근하고 있음을 살폈다. 살핀 바와 같이 『죄와 벌』은 '동요중인 주인공'을 중심으로 모든 사건과 상황, 그리고 담론이 구심적으로 모아지는 양상을 보이는 바, 이는 복수주인공들에 의해 전개되는 『토지』와 크게 구별되는 바이다. 이와 같은 상대적 차이는 두 작품에 나타난 자아관의 차이와 관련을 맺는다 할 수 있다. 한편, 『죄와 벌』의 구심적 특질은 '빼쩨르부르그 센나야 광장 인근의 쉴랴의 집 14호의 다락방'인 로쟈의 거처와 그 주변으로 집중되는 시공간성과도 유관하다 할 수 있다.

(2) '대화적 조력자'의 입장들 및 반대급부적 서사전개

『죄와 벌』에서는 작품의 주인공으로서 중심서사를 이끄는 로쟈가 '동요하는 주인공'의 형상으로 성격화된 것과 달리, 그를 제외한 주요 인물들과 주변 인물들은 각기 상이한 각자의 입장을 분명히 하면서 등장한다. 주로 조력자의 형상으로 등장하는 주변 인물들은 주요 인물들과 '대화적 관계'를 맺는다. 이 글은 이른바 도스또예프스끼 소설의 다성악적 면모를 주인공과 조력자들 간의 관계를 통해 살피고자 한다.[55] 각자의 입장과 입지를 분명히 한 가운데 타자와 관계 맺는 양상을 살피는 과정에서, 1항의 연장선상에서 개체중심적 자아관이 나타남을 밝힘과 아울러 여기에서 비롯하는 서사적 특질을 논의코자 한다. 이를

55 이와 관련하여 바흐친의 다성성 논의를 참조할 수 있다. 이 글은 주요 인물과 조력자들 간의 대화적 관계를 통해, 개체중심적 자아관과 반대급부적 서사전개에 대해 논할 것이다. M. Bakhtin, 김근식 역, 「도스또예프스키의 창작에서 주인공에 대한 작가의 입장과 주인공」, 『도스또예프스끼 시학』, 정음사, 1988.

위해 앞에서 분류한 세 가지 차원의 서사를 이끄는 주요 인물과 조력자의 관계를 정리해 보자.

① 사법적 차원 : 로자(뽀르피리)

② 현실적 차원 : 로자(스비드리가일로프)

소냐(로쟈), 소냐(레베쟈뜨니꼬프), 소냐(스비드리가일로프)

두냐(루쥔), 두냐(스비드리가일로프), 두냐(라주미힌)

③ 종교적 차원 : 로자(소냐)[56]

위의 인물 간 관계는 사건의 전개에 영향을 줌과 아울러, 각 경우별 '담론들'을 생산한다. 이른바, 이들 인물 간에는 설득과 협상, 그리고 해명 등이 개제하는바, 이는 주제로 수렴하되 주인공과 다른 입장을 가진 인물들이 그 자신의 입장을 관철하기 위해 주요 인물과 협력을 시도하는 '대화적 조력자'의 형상으로 등장함을 보여준다. 이러한 조력자의 형상은 개체중심적 자아관을 보임과 아울러 서사전개의 양상과 관련을 맺는다. 대화적 조력자들은 각자의 목적을 가지고 주요 인물들이 처한 상황에에 개입하되, 그 목적 달성에 좌절(혹은 성공)하였을 때 더 이상 서사전개에 개입하지 않고 바로 하차한다. 주요 인물과 반대급부적 관계를 맺고자 하는 한에서 대화적 조력자는 작품에 등장한다. 이러한 측면에서 이 글은 『죄와 벌』에서는 전반적으로 '반대급부적 서사전개'가 이루어지고 있는 것으로 본다.

56 ( ) 안은 조력자를 나타냄.

우선, 스비드리가일로프의 대화적 조력자로서의 면모를 살펴보자. 스스로를 "고등 룸펜"(「6-5」, 950)이라 칭하는 스비드리가일로프는 도시의 음지를 전전하며 호색한으로서의 욕망을 채우는 인물이다. 그는 아내 마르파 빼뜨로브나 사후 많은 유산을 물려받았음에도 불구하고 싸구려 음식점과 허름한 거처에서 생활한다. 작품의 전면에서 스비드리가일로프가 추구하는 삶의 목표는 '여자'이다. 그는 이를 얻기 위해 삶 전체를 건 것으로 나타난다. 로쟈, 두냐, 소냐와의 관계에서 현실적 차원의 조력자로 나선 그의 입장을 통해 이를 살필 수 있다. 그는 두냐를 원한다. 그녀를 얻기 위해 두냐 뿐만 아니라, 로쟈와 소냐를 돕는다. 애초에 두냐에게 경제적 지원을 제안하였지만 거절당한 그는 로쟈의 고백을 엿듣고, 이를 빌미로 두냐와 '협상'을 시도한다. 즉 살인자인 로쟈가 해외로 도피할 수 있도록 자금과 방안을 마련해 주겠다고 제안한다. 그리고 고아가 된 소냐와 동생들을 돕는다. 여기에는 두냐로부터 로쟈를 가르고, 로쟈와 소냐를 묶어주기 위한 의도가 숨어있는 것으로 나타난다. 이렇듯 스비드리가일로프가 로쟈, 두냐, 소냐에게 조력자로서 다가섬은 모두 두냐를 얻기 위한 목적에서이다. 그러나 두냐는 소냐와 함께 로쟈가 자수토록 하며, 로쟈는 그의 음모를 읽고 자수 결심을 굳히게 되는바, 스비드리가일로프의 협상은 성사되지 않는다. 이에 두냐가 결코 자신에게 오지 않으리라는 확신이 선 순간, 그는 삶의 모든 것을 내려놓는다. 그에게 있어 돈의 가장 가치 있는 반대급부는 바로 두냐였던 것이다. 그는 두냐에게 주기로 했던 만 루블의 돈을 결혼을 약속한 어린 예비신부의 부모에게 주고 권총자살로써 삶을 마감한다. 그의 권총자살은 반대급부적 협상의 결렬에서 비롯한 것이며, 로쟈와의 관계에서 그의 조력자로서의 면모는 반사법적, 반기독교적인 것이라 하겠다.[57] 이러한 각도에서 그는 중심 갈등 축의 담론을 논쟁적으로 하는 데에 기여한다.

현실적 차원에서 소냐 가족에 대한 스비드리가일로프의 도움이 그의 사적 욕망을 앞세운 것이라면, 로쟈와 레베쟈뜨니꼬프는 각자의 관념과 사상을 가지고 소냐와 그 가족의 불행에 접근한다. 각기 반기독교적 사상과 사회주의 사상이다. 우선, 레베쟈뜨니꼬프와 소냐 가족의 관계에 대해서 생각해 보자. 레베쟈뜨니꼬프는 작품 초두에서 소냐 가족에 대한 적대자로서 언급되는데, 그가 서사의 전면에 등장하는 5장 1절에서는 루쥔의 비열함을 폭로함으로써 소냐 가족을 돕는다. 그의 선의는 루쥔의 비열함을 목도한 데에서 비롯한다. 이 사건은 루쥔이 창녀 신분의 소냐에게 도둑 누명을 씌움으로써 소냐 가족과 인연을 맺은 로쟈를 공격함과 아울러, 자신의 로쟈에 대한 비판을 정당화하고 두냐와의 약혼을 되돌리려는 의도를 갖고 꾸민 것이다. 이로 인해 소냐의 양어머니 까쩨리나는 '정의'를 찾아 거리로 나서는데, 강자가 약자를 수단으로 삼은 사회적 모순에 '현실적으로' 접근한 사건이라 할 수 있겠다. 구체적으로 레베쟈뜨니꼬프는 '사회주의 공동체'의 건설이라는 그의 이념을 실천하는 차원에서 소냐 가족을 돕는 것으로 나타난다. 이러한 레베쟈뜨니꼬프가 루쥔을 상대로 펼친 담론은 사회주의 사상을 희화화할 의도가 담긴 것으로 평가되는데, 여기에는 사회주의 이상의 공허함에 대한 내포작가의 시선이 담겨 있다 할 수 있겠다.

---

57 스비드리가일로프는 아내인 마르파 뻬뜨로브나 등의 죽음에 책임이 있는 것으로 거론되는 바, 로쟈가 명백한 살인자라면 법의 권역 너머에서 그는 간접적 살인을 범한 무법자인 것으로 암시되어진다.

한편, 소냐 가족의 극빈은 사회적 모순을 현실적으로 제시함과 아울러, 로쟈에게는 그의 반기독사상을 뒷받침하는 근거가 된다. 그는 소냐가 극빈에 굴복하여 "'공연히' 자신을 죽이고 팔아먹었기 때문"(「4-4」, 619)에 죄인임을 강조하면서, 그러한 희생으로는 아무 것도 구할 수 없고 아무도 도울 수 없음을 명백히 한다. 그는 소냐와의 첫 번째 만남에서 이와 같이 그녀 가족의 불행을 근거로 소냐의 기독사상을 비판하며, 자신과 소냐가 모두 "선을 넘은" 존재라는 측면에서 동류이기에, 공생할 것을 제안한다(「4-4」, 633~634). 여기에서 로쟈는 소냐를 자신의 조력자로서 선택하는데, 이후의 서사는 그 반대의 관계 또한 성립함을 보여준다. 로쟈의 소냐에 대한 조력자로서의 면모는 그가 그녀 가족에게 행한 경제적 적선보다는 양자의 공생관계에 있다 할 수 있다. 로쟈는 소냐가 창녀로서의 삶을 지속할 경우, 죽음 / 정신병동 / 음탕한 생활의 세 가지 선택지만을 가질 것으로 예측하는바, 로쟈가 가족 대신 그녀를 "같은 길을 가야"(「4-4」, 634) 할 사람으로 선택함으로써 일방적 조력자가 아닌, 반대급부적 공생관계를 만들어나가게 되는 것이다. 소냐의 존재가 로쟈에게 '종교적 인도자-동행자-연인'로 변화함이 이에 해당한다 할 수 있겠다. 현실적 차원의 소냐(로쟈)는 종교적 차원의 로쟈(소냐)와 짝을 이룬다 할 수 있으며, 결렬되지 않는 이들의 관계는 이 작품의 결말을 이룬다.

한편, 로쟈의 중요한 결단들에 결정적 영향을 미치는 두냐(루쥔), 두냐(스비드리가일로프), 두냐(라주미힌)의 관계들은 사랑이 없는 남녀 간의 반대급부적 관계에 대한 비판을 내비친다. 루쥔은 빼쩨르부르그에서 상류사회에 진출하기 위한 수단으로 로쟈 가족에게 경제적 지원을 한다는 조건으로 두냐와의 결혼을 추진한다. 이러한 반대급부적 접근은 루쥔의 비열한 본성을 파악한 로쟈가 반대하고 두냐가 마르파 빼뜨로브나로부터 갑작스럽게 유산을 상속함으로써 좌절되며, 그 결과 루쥔에 대한 서사는 5장 3절에서 마감된다. 스비드리가일로프는 경제적 지원과 범죄자인 로쟈의 도피를 돕는다는 명목으로 두냐의 사랑을 구하지만 여지를 주지 않는 두냐의 단호한 태도를 보고 포기하고 만다. 이처럼 두냐를 상대로 한 루쥔과 스비드리가일로프의 반대급부적 협상은 실패하지만, 이는 앞에서 살폈듯이 중심 갈등 축에서 로쟈의 중요한 결단들, 즉 고백과 자백을 부추기는 역할을 한다.

마지막으로 사법적 차원에서 대화적 관계를 맺는 로쟈(뽀르피리)에 대해 살펴보자. 뽀르피리는 로쟈와의 논쟁, 그리고 범죄에 대한 심리적 접근을 통해 로쟈의 범행을 확신하지만 물증이 없는 상황에서 로쟈에게 일종의 협상안을 제시한다. 즉, 로쟈의 자백은 형기를 줄일 수 있다는 측면에서 로쟈에게 유리하고 예심판사인 자신에게도 유리하다는 조건을 내세워 로쟈의 자백을 유도한다. 이러한 협상안은 로쟈에 의해 받아들여지는바, 6장 8절에서 로쟈는 뽀르피리가 아닌 일리야 빼뜨로비치를 상대로 자백을 하게 된다. 로쟈는 자백을 결단하였을 때 이성적인 뽀르피리가 아닌 격한 감정의 소유자인 일리야 중위에게 자백하겠다는 결정을 함께 내리는데, 이는 이어지는 4절에서 살피게 될 감정경제에 대한 논의에 시사점을 준다.[58]

지금까지 살핀 것처럼 『죄와 벌』에 등장하는 조력자들은 각기 처한

58 로쟈가 감정이 불처럼 타올랐다 쉽게 사그라드는 성격의 소유자인 일리야 중위를 선택하여 자백을 한 데에는 사법적 처벌에 대한 공포와 수치감이, 자백의 대상과의 관계에서, 상대적으로 가벼워지리라는 요량에서인 것으로 보인다.

상황에서 각자의 입장을 내세우면서 타자를 돕고자 한다. 그 도움에는 제안, 협상, 설득의 과정이 포함된다. 이들은 주요 인물의 경우와 비견할 정도의 비중으로 각자의 입장을 내세우는바, 이 글은 이러한 조력자의 형상을 '대화적'인 것으로 파악하였다.[59] 이러한 조력자의 형상이 작품의 서사전개에 반대급부적 성격을 부여함을 논의하였다.[60] 나아가서, 이러한 측면들을 통해 『죄와 벌』에 개체중심적 자아관이 자리한다는 주장을 세워볼 수 있겠다.

작품에 나타난 인물의 논쟁을 통해서도 이를 증명할 수 있다. 루쥔이 당시 러시아에서 회자한 경제이론을 앵무새처럼 읊조리는 장면에서 로쟈와 라주미힌은 이를 정면으로 논박한다. 이들은 '개인들이 이룬 부의 총합이 전체의 부를 이룬다'는 명제를 인간의 본성을 외면한 점, 부분의 합이 전체의 삶의 지표가 될 수 없음을 들어 비판한다. 이러한 논쟁에는 개체중심적 사유(개인주의) 및 이에 대한 비판이 담겨 있다 할 수 있다. 이어서 논할 『토지』의 자아관과 비교하여 이를 다음처럼 도해할 수 있다.

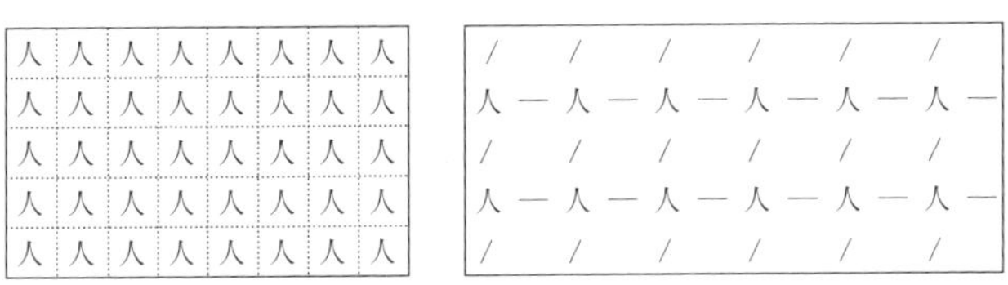

〈그림 2-2〉 『죄와 벌』(좌), 『토지』(우)에 나타난 자아관의 차이

59 '대화적 조력자'들이 내세우는 관념 내지 입장들은 '〈그림 2-1〉 로쟈의 내적 투쟁 양상'에서 명시한 바 있다.

60 『죄와 벌』에서 주요인물과 조력자 간의 관계는 '직접적'(1 : 1 관계)이라는 측면에서도 반대급부적이다. 『토지』의 경우 주요인물과 조력자의 관계가 제3의 인물들이 개입한 가운데 다자간의 구도 내에서 성립된다.

부분의 총합이 전체라는 명제는 좌측의 도해가 나타내는 바와 같은 자아관에서 비롯한 것이다. 반면 『토지』에서는 개인(부분)과 전체 간의 관계가 순환적(혹은 상호적)이라는 입장이 잘 나타난다. 전체적인 것에 의해 훼손된 개인은 다시 전체와의 관계를 통해 이를 회복해 나아간다. 개인들의 단순한 합이 아닌, 개인들의 관계적 총합이 전체임을 『토지』는 보여주고 있는 것이다. 이러한 자아관이 관계의 고리들을 중요시하는 『토지』의 확산적 서사구성과 개체들에 집중하는 『죄와 벌』의 구심적 서사구성에 각각 영향을 미친다 할 수 있다. 이는 또한 두 작품의 시공간성의 양상을 결정짓는 중요한 소인이기도 하다.

2) 탈중심적 자아관과 부가가치형 서사전개

(1) 중심서사들의 자체 증식과 복수주인공의 입장들

『죄와 벌』에서는 '동요 중인 주인공'이 이끄는 중심서사에 나머지 서사들이 구심적으로 모여듦을 논의하였다. 이와 대비되는 『토지』의 특질은 확연하다. 『토지』는 최초의 중심서사가 새로운 중심서사를 만들어내는 방식으로 전개되며 이를 이끄는 인물들에게는 복수주인공의 자격이 주어진다. 복수주인공들은 모(母)중심서사에서 분기하여 각자의 입장에서 자(子)중심서사들을 만들어낸다. 양자는 상호 관련을 맺되, 후자가 전자에 복속되지는 않는다.

『토지』의 서사단위와 층위를 〈그림 2-3〉으로 정리해 보았다.

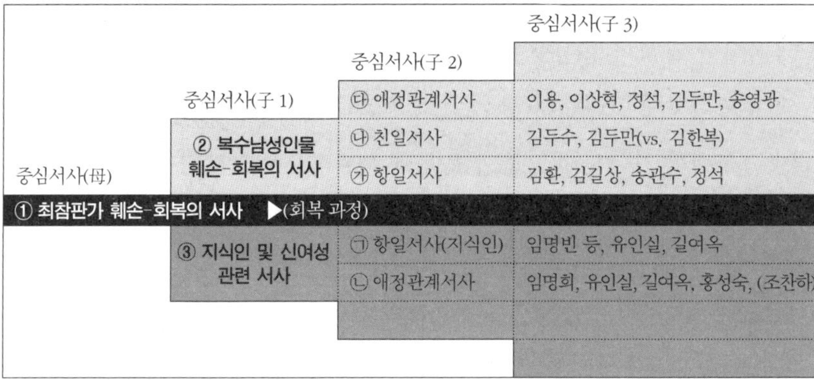

〈그림 2-3〉『토지』의 서사 지형도

『토지』는 크게 위 세 개의 서사단위로 이루어지며, 각 층위에서 분류되는 서사줄기들은 모두 하위 층위 서사와의 관계에서 모(母)서사로서의 입지를 갖는다 할 수 있다. 이러한 서사의 증식은 공간의 확산과 더불어 이루어지는바, 이는 모(母)서사와의 관계에서 자(子)서사가 원심적으로 전개되도록 하는 데 기여한다. 즉, 새로운 시공간을 배경으로 펼쳐지는 자(子)서사에서는 이를 이끄는 인물이 주인공으로서의 지위를 갖는다. 이에 자(子)서사는 모(母)서사와 태생적으로 관련을 맺되 이에 복속되지 않는 새로운 서사로 증식되는 것이다.[61] 이 글은 이러한 서사증식 양상을 작품의 시공간성과 결부하여 살피고자 한다. 이 글이 주목하는『토지』의 서사증식 양상, 즉 복수의 주인공형상들을 성격화함과 아울러, 그들과 상응하도록 '여러 층위 여러 계열의 중심서사들을 증식하고 있음'은 필연적으로 시공간성의 원심적 확산을 동반하게 된다 할 수 있다.[62]

61 이는『죄와 벌』에서 각기 다른 입장을 가진 주변 인물들이 펼치는 서사가 모두 주인공이 이끄는 중심서사에 수렴한 것과 차이나는 부분이다.

62 이 글은 1987년에서 1945년에 이르는『토지』의 스토리시간과 한반도와 만주, 그리고 동경으로 확산되는 공간을 조감(鳥瞰)하는 관점에서『토지』의 시공간성을 논한다.

최서희 일행이 용정행을 감행하는 부분에서 시공간성의 팽창이 가장 두드러지게 나타난다.[63] 이는 최서희와 함께 용정으로 갔던 이상현이 서울에서 기식하게 되는 부분에서 전체적으로 드러난다.[64] 이 부분은 구천이 동학장수 김개주의 아들 김환으로서 동학재건세력을 규합하는 단계이기도 하다. 2부 2편까지 전개된 용정서사에 이어, 최서희 일행이 떠난 후, 동행하지 않은 인물들의 동정이 이 부분에서 나타난다. 따라서 후자는 상당 부분 사후적 서술에 의해 그 윤곽이 드러난다. 이를 통해 시공간성의 팽창을 다음처럼 정리해 볼 수 있다.

Ⓐ 최서희와 함께 용정행을 한 인물(최서희, 김길상, 이상현, 김훈장, 이용가족, 영팔이가족, (김두수) 등)
Ⓑ 잔류—평사리 : 김한복, 김이평가족, 봉기가족
Ⓒ 잔류—진주 : 정한조가족, 봉순이
Ⓓ 잔류—부산 : 송관수
Ⓔ 지리산 : 김환
Ⓕ 서울 : 이상현, 봉순이

Ⓐ에서 Ⓔ까지의 시공간성은 ②의 복수남성인물의 훼손-회복 서사와 유관하며, Ⓕ는 ③의 지식인 / 신여성 관련 서사와 유관하다. 이 양대 층위의 서사는 모(母)서사인 최참판가 훼손-회복 서사와의 관계에서 자(子)서사로의 증식을 나타낸다. 양자는 각기 남성인물과 여성인

63 「1-5-18. 고국산천을 버리는 사람들」.
64 「2-3-1. 땡땡이중」.

물을 중심으로 한다는 점, 전자는 봉건성과 자아훼손의 문제가 중심제재이며, 후자는 근대성의 추구를 다룬다는 측면에서 대위법적 관계에 놓인다 할 수 있다.[65] ①이 양반가문의 복원을 목표로 한다는 측면에서, 이러한 양대 서사층위는 ①과 충돌할 수 있다. 그러나 『토지』에서는 이와 같은 양상이 나타나지 않는다. 확대된 시공간 내에서 세 개의 서사단위는 접속 혹은 단절되면서, 각기 중심서사로서의 지위를 유지하며 전개된다.[66]

중심서사(子 2)층위를 통해 복수주인공의 존재와 그들의 입장들을 살필 수 있다. 위의 표에 명기한 인물들의 이야기는 개인사적인 것에 비중을 두거나(③), 가족사적으로 확대된다(②). 『토지』의 인물들은 수평적 혹은 수직적 관계에 놓인 다른 인물과 동질감을 갖는 한편, 세부적인 부분에서 입장 차이를 보인다. ②-㉮의 항일서사를 이끄는 김환, 김길상, 송관수는 모두 신분질서로 인해 훼손된 자아의 면면을 보이며, 이로 인해 동질감을 갖는다. 그러나 이들이 신분적 갈등에 대응해 가는 과정에 있어서는 차이를 보인다. 이들 가운데 신분질서에 저항하는 인물은 송관수이다. 김길상의 항일활동은 그가 신분적 열세를 극복해 과는 과정

65 저자는 석사논문(「『토지』의 서사구조 연구」, 서울대 석사논문, 2000)에서 이를 밝히고 있다.
66 여기에서 『토지』의 각 서사단위마다에서 상호 이질적 시공간성들이 공존함을 읽을 수 있다. 팽창된 공간들을 통해 시대상과 관련하여 상이한 의미들을 축출할 수 있는 바, 이러한 공간들은 작품을 구성하는 '시공간적 요소로서의 위상'을 갖추고 있다 할 수 있겠다. 예를 들어 보자. 용정과 평사리는 최서희와 김길상 각자에게 이질적 성격을 띤 공간이다. 김길상에게 용정은 상전인 최서희와의 결합이 어느 정도 용인될 수 있는 공간인 반면, 조선의 평사리는 그 스스로에게조차 이와 같은 사실이 용납되지 않는 공간이다. 최서희에게 있어서도 두 공간은 유사한 의미를 갖는다. 그녀에게 있어 용정이 실리를 위해 조선 오백년을 유지해 온 제도에 과감히 맞설 수 있었던 공간인 반면, 조선의 하동 이부사댁은 그녀가 남편 김길상으로 인해 위축될 수밖에 없는 공간으로 나타난다. 이러한 이질적 시공간성들은 고전소설에서 보다 명백히 나타남은 주지의 사실이다.

과 궤를 같이 하며, 김환의 경우 자신의 존재적 번민을 최종적으로 허무에 부치고 자결한다. 송관수는 백정의 사위가 됨으로써 신분적 박해를 받으며, 그의 형평사 활동을 포함한 항일운동은 신분질서에 대한 적극적 저항의 의미를 갖는다. ③의 신여성에 대한 서사에서도 동일성에 기초한 차이가 서사증식에서 주요하게 작용함을 읽을 수 있다.[67]

지금까지 살핀 서사증식 양상을 통해 탈중심적 자아관을 읽을 수 있다. 『토지』는 주인공 중심으로 전개된 『죄와 벌』의 서사전개 양상과 큰 차이를 보이고 있는 것이다. 이질적인 가치들이 공존하는 서사구성을 이루고 있으며, 다수의 인물들이 주인공의 지위에서 서사를 이끌고 있다는 점에서 그러하다. 그럼에도, 『토지』의 전체서사는 유기적 질서에 의해 거미줄과 같이 엮이는바, 이는 앞의 〈그림 2-2〉가 나타내는, 부분과 전체의 관계를 보여주고 있다 할 수 있다. 개별 인물들 간의 촘촘한 관계망이 『토지』의 전체서사를 지탱하는 것이다. 대표적으로, 공월선 / 이상현 / 봉순이 등은 ① ② ③의 서사단위들을 엮는 '기능'을 행함에 있어 크게 기여한다. 이들이 모두 사랑을 잃는다는 공통점을 지니며, 그 결과 유목적 삶을 살아간다는 측면에서 이러한 기능이 발휘된다고 할 수 있겠다. 용정으로의 시공간성 팽창은 최초에 공월선에 의해 이루어

67 저자는 석사논문(「『토지』의 서사구조 연구, 서울대 석사논문, 2000)에서 이에 대한 논의를 한 바 있다. 『토지』는 임명희, 강선혜, 유인실, 길여옥, 홍성숙, 최(이)양현 등을 통해 근대적 교육을 받은 신여성들의 차별화된 면모를 보여주는바, 이들을 통해 근대적 자아를 모색하고 있다 할 수 있다.
한편, 이용의 가족사와 김이평의 가족사는 각기 낭만주의와 현실주의라는 측면에서 대위법적 관계를 보여준다. 이용과 월선의 사랑은 현실에서 있을 법하지 않은 것으로 그려진다. 여기에서 낭만주의를 읽을 수 있다. 김이평은 "번갯불에 콩 구워 먹을 위인"이라는 별명이 뜻하듯 실리 추구에 능한 인물이다. 그의 아들 김두만과 그의 아내, 그리고 첩인 서울댁의 관계는 이용-월선-임이네 관계의 대위법적 변주라 할 수 있다.

진다. 인척간인 공노인-월선의 관계는 용정-지리산-하동-서울을 연결하면서 서사단위 ①을 이끌어간다. 한편 용정에서 만주대륙을 거쳐 서울에서 기식하는,[68] 이상현의 존재는 봉순과 함께 서사단위 ①②③을 엮는 기능을 한다. 이상현의 북→남(용정-만주-서울-하동-서울)으로의 이동과 봉순이의 남→북으로의 움직임(진주-하동-지리산-서울-용정)은 인맥이라는 공통분모에 기초하여 크게 보아 한반도의 남부와 서울, 그리고 만주의 시공간성을 매개함으로써 확산된 서사단위들을 묶는 기능을 수행하고 있는 것이다.

(2) '적대자적 조력자들' 및 부가가치적 서사전개

이처럼 『토지』의 인물들이 대부분 주인공의 지위에 놓임은 통상적인 서사문법과는 거리를 둔 것이다. 이는 '조력자'의 특징적인 면모로 나타난다. 앞의 표에서 정리한 바와 같이 세 개의 '서사단위'로 구분할 수 있는 『토지』의 서사는 여러 '층위'로 증식함과 아울러 여러 '계열'로 분지하면서 전개된다. 이처럼 확산적인 서사전개 과정에서 인접서사 간 접속과 단절이 이루어지는데, 이 과정에서 '적대자적 조력자'의 존재가 드러난다. 서사의 층위와 계열에 따라 동일인물이 적대자의 성격을 띠는가 하면, 조력자가 되기도 하는 상황이 나타나는 것이다. 이처럼 상황에 따라 동일 인물의 존재 가치가 달라짐을 통해서도 탈중심적 자아관을 살필 수 있다. 더불어서 개체중심적 자아관을 보인 『죄와 벌』의 서사전개가 반대급부적 양상을 보이는 것과 달리, 이러한 자아

68 「2-3-1. 땡땡이중」.

관이 부가가치형 서사전개와 유관함을 논할 것이다.

우선, 서사단위 ①과 ②의 관계를 통해 이를 살필 수 있다. 최서희와 김환의 입지를 상황적으로 접근해 보자. ①의 최참판가 몰락단계에서 최서희는 주동 인물, 구천은 반동인물에 속한다. 그런데 회복단계에서 (구천이 아닌) 김환은 최서희의 숨겨진 조력자로 활약한다. 그가 윤씨부인의 사생아 구천으로서 ①에 속한 애정서사 계열의 인물일 때 최서희의 적대자였다면, 그가 김개주의 아들 김환으로서 ②에 속한 항일서사 계열의 인물일 때 최서희의 조력자가 된 것이다. 여기에서 인물이 속한 상황, 즉 그가 속한 서사의 층위 및 계열에 따라 인물의 존재가치가 달라짐을 알 수 있다.[69] 이처럼 본래 적대적이던 관계가 처한 상황에 따라 협력적 관계로 되는 경우가 자주 나타나는데, 이때의 조력자를 '적대자적 조력자'라 칭한다.

한편 주동 인물, 반동인물, 조력자(들)이 상호작용하는 방식에 있어서도 『토지』의 특질을 엿볼 수 있다. 이들의 관계는 직접적이지 않고, 제3자(들)에 의해 매개된다. ①의 서사단위에서 최서희(주동 인물), 조준구(반동인물), 그리고 조력자들의 관계에 주목해 보자. 최참판가 회복단계에서 최서희는 최참판가 몰락의 주범인 조준구와 직접적으로 대치하지 않는다. 공노인, 임역관, 김환 등의 대리인들을 조력자로 하여, 조준구를 기만하는 전략을 세운다.[70] '조준구'와 '최서희' 사이에는 '대리인들, 폐광주인, 독립운동단체'가 놓이는데, 폐광 판매 수익은 모두 독

69 이처럼 인물의 존재가치가 유동적임은 상대적 선악관과도 관련을 맺는다.

70 이들을 통해 최서희는 폐광을 금광으로 속이고 최참판가의 토지를 조준구로부터 사들인다. 여기에서 조준구는 착복한 최참판가의 토지를 팔아 폐광을 사들이게 된 것이다. 이 부분에서 김환은 최서희와의 관계에서 적대자적 조력자의 역할을 행한다.

립운동단체에 돌아간다. 여기에서 독립운동단체라는 새로운 수혜자를 낳음이 주목된다. 이렇게 볼 때 조준구 또한 그의 의도와는 무관하지만, 독립운동단체를 돕는 적대자적 조력자의 자리에 놓이게 되는 것이다. 이러한 서사전개는 주동 인물과 반동인물이 갈등상황에서 직접적으로 대척할 때와 비교할 때, 우회적인 갈등해결 과정을 통해 부가가치를 창출하고 있다 하겠다.

① ②에서 김환과 최서희의 협력적 관계는 다른 양상으로도 나타난다. ②-㉮의 항일서사 계열에서 주도적 역할을 하는 김환이 일경에게 쫓길 때, 최서희는 김환에 대한 '적대자적 조력자'가 된다. ①에서 그녀는 최참판가 회복을 위해 친일을 수단으로 삼는데, 김환이 일경에게 쫓길 때의 상황에서 친일을 무기로 최참판가의 사당에 김환을 숨겨 그를 구한다. 이를 김환의 입장에서 정리하면, 가문을 위해 친일을 행한 최서희의 도움을 받아 일경에 체포되지 않고 항일서사를 이끌어가게 된 것이다. 이 장면의 최서희는 김환 편에서 볼 때 '적대자적 조력자'이다. 또한, 최서희는 항일운동을 하는 남편 김길상의 안위를 위해 친일을 한 것으로 나타나는데, 최서희의 입장에서 이는 일본 제국주의와의 정면대결을 피하여 그들 편의 유리한 위치에서 항일에 힘을 보태기 위한 친일인 것으로 볼 수 있다. 최서희는 이러한 입장에서 수차례에 걸쳐 독립자금을 지원한다. 정면대결을 피한 최서희의 처세가 (+)항일의 효과를 낳으므로 부가가치적이라 하겠다.

한편, 주동 인물 측에서 절대적 반동인물을 유리하게 이용함으로써 부가가치를 만들어내는 경우들이 나타난다. 군자금 운송책을 맡은 김한복이 일본의 밀정이 된 그의 형 김두수를 이용하게 된 사건이 이에 해당한다.[71] 최치수 살인범인 김평산이 즉결 처형된 이후, 김평산 가문과 최참판가의 대결은 나타나지 않는다. 2부 1편 6장에서 김두수는 평사리 공동체 인물과 맞닥뜨리지만, 살인자 아들이라는 사실이 드러나는 것을 꺼린 그는 최서희와 대결을 피하여 비켜난다. 대신, 윤이병, 심금녀, 송애 등을 희생자로 하여 반동적 서사를 펼친다. 김두수의 반동인물로서의 면모는 절대적이라 할 수 있는데, 동학재건세력과 만주독립운동세력을 연결하는 송관수 계열의 항일서사에서 적대자적 조력자가 된다. 송관수의 지시를 받은 그의 동생 김한복이 김두수를 방패막이로 하여 만주세력에게 독립자금을 성공적으로 전달한 것이다. 김두수의 친일서사는 이러한 방식으로 항일서사와 접속한다. 그가 일본의 밀정으로서 펼치는 반동서사에서는 김두수의 직접적인 친일 행적보다는 심금녀에 대한 치정과 집착이 큰 비중을 차지한다. 그 결과 ②-㉮(김두수)와 ②-㉯ 간 대결이 위협적으로 나타난 경우는 없다. 『토지』에서는 이처럼 절대적 반동인물에게서도 이원적으로 맞서는 상황이 나타나지 않는다. 대신, 그의 존재를 주동 인물 측에 유리하게 이용함으로써 (+)항일의 가치를 낳고 있는바, 여기에서도 부가가치형 서사 전개가 이루어지고 있다 하겠다.

③에서도 유사한 경우를 살필 수 있다. 친일 귀족 조병모 남작의 차남인 조찬하를 통해서 이다. 그는 친일 조씨가문의 순수 혈손을 끊기 위해 일본인 노리꼬와 결혼하여 한 명의 딸만을 둔다. 친일 집안의 자손으로서 이에 맞서 항일운동을 하는 것은 아니지만, 생물학적 절손을

71 「3-2-4. 형제」.

통해 친일거두 조병모 남작 집안의 몰락을 자초한 점은 그가 항일세력에 대한 '적대자적 조력자'의 역할을 하고 있음을 엿보게 한다. 한편, 조찬하는 유인실과 오가다 지로의 애정서사에 간여하면서 이들에 대한 '적대자적 조력자'의 역할을 수행한다. 유인실과 오가다 지로의 애정서사는 민족주의와 사랑이 양립할 수 없는 갈등상황으로 전개된다. 조찬하는 '민족주의자 유인실'과 '코스모폴리탄 오가다 지로' 사이에 놓인다. 앞의 상황에 처한 그는 민족주의자도 코스모폴리탄도 아닌 존재이다. 이러한 조찬하는 유인실의 임신-출산 / 입양 과정에서 조력자의 역할을 한다. 유인실이 오가다 지로의 아이를 갖게 된 데에는 조찬하의 영향이 크다. 그는 자신의 감정에 급급하여 두 사람이 애정관계를 맺을 것을 예측하였음에도 두 사람만을 남겨 둔 적이 있었던 것이다.[72] 이날 유인실은 오가다의 연인으로서 그의 아이를 임신한다. 이 부분에서 연인 유인실과 민족주의자 유인실에 대한 조찬하의 존재가치는 조력자와 '적대자적 조력자'로서 상이하다. 한편, 유인실은 조찬하의 도움을 받아, 동경에서 사내아이를 출산하고 곧이어 입양시키고자 한다. 여기에서 일본인과 맺어질 수 없다는 명제를 실천하는 민족주의자 유인실에게 있어 조찬하는 조력자이되, 연인 유인실에 대해서는 '적대자적 조력자'인 것이다. 이처럼 조찬하가 연인관계인 유인실과 오가다 지로 사이에서 맡은 역할은 궁극적으로 인도주의적 차원에

72 조찬하는 형수인 임명희가 형 조용하와 이혼할 각오로 가출하여, 통영에서 촉탁교사로 일한다는 사실을 알게 된다. 그는 임명희의 제자인 유인실, 일본인 오가다 지로와 더불어 임명희를 만난다. 한때 사랑하였던 임명희가 철저하게 자신을 거부하는 모습을 목도하고 충격을 받은 조찬하는 유인실과 오가다 지로만을 남겨두고 통영을 떠났던 것이다(「4-3-10. 명희의 사막」).

서 (+)가치를 낳는다. 조찬하는 이들의 아이를 스스로 입양하여 기름으로써, 결합 과정에서 혈손 단절이라는 수단의 의미를 갖는 아내 노리코에게 커다란 행복을 준다. 또한 유인실과 오가다 지로, 아들 쇼지가 미래에 함께 할 수 있을 것이란 희망을 준다.

4. 감정적 측면 — 시공간성과 감정경제

2절과 3절의 논의를 통해 두 작품에 나타나는 사상적·미학적 측면에서의 차이점을 살폈다. 이러한 차이점이 작품의 시공간성 창출과 유관함을 논의하였다. 본절에서는 작품의 시공간성에 비추어 상이하게 나타나는 감정경제에 초점을 맞출 것이다. 앞의 논의에 포함된 선악관, 자아관, 서사구성 등의 세부적 논점들에 입각한 두 작품 간 차이들과, 두 작품의 시공간성 간의 연관성은 느슨하다 할 수 있다. 2절과 3절의 논의에서 시공간성은 다른 세부적 기준들에 비추어 부차적인 지위를 갖는다 하겠다. 이 절(4절)에서 살필 시공간성과 감정경제 간 관계는 보다 긴밀하다 할 수 있다. 여기에서 시공간성은 작품에 내재한 감정경제와 직접적인 관련을 맺는 미학적 요소로서 다루어질 것이다.

1) 구심적 시공간성과 감정전환의 예각화

바흐찐이 도스또예프스끼 소설 연구을 통해 시공간성 개념을 만들어낸 만큼 그의 소설은 시공간성에 있어서 독자성을 갖는다. 바흐찐은 도스또예프스키 소설에 자주 등장하는 장소들에 주목하는데, 특별히 그가 내세운 문지방의 시공간성은 이 글의 논지를 뒷받침한다. 그에 따르면, 도스또예프스키가 창조한 주요 사건들은 순간적인 반전을 하며 이와 유관한 장소가 바로 문지방이라는 것이다.[73] 『죄와 벌』의 로쟈 또한 이러한 면모를 보이는데, 이 글은 이를 그의 '감정변화'와 연관하여 살필 것이다. 『죄와 벌』에서는 인물의 감정변화가 예각적인 것과 달리, 『토지』의 인물들은 점진적인 감정전화를 겪는다는 것이 이번 절에서 증명할 명제이다. 이를 시공간성과의 연관선상에서 논증할 것이다.

일찍이 논자들은 도스또예프스끼 소설의 '연극성'에 주목해 왔다. 이러한 특질은 이 글에서 주목하고 있는 시공간성과 관련을 맺는다 할 수 있다. 이른바 도스또예프스끼 소설의 시공간성은 밀도 있게 구축된다. 『죄와 벌』에서 또한 시공간성에 있어서 이와 같은 측면이 두드러지게 나타남을 발견할 수 있다. 즉, 장편소설로서는 짧은 서사적 시간 내에 빼쩨르부르그만을 공간적 배경으로 하며 주인공 로쟈를 구심적인 위치에 세우는 방식으로 서사가 전개되고 있는 것이다. 이 작품은 로쟈가 '범행계획-범행-소냐에게 고백-일리야 빼뜨로비치에게 자수'하기까지, 혼수상태로 경과한 시간과 혼몽한 상태로 보낸 시간까지를

73 M. Bakhtin, 앞의 책, 1988.

포함하여, 2주 내외의 기간을 서사적 시간으로 한다.

또한 공간적으로 로쟈가 거처하고 있는 '쉴랴의 집 14호' 인근으로 모든 인물들의 거처가 옮겨짐을 발견할 수 있다. 로쟈가 첫 번째 경찰서 소환 이후 혼수상태로 지낸 시기 동안 그의 대학친구 라주미힌이 로쟈의 집에서 가까운 '뽀친꼬프의 집 3층, 47호'로 이사한다. 한편, R주(州)에서 루쥔, 로쟈의 가족, 스비드리가일로프가 차례로 빼쩨르부르그로 옮겨 온다. 로쟈의 어머니와 누이동생 두냐가 로쟈의 방과 짧은 거리에 있는 '바깔레예프 건물'에 임시 숙소를 정한 뒤, 그곳에 거처를 마련한다. 루쥔은 부유한 독일인 자물쇠 제조공의 집인 '꼬젤의 집'에 머문다. 그곳은 소냐의 가족이 살고 있는 곳이기도 하다. 그는, 소냐의 가족보다 한 층 위층에 세 들어 살고 있는 레베쟈뜨니꼬프와, 작품에서 하차할 때까지 동거한다. 마지막으로 스비드리가일로프는 소냐가 가족과 떨어져 홀로 세들어 살고 있는 건물에 거처를 정한다. 그는 소냐가 '재봉사 까빼르나우모프의 아파트'에 세 들어 살고 있는 바로 그 건물의 '마담 레슬리흐의 집'에 거처를 정하게 된다. 『죄와 벌』의 시공간성은 이처럼 조밀함을 보이는데, 이는 연극적 효과를 얻는 이외 감정경제와 유관함을 살필 수 있다.

작가의 미학적 고려에 의해 이루어진 세부적인 공간배치를 살피는 것에서부터 이를 증명할 수 있다. ① '뽀친꼬프의 집 3층, 47호', ② '꼬젤의 집', 그리고 ③ 소냐와 스비드리가일로프가 거주하는 집은 이 작품에 자리한 세 갈등 축[74]의 시공간적 요소로서 자리한다. 라주미힌이

74 이에 대해 3절 1항 (1)에서 살핀 바 있다.

바실리예프스끼 섬에서 ①에 이사함으로써 그와 인척간인 뽀르피리와, 로쟈의 만남이 주선된다. 라주미힌의 집들이에 참여한 뽀르피리, 자묘또프 등은 노파살해사건과 관련하여 의견을 주고받는다. 이는 라주미힌을 매개로 경찰서 측의 인물들이 로쟈와 관계를 맺도록 하는 시발점이 되는 공간인 것이다. 따라서 이는 사법적 차원의 갈등 축을 형성한다고 볼 수 있다. ②는 사회적 측면의 갈등 축을 나타낸다. 여기에서는 사회적 '정의'에 대한 문제 제기가 이루어진다. 아래층의 소냐 가족이 거주하는 공간이 "죄악"으로 규정된 바 있는 극빈을 통해 사회적 모순을 나타낸다면, 위층의 레베쟈뜨니꼬프는 이에 대해 사회주의적으로 접근한 것으로 볼 수 있다. 그와 잠시 거주한 루쥔은 비열한 "검찰의 끄나풀"로서 까쩨리나가 거리에서 '정의'를 찾도록 하는 인물이다. 마지막으로 ③은 종교적 측면의 갈등을 나타낸다. 이들은 로쟈를 사이에 두고 기독신앙과 이교도적 무신론을 표방하면서 서로 상반된 입장을 보인다. 비어있는 작은 방을 사이에 두고 있는 두 사람의 공간은 결코 합치할 수 없는 두 사람의 입장을 나타낸 것으로 볼 수 있다.

이처럼 『죄와 벌』의 시공간성은 작품을 이루는 세 개의 갈등 축과 관련하여 공간기호학적 의미를 갖는다 할 수 있다. 작품의 주요 갈등 축을 이루는 인물들과 그들이 점유하는 공간은 이처럼 밀집되어 있는 것이다. 로쟈가 정신을 잃은 기간들을 제외하면 7일 정도의 짧은 서사적 시간 동안 밀도 있는 공간성 내에서 위의 공간기호학을 통해 드러나듯이 복합적으로 응축된 갈등상황에 처한 인물이 보일 감정의 파고란 높을 수밖에 없을 것이다. 실제, 『죄와 벌』은 주인공 로쟈를 중심으로 살필 때, 뚜렷한 감정의 파고를 보인다.

이 글이 주목한 '감정'이란 로쟈가 느끼는, 발각될 것에 대한 '공포'와 그로부터 놓여날 때의 '안도'이다. 공포와 안도, 두 개의 감정은 양 극단의 지점들을 노정함으로써 감정파고를 여실하게 나타내 보이는데, 이는 대체로 작가가 정한 장(章)의 경계와 맞물린다. 〈그림 2-4〉는 『죄와 벌』을 이루는 총 여섯 개의 장 가운데, 노파 살해가 이루어진 이후인 2장에서부터 자백이 이루어지는 6장까지에서 나타나는 로쟈의 감정파고를 도해한 것이다. 그 가운데 로쟈가 사법을 대표하는 예심판사 뽀르피리와 직접적으로 대결하는 상황에서 나타내 보이는 감정파고를 살필 수 있는 ㉰와 ㉴를 중심으로 논하겠다.

㉰는 4장(「4-1」~「4-6」)에 해당하는데, 이 부분에서는 감정곡선이 급격하게 하향하는 양상을 보인다. 발각에 대한 공포가 새로운 마디를 이루며 시작되는 ㉯의 사건과 더불어서, ㉰의 주요 사건들과 시공간적 요소들을 정리하면 다음과 같다.

㉯ 고발자의 등장

㉰-㉠ 저녁 7시경, 로쟈의 방, 스비드리가일로프의 방문, 마르파 빼뜨로브나가 두냐에게 남긴 3천 루블의 유산

㉰-㉡ 밤 8시, 바깔레예프 하숙집, 두냐와 루쥔의 파혼, 가족과 절연

㉰-㉢ 밤 11시경, 소냐의 방 방문, 신약성경의 라자로의 부활 부분을 읽음(엿듣는 스비드리가일로프)

㉰-㉣ 다음 날 아침 11시 정각, 구역경찰서 예심부의 뽀르피리 방문

㉰-㉤ 니꼴라이의 거짓고백

공포/불안감 ↑(상승) ↓(하강)

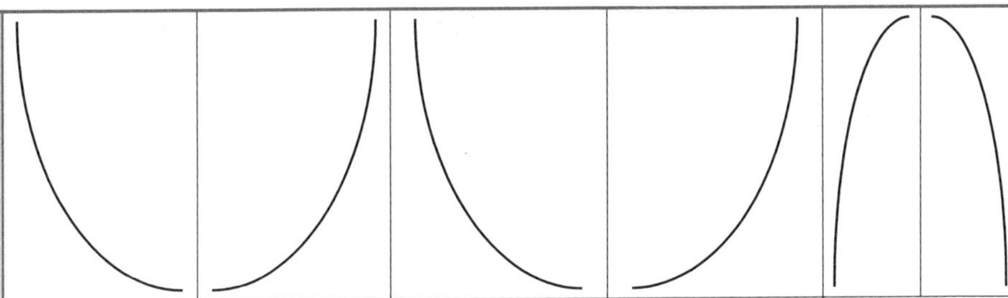

	㉮	㉯	㉰	㉱	㉲
주요사건 및 작품 내 해당부분	경찰서 소환	[마르멜라도프의 죽음]	두냐-루쥔의 파혼	[루쥔의 비열한 음모]	출구 마련 의욕
	(혼수상태)	뽀르피리의 방 방문	가족과 절연	소냐와 두 번째 만남	**뽀르피리, 로쟈 방문**
	증거인멸 후, [승부수]	로쟈의 방, 작물점검	소냐와 첫 만남	까쩨리나의 죽음	스비드리-와의 만남
	-자묘또프와 만남	(고발자)의 존재	**뽀르피리사무실 방문**	스비드리-의 엿들음 인지	가족 / 소냐와의 만남
	[니꼴라이 검거 사실]	스비드리-의 방문	[니콜라이의 거짓 자백]	(혼몽한 상태의 3일)	[자백]
	경찰서 1		**경찰서 2**		**경찰서 3**
	「2-1」~「2-6」	「2-7」~「3-6」	「4-1」~「4-6」	「5-1」~「6-1」 초반	「6-1」~「6-8」

〈그림 2-4〉 서사시간대별 주인공 로쟈에게서 나타나는 감정곡선[75]

㉯에서 고발자가 등장함으로써 ㉰-㉣까지 로쟈의 불안과 긴장이 고조된 상태를 유지하다, ㉰-㉤(「4-6」)에서 용의자로 체포되었던 니꼴라이가 거짓고백을 함으로써 극적 반전이 이루어지며, 로쟈의 고조된 불안은 한순간에 안도감으로 변화한다. 앞의 줄거리에서 주목되는 바는 로쟈가 가족과 절연하고 소냐를 동반자로 선택한다는 점이다.[76] 이로써, ㉰-㉢에서와 같이 소냐와의 만남을 통해 그의 종교적 갈등이 첨예하게 나타난다. 두 번째 고백이 로쟈의 자기분석에 초점을 맞춘 것이라면, 첫 번째 만남에서 로쟈는 사회적·역사적 현실인식에 기초하여

75 음영 표시한 사항들은 로쟈가 발각의 공포에 사로잡힌 경우들에 해당한다. [ ] 표시한 사항들은 로쟈가 발각의 공포로부터 놓여나고 있거나 놓여 난 경우에 해당한다. 안도할 수 있는 상황은 사법에 대한 투쟁의지를 불러일으키는 것으로 나타난다. 이에 해당하는 상황으로, 로쟈의 이론을 뒷받침하는 사건들의 발생, 로쟈의 예측과 다르게 전개되는 노파살해사건에 대한 경찰수사의 두 가지를 들 수 있다.

76 로쟈가 소냐에 대해 갖는 동류의식과 관련하여, 그의 초자아를 논한 바 있다. 또한, 그가 가족과 절연 선언을 한 데에는 두냐가 유산 상속자가 됨과 아울러 라주미힌을 반려자로 선택함으로써 가족문제가 일단락된 점이 관련을 맺는다.

자신의 이론을 검증하려 한다. 이와 같은 상태에서 로쟈는 이후의 고백을 다음 기회로 미루는데, 동시에 다음 날 경찰에 검거될 것까지를 고려한다. 이는 그가 ㉢까지 발각의 공포에 사로잡혀 있음을 의미한다. 고발자의 존재를 확인하기 위해 로쟈는 ㉣에서 자발적으로 뽀르피리의 사무실을 방문하는데, 고발자를 숨기고 있는 뽀르피리의 병리심리학적 질문공세에 극도의 불안상태를 유지한다. 이러한 심리상태는 거짓 자백을 한 니꼴라이의 등장으로 한풀 꺾이며, 고발자가 로쟈의 방을 방문하여 그를 고발하려 한 사실에 대해 용서를 구함으로써, "어제의 모든 공포는 해결"(「4-6」, 689)된 것으로 일단락된다.

6장에 해당하는 ㉯에서는 이전과는 다른 감정파고를 보인다. ㉯ 내에서 감정파고의 포물선이 나타난다는 점, ㉱의 상향곡선에 이어, 하향곡선의 전개 없이 상향곡선으로 이어진다는 점에서 그러하다. ㉱의 후반에서 ㉯까지의 주요 내용을 정리해 보자.[77]

㉱의 후반부. 소냐에게 행한 로쟈의 고백을 스비드리가일로프가 엿들었음을 인지함 / 혼몽한 상태의 3일.

㉯-㉠ 출구 마련 의욕

㉯-㉡ 뽀르피리, 로쟈를 방문함

㉯-㉢ 스비드리가일로프와의 만남

㉯-㉣ 어머니, 두냐와의 만남 / 소냐와의 만남

㉯-㉤ 경찰서에서 자수함

77 ㉰의 경우와 마찬가지로, ㉯의 사건들 또한 하루 동안의 일이다.

6장 1절의 초반부는 로쟈가 소냐에게 한 자신의 고백을 스비드리가일로프가 옆방에서 엿들었다는 것을 인지한 이후, 혼몽한 상태의 3일을 보낸 것에 대해 요약 서술하는 내용을 담고 있다.

> 때로는 **병적이고 고통스러운 불안감이 끔찍한 공포로 변하여** 그를 사로잡기도 했다. 그러나 예전의 공포와는 전혀 다른, **완전한 무력감**이 그를 사로잡았던 그런 순간들과 시간들, 어쩌면 그런 며칠이 있었다고 떠올렸다. 그 무력감은 **죽어 가는 사람의 병적인 무관심 상태**와 흡사한 것이었다. (「6-1」, 848)

인용문은 혼몽하게 보낸 3일 동안의 감정을 잘 묘사해 주고 있다. 스비드리가일로프가 염탐꾼이라는 사실을 알아차리면서 엄습한 공포는 로쟈가 3일 동안 — 전체 서사적 시간에 비추어 볼 때 이는 긴 시간이다 — 을 혼몽하게 보내도록 할 만큼 강렬한 것이었을 것으로 추단할 수 있다. 그런데 그와 같은 공포가 인용문에 따르면 "무력감"과 "무관심"을 수반하는 것으로서 규정되고 있는 바, 이는 반복되는 극심한 감정파고를 경험하도록 하는 일련의 사건들을 겪으면서, 결정적으로는 사회적 제도와 규율의 권역 너머에 존재하는 스비드리가일로프의 위협 앞에서 로쟈가 느끼게 된 공포감정의 최대치가 역설적으로 발현된 것으로 볼 수 있겠다.

그런데 까쩨리나 이바노브나의 장례 기간이기도 한, 혼몽하게 보낸 3일에 대한 요약 서술이 끝나고 장면제시가 이루어지는 지점에 이르러서는 "참을 수 없는 공포감이 잠시나마 이상하게 여겨지기까지"(「6-1」, 853)하는 안정감을 느낀 것으로 나타난다. ㉣에서 ㉤의 좌측 감정곡선으로 이어지는 이와 같은 변칙에 대해 작품은 해답을 제시하지 않는다. 대신, 아주 짧은 순간에 불과한 그와 같은 변화가 뽀르피리와의 마지막 접견을 위한 것이라는 가정을 해 볼 수 있다. 로쟈는 뽀르피리가 니꼴라이를 범인으로 인정하고 있다는 정보를 라주미힌으로부터 전해들은 뒤 "출구"가 마련된 것으로 생각하고 고무된다. 그러나, 그는 곧바로 같은 자리(로쟈의 방)에서 뽀르피리의 방문을 받는다. 뽀르피리는 로쟈에게 그가 범인임을 확신하고 있음을 보여준다. 우측 감정곡선은 여기에서 불안감이 최고조에 이른 로쟈의 감정 상태가 지속되다 자수를 결단하면서 "한순간에" 변화되는 양상을 나타낸 것이다. 인용문은 안도감으로 향하는 감정파고를 극명하게 보여준다.[78]

『죄와 벌』이 장편서사문학이라는 점을 고려할 때, 〈그림 2-4〉에서와 같이 감정파고가 뚜렷하게 나타나고 있음은 특수한 경우라 할 수 있겠다. 이 글은 이와 같은 특수성이 『죄와 벌』의 시공간성과 밀접한 관련이 있는 것으로 본다. 전체 서사적 시간 중 로쟈가 혼수상태로 보낸 기간을 제외한 9일 정도의 시간과, 로쟈의 방(거처)을 중심으로 구심적으로 밀집되어 있는 공간으로 구성되는 『죄와 벌』의 조밀한 시공간성은 상호 맞물리는 갈등관계들을 첨예하게 함과 아울러 주인공 로쟈에게서 나타나는 짙은 농도의 감정과 그 파고를 효과적으로 재현하도

78 【인용】 그는 갑자기 소냐의 말이 생각났다. / "네거리에 가서 사람들에게 절을 하고 대지에 키스하세요. 당신은 대지 앞에 죄를 지었으니까요. 그리고 세상의 모든 사람들에게 소리 내어 말하세요. "내가 죽였습니다"라고." / 그는 그 말을 기억해 내고, 온몸을 떨기 시작했다. 출구가 없는 비탄과 그동안, 특히 지금 몇 시간 동안의 불안이 그를 너무나도 깊이 압박하고 있었으므로, 그는 **금방** 이 완전하고 새롭고 충만한 감정 속으로 뛰어들어 버렸다. 감동이 **발작처럼 갑자기** 그에게 북받쳐 올랐던 것이다. **한꺼번에** 그의 마음은 녹아 내렸고, 눈물이 쏟아졌다. 그는 서 있던 모습 그대로 땅에 엎드렸다……. / 그는 광장의 한가운데에 무릎을 꿇고 머리가 땅에 닿도록 절을 하고는 달콤한 쾌감과 행복감을 느끼면서 더러운 땅에 입을 맞추었다. (「6-8」, 1015)

록 관여하고 있는 것이다.[79] 이러한 주장은 원심적으로 확산하는 시공간성을 구축하고 있는 『토지』와의 비교를 통해, 상대적인 관점에서 보다 분명하게 논증될 수 있을 것이다. 이 글은 소설문학의 한 범주로서 예술적으로 구성된, 시공간성 즉 상관적인 — 시간·공간의 상호관련이 작품에 담긴 감정적 측면과 상관관계를 맺는 기전을 일컬어서 '감정경제'[80]라 한다.

2) 원심적 시공간성과 감정의 점진적 전화

『토지』의 시공간성은 한국문학 내에서도 두드러진 측면을 보여준다. 이는 『죄와 벌』과 확연히 대비되는 방향에서 시공간성과 감정경제 간 상관관계를 보여준다. 앞에서 『죄와 벌』의 구심적 시공간성과 감정의 양적 변화 간 상관성을 살폈는바, 시공간성의 양태가 원심적인 『토지』에서는 감정의 질적 전화 양상이 두드러지게 나타난다. 『토지』는 경상남도 하동 평사리를 원점으로 하여 용정과 만주 일대, 지리산, 부산, 진주, 통영, 전주, 여수, 서울, 동경 등에 이르기까지 광범위한 공간

79 이 글은 『죄와 벌』의 로쟈를 통해 살필 수 있는, 발각에 대한 '공포'와 그로부터 놓여나게 되었을 때의 '안도' 간 감정파고가 감정의 양적 측면을 나타내는 것으로 본다. 이는 이후 논의에서 살피게 될 감정의 질적 전화와 차별화된다.

80 여기서 '감정경제'란, 용매와 녹는 물질의 농도 간 관계로 설명해 볼 수 있다. 『죄와 벌』에서처럼 시공간성(용매)의 규모가 조밀할수록 작품에 내재한 감정(녹는 물질)은 강렬하게 발현하며 그 변화는 주로 양적인 측면에서 나타난다. 반면, 시공간성의 규모가 광대한 『토지』에서는 강렬한 감정의 발현보다는 그것의 질적 전화 양상을 그리는 데 치중하고 있음을 살필 수 있다. 이러한 공식에서 벗어나는 다양한 예외들이 존재하겠지만, 이는 그와 같은 예외를 논할 수 있는, 서사문학 내의 '과학적 원리'로서 고려할 수 있는 부분이다.

과 1897부터 1945년까지 반세기에 이르는 긴 서사적 시간으로 시공간성이 구성된다. 이는 주인공이 의식을 잃고 지낸 일주일 정도를 포함하여 대략 2주 정도 서사적 시간 내에서 제정 러시아의 수도였던 뻬쩨르부르그를 중심으로 시공간성이 구성된『죄와 벌』의 경우와 크게 차이나는 부분이다. 이러한 차이가 감정경제의 또 다른 측면을 보여줌을 논의하겠다.

전체로서의『토지』를 두고 직관적으로 파악되는 시공간성의 규모에, 보다 분석적으로 접근해보자. 시간성은 소설의 선조적인 언어예술로서의 본질과 맞물리기에, 5세대의 가족사를 근간으로 전개되는『토지』의 텍스트 전체를 두고 그 크기를 파악할 수 있다. 다만, 공간성의 경우, 그 확장의 양상을 두고 몇 가지 논의할 사항들이 발견되기에 이를 짚고 넘어가고자 한다.『토지』에서 이루어지는 세부적인 공간 확장의 내용을 그곳을 (최초로) 점유하는 인물들과 더불어서 정리하면 다음과 같다.

㉮ 용정(* 퉁포슬, 훈춘, 연해주, 하얼빈)

㉠ (공월선)

㉡ 최서희, 김길상, 김훈장, 이상현, 이용가족, 김영팔가족.

㉢ 김두수

* 회령

㉯ 지리산 : 김환, 별당아씨, 우관스님, 혜관스님 등.

㉰ 하동 : 공월선, 이상현집안.

㉱ 진주 : 봉순이, 김이평가족, 정석가족

* 전주 : 기화(봉순이)

㉮ 부산 : 송관수가족

㉯ 통영 : 조병수가족

㉰ 평사리 잔류 : 김한복가족, 야무네, 봉기네 등.

㉱ 서울 : (이상현, 봉순이), 임명빈, 임명희-조용하 / 조찬하, 유인실, 길여옥

㉲ 동경 : 유인실, 오가다 지로, 최환국, 송영광.

이러한 공간 확장들을 서사단위① ② ③(〈그림 2-3〉)과 결부하여 정리해 보자. 최초의 공간 확장은 서사단위①로부터 서사단위②가 분기되는 지점에서 이루어지는데, 이 최초의 공간 확장을 통해 『토지』 공간성의 규모가 거의 정해진다는 점이 주목된다. 부-편-장의 방대한 체계로 이루어진, 『토지』의 전체 5부 서사 가운데 2부 3편의 「밤에 일하는 사람들」에서 ㉮에서 ㉰까지의 공간 확장이 이루어진다. 서사단위①이 ㉮의 공간 확장과 더불어 전개되는 동안, 서사단위②가 ㉯~㉰의 공간성 내에서 서사단위①을 모 서사로 하되, 새로운 중심서사로서의 지위를 가지면서 전개되기 시작한다. 한편, 서사단위③은 서사단위①의 주요 갈등이 해결되는 과정, 즉 최서희가 최참판가를 다시 세우는 일이 성공적으로 진행되는 지점에서 ㉮와 ㉯~㉰를 매개하는 역할을 하면서 분기되는데,[81] ㉱의 서울을 『토지』의 공간성에 편입한다. 이로부터 ㉲의 공간이 연결된다. 이상 살핀 바와 같이 『토지』 공간성의 규모는 전체 5부 가운데 2부에서 최서희가 조준구와 대적하여 최참판가를 일차적으로 회복시키는 단계까지에서 대부분 정해진다.[82] 이처럼 『토지』의 서

81 이는 『토지』 2부 4편 「용정촌과 서울」에서 전개되는 내용이다.

82 최참판가의 일차적인 회복이란, 최서희가 평사리의 최참판가의 가택을 아직 되찾지 않은

사가 초반에서 중반으로 넘어가는 지점에서 그 규모가 잡힌 공간성은 5부에서 『토지』가 마감될 때까지 유지된다. 이러한 측면은 모든 인물들이 뻬쩨르부르그의 특정 지역으로 모이는 『죄와 벌』과 확연히 구별되는 바이다.

2부에서 정해진 공간성의 규모가 작품의 마지막까지 유지된 점은 『토지』의 독자적인 서사구성방식과 불가분의 관계를 맺는다 하겠다. 모 서사에 복속되지 않고 중심서사로서의 지위를 유지하면서 증식, 전개되는 복수주인공의 이야기들은 『토지』의 거대서사를 이루면서 공존하고 있는 것이다. 이러한 복수주인공이 이끄는 서사단위들은 공간 확장을 수반하면서 증식되며 거기에 5세대에 걸친 시간성이 서사의 날줄로서 겹쳐지기에, 결과적으로 조감시점으로 『토지』의 시공간성을 조망할 때의 아주 큰 규모가 형성되는 것이다. 여기에서는 2부에서 그 규모가 대체로 잡힌 공간성을 유지하면서 전개되는 『토지』의 서사에 담긴 감정 가치를 복수주인공의 관점에서 살피기로 한다.

최서희를 중심으로 한 서사단위①이 '훼손-회복'의 흐름을 이루는 것처럼, 서사단위②③에 포함된 여러 계열 서사들에 등장하는 복수주인공들 또한 '훼손-회복'의 서사과정을 주도한다. 여기에서는 이를 개별 인물의 감정 가치에 주목하여 살피기로 한다. 이른바, 『토지』 인물들은 공통적으로 감정적 '훼손'을 '회복' 상태로 극복해 가는 과정을 보

가운데 조준구로부터 최참판가의 토지를 모두 회수하여 (평사리가 아닌) 진주로 귀향하기까지의 단계를 뜻한다. 이는 2부 5편 「세월을 넘고」에서 이루어진다. 최참판가의 완전한 회복은 최서희와 김길상의 결합에서 제기되는 신분상의 문제를 이들이 내면적으로 극복하기까지라고 할 수 있으며, 이는 작품의 종반부까지 진행 중인 것으로 나타난다. 따라서 서사단위①은 ②③과 더불어 『토지』의 마지막까지 공존한다고 할 수 있다.

여준다.[83] 이 글은 여기에 『토지』 시공간성의 규모가 매개변수로 작용하는 것으로 본다. 살핀 바와 같이 시공간성의 규모가 『죄와 벌』과 판이하게 다른 『토지』에서, 복수주인공들을 통해 살필 수 있는 감정 가치는 점진적인 전화(轉化)의 과정을 거치는 것으로 나타난다. 그 유형을 다음처럼 정리해 볼 수 있다.

Ⓐ 감정의 긍정적 전화 : 공월선, 유인실 / 김길상, 이상현, 조병수 / 이홍

Ⓑ 감정의 부정적 전화 : 김두수, 임이네 / 봉순이, 송영광

Ⓒ 감정전화를 통한 감정해소 : 송관수, 김한복

83 이 글은 기본적으로 작품의 전체적 시간성을 고려하여 논의를 전개한다. 따라서, 개별 인물이 이러한 과정을 거치는 기간에 대해 세부적인 언급이 이루어지지 않은 부분들이 있다. 이를 보완하기 위해 다음을 각주에 넣는다. 총 48년의 서사적 시간 내에서, 1세대인 윤씨부인이 손녀인 최서희가 10대에 접어들 때에 세상을 떠나고 마지막 5세대의 인물들이 아직 어린 나이인 시기에 서사가 종결되는 점을 고려할 때, 『토지』 서사의 주축이 되는 2세대와 3세대 인물들이 서사적 시간 내에 등장하는 기간은 최소로 잡아 대략 20년 정도 된다고 할 수 있다. 따라서 2세대와 3세대 인물에 초점을 맞추어 볼 때, 복수의 주인공이 이끄는 서사단위들에서는 이들 인물의 삶의 과정이 적어도 20년 정도는 담겨 있다고 할 수 있다. 대표적으로, 『토지』의 서사적 시간 내에서 5세에서 53세까지의 삶의 과정이 전개되는 최서희의 연대기를 다음처럼 정리해 볼 수 있다. (참고로, 2세대에 속하는 이용, 김영팔 등의 인물들은 작품이 시작될 때 30세 전후의 나이 대임을 확인할 수 있으며, 20세의 최서희가 김길상과 결혼하여 낳은 4세대 인물 최환국은 1930년대에 20대의 삶을 보내게 된다. 이 글의 논의 대상인 송관수의 아들 송영광 또한 4세대 인물로 최환국과 친구 사이이다.)
시작(5세) : 1897년(「1-1-서(序)」)
윤씨부인의 죽음(10세) : 1902년(「1-4-5. 생과 사」)
의병 봉기(15세) : 1907년 가을(「1-5-15. 의거」)
용정행(16세) : 1908년 말(「1-5-18. 고국산천을 버리는 사람들」)
용정촌의 첫 장면(19세) : 1911년 5월(「2-1-1. 화재」)
7세 연상의 김길상과 결혼(19~20세) : 1911년 12월 초~(「2-2-15. 꿈속의 귀마동(歸馬洞)」)
진주행(25세) : 1917년 늦여름(「2-2-15. 화살같이」)
평사리행(28세) : 1920년 초가을(「3-1-18. 옛 터」)
* 계명회 사건으로 김길상 수감(37세) : 1929년(「3-4-2. 옛 터」)
* 김길상 출옥 : 1929년 11월 광주학생사건 이후(「4-2-12. 살아남으려면」)
* 김길상, 김환 사후 동학재건세력의 리더로서 활약 : 1930년대(「4-4-3. 살아남으려면」)
광복(53세) : 1945년 8월(「5-5-7. 빛 속으로」)

Ⓓ 역지사지적 이해 : 김환(윤씨부인), 최서희(별당아씨)

Ⓔ 허무로의 귀결 : 김개주, 김환, 최서희

Ⓐ 공월선과 유인실에게서 나타나는 감정의 질적 전화(轉化)[84]는 사랑과 모성애를 공통분모로 한다. 이용과 월선의 사랑은 마지막까지 유지되지만, 그것은 결혼제도 내로 진입하지 못한 훼손된 사랑이라 할 수 있다.[85] 이들의 사랑을 마지막까지 지탱하는 데 있어서 월선의 이홍을 향한 모성애는 주요한 역할을 한다. 이러한 삶의 역정에서 이들은 지속적으로 공간적 거리를 유지한다. 이용이 강청댁의 남편일 때 평사리와 하동 사이, 이용이 임이네의 남편일 때 용정과 통포슬의 사이로 공간적 거리를 유지한다. 이 글은 이용과 월선이 제도의 장벽에 맞서지 않으면서 이에 대응하는 한 방식이 되고 있는, 이와 같은 공간적 거리 짓기가 월선의 감정 전화를 유발하고 있음에 주목한다. 특별히, 용정과 통포슬의 거리를 유지하던 기간 동안, 월선은 이용을 향한 변하지 않는 사랑과 더불어 그의 아들인 이홍에 대한 헌신적인 사랑을 나타내 보인다. 이 글은 이들 부자를 향한 월선의 사랑이 서로 무관하

84 이는 일종의 '감정의 발효'에 해당하는 것으로서 단시간 동안에 발생하는 인과적 감정의 연쇄 혹은 감정의 대체 등과는 구별된다. 확산된 시공간성을 배경으로 하여 감정의 질적 변화가 점진적으로 이루어지는 것을 뜻한다. 발효음식의 경우에서처럼 본래적 감정과 전화된 감정은 공존하되, 후자로의 지향성은 분명하게 보여준다 할 수 있겠다.

85 이용과 공월선은 최치수와 어린 시절을 함께 보낸 2세대 인물이다. 이용은 『토지』가 시작되는 「1-1-서(序)」(1897년)에서 "삼십대 중간쯤의 장정들"보다는 "나이 좀 처지는 축"의 인물로 등장한다. 이용이 강청댁의 남편이었던 이 시기부터, 이용과 결혼생활에 적응하지 못하고 돌아온 월선 간 불륜의 사랑은 시작되는데, 그 사랑은 월선이 용정에서 죽음을 맞을 때까지 이어진다. 월선은 두 아이의 어머니가 된 최서희가 김영팔의 가족, 이용의 가족 등의 평사리 민중들과 더불어 진주로 귀향하기 일 년 전인 1916년에 죽음을 맞은 것으로 나타난다(「2-5-8. 사랑」).

지 않다고 본다. 이용은 임이네와 함께 통포슬로 떠나면서 이홍을 월선에게 맡기는데, 월선은 용정에서 국밥집을 하면서 이홍을 아들삼아 양육하고 교육시킨다. 이 기간 동안 월선이 이홍에게 보인 모성애는, 추후 이홍으로 하여금 월선을 "영원한 어머니"로서 기억하도록 한다.[86] 생물학적으로 무관한 이홍에게 보여준 월선의 지극한 모성애는 제도의 장벽에 가로막힌 이용을 향한 사랑을 그 근원으로 한 것으로 볼 수 있겠다. 여기에서 이른바 에로스적 사랑의 모성애로의 전화를 엿볼 수 있다.

유인실을 통해서는 포기한 사랑과 모성애가 민족애로 전화되는 과정을 엿볼 수 있다. 유인실은 동경 유학중이던 1923년 관동대지진 때 조선인들을 도운 일본인 오가다 지로와 인연을 맺고 서로 사랑하게 된다(「3-3-1. 동행」). 철저한 민족주의자인 유인실은 민족애와 배치되는 그 사랑을 간직하되, 결혼으로 결실을 맺기를 원하지 않는다. 그런데 예기치 않게 오가다 지로의 아이를 갖게 됨으로써 민족주의자 유인실과 한 여인으로서의 유인실은 첨예한 각축전을 벌이게 된다. 유인실은 후자를 버리고 전자를 선택하게 되는데, 버리기의 과정과 취하기의 과정들에서 그녀가 겪은 내면의 사투를 『토지』는 잘 그려 보여준다(「4-5-3. 인실의 변신」). 유인실은 오가다 지로의 아이를 가졌다는 사실을 안 시점부터, 조찬하가 거두어 기른 그녀의 아들 쇼지가 14세가 될 때까지(「5-4-4」 만리길을 오가며」), 오가다 지로와의 연락을 끊고 투사로서의 삶을 살게 된

86 이용 가족, 김영팔 가족 등을 포함한 평사리 민중과 최서희가 용정에서 보낸 기간은 대략 10년 정도이다. 참고로, 1902년생인 이홍은 1908년말 최서희의 용정행에 가족과 함께 합류한다. 1916년에 용정에서 월선을 잃으며, 1917년에 귀국한다.

다.[87] 유인실은 이러한 삶의 과정을 통해, 조선의 서울과 통영, 동경, 만주의 하얼빈 등지로 공간적 지평을 확장하면서 훼손된 사랑과 모성애를 민족애로 전화하여 보다 철저한 민족주의자로 거듭나게 된다.

김길상, 이상현, 조병수에게는 공통적으로 예술이 감정전화의 도정에 놓인다. 김길상에게 있어 '훼손'이란 존재의 근원을 알 수 없는 고아라는 사실, 앙혼을 한 존재로서 신분질서로부터 자유로울 수 없다는 점 등이다. 이로 인해 그는 최서희와 함께 진주로 회귀하지 않고 만주의 독립운동세력에 합세한다. 만주와 진주의 거리란, 그가 신분질서로 인한 억압을 이겨나가는 과정이라 할 수 있으며 민족애로의 감정전화는 이에 힘을 더해 준다. 그러나 이는 타자(최서희)의 관점으로 나타난다. 정작, 김길상에게 있어서 귀소본능, 즉 신분질서로 인한 번민은 그가 원력(願力)을 걸어 관음탱화를 조성하는 시기까지 이어진다.[88] 김길상의 관음탱화는 미술을 전공한 그의 아들 환국의 시선으로 평가되는데, 환국은 거기에서 외로움을 읽는다. 금어가 아닌 김길상이 그릴 수 있는 단 한 편의 관음탱화를 통해 김길상은 외로움, 즉 근원을 알 수 없는 존재로서의 번민을 예술적으로 승화한 것이라 할 수 있다.

하동 이부사댁의 장남인 이상현은 조혼의 굴레에 묶여, 진정한 사랑을 얻지도 받아들이지도 못하여 평생 방황하는 삶을 살아가는 인물이다. 최초에는, 조준구에게 복수하겠다는 일념을 가지고 용정행을 하는 최서희를 만나는 순간부터 그녀를 사랑하게 되어 모친과 조혼한 아내

---

87 본장의 3절 2항 (2)의 조찬하가 유인실에게 '조력자'이자 '적대자적 조력자'임을 밝힌 논의 참조할 것.

88 「5-1-5. 관음탱화」.

를 두고 최서희 일행과 함께 용정행을 하지만, 최서희의 사랑을 얻지 못한 데에서 방황이 시작된다. 이어서는 신여성인 임명희의 사랑 고백을 받지만, 결혼관계에 묶인 자신을 부정할 수 없기에 그 사랑을 받아들이지 못한다.

그의 정신적 방황은 공간적 방랑을 동반하는데, 앞에서 나열한 대부분의 공간에 발을 들여 놓는다. 그 과정에서 그는 자학하는 삶을 살아간다. 이러한 그가 봉순이 낳고 최서희가 키운 자신의 딸 양현을 향한 부성애를 표현하는데, 그것은 예술(소설)을 통해서이다.[89] 부성애는 그의 자학과 방황으로 일관한 삶에 나타난 일말의 변화라 할 수 있겠다. 여기에는 또한 봉순(기화)이 쉽게 품을 수 있는 기생 신분이기에 사랑하는 마음 없이 그녀를 통해 위안을 얻고 그녀에게 자신의 아이까지 낳게 한 사실에 대한 회오, 그녀에 대한 그리움과 미안함이 담겨 있다고 할 수 있다.

한편, 조병수 또한 부모(조준구 / 홍씨)의 죄업으로 인해 스스로 "죄인이라는 의식"을 갖고 자학하는 삶을 산다. 죄의식 없이 악업을 행하는 부모로 인해, 스스로를 자해하며 살던 조병수는 소목일을 통해 구원받는다. 이 일을 하면서 그는 "용서"받았다는 생각을 하게 되는데, "자학은 일(예술)에서 승화되었다"[90]는 평가가 내려진다. 조준구와 "십여 년만"에 만나는 자리에서 그의 외모는 많이 변화한 것으로 묘사되는데,

89 이는 이상현이 방황과 방랑으로 일관한 삶을 시작한 지 대략 10년 안팎이 되었을 때의 일인 것으로 추산된다. 임명희는 이상현에게 사랑 고백을 하지만, 받아들여지지 않자 자포자기 식으로 친일 귀족 조용하의 후처가 된다. 이상현이 기생 기화와의 사이에서 태어난 딸 양현을 향한 부성애를 드러낸 편지를 임명빈을 통해 임명희에게 보낸 때가 임명희의 결혼생활이 10년 가까운 시기인 것으로 나타남을 통해 이러한 추산을 해볼 수 있다.(「3-5-13. 편지」)

90 「3-5-10. 명장」.

이 십여 년의 거리란 조병수가 예술을 통해 죄의식에서 놓여나 “용서”를 얻기까지의 과정인 것이다.[91]

Ⓑ 감정의 부정적 전화를 보이는 인물들 가운데, 김두수와 임이네는 절대적 악을 행하는 인물로서 논의된 바 있다. 김두수의 밀정으로서 악행은 선대의 죄업을 죄업으로 받아들이지 않고, 부당한 복수심과 패배의식을 민족을 배반하는 출세욕으로 전화시킨 결과라 할 수 있다. 그는 김평산이 처형되고 함안댁이 자살한 이후, 평사리에서 모습을 감춘다. 그가 다시 평사리 공동체 인물 앞에 나타난 것은 용정에서이며, “삼십 가까운”[92] 나이가 되어서 이다. 이 시기 그는 같은 친일로 맞서는 최서희와 대결하지 않고 최참판가에 대한 복수심을 접는다. 대신 그는 밀정으로서 실적을 쌓음으로써 이후 회령 순사부장까지 오른다. “사십 줄”[93]에 들어서 조준구와 상면하였을 때, 조준구가 교사자라는 사실을 알았음에도, 이를 걸어서 조준구를 징치코자 하는 적극성을 보이지는 않는다. 다만, 같은 악인으로서 그는 자신의 출세에 대한 자부심을 내비친다. 각기 십수 년, 십여 년의 거리를 두고 드러나는 김두수의 감정 변화는 부정적 감정의 부정적 전화라 할 수 있겠다.[94]

---

91 이홍 또한 모성 부재하며 탐욕의 화신인 생모 임이네로 인해 감정적 어려움을 겪는다는 점에서 조병수와 유사하다. 그는 생업과 함께 독립운동을 지원하는 일을 해 나가면서, 생모를 향한 복잡한 감정이 지배하였던 가족적 삶에서 민족을 위해 일하는 삶으로 지평을 넓힌다.

92 「2-1-3. 교사 송장환」.

93 「3-5-9. 동승」.

94 임이네의 경우, 최치수 살해사건에 연루된 남편 칠성이 죽고 평사리에서 추방되었을 때 겪은 극도의 고난, 이홍을 낳았지만 임이네를 정식 아내로 받아들여주지 않는 이용의 태도 등이 원인이 되어 탐욕스런 인물로 변화한 것으로 볼 수 있다. 임이네는 그녀 자신의 감정보다는 이러한 성격이 두드러진 인물이다. 다만, 이러한 임이네를 생모로 둔 이홍의 감정변화가 주목된다. 그는 생모이지만, 임이네를 증오할 수밖에 없고, 그로 인해 죄의식에 시달려야

봉순이와 송영광은 이상현과 유사한 부류의 인물이다. 이들은 실패한 사랑, 자학과 자기방임, 방랑이라는 삶의 과정을 거친다는 측면에서 유사하다. 그 결과 봉순은 파멸에 이르며, 송영광은 자신의 삶이 방랑으로 이어질 것을 예감한다. 봉순은 소리꾼으로 성공할 수 있는 자질을 갖추었으나, 김길상의 사랑을 얻을 수 없다는 사실을 안 이후 예술로 자신의 삶을 개척할 수 있는 기회들마저 스스로 놓치고 만다. 그녀가 딸 양현을 두고도 아편장이로 생을 마감하였음은 그녀의 삶이 자학으로 일관하였음을 보여준다. 삶의 역정이 유사한 이상현이 작품 활동을 통해 부성애를 보인 것과 대조되는 부분이다. 송영광은 두 번에 걸친 사랑의 실패로 좌절한다. 강혜숙과의 첫사랑은 백정의 외손자라는 신분이 족쇄가 되어 실패하고, 의사인 양현과의 사랑은 송영광의 패배의식과 경제적 열쇄에 대한 우려가 걸림돌이 되어 송영광 스스로 포기하게 된다. 첫사랑의 실패는 송영광에게 패배감과 자학을 안겨주며, 두 번째 사랑마저 스스로 포기하게 되면서 그는 색소폰 연주자가 되어 방랑하는 삶을 시작한다. 송관수 사후 송영광은 만주에서 송관수와 함께 활약하였던 사람들과 교제하게 되는데, 그 가운데 이상현과의 만남이 주목된다. 이 만남에서 이상현은 송영광으로부터 "동질적인 것"[95]을 느낀다. 그는 방랑하는 예술가 타입이라는 측면에서 송영광과 동질감을 느낀 것이다. 이상현의 경우처럼 예술을 통한 감정의 전화가 뚜렷하게 나타나지는 않지만, 송영광에게 있어 예술이란 이상현의 경우와 유

하는 감정적 이중고를 겪는다. 이러한 감정은 죽음 앞에서 살기 위해 발버둥치는 생모 앞에서 '연민'으로 전화한다(「3-2-12. 강물에 띄워 보내고」).

95 「5-5-2. 합류」.

사한 영향을 그에게 미칠 것이란 예측을 해 볼 수 있도록 한다. 만주 일대를 방랑하는 송영광과, 양현 간의 거리는 송영광의 편에서 양현에 대한 사랑을 점차 지우기 위한 빈 공간인 것으로 나타나는바, 이는 이러한 예측을 가능케 한다.[96]

Ⓒ 송관수와 김한복의 관계는 밀접하다. 김한복은 송관수를 통해 거듭난다고 볼 수 있다. 부친인 김평산의 죄업으로 죄의식을 갖는 김한복은 송관수의 권유로 독립자금 운반책으로서의 임무를 성공적으로 수행한다. 김한복은 이를 위해 세 차례에 걸쳐서 만주행을 한다. 첫 번째와 세 번째 간 시간적 거리는 10여 년에 이른다.[97] 이 기간 동안 김한복은 살인죄인 아들이라는 오명과 거기에서 비롯하는 죄의식을 씻게 된다. 이러한 과정을 통해 민족애로의 전화가 죄의식의 해소를 돕는 감정기전으로서 작용하고 있음을 읽을 수 있다. 군자금 전달책으로서 첫 번째 만주행을 하던 때, 김한복은 "살인자인 아버지와 매국노인 형에 대한 보상"(7권, 303)이라는 생각으로 만주행에 임하였음을 만주의 독립운동세력의 일원인 김길상에게 밝힌다. 정석을 만주 독립운동세력에게 안내할 목적으로 행한 두 번째 만주행을 마치고 귀향하던 길은,

---

96 송영광은 광주학생사건(1929) 이후, 1930년대를 배경으로 4부 1편에서 중학 4학년 학생으로서 처음 등장하는데(「4-1-1. 노상(路上)에서」), 중학 시절 그는 강혜숙과의 애정갈등으로 씻을 수 없는 상처를 입은 것으로 나타난다. 동경 등지에서 방황하다 악극단의 색소폰 연주자가 된 송영광이 양현을 처음 만난 것은, 1940년에 생을 마감한 그의 부친 송관수의 장례를 치른 직후이다(「5-1-3. 섬진강 기슭에서」). 따라서, 1945년인 『토지』의 스토리시간을 고려할 때, 송영광과 양현의 사랑, 송영광 편에서 실천한 이별, 그리고 그 이후에 이어질 그의 삶의 도정에 대해서는 그간의 그의 생애와 그의 성격을 근거로 추단해 볼 수 있다.

97 ①「3-2-1. 용정행」, 「3-2-4. 형제」: 1920. 10 초, ②「3-5-19. 지시」, 「4-1-4. 귀향」: 1929 늦여름 이후, ③「4-3-6. 깨끗한 애국자」: 1931.1.

중학을 다니던 그의 아들 영호가 광주학생사건에 관여한 사건이 알려진 것과 때를 같이 하였기에, 김한복은 "영웅의 부친"(10권, 63)으로서 금의환향하는 결과를 낳게 된다. 이로 인해, 살인죄인의 후손인 김한복 일가는 평사리 사람들과 "진정한 뜻에서" 화해한 것으로 평가되어진다. 마지막으로, 김훈장의 유해를 수습할 목적으로 만주행을 하는 김훈장의 양자 김한경을 안내함과 아울러, 지리산 독립운동세력의 지도자가 된 김길상의 지시를 송관수를 통해 전달받아 수행하기 위해 만주행을 하기로 결정하던 때, 김한복은 송관수로부터 "깨끗한 애국자"라는 칭호를 받는다. 이 시기 김한복은 살인자의 아들이라는 굴레를 벗어남과 아울러 그 오명이 그에게 심어주었던 죄의식 또한 극복한 것으로 나타난다. 이와 같은 감정해소의 도정에서, 오랜 세월 그와 함께 해 온 송관수가 언급한 바와 같은 "깨끗한 애국자"로서의 면모를 세워 온 것이 큰 힘을 발휘하고 있다 하겠다. 이른바 김한복은 민족애로의 전화를 통해, 선대의 악업으로 인해 쌓인 죄의식을 해소하고 있는 것이다.

한편, 동학재건세력의 일원인 송관수의 활동영역은 『토지』의 전체 시공간성에 상응할 정도이다. 그는 동학재건세력과 만주독립운동세력을 연결하는 역할을 하며, 서울의 지식인과도 교류한다. 또한, 평사리 민중들의 의병활동에 참여한 이래 최초의 정착지였던 부산을 비롯하여 지리산, 진주, 평사리, 신경 등을 오가며 활약한다. 송관수는 이처럼 광대한 영역을 종횡무진하며 독립운동 및 신분질서에 대한 저항운동을 펼치는데, 이를 감정경제와 결부해 보자. 송관수는 마지막으로 신경에 정착하여 독립운동을 하다, 전염병을 얻어 사망한다. 죽기 전 그는 이홍에게 유서를 남기는데, ① 여한이 없다는 점과, ② 아내인 영선네를 부탁한다는 점이 주목된다.[98] 상민으로서 백정의 사위가 된 송관수에게 신분제도로 인한 핍박은 가장 큰 자아훼손의 요소이다. Ⓘ을 통해, 송관수 자신은 제국주의, 신분제도와 같은 불의에 저항하는 사람으로서의 정체성을 확립하고 광대한 영역을 종횡무진하며 활약하는 과정에서 상처를 치유하였음을 엿볼 수 있다. 그러나 백정의 딸인 영선네를 부탁한다는 것은 잔존하는 신분질서에 대한 그의 마지막 우려이자 저항이라 할 수 있겠다. 이와 같이 김한복과 송한복의 감정해소 과정에는 시공간성의 확장과 더불어 발현되는 민족애로의 전화가 촉매로 작용함이 주목된다.

마지막으로, ⒹⒺ에 대해 간단히 정리해 보자. 김환과 최서희는 유사한 상황을 겪음으로써 원망하던 대상을 이해하게 된다. 김환은 형수인 별당아씨와의 사랑을 통해, 어머니 윤씨부인의 불륜에 대해 이해하게 된다. 그는 어머니 윤씨부인을 향한 보복감정을 가지고 신분이 모호한 구천으로서 최참판가에 나타난다. 이후 그가 김환으로서 윤씨부인의 무덤 앞에 무릎 꿇을 때, 윤씨부인을 용서하게 되며, 최서희의 삼촌으로서 만주의 김길상 앞에 나타났을 때, 윤씨부인을 역지사지함으로써 그녀의 삶을 이해하기에 이른다.[99] 최서희는 주치의로서 자신을 사랑하였던 박의사의 불행한 죽음 소식을 듣고, 그에 대한 자신의 감

98 송관수는 김길상과 친구지간인 3세대 인물로서, 조준구가 차지한 최참판가의 고방을 털어 의병운동을 한 민중 가운데 한 사람이다. 이때부터 일본제국주의와 신분제도에 저항하는 그의 삶이 시작되는데, 1940년 신경에 거주하면서 독립운동의 일환으로 목단강 부분에 행상을 나갔다가 전염병을 얻은(「5-1-1. 신경의 달」) 그는, 유해가 되어 지리산으로 돌아온다. 이때 그의 유서가 공개된다(「5-1-3. 섬진강 기슭에서」).

99 「2-5-10. 찾아온 사람」.

정이 사랑이었음을 깨닫는다. 이 지점에서 그녀는 어머니 별당아씨의 사랑을 역지사지적으로 이해하게 된다.[100] 이들은 오랜 세월 동안 원망의 대상이었던 어머니와 유사한 상황을 경험함으로써, 어머니를 이해하고 그녀를 향한 원망의 감정을 삭이게 된 것이다.

이 외에, 김개주, 김환, 최서희를 통해서 허무감정을 읽을 수 있다. 김개주와 김환은 각기 옳다고 믿고 행한 일에 대해, 영원할 것이라고 생각한 사랑에 대해 허무감을 느낀다. 이는 죽음 직전의 감정으로서 사연 많은 이들의 삶 가운데 쌓인 여타 감정들의 마지막 도달점이라 할 수 있겠다. 한편, 오랜 세월에 걸친 최참판가의 회복이 완결되는 지점에서 최서희는 승리감 대신 허무감을 갖는 것으로 나타난다.[101] 이는 오랜 복수의 과정을 거치는 동안 감정전화가 이루어졌음을 보여준다 하겠다.

『토지』의 인물들에게서 나타나는 이러한 감정의 질적 전화는 조선시대 유학자들의 감정론을 되돌아보게 한다. 특히, 이이(李珥)의 경우 감정의 발함 단계에서는 인간의 통제가 불가능하기에 감정이 발한 이후에 의식을 변화시키는 데 주력할 것을 주장하였는바,[102] 본절에서 살핀 『토지』의 감정경제는 이에 비추어볼 만하다.

100 「5-1-5. 관음탱화」.

101 「3-1-12. 비어버린 번데기」.

102 정원재, 「지각설(知覺說)에 입각한 이이(李珥) 철학의 해석」, 서울대 박사논문, 2001, 163~164면.

4. 나오며

이 글은 동양과 서양, 그리고 근 100년의 시공간적 거리를 두고 발표된 박경리의 『토지』와 도스또예프스끼의 『죄와 벌』 간 비교 연구를 통해, 두 작품에 내재하는 정신과 미학을 상호 조명하고 있다. 두 작품에 대한 비교 연구는 두 작품을 비교 대상으로 묶도록 하는 공통적 특질임과 아울러 두드러진 차이이기도 한 시공간성에 대한 인식을 바탕에 두고 있다. 이 글은 시공간성의 규모와 양상이 작품의 다른 주제적 · 미학적 · 감정적 특질들과 관련성이 있음을 논의함으로써 서사문학 연구에 '과학적 법칙성(경향성)'을 세울 수 있는 가능성을 열어두고 있다.

일찍이 극 양식에 가까운 작품으로서 규정된 『죄와 벌』의 시공간성은 『토지』의 그것과 비교할 때, 구심적이며 빼쩨르부르그의 여름(2주일 정도)이라는 제한된 시공간적 권역으로 이루어진다. 이는 경상남도 하동 평사리를 시발점으로 하여 공간이 사방으로 광활하게 팽창하며 45년이라는 긴 서사적 시간을 갖는 『토지』의 원심적 시공간성과 뚜렷이 구별된다. 이 글은 이러한 차이를 두 작품의 사상적 · 미학적 · 감정적 측면과 관련지어 살피고 있다. 이러한 비교의 세부적 기준들과 시공간성 간의 관련성은 비교의 순서대로 점진적으로 긴밀해진다.

2절 사상적 측면에서의 비교 논의는 두 작품이 공통적으로 선악관에 대한 인식을 보인다는 점에 착안하고 있다. 주인공을 통해 절대적 선악관에 대해 문제 제기를 한 『죄와 벌』은 결국 이를 옹호하는 입장을 보이며 끝을 맺는다. 『토지』에서는 절대적 선악관과 상대적 선악관의 분화가 이루어진다. 『토지』는 인간의 악한 본성에 기초한 절대적 악을 인정한다. 더불어서, 인물이 처한 상황, 제도와의 충돌 등에서 비롯하는 갈등상황에 대해서는 상대적 선악관을 적용한다. 이러한 사상적 측면에서의 차이는 3절의 미학적 측면에서의 차이와 관련을 맺는다. 절대적 선과 악이 존재하는지 묻고, 이러한 회의가 긍정적 결론에 이르기까지의 과정을 중심서사로 하는 『죄와 벌』에서는 중심서사와 주변서사 간 관계가 종속적이며, 후자의 서사를 추동하는 인물들은 주인공과의 관계에서 '대화적 조력자'라 할 수 있는바, 이들은 대화적인 입장에서 각자의 목적을 가지고 중심서사에 개입한다. 이는 『토지』에 비추어볼 때 개체중심적 자아관을 내보인다 할 수 있으며, 중심서사를 향해 반대급부적으로 전개되는 서사구성은 『죄와 벌』의 구심적인 시공간성과 관련을 맺는다 할 수 있다. 한편, 상대적 선악관이 기저를 이루는 『토지』에서는 중심서사에서 파생한 주변서사는 전자와 종속적 관계에 놓이지 않고, 전자와 대등한 관계를 유지함으로써 또 하나의 중심서사가 된다. 이러한 중심서사들은 우선, 유기적인 인물관계망에 의해 상호 접속과 이접을 반복한다. 또한 상대적 선악관을 체현하는 대표적 인물부류인 '적대자적 조력자'들에 의해 상호 매개되기도 한다. 주목할 점은 일대 일의 갈등상황에서 반대급부적 서사전개가 이루어지는 『죄와 벌』에서와 달리, 『토지』에서는 갈등상황에 제3자들이 개제함으로써 우회적인 갈등해결 과정을 거치며 그 결과 부가가치를 창출한다는 점, 여기에서 탈중심적 자아관을 읽을 수 있다는 점이다. 이에 이 글은 이러한 토지의 서사전개 양상을 '부가가치형 서사구성'이라 칭하고 있으며, 『토지』의 전후사방으로 팽창하는 시공간성이 이와 깊은 관련을 맺고 있음을 논하고 있다.

이 글은 4절에서 논의한 감정적 측면과 시공간성의 관계에 특별히 방점을 두었다. 이 부분에서는 양자 간 관계에서 경제적 질서가 성립됨을 밝힐 수 있었다. 『죄와 벌』에서는 감정의 양적 변화가 두드러지게 나타난다. 주인공이 느끼는, 발각에 대한 공포와 발각되지 않았음을 확인할 때의 안도는 감정의 파고를 이루며 『죄와 벌』에서 주기적으로 나타난다. 이 글은 『죄와 벌』에 나타난 이와 같은 감정양태가 작품의 구심적 시공간성과 유관함을 논하고 있다. 한편, 팽창하는 원심적 시공간성을 작품의 권역으로 하는 『토지』에서는 감정의 질적 전화가 두드러지게 나타나는바, 이 글은 이를 감정의 긍정적·부정적 전화, 감정전화를 통한 감정해소, 허무로의 귀결, 역지사지적 이해 등의 측면에서 살피고 있다. 이 글의 주요 개념인 감정경제란, 이처럼 시공간성과 관련지어 살핀 감정의 양적 변화 및 질적 전화를 의미한다.

이 글에서 살핀 시공간성과 작품의 사상적·미학적·감정적 측면 간 상관관계는 서사문학 전반으로 확대하여 과학적 정식화를 시도해 볼 수 있을 것이다. 특별히 추후의 연구를 통해, 시공간성과 감정경제 간 관계를 과학적으로 정식화하기 위한 시도를 행할 것이다. 몇 가지 사례를 들어보자. 『토지』와 함께 대하소설의 범주에 묶이는 『태백산맥』의 시공간성은 『토지』에 비해 구심적이며 그 규모가 작다. 대하소설이지만, 오히려 그 시공간성이 『죄와 벌』에 가깝다. 이는 이데올로기 대결 상황의 긴박함과 긴장, 혁명을 향한 민중들의 열망을 효과적으로 전달하는 데 기여한다고 볼 수 있다. 우리 고전소설의 경우 이승과 저승, 현실과 꿈 등의 이질적인 시공간성을 갖추고 전개되는바, 여기에서도 본 논점과 관련하여 흥미로운 점들을 발견할 수 있다. 『구운몽』의 이원적 공간성은 여러 연구결과들을 낳고 있다. 이 작품을 시공간성의 측면에서 깊게 들여다볼 때, 공간성이 대칭적인 것과 달리 시간성은 비대칭적임을 발견할 수 있다. 이는 세속적 욕망에서 허무의식으로의 감정전화가 순간적으로 이루어졌음을 보임과 아울러, 그 과정의 핍진성을 구하기 위한 것으로 볼 수 있다.

서양소설에서는 『폭풍의 언덕』과 『위대한 개츠비』가 주목된다. 전자에시 히스클리프의 캐서린을 향한 사랑은 캐서린의 죽음 이후 보다 고조된 상태로 유지된다. 그의 힌들리를 향한 복수심 또한 마찬가지이다. 이는 이 작품의 공간적 배경, 즉 지리적・기후적으로 고립된 웨더링 하이츠와 유관하다 할 수 있다.[103] 주인공의 괴기스러운 사랑과 복수심은 이러한 시공간성 내에서 가능한 것이다. 『위대한 개츠비』 또한 시공간성이 주목되는 작품이다. 웨스트 에그와 이스트 에그의 공간적 거리는 과거의 사랑을 유지하며 상황을 되돌릴 수 있다고 생각하는 개츠비와 개츠비를 향한 감정의 진정성을 이미 상실한 데이지 간의 감정적 거리를 나타낸다 할 수 있겠다. 이는 계층적 거리이기도 한바, 이 작품은 개츠비가 데이지에게 패배할 수밖에 없음을 여러 장소적 시공간성들을 통해서도 암시함으로써 현실을 냉소적으로 비판하고 있다.

103 이 작품에서, 언쇼 가(家)와 힌들리 가(家)가 자리 잡은 공간 이외, 런던이 자주 언급되곤 한다. 실제로 히드클리프와 이자벨라는 런던에 머무는 것으로 나타나는데, 이들이 머문 외부 공간은 추상적으로만 존재한다.

제3장
소설에 나타난 '감정경제' 정식화(定式化)를 위한 시론(試論)

1. 들어가며

한국문학에 대한 체계적인 학적 연구가 시작된 이래로, 문학작품에 나타난 서정성은 그 작품의 문학성을 평가하는 주요한 척도가 되어 왔다. 우리의 문학사를 통해 볼 때, 이러한 서정성에 대한 막강한 안티테제는 이념성에 대한 추구인 것으로 볼 수 있다. 이는 유학을 통치 이념으로 하는 조선조의 문학에서 가장 두드러지게 난다. 그러나 이러한 조선조의 문학에서도 이념성과 서정성은 상호 대결하는 가운데 변증적 지양을 이루어왔다. 결과적으로 한국문학의 서정성이란, 우리 문학의 기본을 이루는 것이지 선택적으로 나타나는 것이 아님을 보여주고 있다 하겠다. 서정성은 우리 문학에서 또한 문학을 통해 우리가 추구하는 보편적 가치로서, '문학을 문학답게' 하는 요소로서 존재해 왔던 것이다.

지금까지 우리 문학 연구에서 '문학과 감정'에 대한 문제는 양자의 관계에 대한 일반론, 개별 작가의 작품에 나타나는 특정 감정의 발현 양상 등의 각도에서 주로 고찰되어 왔다.[1] 이러한 접근은 문학의 근간이 되는 감정 문제에 정태적으로 접근하고 있다 볼 수 있다. 이 글은 박경리 문학에 나타난 죄의식의 문제를 '감정경제', 즉 양적・질적 측면에 주목하여 살핀 논의의 연장선상에 놓인다.[2] 아울러서, '감정경제'라는 측면에서 뚜렷한 대척점을 이루는 두 작품, 즉 『죄와 벌』과 『토지』 간의 비교 연구에 기초하고 있다. 후자의 연구를 통해 작품의 시공간성(Хронотоп)이 '감정경제'의 매개변수가 됨을 밝힐 수 있었다. 이 글에서는, 서사문학에 국한하여, 우리의 문학뿐 아니라 외국소설들을 이러한 명제에 대입하여 논증키로 한다.[3] 문학작품의 형식적 요소이면서, 그 내용을 또한 풍부하게 하는 시공간성과 '감정경제' 간 관계를 증명

1 이학영, 「서기원 소설에 나타난 자부심의 발현 양상 연구」, 서울대 석사논문, 2001; 서영채, 「한국 근대소설에 나타난 사랑의 양상과 의미에 관한 연구 – 이광수, 염상섭, 이상을 중심으로」, 서울대 박사논문, 2002; 손유경, 「한국 근대소설에 나타난 '동정(同情)'의 윤리와 미학에 관한 연구」, 서울대 박사논문, 2006; 김은경, 「사랑서사와 박경리 문학」, 『인문논총』 67, 서울대 인문학연구원, 2012.6.

2 김은경, 「박경리 소설에 나타난 '죄의식'의 경제」, 『인문논총』 55, 서울대 인문학연구원, 2006.6. 아리스토텔레스가 『시학』에서 논한 문학의 감정적 효과(카타르시스)에 대한 주장, 비극론 등은 감정경제에 대한 인식이 나타난다는 점에서 이 글의 논의에 시사점을 준다. 아리스토텔레스, 천병희 역, 『시학』, 삼성출판사, 1989.

3 이 글에서 논의하게 될 외국소설의 목록은 다음과 같다. 이 글은 2부 2장에서 행한 도스또예프스끼의 『죄와 벌』과 박경리의 『토지』 간 비교 연구의 연장선상에 놓인다. 이번 장에서, 논의가 이루어진 순서대로 작품을 배열하면 다음과 같다.
에밀리 브론테의 『폭풍의 언덕(*Wuthering Heights*)』, F. 스콧 피츠제럴드의 『위대한 개츠비(*The Great Gatsby*)』, 귀스타브 플로베르의 『감정교육(*L'éducation sentimentale*)』, 장아이링의 「색, 계(色, 戒)」, 프란츠 카프카의 『성(城, *Das Schloß*)』, 가와바타 야스나리의 『설국(雪國)』, 호르헤 루이스 보르헤스의 단편집 『픽션들(*Ficciones*)』과 『알레프(*El Aleph*)』에 수록된 15편의 단편들.

함으로써, 문학작품에 나타나는 감정의 문제를 그 변화라는 측면에서 역동적으로, 그리고 시공간성과의 관계를 통해 입체적으로 조명하게 될 것이다. 또한 이러한 접근을 통해 '감정경제'에 대한 과학적 정식화를 이룰 수 있는바, 이는 미학적인 측면을 놓치지 않으면서 과학과의 학제적 연구를 이루어내는 효과를 거둘 수 있을 것이다.

양자의 관계에 대한 과학적 정식화의 출발은 『죄와 벌』과 『토지』 간 비교 연구에 있다. 이 책의 2부 2장에 수록된 글에서, 『죄와 벌』에서는 시공간의 집중이 이루어지며, 이는 작품 내에서 긴장감을 팽팽하게 유지하는 감정의 파고, 즉 감정의 양적 변화와 상관관계를 이룸을 논의하였다. 이와 달리 시공간의 팽창이 크게 이루어지는 『토지』에서는 감정의 질적 전화가 이루어짐을 밝혔다. 이러한 명제를 우리 문학의 고금, 나아가 동양과 서양 문학에 적용하여 논증토록 하겠다.

2. 감정의 양적 측면과 시공간성(Хронотоп)

1) 대상에 대한 감정적 항심

(1) 이산(離散)과 절개(節槪) – 고전문학에서 신문학으로

시공간성의 변수와 '감정경제' 간 관계라는 명제에 고금의 우리 문학을 대입해 보았을 때, 서사문학뿐만 아니라 서정문학까지를 포함하여 우리 문학의 주요한 주제인 절개의 문제에 새롭게 접근해 볼 수 있었다. 이러한 과정을 통해 절개문학이 이 글의 주장을 뒷받침하는 탄탄한 논거가 됨을 발견할 수 있다. 절개란, 그 사전적 의미를 고려할 때[4] 유교와 관련을 맺는, 이념적인 것이라 할 수 있다. 그런데 이 글에서 논의 대상으로 삼은 작품들은, 당위보다는 그 대상이 되는 존재에 대한 '마음'이 절개의 저변을 이룸을 보여준다. 이러한 절개를 주제로 한 우리의 서사문학들은 예외 없이 주요 인물들이 점유한 시공간성이 비-균질성을 나타내 보인다. 그것은 이질적인 시공간이 이원적으로 경계를 이루는 양태로 나타나는가 하면, '거리두기' 자체에 주목케 하는 방식으로 나타난다. 절개문학은 이와 같이 시공간적으로 분리된 인물들이, 한번 상대방에게 준 마음을 유지하기 어려운 상황에 처하지만 그 어떤 장애가 와도 마음을 굽히지 않음을 뼈대로 하여 전개된다. 이른바 시공간적 분리 내지 거리두기는 절개문학의 갈등상황을 이루는 핵심적 장치인 것이다.

절개문학의 감정경제에 영향을 미치는 시공간성의 양태를 앞에서 두 가지로 구분한 바 있다. 이를 차례로 논의키로 한다. 첫째는, 이질적인 시공간성이 공존하는 양태로 작품 속에 자리하는 경우로서, 주로 고전소설을 통해 살필 수 있다. 이 경우 시공간성의 비-균질성이 감정경제와 긴밀한 관련을 맺음을 밝히겠다. 우리나라 최초의 소설인 김시습의 『금오신화(金鰲新話)』(15세기)를 살펴보자.[5] 여기에 실린 다섯 편의 이야기 가운데, 순차적으로 앞의 세 편에 해당하는 「만복사저포기(萬福

4 ① 신념, 신의 따위를 굽히지 아니하고 굳게 지키는 꿋꿋한 태도, ② 지조와 정조를 깨끗하게 지키는 여자의 품성. NAVER 국어사전(http://krdic.naver.com) 참조.

5 『금오신화(金鰲新話)』에 대한 논의는 다음을 기본 자료로 한다. 김시습, 이지하 역, 『금오신화』, 민음사, 2009.

寺樗蒲記)」, 「이생규장전(李生窺牆傳)」, 「취유부벽정기(醉遊浮碧亭記)」와 나머지 두 편에 해당하는, 「남염부주지(南炎浮洲志)」, 「용궁부연록(龍宮赴宴錄)」 간에는 뚜렷하게 구별되는 바가 나타난다.[6] 기존 논의의 연장선상에서 이 글은 시공간성의 문제에 보다 단순하게 접근키로 한다. 첫 번째 부류의 작품들에서는 현세적 공간이 주 배경이 된다. 이러한 현세적 공간에 이미 생을 마친 여주인공이 등장하여 현세적 공간의 남주인공과 사랑을 나누다 헤어짐을 기본골격으로 한다. 이들 간에는 두 차례에 걸친 이별이 이루어진다. ① 다음의 만남을 기약한 이별과, ② 남주인공이 여주인공의 실체를 파악한 이후에 얼마간 함께 살다 다시 이루어지는 재이별이 그것이다. 이러한 남녀 간 사랑을 통해, 이승과 저승이라는 이원적 시공간성의 경계가 잠시 허물어지지만 다시 비가역적으로 갈라지는 양상을 읽을 수 있다. 앞의 세 편이 가진 이와 같은 공통점은 이어지는 다른 두 편과의 차이점으로 나타나는바, 이를 통해 『금오신화(金鰲新話)』에 담긴 작가의 정조를 간명하게 정리해 볼 수 있다. 「남염부주지(南炎浮洲志)」, 「용궁부연록(龍宮赴宴錄)」에서는 공통적으로 현세적 공간의 남성인물이 염부주(炎浮州)라는 별세계 혹은 용궁과 같은 비현세적 공간으로 이동하여 자신의 사상을 피력하고 지성을 인정받는다는 내용이다. 인물의 시공간 내에서의 움직임의 방향, 인물 간 만남의 성격 측면에서 앞의 세 작품은 나머지 두 작품과 뚜렷이 대비되고 있는 것이다.

6 설성경은 인물의 만남과 움직임, 주제적 측면에 주목하여 차례대로 첫 번째~두 번째, 네 번째~다섯 번째로 작품을 묶고 있다. 그에 따르면, 세 번째 작품은 첫 번째 부류에서 두 번째 부류로 이행하는 전환기에 놓인다는 것이다. 전자에서는 저승에서 현실세계에 나타난 여성인물과 남성인물의 만남을 통해 남녀 간 사랑을 이야기하며, 후자에서는 남성인물이 적극적으로 다른 세계로 이동하여 군신관계를 통해 도덕정치의 이상을 펼친다는 분석이다. 설성경, 『한국고전소설의 본질』, 국학자료원, 1991, 52~58면.

첫 번째 부류의 작품들에서는 현세적 공간에 존재하는 남주인공의 '고독감'이 개인적·감정적 측면에서 잘 나타나고 있다 할 수 있다. 세 작품 모두에서 사랑하고 부부지의를 맺는 여성인물이 현세의 주인공과 분리될 수밖에 없는, 이미 죽음을 맞이한 탈현세적 존재라는 사실에 주목할 때 이러한 결론에 이를 수 있다. 또한 이러한 해석은 두 번째 부류의 작품들에서 대칭적 의미를 구할 수 있도록 한다. 남주인공이 현세에서는 경륜을 펼치지 못하고 비현세적 세계로 이동함으로써 이를 이룰 수 있다는 설정은 '사회적·정신적 측면에서의 고독감'을 엿볼 수 있도록 한다. 생육신으로서의 김시습의 삶을 고려할 때, 『금오신화(金鰲新話)』는 단종 임금을 향한 절개를 나타낸 작품이라 할 수 있다. 이 글은 이러한 충(忠)이라는 유교적 이념을 체현한 방식에 주목하고 있다. 생과 사, 꿈과 현실 등 비-균질적 시공간성을 작품의 구성 원리로 하는 『금오신화』에 대한 기존 연구가 그와 같은 시공간성과 주체의 관계를 고려하여 작품의 주제의식을 도출해온 것과 달리, 이 글은 이를 통해 작품의 정조(atmosphere)를 파악하고 있다.[7]

다섯 편의 작품으로 이루어진 『금오신화』에서 인물 간 만남이 모두 비-균질적 시공간성을 노정하고 있음은 주인공이 현세에서의 사랑과 경륜 펼치기를 전적으로 배제하고 있음을 나타낸다 할 수 있다. 즉, 주인공이 현세에서는 사랑의 대상, 충의 대상을 구하지 않겠다는 입장을

7 이 글의 이와 같은 시도는 영어 단어 atmosphere의 다양한 의미에 대해 생각해 보도록 한다. 이 단어는 (지구의) 대기-상층부 대기(the upper atmosphere), (다른 행성의) 대기-토성의 대기(Saturn's atmosphere), (방이나 한정된 공간의) 공기, (특정한 기운이 도는) 곳(장소), 분위기, 기운 등 공간성의 의미를 가짐과 아울러 정조(情操)의 의미를 갖는다. NAVER 영어사전(http://endic.naver.com/?sLn=kr) 참조.

드러내고 있는 것이다. 따라서 비-균질적 시공간성을 전제한 만남들이란 주인공의 현세적 존재로서의 입지를 고려할 때 '고독감'의 정조를 낳게 되는 것이다. 이를 통해 생육신으로서 삶을 살다 간 김시습의 절개 관념이 역설적으로 나타남을 읽을 수 있다.

「운영전」은 '연인과의 영원한 사랑에 대한 희구'를 독특한 방식으로 나타내고 있기에 주목된다.[8] 이러한 영원성의 추구는 작품 내에서 시공간성의 범주 내에 놓인다고 할 수 있겠다. 이 작품의 시공간성은 현세(㉮ 수성궁에서의 사랑, ㉯ 운영과 김진사의 사랑이야기에 대한 꿈을 꾸는 유영)와 내세(㉰ 저승의 운영과 김진사)로 이원화된다. 『금오신화(金鰲新話)』에서 현세적 인물과 탈현세적 인물의 만남을 통해 비-균질적 시공간성의 경계를 허물고 있는 것과 달리, 「운영전」에서는 비-균질적인 세계가 꿈을 통해 잠시 공존하지만, ㉮와 ㉯의 관계는 분리된 것으로 볼 수 있다. ㉯에서 유영이 남녀주인공에게 현세에서 사랑을 이어가길 원하느냐고 묻자, 이들은 다만 기록되어 이야기로 영원히 기억되길 원한다고 한다. 실제로, 유영이 꿈에서 깨어났을 때, 그의 손에는 운영과 김진사의 사랑 이야기를 기록한 책자 한 권이 남는다. 이는 수성궁에서의 사랑을 더 이상 현세에서는 이어가지 않고, 기록하여 영원히 남기겠다는 남녀주인공의 소망이 실현된 결과인 것이다. 저승에서의 영원한 사랑에 더하여 현세에서의 사랑이 영원하기를 희구하고 있음을 통해, 현세와 비현세를 분리하여 인식하는 세계관을 엿볼 수 있다. 또한, ㉮의

8 「운영전」에 대한 논의는 다음 자료를 참조하여 이루어진다. 이응백 · 김원경 · 김선풍, 「운영전」, 『국어국문학자료사전』, NAVER 지식백과(http://terms.naver.com/entry.nhn?docId=693246&cid=263&categoryId=2701, 최종검색일 : 2013.10.24); 설성경 · 박태상, 『고소설의 구조와 의미』, 새문사, 1986.

사랑을 현세에서 더 이상 이어가지 않고 기록으로 남겨 영원히 전승코자 한 남녀주인공의 의도를 통해, 감정의 양적 유지라는 측면에서 절개문학의 면모를 엿볼 수 있다.

㉮의 사랑은 수성궁이라는 제한된 공간과 그 인근에서 이루어진 금지된 사랑으로서, 시종 긴장감 있게 전개된다. 궁녀 운영이 수성궁을 탈출하려는 시도를 할 때, 운영과 김진사의 사랑은 그 절정의 상태에서 파국을 맞는다. 이들의 사랑은 수성궁이라는 제한된 공간에서 비밀리에 진행되는 금지된 사랑이라는 상황하에서 그 애절함이 극대화될 수 있는 것이다. 탈출 이후의 삶이 존재한다면, 극대화된 사랑의 감정이 유시되기 어려울 것이다. 사랑의 절정을 유지하면서 그 사랑에 영원성을 더하기 위해 현실에서의 인연을 끝맺고, '기록'을 그 수단으로 삼고 있음은 당시의 문화사적 측면과 연관 지어 볼 수 있는 문제이다.[9]

한편, 인물 간 이산에 따른 시공간적 거리라는 조건하에서 감정적 항심(感情的恒心)을 유지할 수 있는지를 문제 삼는 서사문학의 계보를 생각해 볼 수 있다. 「춘향전」이 대표적인 작품이며, 이인직의 「혈의 루」/「귀의 성」/「치악산」, 최찬식의 「추월색」/「안의성」 등의 신소설의 중심서사 축 또한 인물 간 이산과 재회의 구조를 취한 가운데, 감정적 항심을 문제 삼고 있음을 엿볼 수 있다.[10] 이 글의 시각에서 「춘향전」을 볼 때, 춘향의 이몽룡을 향한 감정적 항심(절개)은 남원과 서울의 장

9 이 글에서는 「운영전」에 나타나는 '기록'이 액자소설의 형식을 갖추기 위한 방편 이상의 의미를 갖는 것으로 본다. 도입부에서 유영이 운영의 요구에 의해 기록을 시작한 점 등을 미루어 볼 때, 이 작품에는 '구술성'에 대비되는 '기록성'에 대한 인식이 담겨 있는 것으로 보인다.

10 신소설에 대한 논의는 다름 자료를 참조하여 이루어진다. 권영민 편, 『한국 현대문학 대사전』, NAVER 지식백과(http://terms.naver.com/entry.nhn?docId=337123&cid=263&categoryId=1043, 최종검색일 : 2014.6.3); 전광용, 『신소설 연구』, 새문사, 1993.

소적 공간성에 내포된 차이와 동일성에 의해, 시험받는가 하면 실현되기에 이른다. 남원이 탐관오리가 활개를 치는 공간이라면, 서울은 탐관오리를 징치하는 권력자를 내려 보내는 공간이다. 이몽룡과 춘양의 시공간적 거리에 따른 감정적 항심 유지의 과제는 남원과 서울의 거리 및 양자 간 비-균질성에 의해 위협받는 한편, 그 두 공간의 동일성에 의해 완수되기에 이른다. 「춘향전」에서 남원과 서울은 각기 탐관오리의 횡포가 자심한 곳, 이러한 지방을 관할하는 중앙의 권력이 자리하는 곳이라는 점에서 현실적 공간이다. 그런데, 남원이 이팔청춘의 이몽룡과 춘향이 신분의 격차를 뛰어넘어 사랑을 나누고 미래를 약속하는 곳이라는 점에서 낭만적인 공간이라면, 서울 또한 사랑을 위협하는 험난한 장애를 극복하고 재회한 춘향과 이몽룡이 신분질서를 초월하여 정식적인 배우자로서 맺어지는 공간이라는 점에서 낭만적이다. 이러한 현실성과 낭만성이 두 주인공, 특히 춘향의 감정적인 항심 유지하기와 그에 따른 고진감래의 결실 맺기에 관여하고 있다 할 수 있다. 현실성에 이를 위협하는 힘(남원)과 돕는 힘(서울)이 함께 하는바, 이에 기초한 『춘향전』의 비-균질적 시공간성은 항심을 시험받고 있는 주인공을 통해 작품에 극적 긴장을 더해주고 있다 하겠다. 낭만성은 두 시공간성에 동일하게 자리함으로써 남녀 주인공의 사랑의 과정과 결실 맺기에 시종 긍정적으로 작용하고 있다 할 수 있다.

신소설에 이르러 시공간적 거리에 따른 감정적 항심의 문제는 다양하게 변주된다. 「혈의 루」는 옥련모(母)-옥련-옥련부(父) 간의 이산과 재회를 다룬 작품으로서 평양, 일본, 미국 등을 공간적 배경으로 한다. 옥련과 옥련부(父)인 김관일의 공간이동과 이산에 따른 감정 상태를 정리해보자. 청일전쟁의 와중에 가족과 이산한 김관일은 이산의 아픔을 뒤로 하고 처가의 도움을 받아 미국 유학의 길에 오른다. 그에게 있어서는 가족이산의 문제보다 새로운 지식을 습득하는 것이 앞선 과제로 대두되며, 이러한 입장을 견지한다. 일본을 거쳐 구완서와 함께 미국 유학의 길에 오른 옥련은 신문을 통해 아버지와 재회한 이후, 가족 이산의 아픔을 가장 큰 문제로 여긴다.[11] 옥련은 우수한 성적으로 미국의 학교를 졸업하지만, 그녀를 중심으로 한 서사에서 지식인으로서의 미래에 대한 고려는 나타나지 않으며, 구완서와의 혼인이 중요한 과제로 대두된다. 여기에서 또한 약혼자 구완서와의 이산에 따른 감정적 항심이 옥련의 과제가 된다. 「혈의 루」는 옥련이 모친과 재회하여 가족 이산의 고통을 해소하는 것으로 끝을 맺고 있는바, 이 작품은 신교육을 통한 신지식의 습득이라는 계몽적 주제의식을 갖는 한편, 이산과 그에 따른 감정적 항심을 문제 삼는 서사문학의 계보를 잇고 있다고 하겠다.

이인직의 「귀의 성」은 배반과 그에 따른 복수를 그린 작품이다. 춘천의 강동지는 양반 신분에 대한 공포와 적개심을 동시에 갖는 인물로서, 자신의 무남독녀 길순이를 춘천에서 잠시 동안 관직생활을 하는 김승지의 첩으로 줌으로써, 이를 통해 양반 신분에 주어지는 특권을 누릴 요량을 갖는다. 그러나 김승지는 서울로 관직을 옮긴 이후 길순에 대한 책임을 회피하는바, 여기에서 이산에 따른 춘천과 서울 간 거리와 상대방에 대한 항심의 관계를 고려할 수 있다. 강동지가 우격다짐으로 길순

11 조선, 일본, 미국 등을 배경으로 하는 이 작품에서 신문, 전보 등이 먼 거리에 놓인 인물들 간 연결고리가 됨이 주목된다. 현실적 공간에서 문명의 이기를 통해 먼 거리의 인물 간 관계가 맺어진다는 점은 주로 꿈에 의해 현실공간과 비현실공간이 매개되는 고소설과는 다른, 신소설의 면모라 하겠다.

을 김승지 집안으로 들여보내려고 시도한 점, 김승지의 아내가 필사적으로 이를 막은 점 등은 이러한 입장에 타당성을 부여한다. 길순은 첩의 신분으로도 김승지 집안에서 거처할 수 없게 되는바, 그럼에도 불구하고 서울에 거처를 정한 길순과 본가의 본처 간 처첩갈등은 첨예하게 진행되어 길순 모자를 죽음에 이르도록 한다. 「귀의 성」은 표면적으로 본가로 들어가려는 첩의 입장과 이를 막으려는 본처의 입장 간 대립, 즉 처첩갈등을 중심으로 한다. 그러나 이산이라는 시공간성과의 관계에서 살필 때, 길순에 대한 감정적 항심을 저버린 김승지의 배반과 이에 대한 강동지의 복수가 주요한 갈등 축을 이룬다 할 수 있다.[12]

「치악산」, 「추월색」, 「안의 성」 등의 작품도 '남녀 간 이산과 재회'를 주된 화소로 삼고 있다. 「치악산」과 「안의 성」은 금슬 좋은 부부가 부부의 사이를 갈라놓는 적대자들의 음모와 방해를 극복하고 재회한다는 내용을 담고 있다. 「치악산」은 치악산을 사이에 두고 원주와 서울의 두 공간이 대칭적이라는 점이 주목된다. 원주의 시댁에서 고부갈등으로 인해 치악산에 버려진 이씨부인은 서울의 친정과 발이 닿은 여종 검홍의 도움으로 구조되어, 그동안 일본 유학을 다녀온 남편 홍철식(백돌이)과 다시 맺어진다. 적대자인 시어머니의 계략과 음모는 치악산에서 실행되며, 조력자인 친정의 인물들이 활약하는 곳 또한 치악산이다. 결과적으로 부부의 이산이 치악산과 시댁 원주(일본)의 공간적 거리를 둔

12 「귀의 성」에서는 또한 하층민의 양반에 대한 양가적 감정을 읽을 수 있다. 이 작품은 양반에 대한 공포와 외경, 그리고 양반에 대한 적개심이 이들에게 공존함을 보여준다. 양반에 대한 공포심을 가져 온 강동지는 자신의 무남독녀 길순을 김승지의 첩으로 들여, 양반의 특권을 누려보려는 요량을 갖는다. 그러나 처첩갈등의 결과 길순과 그녀의 아들 거복이 무참히 살해되었다는 사실을 알게 된 순간 양반에 대한 적개심이 폭발한다. 그는 김승지의 본처와 그녀를 도운 여종 점순을 살해한다.

것이라면 이들의 재회 또한 치악산과 친정 서울을 사이에 두고 이루어진다. 이씨부인과 홍철식의 이산과 재회가 이러한 공간적 대칭성을 내포하고 있음은, 이들의 재결합이 단순한 회귀가 아님을 보여준다. 부부의 이산이 홍참의로 대변되는 보수세력과의 갈등에서 비롯한 것이라면, 재결합은 개화세력인 이판서에 의해 주도된다. 치악산에 유기되어 있는 동안, '여승'으로 살아 온 이씨부인이 구출되어 부부지의를 흐릴 여러 장애를 겪었음에도 불구하고 일본유학을 마치고 돌아온 남편 홍철식과 서울에서 재회한다는 결말은 항심을 가진 금슬 좋은 부부의 재결합이라는 의미에 더하여 보수세력이 개화세력화하여 새롭게 부부지의를 맺는다는 의미를 나타낸다 할 수 있다. 「치악산」은 금슬 좋은 부부의 시공간적 이산과 변증적 재회를 주된 화소로 한 작품이라 하겠다.

「추월색」은 어려서 정혼한 남녀가 이산하여 세월을 보낸 후, 재회하여 결혼한다는 줄거리의 작품이다. 이들의 관계는 이광수의 『무정』에 등장하는 박영채-이형식의 관계와 유사한 측면이 있다. 어려서 정혼한 사이라는 점, 이 약속을 지키기 위해 애쓰는 여주인공에게 여러 장애가 닥친다는 점 등에서 유사하다. 그러나 이정임이 신교육을 받았다는 점, 영국 유학을 마치고 돌아온 이영창과 우연하게 재회하며 그의 도움으로 정조를 지키고, 그가 정혼자라는 사실을 알게 된 뒤 결혼에 이른다는 점에서는 박영채-이형식의 경우와 상이하다. 「추월색」의 남녀주인공은 신교육을 받은 인물들이지만, 이들의 이산과 재회의 과정에서는 절개를 지키고 구습을 답습하려는 의지가 주요하게 작용한다. 다만, 열 살 때 김영창과 헤어지는 장면에서 이정임이 느낀 애절한 감정을 고려한다면, 조선과 일본, 그리고 영국이라는 공간적 거리에도 불구하고 이정임이 김영창에 대한 절개를 지키기 위해 노력한 데에는 연인을 향한 감정적 항심이 담겨 있다고 볼 수 있겠다.

「안(雁)의 성(聲)」에서는 박정애-김상현-정봉자의 삼각관계를 통해, 남녀 이산과 재회의 의미를 살필 수 있다. 박정애-김상현의 신분과 계급을 초월한 사랑은 김상현을 짝사랑하는 정봉자에 의해 위협받는다. 열렬히 사랑하여 결혼한 박정애-김상현 부부는 정봉자의 음모로 인해 이혼까지 하게 되지만 계속되는 어려움들을 극복하고 재결합하게 됨을 통해, 이들의 부부애가 공간적 거리, 장애들에도 불구하고 변치 않음을 잘 나타내 보이고 있다 하겠다.

(2) 사별(死別)에 맞서기와 괴기적인 사랑의 집념[13]

박경리의 장편소설 『가을에 온 여인』에서는 '푸른 저택'으로 불리는 곳을 중심으로 세 겹의 이야기가 전개된다. ① 여주인공 오세정의 과거사, ② 오세정과 그녀의 남편인 강명하가 중심이 된 이야기, 그리고 ③ 오세정과 남자 주인공 신성표가 중심이 되어 펼치는 이야기가 그것이다. 시간상으로 가장 오래 된 이야기는 ①이며, 이는 다른 두 겹의 이야기를 낳는바 이를 대과거로서 자리매김할 수 있다. ②는 대략 칠팔 년 전부터 시작되어 현재까지 지속되는 이야기로서 이의 시간적 범역은 과거-현재 간이다. ③은 가장 가까운 현재(봄-여름-가을)에 펼쳐지는 이야기로서, ①의 반복이라는 성격을 띤다. 이 글에서는 이처럼 다층적인 시간성과 푸른 저택을 중심으로 한 공간성, 그리고 감정경제 간

13 이 글은 다음을 기본 자료로 한다. 박경리, 「가을에 온 여인」, 『박경리 문학전집』 8, 지식산업사, 1980; Emily Bronte(에밀리 브론테), 김종길 역, 『폭풍의 언덕(*Wuthering Heights*)』, 민음사, 2012.

의 관계를 여주인공 오세정을 중심으로 살피기로 한다.

『가을에 온 여인』의 첫 장제목은 「푸른 저택」이며, 이 소설의 주요 공간적 배경이기도 하다. 이는 한국에서 다섯 손가락 안에 꼽히는 대재벌 한양물산 사장 강명하 소유(27)의 것이다. 고학으로 성악을 전공하는 남주인공 신성표는 이러한 대저택에 가정교사로서 고용된다. 저택에 들어간 첫 날, 신성표에게 푸른 저택과 그 저택에 살고 있는 사람들에 대해 소개하는 석영희에 따르면, 저택에는 세 명의 주인 가족과 (신성표와 석영희를 포함하여) 열두 명의 고용인들이 거주하게 된다. 이때 석영희는 푸른 저택이 한 꺼풀, 한 꺼풀 벗겨나갈 수 있는 '미궁'이자 '요지경'과 같은 곳이라는 암시를 한다. 공간적 함의를 갖는 이러한 표현이 내포하는 바는 세 명의 가족, 즉 강명하 사장, 오세정, 찬이가 관계를 맺으며 전개되는 ①②③의 서사층위들에서 차츰 드러난다. 가장 먼저 꺼풀을 벗는 것은 ②의 과거-현재 간의 서사이다. 이는 원천적으로는 대과거와 관련을 맺지만, 현재의 시점에서 전개되고 있는 양상은 저택에 새로이 입주한 가정교사 신성표를 초점화자로 하여 드러난다. 소설 전반부의 「심야(深夜)의 발소리」, 「병실(病室)에서」, 「여름밤」 세 장에 걸쳐서 강명하가 오세정의 심부름꾼이자 비서로서 고용된 석영희와 동침한다는 사실이 신성표의 감각을 통해 폭로된다. 강명하와의 관계에서 석영희의 입지는 정부도 아닌, 창부에 가까운 것임이 나타난다.

이러한 ②의 과거-현재 간의 서사는 ③의 현재의 서사 및 ①의 대과거의 서사와 맞물리면서 작품에 팽팽한 긴장감을 줌과 아울러 추리소설적 흥미를 더해준다. ①은 이 작품의 원천적 서사로서 ②와 인과적 관계를 맺음과 아울러 ③으로 반복된다. 이러한 서사층위들에는 공통적으로 여주인공 오세정의 죽음을 초월한 사랑의 집념이 자리하는바, 이에 의해 시간대를 달리하는 세 개의 이야기가 모아지고 있는 것이다. ②는 앞의 세 장에서 드러난 바에 이어, 「의상(衣裳)을 벗어라」 장에서 ①과 결부하여 그 실체를 드러내게 된다. 강명하의 석영희와의 동침은 그가 오세정에게서 촉발된 욕망을 석영희의 육체를 통해 대리 충족하기 위함인 것으로 강명하의 대사를 통해 나타난다. 그렇다면 강명하와 오세정의 불구적 결혼생활의 진면목은 무엇인가? 같은 장에서 ①을 통해 이에 대한 해답이 제시된다. 거기에는 오세정의 과거 애인을 향한 사랑의 집념이 존재한다. 「의상을 벗어라」에서 드러난 ①의 대과거란, 오세정이 변심한 애인을 붙잡기 위해 정사(情死)를 시도하나, 애인의 죽음을 확인하기 위해 약을 덜 먹은 오세정 자신은 살아남고 애인만 사망한 사건이다. 애인에 대한 사랑의 집념은 죄의식을 낳고, 강명하와의 왜곡된 결혼생활을 통해 그 죄의식을 유지하고자 하는 오세정의 삶의 방식에는 사별에 맞서는 사랑의 집념이 자리한다고 할 수 있다. 또한 대과거에 붙잡힌 뒤틀리고 정체된 인과적 시간성을 읽을 수 있다.

'푸른저택'을 은유하는 '미궁'의 실체, 즉 강명하 형제와 오세정이 관계한 애정서사의 내막은 외부공간으로 열림을 통해 그 꺼풀을 벗기고 있음이 주목된다. ②의 서사는 석영희의 가출과 귀가 과정을 포함한다. 이는 「심야의 발소리」, 「병실에서」, 「여름밤」에서 석영희가 댄서로서 활약했던 자신의 정체가 드러날 것을 두려워하여 가출 후 자살시도하나 성공하지 못하고 다시 푸른저택으로 돌아오는 과정을 거치면서 드러나게 된 것이다. 그리고 ①의 가장 안쪽 꺼풀이라 할 수 있는 오세정-찬이 부친(오세정의 연인)-나의화의 삼각관계에 대한 이야기는 「의상을 벗어라」에서 찬이의 모친인 나의화가 귀국하겠다는 의사를 밝힌 편지가 도착한 상황에서 펼쳐진다. 이는 오세정의 사랑의 집념이 중심을 이루는 서사에 새로운 국면을 더한다는 점에서 주목되는 부분이다. 오세정의 죽은 연인을 향한 사랑의 집념은 푸른저택 외부의 현재라는 시공간성과의 관계에서 점차 와해된다. '미궁'과 '요지경'으로 표현되는 푸른저택이 과거에 매인 폐쇄적 공간으로서, 오세정이 뒤틀린 사랑의 집념을 유지해 오던 공간이라면, 그 외부의 공간은 새로운 현재를 열어감으로써 이를 와해시키는 결과를 낳게 된다.

한편, ①과 ③의 관계는 대과거가 현재의 시간대에서 반복되는 양상을 띤다 할 수 있다. ③에서 오세정은 신성표를 향한 연심을 드러내는데, 그것은 신성표 그 자신을 향한 것이 아니기에 문제가 된다 할 수 있다. 이 작품은 오세정이 옛 연인과 닮은 신성표를 통해 과거의 사랑을 지속코자 함을 나타내 보인다. 오세정은 죽은 연인을 닮은 신성표의 모습을 보고 옛 연인을 떠올리며, 죽은 연인이 음악가였던 점을 상기하며 성악을 전공하는 가정교사 신성표를 향한 연심을 드러낸다. 이러한 오세정의 애정공세가 본격화된 것은 저택을 떠나 별장이 있는 Y해변에서 여름휴가를 보내는 「피서지(避暑地)」, 「검은 태양(太陽)」 장에서 이다. 대과거와 과거~현재 간의 시간성이 담긴 푸른 저택을 떠나 오세정은 신성표에게 사랑을 고백한다. 그런데, 그 사랑이 대과거에서의 사랑을 반복하는 것에 다름 아닌 것임을 오세정에게 있어 신성표가 갖는 의미를 통해서 뿐만 아니라, 보다 직접적으로 사건의 반복을 통해 보여준다. 그것은 ③의 서사에서 뚜렷이 나타난다. 신성표는 해변에서 자신에게 열렬한 사랑 고백을 한 바 있는 오세정이 아닌, 귀국한 나의화에 대해 진실한 사랑의 감정을 갖게 된다. 신성표를 통해 옛 연인과의 사랑을 이어가고자 한 오세정의 시도는 다시 한 번 좌초에 부딪힌다. 그런데 오세정-신성표-나의화의 삼각관계가 과거 오세정-찬이 부친-나의화 간의 삼각관계를 반복하고 있다는 점이 주목된다. 작품에 나타나는 이러한 (차이를 동반한) 반복은 사별에 맞서는 사랑의 집념이 현실과 유리된 것임을 보여준다 하겠다.

『가을에 온 여인』을 이루는 일련의 사건들과, 오세정의 성격화 양상은 이 작품에 '괴기스러움'이라는 분위기를 더해 준다. 앞에서 살핀, 세 개의 서사층위들에 내재하는 시간성의 관계는 다음처럼 정리할 수 있다. ②는 ①과의 관계에서 뒤틀리고 정체된 인과적 시간성을 내포하고 있으며, ③은 ①의 (차이를 동반한) 반복이라는 시간성을 갖는다고 할 수 있다. 이러한 시간성들은 본질적으로 죽은 연인과의 사랑을 되돌리고자 하는 오세정의 집념이 낳은 것이라 할 수 있다. 사별에 맞서고자 하는 데에서 괴기스러움의 분위기가 나타난다 할 수 있겠다. 더하여 이 작품은 인물 성격화를 통해서도 이와 같은 분위기를 더해 준다. 오세정은 독특한 분위기를 지닌 인물로서 반복하여 묘사된다. 가장 특징적인 점은 그녀의 외양이 매우 아름답지만 살기가 흐르고 웃고 있지만 통곡하는 듯하다는 것이다. 이는 아욕과 집착이 강하고, 집념과 소유욕이 극단적인 방식으로 나타나는 오세정의 성격과 맞물린다 할 수 있다.[14] 살핀 바와 같이 독자적인 시공간성을 이루며 전개되는 세 개의 서사층위, 오세정의 외양과 성격 등은 극단적인 낭만성에로의 경사라 할 수 있으며, 따라서 이는 괴기스럽기까지 하다 하겠다.

14 【인용】 **그 여자는 사랑하기만 하면 먹어버리거든.** 뭐더라? 그 왜 그런 곤충이 있지요. **교미가 끝나면 암컷이 수컷을 먹어버리는 곤충 말이요. 오부인은 그런 여자요.** 앞으로 조심해야지.(198)

박경리의 『가을에 온 여인』에 대해 지금까지 논한 바는 한 세기 이상을 거슬러 올라가 1847년 12월 영국에서 출간된 에밀리 브론테의 『폭풍의 언덕』과 여러 측면에서 유사함을 밝힐 수 있다. 크게 보았을 때, 작품의 시공간성과 주인공이 갖는 사랑의 집념이 긴밀한 관련성을 갖는다는 점에서 그러하다. 구체적으로는 폐쇄적 공간성과 반복의 시간성, 그리고 주인공 히스클리프의 괴기스러운 성격화 양상을 통해 이를 논할 수 있다. 『가을에 온 여인』에 대한 앞의 논의에서 폐쇄적 공간성과 뒤틀리고 반복되는 시간성, 그리고 주인공 오세정의 괴기스러움에 주목한 바 있다.

『폭풍의 언덕』의 공간성은 이미 여러 논자들에 의해 많은 주목을 받을 만큼 독특하다. 두드러진 특징은 폐쇄적이라는 점이다. 외부라 할 수 있는 기머튼을 먼 거리에 두고 바람받이 언덕에 위치한 워더링 하이츠(1500년대부터 이어져 온 언쇼 가문의 저택)와 여기에서 4마일 정도 떨어진 드러시크로스(린튼 가문의 저택). 객관적으로는, 이 작품의 공간적 배경을 이와 같이 기술해 볼 수 있다. 여기에서 일차적으로 고립감 혹은 폐쇄성을 읽을 수 있다. 다른 한편으로, 스토리텔링의 방식으로 전개되는 이 작품의 이야기를 전해 듣는 청자이자, 이야기를 이끌어가는 인물이기도 한, 외부의 방문객 록우드는 이러한 공간성에 인간의 고차원적 인식능력이 만들어내는 보다 주관적 의미를 부여한다. 그것은 '쓸쓸함'이자 '깊이감'이다. 도시인 록우드 자신도 충분히 비사교적이기에, 워더링 하이츠와 드러시크로스가 만들어내는 폐쇄적인 지형과 그 쓸쓸함에서 오히려 편안함을 느끼는 인물이지만, 히스클리프와의 첫 대면에서 그는 자신이 히스클리프보다는 훨씬 사교적임을 인정하게 된다. 나아가서 록우드는 본 시론(試論)의 논지와 직접적으로 통하는 통찰을 보여준다. 폐쇄된 공간에서 살아가는 사람들이 깊이감 있는 인생을 살아갈 수 있으리라는 단언이 그것이다. 그는 그와 같은 곳에서는 도시인들이 접할 수 있는 잡다한 것들을 피하여, "한평생 연애를 할 수도 있을 것"이라고 간파한다. 특히, 한 접시의 요리에서 최대의 만족을 느끼며 식사를 하는 경우와 프랑스인 요리사를 고용하여 여러 접시의 요리를 맛보는 경우를 비교하는 대목은 이 글의 주요 논지인 '폐쇄적 공간성에서의 양적인 감정경제'와 유비(analogy) 관계에 놓이는 것으로 보기에 충분하다 할 수 있다.[15] 록우드가 간파한 바와 같이 『폭풍의 언덕』을 이루는 공간성 내의 감정 농도란, 최대의 만족을 주는 한 접시의 요리에서와 같이, 짙고 깊이 있을 것이기 때문이다.

『폭풍의 언덕』은 히스클리프를 통해, 한 사람만을 향한 한 평생 동안의 연애가 어떤 것인지를 잘 보여준다. 그것은 사별에 맞서려 하는 것이기 때문에, 무엇보다 괴기스럽다. 오세정의 괴기스러움을 넘어서는 괴기스러움이다. 사별에 맞서는 사랑의 집념이 어떻게 형상화되는지 밝히기 위해, 먼저 작품의 시간성에 주목할 필요가 있다. 사별과의 맞섬이란 시간과의 대결이기 때문에다. 이 작품 또한 세 층위의 시간성을 내포한다.

15 【인용】**이 지방 사람들은 도시 사람들보다 더 열심히, 좀 더 깊숙한 자기 속에서 살고 있기 때문에, 도시 사람들처럼 껍데기뿐인, 분주하고 하잘것없는 외적인 사물에 별로 마음 쓰지 않으면서 살고 있소. 이런 데서는 한평생 연애를 할 수도 있을 것 같소.** 게다가 나는 어떠한 연애도 일 년을 넘기진 못한다고 믿고 있는 사람이거든. 한쪽은 배고픈 사람에게 단 한 접시의 음식만 주어서 식욕을 온전히 그것에 집중시켜 충분히 맛보게 하는 것이고, 다른 한 쪽은 프랑스인 요리사들이 차려놓은 식탁에 앉히는 것과 같아. **아마 그 전체 요리를 맛보는 즐거움이야 한 접시에 집중하는 것 못지않겠지만, 요리 하나하나는 그의 관심과 기억에 거의 남지 않을 거요.**(103~104)

① 대과거(1~17장)

• 캐서린과 히스클리프의 유년시절~캐서린 언쇼의 죽음(캐서린 린튼의 탄생)

② 과거-현재 간(18~30장) : 의지적 반복(되돌려 주고, 되돌려 받기)

• 린튼 가와 언쇼 가의 재산을 모두 차지하는 히스클리프.

• 헤어튼 언쇼에 대한 정신적인 가학 (글을 배우지 못하도록 하고 하인처럼 대우함)

③ 현재(1801~1802.9) : 비의지적 반복

• 록우드가 딘 부인(엘렌 딘)으로부터 히스클리프 집안에 대한 이야기를 전해 듣는 시간대.

• 미망인이 된 캐서린 히스클리프(18세)와 헤어튼 언쇼(23세)의 관계가 발전하여 서로 사랑하게 됨.

• 며칠 동안 먹지도 자지도 않은 끝에, 히스클리프가 사망함.

이 작품에서 또한 ① 대과거는 나머지 두 서사와의 관계에서 원천적인 것으로 자리하며, ② ③은 그 양상을 달리하면서 ①을 반복한다는 점에서 주목된다. ①에서 좌절한 히스클리프의 캐서린 언쇼를 향한 사랑은 ②에서 그 사랑을 막은 요소들을 향한 복수심으로 나타난다. 여기에서 사랑하는 대상을 잃도록 한 타인들을 향한 복수심이란 잃어버린 사랑에 대한 뒤틀린 집념이라 할 수 있다.[16] 언쇼 가의 힌들리, 린튼 가의 에드거를 향한 히스클리프의 복수는 받은 만큼 되돌려주는 방식으로 이루어진다. 히스클리프는 힌들리가 경제적으로 몰락하도록 유도함과 아울러, 언쇼 가의 마지막 자손인 헤어튼을 그의 부친인 힌들리의 영향하에 있던 예전의 자신처럼 자라도록 한다. 특히, 헤어튼이 글을 배우지 못하도록 엄금하는 정신적인 가학은 힌들리로부터 받은 만큼 그 아들에게 되돌려준다는 의미에 더하여 예전의 이방인이었던 히스클리프가 언쇼 가문을 완전하게 지배하고 있음을 나타낸다 하겠다. 이러한 삶 가운데 그는 캐서린 언쇼를 향한 격정적 사랑을 죽는 순간까지 유지하고 있음을 잘 보여준다. 따라서 힌들리-헤어튼 부자를 직접적 대상으로 한, 히스클리프의 언쇼 가문을 향한 복수는 주변 인물들과의 관계에서 과거를 되돌리고자 하는 그의 의지가 낳은 결과라 할 수 있다. 여기에서 좌절한 사랑으로 인한 원망과 그 사랑의 대상을 향한 절망적 집념을 엿볼 수 있다.

히스클리프는 캐서린 언쇼와 결혼한 에드거 린튼이 대표하는 린튼 가에 대해서도 유사한 방식의 복수를 결행한다. 언쇼 가에 대한 복수가 힌들리의 학대에 상응하는 것이라면, 린튼 가에 대한 복수는 보다 직접적으로 연인을 빼앗아간 결혼관계에 대한 것으로 이루어진다. 캐서린과 히스클리프의 사랑이 완전한 일체감을 이루는 것이라면, 캐서린과 에드거의 사랑은 신분과 계층에 걸맞고, 제도가 인정해주는 사랑인 것으로 나타난다. 이러한 사실을 알고 있는 히스클리프는 에드거의 여동생 이사벨라를 거짓으로 유혹하여 결혼에 이른다. 이는 캐서린 언쇼에게 치

16 여기에서 복수심이란 사별하여 실체를 잃은 연인을 향한 사랑의 연속으로 볼 수 있다. 이후 구체적으로 밝히겠는바, 유일한 대상(캐서린 언쇼)을 향한 히스클리프의 격정은 ②③의 서사층위에서도 지속적으로 유지되기 때문이다.

명타를 입히며, 히스클리프가 의도하건 의도하지 않았건 그녀를 죽음으로 이끈다. 결과적으로 히스클리프와 캐서린의 사랑은 상대가 타자와 함께 하는 것을 용인하지 못하는, 그래서 죽음과도 손잡을 수 있는 치명적인 사랑이라 할 수 있다. 이 사랑은 홀로 남은 히스클리프에 의해 복수의 방식으로 지속된다. 히스클리프는 자신과 이사벨라 린튼 사이에서 태어난 린튼 히스클리프와 캐서린 언쇼와 에드거 린튼 사이에서 난 캐서린 린튼을 강제적으로 결혼토록 한다. 병약한 아들(린튼 히스클리프)의 죽음을 예견하고 린튼 가의 재산을 빼앗기 위해 그와 같이 한 것이다. 그는 이사벨라와의 정략적 결혼을 통해 캐서린 언쇼가 죽음을 맞는 데 일조함으로써 캐서린과 에드거 부부를 갈라놓았으며, 십여 년이 흐른 후 자신의 아들과 캐서린 린튼을 강제적으로 결혼시킴으로써 린튼 가의 재산까지 착복하게 된다. 그는 결혼관계에 의해 빼앗긴 것들을 부적절한 결혼관계를 통해 부당하게 빼앗는 식의 복수를 하고 있는 것이다.

서사층위 ②는 이처럼 '잃어버린 사랑'에 개입한 타자들을 향한 복수의 과정을 담고 있다. 이러한 과정은 '사랑을 잃어버리기까지의 과정'을 반복하여 되돌려주는 방식으로 이루어지고 있기에, '잃어버린 사랑'의 연장선상에 놓인다 할 수 있겠다. 타자에게 되돌려주기로서의 복수란, 뒤틀리고 정체된 반복의 시간성을 내포한다 할 수 있다. 따라서 서사층위 ②에서의 복수는 사별과 맞서는 사랑의 집념이 나타나는 한 양태인 것으로 볼 수 있다.

실제로, 4장, 28장에 나타난 장면들은 이러한 입장을 뒷받침한다. 4장은 딘 부인의 이야기를 전해 듣는 록우드를 초점화자로 하여 전개되는데, 그가 두 차례에 걸쳐 꾼 악몽은 워더링 하이츠의 공간 내에 아직도 남아 있는 캐서린 언쇼와 히스클리프의 사랑을 제3자의 시선에서 잘 보여준다. 록우드의 꿈에 나타난 근 이십년을 떠돈다는 어린 유령과, 그에 대한 이야기를 듣고 격정에 못 이겨 캐서린의 유령을 불러내고자 하는 히스클리프의 미신적인 행위는 두 사람의 사랑이 삶과 죽음을 초월하는 것임을 잘 보여준다. 특히, 에드거 린튼의 장례식이 있던 날의 이야기를 담은 28장에서는, 히스클리프의 캐서린을 향한 사랑이 괴기스럽기까지 함을 나타내 준다. 그는 캐서린 린튼의 장례식 날과, 십여 년 후 에드거 린튼의 장례식 날에 두 차례에 걸쳐 캐서린의 무덤을 열고 아직 상하지 않은 그녀 모습을 확인한 후, 자신이 죽었을 때 에드거가 아닌 자신의 무덤과 캐서린의 무덤이 통할 수 있도록 손을 써 두었음을 밝히는데, 이는 캐서린 사후 18년 간 지속되어온 사랑의 집념을 여실히 보여준다.

한편, ②에서의 반복적인 서사가 히스클리프의 인간적 의지라는 입장에서 전개된 것이라면, 이야기가 전달되어지는 현재 시점인 서사층위 ③의 반복적인 서사는 그의 의지를 벗어난 것이라는 점에서 주목된다. 우선, 헤어튼의 존재는 히스클리프에게 복수의 대상이지만, 그 이상의 의미를 갖는 존재이기도 하다. 히스클리프는 고모인 캐서린 언쇼의 아름다운 눈을 닮은 헤어튼의 얼굴을 보고 복수심에 반하는 감정에 사로잡히곤 한다. 이러한 청년 헤어튼을 통해 히스클리프는 젊은 시절의 자신을 봄과 아울러, 캐서린을 연상하게 된다. 또한 헤어튼(23세)과 짧은 시간 동안 히스클리프의 며느리였다 곧 미망인이 된 캐서린 린튼(18세)은 사랑에 빠지게 되는데, 이는 히스클리프가 자신의 복수가 "초라한 종말"(538)에 이르렀음을 자인하는 계기가 된다. 글을 모르는 일꾼이 된 헤어튼과 그에게 글을 가르치는 캐서린 린튼의 사랑은 ①에서 히스클리프와 캐서린 언쇼가 사랑하던 방식을 반복하고 있다 할 수 있다. 이러한 점들은 히스클리프가 후손들에게 더 이상의 복수를 할 수 없는 이유가 된다 할 수 있으며, 히스클리프는 급격하게 죽음을 맞는다. 이는 히스클리프의 의지와 무관하게 전개된 반복적 서사로서, 동일한 것의 반복이 아닌 새로움을 향해 열려있는 반복을 행하고 있는 것이다.[17] 『가을에 온 여인』에서 오세정과의 관계에서 반복적인 애정갈등에 휩싸였던 신성표와 나의화, 그리고 찬이가 푸른 저택을 나와 새 삶을 열어갈 것을 엿보도록 한 것은 이와 유사한 점이다. 두 작품은 모두 단순히 되돌리는 반복이 아닌, (차이를 동반한) 반복을 지향하고 있는 것이다. 그러나 이들 작품에서 가장 주목되는 부분은 오세정, 히스클리프 두 인물이 사랑하는 방식, 사별에 맞서는 사랑이다.

(3) 이원적 시공간성과 움직임 · 멈춤의 감정기제[18]

이 글에서 살피고 있는 감정경제, 즉 감정의 양적 · 질적 측면은 대상과의 관계에서 감정의 움직임과 멈춤의 기제를 내포하고 있다 할 수 있다. 즉, 감정 상태의 유지 혹은 정도의 변화란 감정의 양적 측면으로서 대상과의 관계에서 멈춤의 감정기제가 작동하고 있다 하겠다. 감정의 질적 측면이란, 감정의 양적 정도가 유지되다 새로운 감정으로 전화되는 경우로서 감정주체 내부에서, 그리고 대상과의 관계에서 움직임의 감정기제

17 9장에서 갓 태어난 헤어튼을 주정꾼이 된 힌들리가 위층 난간 너머로 떨어뜨린 것을 히스클리프가 본능적으로 받아 아이를 보호한다. 또한, 헤어튼은 자신에게 가해자인 히스클리프를 좋게 생각하는데 두 사람의 관계에는 인간적인 감정이나 의지와는 거리가 있는, 기독교적인 관념이 담겨 있는 것으로 볼 수 있다.

18 이 글은 다음을 기본 자료로 한다. F. Scott Fitzgerald(F. 스콧 피츠제럴드), 김욱동 역, 『위대한 개츠비(*The Great Gatsby*)』, 민음사, 2012.

가 작동한 것으로 볼 수 있다. 미국의 작가 피츠제럴드의 『위대한 개츠비』(1925)는 움직임과 멈춤의 감정기제를 잘 보여주는 작품이다.

우선, 우리의 고전소설 「춘향전」과의 비교를 통해, 이 작품의 이러한 측면을 개괄할 수 있다. 앞에서 살폈듯이 「춘향전」은 비-균질적인 시공간성과 이산, 그에 따른 장애에도 불구하고 상대에 대한 감정 상태를 유지하여 재회한 연인들이 행복한 결말을 맺는다는 내용이다. 지금까지 춘향의 이몽룡을 향한 변치 않는 마음이 절개라는 덕목으로서 귀히 여겨져 왔음은 주지의 사실이다. 이 글은 이를 절개라는 이념화된 덕목으로서가 아니라 연인들 간 감정 상태로서 살피고 있는바, 이러한 관점을 취할 때 「춘향전」과 『위대한 개츠비』 간 시공간을 뛰어넘는 비교가 가능해진다. 두 작품 모두 '이원적 시공간성, 신분적으로 차이가 나는 남녀인물의 짧은 사랑, 이별, 재회'를 화소로 하여 전개되지만, 각각의 화소가 작품 내에서 구체적으로 형상화되는 양상에 있어서는 차이를 보인다.

연인 간 이별 이후의 상황에 대해 전개한 부분에서 큰 차이를 보이는바, 「춘향전」에서는 남녀연인 모두에게 멈춤의 감정기제가 작용하고 있다 할 수 있다. 춘향은 수청을 들라는 변학도의 위협에도 불구하고, 이몽룡은 과거에 급제하여 입신하였음에도 불구하고 이들은 상대에 대한 연인으로서의 마음을 유지한다. 그 결과는 행복한 결말로 이어진다. 즉 남원골 기생 월매의 딸 성춘향이 이몽룡의 아내로서 신분상승하여 서울로 향하는 것으로 끝을 맺고 있는 것이다. 이와 달리, 『위대한 개츠비』에서는 남녀 주인공 중 개츠비만이 이별과 재회의 상황에서 한 때의 연애기간에 가졌던 감정을 유지하며, 데이지는 개츠비를 저버리고 톰과 결혼한 상태로서 톰에 대한 사랑을 부정하지 못한다. 여기에서 남녀 주인공에게 각기 멈춤과 움직임의 감정기제가 작동하고 있음을 엿볼 수 있다. 이 작품은 특별히 개츠비의 멈춤의 감정기제에 초점을 맞추고 있는바, 비극적 결말은 이와 많은 관련을 맺는다 할 수 있다.

시공간성의 측면을 통해, 두 작품에 나타나는 이와 같은 차이점에 접근해 볼 수 있다. 앞에서 살폈듯이 『춘향전』의 시공간성은 비-균질적인 것으로 나타난다. 즉, 남원과 서울의 공간성은 탐관오리와 암행어사의 존재가 대변하듯이 현실적 측면에서 이질적이다. 그러나 시간성의 측면에서 볼 때 서울과 남원은 동질적이라 볼 수 있다. 신분질서를 초월한 남녀의 사랑이란, 작품의 배경이 되는 시간성 내에서는 낭만성이라 이름 할 수 있으나 보다 넓은 시간성의 범역에서 볼 때 당대의 공간성을 뛰어넘는 것이기 때문이다. 이러한 시공간성은 연인 간 재회와 결합이라는 결말과의 관계에서 볼 때, 궁극적으로는 모두 긍정적인 영향력을 갖는다고 할 수 있다.

이와 달리 『위대한 개츠비』는 뚜렷하게 대비되는 두 개의 시공간성을 내세우고 있다. 웨스트에그와 이스트에그. 지형적으로 유사하게 달걀 모양을 하고 있으며 롱아일랜드를 중심에 두고 마주보고 있는 형국이지만, 수상한 방식으로 부를 축적한 개츠비의 저택이 있는 웨스트에그와, 중서부의 부유한 집안 출신으로서 상류계급에 속하는 톰과 데이지의 저택이 있는 이스트에그는, 그 지형적인 암시를 증명하듯 판이하게 다른 것으로 그려진다. 기초가 의문시되는 신흥 자본가의 급조한 부와 유서 깊은 상류계급 출신이 누리는 풍요를 통해, 또한 이질적인 시간성을 엿볼 수 있다. 이에 대해서 상론하겠는바, 이 글에서 주목하고 있는 멈춤과 움직임의 감정기제가 이처럼 비-균질적인 시공간성과 불가분의 관계를 맺고 있음을 밝힐 것이다.

지금부터 『위대한 개츠비』에 나타난 움직임과 멈춤의 감정기제에 대해 구체적으로 살피기로 한다. 이 작품에서 또한 앞에서 살핀 『가을에 온 여인』, 『폭풍의 언덕』에서와 마찬가지로 대과거, 과거~현재 간, 현재의 세 개 서사층위가 나타난다.[19] 이를 개츠비와 데이지의 입장에서 다음처럼 나타내볼 수 있다.

개츠비

<table>
<tr><td rowspan="2">서술된 시간 이전의 과거</td><td>대과거 ①
코디</td><td>대과거 ②
데이지</td><td>과거~현재 간(5년)
(군복무 / 수상한 사업)</td><td>현재(1922년, 데이지와 재회 / 죽음)</td><td>미래</td></tr>
<tr><td colspan="5">환상(부의 축적과 계층 상승)</td></tr>
</table>

데이지

<table>
<tr><td>서술된 시간 이전의 과거</td><td></td><td>대과거
(개츠비와의 한 달 간의 연애)</td><td></td><td>과거~현재 간(5년)
(톰과의 결혼생활)</td><td>현재(1922년, 톰의 외도 / 개츠비와의 재회)</td><td>미래</td></tr>
<tr><td></td><td colspan="2">↓</td><td colspan="4"></td></tr>
<tr><td></td><td colspan="2">대과거</td><td colspan="4"></td></tr>
</table>

〈그림 3-1〉 개츠비와 데이지의 이력에 나타난 비-균질적 시공간성

이 작품은 중서부의 명망 있는 가문 출신으로서 예일대학을 졸업한 상류계층 닉 캐러웨이가 1922년 여름 동안 웨스트에그에 머물면서 그가 빌린 집의 바로 옆에 위치한 거대한 저택의 주인인 개츠비, 이스트에그의 데이지 및 톰 등과 교유한 내용을 뼈대로 한 작품이다. 이 작품의 서술자인 닉은, 그 이름이 작품 제목의 일부를 이루기도 한 개츠비를 여름 한 계절 간 가깝게 지켜보면서 그의 편에서 관대하게 그를 이해하고 공감하는 입장을 보여준다. 닉에 따르면, 개츠비는 삶의 가능성에 민감하게 반응하고, 희망에 대한 탁월한 재능이 있으며, 낭만적인 민감성을 지닌 인물이다(17). 드러난 서술자가 제시한 개츠비의 이와

19 여기에 더하여 서술자인 닉이 개츠비에 얽힌 이야기를 쓰고 있는 '서술하는 시간'이 나타난다.

같은 측면은 제목에 제시한바, '위대한'의 양상들이라 할 수 있겠다.[20]

희망과 가능성에 민감한 개츠비의 위대함은 위 표에서 '대과거 ①②'로 표시한 부분에서 시작된다. '대과거 ①'은 개츠비가 17세였을 때 처음 이루어진 백만장자 코디와의 만남과, 이후의 항해이며, '대과거 ②'는 그가 군 복무를 할 당시 루이빌에서 데이지와 한 달간의 사랑을 나눈 시기이다. '대과거 ①'에서 개츠비는 자신의 이름을 제임스 개츠에서 제이 개츠비로 바꾼다. 이때부터 개츠비는 화려한 우주에 대한 환상을 갖게 되며, 그 환상이 현실이 될 수 있다는 생각을 품게 된다(143). '대과거 ②'에서 이루어진 데이지와의 만남과 사랑은 이러한 환상의 한 부분이라 할 수 있다. 그는 자신이 데이지처럼 상류계층인 것처럼 신분을 속이고 데이지에게 접근하며, 그녀와의 사랑을 이룰 수 있을 것이라 생각한다. '대과거'를 이루는 두 갈래의 사건을 통해 개츠비는 경제적 성공과 상류계층의 가문을 세우겠다는 야망을 갖게 된 것으로 보인다.

그런데 이 작품의 서술자인 닉은 이를 시종 개츠비의 '환상'인 것으로 단정 짓는다. 그것은 일차적으로 닉이 개츠비의 비극적인 최후를 목도한 이후의 시점에서 개츠비에 대한 이야기를 쓰기 때문인 것으로 볼 수 있다. 개츠비의 야망은 그를 죽음으로 내몰며 그의 죽음과 함께 물거품처럼 사라진다. 따라서, 닉이 개츠비 생애의 의미를 그의 야망과 이를 이루기 위한 노력에 두기보다, 가능성과 희망에 대한 민감성이 낳은 개츠비의 '환상'을 그 자체로 의미 있게 보기 때문에 그의 삶을 '환상'으로 단정 짓고 있는 것으로 볼 수도 있다. 작품이 보여주는 바에

20 이러한 그를 희생물로 삼은 것들, 즉 이스트에그의 톰과 데이지, 조던 베이커는 개츠비의 꿈이 지나간 자리에 떠도는 더러운 먼지들과 같은 것으로서 대비된다.

따르면, 이는 개츠비가 '대과거 ① ②'에서 그의 야망을 세우면서 '서술된 시간 이전의 과거'를 송두리째 부정한 점과 관련을 맺는다 할 수 있다. '대과거 ① ②'에서 제이 개츠비는 제임스 개츠가 아닌 제이 개츠비로서 새로운 삶을 시작하는바, 과거의 토대들을 부정하는 현실이란 환상에 다름 아닌 것이다.

이 작품은 이러한 개츠비의 환상 가운데 유독 데이지에 대한 그의 변치 않는 사랑을 앞세운다. 닉이 간파한 대로라면, 개츠비의 데이지를 향한 사랑에는 그가 미처 깨닫지 못한 관념이 담겨 있다고 할 수 있다. 닉은 데이지를 향한 개츠비의 사랑이 그의 보다 커다란 환상 속에 포함되는 한 부분인 것으로 본다.[21] 이 글은 이러한 닉의 의견을 종합하여, 개츠비의 데이지를 향한 순정한 사랑이 그의 야망에 대한 제유인 것으로 본다. 즉, 개츠비가 깨닫지 못하는 사이에 데이지는 그의 야망의 한 부분으로서 존재하고 있다 할 수 있다. 경제적 성공에 이어 보다 궁극적으로 개츠비가 추구하는 야망이란, 상류층 가문을 이루는 것이라 가정해 볼 수 있겠다.

개츠비의 환상을 바라보는 닉의 관점에서 본다면, 데이지에 대한 사랑은 그의 야망을 이루어가는 과정일 수 있다. 그러나, 작품에 나타난 개츠비의 데이지를 향한 사랑은, 데이지의 경우와 대비되어, 일방적 몰

21 【인용】 지금 그가 누리고 있는 행복이 얼마만 한 가치가 있는 것인지 어렴풋이 의심이 생긴 듯한 표정이었다. **오 년에 가까운 세월! 심지어 그날 오후에도 데이지가 그의 꿈에 미치지 못하는 순간이 있었을지 모른다. 물론 그녀의 잘못이라기보다는 그가 품어 온 환상의 거대한 힘 때문에 말이다. 그 환상의 힘은 그녀를 초월하였으며 모든 것을 뛰어넘었다.** 그는 창조적인 열정으로 직접 그 환상에 뛰어들어 그 환상을 끊임없이 부풀어 오르게 했으며, 자신의 길 앞에 떠도는 온간 빛나는 깃털로 그 환상을 장식했던 것이다. 그 어떤 정열도, 그 어떤 순수함도 한 인간이 그의 유령 같은 가슴속에 품게 될 것에 도전할 수 없으리라.(139)

입의 단계로까지 나아간다. 그는 데이지와 헤어진 이후 '과거-현재 간 5년'의 이별 기간을 지우고 데이지와의 사랑을 처음으로 되돌리겠다는 일념을 갖는다. 그는 이 시기 동안 군대에서 혁혁한 공을 세우며, 이 공을 인정받아 옥스퍼드에서 일정 기간 교육을 받는다. 이후 동부에서 수상한 수단으로 부를 쌓으며 웨스트에그에 거대한 저택을 사들인다. 그는 이곳에서 거의 매주 떠들썩한 파티를 여는데, 그것은 순전히 건너편 이스트에그의 데이지를 불러들이기 위한 것으로 드러난다. 그의 데이지를 향한 사랑은 '대과거 ②'에서의 사랑으로 되돌리려는 욕심으로 나타난다. 즉, 개츠비는 데이지가 그녀의 '과거-현재 간 5년' 동안 현재의 남편 톰을 사랑한 바 없으며, 오로지 개츠비 자신만을 사랑하였음을 인정할 것을 요구하며, 이를 확신하기까지 한다. 이러한 개츠비의 일념에 대해 닉은 과거는 '반복'할 수 없는 것이라는 말로 조언한다. 그러나 '서술된 시간 이전의 과거'를 지우고 삶의 이력을 '대과거 ① ②'로부터 출발하고 있는 개츠비에게 '대과거 ②'란 그의 삶의 출발이자 그가 이루고자 하는 궁극적인 꿈이기도 하기에 데이지와의 사랑을 되돌리고자 한다. '대과거'를 현재에서 반복코자 하는 개츠비의 이와 같은 면모는 『가을에 온 여인』의 오세정, 『폭풍의 언덕』의 히스클리프와 유사하다 하겠다. 개츠비는 사별이 아닌, 이별과 제도에 맞서고 있는 것이다.

'대과거 ②'에서 시작하여 '과거-현재 간 5년'을 거쳐 '현재'에 이르기까지, 개츠비가 데이지에 대한 사랑의 일념을 유지하고 있는 것과 달리, '현재'의 데이지에게 있어 '대과거'에서 개츠비와의 사랑은 그녀 과거의 한 부분이되 궤도 이탈된 자리에 놓이는 것으로 볼 수 있다(〈그림 3-1〉 참조). '현재'의 서사층위에서 개츠비와 데이지는 닉의 중재로 재회하여 만남을 지속한다. 그러나 이들의 만남은 곧 톰의 제재를 받으며, '7장'에서 톰이 개츠비의 가려진 부분들(수상한 부분들)을 모두 드러냄으로써, 데이지의 편에서는 개츠비와의 관계를 끝맺는다고 할 수 있다.

『위대한 개츠비』는 개츠비가 데이지를 향한 변함없는 사랑을 간직한 채 그녀의 죄과로 인해 죽음을 맞는 한편, 데이지가 개츠비를 향한 한 자락 사랑을 가리고 톰과의 안정적이며 형체가 있는 결혼생활을 지속하는 것으로 끝을 맺는다. 개츠비와 데이지를 통해 단순하게 사랑과 배반만을 이야기할 수 없는 것은 여기에 담긴 움직임과 멈춤이라는 감정 기제가 환상과 현실을 가르는 한 요소이기도 하기 때문이다. 데이지를 향한 멈춤의 감정 상태를 유지한 개츠비의 삶이 거의 송두리째 '환상'이었음을 그의 장례식 장면을 통해 엿볼 수 있다. 닉이 많은 노력을 기울였지만 조문객 없는 그의 장례식. 1922년 여름, 개츠비의 파티에 참여하였던 수많은 사람들 가운데, 유일하게 그의 장례식장을 찾은 사람은 "올빼미 모양의 안경"을 쓴 사람으로 개츠비의 서가에 있는 책들이 모두 진짜라는 사실에 매혹되어 "놀라운 리얼리즘"(73)을 운운했던 인물이다. 그만이 개츠비를 통해 '리얼리즘'을 발견하였다는 것은 그의 삶이 대부분 '환상'으로 이루어졌음을 여실히 보여준다 하겠다.

(4) 관능의 결여와 절제의 미덕, 그리고 사랑의 시공간적 권역[22]

남녀 간의 '사랑'은 소설에서 살필 수 있는 감정양태를 대표한다 할 수 있다. 그런데 사랑을 중심제재로 한 이야기들, 즉 사랑서사는 개별

22 이 글은 다음을 기본 텍스트로 한다. Gustave Flaubert(귀스타브 플로베르), 진인혜 역, 『감정교육(*L'éducation sentimentale*)』, 나남, 2011.

작품들마다에서 독자성을 엿보이면서 전개된다 할 수 있다. 여기에서 사랑이 소설의 변하지 않는 화소로서 자리매김할 수 있는 자격을 얻는다 하겠다. 그렇다면, 사랑이 수많은 작품들에서 독자적 색채를 발하면서 여전히 소설의 가장 중요한 화소로 존재토록 하는 요인들에는 어떤 것이 있을까? 범박하게나마 시대적·사회적 환경, 인물의 성격, 운명과 우연, 제도와의 충돌, 그 밖의 갈등관계 등에 대해 생각해 볼 수 있다. 그리고 영원성, 배반과 복수, 정신과 육체, 순수성의 정도 등이 소설에서 서사화되는 사랑의 성격을 규정지을 수 있는 변수들이라 할 수 있겠다. 이러한 것들이 사랑서사의 특색을 이루고, 그 안에 담긴 사랑의 양적·질적인 측면을 결정짓는다 할 수 있다.

이 글은 작품의 '시공간성과의 관련선상에서' 이러한 사랑의 감정이 양적으로 혹은 질적으로 존재하는 양상을 주로 논하고 있다. 그런데 이들 논의에서 '사랑하는 대상과의 관계에서 나타나는 사랑 자체의 감정 경제적 기전'에 대해서는 논의가 충분히 이루어지지 않고 있다 하겠다.[23] 프랑스의 작가 플로베르가 남긴, 『감정교육』을 통해 이러한 감정경제적 기전이 사랑의 시공간적 권역에 영향을 미침을 검토해 볼 수 있다. 이를 위해 이 소설에 나타나는 사랑의 유형들에 주목할 필요가 있다. 이를 〈표 3-1〉처럼 정리해 볼 수 있다.

이 소설의 서사는 주인공인 프레데릭 모로가 18세이던 1840년에서 시작하여 1860년대 후반까지의 프랑스 파리를 중심배경으로 하여 펼쳐진다. 프레데릭은 1840년에서 1851년에 걸친 10여 년 동안 아르누부

23 저자는 박경리의 소설을 통해, 죄의식의 감정 경제적 기전을 논한 바 있다. 김은경, 「박경리 소설에 나타난 '죄의식'의 경제」, 『인문논총』 55집, 서울대 인문학연구원, 2006.6.

〈표 3-1〉『감정교육』에 나타난 사랑서사들의 양태

	아르누부인	로자네트	당브뢰즈부인	루이즈	비고
관계양태	불륜	창녀	불륜-정부(情夫)	결혼의 가능성	
돈(이익)	사랑의 자격 : 아르누부부에게 경제적 도움을 주는(주려는) 입장	로자네트와 관계를 맺는 동안 그녀의 생활비를 충당함	당브뢰즈의 막대한 유산상속에 대한 기대	(지참금에 대한 기대)	사랑의 성격을 결정짓는 한 요소
관능	도발적인 관능	관능의 충족	도발하지 않는 관능	(관능)	사랑의 성격을 결정짓는 중요한 요소
관계의 질적 차이	관능의 결여와 욕망의 절제	육체적 욕망 충족에 치중	세속적 허영 vs. 낭만적 허영	야만적 사랑	
결말	어머니와 같은 존재로 남음 / 독신의 맹세	아들의 죽음 / 관계의 청산	당브뢰즈부인의 귀족적 앙갚음	루이즈의 편에서, 첫사랑의 실패 / 델로리에와 결혼	
사랑의 시공간적 권역	아르누 부부의 가정과 침실 밖 어느 곳으로도 사랑의 시공간적 권역이 볼록렌즈로 비추어보듯 무한하게 확장됨	로자네트의 집과 침실 : 사랑의 시공간적 권역이 오목렌즈로 비추어보듯 관능충족을 할 수 있는 공간으로 제한됨.	당브뢰즈부인과의 관계를 통해 사회적 시공간성의 권역 확대(사교계 진출과 출세)를 기대함.	프레데릭과 루이즈가 함께 산책을 하였던 노장의 '섬'이 상징하듯 프레데릭의 입장에서 사회적 시공간성의 권역을 제한하는 관계임	

인, 로자네트, 당브뢰즈부인, 루이즈 등의 여성인물들과 사랑서사를 펼친다. 이 가운데 중심이 되는 것은 프레데릭과 아르누부인 간의 사랑서사이다. 나머지 사랑서사들은 확연한 대비점들을 보이는 가운데, 프레데릭이 아르누부인과의 관계에서 펼치는 사랑서사를 특징짓는 데 기여한다. 위의 표에서 정리하였듯이 이들 사랑서사를 성격 짓는 공통적 요소로 '돈'과 '관능'을 꼽을 수 있다. 이를 버팀목으로 하여, 격자로 얽히는 이들 사랑서사들 — 그 가운데서도 프레데릭-아르누부인 간 사랑서사를 감정경제와 시공간성 간 함수관계라는 논제 내에서 조명해 볼 수 있다. 여기에서는 특별히 '사랑하는 사람에 대한 사랑 자체의 감정기전이 사랑의 시공간적 범역을 결정짓고 있음'을 논할 것이다. 이러한 시각은 사랑의 양적 · 질적 양태를 시공간성과의 관련선상에

서 살핀, 다른 논의들과 차별화됨과 아울러, 이 글(2부 3장)의 논제에 보다 세부적인 접근을 가능케 하고 있다 할 수 있다.

프레데릭이 주도하는 아르누부인에 대한 사랑서사는 작품의 처음부터 마지막까지를 지탱하는 중심적인 것으로서 전개되는데, 주요 사건들을 정리하면 다음과 같다.

① 1부 I장. 1840년 가을, 프레데릭은 고향 노장으로 가는 선상에서 이루어진 아르누부인과의 첫 만남에서 그녀를 사랑하게 된다.

② 1부 IV장. 파리, 아르누의 초대를 받고 아르누부인과 만남을 갖는다.

③ 1부 V장. 아르누부인의 축일을 축하하는 생클루에서의 모임에 참석한다.

④ 1부 VI장. 1843 여름~1845, 파산을 받아들이고 노장쉬르센의 집에 머문다. 1845, 12월 백부의 유산을 상속받음과 동시에, 파리로 향한다.

⑤ 2부 III장. 파산위기에 처한 아르누에게 15,000프랑을 빌려준다. **아르누부인이 자신이 서명한 어음 건으로 프레데릭의 집을 방문하며, 프레데릭은 사랑 고백을 시도하지만, 아르누부인의 정숙함을 뛰어넘지 못한다.**

⑥ 2부 V장. 프레데릭의 친구 델로리에는 프레데릭이 자신에게 투자하기 위해 마련한 15,000프랑이 아르누에게 가 있다는 사실을 알고 이를 돌려받기 위해 아르누부인에게 접근, 프레데릭이 고향의 아가씨인 루이즈와 결혼할 것이라는 정보를 건넨다.

⑦ 2부 VI장. 프레데릭, 결혼계획을 부인하고 아르누가 오퇴유에 세를 얻은 별장에서 아르누부인과 순수한 사랑을 나눈다. **파리에 돌아왔을 때, 프레데릭은 아르누부인과 함께 할 둘만의 공간을 준비하고 화요일의 만남을 계획하지만, 아르누부인의 아들 외젠의 병 때문에 만남이 성사되지 못한다.**

아르누부인과의 결별을 결심한 프레데릭은 그 공간에서 로자네트와 밤을 보낸다.

⑧ 3부 I장. 2월 혁명에 가담하고 있는 아르누를 죽이는 광적인 몽상을 함으로써 아르누부인에 대한 미련을 엿보인다.

⑨ 3부 III장. **아르누가 경제적으로 어려움에 처한 상황에서, 프레데릭은 아르누부인을 방문한다. ⑦에서의 오해를 풀 결정적 상황에서, 아르누와 얽힌 경제적 문제를 해결할 목적으로 아르누를 만나기 위해 나타난 로자네트의 존재로 인해 프레데릭과 아르누부인은 돌이킬 수 없는 결별을 하게 된다.**

⑩ 3부 VI장. 경제적 문제로 인해 파멸하게 된 아르누는 가족을 이끌고 파리를 떠난다.

⑪ 3부 V장. 1851년 말, 아르누부인을 향한 변함없는 사랑을 간직한 프레데릭은 당브뢰즈 부인으로부터 12,000프랑을 빌려 아르누를 구하고자 한다.

⑫ 3부 VI장. 1867년 3월 말경, 하얀 머리카락의 아르누부인이 프레데릭을 방문한다.

이와 같이 간추린 이들의 사랑서사는 '관능'과 '돈'의 문제를 두고 일관적인 흐름을 보인다. 이 가운데 '돈'의 문제는 엄밀한 의미에서, 남녀간 사랑에 끼어들기 쉬운 이물질이라 할 수 있는데, 『감정교육』에서 이는 사랑의 순수성을 재는 척도로서의 역할을 한다. 프레데릭은 아르누부인과 관계를 맺음에 있어서 경제력을 사랑의 자격으로 여기는바, 이러한 입장은 로자네트, 당브뢰즈부인, 루이즈와의 관계에서와는 차별화되는 사항으로서, 아르누부인을 향한 그의 사랑이 세속적 욕망과 무관함을 적시한다 하겠다. 이러한 맥락에서 돈의 문제가 서사적으로도 프레데릭과 아르누부인의 거듭된 이별과 재회 과정에서 재회의 계기들을 마련하고 있음이 주목된다.[24] 이른바, 프레데릭과 아르누부인 간 만남, 이별들, 재회들로서 구획할 수 있는 서사단위들 내에서 프레데릭의 경제적 파산, 프레데릭의 아르누부인을 향한 관능에 대한 기대와 좌절이 두 사람의 이별을 부추기는 역할을 한 반면, 아르누부부의 경제적 어려움은 프레데릭과 아르누부인 간 재회의 계기가 되거나 프레데릭 편에서 재회를 시도하도록 하고 있는 것이다.

이 글은 관능의 문제를 통해 이 글의 논제에 곧바로 접근해 들어가기로 한다. 관능은 프레데릭과 아르누부인의 사랑을 성격 짓는 결정적 요소라 할 수 있다. 이 작품에서는 두 사람 사이에서 관능의 결여와 욕망의 절제가 결과론적으로는 유지되는 것으로서 귀결되며,[25] 이는 이 작품에 나타난 사랑의 시공간적 권역과 긴밀한 관련을 맺는 것으로 나타난다. 이른바, 프레데릭-아르누부인 간 사랑에서 일관되게 나타나는 또 다른 측면은 바로, 바로 사랑의 영원성에 대한 인식이다. 『감정교육』은 관능의 결여와 절제의 미덕을 사랑의 영원성과 결부하여 생각토록 하는 근거들을 보여준다. 일차적으로는 다른 사랑서사들과의 대비

---

24 아르누가 예술 관련 신문을 발행하면서 '공예사'를 운영하던 시기, 프레데릭에게 있어 아르누는 백만장자로 여겨진다. 그러나 프레데릭이 백부의 유산을 받기까지 경제적 파산을 이유로 노장에서 2년 정도 머물다 파리로 돌아왔을 때, 아르누는 도자기상인으로 바뀌어 있게 된다. 이어서는 다시 종교물품을 취급하는 상인이 되면서, 경제력을 갖추었던 부르주아가 몰락해 가는 과정을 보여준다. 그 과정에서, 간추린 문단에서 나타나듯이, 아르누의 경제적 문제가 계기가 되어 프레데릭은 아르누부인과 만나게 되거나, 재회하게 된다. 프레데릭은 경제적으로 아르누를 돕거나, 도우려는 의지를 일관되게 보이는바, 그에게 있어서 경제력은 곧 사랑의 자격인 것으로 나타난다.

25 이러한 측면은 불륜을 소재로 한 작품들, 예를 들면 플로베르의 다른 작품인 『보봐리 부인』, 톨스토이의 『안나 까레니나』 등의 작품과 비교할 때 차별화되는 사항이지만, 괴테의 『젊은 베르테르의 슬픔』 등을 고려할 때 이 작품만의 특질은 아니라 할 수 있다.

를 통해 이를 엿볼 수 있다. 프레데릭-로자네트의 관계는 관능의 충족에 초점이 놓인다 할 수 있다. ⑦에서 볼 수 있듯이, 프레데릭은 아르누부인과의 관능적 사랑을 실현할 수 있으리라는 기대감이 최고조에 이르렀다 무너지는 순간, 로자네트를 통해 관능적 욕망을 충족하기에 이른다. 로자네트는 프레데릭의 성적 욕망을 대리적으로 충족시켜 주는 존재라 할 수 있다. 이들의 관계는 로자네트가 프레데릭의 아들을 낳음으로써 위태롭게 유지되지만, 그 아들은 곧 죽음을 맞는다. 프레데릭이 원하지 않았던 아들의 존재란 관능의 부산물이라 할 수 있으며, 그 아들이 영아기에 죽는다는 설정은 아르누부인과의 관계에서 결여된바, 즉 관능이 충족된다 하더라도, 그 관계가 덧없을 수 있음을 암시하고 있다 할 수 있다. 실제로, 이들은 아들의 죽음 이후, 곧바로 결별한다.

이는 작품의 종결부라 할 수 있는 ⑫의 다음 장면을 통해서도 확인할 수 있다. 3부 V장에서 프레데릭은 자신의 집을 방문한 아르누부인과 대략 16년 만에 재회한다. 이때에도 그는 아르누부인을 향한 변함없는 사랑을 확인한다. 아르누부인과의 관계에서 결여된 관능과 관련하여 다음 인용에 주목해 보자.

> 프레데릭은 아르누부인이 몸을 맡기러 온 것이 아닌가 의심했다. **그는 그 어느 때보다도 강하고 격렬하며 미친 듯한 욕망에 다시 사로잡혔다.** 그러나 **그는 뭐라 표현할 수 없는 어떤 것, 혐오감이랄까, 근친상간의 공포와 같은 것**을 느꼈다. 그리고 **나중에 불쾌감을 갖게 될지도 모른다는 또 다른 두려움이 그를 제지했다.** 게다가 얼마나 거북할 것인가! **신중한 마음과 동시에 이상을 망가뜨리고 싶지 않다는 생각**에, 그는 발꿈치를 돌리고 궐련을 피우기 시작했다. (566)

여기에는 물론, 27년(1840~1867)의 세월에 의해 다듬어진 생각이 깃들어 있다 할 수 있다. 위의 인용은 프레데릭과 아르누부인 간 사랑에 결과론적으로 접근할 때, 관능적 결여를 채우지 않는 사랑이 프레데릭이 아르누부인과의 관계에서 꿈꾸는 "이상"임을 보여준다. 관능적 욕망을 충족한 이후의 "불쾌감"을 염려하는 마음에는 아르누부인을 향한 변치 않을 사랑이 곧 그의 이상이며, 관능이 이를 저해할 수도 있다는 인식이 담겨 있는 것이다.

이러한 관점에서, 2부 VI장과 3부 III장의 서사에 주목해 보자. 프레데릭과 아르누부인은 수차례 이별과 재회를 반복한다. ⑦과 ⑨에서의 이별은 두 사람의 연인관계를 저해하는 결정적인 것이라 할 수 있다. 여기에서 프레데릭은 아르누부인과의 육체적 결합을 기대하지만, 새롭게 직면하게 된 상황에 의해 좌절을 겪는다. ⑦에서 프레데릭은 파리 시내에 아르누부인과 함께 할 둘만의 공간을 준비하고, 아르누부인을 기다린다. 아르누부인에 대한 사랑의 전환점이 될 수도 있는 이 결정적 약속이 정해진 날, 두 개의 사건이 함께 한다. 2월 혁명과 아르누부인의 아들인 외젠의 병이 그것이다. 2월 혁명에 대해서는, 프레데릭은 아르누부인과의 만남을 우선시하여 동참할 것을 요구한 친구들 편에 서지 않는다. 그러나, 외젠의 병은 아르누부인의 발목을 잡는다. 고통에 신음하는 아들 앞에서 아르누부인은 프레데릭을 향한 그녀의 사랑을 죄로 인식하며 정숙한 아내와 어머니의 미덕을 저버리지 않을 결심을 새롭게 하게 된다. ⑨에서 또한 ⑦에서의 오해를 풀고, 먼저 팔을 벌린 아르누부인과 포옹하려는 순간, 프레데릭의 정부이자 아르누의 정부이기도 한 로자네트의 갑작스런 등장으로 ⑦에 이어 관능의 충족으로 이어질 수도 있었던 기회를 잃게 된다. 프레데릭과 매춘부 로자네트의 관계가 드러나면서, 이때의 이별은 돌이킬 수 없는 것이 된다.

이상 정리한 ⑦과 ⑨에서 전개된 관능 충족에 좌절하게 된 상황은 주인공인 두 인물이 절제와 정숙의 미덕을 지킬 수 있었던 데에 외부적 힘이 개입하고 있음을 보여준다. 이는 프레데릭과 아르누부인이 전적으로 그들의 의지만으로 관능의 결여를 감내하고 절제와 정숙의 미덕을 잃지 않은 것이 아님을 보여주고 있는 것이다. 의지보다는 상황이 절제와 정숙의 미덕을 지키도록 돕고 있는 것이다. ⑫에서의 결과론적 관점을 여기에 대입할 때, 프레데릭과 아르누부인의 생각은 차이가 나지만, 결국은 한 지점을 향한다. 아르누부인이 "한 몸"이 되지 못한 것이 오히려 잘 된 일이라고 생각하는 것에 대해, 프레데릭은 "한 몸"이 되었더라면 정말 행복했을 것이라고 답한다. 이어서 아르누부인은 "당신의 사랑과 같은 사랑"(564)이라는 단서를 두고, 프레데릭의 말처럼 되었을 것이라고 말한다. 프레데릭의 사랑이란 "그토록 오래 헤어져 있었는데도 여전히 사라지지 않는" "대단히 강한 사랑"(564)을 의미한다. 이 역시 1867년에 이르러서 내린 결과론적 단정인 것이다. 아르누부인이 인정한 프레데릭의 "대단히 강한 사랑"이란, 결과론적으로는 관능이 충족되지 않은 조건하에서 유지되어온 것이다. 만약 두 사람이 관능적인 사랑을 나누었을 경우, 프레데릭이 그와 같이 "대단히 강한 사랑"을 유지할 수 없었을 수도 있을 것이라는 여지를 남게 두게 된다. 결국 아르누부인의 입장에서 볼 때, 결여와 절제의 감정기전이 두 사람의 사랑을 존속토록 한 인자로서 작용한 것으로 볼 수 있겠다.

다음에 인용하는 프레데릭의 대사는 그 또한 궁극적으로는 아르누부인과 같은 입장을 보이고 있음을 나타내 준다. 그는 램프에 비치는 아르누부인의 하얀 머리카락을 보고 다음과 같이 말한다.

> 제게는 육체와 영혼의 환희가 바로 당신 이름 속에 들어있는 까닭에, 당신 이름에 입술을 갖다 대고 입 맞추려고 하면서 몇 번이고 당신 이름을 불렀지요. 그 이상은 아무것도 상상하지 않았답니다. 당신은 두 아이가 있고, 상냥하고, 진지하고, 눈부시게 아름답고 너무 선량한 있는 그대로의 아르누부인이었어요! 그 모습 앞에서 다른 모습들은 모두 사라졌지요. 저는 오로지 그 모습만 생각하고 있었습니다! 언제나 제 마음속에 당신의 아름다운 목소리와 찬란한 두 눈을 간직하고 있었으니까요.(565)

⑦과 ⑨의 상황들을 통해, 프레데릭과 아르누부인의 사랑을 플라토닉한 것으로 보기는 어렵다. 결여와 절제의 미덕은 관능의 유혹에 위협받기를 반복하면서 유지되어 왔던 것이다. 인용문은 서로 "한 몸"이 된 적은 없지만, 그 아름다움에 매료되었던 아르누부인의 육체에 대한 프레데릭의 생각을 나타내준다. 먼저 위의 인용문이 발화된 정황에 주목해 보자. ⑫에서 프레데릭은 16년 만에 재회한 아르누부인에게서 "하얀 머리카락"을 발견하고 "충격"을 받으며 "실망을 감추기 위해" 인용문의 대사를 발화하고 있는 것이다. 이는 긴 시간의 흐름 속에서 자리해 왔던 사랑과 그 사랑의 대상에게서 보이는 변화의 흔적 사이에 존재하는 거리에 대한 인식을 보여주고 있다 하겠다. 이러한 정황은 프레데릭을 통해 관능적 욕망의 실재(實在)를 잘 보여준다 하겠다. 늙음이 충격과 실망을 준다는 것은 관능의 대상이었던 젊은 육체에 대한

기억을 되살리고 있음을 뜻한다. 그런데 충격과 실망을 감추기 위해 발화된, 위의 인용문은 절제의 미덕이 함께 한 사랑의 이상(理想)을 드러내주고 있기에 주목된다. 인용문에 따르면, 아르누부인은 이름의 대표성만으로도 프레데릭에게 "육체와 영혼의 환희"를 주는 존재이며, 프레데릭은 한 남자의 아내이며, 아이들의 어머니인 "있는 그대로의 아르누부인"을 사랑함으로써 그녀가 소중히 여겨 온 정숙의 미덕을 지켜주었던 것이다. 이는 사랑하는 대상의 육체적 늙음을 목격하고 실망한 프레데릭 자신에 대한 변론이자, 절제의 미덕에 의해 조율되어온 그의 사랑이 육체의 노쇠와 무관하게 유지되고 있음을 피력한 대목이라 하겠다. 그 "이름"만으로도 사랑하는 존재를 대신하여 가질 수 있다 함은, 그 사랑의 영원성을 엿볼 수 있도록 하는 대목이다.

이와 같이 3부 VI장은 결여와 절제의 미덕이 사랑의 영원성과 관련을 맺음을 인물의 발화와 결단을 통해 직접적으로 보여주고 있다. 뿐만 아니라, 작품의 전편에 걸쳐 프레데릭과 아르누부인 간 사랑이 영원성을 담고 있음을 프레데릭의 의식을 통해 엿볼 수 있다. 그것은 흡사 블록렌즈와 같은 시공간성(◘)을 통해 나타난다. 사랑이 영혼과 육체의 측면 모두에서 완성을 이루는 공간을 부부의 침실이라 할 때, 프레데릭에게 있어서 아르누부인을 향한 사랑은 이를 나타내는 가운데의 원을 제외한 시공간 내에서 편재하는 것으로 그려진다. 프레데릭은 침실의 베개 위에 놓인 아르누부인을 상상하지만, 그곳에 함께 발을 들이지 못한다.[26] ⑦의 2부 VI장에서 아르누부인과의 둘만의 만남을

26 【인용】 때때로 그녀는 손수건을 세게 얼굴에 갖다 대곤 했다. 그는 눈물에 흠뻑 젖은 그 조그만 삼베조각이 되고 싶었다. **그는 자기도 모르게 알코브 안쪽의 침대를 바라보며 베개 위에 있**

위해 “가구가 구비된 아파트”(376)를 마련하지만, 외젠의 병으로 인해 소원을 이루지 못한다. 더군다나, 이 경우 또한 부부의 침실은 아닌 것이다. 3부 V장에서, 프레데릭은 아르누부인의 침실에 있던 물건들이 아르누의 파멸로 인해 경매장에서 팔리는 현장을 의도적으로 목격토록 한 당브뢰즈부인에게 분노하여 그녀와의 관계를 마감한다. 또한, 작품 전편에서 매 순간의 장소와 사건, 어떤 사람, 누군가의 이야기, 물건들, 아름다운 모든 것들 등에서 프레데릭은 아르누부인을 연상한다. 아르누부인과의 관계가 멀수록, 그녀에 대한 연상이 빈번하게 이루어짐을 발견할 수 있다. 나아가서, 그들은 실내보다는 실외에서 안심하고 사랑을 속삭이며, 파리에서 멀어질수록(생클루와 오퇴유의 별장 등) 보다 행복한 연인이 된다. 『감정교육』은 이러한 사랑이 프레데릭으로 하여금 “어떤 종교적인 두려움”(274)을 느끼게 하는 아르누부인의 정숙함과 “아르누에게 질투를 느끼지 않는” 프레데릭의 순정함을 그 요소로 하고 있음을 보여준다.[27]

이러한 사랑은 관능의 결여에 대해 절제와 정숙의 미덕을 갖추고 있다 할 수 있는바, 특별히, 프레데릭의 의식 속에서 그 사랑의 권역이 ‘무한의 시공간성’으로 나타나는 점이 주목된다. 1부 V장에서 아르누가 ‘공예사’를 운영하며 풍족한 시절을 보내던 때, 프레데릭은 아르누가 여는 ‘목요일의 만찬’에 고정적으로 참여하기 위해 애쓰는 한편, 아

는 그녀의 얼굴을 상상했다. 그 모습이 너무 선명하게 보여, 그녀를 껴안고 싶은 충동을 꾹 눌러 참아야 했다.(2부 II장, 234)

27 【인용】 한 가지 놀라운 사실은 **그가 아르누에게 질투를 느끼지 않는다는** 것이었다. 그리고 그는 옷을 벗은 그녀의 모습을 상상할 수 없었다. **그만큼 그녀의 정숙함은 자연스러운 것이었고, 그의 성욕은 신비로운 그늘 속으로 물러나 있었다.**(103)

르누부인과의 친밀한 관계를 만들어간다. 이후 수차례 경제적 어려움을 겪으면서 파멸에 이르는 아르누의 삶의 과정을 고려할 때, 이 시기는 아르누부인에게 가정적으로 가장 평탄하였던 때라 할 수 있는데, 그로 인해 프레데릭으로서는 아르누부인이 보다 먼 거리에 놓인 존재로 여겨졌을 것으로 생각해 볼 수 있다. 그는 모든 여자들을 통해 결국은 아르누부인을 연상하며, 상점의 물건들, 상인들의 광주리에 있는 꽃 등을 통해서도 아르누부인을 생각한다. 그 가운데 인용문은 아르누부인을 생각하는 그의 의식이 무한의 시공간성으로 확장됨을 직접 보여주기에 주목된다.[28] 한편, 2부 III장에서는 도자기사업을 하던 아르누가 이탈리아를 여행 중일 때, "크레유" 인근 "몽타테르" 에 있는 아르누의 도자기 공장을 방문하여 아르누부인에게 사랑고백을 시도한다. 이때 그는 "공간을 초월하여 두 사람의 관계를 맺어주고 그들의 느낌을 서로에게 알려주며 다시 만나게 해주는, 그런 힘이 존재한다"고 하는 "영혼의 친화력에 대한 장광설"(268)을 펼치기도 한다. 그러나 아르누부인의 정숙함은 "어떤 종교적인 두려움"을 주는 것으로 프레데릭에게 여기지는바, 『감정교육』은 그로 인한 결여와 욕망이 비례적으로 그

---

28 【인용】 **식물원에 가서 종려나무를 보면, 그는 머나먼 나라로 실려 갔다.** 그러면 낙타 등에서, 코끼리 등에 쳐놓은 차양 아래에서, 푸른 섬들 사이의 요트 선실에서, 또는 부서진 원주에 부딪쳐 풀밭에서 비틀거리며 방울 소리를 내는 두 마리 노새에 나란히 앉아서 **그녀와 함께 여행을 했다.** 이따금 그는 **루브르 박물관의 옛 그림들 앞**에서 발걸음을 멈췄다. **그러면 그의 사랑은 여러 세기 전으로까지 거슬러 올라가 그림 속의 인물들을 그녀로 대체시키곤 했다.** 중세의 원뿔꼴 모자를 쓴 그녀가 납빛 유리창 뒤에서 무릎 꿇고 기도하고 있었다. 카스티야 지방이나 플랑드르 지방의 영주 부인이 된 그녀는 빳빳하게 풀 먹인 주름 잡힌 깃에 고래 뼈로 부풀린 치마를 입고 앉아 있었다. 그리고 수단 옷을 입은 그녀가 타조 깃털 닫집 아래에서 상원의원들에게 둘러싸여 커다란 반암 계단을 내려가고 있었다. 또 어떤 때는 노란 명주 바지를 입고 규방의 방석 위에 있는 그녀를 그려보기도 했다. **반짝이는 별, 음악의 어떤 곡조, 생명감 있는 문장, 하나의 윤곽 등 아름다운 것은 모두가 돌연 무의식중에 그녀를 생각나게 했다.**(1부 V장, 101~102)

들의 사랑을 "무한"(274)에 이르게 하고 있음을 시사해준다. 앞에서 거론한 이 작품의 결말, 영원성을 추구하는 사랑의 이상은 이러한 인식의 연장선상에 놓인다 할 수 있을 것이다.[29]

프레데릭과 아르누부인의 이와 같은 사랑에 비추어 프레데릭과 당브뢰즈부인 간의 관계를 생각해 보자. 프레데릭의 편에서 이 관계는 사교계진출과 출세를 염두에 둔 것이므로 그를 통해 당브뢰즈부인과의 사랑을 논의할 여지는 존재하지 않는다. 다만, 당브뢰즈부인의 입장에서, 그녀가 프레데릭과의 관계에서 "대단한 사랑"(504)을 얻고자 한다는 점에 주목해 보자. 1부 V장에서 가볍게 스치는 정도의 첫 만남이 있은 이후, 3부에서 당브뢰즈부인과의 연애가 본격화되기 이전까지 프레데릭은 종종 당브뢰즈부인과 스치거나 가벼운 만남을 이룬다. 이 과정에서 프레데릭을 초점화자로 하여 등장하는 당브뢰즈부인은 복잡한 내면세계를 가진 존재로서, 지적인 여자일 것이라는 예측을 해보도록 한다. 이른바 "사랑의 고민 같은 것이 드러나" 있는 "머리카락의 웨이브", "많은 것을 담고 있어서 선생과도 같은 분위기"를 드러내는 "회백색의 이마"(223), 그리고 "냉담하면서도 동시에 뭔가 번민하는 듯이"(329) 보이는 여자로 그려지고 있다.

그런데 3부 II장 이하에서, 당브뢰즈부인의 정부로서 프레데릭이 바라본 당브뢰즈부인은 이전의 형상과 상당한 거리를 둔 것으로 드러난다. 작품의 시대적 배경이 프랑스의 2월 혁명을 가로지르는 시기임에

29 【인용】 게다가 **어떤 종교적인 두려움**이 그를 가로막았다. **어둠과 뒤섞인 그녀의 옷은 거대하고 무한하며 들어 올릴 수 없는 것처럼 생각되었다.** 그리고 바로 그 때문에 그의 욕망은 더 불타올랐다.(2부 III장, 274)

도 불구하고, 당브뢰즈부인은 "시국 문제에는 별로 관심이 없"고, 시에 대해서는 "진실을 왜곡하는 시인들에 대해 불평"을 늘어놓을 뿐이다. 그녀에게 "영원한 감정의 영역"(471)이 있는 것으로 파악하여 프레데릭은 그녀에게 시집을 읽어주지만, 당브뢰즈부인은 "헐뜯는 평을 하거나 실질적인 이야기를 하느라고 그를 중단시키곤"(494) 한다. 여기에서 실질적인 이야기란, "사랑이라는 영원한 문제"(494)인 것으로 나타난다.

프레데릭과의 관계에서 당브뢰즈부인은, 사교계 진출과 출세를 염두에 두고 있는 프레데릭과 달리, 사랑 자체를 화두로 삼고 있는 것이다.[30] 당브뢰즈부인이 프레데릭을 정부로 두게 된 계기와 목적에 대한 언급은 이를 뒷받침한다. 당브뢰즈부인은 "권태" 때문에 프레데릭과 불륜관계를 맺게 된 것이며, 그것은 그녀에게 있어서 "마지막 시도"이기에 이 관계를 통해 "대단한 사랑"(504)을 이루고자 한다는 것이다. 프레데릭과 아르누부인이 여러 장애와 어려움에도 불구하고 그 사랑을 영원한 것으로 이루어간 것이라면, 당브뢰즈부인은 정략적이었을 당브뢰즈와의 결혼생활[31]이 가로막은 "대단한 사랑"의 기표를 상정하고, 어느 정도 작위적으로 이를 이루려는 태도를 보이고 있는 것이다. 당브뢰즈부인이 "사랑이라는 영원한 문제"를 프레데릭과의 대화에서 실

30 【인용】 그는 그녀를 감동시키고 자기에게 감탄하게 만들려고 온 마음을 쏟아 부어 시집의 몇 페이지를 읽어주었다. **그녀는 헐뜯는 평을 하거나 실질적인 이야기를 하느라고 그를 중단시키곤 했다. 그들의 이야기는 끊임없이 사랑이라는 영원한 문제로 빠져들었다!** 그들은 무엇이 사랑을 유발하는가, 여자가 남자보다 사랑을 더 잘 느끼는가, 그 점에 대한 남녀의 차이는 무엇인가 하는 것을 서로 물었다.(494)

31 프레데릭이 당브뢰즈부인을 처음 대면하는 장면에서 당브뢰즈부인이 당브뢰즈 씨보다 "적어도 스무 살은 더 젊어 보이는"(127) 것으로 묘사되고 있다. 여기에 더하여 3부 IV장에서 당브뢰즈 씨의 죽음에 직면하여 당브뢰즈부인이 그로 인한 슬픔이나 연민의 감정을 전혀 갖지 않고, 오히려 증오의 감정을 내비치면서 프레데릭과 함께 누리게 될 그의 유산에만 관심을 보이고 있음은 당브뢰즈 부부의 결혼이 정략적이었을 것이라는 주장을 가능케 한다.

질적이면서 중심적인 화제로 삼고 있음은 이를 뒷받침한다. 그것은 도덕성을 망각한 관능 — "온갖 아양과 애무"(504), 아무 때나 정부의 집을 찾는 무분별함, 그리고 정부에게 거대한 유산과 출세를 보장해 주는 것 등으로 구체화된다. 이 경우에는 미리 쓰인 사랑의 텍스트가 존재한다 할 수 있으며, 이를 이루어가는 과정이란 당브뢰즈부인의 편에서는 자신에게 결여된 "대단한 사랑"을 실천하는 일종의 낭만적 허영에 해당한다 하겠다. 이에 대응하는 것은 바로 프레데릭의 세속적 허영인 것이다. 당브뢰즈부인이 프레데릭과 함께하는 자리에서 "별"(471)을 이야기하거나, 그들이 함께 하는 장면에서 "별"이 주목되고 있음은 이러한 입장을 뒷받침한다 할 수 있다.

관능과 물질, 사회적 지위 등 실질적인 면에서 결여가 없는 이들의 관계는 부서지기 쉬운 것으로서 판명된다. 프레데릭의 편에서 볼 때, 그것은 영원한 사랑에 자리를 내준 결과라 할 수 있다. 당브뢰즈부인과의 결혼날짜를 잡아 둔 시점에서, 경제적 어려움으로 인해 파멸한 아르누는 파리를 떠나게 된다. 이러한 아르누 가족을 돕기 위해 프레데릭은 당브뢰즈부인을 속이고 그녀에게서 돈을 빌려 아르누 가족을 도우려 하지만, 이를 실현하지 못한다. 이 사건이 계기가 되어 당브뢰즈부인과 프레데릭은 쉽게 결별하고 만다. 사실을 알게 된 당부뢰즈부인은 아르누 집안의 모든 물건들을 경매에 붙이도록 일을 꾸미고, 그 현장에 프레데릭을 강제로 데려 간다. 경매장에서 프레데릭은 아르누부인을 추억하게 하는 모든 물건에 가격이 정해지고 팔리는 것을 목격한다. 무엇보다, 그에게는 영원히 금단의 영역이었던 아르누부부의 침실의 물건들이 백일하에서 매매되는 현장을 보고 분노하게 된 것이다. 그리하여 프레데릭은 당브뢰즈부인과의 결혼이 "비열한 투기"(558)라는 사실을 깨닫게 된다.

이 글에서는 사랑의 시공간적 권역을 영원에 이르도록 하는 것이 결여와 절제의 감정기전임을 논하였다. 프레데릭과 아르누부인은 절제와 정숙의 미덕으로 관능의 결여를 의지적으로 채우지 않는, 혹은 예기치 못한 사건으로 관능의 결여를 채우지 못하는 사랑을 이어가는바, 그와 같은 과정이 결과론적으로 영원한 사랑의 이상을 간직하도록 하고 있음을 논증하였다. 또한 아르누부인을 사랑하는 프레데릭의 의식이 매순간 무한의 시공간성을 지향하고 있음에 주목하였다. 이른바 그 시공간성은 대상을 볼록렌즈로 투과시키는 것과 흡사한 양상을 보이는바, 프레데릭의 의식 내에서 연상 등의 방식으로, 절제와 정숙의 미덕에 의해 금기시된 아르누부부의 침실 혹은 그와 유사한 곳만을 제외하고, 그와 아르누부인이 함께 하는 시공간성이 무한대로 확장하는 양상을 보임으로써, 아르누부인을 향한 프레데릭의 사랑이 영원성을 담지하고 있음을 나타내주고 있는 것이다. 이를 관능의 충족에 치중하는 로자네트(매춘부)와의 관계, "대단한 사랑"을 제외하고 욕망하는 바의 대부분을 갖추었다고 할 수 있는 당브뢰즈부인과의 관계 등과 대비하여 조명할 수 있었다. 3부 IV장에 따르면, 로자네트, 당브뢰즈부인과 함께 할 때에도 프레데릭의 머릿속에는 언제나 아르누부인이 "제3의 여자"[32]로서 존재하고 있었던 것으로 드러난다.

32 【인용】 그러나 그의 머릿속에는 언제나 제3의 여자가 존재하고 있었다. 그 여자를 소유할 수 없다는 사실이 그의 불성실을 정당화시켜 주었고, 두 여자를 번갈아 속이면서 점점 재미를 느꼈다.(3부 IV장, 522~523)

2) 상황에 따른 감정의 양적 변화

(1) 한 날의 감정 지도[33]

서사문학에서 감정의 양적 변화를 쉽게 간취할 수 있는 것은 단연 단편문학일 것이다. 삶의 총체성을 반영하는 장편문학이 대체로 광범위한 시공간성을 요하는 것과 달리, 단편 문학은 상대적으로 제한된 시공간성 내에서 긴장감 있게 전개되기 때문이다. 이에 비추어 볼 때 도스또예프스끼의 『죄와 벌』은 특색 있는 작품이라 하겠다. 앞의 글에서 박경리 『토지』와의 비교 고찰을 통해 『죄와 벌』에 나타난 감정파고에 대해 밝힌 바 있으므로, 여기에서는 논외로 한다. 대신에 우리의 단편소설 두 편을 통해 감정의 양적 변화 양상(과정)을 살피기로 한다.

먼저, 소년과 소녀의 풋사랑을 그린 황순원의 「소나기」를 살피겠다. 시공간성과 감정경제라는 측면에서 이 작품을 볼 때, 공간적 움직임과 감정의 강약이 관련된다는 점이 주목된다. 소년과 소녀가 갈림길에서 뜻이 맞아 "저 산 너머"(7)에 함께 간 날의 짧은 일정을 정리하면 다음과 같다.

> ① 갈림길, ② 논 사잇길, ③ 도랑, ④ 원두막 / 밭, ⑤ 산 / 산마루께 / 산을 내려옴(소나기), ⑥ 원두막 / 수숫단, ⑦ 도랑, ⑧ 개울가

갈림길에서 뜻을 같이 한 소년과 소녀는, ②④에서 상호 동화의 과

33 이 글은 다음을 각각 기본 자료 및 참고로 한다. 황순원, 「소나기」, 『소나기』, 일신서적출판사, 2001; 현진건, 「운수 좋은 날」, 권영민 편, 『한국 현대문학 대사전』, NAVER 지식백과(http://terms.naver.com/entry.nhn?docId=335688&cid=263&categoryId=1050, 최종검색일 : 2014.5.30).

정을 거친다. ②에서 소년은 "일찍 집으로 돌아가 텃논의 참새"를 봐야 한다는 사실을 상기하지만, 그와 같은 생각을 잊어버리기라도 하려는 듯이, "허수아비"를 잡아 흔든다. 소녀는 재미있다는 듯이, 소년을 따라 허수아비를 잡아 흔든다. 여기에서 도시 소녀의 농촌 소년에 대한 동화가 나타난다면, ④에서는 소년이 소녀에게 동화되어 하는 행동을 보인다. 무밭에서 무를 베어 문 소년은 소녀에게도 생 무를 권한다. 그러나, 소녀는 "맵고 지"린 무를 먹지 못한다. 그러자, 소년 또한 무를 더 멀리 팽개치고 만다. 여기에서는 농촌 소년의 도시 소녀에 대한 동화가 나타나고 있다고 볼 수 있다. 한편, 목적지인 산과 산마루께에서는 도시 소녀와 농촌 소년의 특색을 살리려는 시도가 나타난다. 소녀는 등꽃을 닮은 꽃을 보고 서울 학교와 그곳에서의 친구들을 떠올리며, 비탈진 곳에 핀 그 꽃을 꺾고자 한다. 소년은 송아지를 타고 돌면서, 이 일만은 소녀가 흉내 내지 못할 것이라 확신하며, 내리지 않을 결심을 한다. ①에서 ⑤까지의 과정에서 소년과 소녀는 상대방에게 동화되는가 하면, 자기만의 기억 혹은 능력을 내세우면서 감정적으로 간격을 좁혀 가고 있다 할 수 있다.

이러한 거리 좁히기에 더하여, 이 작품에서는 두 사람간의 풋사랑을 서로를 배려하는 행동들을 통해 양화시켜 보여준다. 그 시발점은 목적지인 ⑤이며, 돌아오는 길인 ⑥ ⑦ ⑧에서 심화되어 나타난다. ⑤에서는 꽃을 꺾다 무릎을 다친 소녀를 위해, 소년이 생채기의 피를 입으로 빨아낸다. 그리고 송진을 따다 소녀의 다친 무릎에 발라준다. 이러한 풋사랑의 감정은 돌아오는 길에 소나기를 만남으로써 더욱 증폭되어 나타난다. ⑥에서 소년은 자신은 비를 맞으면서, 소녀가 원두막에서 비를 그을 수 있도록 해 주며, 자신의 "무명 겹저고리"를 벗어 소녀의 몸을 감싸 준다. 나아가서 소녀가 보다 안전하게 비를 피할 수 있도록, 수숫단 속을 비집어 자리를 마련해준다. 소녀는 비를 그대로 맞고 있는 소년이 안 되어, 수숫단 속으로 들어오라고 권한다. 소년이 이에 응하자 꽃묶음이 우그러들었지만 상관없다고 생각하며 소년의 몸 냄새에도 고개를 돌리지 않는다. ⑦에서는 많이 불어난 도랑물 때문에 소년이 소녀를 업고 도랑을 건넌다. 그리고 ⑧의 개울가에 다시 도착한다. 분석한 바를 통해 나타나듯이, 「소나기」는 반나절 시간 동안의 소풍을 통해, 소년과 소녀가 서로를 알아가고 풋사랑을 크게 키워 간 과정을 집약적으로 보여주고 있다. ⑦에서 이들의 풋사랑은 정점에 이른 것으로 볼 수 있다. 소녀의 이른 죽음으로 더 이상의 사랑은 부재하기 때문이다. 스웨터에 묻은 얼룩을 첫사랑의 추억으로 간직한 채 죽은 소녀에게는 더더욱 그러하기 때문이다.

이 글에서 분석한 부분만을 놓고 볼 때, 「소나기」는 공간적 회귀가 이루어지는 작품이다. 그 움직임의 과정에서 ⑤를 전환점으로 하여 그 전과 후의 풋사랑의 양상이 다르게 나타남을 알 수 있다. 이른바 감정의 양적 변화, 즉 풋사랑의 강도가 강해진 것을 파악할 수 있다. 현진건의 「운수 좋은 날」 또한 유사한 감정경제의 패턴을 보인 작품이다. 인력거꾼 주인공이 아픈 아내를 두고 일터에 나가 일을 마치고, 주점에 들러, 귀가하기까지의 과정에서 나타나는 감정변화의 진폭은 크다. 병든 아내 때문에 불안한 마음으로 일터에 나간 김첨지는 자신의 인력거를 타고자 하는 손님들이 줄을 이어 다른 날보다 많은 돈을 벌게 된다. 이에 그는 일을 하는 과정에서 불안감을 누그러뜨리는 한편 잠시 기쁜 감정을 갖는다. 그러나 귀가길 김첨지는 귀가의 시간을 가능한 한 늦추고 싶어 주점에 들러 친구 치삼을 상대로 호기를 부리기도 한다. 여기에서 뜻하지 않은 행운에 이어 직면하게 될 불행에 대한 예감과 가중된 불안감을 엿볼 수 있다. 이어 불가피하게 귀가하는데, 그의 불안감은 현실이 되어 나타난다. '불안-(기쁨)-가중된 불안-예감한 비극의 목도'의 양상으로 감정의 양적 변화가 나타나고 있는 것이다.[34] 이러한 감정경제는 '운수 좋은 날' 하루 동안에 도시 하층민의 일터와 집을 배경으로 하여 밀도 있게 나타나고 있는 것이다.

(2) 시공간성의 밀도, 그리고 열정의 불꽃[35]

제한된 시공간성 내에서 삶의 단면을 예리하게 포착해 내는 단편소설에서 이와 같은 감정경제의 패턴이 나타남은 자연스러운 결과라 할 수 있다. 이에 비추어 볼 때, 조정래의 『태백산맥』은 주목되는 작품이다. 해방 직후부터 휴전협정이 맺어질 때까지 전라남도 벌교, 보성을 주 무대로 하여 펼쳐지는 장구한 서사는 이 작품의 장르에 대한 논란을 불러일으킨 바 있다.[36] 대하소설의 규모로 쓴 소설이지만, 그 시공간적 배경이 대하소설의 전형을 따르지 않고 있기 때문이다. 이 작품은 장편소설로서 밀도 있는 시공간성 내에서 예각적인 감정의 파고를 보여준 『죄와 벌』과 유사한 특성을 보인다. 『태백산맥』은 대하-장편-

34 이 소설의 미학으로 꼽히는 역전적(逆轉的) 아이러니는 가중된 불안감을 효과적으로 나타내준다 할 수 있다.

35 이 글은 다음을 기본 자료로 한다. 조정래, 『태백산맥』 1~10, 해냄, 2002.

36 그런데 실제로 이 작품은 각 가계의 역사를 제시함으로써 일제강점기까지를 스토리시간 내에 포함한다고 할 수 있기에 이러한 장르 논란은 불식될 수 있는 것이다.

역사소설이기에, 이 작품의 이와 같은 특성은 소설의 시공간성과 감정경제 간 관계를 정식화하고자 하는 이 글의 논지에서 하나의 꼭지점에 자리함을 밝히게 될 것이다.

여순반란사건이 발발한 직후인 1948년 10월에서부터 1953년 휴전협정이 체결되기까지인 『태백산맥』의 서사적 시간은 대하소설의 그것으로서는 짧다 할 수 있다. 이처럼 상대적으로 짧은 서사적 시간을 배경으로 하되 작품의 규모는 대하소설의 그것에 해당하기에, 여기에서 시공간성의 밀도에 대한 산술적 계산이 가능하다. 이 글은 『태백산맥』이 대하장편역사소설로서는 특이한 시공간성을 지니고 있다는 점에서 논의를 풀어나가고자 한다. 즉, 이 작품의 서사를 짜나가는 시간의 밀도가 조밀하고 공간이 폐쇄적임을 먼저 밝히겠다. 이후, 이를 염상진을 중심으로 한 좌익인물들[37]과 연계하여 감정경제를 논의할 것이다.

먼저 서사적 시간대별로 주요 사건이 전개되는 과정을 통해 작품에 내재한 시간성의 밀도가 조밀함을 증명해 보자.

- 1부 한(恨)의 모닥불(31개장 : 1, 2, 3권), 기간 약 2개월 : 1948.10.24 여순병란 실패 직후~1948.12 하순, 염상진이 이끄는 빨치산들의 야산투쟁을 알리는 봉화
- 2부 민중의 불꽃(24개장 : 4, 5권), 기간 약 1년 : 1948년 말 해방구 율어 정복~1949.9~10 농지개혁
- 3부 분단과 전쟁(27개장 : 6, 7권), 기간 약 1년 : 1949.10 해방구 율어의

37 이 글은 유격투쟁을 하면서 최후를 맞는 빨치산들을 논의 대상으로 한다. 이들을 '좌익 주동 인물군'으로 칭한다.

가을~1950.10월 맥아더의 중공군 월경 성명

• 4부 전쟁과 분단(37개장 : 8, 9, 10권), 기간 약3년 : 1950.10~11 · 1951.1.4 일사후퇴~1953.7.27 휴전협정 조인

이는 서사적 시간의 전개 양상을 『태백산맥』의 전체 체계 및 작품의 양적인 규모와 관련하여 정리한 것이다. 이에 따르면, 각 부별로 서사적 시간은 대략 2개월, 1년, 1년, 3년으로 늘어나는 양상을 보이되, 그 분량(각 부별 3권 31개장, 2권 24개장, 2권 27개장, 3권 38개장)에 비추어보았을 때, 작품이 전개되는 속도이기도 한 시간의 밀도는 점차 조밀함(느린 전개)에서 느슨함(빠른 전개)으로 나아가고 있음을 알 수 있다. 여기에서 독자가 거시적 관점에서 감지할 수 있는 작품의 정조를 고려할 수 있다. 각 부의 제목은 이를 뒷받침한다. 한(恨)의 모닥불-민중의 불꽃-분단과 전쟁-전쟁과 분단이라는 각 부의 제목에서 '불씨가 타올라서 세찬 불꽃으로서 그 열기를 유지하다, 점차 사그라지는 이미지'를 엿볼 수 있다. 여순병란의 실패와 야산투쟁의 시작을 주요사건으로 하는 1부의 조밀한 시간성은 타오르기 시작한 불씨의 세참을 나타낸다 할 수 있다.[38] 해방구 율어를 장악하고 농지개혁법에 따라 농지개혁이 이루

38 또한 1부에는 『태백산맥』의 기저를 이룬다 할 수 있는 하대치, 염상진, 안창민, 정하섭, 김범우 등 좌우익 주요 인물들의 현재를 이루기까지의 가계적 서사를 포함하고 있는데, 이는 1부에서 점화될 혁명의 불꽃을 밑받침하는 화약고인 것으로서 전개된다. 동학란이 일어났던 시기까지 거슬러 올라가는 가계적 서사는 민중의 분노가 한(恨)으로 그려지고, 혁명에 대한 열정으로 질적 전화되는 과정을 보여준다. 『태백산맥』은 여순병란에서부터 휴전협정이 이루어지기까지의 서사적 시간 동안 좌익 주동 인물들이 보여준 혁명을 향한 열정이 선대들의 삶에서부터 누적된 민중의 분노와 한에서 전화된 것임을 비교적 짧은 서사적 시간 내에 가계적 서사를 포함하는 서사구성을 통해 보여주고 있는 것이다. 이 글은 이러한 감정의 질적 전화보다는, 혁명을 향한 열정의 불꽃이 점화되어 타오르고 다시 불꽃으로 남는 과정에서 나타나는 감정의 양적 변화의 선에 주목하기로 한다. 『태백산맥』의 서사구성과 관

어지기까지를 그 내용으로 하는 2부는 불씨가 불꽃으로 바뀌어 활활 타오르는 정조 이미지를 보여준다. 특히, 염상진이 이끄는 좌익 주동 인물군들이 해방구 율어를 장악하고 그곳을 사회주의 실현의 이상적 모범으로 만든 점은 이러한 정조를 잘 뒷받침한다. 3부는 한국전쟁과 인천상륙작전, 중공군의 개입까지의 역사적 사건을 담고 있으며, 좌익 주동 인물군들은 해방구 율어를 잃으면서 산중에서의 유격투쟁에 돌입한다. 여기에서 2부의 세찬 불꽃의 세기가 점차 약해지고 있다 할 수 있다. 마지막 4부는 토벌에 맞선 3년 동안의 유격투쟁을 주요 내용으로 하는바, 마지막까지 살아남은 하대치 등 소수의 빨치산들만을 불씨로 남긴 채 좌익 주동 인물들이 불러일으킨 혁명의 불꽃, 곧 열정이 사그라짐을 보여준다.

이와 같은 거시적 관점에서 파악된 정조는 미시적 분석을 통해 뒷받침함으로써 논증할 수 있다. 실제로, 작품의 미시적 전개 과정을 통해 '불꽃'이미지의 정조가 좌익 주동 인물들을 통해 드러남을 알 수 있다. 그것은 (혁명에 대한) 열망과 열정, 그리고 빨치산들 간의 유대감의 정조이다. 대하소설 규모의 작품에서 이와 같은 정조의 양상과 양적인 변화의 흐름을 객관적으로 증명하기란 쉽지 않다. 먼저, 빨치산들이 극한의 어려움에도 불구하고 마지막까지 빨치산이기를 고집한 사실에 대한 원인을 규명할 필요가 있다. 이 글은 이를 위해 『태백산맥』의 공간성이 좌익 주동 인물군의 입장에서 볼 때 패쇄적이라는 점에 주목한다.

『태백산맥』에서 염상진이 이끄는 좌익세력들이 활약하는 공간은 좁

련하여 다음의 논문을 참고한다. 김은경, 「조정래의 『태백산맥』과 지질학적 상상력」, 『한국 현대문학 연구』 14집, 한국현대문학회, 2003.12.

게는 벌교 읍내와 보성군, 넓게는 전라남·북도와 조계산 등 인근의 산야이다. 작품의 전체적인 공간 배경이 한반도와 만주에까지 이르는 점을 고려할 때, 좌익 주동 인물군의 공간은 상대적으로 제한적이며 폐쇄적이라 할 수 있다. 본질적으로는 서울의 중앙당, 조선공산당 등의 좌익세력 수뇌부와 소통이 극히 제한적이라는 점에서 그 공간성이 폐쇄적이라 할 수 있다. 이러한 측면은 염상진의 주선으로 중앙당 산하에서 당원예비교육을 받고 특수임무를 위한 비밀당원이 된 정하섭의 활약상을 통해서 증명된다. 그의 임무는 정보요원으로서 도당과 중앙당 간을 연결하는 것이다. 그런데 그의 역할은 미미한 것으로 나타난다. 염상진을 중심으로 한 좌익세력이 평지에서 장악한 유일한 해방구인 율어를 포기한 이후, 정하섭과 염상진 간의 연결은 끊어진 것으로 볼 수 있다. 정하섭을 중심으로 중요 사건들을 정리하면 다음과 같다.

「1-1. 일출 없는 새벽」(1948.10.24), 여순병란 직후 : 거점 확보하기 위해 정하섭, 벌교에 나타남

「1-17. 배고픔과 동물과 인간」(1948.11) : 계란장수로 변신하여 소화를 찾은 정하섭, 여순사건의 실패에 대한 객관적 판단

「1-24. 분노의 소작인」(1948.11.20)의 계엄군 주둔 직후 5일장날 : 당 중앙 비밀요원인 정하섭과, 벌교의 빨치산들을 이끄는 염상진 간의 만남

「2-2. 그것은 이긴 싸움」(1948 말 혹은 1949.1 초) : 염상진의 야산대가 율어면 장악, 율어면을 해방구로 확보

「3-2. 접선 실패」(1949.10), 서울 : 살해당한 아버지 정현동의 장례식날, 서울의 정하섭 도당의 비밀문서를 전하기 위해 중앙당과의 접선

시도하나 실패함, 시울시당의 조직이 무너져 감을 나타냄

「3-6. 산중의 엄동설한」(1949.12.18), 율어와 산중 빨치산들의 겨울 : 도당의 지령에 따라 염상진이 이끄는 세력 율어를 포기함

「3-8. 어떤 여자빨치산의 죽음」(1950.2.5), 벌교 : 여순병란을 기점으로 한 지하투쟁 1년 3개월, 투쟁의 절망상태, 소화와 부상당한 정하섭의 네 번째 만남

「3-15. 김범준의 귀향」(1950.7), 벌교 : 전남 서남지구 사령관을 맡은 김범준의 귀향, 도당에 있는 정하섭을 간호하기 위해 소화가 광주로 감

「3-17. 무상몰수 무상분배」(1950.8.15), 광주 : 정하섭, 중간간부 양성을 위한 전문교육을 받기 위해 세 달 예정하여 평양으로 감.

「4-20. 포로의 섬, 거제도」(1951.6.하순) : 거제도 포로수용소에서 김범우와 정하섭의 만남

「4-31. 또 하나의 전쟁터, 포로수용소」 : 김범우에게 완벽한 한 당원의 모습을 보이는 정하섭

「4-38. 휴전선으로 변한 삼팔선」(1953.7.27) : 거제도의 정하섭, 북으로 감(김범우는 반공포로로 석방됨, 김범준과 이해룡의 죽음, 염상진 자폭함)

정하섭은 『태백산맥』의 첫 장과 마지막 장에 모두 등장하는데, 특히 첫 장을 여는 인물로서의 역할이 주목된다. 그는 여순병란 직후인 1948년 10월 24일에 고향인 벌교에 나타나 무녀인 소화의 집에 은거하면서 벌교에 좌익세력들의 거점을 확보하기 위한 자금 마련에 나선다. 극단적인 물욕으로 많은 재산을 모은 부친 정현동의 돈을 모친인 낙안댁이 빼돌리고, 이를 소화를 거쳐 얻어 냄으로써 좌익세력들의 거점 마련에

활용토록 한다. 이처럼 정하섭은 염상진 휘하 좌익세력들의 긴 이야기가 시작하는 부분에서 중요한 역할을 하지만, 서사가 전개되면서 정하섭과 염상진이 이끄는 좌익세력 간의 연결고리는 느슨해진다. 이는 중앙당 소속의 당원으로서 전남도당과 중앙당을 잇는 정하섭의 역할을 고려할 때, 전남도당 휘하의 좌익세력, 특히 염상진이 이끄는 주요 좌익인물들의 고립을 의미한다고 할 수 있다. 염상진 휘하 좌익세력들이 율어를 해방구로서 확보하기 직전에 정하섭은 당 중앙 비밀요원으로서 염상진을 만나는데(「1-24」), 이 만남에서 정하섭이 야산투쟁을 시작한 좌익세력이 율어를 정복하도록(「2-2」) 고무한 것으로 나타난다. 이러한 당 비밀요원으로서의 정하섭의 면모는 「3-2. 접선 실패」(1949.10)에서부터 퇴색한다. 서울시당의 조직 와해를 내비치는 정하섭의 서울시당과의 접선 실패 사건은 이후 평양에서 중간간부 양성을 위한 당원 교육을 받고 포로생활을 거쳐 월북하는 정하섭과, 염상진 간의 분리를 낳으며, 염상진의 편에서는 중앙당과의 거리를 나타낸 것으로 볼 수 있다.

염상진이 이끄는 벌교 보성 인근의 빨치산 세력이 당으로부터 고립되고 있음을 나타내는 또 다른 징표는 항일빨치산투쟁을 한 바 있으며, 「3-15. 김범준의 귀향」(1950.7)에서 한국전쟁 발발 직후 전남 서남지구 사령관을 맡아 귀향한 김범준의 존재이다. 항일투쟁에 이어 인민해방을 위한 투쟁에 나선 김범준은 민족을 우선시하는 사회주의자로서 정치색이 짙은 공산당의 전횡을 비판적으로 바라보는 인물이다. 3부 15장과 3부 17장을 통해 좌익세력 주동 인물군 내부에서 북행하는 정하섭과 남행한 김범준 간의 자리바꿈이 이루어지고 있음을 알 수 있다. 이후 정하섭은 "완벽한 한 당원의 모습" 보이며 월북하며, 김범준은 민족적 사회주의자로서, 그리고 민족과 인민을 위한 혁명가로서 남한빨치산투쟁의 막바지에 최후를 맞는다(「4-38」).[39] 그의 이와 같은 면모는 이현상과의 대비를 통해 확연히 나타나며, 그를 추종하는 좌익세력 주동 인물군의 면모 역시 조명해준다. 좌익세력의 주인공인 염상진 또한 혁명을 통해 민족해방과 인민해방을 이루어내겠다는 결의를 버리지 않는 인물로서 정치색과는 거리를 둠을 파악할 수 있다. 해방구 율어(1948년 말 혹은 1949년 1월 초~12월 18일)에서의 고두만의 '씨받음 사건'[40]은 염상진이 김범진, 김범우, 손승호 등과 동일하게 민족을 최우선으로 하는 입장을 견지함을 보여준다. 또한 염상진은 「4-17. 장마와 함께 온 휴전회담 소식」에서 휴전회담이 진행되면서 전쟁이 정치문제로 바뀌는 현실을 개탄하면서 "진정한 해방을 위한 투쟁"을 앞세운다.[41] 이와 같은 김범진

39 【인용】 김범준은 **조선공산당의 커다란 두 갈래인 남로당과 북로당**, 그리고 거기에 연결된 국내파와 국외파에 대해 생각하고 있었다. 이현상이 되넘긴 말은 그 당의 구조와 직결되는 것임을 짐작하기는 어렵지 않았다. 그것에 관한 발언은 곧 정치적인 것이었고, 그래서 무슨 말을 함부로 할 수 없는 것이기도 했다. **김범준은 혁명과 정치의 그 복잡한 이질성을 오래 생각하고 싶지 않았다. 지금은 오로지 혁명전쟁의 시기라는 것만을 생각하고 있었다.**(10권, 31)

40 이 사건은 염상진 휘하 좌익세력이 율어를 정복하고 있는 동안 전개된 사건들 가운데 가장 주목되는 부분이다. 「2-9. 머시여, 벌거지!」, 「2-10. 도라지 도라지 백도라지」, 「2-12. 율어어 왕복길」, 「2-14. 물과 기름」의 네 장에 걸쳐서 전개되는 이 사건을 통해 관련 인물들이 모두 민족을 최우선시 함을 엿볼 수 있다. 손승호는 학부형인 노파로부터 율어에 들어가 있는 아들에게서 며느리가 씨를 받아올 수 있도록 주선하여 달라는 부탁을 받는다. 손승호는 김범우와 함께 노파의 일을 상의하기 위해 벌교·보성 계엄사령관 심재모를 찾는다. 심재모는 율어의 염상진이 허락한다면, 노파의 부탁을 들어주라는 결정을 내린다. 김범우는 중재자로서 율어의 염상진을 만난다. 염상진 또한 휘하 인물들과 협의 끝에 노파의 부탁을 들어주기로 한다. 그리하여 칠동댁은 남편 고두만을 율어에서 만나 임신에 성공한다. 이러한 스토리의 씨받음 사건은 인간주의자 손승호, 민족주의자 김범우, 민족적 사회주의자 염상진이 모두 혈육이라는 원초적 명제를 통해 '민족'이라는 공통분모하에 모아짐을 보여준다.

41 【인용】 (염상진) 전세가 삼팔선 부근에서 공방전으로 바뀌면서 그 파도는 심해지기 시작했고, 이제 **전쟁이 정치문제로 바뀌려고 하면서 거칠어지기 시작**하고 있었다. 아직 도당 수뇌부에서만 알고 있는 전쟁의 정치문제 — 염상진은 완강하게 고개를 저었다. 해방이 되고 전쟁이 시작되기 전까지 **진정한 해방을 위한 투쟁**으로 얼마나 많은 사람들이 죽어갔는가. 그리고 전쟁 일년 동안 또 얼마나 많은 사람들이 죽어갔는가. 그 투쟁의 피값을 찾지도 못한 채

-염상진 계열의 좌익 주동 인물군의 면모는 한반도의 남단에서 행하여진 빨치산투쟁의 본질을 엿볼 수 있도록 한다.

그것은 당 수뇌부와 거리를 둔 가운데 행하여진 비정치적 혁명 투쟁인 것이다. 『태백산맥』은 이처럼 조밀한 시간성과 폐쇄적 공간성을 서사의 틀로 하여 혁명에 대한 순수한 열망을 가진 좌익 주동 인물들의 삶을 그림으로써, 농도 짙은 정조가 배어나도록 한다. 그것은 불꽃, 피, 핏빛 등으로 상징되는 열망과 열정의 정조이며, 빨치산들 간의 유대감의 정조이다. 이 글은 이제, 정치색과 거리를 둔 폐쇄적 공간성이 이와 같은 정조의 생성 및 유지와 유관함을 논할 것이다. 『태백산맥』에 등장하는 좌익인물은 크게 세 부류로 나눌 수 있다. 민중, 두 부류의 지식인이 그것이다. 이념 및 혁명, 그리고 정치와의 관계에 따라, 이 세 부류 인물군의 속성을 다음처럼 정리할 수 있다.

① 민중 : 토지에 대한 **한(恨)과 열망** : 하대치, 소화, 솥뚜껑, 천점바우, 이태식 등

② 지식인 1 : 열망에서 이념으로, 혹은 이념에서 열망으로. : **이념과 열망** : 김범진, 염상진, 안창민(이지숙), 손승호

③ 지식인 2 : 이념에서 정치로, 정치적 수단이 된 이념. : **이념과 정치** : (정하섭), 조선중앙당(남로당, 북로당), 인민군 이론분자 등.

이 가운데 ③은 좌익 주동 인물군 내에 존재하지 않는다 할 수 있다.

전쟁이 정치협상으로 바뀌어서는 안된다.(9권, 149)

당원으로서 평양에서 중간간부 교육을 받았으며, 포로수용소를 거쳐 월북한 정하섭을 ③에 속한 인물로 볼 수 있으나, 평양행 이후 좌익 주동 인물군과의 관계가 끊어지는 점을 고려해야 한다.[42] 이 글은 좌익 주동 인물군인 ①과 ②를 논의대상으로 하는바, ③은 ① ②를 조명하는 하나의 잣대가 된다 할 수 있다.

『태백산맥』은 ①의 민중들이 갖는 혁명에 대한 열기가 토지에 대한 한(恨)과 열망에서 비롯한 것임을 다각도에서 보여준다. 「1-12. 구만리 장천을 떠도는 구름」에서 전지적 서술자는 하대치의 아내인 들몰댁을 초점화자로 하여 땅에 맺힌 한(恨)과 자작농이 되고자 하는 소망의 간절함을 보여준다. 염상진, 이학송 등의 좌익 지식인은 민중의 땅에 대한 열망 혹은 한을 이념과의 관계에서 객관적으로 자리매김한다. 「3-17. 무상몰수 무상분배」(1950.8.15)에서 염상진은 땅을 갖게 되었다는 사실에 환호하는 민중들과, 아버지의 열망을 함께 겪어온 같은 계급으로서의 동감만이 존재함을 인식한다. 그는 민중들이 공유하는 땅에 대한 열망은 어떤 동력의 덩어리일 수는 있어도 분명 이념은 아니(7권, 106)라는 사실을 직시한다. 사회주의적 열정을 지닌 『국도신문』 정치

42 또한 정하섭은 상황에 대해 이성적이고 객관적으로 판단하는 인물로 성격화된다. 그는 김범우와 염상진을 저울질하여 두 사람의 사람됨을 객관적으로 판단하며, 그 어느 편으로도 기울지 않는 입장을 세운다. 그에 따르면, 김범우는 "사색적이고 지성적"이고 염상진은 야성적이고 행동적이다(1권, 112). 여순사건에 대해서도 염위원장(염상진)과 김범우의 입장에서 각기 고려하면서, 실패한 사업으로서 이승만 정권의 공산세력에 대한 강경한 입장을 부추기는 결과만을 낳은 것으로 보고 있다(2권, 215~). 이처럼 정하섭이 현실을 이성적, 객관적으로 직시하는 점에 비추어 볼 때, 벌교의 무녀 소화와 네 차례에 걸친 만남을 통해 정분을 나눈 점은 다른 좌익 주동 인물군이 보여주는 열망과 유대감과는 거리가 있는 것으로 보인다. 정하섭과의 만남에서 소화는 그의 조력자로서의 역할을 다하며, 결국 그의 아들을 낳게 된다. 정하섭이 소화에 대한 아무런 미련 없이 북행을 결정한 점은 그에게 있어서 소화가 갖는 의미가 소년시절 얼마간 빠져들었던 풋사랑의 대상이자, 잠시 동안 자신의 일을 도운 조력자, 그리고 비자각에서 자각으로 나아가도록 도운 인민에 머문 것임을 보여준다.

부기자 이학송 또한 민중의 열망이 낳은 힘의 성격을 객관적으로 규명한다. 그는 「3-23. 몸씻기 마을굿」(1950.10.10)에서 민중의 한과 정치 이데올로기의 상관성에 대해 논한다. 그에 따르면, 한이 정치 이데올로기와 다른 점은 분석적 이론화와 실천적 논리화가 안 되었다는 점이다. 한은 체험적 사상의 덩어리로서 여기에 분석적 이론화를 가하고, 실천적 논리화를 하면 응축된 한의 폭발력이 열렬한 혁명세력이 될 수 있음을 역설한다(7권, 247). 이들은 모두 피지배계급인 민중의 열망과 한이 이념과 반드시 일치하는 것이 아님을 강조하고 있는 것이다.

인천상륙작전이 개시(「3-19. 고구마똥」(1950.9.16))된 이후, 전세가 불리해진 염상진 등의 좌익 주동 인물들은 「3-23. 몸씻기 마을굿」(1950.10.10)에서 이학송 등 『해방일보』 일행들이 서울에서 출발하여 북행을 계속하는 것과 달리, 북행을 멈추어야 하는 상황에 처한다. 이 부분에서부터 4부에 이르기까지 이른바 유격투쟁이 본격화된다. 여기에서 보다 분명하게 북조선과의 공간적 단절의 상황이 나타남을 알 수 있다. 이는 이학송이 말한 바와 같은, 한의 폭발력을 정치 이데올로기화하기까지의 거리를 노정한 것으로 볼 수 있다. 실제로 ①의 민중들은 이념적이기에 앞서, '삶에서 비롯한 열망'에 사로잡혀 빨치산투쟁을 하는 것으로 나타난다. 하대치와 그의 가계는 이를 잘 보여준다. 나주 송진사댁의 가복이었던 할아버지는 동학운동의 선봉에 서다 목숨을 잃으며, 아버지 하판석은 평생 동안 소작농의 비애를 갖고 살아온다. 선대의 삶에서 이어지는 물줄기는 하대치로 하여금 일제강점기 때부터 염상진과 함께 소작쟁의에 참여토록 한다. 이러한 하대치의 삶은 염상진 휘하의 빨치산으로까지 이어지는바, 그가 염상진과 맺는 '아름다운 관계'는 이념 너머의 것임을 보여준다. 그것은 "피가 맞통하고 있는 생존 그 자체"이고, "언제든지 서로의 생명을 대신할 수 있는 사이"인 것으로 나타난다(5권, 57~58). 『태백산맥』은 하대치의 성정을 기질적으로 피의 농도가 짙고, 환경적으로 불만요인이 많고, 태생적으로 자학성을 강한 것으로 묘사하고 있다(1권, 44). 이러한 하대치의 성정은 염상진과의 '아름다운 관계'를 밑받침하는 것으로 볼 수 있다. 하대치 편에서 볼 때, 염상진과의 관계에 이념적 요인보다 기질적, 환경적, 태생적 요인이 강하게 작용함을 보여주고 있는 것이다. 하대치가 유격투쟁에서 생존함은 민중의 삶 가운데 태생적으로 존재하는 이념화되기 이전의, 혁명의 열망이 잔존함을 나타낸다 할 수 있겠다. 그는 1~2부에서 활활 타올라 3부를 거쳐 4부에서 점차 사그라져가는 혁명의 불씨를 마지막까지 간직한 존재인 것이다.

민중의 열망이라는 측면에서 주목되는 또 다른 인물은 전북도당 산하의 빨치산 솥뚜껑이다. 머슴 출신인 그의 활약상은 「4-7. 빨치산, 그 이름 없는 사람들의 진정성」(1951.1.26)에서 살필 수 있다. 벌교의 좌익 지식인으로서, 혁명의 방법론에 대한 거부감 때문에 사상의 공백시기를 거쳐 다시 좌익이 된 손승호의 관찰을 통해 솥뚜껑의 면모가 잘 나타난다. 솥뚜껑이 소대장인 소대의 일원으로서 손승호는 그가 상부의 지시에 얼마만큼 충실하게 임하는지를 통해 혁명의 순정한 열정, 혁명의 순수한 진정성이 무엇인지를 확인하게 된다. 머슴출신으로 억압받고 배우지 못한 삶의 아픔은 그의 손이 솥뚜껑처럼 투박하기만 한 것과 어울리지 않게 그의 눈에 우수를 남긴다. 손승호는 그가 이러한 우수를 혁명의지로 환치시키고, 혁명의 동력으로 삼고 있음을 간파한다. 손승호는 또한 솥뚜껑을 통해 자발적인 혁명의 열정과 더불어 과욕이 없는 겸손이 빛을 발함을 읽는다. 진급을 사양하는 그를 통해 손승호는 피의 농도만큼 진한 명예욕의 발동이 억제됨을 읽는다. 장 제목의 진정성이란, 솥뚜껑에게 부여된 찬사인 것이다. 이처럼 진정성을 갖는 빨치산 솥뚜껑을 통해 민중의 혁명을 향한 순수한 열정이 잘 나타나고 있다 할 수 있다. 그를 통해서 빨치산들의 열정이 정치색을 띨 수도 있는 이념과는 거리를 둔 것임을 다시 확인할 수 있다. 한국전쟁 이전부터 빨치산이었던 구빨치 솥뚜껑은 마지막까지 진정성을 갖는 빨치산으로서 유격투쟁에서 최후를 맞는다.

정하섭과의 애정관계를 통해 현실의 모순에 대한 비자각의 단계에서 자각의 단계로 나아간 소화 또한, 좌익 지식인의 시선을 거쳐 그녀의 열망이 갖는 의미를 나타내 보인다. 벌교 남국민학교 교사 이지숙은 부농집안의 고명딸로서 일찍이 셋째오빠의 영향하에서 좌익세력이 된 인물이다. 그녀는 한국전쟁이 발발하기 전까지는 야산투쟁에 참여하지 않고, 벌교 읍내에서 조직의 세포로서 활약한 인물이다. 「2-19. 그리고 친일파 · 민족반역자들의 승리」(1949.6.21)에서 농지개혁법이 공포된 이후, 벌교의 지주들은 갖은 수단으로 토지를 빼돌리기 위해 혈안이 된다. 이로 인해 정하섭의 아버지 정현동은 민중들에 의해 살해되는바, 그의 씻김굿을 소화가 맡아 하는 자리(「3-5. 소화의 씻김굿」(1949.12))에서 소화는 이지숙의 지시를 받아 신령님의 이름을 빌려 정현동이 염전용으로 빼돌린 토지가 소작인들에게 돌아가도록 한다. 이 장에서 이지숙은 굿을 마치고 돌아가는 소화를 보고 "저 고운 여자가 간직하고 있는 지칠 줄 모르는 열정"과 그녀 자신이 "혁명에 쏟는 열정"이 동일하지 않음을 인식한다. 이는 앞서 거론한 바 있는 염상진과 이학송이 갖는 민중

관과 동일한 것이라 하겠다.

『태백산맥』은 지식인들을 초점화자로 하여 그들의 혁명에 대한 열정이 이념화된 것이라면, 민중들의 그것은 태생적인 삶과 결부되며 이념 이전의 것임을 반복하여 보여주고 있는 것이다. 이 글은 민중들이 이와 같은 열정을 간직할 수 있었던 배경에 공간적 폐쇄성이 자리한 것으로 본다. 정치색을 띄게 마련인 당 수뇌부와의 거리는, 혁명을 향한 빨치산들의 순정한 열망이 지속되도록 한 요인인 것이다. 열망은 해방구 율어에서 그 가능성을 엿본 이상적 사회주의 이념 실현에 대한 기다림이기도 했던 것이다.

②의 지식인들이 갖는 이념화된 열망을 살펴보자. 이들은 모두 혁명과 정치를 분리하여 생각하며 민족을 최우선으로 여기는 좌익세력으로서 김범진 계열에 속한다 할 수 있다. 이들의 이와 같은 정체는 중앙의 좌익 수뇌부와 공간적으로 단절된 상황적인 요인에 기인한 바이기도 하다. 여기에서는 한반도의 최남단에서 태어나 성장하고 그곳에 자리를 잡은 이들 인물들이 갖는 혁명에 대한 열정을 (정치색과는 거리를 둔) 이념과의 관련 내에서 살피고자 한다. 대표적인 인물은 염상진과 안창민, 그리고 손승호이다. 이들은 모두 사범학교 출신으로서 벌교의 지식인 좌익세력에 해당한다. 염상진 및 안창민과 달리, 손승호는 혁명의 방법론에 대한 거부감 때문에 사상의 공백시기를 거쳐 재차 좌익세력화된 인물이며, 따라서 그를 잣대로 회의를 딛고 믿음의 단계에까지 나아간 염상진과 안창민의 혁명에 대한 열망을 조명해 볼 수 있다.

염상진의 사람됨은 김범우, 정하섭을 초점화자로 하여 나타난다. 김범우가 바라본 염상진은 "불꽃"이라는 단어로 단정적으로 규정된다. "불꽃이 타오르는 정열로, 불꽃이 타오르는 생명력으로 자신이 신념 하는 세계를 위해 타오르는 사나이"(1권, 55)가 바로 염상진인 것이다. 그리고 그가 불꽃처럼 타오르며 이루려 하는 바란 바로 사회주의 혁명 완수인 것이다. 여기에 정하섭이 바라 본 염상진의 면모를 더해보자. 그는 김범우와 염상진을 비교하여 "김범우가 사색적이고 지성적이라면 염상진은 야성적이고 행동적"(1권, 112) 인물인 것으로 평가하고 있다. 사회주의 혁명을 향한 불꽃같은 열망을 이루기 위해 회의하지 않고 행동하는 염상진의 사회주의자로서의 면모, 그 밑바탕에는 그의 태생적인 환경의 열세가 자리한다. 지주 집안의 종복이었던 집안의 후예라는 점이 바로 그것이다. 따라서 그는 토지를 갖기를 열망하는 민중들과 "아버지의 열망을 함께 겪어온 같은 계급으로서"(7권, 106)동감할 수 있는 존재인 것이다.[43] 여기에서 염상진이 갖는 사회주의 이념의 성격이 분명해진다. 그것은 열망에서 비롯한 이념인 것이다. 마지막 장에서 자폭하기까지 그의 불꽃같은 투쟁의 과정은 단순한 이론적 사회주의자가 아닌 그의 면모를 보여준다.

안창민은 염상진과 같은 범주에 속하는 좌익세력이지만, 그의 태생적 환경, 유격투쟁을 하게 되기까지의 과정에 있어서 염상진과 대비된다. 사회주의자 염상진의 밑바탕에 민중의 열망이 있다면, 안창민의 경우 가문에 대한 부끄러움이 자리한다. 그는 고읍 들녘 대지주 집안의 아들로서, 아버지 안서규의 난봉으로 몰락한 지주 집안이 된 사실을 부끄러워한다. 그의 부끄러움은 자기 아버지의 방탕한 삶에 대한

43 낙안골 토호 최씨네의 가복이었던 염상진의 부친은 최씨네를 나온 이후 이재의 기술을 익혀 돈을 모으고, 그 돈의 힘을 믿은 사람이었다. 그러기에 장남인 염상진을 사범학교까지 교육시켰는바, 정작 염상진 자신은 집안을 일으키는 데 뜻을 두기보다, 일찍부터 사회주의 사상에 경도되어 투철한 사회주의자가 된 것이다(「1-5. 조계산 숯막」).

비판이었고, 자기 집안에 매달려 있던 가난한 소작인들에 대한 죄의식(2권, 26)인 것으로 규정되며, 이러한 바탕 위에서 사회주의 이념에 경도된 그는 이론적 사회주의자로 출발한다. 그런데 여순사건으로 신분이 노출되면서 염상진이 이끄는 좌익세력의 주요 인물로서 유격투쟁에 가담한다. 여순병란을 기점으로 한 지하투쟁 1년 3개월을 보내면서 염상진이 투쟁이 절망적임을 인식할 때(「3-8. 어떤 여자빨치산의 죽음」), 더욱 강인한 사회주의자로 거듭난 안창민은 그동안의 유격투쟁을 통해 이론에 살을 붙이고, 피가 돌게 한 것으로 나타난다(6권, 198). 안창민은 사회주의 이념에 대한 회의를 거듭하는 손창호에 대하여 관념주의사라는 평가를 내리는바, 이는 그가 인간의 본질적 문제가 삶 자체라는 인식 위에 굳게 선 사회주의자라는 사실과도 관련을 맺는다. 염상진이 열망에서 이념으로 나아간 사회주의자라면, 안창민은 부끄러움에서 이념으로, 그리고 이념을 현실과 접맥하여 생명력 있는 열망을 갖게 된 좌익세력이라 할 수 있다.

『태백산맥』은 염상진과 안창민을 통해 이념이 믿음의 경지로 나아감을 보여준다. 여순사건의 실패를 두고, 북조선의 힘을 과대평가한 것은 아닌지에 대한 의문이 들고, 여순사건이 당 중앙의 계획거사가 아니고 지엽적인 사건에 불과할 것이라는 결론이 남에도 불구하고 이들은 상황의 불리함을 신념으로 극복하는 면모를 보여준다. 이러한 태도는 이름 없는 빨치산들을 통해서도 동일하게 나타난다.[44] 여기에서 열망

44 **【인용】** 빨치산들은 해방구를 잃은 것을 패배로 생각하지 않았고, 동지들이 죽고 다친 것을 상처로 받아들이지 않았다. 자기들이 해방구를 잃은 대신 **저 위쪽 전투에서는** 그보다 훨씬 더 넓게 인민의 땅을 확보해나가고 있다고 **믿었고**, 자기네들이 다치고 죽는 것만큼 **그쪽에서는** 인민군 전사들의 생명이 지켜지고 있다는 것을 **의심하지 않았다**. 그러한 공통된 인식

이 믿음을 낳음을 엿볼 수 있다. 이 글은 좌익 주동 인물들의 이와 같은 면모에 폐쇄적 공간성이 영향을 미치는 것으로 보고 있다.[45] 이들은 정치적인 문제를 비롯한 현실적 문제들을 그 실상으로서 직면하는 것이 아니라, 단지 열망을 이루겠다는 의지로 유격투쟁의 현장 내에서 생사의 갈림길에 놓인다. 좌익 주동 인물들 가운데 손승호만이 회의주의자의 면모를 보인다. 사회주의 혁명의 방법론에 대한 회의에서 비롯한 그의 방황은 벌교→서울→전북도당으로의 공간적 움직임과 궤를 같이 한다.[46] 이는 다른 좌익 주동 인물들의 활동영역이 제한된 것과 차이나는 점이다. 그는 이 과정에서 남한 공권력의 횡포를 경험하게 된다. 사상적으로 불온한 서적을 출판했다는 혐의를 받고 수감된 손승호는 친일파·민족반역자가 주축인 권력의 횡포를 체험하며 자신의 비-좌익적 태도가 잘못된 것임을 깨닫게 된다. 우익의 탄압에 맞선 좌익 테러가 속출하면서 좌익 이념에 회의를 느끼고 "사상의 공백 상태"(1권, 175)에 있던 손승호는 다시 좌익의 편에 서게 되는데, 그의 이와 같은 사상적 방황의 과정은 염상진을 비롯한 좌익 주동 인물군의 믿음에 다가간 이념에 견주어 볼 만한 부분이다.

1953년 7월 27일 휴전협정이 조인된 때까지를 서사적 시간으로 하

은 학습과 토론을 통해서 이루어졌다. **그런 유대감 속에서 그들은 용기를 잃지 않았고, 사기가 떨어지지 않았다.**(9권, 247~248)

45 『태백산맥』은 남로당 산하 전라남·북도당 내에서의 갈등을 다루고 있지만, 이들 또한 당수뇌부와 긴밀한 관계를 맺고 있지 못함을 보여준다. 또한 좌익 주동 인물들이 당성을 앞세운 이현상보다는 민족을 우선시하는 김범진 계열에 속함으로 보여준다.

46 손승호는 사상의 공백시기에 우익화를 종용하는 사람들을 피해 교사직을 그만두고 서울로 향한다. 이 시기 유격투쟁이 이루어지는 산야가 아니라, 서울에서 김범우, 이학송 등과 교우하면서 출판업에 종사한다. 이때 남한 정치세력이 가한 권력 횡포를 경험하고, 다시 좌익으로 선회한다. 그는 전북도당 산하에서 유격투쟁을 하다 총살된다.

는 『태백산맥』에서 대대적인 토벌공세를 받으면서 유격투쟁을 하는 빨치산들을 통해 엿볼 수 있는 또 다른 진한 정조는 바로 유대감이다. 먼저, 염상진을 주축으로 한 빨치산들을 통해 이를 엿볼 수 있다. 하대치 등에 비해 늦게 입산한 안창민이 바라본 염상진과 하대치의 관계는 '아름다운' 것으로 그려진다. 그러한 관계는 그물코를 잇듯이 하대치에서 강동식, 강동식에서 염상진으로 이어지는 것으로 나타난다. 특히 하대치와 염상진의 관계는 남자와 남자의 관계가 '믿음직스러움'을 넘어 '아름답게' 느껴질 수도 있음을 보여준다. 빨치산들의 이처럼 짙은 유대감은 그들의 열망에서와 마찬가지로 피의 이미지로 나타난다. 특별히, 염상진과 하대치의 관계는 피가 맞통하고 있는 생존 그 자체인 것으로 언급된다(5권, 57).

부상당한 안창민에게 수혈하는 이지숙의 내적 독백 또한 피의 이미지를 통해 동지애를 잘 보여준다. 이에 따르면 안창민에게 피를 나누어주는 것이 생명을 구하기 위한 단순한 헌혈과 수혈인 것이 아니라, 두 사람의 몸이 하나가 되는 경지에 놓이는 것으로 나타난다.[47] 여기에서 이념을 같이 한 동지 안창민을 향한 이지숙의 강한 동지애가 나타남을 알 수 있다. 안창민과 이지숙은 공비토벌작전 종료가 선포(1952.3.12)된 후 결혼하며(1952.5), 위장 귀순하여 지하세포망을 구축하려 하였으나, 체포되어 무기징역을 선고받는다(1952.9).

47 【인용】(이지숙) '혁명은 피다.' '혁명은 피를 흘리는 희생으로부터 시작된다.' 서상철 선생의 쟁쟁한 목소리가 들려오고 있었다.(2권, 243) 자신의 생명의 일부가 안창민의 생명과 섞이고 있었다. **그녀에게는 그건 위급한 생명을 구하기 위한 단순한 헌혈과 수혈일 수가 없었다. 그의 몸 속에서 하나가 되리라. 내 생명으로 그의 생명을 깨우고, 생명이 다하는 날까지 그와 하나로 있으리라.**(2권, 244)

뿐만 아니라 이름 없는 빨치산들이 갖는 유대감과 동지애가 극한의 유격투쟁을 가능케 함을 읽을 수 있다. 그들은 해방구들을 잃어 점점 설 자리가 좁아짐에도, 자신들의 죽음이 누군가 다른 동지들을 살리는 것이라는 믿음하에 투쟁을 지속한 것으로 나타난다.[48]

한국전쟁 전후에 유격투쟁에 뛰어든 빨치산들은 대부분 토벌대에 항복하지 않고 최후를 맞는다. 개별 빨치산의 입장에서 볼 때, 이들은 마지막까지 열망을 간직한 채 극한의 자연과 맞서며 토벌대와 대치하다 숨은 거둔 것이다. 그런데 빨치산을 집단으로 놓고 볼 때, 이들이 불태운 열망의 정조는 불씨에서 불꽃으로, 불꽃에서 불씨로의 변화 양상을 보인다 할 수 있다. 『태백산맥』의 서사는 4부에서 솥뚜껑, 천점바우, 이태식 등 민중 빨치산들의 죽음을 의미 있게 다루며, 생존자 하대치가 '大治'라는 이름을 손자에게 물려줄 결심을 하게 함으로써 그가 잔존하는 혁명의 불씨임을 보여준다.

(3) '무대 속 현실'로의 정향과 진심(眞心)의 발견[49]

장아이링[張愛玲]의 「색, 계(色, 戒)」는 2007년 영화(리안 감독)로 제작되어 상영된 바 있다. 작품의 시공간성을 구축하는 데 있어서 영화는 소설에 비해 보다 실재적이라 할 수 있다. 환상적인 시공간성이 틈입한다 할지라도, 현실적 시공간성과의 경계가 비교적 분명하게 그어지기 때문이다. 또한 특수효과를 사용한다면, 이질적인 시공간성에 대한 묘

48 각주 44의 인용 참조.

49 이 글은 다음을 기본 자료로 한다. 장아이링[張愛玲], 김은신 역, 「색, 계(色, 戒)」, 『색, 계(色, 戒)』, 랜덤하우스, 2008.

사가 용이하게 이루어질 수 있을 것이다. 그런데 이 글은 「색, 계(色, 戒)」의 경우 원작소설과 영화 간 거리를 놓는 중요한 요소가 공간성이되, 그것이 원작소설에서 두드러지게 나타난다는 점에 주목한다. 소설 「색, 계(色, 戒)」에서는 주인공 지아즈의 공간의식이 간여하는 가운데 공간성이 다층적으로 구축됨이 주목된다. 이에 비해, 영화 〈색, 계(色, 戒)〉에서는 그와 같은 공간성을 살리기보다 관능 묘사에 치중한 감이 있다. 소설에서는 친일파 암살계획에 가담한 주인공 지아즈의 공간의식이 서사전개에 중요한 영향을 미치는 것으로 나타난다.

소설 「색, 계(色, 戒)」는 하루에 못 미치는 시간 동안을 서사적 시간으로 하며, 지아즈의 의식을 통해 재구성되는 사건들까지를 종합하면 2년 전까지로 거슬러 올라가 스토리시간을 구성한다. 각기 상하이와 홍콩을 공간적 배경으로 한다. '하루'와 '2년 전'의 서사는 공통적으로 친일파 왕징웨이와 한패인 이 선생을 암살하기 위한 미인계를 행하는 것이다. 2년 전, 링난[嶺南]대학의 학생인 지아즈는 광저우[廣州]가 점령되기 전 학교가 홍콩으로 옮겨감에 따라, 홍콩에서 '연극반원'으로 활약하면서 대학생활을 한 것으로 나타난다. 이 과정에서 홍콩에서의 미인계를 시도하나, 암살대상이었던 이 선생 부처가 "난징조직정부로 귀환하려는 계획이 잠시 미뤄지면서"(39) 홍콩에서 소리 없이 자취를 감춤으로써 무산되고 만다. 2년 후 지아즈는 "진주만 공습"으로 "바닷길이 열리면서 상하이로 전학"을 하게 된다. 2년 전 함께 일을 도모하였던 동료들이 "지하공작원"인 "우[吳] 선생"(40)과 관계를 맺으면서 우 선생의 지시로 미인계를 다시 시도한다. 하루에 못 미치는 서사적 시간 동안의 사건은 바로 상하이에서의 두 번째 미인계에 대한 것이다. 이와 같이 「색,

계(色, 戒)」는 친일관료를 암살하기 위해 시도된 두 차례에 걸친 미인계를 중심사건으로 하여 전개된다.

그런데, 미인계의 주인공 지아즈의 무대와 무대안팎에 대한 공간의식이 이 작품의 두드러진 특색을 이룬다 할 수 있기에 이를 중심으로 논의를 전개할 것이다. 다음은 스토리시간을 따라,[50] 소설의 주요 내용을 간추린 것인데, 이 가운데 강조 표시한 사건들에 주목하겠다.

① 첫 번째 미인계(홍콩, 2년 전)

㉮ 학교의 이전. 홍콩에서 지아즈는 연극단원의 히로인 역할을 하면서, 대학생활을 함

㉯ **연극단원의 히로인인 지아즈가 미인계의 주인공이 됨**

㉰ "장사하는 사람의 아내"(35)로 꾸며, 이 선생 부처에게 접근함

㉱ **이 부인을 통해, 이 선생과 단둘이 양복점에 갈 약속을 잡음. 성공을 낙관함**

-미인계를 위해 량룬셩과 성관계 맺기의 예행연습(?)을 함

㉲ 이 선생 부처가 급히 홍콩을 떠남으로써 암살계획이 무산됨

② 두 번째 미인계(상하이, 2년 후)

㉮ 상하이로 전학

㉯ **량륜성과의 일 이후로, 이전 동료들(연극단원들)과 소원해짐**

-신의 때문에 미인계의 주인공으로 무대 위에 다시 나섬

---

50 이 작품의 플롯은 ②-㉰㉱의 사건들이 서사적 시간 내에 전개되는 동안, 주인공 지아즈의 기억을 통해 ①과 ②-㉮㉯의 사건들이 끼어드는 방식으로 전개된다. ①과 ②-㉮㉯는 지아즈가 두 번째 미인계에서 주인공이 되기까지의 내력을 서술한 내용으로서, ②-㉱에서 세 번째 밀회를 위해 이 선생을 기다리는 지아즈의 회상을 통해 전개된다.

㉰ 맥(麥) 부인으로서 상하이의 이 선생 부처와 교제함. 이 선생과의 두 번의 밀회에 이어,

㉱ 세 번째 밀회 : 옥탑 사무실의 비좁은 공간에서의 친밀감과 소속감, 사랑의 진심을 발견함

이 작품에서도 시공간성과 감정경제의 관련성이 특색 있게 나타나는데, 특별히 이러한 관련성이 결말을 이끄는 동력이 되기에 주목된다.[51] 양자의 관련성을 논하기 위해 「색, 계(色, 戒)」에 특징적으로 나타나는 지아즈의 공간의식을 해부하는 것에 논의의 중심을 둔다. 지아즈는 미인계를 실행함에 있어서, 시종 무대 위 배우로서 연기한다는 입장을 취한다. 지아즈가 친일파 암살이라는 현실적 상황을 성취하기 위한, 유리한 포석을 놓았다 할 수 있는 ①의 ㉱를 ①의 ㉮의 경우와 동일하게 생각하고 있음이 드러난다. 그녀는 "비분강개한 애국역사극"의 주인공으로서 연극을 성공리에 마치고 난 후, "흥분과 격정"에 사로잡혀 밤새 "싸돌아다닌"(34) 바 있다. ①의 ㉱에서도 이와 동일한 일이 반복된다. 지아즈는 "단 한 번도 시도해본 적이 없는 짜릿한 공연"의 "성공적인 연기에 도취"(37)되어, 동료들과 "새벽녘까지 미친 듯 돌아다니다 귀가"(38)한다. 무엇보다, ①의 ㉱에서 지아즈가 미인계를 행할 목적으로 량룬셩[梁閏生]과 성관계를 연습 삼아 반복하여 맺고 있음은 시사하는 바가 크다. 그녀는 나중에 크게 후회하게 될 일을 행할 당시에는, 무대 위 배우의 입장에서 쉽게 해내고 있는 것으로 나타난다.[52]

51 이는 이 작품의 결말을 결과로서 놓고 볼 때, 그 원인에 대한 분석이라고도 할 수 있다.

52 **【인용】 오늘 밤, 무대조명이 내비치는 희미한 불빛 아래서 량룬셩도 그렇게 싫지만은 않게 느껴**

그런데 첫 번째 미인계가 무산된 이후, 량룬셩과의 일만이 무대 밖 현실과 무대 위를 구별 짓는 증표가 된다. 그것은 첫 번째 미인계에 실패한 이후, 지아즈 자신과 동료들의 입장과 태도 변화에서 나타난다. 지아즈는 "그들이 늘 호기심 어린 눈빛과 뭔가 색안경을 낀 시선으로 자신을 바라보고 있다는 느낌을 떨칠 수 없"게 되며, 그녀 자신이 "량룬셩과의 관계에 대해 의심받을 만한 행동을 삼가는 동안" 동료들과 "소원"(40)해지게 된다. 지아즈가 량룬셩과의 일을 크게 후회하였으며, 아주 오랫동안 "자신이 더러운 성병에 걸리지 않았을지 걱정"(40) 해 온 것으로 나타난다. 애국이라는 명목 하에, 연극의 연장선상에서 목적을 가지고 행한 성관계는, 현실적으로 지아즈의 후회와 염려를 낳고, 그녀가 동료들로부터의 고립되는 결과로 이어지고 있는 것이다. 「색, 계(色, 戒)」는 이 사건의 경우에서만, 지아즈가 무대와 무대 밖 현실 간 경계를 뚜렷하게 인식하고 있음을 나타내 보여준다.

상하이에서의 두 번째 미인계는 동료들과의 소속감이 결여된 상태로 암살계획의 구체적인 사항들을 알지 못한 상황에서, "신의를 버리지 못하고"(40) 그들과 동참하게 된 것으로 나타난다. 지아즈는 이 선생과의 세 번째 밀회(②-㉣)가 이루어지는 날, 동료들이 행할 일을 "가정들"로서만 추측해 보면서, "그런 생각들이 자신과는 아무런 상관도 없으며 자신이 끼어들기 바라는 사람도 없다는"(50) 생각을 하기도 한다. 이는 지아즈와 그녀의 동료들 간의 긴밀한 유대가 없음을 나타낸다. 이

졌다. 모두들 알아서 하나 둘씩 자리를 떠나자 량룬셩 한 사람만 덩그러니 남았다. 그리고 그들은 계속 연극을 진행했다. / **하룻밤만의 연극은 아니었다.** 하지만 며칠이 지나도 이 선생에게서 전화는 오지 않았다.(38)

글은 주인공의 소속감과 유대감의 결여가 지아즈의 공간의식을 통해 살필 수 있는 이 작품의 공간성에 영향을 미친 것으로 본다. 지아즈는 서사적 시간 내에서 이루어진 세 번째 밀회를 통해 암살계획에 동참하는 동안에도 무대 위로부터 무대 밖 현실과 정면 대응할 것을 기피한다. 지아즈는 무대 밖 현실, 즉 친일파 암살을 계획하고 있는 애국 학생들과 관계를 맺고 있음에도, 자신의 역할을 무대 내에 제한하는 경향을 보이고 있는 것이다. 이는 지아즈가 량륜셩과의 일로 같이 일을 도모한 단원들과 소원해졌으며, 상하이에서는 한 번도 그들과 대면하지 않은 상황에서 거사에 동참하게 된 것과 유관하다 하겠다. 이른바, 그녀에게는 무대 밖 현실, 그곳의 동료들과의 결속감이 부재하다 하겠으며, 그 결과 무대 밖 현실과의 성공적인 접속을 이루지 못하게 된다. 지아즈는 오히려, 무대 속 현실과 직면하는바, 여기에서 이 작품의 공간성을 다음처럼 도해해 볼 수 있다.

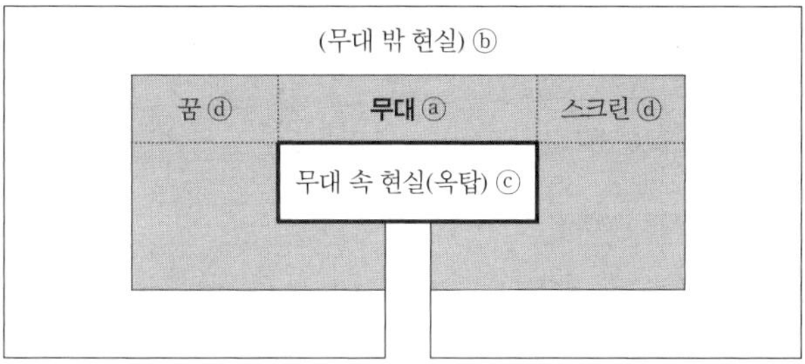

〈그림 3-2〉 주인공 지아즈의 공간의식과 「색, 계(色, 戒)」의 공간성〉

②-㉣에서 행해진 세 번째 밀회 장면들을 통해서 이러한 다층적 공간성 간 관련성을 살필 수 있다. 세 번째 밀회가 이루어진 날, 지아즈와 이 선생의 움직임의 궤적을 좇아보자. 이들은 '이 선생이 밀회의 장소

로 정한 커피숍→자동차(퍼거슨을 향함, 유턴)→콰위민[鄭裕民]이 거사를 위해 정한 쥬얼리숍'의 순으로 장소를 옮긴다. 이 가운데 쥬얼리숍에서의 사건은 지아즈가 미인계의 주인공을 맡은 무대 위 "배우"로서 생각한 "클라이맥스"(34)이자, 이 소설의 클라이맥스를 이루기도 한다. 2층 건물로서 1층을 내려다볼 수 있는 "옥탑"이 딸린 쥬얼리숍의 구조는 이 선생 암살사건을 예견하는 지아즈에게 견디기 어려운 긴장감을 준다. 특히, 쥬얼리숍 2층의 발코니 역할을 하도록 설계된 옥탑 사무실은 의미 깊은 공간성으로서 자리한다.

옥탑 사무실에서의 장면이 이 작품에서 차지하는 비중은 크다. 이 공간에서의 서사전개를 지아즈의 내면을 잣대로 두 부분으로 나눌 수 있다. 먼저, 발코니에 위치해 있기에 아래층까지를 전체적으로 조망할 수 있는 옥탑 사무실에서, 지아즈는 쥬얼리숍과 외부공간을 연결하는 유리창을 주목하면서 앞으로 일어날 유혈사태에 대한 가정들을 세워 봄과 동시에 극도의 긴장감을 갖는다. 그런데 지아즈는 어느 순간 쥬얼리숍 내부의 "깊은 잠에 빠진 듯한" 공기에서 "따뜻한 중압감"(52)을 느끼게 된다. 이는 무대 밖 현실을 향하던 지아즈의 의식이 이 선생과 함께 하는 무대 위의 상황에 새롭게 접근하도록 하는 시발점이 된다.

외부의 현실로부터 분리된 듯한 옥탑 사무실에서 지아즈는 무대와 현실을 자리바꿈하는 전도된 공간의식을 갖게 된다. 이른바 자신에게 극도의 긴장감을 주는 이 선생 암살계획을 "꿈"과 영화의 "스크린"(53) 내부로 옮기고, 그녀 자신이 무대 밖에 존재한다는 상념을 갖기에 이른다. 여기에서의 무대 밖이란, 기실 무대(ⓐ)에 해당하는 것이되, 실제로 무대 밖 현실(ⓑ)에서 행하여질 사건을, 그녀가 속한 무대 위로부터 분리된 현실 밖의 사건(ⓓ)으로 자리매김함으로써, 지아즈의 내면은 점진적으로 그 지향점을 달리하게 된다. 옥탑 사무실 장면의 첫 번째 서사마디가 무대 밖 현실에 대한 생각에서 비롯하는 긴장감을 중심으로 한 것이라면, 두 번째 서사마디에서는 지아즈가 이 선생을 향한 감정을 스스로 탐색해 가는 과정을 보여주게 된다.

지아즈의 사적인 감정의 발현이 시작되는 시발점이 된다 할 수 있는 상념은 바로 핑크 다이아몬드 반지를 받게 된 상황에 대한 진단에서 나타난다. 지아즈는 이 선생으로부터 "핑크 다이아몬드 반지"라는 "진귀한 보물"을 받게 되는데, 이를 선택하여 홍정하기까지의 과정에서 현재 일어나고 있는 일이 "아라비안나이트와 같은 동화 속"(53)에서나 가능하다는 인식을 드러내 보임과 동시에, "**애석하게도** 이것 역시 **무대 위의 소도구에 불과**"(54)에 하다는 생각을 하게 된다. 여기에서 지아즈가 동화 속 주인공과 자신을 분리하고 있음을 통해 그녀의 내면이 무대 밖 현실을 정향하고 있음을 엿볼 수 있다. 그런데, 그와 같은 일이 실제로 이루어지기를 바라는 마음 또한 그녀의 내면에 자리함을 알 수 있다. 즉, 진귀한 보석이 "무대 위의 소도구에 불과"함을 "애석하게" 여기고 있다는 점이 이를 뒷받침한다. 여기에는, 동화 속에서나 이루어질 수 있는 일이 현실에서도 이루어졌으면 하는 바람이 담겨 있는 것이다. 이 부분에서 지아즈의 의식이 무대 위의 상황에 보다 가깝게 다가서고 있음을 읽을 수 있다. 앞에서 살핀 바 있듯이, 지아즈가 무대 밖 현실을 꿈과 영화 속 장면으로서 상념하고 있음은 그 만큼 그녀가 무대 밖 현실로부터 거리를 두게 되었음을 의미한다 하겠다. 이제 지아즈가 갑작스럽게 발견하게 되는 무대 속 현실의 진심을 살피겠다.

이 작품의 핵심사건인 미인계를 통한 친일파 암살계획은 ⓐ에서 시작되어, ⓑ에서 그 결과를 맺도록 되어 있다 하겠다. 그런데 「색, 계(色, 戒)」는 지아즈가 ⓑ가 아닌 ⓒ와 직면토록 하는 계기를 마련함으로써, 지아즈의 편에서 ⓑ로의 성공적인 복귀가 이루어지지 않게 되는 결과를 낳는다. 지아즈에게서 나타나는 감정의 진폭은 이러한 상황과 불가분의 관계를 맺는다. 핑크 다이아몬드 반지에 대한 흥정이 끝났을 때, 예정대로라면 지아즈와 이 선생이 쥬얼리숍을 나섬으로써 이 선생 암살이 동료들에 의해 계획대로 진행되었어야만 한다. 이는 지아즈가 무대 위에서 무대 밖 현실로 탈주하게 됨을 의미하기도 한다. 그런데, 지아즈는 무대 위에서 내려서기에는 시기상조라는 판단 하에 쥬얼리숍 주인으로부터 이미 작성된 "영수증"(55)을 건네받는 짧은 시간 동안을 지체하기로 한다. 지아즈의 이러한 결단은 '무대 속 현실'이라는 새로운 공간성을 만들어 냄과 아울러, 진폭이 큰 감정변화가 수반된 서사 전개상의 반전을 이루어낸다.

핑크 다이아몬드 반지에 대한 흥정을 마치고 쥬얼리숍을 나서려는 순간, 즉 무대 밖으로의 열림이 이루어질 결정적 시점에 지아즈는 "영수증"(55)을 받아가자는 말로 그 시기를 늦춘다. 이 작품은 지아즈가 그와 같은 제안을 하게 된 계기를 이 선생을 암살하는 거사에서 그녀가 차지하고 있는 역할을 통해 제시해 주고 있다. 즉 미인계의 주인공으로서 무대 위의 역할에 치중하고 있는 지아즈가 거사가 이루어질 시간을 정확하게 모르기 때문에 이를 고려하여 그와 같은 제안을 한 것으로 나타난다. 그런데 짧은 시간 동안의 이러한 지체는 '무대 밖 현실'로의 열림이 아닌, '무대 속 현실'과의 직면이라는 새로운 공간성을 낳게 된다.

짧은 "한순간이 영원처럼 길게"(57) 느껴지는 동안, 지아즈는 "작은 옥탑의 비좁은 공간"(57)에서 이 선생에 대한 자신의 감정을 가늠하게 된다. 그것은 사랑의 불순물로 여겨지는 요소들과 자신이 무관함을 들추어내는 방식으로 이루어진다. 권력.[53] 지아즈가 이 선생에게 접근한 것은 "자발적인 선택이 아니라 상황에 떠밀려" 이루어진 일이기에 그의 "권력"이 그녀 자신을 그에게 끄는 요소가 아니라는 것이다. 관능.[54] "처음부터 미웠던 량룬성이 그 일을 치른 후 더 미워"졌던(56) 경험에 비추어 보았을 때, 이 또한 이 선생이 자신을 호리는 요소는 아닌 것이다. 이 부분에서 지아즈는 "이 선생을 사랑하게 된 것일까?"(56)라는 의문에 사로잡혀, 그게 아니라고 단정 지을 수도 없다는 점을 인정하게 된다.(57) 이러한 일련의 상념은 지아즈가 '스스로의 감정에 거짓 없이 다가서려는' 노력을 하고 있음을 나타내 보인다. 이는 '무대 속 현실'의 열림으로 이어진다.

이러한 상념들에 더하여, 지아즈는 "작은 옥탑의 비좁은 공간"에서 이 선생을 통해 "친밀감과 소속감"을 느끼게 된다. "단 한 번도 느껴보지 못한"(58) 이 감정은 그녀의 연극에 포함된 감정이 아닌 것이다. 무대 밖 현실의 인물들과의 관계에서 결여된 소속감을 이 선생을 통해 발견함으로써, 그녀는 무대 속 현실이라는 새로운 공간성을 노정하고 있는 것이다. 나아가서 지아즈가 이 선생의 자신을 향한 진심어린 사랑에 공명한 결과, 이 선생 암살계획에 어긋나는 결단을 내리는 장면은 그녀가 무대 밖 현실이 아닌, 무대 속 현실의 편에 서 있음을 나타내

53 "권력은 일종의 춘약(春藥)과 같은 것이다"(55)라는 영어에 있는 말을 들어, 이 선생에 대한 지아즈 자신의 감정을 진단하고 있다.

54 "여자의 마음속에 들어가는 길은 여자의 음도(陰道 : 질)에 있다"(56)는 중국학자의 말에 이견을 붙이고 있다.

는 결정적 증표가 된다. "이 선생을 사랑하게 된 것일까?"라는 스스로의 질문에 대해 명확한 답을 구하지 못하였던 지아즈는, 쥬얼리숍 주인으로부터 영수증을 건네받을 동안의 짧은 시간 동안, 비좁은 옥탑에 놓인 의자에 이 선생과 나란히 앉아서, 그의 표정을 통해 "이 사람 나를 진심으로 사랑하고 있구나!"(59)라는 결론에 이른다. 이러한 답을 얻도록 한 그의 표정이란, 비웃음이 없는 "서글퍼 보이는 미소", 그의 옆모습에서 묻어나는 "부드러움과 왠지 모를 연민의 기운"(58)인 것으로 나타난다. 이를 통해 상대의 진심어린 사랑을 확인함으로써 지아즈는 "심장이 쿵쾅거리며 미친 듯이"(59) 뛰는 것을 느낀다. 이는 지아즈가 이 선생의 자신을 향한 사랑에 공명하고 있음을 나타냄과 아울러, '무대 속 현실'의 열림을 의미한다 하겠다. 여기에서 지아즈는 무대 밖 현실이 아닌 무대 속 현실을 정향하고 있는 것이다.

그런데 지아즈가 이 선생에 대한 사랑을 확신하게 된 과정에 주목할 필요가 있다. 지아즈는 상대의 사랑과 진심을 깨달은 이후에, 스스로의 사랑에도 확신을 갖게 된다. 「색, 계(色, 戒)」는 '상대를 사랑하는가?'라는 회의가 '상대의 사랑을 확인한 후, 나의 가슴도 뛴다'라는 확신으로 바뀌고 있음을 보여준다. 이 선생의 권력도, 그와의 관능도 이 선생을 향한 사랑의 소인이 될 수 없다고 생각하였던 그녀는, 그의 서글픈 미소, 부드러움, 연민을 읽고 이 선생의 자신을 향한 진심어린 사랑을 확신하게 된 것이다. 결국, 지아즈는 상대의 사랑을 통해 자신이 싸워야 할 대상에 대한 스스로의 사랑을 받아들이게 된 것으로 볼 수 있다. 여기에서 감정 변화의 진폭이 크게 나타남을 읽을 수 있다. 상대에 대한 사랑을 전적으로 부정할 순 없지만 확신할 수 없는 상태에서 상대의 사랑에 공명함과 아울러 요동하는 심장으로 나타내듯 강렬한 사랑의 확신에 이르게 되는 과정에서 이를 살필 수 있다. 이른바 감정의 양적 증대가 이루어지고 있다 할 수 있는바, 사랑에 대한 회의에서 확신으로의 변화가 비좁은 옥탑 사무실에서 이미 써 놓은 영수증을 받기까지의 찰나의 짧은 시간 동안 이루어지고 있음은 시공간성과의 관련 내에서 감정경제를 정식화하고자 하는 이 글은 목적과 관련하여 주목할 사항이다.

한편 이 선생을 초점화자로 한 진술들을 통해, 이 선생 또한 지아즈가 자신을 사랑한 것으로 확신하고 있는 것으로 나타난다. 이 선생은 젊고 아름다운 지아즈가 자신을 사랑하게 된 데에는 "권력의 마술"(58)이 작용하고 있음을 시인하는 입장을 갖는다. 그럼에도, "마지막 순간 미인의 변심"이 이루어진 것은 그녀가 "진심으로 자신을 사랑한 것"(65)에 그 원인이 있는 것으로 생각한다. 이 선생은 그녀의 죽음을 결정지으면서, "그녀는 그의 평생 유일하게 자신을 사랑한 지기(知己)"(65)였다는 생각을 한다. 이처럼 지아즈와 이 선생은 '내가 상대를 얼마만큼 사랑하는가?'보다는 '상대가 나를 진심으로 사랑한다'는 사실을 통해, 사랑의 문제에 접근하는 태도를 보이고 있다. 여기에서 진심과 공명이라는, 감정의 상호주관성을 중시하는 시선을 읽을 수 있다. 「색, 계(色, 戒)」는 짝사랑이 아닌, 남녀 간의 상호 주관적인 온전한 사랑과 이를 확신하게 되는 과정을 중요시하고 있는 것이다. 지아즈의 경우 옥탑 사무실의 협소한 공간 내에서 찰나적인 시간 동안 이 선생을 향한 자신의 사랑을 확신하고 있는바, 시공간성의 밀도와 감정의 밀도가 비례적이기에 이 글 전체(2부 3장)의 주제와 연관하여 더욱 주목되는 바이다. 한편, 여기에서 나타나는 지아즈의 감정 진폭이 작품의 결말을 결정짓는 주요한 모티프가 되고 있음을 알 수 있다. 계획대로라면, 지아즈는 이 선생 암살이라는 사건을 통해 무대 밖 현실로의 복귀가 가능했을 것이다. 그러나 무대 속 현실과의 직면은 이를 저해하게 된 것이다.

이 선생이 쥬얼리숍을 탈출한 이후의 서사는, 세 겹의 공간성 내에서 지금까지와는 반대 방향으로 지아즈의 움직임이 진행되는 양상을 보여준다. 즉, 무대 속 현실로부터 무대 위를 거쳐, 무대 밖 현실과 직면하게 되기까지의 과정을 보여준다. 스스로에게 닥친 위험을 감지하고 이 선생이 옥탑 사무실로부터 뛰쳐나간 이후, 그가 무사히 탈출에 성공한 사실을 확인한 지아즈는 안도감을 느낀다. 이후 서사는 무대 속 현실이라는 공간성의 경계가 이 부분까지임을 보여준다.

이 선생이 탄 자동차가 떠난 후, 지아즈 자신도 서둘러 쥬얼리숍을 나서는데 이 지점에서 주목되는 바는 그녀가 여전히 무대 위 존재로서의 공간의식을 유지하고 있다는 점이다. 지아즈는 홀로 거리에 나섰을 때 거리의 행인들과 자동차 등속이 "모두 그녀와 두꺼운 유리벽을 사이로 양분되어 있는 듯"한 느낌을 갖는다. 여전히 그녀는 미인계, 즉 무대 속 사건들을 준비한 그녀의 동료들과는 동떨어져 있기에, 무대 밖 사건의 실체에 다가가지 못하고 있는 것으로 볼 수 있다. 지아즈가 친척이 살고 있는 위위엔루[愚園路]로 도피할 생각을 하면서, "이번에 상하이에서 단원들과 거의 만남을 갖지 않은 것"을 "천만다행"(62)으로 여기고 있다는 사실 또한 이러한 입장을 뒷받침한다. 여기에서 우선 엿볼 수 있는 것은 암살계획이 수포로 돌아간 것에 대한 책임감과 이를 모면하고자 하는 마음이다. 보다 중요한 것은 지아즈의 이러한 상념이, 미인계의 주인공인 그녀 자신과 이를 주관하는 '무대 밖 현실' 간의 연결고리가 느슨함을 분명하게 보여주고 있다는 사실이다. 암살사건의 현장이 되었어야 할 쥬얼리숍을 나와 거리에 선 지아즈가 "그녀 혼자서만 떨리고 두려운 마음으로 외부세계에 갇혀 있는 것 같"(62)다는 생각을 하고 있음은 이러한 정황과 관련을 맺는다 할 수 있다.

이 작품은 지아즈가 봉쇄된 거리에 서게 된 상황에서, 지아즈를 초점화자로 한 이야기의 끝을 맺는다. 이 선생의 의식을 통해 지아즈와 그녀의 동료들이 체포되어 함께 처형된 것으로 드러난다. 지아즈의 편에서, 바로 이 지점에서 그녀가 무대 밖 현실과 직면하게 된 것으로 볼 수 있다. 무대 밖에서 이 선생 암살을 계획하여 무대 위에서 결정적 지점까지 이 일을 진척시켜 계획이 성공한 다음 무대 밖 현실로 복귀할 것을 의도하였던 미인계는, 지아즈가 '이 선생의 진심'을 알아차림과 동시에 '이 선생을 향한 자신의 진심'을 확신하게 됨으로써 무대 속 현실과 직면하게 된 결과, 예기치 않은 인과관계의 연쇄를 낳고 있는 것이다. 그런데 지아즈의 처형을 결정한 이 선생의 편에서, 지아즈는 "그의 평생 유일하게 자기를 사랑한 지기(知己)"(65)로서 죽음 이후에도 영원히 자기 곁에 머물 것으로 생각되어진다. 이는 지아즈가 이 선생의 기억 속에서만은 '(지아즈의 편에서) 무대 속 현실'의 주인공으로서 영원히 존재하게 될 것임을 의미한다 하겠다.[55]

이 글은 「색, 계(色, 戒)」의 주제의식 구현이 독자적인 공간성의 구축과 긴밀한 관련을 맺고 있음을 논하였다. 무대 밖 현실, 무대, 무대 속

55 한편, 지아즈가 미인계의 주인공으로서 맥부인이라는 이름으로 활약하던 상하이 고위관료 부인들과의 교유 무대에서는, 배역을 마친 배우가 무대에서 퇴장하듯 흔적 없이 사라지는 것으로 처리된다. 작품의 처음과 마지막에 자리한, 상하이 고위관료 부인들이 마작을 즐기며 한가로이 지내는 일상은 맥부인의 존재와 무관하게 변함이 없는 것으로 그려진다.

현실이라는 세 겹의 이질적 공간성과 그 내부에서 전도되어 나타나는 또 다른 겹의 공간성들. 이러한 다층적 공간성들이 상접하는 가운데 주인공 지아즈의 운명이 결정되고 있음을 살폈다.[56] 한편, 이 글에서는 유교, 선교뿐만 아니라 불교사상을 엿볼 수 있는 『구운몽』에서 또한 이질적 공간성의 층위가 작품의 주제의식과 상관됨을 논하고 있다. 『구운몽』에서는 크게 보아 선계와 속계라는 이질적 공간성이 구축되어 있으나, 상세하게는 대칭적 공간성이 선명하게 나타난다는 점이 주목된다. 즉, 크게는 용궁을 중심으로 하여 선계와 속계가 대칭적으로 존재하며, 세부적으로는 제가(齊家)의 의미를 가지며 "취미궁"(211)이 대표하는 가정을 대칭점으로 하여, "낙유원"(193)이 대표하는 풍류남아의 기상을 펼치는 공간, 입신양명의 도정이라 할 수 있는 전쟁터(의 상징)가 대칭적으로 존재함으로써 여러 겹의 공간성을 이루고 있는 것이다. 이러한 대칭적 공간성을 통해 『구운몽』은 궁극적으로 선계의 인물인 성진이 불제자로서 변증적인 성장을 이루어가는 과정을 잘 보여주고 있는 것이다.

「색, 계(色, 戒)」에서 또한 여러 겹의 이질적 공간성이 존재하되, 그들간 대칭성은 발견되지 않는다. 이 작품은 무대 위 공간에 존재하면서 무대 밖 현실이 아닌, 무대 속 현실에 정향함으로써 주인공의 운명이 예기치 않은 방향으로 결정된다는 점을 서사의 근간으로 하고 있다. 쥬얼리숍의 1층에서 2층에 발코니처럼 자리한 옥탑 사무실로 이동함으로써 지아즈가 심정적으로 쥬얼리숍의 유리창 너머 무대 밖 현실보다 옥탑 사무실의 협소한 공간에서 느낄 수 있는 친밀함에 점차 다가서고 있음을

56 여기에서 불교의 시공간관을 엿볼 수 있다. 이른바, 삼세(전세, 현세, 내세)의 시공간관은 다층적 시공간의 존재와 그러한 시공간들의 상호 관련을 강조하기 때문이다.

논하였다. 지아즈에게서 나타나는 이러한 공간의식의 정향은 그녀가 공적 자아로서의 책임을 비우고, 사랑의 주체이자 대상으로서 사적 자아를 앞세우게 된 것과 궤를 같이 한다. 여기에서 나타나는 감정(사랑)의 상호주관적 공명과 그에 따른 양적 증대가 시공간성의 밀도와 비례적으로 이루어짐을 주의 깊게 살폈다. 지아즈가 친밀감과 소속감을 주기에 사적 공간의 성격을 띠는 옥탑 사무실의 비좁은 공간에서 사랑의 진심을 발견하게 된 것은 곧 무대 속 현실의 열림이라 할 수 있는바, 그 결과 사적 자아가 파멸을 맞게 된다는 점이 주목된다. 이는 무대 속 현실과 무대 밖 현실의 인과적 상접의 결과라 할 수 있으며, 양자 간 이질성의 폭을 보여주는 것이라 하겠다. 이를, 『구운몽』에서 대칭적 공간성을 통해 변증적 자아상이 생성되고 있는 것과 비교해 볼 만하다.

(4) 비공식적 열림과 지연의 시공간성, 그리고 기대감과 환멸의 교차[57]

프란츠 카프카의 『성(城)』은 관청을 대변한다 할 수 있는 성(城)과 백성을 대변하는 마을, 그 양자의 관계, 그리고 그 저변을 이루는 권력의 문제에 대해 다층적으로 접근하고 있으며, 여기에 역지사지의 시각을 더하고 있다. 등장인물들이 처한 상황과 그들의 입장을 통해, 이에 대해 다음처럼 정리해 볼 수 있다.

① **K, 올가, 바르나바스** : 성의 착오로 인한 피해자

② 프리다, 가르데나, **페피** : 성의 관리인 클람과 서로 상이한 방식으로 관

57 이 글은 다음을 기본 자료로 한다. Franz Kafka(프란츠 카프카), 박희덕 역, 『성(城, *Das Schloß*)』, 범우사, 2004.

련을 맺는 하녀들과 여관의 여주인

③ 면장과 선생 : 성의 관리인 클람의 대리인

④ 뵈르겔 : 성 내부의 시선으로 성의 관리들이 대민업무를 하는 방식에 대해 언술하는 비서

⑤ 기자, 아말리아, 한스의 어머니 : 성 소속 관리의 구애를 외면함. 고독에 대한 갈망. ②의 인물들과 대비됨

⑥ 브룬스비크 : 마을의 선동자, 가정의 지배자. 마을에서는 유일하게 성 출신의 아내를 가짐

이 작품은 대부분 위의 인물들이 행하는 언술(言述)에 의해 전개된다. 사건 전개를 보여주는 장면 제시는 이러한 언술들에 비해 작은 부분을 차지한다고 할 수 있다. 위의 인물들은 각기 자신의 입장에서 성과 마을, 그리고 양자의 관계에 대한 입장, 같은 부류에 속하지만 입장이 다른 인물들에 대한 의견, 상대방의 의견에 대한 반론, 과거의 사실들에 대한 진술 등을 두드러지게는 직접화법을 통해, 일부는 간접화법의 방식으로 언술하고 있다. 이 가운데 반론은 역지사지의 시각을 나타내 보이기도 한다. 즉 사건의 주체가 객체를 비판한 내용에 대해, 청자가 제3의 언술 주체로 나서서 사건의 주체 측에 오히려 문제가 있음을 들추어내기도 한다. 이른바, 성과 마을로 확연히 구분지어지는 공간성 내에서 그 양자에 대한 다층적 시각을 보여주는 작품이라 할 수 있다.

그럼에도 이 작품의 서사전개상의 기조는 비교적 선명하게 드러난다. 그것은 '닫힘과 지연'의 시공간성이라는 측면과 결부하여 생각해 볼 수 있다. 이른바 성과 마을 사이는 직접적 교섭이 거의 불가능한 소

통상의 거리가 존재한다(㉮). 이는 다음의 그림을 통해 드러나는 바와 같은 닫힘의 공간성과 관련을 맺는다. 이러한 공간성 내에서 마을의 인물들, 특별히 ① ②에 속한 인물들은 성과의 교섭을 통해 자신들의 문제를 청원하여 해결코자 한다(㉯). 그러나 마을 사람들과의 직접적 교섭을 피하는 성과의 관계에서 마을 사람들은 비공식적 열림의 통로를 통해 성과의 교섭을 위한 시도들을 하지만, 그 비공식적 열림이란 우발적인 것이기에 실현가능성이 희박하다. 따라서 한 번의 시도가 또 다른 시도들을 낳는 식으로 지연의 시간성을 이루게 된다(㉰). 미완의 결말에 따르면, 시종 성과의 관계에서 '굴종적' 자세를 유지하는 마을 사람들이 의미 없는 성과의 교섭 시도를 지속하거나, 성의 방식에 점차 순응하게 될 것임을 예측해 볼 수 있다(㉱). 이 글은 이러한 서사전개상의 기조 파악에 기초하여, 작품의 시공간성이 감정경제와 관계 맺는 양상을 논할 것이다. 이른바, 닫힘(비공식적 열림)과 지연의 시공간성 내에서 인물들은 성과의 교섭을 통해 원하는 바를 이룰 수 있으리라는 기대감과 이의 좌절로 인한 환멸이 교차하는 감정파고를 나타내 보이는바, 이를 논증할 것이다. 이를 위해 ①과 ②의 강조 표시된 인물들이 주재하는 서사에 주목할 것이다.

우선, 닫힘(비공식적 열림)의 공간성은 성과 마을 간 소통의 거리를 통해 살필 수 있다. 이 작품에서 성과 마을 간의 소통은 주로, 전화, 서류, 편지, 사자를 통한 구술전달 등의 방식으로 이루어진다. 그런데 이러한 소통의 매체들은 모두 그 정확성, 시의성 등의 측면에서 신뢰성이 떨어지는 것으로서 제시된다. K의 경우 이미 측량사 임명이 취소된 상황에서 먼 거리를 움직여 성 관할하의 마을에 도착하지만, 그의 직위

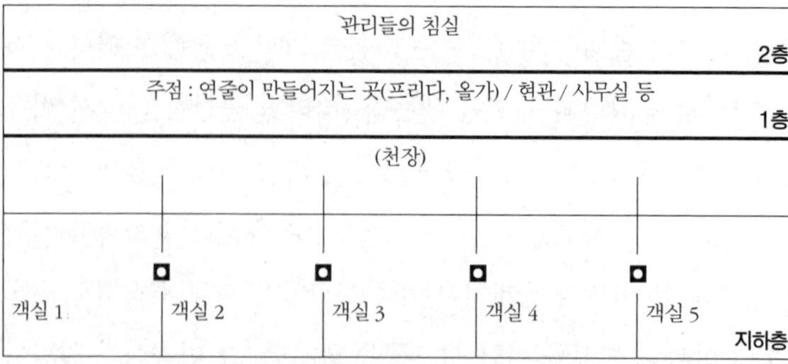

〈그림 3-3〉 '헤렌 장'의 구조를 통해 본 '닫힘(비공식적 열림)의 공간성'[58]

임명 여부에 대해 확답을 구하지 못한다. 이때 성과의 접촉을 위해 서류, 편지, 전화 등의 소통수단을 활용한다. 그런데 이러한 소통 수단들이 결코 신뢰할 만한 것이 되지 못한다는 사실을 알아차린 K가 작품 전반에서 추구하는 바는 바로 성의 관리인 클람과의 직접적 교섭이다. 이를 이루기 위해 그는 다각도의 노력을 한다. 자칭 성의 사자인 바르나바스, 성에서 마을의 브룬스비크에게 시집을 온 한스의 어머니 등과의 관계를 통해 클람과의 직접적 만남의 기회를 얻고자 노력한다. 나아가서, 그는 성의 관리들이 마을에 왔을 때 머무는 '헤렌 장(莊)'의 안뜰에서, 썰매를 타고 성으로 떠날 예정인 클람을 기다리기도 한다. 이러한 모든 노력에도 불구하고, K는 자신의 문제로 클람과 직접 교섭할 기회를 갖지 못한다. 바르나바스 집안 사람들의 이야기를 통해서도 나타나는, 이러한 성과 마을 간 소통상의 거리는 곧 닫힘(비공식적 열림)의 공간성을 노정한다 하겠다. 업무상 마을에 나온 성의 관리들이 머무는 '헤렌 장'의 구조는 이러한 공간성을 집약하여 보여준다.

58 ◘는 열쇠구멍만으로 내부를 들여다 볼 수 있는 닫힌 문을 뜻한다. K는 클람이 머무는 방을 프리다의 허락하에 열쇠구멍으로 들여다본 바 있다.

여기에서 가장 주목되는 부분은 비서들이 머무는 '지하층'의 구조이다. 각 객실의 문은 굳게 닫혀 있는 반면, 각 벽의 윗부분이 천장에 닿지 않아 틈이 나 있는바, 관리의 비서들이 유숙하는 객실의 이와 같은 구조는 성과 마을 간의 공식적 소통의 통로가 닫혀 있음을 나타낸다. 반면, 벽이 천장에까지 이르지 않음으로써 생기는 틈들은 '비공식적' 소통의 통로를 나타냄으로써, '비공식적 열림'의 공간성을 의미한다고 할 수 있다. 비서들이 이 틈을 통해 다른 객실에서의 대화를 엿들을 수 있으며, 특별히 이 틈이 다양한 사람들이 만나고 헤어지는 1층의 주점과 맞닿아 있다는 점은 이러한 해석을 뒷받침한다. 객실에서 비서를 통해 업무처리를 하는 것이 공식적이라면, 여러 부류의 인물들이 모여드는 주점에서의 환담과 소통은 비공식적이라 할 수 있다. 주점은 이 작품에서, 수완이 좋은 프리다가 성공하고 올가가 중간에 포기한 이른바 "연줄"(417) 맺기를 통한 성과의 접속을 이룩할 수 있는 공간으로서 자리한다.

그런데 이러한 '닫힘(비공식적 열림)의 공간성'은 공식적이든, 비공식적이든 간에 어느 편에서도 성과 마을의 접속 가능성이 희박하다는 점을 사실로서 보여준다. 24장은 K를 초점화자로 하여 성의 착오를 시정하기 위한 청원의 길이 지난함을 보여준다. 24장에서 K는 성의 비서 에를랑거의 소환을 받고 헤렌 장 내부에 있게 되는데, 그가 바라보는 지하층에서의 서류배분과정은 성에서의 공식적 일처리 과정의 어려움을 보여준다. 예를 들면, 객실로 잘못 들어간 서류를 되돌려 받기 위해 하인들은 고초를 겪는바, 이때 견고하게 닫힌 객실의 문은 성을 상대로 한 마을 사람들의 청원과 진정이 거의 불가능하다는 사실을 엿보게 한다. 한편, 23장에서는 관리 프리드리히의 비서인 뵈르겔의 언술을 통해서, 성 내부인의 시선으로 관리들의 일처리 과정의 불합리한 부분들이 지적된다. 그에 따르면, 관리들은 쉽게 해결할 수 있는 문제만을 맡으려 하기 때문에 마을 사람들이 성의 관리에게 낸 진정이나 청원은 계속하여 다른 관리들이 '대리'로만 맡게 된다. 이어서 뵈르겔은 관리들이 이처럼 언제 어느 때나 책임회피를 위한 포석을 깔기 때문에 사건 담당자와의 직접적 만남 자체가 이미 차단되어 있음을 언급한다. 더불어서 그들과의 '우발적 만남을 통한 우발적 청원의 해결'이란 거의 그 가능성이 없는 것으로 결론을 내린다. 그는 관리와 진정인이 밤의 신문에서 우연하게 만나는 것은, 관리의 입장에서는 무방비 상태에서 직무상의 과실에 직면해야 할 상황이므로 "자살적인 행복"(373)을 구하는 것이 아니라면, 실현되기 어려운 것임을 강조하고 있다. 결과적으로 이 작품은 마을과 성 간에 공식적 닫힘(혹은 비공식적 열림)의 공간성만이 존재함을 강조함으로써, 마을 사람들이 성을 향한 그들의 청원 혹은 진정을 성의 관리들 — 관리들이 마을에 출장을 나올 때에는 어김없이 '헤렌 장'의 이층에 묵는 것으로 나타난다 — 에게까지 상달하는 것이 거의 불가능하다는 것을 보여 주고 있는 것이다.[59]

이러한 공간성은 작품의 시간성과 관련을 맺는다. 이 작품에서 마을 사람들의 성과의 접속은 거의 비공식적 열림의 통로를 통해 시도된다.

59 성과 마을 간의 소통의 거리는 작품의 화법을 통해서도 간접적으로 나타난다 할 수 있다. 이 작품의 대부분을 이루는 언술은 거의 직접화법을 통해 이루어진다. 특별히, 관리인 클람의 경우에서와 같이 성과 결부된 언술에서 이러한 직접화법이 두드러지게 나타나는바, 이는 서술자 중개에 의해 전개되는 간접화법에 비해, 더 많은 수의 중개자들을 두는 경우이다. 예컨대, 16장에서 올가가, 자신이 바르나바스와 나눈 대화를, 직접화법으로 K에게 전하는 방식의 언술이다. 이 경우 중개자의 수만큼 소통의 거리가 자리한다고 할 수 있다.

공식적 절차에 따른 청원이라고 여긴 사안조차도 우발성에 기댄 것임이 드러난다. 뵈르겔이 간파한 바와 같이, 이 또한 목적 달성의 가능성이 매우 낮은 우발적 사건에 불과한 것으로 판명이 나곤 하는 것이다. 이러한 상황하에서도 마을 사람들은 성과의 관계에서 굴종적 자세를 유지하며, 마을 외부의 다른 공간에 대한 동경을 나타내 보이지 않는다.[60] 그들은 결과적으로 우발적인 것으로 판명이 나거나, 그 우발성을 고려하고 행한 행위들을 통해 성과의 접속을 반복하여 시도할 뿐이다. 이러한 양상들을 통해 '우발성과 지연의 시간성'을 읽을 수 있다. 이제까지의 논의를 종합할 때, 『성』은 '비공식적 열림과 지연의 시공간성'을 구축하고 있는바, 이러한 시공간성 내에서 주인공 K, 바르나바스 집안의 올가와 바르나바스, 그리고 헤렌 장의 하녀 페피 등은 자신들이 처한 문제 상황을 타개할 수 있으리라는 기대를 하지만, 곧바로 환멸에 이름과 아울러 새로운 기대 — 미련 — 를 갖는 감정곡선을 나타내 보인다. 이러한 감정곡선은 기대감에서 기대감의 소멸, 혹은 기대감의 잔존이라는 감정양태를 드러내는바, 여기에서 감정의 양적 변화를 읽을 수 있다.

주인공 K는 일주일에 못 미치는 서사적 시간(6일) 동안, 측량사 임명과 임명취소라는 과정에 내포된 성의 착오를 확인하고 이를 시정하기 위한 노력을 한다. 그가 원하는 것은 마을을 담당하고 있는 성의 관리인 클람과의 직접적 교섭을 통해 자신의 문제를 해결하는 것이다. 그

60 프리다만이 마을 외부 공간에서의 삶을 잠시나마 꿈꾼다. 12장에서 프리다는 마을을 떠나 프랑스나 스페인 등지로 이주하는 것만이 K와의 행복한 미래를 여는 길이라고 호소하지만, K는 마을에 정착하겠다는 의지를 밝힌다. 『성』에서 나타나는 이러한 측면은 서사의 증식과 공간 확장이 궤를 같이 하는 『토지』의 경우와 비교할 때, 크게 차이나는 부분이다.

러나 K는 6일이라는 짧은 서사적 시간 내에서 자신의 문제를 해결할 수 있으리라는 기대와, 곧이어 뒤따르는 환멸을 되풀이하여 경험한다. 그의 관과의 접촉은 상이한 입장을 나타내 보이는 중개인물과의 관계 내에서만 성립됨으로써 계속하여 지연된다. 성에 소속된 집사의 아들인 쉬바르쩌를 통해 이루어진 관과의 '전화통화', 클람의 대리인인 면장과 그의 '서류들', 성의 사자를 자칭하는 바르나바스가 전하는 '편지'와 그를 통해 이루고자 한 '구술전언' 등의 소통수단들이 마을의 K와 성 사이에 놓이며, K는 이를 통해 자신의 문제를 해결할 수 있으리라는 기대감과 뒤따르는 환멸을 반복하여 느낀다. 그런데 5장에 따르면, 서류는 희화화를 통해 그 적정성이 의문시 되며, 전화는 면장에 의해 "실지 접촉"과 다른 "시늉에 불과한 접촉"(105)인 것으로 치부된다. K는 성 출입이 가능한 바르나바스의 중개에 가장 큰 기대를 갖는다. 이를 통해 성과의 직접적 교섭을 이룰 수 있을 것이라고 생각하지만, 이러한 시도 또한 매번 좌절되고 만다. 기대와 환멸이 교차하는 K의 감정곡선은 바르나바스 집안 사람들과의 관계를 통해 두드러지게 나타난다.

바르나바스는 총 세 차례에 걸쳐서 성에서 K에게 보내는 편지를 K에게 전달한다. 바르나바스는 2장과 10장에서 두 차례에 걸쳐 클람의 편지를 K에게 전달한다.[61] 클람으로부터 온 편지는 K가 성에 도착한 지 2일째 되는 날의 밤에 K가 머무르는 여관 쭤르 뷔르게 관의 저녁식탁에서와, 4일째 되는 날의 밤 한길에서 바르나바스를 통해 K에게 전달된다. 이러한 편지들에 기초하여 K는 바르나바스에게 구술전언을

61 그리고 21장에서는 에를랑거로부터 K에게 발신된 편지를, K가 마을에 머무른 지 5일째 되는 밤, 한길에서 K에게 전달한다.

보냄으로써 성과의 직접적 교섭을 할 수 있으리라는 기대감을 갖지만, 그 기대감은 6일이라는 짧은 서사적 시간 내에서 환멸에 귀결하기를 반복한다. 그 시의성이 의심되지만, 첫 번째 편지는 측량사 임명이 취소되었다는 현실에 직면한 K에게 기대감을 준다. 그러나 5장에서 클람의 대리인인 면장을 통해 K의 측량사 임명건과 관련된 사건의 전말이 K에게 전해지고, K가 받은 편지가 공식적인 것이 아니고, "개인적인 의미"(107)를 전하는 것에 불과하다는 평을 들으면서 K가 클람의 첫 번째 편지를 받고 가졌던 기대감은 소멸한다.

한편, 쥐르 뷔르게 관의 여주인인 가르데나의 중재로 클람의 비서인 모무스가 헤렌 장에서 주관하는 신문을 거절한 K는 헤렌 장을 떠나 한길을 걷던 중 바르나바스를 만나 클람의 두 번째 편지를 받게 된다. 이 두 번째 편지 수취는 가르데나-모무스의 이중적 중개로 이루어지는 관과의 교섭을 거절한 직후 이루어진 것으로서, K에게 다시 한 번 관과의 직접적 교섭의 가능성에 대한 기대감을 갖게 한다는 점에서 의미가 깊다. 편지의 내용은 사실과는 거리가 먼 오해를 담고 있는 것으로 드러나지만, 편지의 수신을 계기로 K는 바르나바스에게 "이제까지의 모든 중개자가 완전히 무의미했기 때문에" "직접 방문"할 수 있도록 허락해 줄 것을 간청하는 내용의 구술전언을 "대지급(大至急)"(172)으로 전달해 줄 것을 부탁한다. 한편, 마을에서 클람의 대리로 일하는 면장은 측량사로서 일할 수 없게 된 K에게 학교 사환의 일자리를 주선하는데, K는 교사(教師)의 열악한 환경에서 생활하면서 클람과의 접촉에 대한 기대감으로 이를 견디어 낸다.

그런데, 이러한 기대감은, 5일째 밤 바르나바스의 집을 방문하여 올가와 긴 대화를 나누는 가운데, 올가와 바르나바스가 하는 일에 대해 냉소적인 아말리아가 의도한 대로, K가 실망할 것을 대비하여 조율된다고 할 수 있다. 15장에서 K와 마을 사람들이 성에 대응하는 방식에 대해 비판적인 아말리아 간의 대화가 잠시 이루어진 데 이어, 16장에서 20장까지 올가와 K 간의 긴 대화가 이루어지는바, 자칭 성의 사자인 바르나바스의 실상과 성에서 행하고 있는 업무의 문제, 바르나바스 집안의 과거, 그리고 바르나바스 집안의 미래를 위한 현재의 계획과 노력을 그 내용으로 한다. 이러한 대화는 5일째 밤의 2~3시간 동안 이루어진다. 이 가운데 바르나바스의 실상을 전하는 의도는, 바르나바스가 하는 일에 대해 큰 기대감을 가지고 있는 K가 실망하게 될 것을 우려해서 인 것으로 나타난다.

16장에서는 올가의 언술을 통해, 바르나바스의 실상, 그리고 그가 마음속에 품고 있는 회의가 K에게 전달된다. 이에 따르면, 바르나바스는 성으로부터 임명을 받은 적 없는, 따라서 정식 관복을 지급받기를 갈구하는 '자칭 성의 사자'에 불과한 존재이다. 또한, 이러한 상황에 처한 바르나바스가 성에 드나들며 품게 된 회의들이 올가의 중개하는 언술을 통해 드러나는바, 그것은 마을의 인물로서 자칭 사자인 그가 성의 실체에 제대로 접근하고 있는 것인지, 성의 관리들은 업무 처리를 제대로 하는 것인지 등에 대해 갖는 회의인 것으로 정리해 볼 수 있다. 전자는 바르나바스가 자신이 출입하는 사무국 자체의 진위를 문제시하는 점, 이의 연장선상에서 (자칭) 사무국인 곳에 있는 그와 주변의 다른 사람들이 성의 관리인 클람의 존재를 알고 있지 못한다고(못할 것이라고) 생각하는 점 등을 통해 엿볼 수 있다. 한편, 바르나바스는 시끄러운 (자칭) 사무국에서 작은 목소리로 관리가 구술하는 바를 서기가 받아 적어 서류를 작성하는 과정을 목격함과 아울러, (이는 바르나바스 자신이 기대하는 바이기도 한데) 사자로서의 임무를 얻게 되는 과정만을 통해서도 알 수 있듯 성의 업무처리과정에 개제하는 우발성들을 인식하는 것으로 나타나는바, 여기에서 바르나바스가 성 및 성의 사자되기를 희망하는 자신의 일에 대해 회의하고 있음을 읽을 수 있다. 올가를 통해 성의 사자가 되기를 기대하지만, 그 일에 대해 회의하기도 하는 바르나바스의 내면을 전해들은 K는 바르나바스가 아직 무경험한 젊은이라는 사실을 들어 그의 생각들을 선부르게 받아들이지 않겠다는 입장을 내비친다. K는 대상(성) 자체의 문제에 천착하기보다는 그 대상을 바라보는 주체(바르나바스)의 미숙함을 들어, 그의 생각을 근거로 "기대든 환멸이든"(256) 갖게 되는 것은 바람직하지 않다는 생각을 분명히 한다. 여기에서 문제의 원인을 성이 아닌 바르나바스에게서 찾는 역지사지적 시각이 나타난다 하겠다. 그런데 서사의 전후 문면은 성과의 관계에서 기대감과 환멸이 교차하는 감정파고를 K를 비롯한 주요 인물들을 통해 드러내 보이는바, 이를 논하겠다.

바르나바스는 두 차례에 걸쳐 클람의 편지를 K에게 전달한 이후, K가 클람에게 전하는 구술전언을 모두 전달하지 못한다. 16장에 따르면, 그것은 바르나바스가 성의 사자로서 정식적으로 임명을 받고 일하는 것이 아니라, 성에서 발생할 수 있는 우발성에 기대어 비공식적으로 성에 채용될 것을 기대하고, 일종의 봉사로서 자칭 사자로서의 임무를 수행하고 있기 때문인 것으로 드러난다. 이러한 설정은 성에 출입하는 사자를 통해서도 성과 마을 간의 소통이 직접적 교섭에 의해 이루어지는 것이 아님을 시사함과 아울러, 여러 사람의 중개인들을 통하여 이루어지되 그것이 궁극적으로 쌍방향적으로 이루어지는 것이 아님을 보여준다. 바르나바스가 K의 구술전언에 대한 답을 구해오는 것이 아니라, 시의성과 정확성을 만족시키지 못하는 성의 일방향적인 편지들을 K에게 전하고 있음이 이를 증명한다.[62] 이와 같은 상황은 K에게 환멸을 느끼도록 함과 동시에, 새로운 기대감을 갖도록 부추기고 있는 것이다. 이 작품은 이와 같은 상황을 최초의 장에서부터 K가 예감하고 두려워하고 있음을 보여준다. 그는 바르나바스가 전하는 클람의 첫 번째 편지에 대한 문면을 검토한 이후, 그가 진정 두려워하는 것이 "현실적인 강제"가 아니라, "용기를 잃게 하는 환경, 환멸에 젖어버리는 것, 눈에 띄지 않는 순간순간의 영향"등의 "폭력적인 힘"(42~43)임을 적시하고 있다.

K는 전화, 서류 등을 이용하는 경우보다 성의 사자인 바르나바스를 통해서 성과의 직접적 교섭을 이룰 가능성이 클 것으로 생각하고 이에 대해 기대감을 갖는다. 그러나 그 실상이 자칭 성의 사자에 불과한 것으로 드러나는 바르나바스와의 관계를 통해서도 기대감과 환멸의 교차를 반복하여 경험하고 있는 것이다. 그런데 올가와의 대화가 마감되는 21장 이후에서는 K의 기대감이 약화되는 경향성을 보인다. 25장에 따르면, 이는 직접적으로 약혼녀인 프리다와 관계가 결렬된 데에서 기

62 바르나바스가 우연한 기회에 얻은 세 번째 편지만이 K의 현실적 상황과 분명한 관계를 맺는 것으로 드러난다. 그것은 K가 "지금 곧"(334) ―K가 마을에 머무른 지 5일째 되는 날의 밤늦은 시간―, 헤렌 장에서 성의 관리인 에를랑거의 신문에 응해야한다는 내용을 담고 있다. 그런데 24장에 따르면, 신문의 목적이 K의 가장 큰 현안인 측량사 임명 문제에 대한 것이 아니라, K의 약혼녀인 프리다에 관한 것임이 드러난다.

인한 것으로 나타난다. 다른 한편으로, 16장에서 21장에 거쳐 스토리텔링된 바르나바스 집안 사람들이 겪어 온 3년간의 이야기를 K가 경청한 것과 유관할 것이라는 추단을 내릴 수 있다. 올가의 이야기에 따르면, 그녀와 바르나바스야말로 성과의 관계에서 기대감과 환멸의 순환을 겪어 온 장본인들인바, 2~3시간 동안 들은 3년의 이야기는 K에게 짙은 피로감을 안겨준다. 이는 프리다와의 결별을 기정사실화한 직후인 23장에서 피할 수 없는 수마(睡魔)와 함께 본격적으로 K를 엄습하는데, 이로 인해 K는 성의 관리인 뷔르겔을 통해 자신의 일을 '우발적으로' 해결할 수 있는, 뷔르겔에 따르면 이른바 다시 잡기 어려운 기회를 놓치고 만다. 미완성작이기에, 25장 이후에서 K의 감정양태가 어떻게 나타날지에 대해 분명하게 파악할 수는 없지만, 다음의 두 가지 방향성을 고려할 수 있다. 첫 번째, 성과의 직접적 교섭에 대한 기대감을 접고 다른 마을 사람들과 마찬가지로 상황에 순응하는 삶을 살아가기, 두 번째, 성에 대해 냉소적이며 강인함을 내비치는 아말리아와의 관계에서 새로운 기대감 세우기.[63]

25장까지의 텍스트를 근거로 엿볼 수 있는 첫 번째의 경우에 주목해보자. 마을에 머무른 지 6일 째 되는 날 밤, K는 앞으로의 거취가 될 수 있는 세 개의 가능성에 접한다. 프리다의 복귀로 주점 하녀에서 객실하녀로 돌아간 페피와 함께 하녀 방에 은거하기, 헤렌 장 여주인의 의

63 두 번째는 다른 마을 사람들과 차별화되는 아말리아의 성격화 양상을 고려하여 내세운 가설이다. 22장에 따르면, 아말리아는 성의 권력과 마을의 굴종에 대해 침묵으로 저항하는 인물이다. 반면, 성에서 파견된 K의 조수들(예레미아스와 아르투르)은 외부의 힘에 "굴종하는 두 맹수들"(348)로서 평가된다. 작품 전반에서, 아말리아는 마을 사람들 가운데 성에 냉소로써 저항하는 유일한 인물로서 존재감을 드러낸다.

복과 관계되는 일하기, 마부인 게르스태커의 조수되기가 그것이다. 그의 본업인 측량사 일을 고려할 때, K가 이들의 제안 가운데 어느 쪽을 수용하든 — 혹은 어느 쪽으로 이끌려가든, 그것은 대안적인 것이라 할 수 있다. 25장의 결미에서, K 자신은 면장이 주선한 학교사환 일을 계속할 의사를 갖지만, 게르스태커로부터 그의 조수 일을 하게끔 강요받는다. 그런데 게르스태커와의 이와 같은 관계 형성에서 주목할 부분은 K가 게르스태커와 성의 인물인 에를랑거를 중개하는 인물로서의 역할을 자임한다는 점이다. 본업인 측량사로서의 지위를 회복하지 못한 가운데, K는 그 자신이 성과 마을을 이어주는 중개자가 되는 상황에 직면한 것이다. 여기에서, K가 성과의 관계에서 굴종적인 마을 사람들과 동화되고 있음을 엿볼 수 있다. 아울러, 성과의 직접 교섭을 통해 측량사로서의 지위를 회복코자 한 그의 노력과 기대감이 소멸되었거나, 미미하게 잔존할 것이라는 추론을 해 볼 수 있다.

16장에서 21장에 걸쳐 주로 올가의 언술을 통해 전개되는 바르나바스 가의 이야기는 이러한 기대감과 환멸의 감정곡선이 우발적 기회에 대한 기다림과 인과관계를 맺고 있음을 여실히 보여준다. 올가의 긴 스토리텔링을 통해 전개되는 바르나바스 집안의 이야기는 3년이라는 스토리시간을 노정하는바, 이 기간 동안 아말리아를 제외한 바르나바스 집안 사람들은 성과의 관계에서 기대와 환멸의 감정파고를 반복하여 경험한다. 이러한 감정파고가 나타나는 서사의 마디를 크게 세 부분으로 정리해 볼 수 있다. ㉮ 사건의 발단이 되는, 마을 축제에서의 일, ㉯ 가문을 되살리기 위한 아버지의 노력, ㉰ 가문을 되살리기 위한 올가와 바르나바스의 노력. 이 가운데 ㉯㉰는 우발적 기회에 대한 기다림이 야기하는 지연의 시간성과 감정파고 간의 관련성을 확연하게 보여준다. ㉮는 분명한 인과관계의 질서를 따르지 않는 가운데, 성의 관리 및 그의 사자와의 관계에서 바르나바스 집안이 몰락하게 된 상황을 보여준다. 아말리아와의 사적인 만남을 요구하는 소르티니(성의 관리)의 편지를 전달하는 하인을 아말리아가 모욕하여 보낸 이른바 "사자(使者)의 모욕 사건"(285)[64]은, "결정적인 아침" 이전과 이후 간 명백한 경계를 지으며 발생하되, 여기에 우발성이 개제하고 있음에 주목하도록 한다. 그것은 사적인 사건이 명백한 근거 없이, 성의 관리를 모욕한 공적인 사건으로 비화되어 마을 사람들에게 바르나바스 가 사람들에 대한 "경멸"이라는 군중심리를 심어주는 양상으로 전개된다. 이로 인해 "결정적인 아침"에 내포된 또 다른 의미, 즉 아버지가 승진하고 아말리아가 신랑감을 구하게 되었다는 기대감이 소멸되는 상황을 바르나바스 가 사람들은 경험하게 된다.

㉮에 기초하여 전개되는 ㉯는 우발적 기회에 대한 기다림과 기대감이 미련으로 잔존하여 극단적 단계로까지 사건을 지연시키는 양상을 보이며, ㉰는 ㉯의 연장선상에서 우발적 기회에 대한 새로운 기대감을

64 사건의 전말을 요약하면 다음과 같다. 17장에 따르면, 3년 전 "소방대 축제" 때 유달리 아름다웠던 아말리아는 축제에서 신랑감을 구하게 될 것이라는 기대감을 한 몸에 받는다. 잠시 이러한 기대감은 실현가능성을 갖는다. 성의 관리인 소르티니는 아말리아를 보고 강한 반응을 보이며, 그 결과로서 다음 날 새벽 아말리아는 소르티니의 하인을 통해 헤렌 장으로 소르티니를 만나러 와 달라는 편지를 받게 된다. "야비한 말"과 "간악하고 협박적인 문구"(269)로 쓰인 편지에서 아말리아는 모욕감을 느낀다. 이에 누구보다 강하고 사람을 깔보는 듯한 눈초리를 가진 아말리아는 모욕적인 말로 하인을 돌려보내며, 소르트니의 요구를 묵살한다. 이 일이 알려지면서 바르나바스 가 사람들은 마을 사람들의 "경멸"을 받게 되며, "소방대의 제3지휘자"(261)였던 아버지는, 아말리아가 소르티니의 편지를 받았던 "결정적인 아침"(268) 새로 편성하게 될 성 소방대의 교도자(教導者)가 될 것을 기대하지만, 마을과 직장으로부터 소외됨과 아울러 파멸의 길을 걷게 된다.

세우고 이러한 감정이 환멸과 교차하는 양상을 보여준다. ㉯에서 보여주는 바르나바스 집안 사람들이 '사자모욕사건'에 대처하는 방식을 통해 성에 대한 그들의 굴종적 자세를 엿볼 수 있다. 서술자는, 사건의 유일한 실체라 할 수 있는 마을 사람들의 바르나바스 집안 사람들을 향한 '경멸'을 사적인 방식으로 해결할 수 있었음에도, 이를 공적으로 해결하려 한 바르나바스 가 사람들의 입장, 특별히 아버지의 사건대응양상을 부각하여 보여준다.[65] 아버지는 공식적 절차에 따른 청원, 집안의 돈이 모두 없어질 때까지 뇌물을 바치기, 길거리에서 무작정 관리가 탄 차를 기다리기 등의 방식을 고수하며 성을 상대로 한 진정을 기도한다. 이는 그가 더 이상 움직일 수 없을 때까지 지속된다. 여기에서 성과의 교섭을 위한 아버지의 노력이 점차 비공식적이면서 우발적인 기회에 대한 기다림으로 변화하고 있음을 엿볼 수 있다. 그의 이와 같은 노력은 경제적・육체적 한계에 다다를 때까지 이어지는바, 여기에서 그의 나날을 지탱하는 힘이 기대감과 기대감의 잔존(미련)이 긋는 감정파고의 연속임을 엿볼 수 있다.

㉰는 아버지에 이어, 장녀인 올가와 막내인 바르나바스가 성과 비공식적으로 접촉하기 위해 행한 노력에 대한 이야기이다. 아버지가 더 이상 성과의 교섭을 위한 노력을 할 수 없게 되었을 때, 이들은 성과의 관계를 통해 집안을 일으키기 위해 다음의 두 가지 계획을 세운다. ㉠ 헤렌 장에 드나들면서 하인들과의 관계를 통해 연줄 만들기. ㉡ 아주

65 사자모욕사건으로 관의 신문을 받은 이후, 바르나바스 가족은 이웃의 경멸을 받으며 문을 닫아걸게 되는데, 얼마 후 다시 문을 열고 이웃들 속에 들어갔더라면 문제는 사적 차원에서 쉽게 해결되었을 것으로 그려진다.

우연한 기회에 잡을 수 있는 비공식적 채용의 기회를 잡기 위해 바르나바스를 성의 관청에 드나들도록 하기. ㉠의 실현가능성이 희박하다는 사실을 인정한 올가는 바르나바스를 통해 ㉡의 기회를 잡기 위한 노력을 멈추지 않는다. 이들은 그 과정에서 파고드는 회의와 환멸을 경험하지만, 특히 올가의 경우 매번 이를 극복하고 새로운 기대감을 세운 가운데 바르나바스가 자칭 사자가 되어 성에 드나들도록 부추긴다.[66] 앞에서 정리한 바 있는 바르나바스의 회의는 풀리지 않지만, 성에 채용되는 우발적 기회를 잡기 위한 노력을 그치지 않는다. 여기에서 또한 우발적 기회에 대한 기다림과 기대감, 이와 교차하기를 반복하는 환멸의 감정파고를 읽을 수 있다.

이상 살핀 바와 같이, 3년이라는 짧지 않은 세월 동안 바르나바스 집안 사람들이 성과의 관계에서 기대감(미련)과 환멸이 교차하는 감정파고를 반복하여 경험하게 된 바탕에는, 닫힘(비공식적 열림)과 지연의 시공간성이 자리하고 있는 것이다. 이러한 시공간성이 25장까지의 텍스트 내에서 유지되고 있음은, 마을 사람들의 성에 대한 굴종적 태도[67], 그들이 성과 마을 외부의 새로운 공간에 대한 지향을 보이지 않는 점

66 【인용】 아무리 보아도 **전혀 무익한 이러한 길**이나, **아무리 보아도 헛수고인 하루**, **아무리 보아도 허무한 희망**, 이러한 모든 것들이 도대체 무엇이란 말이에요? 그러나 집에서는 구둣방 일이 밀려 있고 아무도 일하는 사람이 없어서 브룬스비크로부터 재촉을 받고 있는 실정이에요.(250) / **여러 가지 장해도 있고 여러 가지 회의(懷疑)나 환멸도 있지만**, 그런 것은 우리가 오래전부터 알고 있는 것으로서 네가 다른 사람으로부터 무엇 하나 공짜로 얻는 것이 아니라는 것, 오히려 아무리 작은 일일지라도 하나하나 자신의 힘으로 쟁취하지 않으면 안 된다는 거, 그런 뜻밖에 없는 거야.(252)

67 클람으로부터 세 차례 정도 부름을 받은 바 있는 쮜르 브뤼게 관의 여주인 가르데나, 바르나바스 가의 아버지, 올가, 바르나바스 등을 통해 이러한 면모를 엿볼 수 있다. 바르나바스 가 인물들 가운데, 아말리아는 이에서 제외된다. 그녀는 관리의 구애를 냉정하게 외면하여 집안이 몰락하도록 한 단초가 된 인물로서, 올가와 바르나바스의 시도를 조소한다.

등에 의해 뒷받침된다 하겠다.

한편 바르나바스 집안에 대한 이상의 논의에 비추어 볼 때, 주인공 K가 성과의 직접적 교섭을 이루기 위해 가장 믿을 만하고 기대할 만한 방안으로서 성의 사자인 바르나바스를 선택하고, 일을 진행한 과정에 또한 우발성이 개제한 것으로 볼 수 있다. 올가에 따르면, K가 마을에 도착하던 날 밤 바르나바스가 K에게 전달한 시의성이 의심되는 클람의 편지는 바르나바스가 성에 비공식적으로 채용될 수 있는 우연한 기회를 잡기 위해 약 2년의 시간 동안 성의 사무국으로 생각되어지는 곳에 드나들면서 처음으로 잡은 우발적 기회이며, 자칭 사자로서의 임무였던 것이다. 따라서 K가 바르나바스를 통해 성과의 직접적 교섭을 이룰 수 있으리라는 기대감과 이의 좌절로 인한 환멸을 반복하여 갖게 된 바탕에도 우발성이 자리한다 하겠다.

마지막으로, 헤렌 장 객실담당하녀에서 주점 하녀로 승진할 꿈을 꾼 페피를 통해서도 기대와 환멸이 교차하는 감정파고를 엿볼 수 있다. 25장은 페피의 스토리텔링으로 전개되는바, 여기에서 그녀는 자신과 프리다 간 비교[68]를 통해 자신의 방식대로 주점하녀로 승진할 기회를 잡을 수 있었는데, 나흘이라는 시간의 한계로 인해 그 일을 이룰 수 없게 되었음을 K에게 하소연한다. 그런데 지하층의 객실하녀에서 성의 인물들을 비롯하여 여러 부류의 사람들을 접할 수 있는 주점하녀가 될

68 『성』은 여성인물의 대비를 통해, 성과 마을의 관계에 대한 다층적 인식을 나타내 보인다. 크게, ②의 프리다, 가르데나, 페피와 ⑥의 기자, 아말리아, (한스의 어머니)는 성 인물과의 이성적 관계에 대응하는 방식에서 차이를 보인다. ②의 인물들이 성의 관리인 클람으로 대표되는 성의 인물과 이성 관계를 맺거나 이를 추억으로 간직하거나, 혹은 이를 추구한다면, ⑥의 인물들은 성 인물의 구애를 외면하면서 고독에 대한 갈망을 나타내 보인다.

가능성은 매우 희박하다는 전제하에서 페피의 꿈은 하나의 몽상의 성격을 갖는 것으로 나타난다. 이 글은 페피가 이러한 기회를 잡게 된 과정, 이를 통해 꿈을 실현코자 한 나흘이라는 시간의 한계 등에서 또한 우발적 시간성의 개입이 이루어지고 있음에 주목한다. 그것은 승진 건과 관련된 페피의 일이 K와 프리다 간 만남과 헤어짐의 과정에서 부수적으로 발생한 사건이라는 점과 관련을 맺는다. 페피에 따르면 프리다는 주점하녀 지위에 대해 위기감을 느끼고 "스캔들"(408)로써 주점하녀로서의 지위를 공고히 하기 위해 마침 나타난 마을 외부의 인물인 K를 '갑작스럽게' 스캔들의 대상으로 선택한 것이다. 이후 프리다는 헤렌장 외부에서 그녀의 거미줄 같은 "연줄"(417)을 활용하여 헤렌 장에 복귀함으로써 그녀의 목적을 달성한다.

이러한 과정에서 프리다의 '갑작스러운' 결단은 페피에게 있어서는 우발적인 기회가 된 것이다. 그런데 페피는 자신이 이러한 기회를 잃게 된 것의 원인을 전적으로 K에게 돌리면서 그를 원망한다. 즉, K가 성과의 직접적 교섭을 위해 분주하게 움직이는 동안 프리다는 K의 조수들의 힘을 얻어 헤렌 장 외부에서 공작을 행함으로써 그녀의 목적대로 보다 공고해진 자신의 자리로 돌아오게 되었다는 것이다. 페피의 패인을 그녀 자신이 부적격자인 데에 있다고 보는 K의 입장을 고려하더라도, 페피가 K 및 프리다가 처한 상황의 인과적 연쇄 내에서, 주점하녀로 승진할 기회를 얻지만 이를 쉽게 내주어야 할 입장에 처하게 된 점은 페피에게 있어서 임시적 주점하녀로서의 직임이 우발적 기회의 성격을 띰을 보여준다 하겠다. 여기에서 지하층 객실담당 하녀로서 지하층만을 활동공간으로 하면서 희망이 없는 삶을 살아야 했던 페피가 나흘 동안 간직하였을 승진에 대한 기대감과 임시적 주점하녀의 자리를 내놓을 때의 환멸 간의 감정파고를 엿볼 수 있다.[69]

이 글은 기대감과 환멸의 감정을 양적 차이의 관계에 있는 것으로 보고 그 파고를 『성』의 독자적 시공간성과의 관련하에서 논하고 있다. 외부세계로부터 닫혀 있으며 성과의 관계에서 비공식적 열림의 가능성만을 노정한 마을의 공간성과 우발적 기회에 대한 기다림과 지연의 시간성이라는 바탕 위에서 K, 바르나바스 집안의 인물들(아버지, 올가, 바르나바스), 페피 등의 인물들은 기대감과 환멸의 감정파고를 그 파장을 달리하면서 나타내 보이고 있는 것이다. 이 글의 논의는 카프카의 『성』에서 발견되는 여러 철학적이고 사회적인 논제들과 유관할 것이되, 시공간성과 감정경제의 관계라는 나름의 관점을 세우고 있다는 점에서 의미가 있다 할 것이다.

69 25장에서 페피는 자신과 프리다의 주점 운영 방식이 다르다는 점을 언급한다. 이에 따르면, 프리다는 권력의 속성을 이용하여 주점을 장악해 왔던 것으로 나타난다. 반면 페피는 나름대로 민주적 방식으로 주점을 운영하려 했던 것으로 보인다. 이는 권력의 문제를 중심에 두고 이 작품을 읽을 때 주목할 부분이다.

3. 감정의 질적 측면과 시공간성(Хронотоп)

1) 순간적인, 감정의 질적 전환

(1) 일제강점기 이주민, 아픔의 임계점과 감정의 육화(肉化)[70]

앞에서 『태백산맥』(1983.9~1989.11)의 좌익 주동 인물군이 보인 사회주의 이념 실현을 위한 열망을 논한 바 있다. 사회주의 이념 자체보다는 이를 향한, 혹은 이를 이루고자 한 좌익 주동 인물군들의 열망에 초점을 맞추어 논의가 전개되었다. 1980년대에 집필된 『태백산맥』이 전쟁으로 가시화된 좌익과 우익 간 이념격돌을 정면으로 다룬 작품이라는 점을 문학사적으로 확대하여 자리매김할 때, 이 작품이 1920년대를 전후하여 식민지 조선의 문단을 주도하였던 카프 문학과 접맥됨을 알 수 있다. 카프 문학이 이념성에 경도된 측면을 보임은 주지하는 바인데, 이 글은 『태백산맥』을 논할 때 이념성을 낳고 지탱하는 힘이 되는 '열망'에 초점을 맞추었듯이 카프 문학의 전 단계인 신경향파 문학으로 분류되는 최서해의 단편소설들에 나타난 '감정요소'에 주목하겠다. 이를 통해 넓게 보았을 때 카프계열 문인이라 할 수 있는 최서해의 문학을 시공간성과 감정경제 간 관계의 정식화를 시도하고 있는 이 글의 맥락 내에 담아보고자 한다.

70 이 글은 다음 자료를 참고로 한다. 최서해, 「홍염」, 권영민 편, 『한국 현대문학 대사전』, NAVER 지식백과(http://terms.naver.com/entry.nhn?docId=335580&cid=263&categoryId=2701, 최종검색일 : 2014.1.24).

「박돌의 죽음」(1925), 「기아와 살육」(1925), 「홍염」(1927) 등 최서해의 대표작들에서 몇몇 공통 화소들을 발견할 수 있다. ① 주인공이 극빈상태에 처한다는 점, ② 주변 인물들이 모두 몰인정하고 주인공 가족의 불행에 대해 무관심하다는 점, ③ 가진 자들의 무분별한 착취가 자행된다는 점, ④ 마지막으로, 가족의 병고와 죽음을 겪으며 막다른 지점에 이른 주인공이 폭력을 자행한다는 점이다. 이 글은 ①②③에서 ④로의 이행이 갖는 성격과 의미에 주목하기로 한다.

그 성격에 있어서 먼저 논할 사항은 ①에서 주인공이 처한 극빈이 공시적으로는 ②③에 의해 가중되는 측면을 지니지만, 단편적으로 드러나는 사실들에 따르면 통시적인 내력을 가진 것으로 나타난다는 점이다. 일제 식민지배하에서 더 이상 타개할 가능성이 보이지 않는 가난을 짊어지고 중국의 간도 등지로 이주한 주인공과 주인공의 가족은 이주민으로서 살아가는 동안 더 큰 가난을 짊어지게 된다. 식민지 조선인으로서, 그리고 이주민으로서 이들의 정체는 '극빈'이라는 말로 대신할 수 있게 된다. 「홍염」은 가난을 타개해 볼 요량으로 고국을 등지고 간도 이주민으로 3년여를 살아가는 동안, 되놈 지주에게 착취당하여 더욱 가난하게 된 문서방 가족의 비극을 그린 작품이다. 「기아와 살육」 또한 그 배경이 중국인 것으로 나타나는데, 어머니대에는 남부럽지 않게 살았지만, 주인공 경수가 가장인 현재는 굶주림을 면할 수 없는 극도의 빈궁에 시달리고 있는 것으로 나타난다. 이처럼 식민지 조선에서 만주 등지로의 이주는 이들에게 극빈의 고통을 더해 주는 결과를 낳고 있는 것이다. 최서해의 작품에서는 시공간성의 확대가 인물의 기대에 반하여 상황적으로 '아픔'이라는 감정의 양적 증대를 가져 온다는 점에서 주목된다.

그의 작품에서는 이와 같은 아픔의 양적 증대가 최고조에 이르렀을 때가 다음 단계로의 전환을 향한 임계점이 된다는 점이 주목된다. 작품의 절정이기도 한 그 임계점은 주인공 가족이 병고로 인해 죽음을 맞이하는 시점이다. 주인공은 병든 가족의 치료를 위해서나 소원을 들어주기 위해 굴종에 가까운 노력을 하지만 주변 인물들의 탐욕, 몰인정, 무관심 등으로 인해 결국 가족을 잃게 된다. 「박돌의 죽음」에서 박돌의 어머니인 파충댁은 한의원을 운영하는 박초시의 탐욕에 기초한 냉대로 인해, 이웃에서 버린 고등어를 먹고 탈이 난 아들 박돌이가 아무런 치료도 하지 못한 상태에서 그대로 죽어가는 모습을 지켜봐야만 한다. 「홍염」에서 또한 지주에게 진 빚 때문에 딸 용례가 팔려가자, 이로 인해 문서방의 아내 한씨가 병들게 된다. 죽기 전에 마지막으로 딸의 얼굴을 보고 싶다는 그녀의 소원을 들어주기 위해 문서방이 지주에게 찾아가 애원하지만 한씨는 딸을 보지 못하고 숨을 거두고 만다.

이러한 사건들에 이어 나타나는 주인공의 대응은 급전직하의 양상을 띤다. 이어지는 사건들은 가족의 죽음으로 주인공이 겪는 아픔이 임계점에 이르렀음을 보여준다. 가족의 죽음을 목도한 주인공들의 '갑작스런' 행동에서 그들의 아픔이 육화(肉化)되어 나타남을 읽을 수 있다. 「박돌의 죽음」, 「기아와 살육」에서 이러한 측면이 두드러지게 나타난다. 「박돌의 죽음」에서는 아무런 도움도 주지 못한 채 아들의 죽음을 지켜본 어머니는 아들의 죽음을 확인하는 순간, 피를 토한다. 이어서 누군가 아들을 끌고 가는 환각을 본다. 이러한 환각과 각혈은 극도의 아픔이 육체적으로 전화되어 나타난 것으로 볼 수 있다. 「기아와 살육」에서도 유사한 장면이 나타나는바, 이 글의 입장을 뒷받침한다. 의사의 착취, 약국에서의 거부, 뒤이은 어머니의 부상 등의 일련의 절망적 상황에 접하면서 주인공 경수는 환상을 보게 된다. 산후풍을 앓는 며느리에게 먹이기 위해 자신의 머리채를 팔아 곡식을 사오던 어머니는 중국인이 기르는 개에 물려 피를 흘리며 업혀 온다. 돕는 이 없는 절망적 상황하에서, 경수는 집을 불사르고 가족을 칼로 찌르는 환상을 보며, 그 환상대로 실천하고 만다. 결국 중국경찰서 앞에서 순사를 찔러 죽이는 데에 까지 이른다. 환상은 불행한 현실을 극복하기 불가능하다는 내적인 판정을 한 뒤에 나타난 방어기제인 것으로 볼 수 있겠다. 박돌어미의 갑작스런 각혈과 환각, 경수의 환상 등에 뒤이은 폭력들은 최고조에 이른 고통이 그 임계점에 이르러 육화된 결과라 할 수 있겠다. 「홍염」에서 빚 때문에 딸 용례를 중국인 지주에게 빼앗기자, 이로 인해 병을 얻은 한씨의 죽음, 살인과 방화로 끝을 맺는 주인공 문서방의 행보 또한 같은 맥락에서 생각해 볼 수 있겠다.

최서해 문학을 카프 문학과 비교하여 신경향파로 범주화하는 근거는 ②와 ④에 있다 하겠다. 구성원들이 개체 중심적이고, 저항이 비자각적으로 이루어진다는 점이 그것이다. 당대의 카프 문학 계열에 속하는 이기영의 『고향』,[71] 후대의 대하소설 조정래의 『태백산맥』과의 삼자비교를 통해 이러한 차이점이 갖는 의미에 대해 생각해 보자.

『태백산맥』은 1부에서 주요 인물들의 가족사적 서사를 서사적 시간 내의 서사에 포개놓고 있는바, 여기에서 여러 세대에 걸쳐 누적된 한(恨)과 열망이 좌익 주동 인물들이 좌익세력이 되도록 이끈 원동력임을

71 『고향』에 대한 논의는 다음을 기본 자료로 한다. 이기형, 『고향』, 문학사상사, 1995.

엿볼 수 있다. 이를 통해 『태백산맥』은 혁명에 대한 열망이 지식인과 민중 안에서 각기 '자체적으로' 발아하여 점진적으로 성장, 분출하는 양상을 보여준다. 특히, 민중 편에서 볼 때 그들에게서 분출되는 이념화되기 이전의 열망은 앞에서 살핀 최서해 문학이 대표하는 신경향파 문학과 연관하여 생각해 볼 수 있는 부분이다. 물론, 『태백산맥』의 경우 이념갈등이 전쟁이라는 극단적 상황으로까지 비화된 상황을 작품의 배경으로 하기에, 그러한 열망이 좌익 이념과 상관관계를 맺는 양상을 잘 보여주고 있으며, 이는 신경향파 문학과 차별화되는 바이다. 여기에서의 비교논의에서 특별히 주목되는 바는 민중이 화두가 되었던 1980년대에 집필된 『태백산맥』과 신경향파 문학의 관계가 카프 문학의 대표라 할 수 있는 『고향』보다 중요한 부분에서 오히려 더 긴밀하다는 점이다. 그것은 두 작품이 극단적 현실에 저항할 수 있는 힘이 민중들 자체 내에 발아, 성장하고 있음에 대한 인식을 내비치고 있다는 데에서 나타난다. 이러한 힘이 개인적 차원에 머무르느냐, 조직화된 힘으로 비약하느냐 에서 최서해 문학과 조정래의 『태백산맥』 간 거리가 존재한다 할 수 있다.

한편, 『고향』과 『태백산맥』은 지식인이 기층 민중들에게 이념을 심어주고 조직화된 힘으로 성장시켜 현실에 저항한다는 점에서 닮아 있다. 이기영의 『고향』은 김희준이라는 지식인을 앞세워 기층 소작민들의 단결된 행동을 유도하며, 노농조합을 결성하게 되기까지 이르는 과정을 보여준다. 그런데 비자각단계인 소작인들을 악덕마름 안승학에게 저항하는 자각단계로 이끄는 과정이 쉽지 않음을 이 작품은 보여준다. 소작인들은 그들에게 유형의 대가가 주어졌을 때, 김희준을 따르게 된다. 이 작품에서 김희준의 존재는 신경향파 문학과의 차이점을 낳는 핵심 요소라 할 수 있다. 소작인계층에 속한 인물이되, 일본유학을 경험한 지식인으로서 이념적으로 선각자인 그가 지주와 마름의 착취로 고통 받는 소작인들이 현실의 모순을 깨닫고 단결하여 착취 계급에게 저항하도록 이끌고 있는 것이다. 이를 통해 볼 때, 『고향』에서는 지식인 김희준의 존재에 큰 비중을 두고 있으며, 상대적으로 민중들이 현실에 저항할 수 있는 힘을 자체적으로 가지고 있다는 인식이 결여되어 있다 할 수 있다.

한편 지식인의 역할과 존재 의미라는 측면에서 『고향』과 『태백산맥』을 깊이 있게 들여다보자. 전자에 비해 후자에서는 유산계급 지식인들의 자체 모순에 대한 인식이 첨예하며, 여기에서 그들의 행보가 시작된다는 점이 주목된다. 『태백산맥』에는 염상진, 손승호, 안창민, 이지숙 등의 좌익 지식인이 등장한다. 이 가운데 안창민과 이지숙은 유산계급 출신으로 그들이 속한 계층의 모순을 예리하게 인식한 데에서 출발하여, 좌・우익 격돌의 전위에 서게 된 것이다.[72] 염상진과 손

72 벌교의 대지주이자 유지인 김사용의 두 아들, 김범진과 김범우에게서 또한 이러한 측면을 엿볼 수 있다. 김범진은 상급학교 재학 시절 항일 빨치산 활동에 몸담은 데 이어, 한국전쟁이 발발하자 계급해방을 위해 빨치산의 선봉에 서는 인물이다. 사범학교를 마친 김범우는 자신이 속한 계층의 모순을 분석하고 내면화하는 인물이다. 그러나 그는 좌익보다는 우익에 경사된 인물이라 할 수 있다. 다음의 인용은 김범우와 염상진을 비교한 내용이며, 이를 통해 『태백산맥』에서는 이념을 넘어서서 지식인들의 자체 모순 인식이 첨예하게 나타남을 읽을 수 있다.
【인용】 김범우는 지주의 아들로서 소작농들의 헐벗고 굶주리는 비참한 생활에 대하여 **자책과 죄의식**을 느끼고, 인간다운 삶을 영위할 수 있는 이상적 평등사회를 이룩하려면 필연적으로 **봉건 계급제도를 없애야 한다는 인식의 기둥**을 세우기 시작했다. 그러나, 염상진에게는 그런 자책과 죄의식의 과정은 아예 생략되었고, 이상세계의 빠른 실현을 위해 **지주계급이나 경제적 지배세력을 타도할 수 있는 무산자들의 힘의 조직화**를 필요로 하고 있었다. **김범우가 인간생존의 양심을 밝히는 불씨**를 얻었다고 한다면, **염상진은 인간생존의 방법을 뒤바꾸는 무기**를 얻었다고 해야 할 것이다.(1권, 142~143)

승호는 기층 민중 출신이되, 사범학교를 졸업한 지식인으로서 토지제도를 비롯한 사회적 모순들을 첨예하게 인식한 가운데 사회주의의 선봉에 나선 것이다. 『태백산맥』에서는 이처럼 지식인들이 자신이 속한 계층 내에서 자체 모순을 인식한 가운데 '양심'의 소리에 귀 기울여 이념투쟁의 선봉에 나서게 되는데, 그들이 민중 빨치산들을 향해 갖는 마음은 강한 동지애와 유대감인 것으로 나타난다. 『고향』에서 또한 마름 안승학의 딸인 갑숙의 존재를 통해 유산계급 자체 내의 모순 인식이 미미하게나마 나타난다. 그러나 이러한 각성은 김희준의 도움을 받아 이루어지는바, 『고향』은 이른바 소작계층 지식인인 김희준에게 많은 비중을 두고 있는 것이다. 따라서 민중의 자체적 현실저항력, 유산계급 내에서의 자체모순인식 등에 대한 관심이 저조하다 할 수 있다.

(2) 비대칭적 시간성과 대칭적 공간성, '순간적 깨달음'의 질서[73]

이 책 2부 2장의 글[74]에서 살핀 바 있는 『토지』에서의 감정의 질적 전화는 점진적으로 이루어지기에 그 전환점이 뚜렷하게 나타나지 않는다. 마찬가지로 감정의 질적 전화가 이루어지되, 변화의 지점이 뚜렷하게 나타나는 경우를 우리의 고소설 『구운몽』을 통해 살필 수 있다. 이 작품이 우리 문학사에서 차지하는 의미는 크며, 그만큼 많은 연구가 이루어져 왔다. 이 작품이 장르에 있어서 몽자류 소설이며, 사상에 있어서 유·불·선 삼교가 혼합되어 나타나며, 주제에 있어서 현실

73 이 글은 다음을 기본 자료로 한다. 김만중, 송성욱 역, 『구운몽—세계문학전집 72』, 민음사, 2013.
74 「박경리의 『토지』와 도스또예프스끼의 『죄와 벌』 비교 고찰—시공간성(Хронотоп)과 '감정경제'에 주목하여」.

번뇌의 종교적 극복을 나타낸다는 점에 있어서는 이견이 없으며 이는 이미 교과서적인 지식으로 전수되고 있다. 이 글 또한 『구운몽』의 이와 같은 두드러진 측면을 인정한 가운데 전개될 것이다. 다만, 이 글은 『구운몽』의 시공간성에서 시간성과 공간성이 갖는 특질을 구분하여 살핀다는 점에서 연구사와 변별점을 갖는다.[75]

① **성진 : 남악형산**	② 양소유 : 세속 공간	❶ **성진′ : 남악형산(극락)**
①-1 성진 : 용궁	②-1 양소유 : 용궁	

〈그림 3-4〉 『구운몽』의 대칭적 공간성

기존 논의에서 주목한 이원적 시공간이란, ①❶선계와 ②속계이다. 그리고 ①의 성진이 세속적 욕망으로 번민하다, 꿈속에서 ②의 양소유로서의 삶을 통해 세속의 부귀공명이 허무하다는 사실을 깨닫고, ❶성진′이 각몽함에 주목한다. 이는 『구운몽』을 몽자류 소설의 형식이라는 측면에서, 그리고 주제의식의 측면에서 파악한 것이다. 이 글은 여기에 더하여 그 깨달음의 기제를 강조코자 한다. 그것은 이른바 ①성진의 입장에서 보면 하룻밤의 꿈에서 '순간적으로' 이루어진 것이다. 세속의 부귀공명 좇기에서 그에 대한 허무감 갖기로의 변화가 순간적으로 이루어진 것이다. 여기에는 시간의 비대칭성이 개제하고 있다. '선계의 하룻밤 = 속계 양소위의 일생'으로서 그 속도에 있어서 비대칭성을 보이고 있는 것이다. 이는 '깨달음의 순간'을 각인함과 아울러 인생

75 예를 들면, 비행기를 타고 먼 거리를 움직인다면, 공간적 움직임은 크지만 시간적 움직임이 이에 상응할 만큼 크지 않은 것이 된다. 이 글은 이와 같은 원리가 『구운몽』에 적용되고 있음에 주목한다.

의 총량을 경험함으로써 이루어지는 감정의 질적 전화의 과정을 여실하게 보여주는 결과를 낳게 된다.

이른바 시간의 비대칭성은 이 작품에 나타난 공간의 대칭성과 상보적 관계를 맺으면서, 주제의식을 구현한다고 할 수 있다.[76] 이 글은 선계와 속계라는 이원적 세계상에 '용궁'을 더하여 이 작품의 공간성을 파악하고 있다. ①-1과 ②-1의 용궁은 ①성진이 ②양소유로, 그리고 ②양소유가 ❶성진'으로 이행하는 과정에 존재하는 매개공간이다. 물론, 꿈이라는 장치를 통해 인물의 자아상이 바뀐다는 점에서는 이견이 없지만, 작품에 나타나는 공간성에 주목할 때 용궁이 갖는 의미는 간과할 수 없다. ①-1과 ②-1의 용궁은 〈그림 3-4〉에서와 같이 ①→②→❶로 이행하는 과정에 공간적 질서를 부여하며, 또한 용궁은 주인공이 성진과 양소유로서의 현재의 자아상을 부정하는, 혹은 그러한 부정이 시작되는 공간이기 때문에 주목된다. 이러한 용궁의 성격은 몽자류 소설의 환상성에 나름의 핍진성을 부여한다고 볼 수 있다. ①성진은 용궁에 다녀오는 길에 팔선녀를 보고 세속번뇌에 빠지게 되며, ②양소유는 용궁인물(동정용왕, 동정용왕의 딸 백릉파)과 관계를 맺는 지점에서 삶의 전환점을 노정하게 된다. 양소유는 전장에서 공을 세워 그가 누리는 부귀공명이 정점에 이르기 전,[77] 혹은 부귀공명에 대한 허무를 깨닫기 직전의 단계에서 (용궁) 및 용궁의 인물(들)과 인연을 맺는다. 후자를 통해 양소유로서의 자아상 또한 용궁과의 관련선상에서 부정되

76 시간의 비대칭성은 ①→❶로의 이행, 즉 각몽과 깨달음의 순간을 효과적으로 보여준다. 그런데 『구운몽』은 공간의 대칭성을 통해 ①→②→❶로의 이행과정을 개연성 있게 보여준다.

77 이 부분에서 양상서(양소유)는 꿈을 통해, 깨달음의 과정을 함께 할 노승(성진의 스승)을 백릉파와 함께 동정호에서 만난다.

고 있음을 알 수 있다. 이처럼 성진 혹은 양소유로서의 (현재) 자아상들을 부정하는 과정들을 거치면서 성진은 ❶성진′으로 거듭나는 것이다. 이를 통해 작품의 말미에서 연화도장 성진의 스승이 성진과 양소유가 다르지 않은 것으로 가르치는 것의 의미가 선명해짐을 알 수 있다. 성진′으로 거듭나기까지 과정 중의 존재함 또한 모두 성진′의 존재를 이루기 때문이다.

이 글은 성진 및 양소유로서의 자아상을 부정하는 계기가 되는 공간인 용궁을 중심에 두고 선계와 속계가 대칭적 구조에 놓이는 것으로 『구운몽』의 공간성을 파악하고 있다. 이러한 공간성은 '깨달음에 이르는 과정에 개연성'을 부여한다. 주지하듯이 선계의 ①성진과 ❶성진′이 작품의 도입부와 결말부에서 짧게 등장하는 것과 달리, 속계의 ②양소유는 생애의 대부분을 살아가는 것으로 그려진다. 이러한 시간의 비대칭성에 상보적으로 작용하는 공간성의 질서는 ②속계의 서사 내부에서도 찾아볼 수 있다. 그것은 양소유가 2처 6첩을 거느리게 되는 과정에서 살필 수 있다. 양소유는 2처 6첩을 각기 다른 시기에 다른 공간에서 만나 인연을 맺고 헤어진다. 이들 간 재회의 과정은 여성인물들의 신분과 유관하며, 이를 통해 다시 공간성의 질서를 세워볼 수 보인다.

㉠ 정경패(영양공주) 및 난양공주와의 결혼(구중궁궐)

㉡ 정경패, 난양공주 / + **가춘운**, **진채봉**(시비, 궁녀 : 구중궁궐)

㉢ 정경패, 난양공주 / 가춘운, 진채봉 + **계섬월**, **적경홍**(기생 : 여염 밖)

㉣ 정경패, 난양공주 / 가춘운, 진채봉, 계섬월, 적격홍 + **심요연**, **백릉파**(협객, 용왕의 딸).

양소유는 과거급제한 후 절도사, 예부상서, 대원수를 거쳐 승상에 오른다. 신분이 가장 높은 난양공주와의 만남은 양소유가 국가에 공을 세워 출세가도를 달리는 시기에 이루어진다. 즉, 역모를 다스려 예부상서가 된 후, 다시 토번왕의 침략을 막아 대원수로 나아갈 시기에 부마로 간택된 것이다. 정경패는 사족의 딸로서 양소유가 과거급제한 직후에 혼약을 맺은 인물이다. 양소유는 정경패에 대한 절개를 지키며, 최고의 자리인 승상이 되었을 때, 형제지의를 맺은 정경패(영양공주) / 난양공주와 부부의 연을 맺는다. 만남의 순서와 무관하게 최초로 부부지의를 맺은 인물들은 사족의 딸과 왕족의 딸로서, ㉡㉢㉣ 계열의 인물들과 비교할 때, 이들은 모두 당나라의 수도에 거주하면서 집박출입이 어려운 고귀한 신분의 인물들인 것이다. 비슷한 시기에 각기 영양공주와 난양공주의 시비이자, 궁녀인 가춘운과 진채봉을 첩으로 맞아들인다.

다음으로 양승상의 첩이 되는 계섬월과 적경홍은 모두 기생으로서, 양소유가 두 번째로 과거를 보러 가던 길에, 그리고 양소유가 절도사로서 하북 왕의 역모를 다스리고 돌아오는 길에 인연을 맺은 인물들이다. 이들은 ㉠㉡의 인물들과 비교할 때, 여염 밖의 인물이며 양소유로 하여금 풍류남아의 면모를 보이도록 하는 인물들이다. ㉠㉡의 인물들이 양승상의 고귀한 신분을 뒷받침한다면, ㉢은 풍류남아의 기상을 구비토록 하는 인물이라 하겠다. 마지막으로 심요연과 백릉파가 양소유의 첩이 되는바, 이들은 모두 양원수가 토번 왕의 공격을 물리칠 때 도움을 준 인물들이다. 양원수의 지위로 토번을 물리친 후 최고의 자리인 승상의 지위에 오르는바, 양원수가 전장에서 만났으며, 협객의 풍모를 지닌 두 여성인물은 양소유의 입신양명을 직접적으로 도왔던 존재이다. 그런데 양승상과 심요연·백릉파의 재회는 양승상이 부귀공명의 영화로움이 덧없음을 인식하게 된 지점과 근접하기에 주목된다. 만남과 재회의 과정을 종합하여 볼 때, 이들은 양소유가 삶의 전환점을 맞게 되는 지점들에서 그와 인연을 맺고 있는 것이다.

지금까지 논의에 기초하여 『구운몽』의 세부적인 공간성의 질서가 대칭적임을 다음처럼 도해해 볼 수 있다.

6첩 2처와의 만남과정(▼)

a) 진채봉

b) 진채봉 + **계섬월, 적경홍**

c) 진채봉, 계섬월, 적격홍 + **정경패, 가춘운**

d) 진채봉, 계섬월, 적격홍, 정경패, 가춘운 + **심요연, 백릉파 Ⓐ**

e) 진채봉, 계섬월, 적격홍, 정경패, 가춘운, 심요연, 백릉파 + **난양공주**

난양공주, 영양공주(정경패)와의 결혼 / 대승상의 지위에 오름 : **부귀공명**

1) **난양공주, 영양공주(정경패)** 와의 결혼(구중궁궐)

2) 난양공주, 영양공주 / + **가춘운, 진채봉** (시비, 궁녀 : 구중궁궐)

3) 난양공주, 영양공주 / 가춘운, 진채봉 + **계섬월, 적격홍** (기생 : 여염 밖)

4) 난양공주, 영양공주 / 가춘운, 진채봉, 계섬월, 적격홍 + **심요연, 백릉파 Ⓑ** (협객, 용왕의 딸)

2처 6첩과의 재회과정(▲)

치사(致仕)하고 취미궁에 머무르던 중 2처6첩과 이별하고 불가에 입문키로 함 : **허무**

〈그림 3-5〉 6첩 2처와의 만남 및 2처 6첩과의 재회과정에 나타난 공간적 대칭성

앞에서 2처 6첩과의 재회서사에 내포된 공간성의 질서가 '제가(齊家) → 풍류 → 공훈과 공명 → 출가'임을 살폈다. 6처 2첩과의 만남서사에서는 이러한 공간성의 질서가 뚜렷하게 나타나지는 않지만, 대략적으로 입지(立志), 풍류, 공훈과 공명, 제가의 수순을 나타내 보이는 것으로 정리할 수 있다. 여기에서 '제가'를 중심점으로 하여 대칭적 공간성이

세워짐을 엿볼 수 있다. 그런데 Ⓐ지점과 Ⓑ지점에서 이루어지는, 심요연과 백릉파와의 만남 및 재회는 양소유의 삶의 전환점과의 관계에서 뚜렷하게 대칭을 이루기에 주목된다. 이들과의 만남은 양소유의 부귀공명이 절정에 이르기 바로 전, 그리고 양소유가 인생의 허무를 인식하고 출가를 결정하기 바로 전인, Ⓐ와 Ⓑ지점에서 이루어지고 있는 것이다. 큰 틀에서 보았을 때, 『구운몽』의 공간성이 용궁을 중심으로 하여 대칭점을 이루고 있다는 관점은 만남 / 재회서사에서 드러나는 세부적인 공간성의 질서와, 특별히 Ⓐ와 Ⓑ가 양소유의 삶에 자리하는 두 축의 전환점과의 관계에서 대칭을 이루고 있다는 점에 의해서 뒷받침된다고 할 수 있다.

지금까지 살핀 바와 같이, 『구운몽』의 속계서사는 6첩(예비의)과 2처를 만나 2처 6첩의 인연을 맺기까지의 과정에 내포된 공간성의 질서를 통해, 질량적으로 최대치를 이룬 부귀와 영화로움이 허무의식으로 전화되는 과정을 점진적으로 보여주고 있다 할 수 있다. 선계에서 성진이 순간적 깨달음에 이르게 된 배경에는 이와 같은 감정전화의 과정이 내포되어 있는 것이다.

(3) 무진의 비-균질적인 시공간성과 감정 여행[78]

꿈을 경계로 선계와 속계 간을 오가는 『구운몽』의 몽자류 소설로서의 특색은 현대소설이론에 비추어 볼 때, 환상성에 속한다 할 수 있다. 이러한 환상성을 제외하고 볼 때, 김승옥의 「무진기행」은 『구운몽』과

78 이 글은 다음을 기본 자료로 한다. 김승옥, 『무진기행－세계문학전집 149』, 민음사, 2013.

많이 닮아 있는 소설이다. 공간적인 회귀의 과정에서 인물이 겪게 되는 갈등, 그 갈등의 중심에 여성인물이 존재한다는 점, 안개를 명산물로 하는 무진이라는 공간의 특이성 등의 측면에서 유사점을 찾을 수 있다. 무엇보다 무진의 비-균질적인 시공간성은 『구운몽』과의 공통점들 가운데 가장 주목되는 부분인데, 이는 이 작품의 감정경제를 결정짓는 요소가 되고 있다.[79] 윤희중은 4박 5일이라는 짧은 기간 동안 무진에 머무르지만 그 기간 동안, 그의 청년기에서 장년기에 이르는 과정에 진행되었을 감정전화를 경험한다. 그는 '오늘의 나'와 '옛날의 나' 간 길항을 체험하는데, 여기에 수반하는 감정양태들은 4박 5일의 여정으로부터 청년기까지의 시간성 내에서 존재하였을 혹은 존재하고 있는 것들이기에 윤희중의 입장에서 일종의 감정여행의 성격을 띠는 것이라 할 수 있다. 이러한 감정여행은 무진의 시공간성이 비-균질적으로 구성되는 것과 관련을 맺는다.

이 작품은 윤희중이 광주역에서 하차하여 무진을 향하면서, 그리고 무진에서 3~4일간을 보내면서, 무진에 대해 연상한 점, 무진에서 경험한 점을 중심으로 전개된다. 무진에 대한 기억은 주로 연상의 방식으로 되살아나는데, 그 기억 속의 나는 윤희중이 표현한 대로 '옛날의 나'이다.[80] 3~4일간의 체험은 서울에서의 복잡다단한 삶으로부터 잠시 비켜나있기로 작정한 '오늘의 나'를 통해 이루어진다.[81] 무진에서

79 「무진기행」에서는 윤희중이 4박5일간 무진에 체류하는 동안 현재의 '나'가 과거의 '나'를 추체험하는 과정에서, 시간의 비대칭성에서 비롯하는 비-균질적 시공간성이 구축된다고 볼 수 있다. 이러한 비-균질적 시공간성은 과거의 '나'가 현재의 '나'로 이행하면서 겪었을 감정전화를 엿볼 수 있도록 한다.

80 윤희중의 무진에 대한 기억은 두 차례 무진에 일정 기간 머물던 때의 것이다. 한번은 한국전쟁 때, 징병을 피해서이고, 다른 한번은 폐병을 다스리기 위해 머물던 때이다.

보내는 며칠 동안 윤희중은 시종 '오늘의 나'의 시선으로 기억 속의 무진을 더듬는다. '오늘의 나'는 기억 속의 무진을 '추체험'하면서, 무진의 변함없는 부분에 대한 부정적 인식을 내비친다. 그것은 무진을 자욱한 안개 속에 잠겨 시각보다는 청각이 예민해지는 공간, 미칠 것만 같은 공간, '사람이라면' 쉽게 자살할 수도 있는 공간으로 묘사한 부분에서 나타난다. 문제는 이러한 무진을 추체험하고 있는 나 즉 '오늘의 나'와, '옛날의 나' 간의 관계가 이 작품에서 어떻게 설정되었는지이다. 무진 내부에서 나타나는 공간성의 질서는 이를 해명하도록 돕는다. 이를 〈그림 3-6〉처럼 도해할 수 있다.

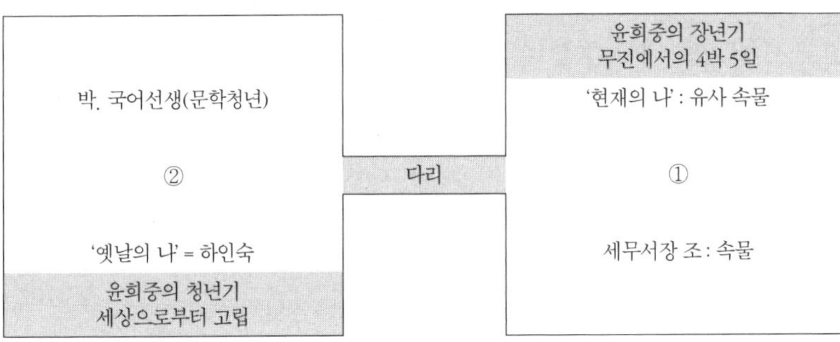

〈그림 3-6〉 무진의 비-균질적인 시공간성

기존 연구에서 「무진기행」의 공간구조를 논할 때, 그것은 주로 서울과 무진 간의 관련성에 초점을 맞춘다. 이 글은 무진 내에서의 대칭적 공간성에 주목한다. 그것은 '다리'를 경계에 두고 나타난다. 〈그림 3-6〉의 다리 오른쪽(①)에서는 '오늘의 나'가, 다리 왼쪽(②)에서는 '옛날

81 '옛날의 나'와 '오늘의 나'는 윤희중이 '옛날의 나'와 동일시되는 하인숙에게 남기려고 한 편지에서 대비되어 나타난다(41). '옛날의 나'와 하인숙간의 동일시는 윤희중의 감정여행을 촉발하는 직접적 계기이다.

의 나'가 전면에 나섬을 읽을 수 있다. 특별히, 다리 왼편에서 '옛날의 나'를 일깨우는 것은 무진에서 음악교사로 일하고 있는 하인숙과의 동일시임을 주목하자.

무진방문 첫째 날 밤, 윤희중은 다리를 건너 조의 집을 오간다. 밤의 모임을 위해, 조의 집으로 가는 길에 그는 중학 후배로서 해사한 웃음을 웃는 문학청년 박과 함께 다리를 건넌다. 이때, 다리 위에서 연상을 통해 과거의 경험을 추체험한다. 그것은 다리 주변에 "시커멓게 웅크리고 있는 나무"(20)들에 대한 저주였다. 청년기의 윤희중이 무진으로부터 탈출을 꿈꾼 점을 고려할 때, 기억 속의 다리는 무진의 밖을 향한 탈주로임과 아울러 미지의 세계를 향해 열려 있어 두려움을 주는 공간으로서 의미를 갖는다 할 수 있다. '오늘의 나'가 건너가는 다리의 오른쪽은 세무서장 조가 대변하는 속물의 공간임이 자명하게 드러난다. 그가 주재하는 모임에서 성악을 전공한 여선생 하인숙은 유행가를 부르며, 윤희중은 화투짝을 보며 "허황한 운수를 점쳐 보던", 또는 "자신을 팽개치듯이" 노름판에 끼어들던(21) 암울한 시절을 떠올린다. 조의 속물근성은 신부감을 고르는 기준에서 가장 잘 나타나는바, 그는 고시에 패스한 자신을 뒷받침해줄 수 있는 처가의 힘을 가장 중요하게 여긴다. 이에 비추어 볼 때, '오늘의 나' 역시 속물에 속하는 인물이다. 윤희중 역시 자의든 타의든 돈 많은 과부의 남편이 되어 처가의 세력에 기대어 (제약회사의) 전무 자리를 꿰찰 것을 기대하고 있는 인물이기 때문이다. 이에 대해 "부끄러움"을 느낀다는 점이 조와 다르지만, 그의 부끄러움이 현실과 타협하기를 반복해 온 삶에서 기인한다는 점을 고려할 때 그 또한 조보다는 속물성의 농도가 옅은 보다 넓은 의미의 유사

속물이라 할 수 있다. 이 글은 이어지는 논의에서 윤희중이 느끼는 "부끄러움"의 감정에 대해 다시 주목하게 된다.

다리의 오른쪽(①)이 장년기인 '오늘의 나'를 포함하여 조로 대표되는 속물의 지대라면, 다리의 왼쪽(②)은 ①에서 잠시 피하여 '옛날의 나'를 추체험하게 되는 공간임을 윤희중과 하인숙의 만남을 통해 살필 수 있다. 조의 집에서 모임을 마치고 귀가할 때, 윤희중은 하인숙과 함께 다시 '다리'를 건넌다. 다리를 건넌 후 윤희중과 하인숙의 귀가길이 갈림길이 되었을 때, 하인숙은 윤희중에게 자신을 바래다 줄 것을 청한다. 하인숙은 과거의 윤희중처럼 무진에서 "금방 미칠 것" 같은 생각을 갖는 인물로서, 무진을 떠나 "서울"로 가기를 원하는 인물이다. 하인숙이 서울에서 대학을 마친 인물임을 고려할 때, 그녀가 무진을 떠날 수 있는 가능성은 과거 윤희중이 한국전쟁 당시 징병을 피하여 골방에서 생활하던 때보다 훨씬 높다고 할 수 있다. 그럼에도, 하인숙이 윤희중의 도움을 받아 무진을 떠나 서울에 가고자 한다는 설정을 한 것은 하인숙을 윤희중의 '옛날의 나'와 동일시하기 위한 의도인 것으로 보인다.

약속대로 윤희중과 하인숙의 두 번째 만남이 이루어지던 날, 윤희중의 일정은 그가 '오늘의 나'에서, 하인숙과의 동일시를 통해 '옛날의 나'를 추체험하고, 다시 '오늘의 나'로 회귀하는 과정을 잘 보여준다. 이를 간략히 정리해 보자.

㉮ 아침, 어머니 산소에 성묘함

㉯ 성묘를 마치고 방죽을 지나다, 자살한 여자를 목격함

㉰ 조를 방문함

㉱ 하인숙과의 두 번째 만남. 바닷가 "그 집"에서의 정사

㉲ 숙소인 이모 댁으로 귀가. 박의 방문에 대해 알게 됨

이러한 윤희중의 일정은 작품 전체에서 이루어진 감정여행을 축약하여 나타내 준다. 그것은 부끄러움과 쓸쓸함 간의 순환이다. ㉮에서 어머니의 산소에 성묘하는 동안 윤희중은 출세 길에 오르는 길에서 그 책임을 아내와 장인에게 전가하고 잠시 피해있기 위해, 무진에 있는 자신에 대해 심한 부끄러움을 느낀다.[82] 이어서(㉯) 방죽 길을 따라 걷다 술집 여자의 자살한 시체를 본다. 이 자살 사건은 매년 있는 일로 무진의 특색 가운데 하나로 여겨진다. 그 다음 ㉰에서 조를 만난다. 조를 통해 하인숙의 집안이 한미하기 때문에 그녀가 조의 신부감에서 제외되어 있음을 알게 된다. 이러한 일정은 '오늘의 나'로서 속물의 지대에서 소화한 것으로 볼 수 있다. 특히, 무진이 사람들로 하여금 쉽게 자신을 내팽개치도록 하는 공간이란 점을 잘 아는 윤희중은 자살한 여인의 시체를 보고 "정욕이 끓어오름"(32)을 느끼는바, 이는 무진에서 놓여나고자 했던 '옛날의 나'와 '오늘의 나' 간 거리를 보여준다고 할 수 있다.

이러한 일정을 거쳐, 윤희중과 하인숙의 두 번째 만남이 이루어진다(㉱). 윤희중은 청년 시절 폐병을 다스리기 위해 머물렀던 "그 집"에 하인숙을 데려간다. 그곳에서 윤희중이 '옛날의 나'와 조우하였음이 인용과 같은 직설적 진술을 통해 나타난다.[83] 또한 윤희중이 무진을 떠

82 【인용】 나는 한 손으로 묘 위의 긴 풀을 뜯었다. 풀을 뜯으면서 나는, 나를 전무님으로 만들기 위하여 전무 선출에 관계된 사람들을 찾아다니며 그 호걸웃음을 웃고 있을 장인 영감을 상상했다. **그러자 나는 묘 속으로 들어가고 싶었다.**(30~31)

83 【인용】 우리는 우리가 찾아가는 집에 도착했다. 세월이 그 집과 그 집 사람들만은 피해서 지

나면서 하인숙에게 남기려 했던 쪽지를 통해 그가 '옛날의 나'로 동일시되는 하인숙을 통해 그녀와 함께 하는 시간 동안 '옛날의 나'로 존재하였음을 확인할 수 있다.[84] 따라서, ㉣의 공간성 또한 '옛날의 나', 하인숙을 순수하게 연모하는 문학청년 박, 그리고 '옛날의 나'와 동일시되는 하인숙 등이 점유하는 ②의 지대와 동일하게 비-속물적인 성격을 띠는 것으로 볼 수 있다. 하인숙과 헤어져 귀가하였을 때, 윤희중은 박의 방문에 대해 듣는데 이를 통해 하인숙과의 그날 만남이 불안감을 주는 불편한 것으로서 분명해진다. 여기에서 윤희중이 '오늘의 나'를 앞세우고 있음을 엿볼 수 있다.

이러한 분석은 다리를 경계로 한 대칭적 공간성을 증명해 준다.[85] ①과 ②의 공간은 속물성을 근거로 상호 대칭적이라 할 수 있다. 그런데 「무진기행」은 시간의 비대칭성을 통해 그 시공간성을 비-균질적인 것으로 하는데, 이는 이 작품의 감정경제를 논하기 위해 주목해야 할 부분이다. 이를 위해 앞의 일정 가운데 '쓸쓸함과 부끄러움 간의 감정여행'이 본격적으로 이루어지는 ㉣를 중심으로 윤희중과 하인숙 간의 만남에 주목해 보자. 하인숙과의 만남을 통해 윤희중의 4박 5일은 그의 청년기와 밀착하면서 유형의 접점을 갖게 된다. 윤희중과 하인숙, 둘만

나갔던 모양이다. **주인들은 나를 옛날의 나로 대해 주었고 그러나 나는 옛날의 내가 되었다.**

84 다음은 윤희중이 서울의 아내로부터 "급상경"(40)하라는 전보를 받고, 무진을 떠나기 전 하인숙에게 남기기 위해 썼지만 곧장 찢어버린, 편지글의 일부이다.

【인용】 사랑하고 있습니다. **왜냐하면 당신은 제 자신이기 때문에 적어도 제가 어렴풋이나마 사랑하고 있는 옛날의 저의 모습이기 때문입니다.** 저는 옛날의 저를 오늘의 저로 끌어다 놓기 위하여 갖은 노력을 다하였듯이 당신을 햇빛 속으로 끌어 놓기 위하여 있는 힘을 다할 작정입니다.(41)

85 이러한 공간 배치는 『구운몽』에서 용궁을 매개로 선계와 속계가 대칭적 관계를 맺는 양상과 유사하다 할 수 있다.

의 만남의 장면은 두 인물의 감정적 측면에 초점을 맞추어 전개된다. 두 사람의 직접적 만남은 속물의 지대에서 직·간접적으로 이루어질 때와 크게 차이가 나는 부분이다. 이 글은 이들의 만남에서 두드러지게 나타나는 **감정적 공명**에 주목한다. 첫 번째 만남에서 윤희중은 개구리 울음소리를 듣고 골방에 머물던 시절을 연상하면서, 청각(개구리울음)이 시각(별)으로 전이되어 뒤죽박죽이던 때를 떠올린다. 당시 그는 나와 별, 별과 별, 특별히 사람과 사람 간의 "안타까운 거리"를 생각하면서 못견뎌하였던 것이다. 이는 두 번째 만남에서 하인숙이 이야기한 혈액형에 따른 인간형에 대한 믿음과 연결해 볼 수 있다. 정말 혈액형대로만이라면 사람들의 성격은 단순화될 수 있고 사람간의 관계도 훨씬 편해질 수 있을 것이기 때문이다. 서로를 훼손하고 훼손당하는 사람과 사람 간의 관계에 대한 두 인물의 생각은 서로 이어지고 있는 것이다.

윤희중은 하인숙과의 동일시를 통해 이러한 감정적 공명을 이루게 된 것이다. 윤희중이 무진을 떠나면서 하인숙에게 남긴 편지에서 하인숙을 통해 "옛날의 나"를 한때나마 만났음을 술회하고 있음은 이러한 입장을 뒷받침한다. 그렇다고 윤희중이 '오늘의 나'를 포기하거나 방기한 것은 아니기 때문에, 그에게는 하인숙과의 만남이 단지 '옛날의 나'를 추체험하도록 하는 계기가 되는 것이다. '옛날의 나'와의 만남은 "쓸쓸함", "외로움"(37)에 대한 강한 공명을 이루는바, 하인숙(= 옛날의 나)과의 정사는 이러한 감정에 대한 화답이라 할 수 있겠다. 이를 통해 4박 5일의 나는 청년기의 나와 유형의 접점을 갖게 된 것이다.

여기에서 윤희중의 감정양태들을 시공간성과 관련지어 다음처럼 정리해 보자.

① 다리 오른쪽 : 속물적인 현재(장년기)의 공간 / **부끄러움**

② 다리 왼쪽 : 윤희중의 암울했던 과거(청년기)가 머물고 있는 공간 / **조바심과 쓸쓸함**

이러한 시공간성 ①과 ②는 윤희중의 청년기와 장년기를 무진이라는 공간에 평면적으로 펼쳐놓은 양상을 취하고 있다 할 수 있다. 문제는 대칭적 공간성 내에서 평면적으로 펼칠 수 있는 감정가치가 윤희중의 인생행로에서 오랜 세월에 걸쳐 이루어진 것이라는 점이다. 실제로, 작품을 접할 때 우리는 어머니의 산소에서 강렬하게 느낀 "부끄러움"이 하인숙과 함께 하는 자리에서 느껴지는 "쓸쓸함"과 무관한 것으로 읽히기 쉽다. 그러나 두 개의 감정양태들은 그의 인생행로에서 접점들을 갖는 것임에 틀림없다. 세상 밖 무진의 청년이 세상 속 속물적 현실에 적응하는 장년이 되었다는 이행의 과정이 이를 설명해 준다. 세상 밖 무진에서 느낀 쓸쓸함과 세상을 향해 가진 조바심은 속물적 세상 속에서 현실과 타협하기를 반복하는 스스로에 대한 부끄러움으로 점진적으로 전화되어 갔을 것이다.[86]

이러한 감정전화의 점진성이 「무진기행」에서는 희석되어 나타난다. 그것은 일차적으로 『구운몽』에서와 마찬가지로 비대칭적인 시간

86 윤희중의 부끄러움은 「무진기행」 전반에 걸쳐 그와 함께 한 것으로 볼 수 있다. 그것은 구체적으로 현실과 '타협'하는 삶에서 비롯한 것으로 나타난다. 작품에서 명시되는 윤희중이 행한 세상과의 타협이란 제약회사를 운영하는 부유한 집안의 과부가 된 딸과의 결혼, 자신의 출세 길을 아내와 장인의 수완에 맡겨 두고 도피하기 등이다. 윤희중의 무진행은 이러한 부끄러움 때문에 시작된 것으로 볼 수 있다. 이러한 부끄러움은 어머니의 무덤 앞에 선 윤희중의 내면에서 잘 나타난다. 윤희중에게 있어 무진여행은 무진을 향할 때의 부끄러움에 부끄러움(하인숙에 대한 무책임)을 더하여 무진을 떠나는 형국을 취한다.

성에서 비롯한 것으로 볼 수 있다. 윤희중이 무진에서 보낸 청년기와 그가 무진에서 잠시 머무르고 있는 4박 5일은 대칭적 공간성 내에서 접점을 갖는바, 이는 필연적으로 비대칭적 시간성 내에서 이루어지게 된다. 윤희중의 청년기와 현재의 4박 5일간은 '분리'되어, 두 시기가 ①과 ②의 대칭적인 공간성에 평면적으로 펼쳐져 있는 형국을 취하고 있는바, 이는 이 작품의 감정경제를 논하는 데 있어서 주목해야 할 부분이다. 여기에서 파악되는 「무진기행」의 주요 감정선은 '㉮(부끄러움) → ㉯ **쓸쓸함의 추체험** → ㉮ 부끄러움'으로서 그 흐름이 급격하다 할 수 있다. 그것은 일차적으로 ①과 ② 간 시간적 단절에서 기인한다고 볼 수 있다. 추체험은 ①에서 ②로의 비약에 의해 이루어진 것이기 때문이다. 그러나 이러한 감정선은 '과거에서 현재 간의 감정전화를 원체험'으로 한 것이기에 이를 단순한 감정변화로 보기는 어렵다. 오히려 ②와 ① 간의 거리 내에서 점진적으로 이루어졌을 감정전화를 무진의 비-균질적 시공간성 내에서 순간적으로 추체험한 것으로 보아야 할 것이다.

이 글은 「무진기행」의 스토리시간대에 점진적인 감정전화가 선재(先在)하리라는 추단을 내린다. 아울러서 서사적 시간대에 선명하게 나타나는, 쓸쓸함에서 부끄러움으로 이행하는 감정선이 '선재하는 감정전화'를 추체험한 결과인 것으로 본다. 「무진기행」은 윤희중이 청년기에서 장년기에 걸쳐 점진적으로 겪었을 감정전화를 그가 과거를 추체험 하는 과정에서 짧은 시간 동안 경험하고 있음을 보여준다.

여기에 더하여, 「무진기행」이 '옛날의 나'와 '오늘의 나' 간 관계보다는 '오늘의 나'가 처한 현실에 보다 비중을 두고 있다는 점을, 「무진기행」에서 실제로 점진적이었을 감정전화의 과정을 전면화하지 않는 원인으로 고려할 수 있다. 『구운몽』의 감정선이 변증적인 것과 달리, 「무진기행」에서의 감정선은 순환적인 점이 이를 뒷받침한다. 즉, 「무진기행」에서는 감정의 전화과정과 그 결과보다는 ㉮ 현재의 감정에 머물 수밖에 없는 윤희중의 한계와 그로 인한 부끄러움에 보다 강조점을 두고 있는 것이다. 여기에서 작품의 감정양태와 시공간성의 운용, 그리고 주제의식이 상호 밀접한 상관관계를 맺음을 엿볼 수 있다.

따라서 '오늘의 나'로서 윤희중이 체험하는 감정변화는 급격하면서도 예각적인 것으로 나타난다. 하인숙과의 두 번에 걸친 만남에서 윤희중은 '우울'과 '불안'을 느낀다. 모두 '오늘의 나'를 유지하고자 하는 마음의 방향을 보여준다. 첫 만남 때 다리의 왼쪽 갈림길로 가야 하는 하인숙을 바래다주면서, 하인숙이 자신의 생애에 끼어들 수밖에 없음을 직감한다.[87] 이날 귀가하면서 윤희중은 "이상한 우울"(29)에 빠진 것으로 나타난다. 그것은 이어지는 내용을 볼 때, 하인숙과의 만남이 일회성의 만남이 될 것을 직시했기 때문에 나타난 감정인 것이다. 또한, 서로의 외로움에 공명하여 정사를 하기까지 한 두 번째 만남 직후, 숙소인 이모댁으로 귀가하였을 때 윤희중은 '불안감'에 빠져든다. 하인숙을 연모하는 박선생이 윤희중을 위해 가져다 놓은 책들을 보았을 때, 윤희중은 예의 귀찮은 일에서 도피코자 하는 유사 속물근성을 발휘하며, 심한 불안감에 휩싸인다. 이는 윤희중의 출세를 보장하는 가정이

87 【인용】 "조금만 바래다주세요. 이 길은 너무 조용해서 무서워요." 여자가 조금 떨리는 목소리로 말했다. **나는 다시 여자와 나란히 서서 걸었다. 나는 갑자기 이 여자와 친해진 것 같았다. 다리가 끝나는 바로 거기에서부터, 그 여자가 정말 무서워서 떠는 듯한 목소리로 내게 바래다주기를 청했던 바로 그때부터 나는 그 여자가 내 생에 속에 끼어든 것을 느꼈다.** 내 모든 친구들처럼, 이제는 모른다고 할 수 없는, 때로는 내가 그들을 훼손하기도 했지만, 그러나 더욱 많이 그들이 나를 훼손시켰던 내 모든 친구들처럼.(25)

라는 울타리를 지켜야한다는 의지의 표명이기도 한 것이다. 이처럼 '오늘의 나'가 하인숙과의 관계에서 나타내 보이는 급격한 감정변화는 "부끄러움"을 견디면서 '오늘의 나'를 지키겠다는 의지에 종속된 것으로 볼 수 있겠다. 이때의 "부끄러움"은 현실과 타협하여 하인숙과의 약속을 저버렸다는 부끄러움이 더해져 더욱 커진 부끄러움이라 하겠다.

지금까지 논의를 통해 드러나듯이, 「무진기행」은 고소설 『구운몽』과 중요한 부분에서 닮아 있다. 시공간성의 운용이라는 측면에서 그러하다. 두 소설은 모두 공간적 회귀의 구조를 취하되, 비대칭적 시간성이라는 특이성을 갖는다. 두 소설의 주인공들은 각기 꿈과 추체험을 통해 일종의 시간여행을 하는 것으로 볼 수 있다. 『구운몽』에서의 꿈은 가정법의 삶을 향한 시간여행의 행로이며, 현실세계의 성진은 이를 통해 불제자로서 거듭나는 면모를 보여준다. 「무진기행」에서의 추체험은 동일시와 대과거로의 몰입을 통한 감정여행인바, 이를 통해 '옛날의 나'와 '오늘의 나'간 접점과 거리를 엿볼 수 있다. 그러나 양자 간 변증은 나타나지 않으며, '오늘의 나'를 유지하려는 윤희중의 의지가 분명하게 드러남을 알 수 있다. 한편, 시간성에 기초한 비-균질적 시공간성은 두 작품의 공통점인바, 이는 감정전화의 순간을 분명하게 적시하는 효과를 낳으며 감정전화의 과정과 그 양끝에서 주목할 만한 의미들을 만들어낸다.

2) 점진적인, 감정의 질적 변화

(1) '우연'의 시공간성과 재회의 오랜 기다림, 그리고 설렘[88]

잘 알려져 있듯이, 이효석의 「모밀꽃 필 무렵」은 서정소설의 범주에 드는 작품이다. 이러한 범주화의 근거로는 문체와 분위기 등이 제시된다. 또한 동반자 작가로 활약하다 순수문학을 표방하게 된 작가의 이력이 그의 문학을 서정소설로 분류하는 근거로 작용한 듯하다. 이 글은 서사문학을 서정문학과 양분하여 바라보는 입장과 거리를 두고 있다. 즉 여타의 서사문학을 통해서도 서정성의 중요한 요소인 감정의 문제를 논할 수 있다는 입장을 취하기에 이효석의 「모밀꽃 필 무렵」을 살핌에 있어서 그 장르적 성격에 대한 논의는 접고 들어가기로 한다.

「모밀꽃 필 무렵」은 그 서사적 시간 내에 시골 장(작품에서 봉평장)이 파할 때부터 대화장으로 가는 밤길에서의 일들을 담고 있다. 따라서 단편소설에 걸맞게 압축된 시공간성 내에서 이야기가 전개된다. 그런데, 이러한 서사적 시간 내에서 주요 인물인 허생원과 동이의 과거사가 스토리텔링을 통해 전개됨으로써, 이를 작품의 시공간성에 포함할 경우 (허생원의 입장에서) 유랑의 시공간성을 구축하게 된다. 유랑이란 시공간성의 측면에서 볼 때, 시간의 흐름과 공간의 이동이 대칭적으로 함께 이루어지는 상황하에서의 삶의 방식인 것이다. 이 작품의 주인공인 허생원에게 있어서는 봉평장, 대화장, 제천장을 오가는 장돌뱅이로서의 20년 삶이 되는 것이다. 그런데 유랑은 예기치 못한 만남들을 배

88 이 글은 다음을 기본 자료로 한다. 이효석, 「모밀꽃 필 무렵」, 『이효석 전집』 2, 創美社, 1983.

태하고 있다 할 수 있다.[89] 허생원은 장돌뱅이로서 순환적이고 주기적인 유랑의 삶을 살아가는 가운데, 단 하나의 '우연' — 성서방네 처녀와의 재회 — 을 길어 올리고자 한 것이다. 여기에는 정해지지 않았지만, 있을 수 있는 만남의 한 순간과 공간을 붙들고자 하는 염원이 담겨 있는 것이다. 따라서 이 작품의 시공간성은 보다 엄밀하게는 '우연의 시공간성'이라 할 수 있겠다. 이 글은 이러한 우연의 시공간성 내에서 이루어지는 감정의 질적 전화에 주목할 것이다. 이는 이 작품의 서정문학으로서의 성격에 대한 또 다른 근거가 될 것이다.

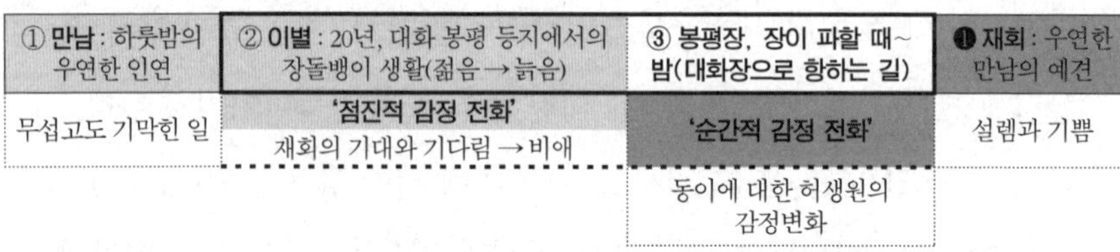

〈그림 3-7〉「모밀꽃 필 무렵」의 서사구조와 감정양태

위의 〈그림 3-7〉에서와 같이 「모밀꽃 필 무렵」에서는 서사가 전개됨에 따라 두 가지 양태의 감정의 질적 전화가 이루어진다. 서사적 시간 내에서 순간적 감정 전화가 이루어지는 한편, 작품의 저변에까지 이어지는 스토리시간대에서 점진적 감정 전화가 전제되어 있음을 논증해 볼 수 있다. 서사구조 ① ②에 내재하는 감정선은 ③에서 ❶로 이행하는 과정에서 나타나는 감정선과 그 양태가 다르게 나타남을 살펴보자.

「모밀꽃 필 무렵」의 서사구조를 허생원의 입장에서 정리하면, '① 우

89 김동인의 「배따라기」, 이청준의 『남도사람』 연작 등에서 이와 유사한 모티프가 나타남을 알 수 있다.

연한 만남—② 이별—❶ 우연한 재회의 예감'이다. ①❶의 두 차례에 걸쳐서, 허생원의 삶에 개재하는 '우연'에 주목해 보자. ①에서 허생원과 성서방네 처녀의 만남은 말 그대로 우연한 만남이다. 이 작품은 이에 대해 "단 한 번의 괴이한 인연"(92)으로 표현하고 있다. 그러나, 20년 후의 우연 ❶에 대해서는 다른 해석이 가능하다. 그것은 장돌뱅이의 숙명이라 할 수 있는 유랑의 시공간성이 낳은 우연인 것이다. 20년간 변함없이 대화장과 봉평장 등 군내의 장만을 오간 장돌뱅이의 삶이 그와 같은 우연을 빚은 것이다. 이 작품은 허생원의 그와 같은 삶이 젊은 시절 겪은, 성서방네 처녀와의 단 한 번의 경험 때문임을 적시하고 있다.[90] 특별히, 성서방네 처녀와의 일이 봉평에서 이루어졌기에, 그는 20년의 장돌뱅이 생활 동안 봉평장을 빼놓은 적이 없는 것으로 나타나는바, 여기에서 허생원이 성서방네 처녀와의 만남을 희구하고 기다리고 있는 것으로 볼 수 있다. 따라서 ❶에서의 우연이란, 우연한 재회를 기대하며 유랑의 삶을 고집한 허생원의 기다림의 소산인 것이다. ❶의 결말은 ③과 직접적인 인과관계를 맺지만, 그보다 앞서 스토리시간대를 이루는 ① ②와의 연속선상에 놓이는 것이다. 「모밀꽃 필 무렵」은 유랑의 시공간성 내에서 '하나의 우연'을 붙들고자 한 허생원의 의지와 거기에 담긴 감정을 여실하게 보여주는 작품이라 할 수 있다.

이 작품의 감정선을 따라가 볼 때, 서사구조① ②를 통해서는 '우연

90 【인용】 다음 장도막에는 벌써 온 집안이 사라진 뒤였네. 장판은 소문에 발칵 뒤집혀 고작해야 술집에 팔라 가기가 상수라고 처녀의 뒷공론이 자자들 하단 말이야. 제천 장판을 몇 번이나 뒤졌겠나. 하나 처녀의 꼴은 꿩궈먹인 자리야. **첫날밤이 마지막 밤이었지. 그때부터 봉평이 마음에 든 것이 반평생을 두고 다니게 되었네. 평생인들 잊을 수 있겠나.** / 옛 처녀나 만나면 같이나 살까……. 난 거꾸러질 때까지 이길 걷고 저 달 볼 테야.(94)

한 만남에 대한 기다림과 기대'가 '비애'의 감정으로 절적 전화하는 감정양태를 살필 수 있다. 그보다 앞서 ①에 대해 추후 허생원이 "단 한 번의 괴이한 인연", "무섭고도 기막힌 일"(94)로서 스토리텔링하고 있음을 고려할 때, ① ②의 감정선은 보다 복합적으로 됨을 알 수 있다. 이러한 표현은 일회적일 수밖에 없는 사건의 우연성을 강조한 것으로 볼 수 있다. 사건 직후 줄행랑을 놓은 허생원의 태도를 통해 알 수 있듯이, 허생원은 ①에서의 우연을 기회로서 잡으려 하기보다 그 사건으로부터 자신을 보호하려는 입장을 취하였던 것이다. 그러나, ②에서의 허생원은 놓쳐버린 우연을 다시 잡고자 하며, 이를 위해 유랑을 멈추지 않는다. 여기에서 엿볼 수 있는 감정은 성서방네 처녀와의 또 다른 우연한 만남에 대한 희구이자 기다림일 것이다. 유랑생활을 묘사하는 서정적 문체는 이러한 정조를 뒷받침한다 할 수 있다. 그런데, 서사적 시간의 시작이자 유랑생활 20년을 넘긴 시점인 이 소설의 도입부에서는 짝 없이 외톨이로 늙은 허생원의 비애가 짙게 묻어난다. 충줏집을 두고 젊은 동이에게 질투를 한 점, 암샘하는 당나귀와 동일시되자, 그로 인해 부끄러움을 느낀 점 등에서 외로운 장돌뱅이의 비애를 읽을 수 있다. ① ②에서 이 부분의 서사까지를 두고 볼 때, '괴이함 / 기막힘 / 무서움―막연한 기다림과 기대―비애'의 감정양태를 읽을 수 있다. 이는 20년 세월 동안 장돌뱅이로 살아 온 허생원의 유랑의 시공간성과 유관하며, 그 변화의 지점을 명확히 할 수 없는 가운데 질적 전화의 과정을 거쳐 온 것으로 볼 수 있다.

「모밀꽃 필 무렵」은 그 서사적 시간 내에서 또 다른 감정양태를 보여주는바, 그것은 '순간적인' 감정의 질적 전화이다. 작품의 대부분을 차지한다 할 수 있는 ③을 통해 이를 살펴보자. 앞에서 언급한 대로, ③과 ① ②의 연속은 이 작품의 서사를 엮는 고리라고 할 수 있는 '우연'이라는 측면에서 의미가 깊다. ③에서는 '그 우연'이 실현됨으로써 허생원의 삶에 새로운 국면이 열릴 것을 예고하고 있다. 유랑의 삶을 살아가는 동안 허생원은 성서방네 처녀와 있었던 '그 일'에 대해 수도 없이 반복하여 스토리텔링을 해 온 것으로 나타난다. 그런데 ③에서 그 스토리텔링에 대한 화답이 동이를 통해 이루어진 것이다. 이로써, 우연한 재회에 대한 기다림이 비애로 전화된 20년과 하루 동안의 유랑의 삶 가운데, ③에서의 사건은 새로운 국면을 열게 된 것이다. 이른바 ③은 ① ②에서 ❶로 이행하도록 하는 결절점 역할을 하는바, 그 구체적 양상을 살펴보자.

③에서 ① ②의 서사과정에 담긴 허생원의 삶이, 동이를 매개로 스토리텔링을 통해 성서방네 처녀의 삶과 포개어진다는 점에 주의해 보자. 허생원의 존재를 그의 삶과 관련하여 간명하게 표현하면 '유랑하는 장돌뱅이'이며, 그의 삶에서 내세울 수 있는 유일한 사건은 '그 일'이다. 그런데 '그 일'에 대한 스토리텔링이 그 화답을 얻었다 함은 중요한 의미를 갖는다. 허생원과 동이, 두 사람의 스토리텔링이 조응함으로써, 허생원이 희구하였던 20년을 스토리텔링 내에서 새롭게 서사화할 수 있게 된 것이다. ③에서는 (허생원의 입장에서) 지난 20년간 비애로 전화한 기다림의 삶이, 스토리텔링을 통해 성서방네 처녀의 20년 삶과 짝을 이루게 됨으로써 질적 비약을 이루고 있다 하겠다. 이는 유랑의 시공간성 내에서 '우연'이 실현되었음을 의미하는 것이기도 한다.

이러한 질적 비약의 양상을 서사적 시간(봉평장이 파할 무렵~대화로 가는 밤길) 내에서 허생원이 동이에 대해 갖는 감정변화와 관련하여 생각해 보자. 공간적으로 봉평장터와 대화장으로 가는 밤길로 구분하여 살필 수 있다. 봉평장에서 파장한 이후부터 대화장을 향하여 움직이기까지 허생원의 동이를 향한 감정은 '화 / 책망—염려'로서, 함께 옮겨 다니는 젊은 장돌뱅이를 향해 갖는 감정인 것으로 나타난다. 이러한 감정변화가 봉평장터에서의 사건, 즉 허생원이 충줏집을 사이에 두고 동이에게 소위 질투를 한 결과라면, 이후 대화장으로 나귀를 타고 움직이는 여정에서 나타나는 허생원의 동이를 향한 감정변화는 두 사람의 '스토리텔링'에 기초하여 이루어진다. 이른바 허생원의 성서방네 처녀와의 일에 대한 스토리텔링과 동이의 자신의 어머니에 대한 스토리텔링이 상관적인 것으로 제시되면서, 두 사람의 거리를 심리적・물리적으로 좁혀가게 된다.

봉평장에서 대화장까지의 거리는 칠십 리 정도로서, 그 과정에 고개를 넘고 개울을 건너야 하는 등의 여정이 이어지는 것으로 나타난다. 이러한 밤길을 걷는 과정에서, 먼저 허생원의 스토리텔링이 전개된다. 좁은 산허리의 길을 걷는 중이기에, 세 사람이 "외줄"(93)로 서야 하는 상황이 제시되는바, 이는 허생원과 동이간 거리를 나타내는 것으로 볼 수 있다. 이어서 큰길로 나서면서부터는 세 사람이 가로 늘어서게 되는데, 이때 허생원은 동이에게 봉평장에서의 일에 대해 사과하며 동이는 자신의 어머니에 대한 스토리텔링을 하게 된다. 가파른 고개를 넘으면서 잠시 끊겼던 동이의 어머니에 대한 이야기가 개울을 건너면서 이어진다. 이 부분에서 넘어진 허생원을 동이가 업고 개울을 건너게 되는데, 동이가 아들일 것이라는 예감 때문에, 허생원의 편에서는 동이의 탐탁한 등으로부터 내리는 것이 서글프게 여겨진다. 이 작품은 마지막 장면에서 허생원이 제천행을 외침과 아울러, 동이가 왼손잡이인 것을 확인함으로써 제천에서 있을 성서방네 처녀와의 재회에 대한 기대감과 설렘을 내비친다.

이러한 과정을 거치면서 허생원의 동이를 향한 입장과 감정은 크게 달라진다. 즉, 봉평장터에서 충줏집을 두고 젊은 동이와 암샘을 하던 허생원이 동이의 탐탁한 등에 업혀 자신이 그의 늙은 아비임을 인식하게 되는 단계로 나아간 것이다. 이른바 젊은이를 상대로 암샘을 하는 스스로에 대한 부끄러움, 즉 비애에서 놓여나 재회에 대한 기대와 설렘을 갖게 된 것이다. ③은 이러한 감정전화가 스토리텔링에 기초하여 이루어짐을 보여주는 부분이라 할 수 있겠다. ① ②를 통해 20년에 걸친 감정전화를 추론할 수 있다면, ③에서는 하루가 안 되는 시간 동안 순간적으로 이루어지는 감정전화를 보여주고 있는 것이다. 두 양상의 감정전화는 각기 '기다림과 기대 → 비애', '비애 → 기대와 설렘'으로 상반된 지향성을 보이고 있다.

이상 살핀 바와 같이, 「모밀꽃 필 무렵」은 단편소설임에도 불구하고 감정선의 권역이 넓으며 감정의 질적 전화가 점진적임과 아울러 순간적으로 이루어진다는 점이 주목되는 작품이다. 이는, 앞에서 살핀 바 있는 단편소설 「소나기」, 「운수 좋은 날」에서 감정의 양적 상승이 두드러지게 나타난 점과 구별되는 「모밀꽃 필 무렵」의 특질이라 하겠다. 또한 시간적 단절 없이도 스토리텔링을 통해 감정전화의 결절점이 분명하게 적시된다는 점이 이 작품의 개성을 이룬다 할 수 있겠다. 이와 같은 점들이 작품의 다른 특성, 문체나 분위기 등과 어우러져 「모밀꽃 필 무렵」의 서정소설로서의 지위를 굳건히 한다 하겠다.

(2) 유랑의 시공간성과 '살아있는 소리'를 위한 감정 쌓기[91]

이청준의 「서편제」를 포함한 『남도(南道)사람』 연작은 한스러운 감정의 예술적 승화를 주제로 한 작품이다. 이 작품에서는 주요 인물들이 '소리'라는 예술을 이루어내기 위해 의도적으로 한스러운 삶을 살아감에 초점을 맞추고 있는 것이다. 여기에는, 이른바 감정의 양적 증대와 유지를 통해 이를 질적으로 전화, 즉 예술로서 완성코자 하는 의도가 실려 있는 것이다. 이에서 엿볼 수 있듯이 『남도사람』 연작에 실린 작품들은 감정경제와 예술의 관계에 대한 통찰을 나타내 보이고 있기에 주목된다.

『남도사람』 연작에 포함되는 「서편제」, 「소리의 빛」, 「선학동(仙鶴洞) 나그네」, 「새와 나무」의 네 작품은 다음의 세 가지 측면에서 유사점들을 보인다. ① 현재 서사적 시간에는 부재하는 어떤 인물에 대한 이야기를 화자와 청자가 주고받는 형식을 취하는 점, ② 청자는 모두 길손으로 등장하는바 그 자신과 그가 쫓는 이야기 속의 어떤 인물(창자)이 '유랑'하는 삶을 살아간다는 점, ③ 그리고 '소리'를 주요 소재로 한다는 점이 공통적이다.[92] 액자형식을 이루는 ①은 ② ③을 예술적으로 주조해내는 장치임과 아울러, 주제의 구현에 기여하는 바가 크다. 이는 '소리'를 이루기 위해 한스러운 감정을 쌓아가는 인물들이 계속하여 만남을 거부 혹은 지연함으로써 불가피하게 나타날 수 있는 형식이기 때문이다. 한편, 인물 성격화 및 인물 간 관계에 있어서도 이들 작품 내에서 유사점이 발견된다.

---

91 이 글은 다음을 기본 자료로 한다. 이청준, 『서편제』(이청준 연작소설), 열림원, 1993.

92 『남도사람』 연작이 '유랑'을 모티프로 한다는 점, 청자와 화자의 관계가 성립되는 '스토리텔링'이 서사전개에 중요한 몫을 담당한다는 점에서 앞에서 살핀 「모밀꽃 필 무렵」과 유사하다. 그러나, 『남도사람』 연작에서 인물의 의도대로 만남이 계속적으로 유예된다는 점은 크게 차이가 나는 부분이며, 이 연작의 고유성을 이룬다.

㉮ 이야기를 들려주는 사람(주막 주인 등), ㉯ 이야기 속의 어떤 인물, 그리고 ㉰ 길손의 관계에서, ㉮는 이산과 유랑의 의미를 갖는 ㉯㉰의 인물을 매개해 주는 정주의 인물이다. ㉯와 ㉰의 관계는 ㉮의 '이야기'를 통해 매개될 뿐 각자의 유랑 길을 고집하기에 만남으로 이어지지 않는다.

『남도사람』 연작은 '인물 간 이산과 그들의 유랑'을 공통적으로 소설의 뼈대로 하고 있는바, '소리'라는 작품의 주요 소재와의 관련선상에서 그 의미를 살필 수 있다. 이 글은 먼저, '한스러운 감정의 축적을 통한 소리예술의 완성'이라는 이들 작품의 주제의식이 '인물 간 이산과 유랑'이라는 시공간성에 의해 뒷받침되고 있음을 논증할 것이다. 특별히, 한의 감정 쌓기를 통해 궁극적으로 이루고자 하는 예술의 경지가 무엇인지에 대해 밝힐 것이다. 이산한 두 인물은 소리의 창자와 청자이기도 한바, 이 두 존재와 '소리' 간 관계를 통해 『남도사람』 연작에 나타난 시공간성과 감정경제 간 관련성을 살피기로 한다.

기존 논의에서처럼 이 글 또한 『남도사람』 연작에 나타난 한의 정조에 주목하되, 축적된 한의 정조가 질적 전환하여 예술로 구현되는 양상에 대해 깊이 있게 살피고자 한다. 한의 정조와 직접적 관련을 맺는 인물은 소리의 창자이면서 길손의 장님 누이이며, 그녀의 한은 소리꾼 아비가 그녀의 가슴에 한이 쌓이도록 하기 위해 의도적으로 눈이 멀게 만듦으로써 발생된 것이다. 이 글은 이러한 한의 정조를 소리에 실은 창자가 청자와의 완전한 공명(empathy)에 이르게 됨이 이들 연작의 핵심인 소리의 참된 의미인 것으로 본다. 즉, 소리로의 완전한 몰입과 소리를 통한 완전한 소통이 축적된 한의 감정에서 전환된 소리예술의 경지인 것이다. 「선학동 나그네」에 따르면 이러한 공명은 먼저 장님 누이(창자)에게서 시작된다. 그녀는 보이지 않는 눈으로 선학동 포구의 모습을 그린 후, 그 모습을 소리에 담아 창한다. 이른바 한의 정조에서 비롯한 그녀의 소리란 청각의 시각화라는 감각의 통합 경지에까지 다다른 것으로 볼 수 있다. 이러한 소리에 대한 청자의 반응, 즉 청자가 그녀의 소리를 듣고 선학동 포구와 비상학을 보게 되는 상황은 창자와 청자가 소리를 통해 완전한 공명을 이룸을 보여주는 부분이라 할 수 있다. 청자는 들리는 것을 통해 보이는 것을 그려내고 있는 것이다. 이들은 상반된 각도에서, 동일한 것에 대해 소리를 통해 공명하고 있다.[93] 장님 누이는 소리를 통해 잃어버린 시각을 되살림으로써, 소리꾼 아비의 뜻대로 청자와 완전하게 공명하는 소리예술의 경지에 도달하고 있는 것이다.

이러한 소리는 『남도사람』 연작에서 그 자체로서 격이 있는 존재로서 등장한다. 「소리의 빛」은 소리의 격을 수사적으로 보여준다. 이 작품에서 소년의, 아버지가 다른 장님 누이가 탄생하게 된 것이 어미의 웅얼거림과 소리꾼 아비의 소리가 결합한 결과인 것으로 나타난다. 여기에서 남녀의 육적인 어울림은 나타나지 않는다. 소리의 어울림이 생명을 낳은 것으로 그려지고 있는 것이다. 소리의 어울림만으로도 생면부지의 남녀가 소통하고 공감할 수 있음에 주목해야 하는 것이다. 이 일화는 생물학적 진실을 떠나서, 창자(청자)를 지우고 소리만의 어울

93 「선학동 나그네」에 대한 이러한 해석을 통해 「서편제」의 한 장면에 추론적으로 접근해 볼 수 있다. 하루 종일 밭일을 하는, 홀로 된 어미에 의해 "무덤가 잔디에서 고삐가 매인 짐승 꼴로 긴긴 여름날을 보내야 했"(「서편제」, 15)던 소년은 어느 날 부터인가 산에서 내려오는 소리를 듣게 된다. 그런데 그 소리는 소년에게 항상 "이글이글 불타오르는 뜨거운 햇덩이"(「서편제」, 17)로 생각되어진다. 소리에 대한 귀가 열리지 않은 시기에 들은 소리와 햇덩이를 일치시키는 소년(훗날 길손이자 청자)을 통해, 소리꾼 아비 또한 소리에 감각을 통합하는 경지에 도달하였을 것이라는 추론을 해 볼 수 있다.

림, 소리와 이에 대한 웅얼거림의 화답을 통해 유형의 소산을 얻는다는 설정을 통해 소리의 격과 존재감을 보여주고 있는 것이다. 이청준의 작품에서 소리란, 창자와 청자에게 속한 것이 아니라, 이들이 추구해야 할, 자체의 격을 가진 존재인 것이다. 이로써 소리를 통한 완전한 공명 또한 가능할 것이다.

이처럼 독립적인 소리의 생명력을 위해 인물들은 '이산과 유랑의 삶'을 의도적으로 유지한다. 정주의 인물들(주막의 여인 / 천씨, 주인 사내 등)이 매개하는 오라비(고수이자 청자)와 장님 누이(창자)의 유랑길에는 소리와 이야기가 존재한다. 이들은 정주인물의 이야기를 통해, 그리고 소리로써 오라비는 누이를, 누이는 오라비를 예감하고 그 예감을 확인해 간다. 「소리의 빛」에서만이 이들 오누이가 직접적으로 대면하여 상대를 예감하되, 서로의 존재를 확인하지 않고 각자의 유랑 길을 떠난다. 이에 대한 주막 사내 천씨의 시각은 이산과 유랑의 시공간성과 한의 정조 간 관련성을 보여준다. 그에 따르면, 오라비가 장님 누이를 모른 채 떠난 것은 여인이 "한으로 해서 소리가 열리고 한으로 해서 소리가 깊어지는 사람"이기에 "그 한을 다치지 않으려는"(52) 의도에서 그리한 것이다. 즉, 한의 정조에서 전화된 소리예술의 생명력을 지키기 위해 이들 오누이는 만남과 정주가 아닌, 이산과 유랑의 삶을 선택하고 있는 것이다.

앞의 세 작품에서 정주의 인물이 유랑하는 인물들을 매개하는 부수적 역할을 하고 있는 것과 달리 「새와 나무」에서는 그 제목이 나타내듯 두 부류의 인물들이 차지하는 비중이 유사하다. 유랑에 대응하는 것으로서 안식처가 의미 있게 자리한다. 이 작품에는 빗새 형상을 지닌 세 인물이 등장한다. 여기에서 빗새란 의지할 곳 없이 유랑의 삶을 살아가는 존재를 비유하는 말이다. 이에 해당하는 인물로 주인 사내의 친형, 시장이, 그리고 손이 등장한다. 주인 사내와 이들 빗새 형상의 인물들은 작품의 제목이 나타내는바, 각기 나무(정주)와 새(유랑)에 해당한다고 할 수 있다. 이 작품은 이들 인물 간 대비를 통해, 인간관계를 삭막하게 하는 현대 도시 문명을 비판함과 아울러 예전의 공동체에 대한 향수를 보여주고 있다 할 수 있다. 또한 앞의 작품들에서와 달리, 유랑하는 인물이 정주의 공간에 멈추었을 때 그곳에 대한 갈망을 나타냄을 살필 수 있다.

이 글은 「새와 나무」가 유랑의 의미에 새롭게 접근하고 있음에 주목한다. 소유욕 없이 자족하며 살아 온 주인 사내가 "사람의 모습이나 그 자리"를 지키고 살아온 것과 달리, 시장이와 손으로 대변되는 현대인들은 소위 "관계의 조절"을 위한 "교육"을 받아 "눈치놀음"에 시달리고 "소유와 지배의 끈으로 엮어진 관계의 굴레"에 매여 "지치고 고단한"(117) 삶을 살아가는 존재이다. 정주란 '나'를, '나의 자리'를 잃지 않고 살아가는 삶의 양태이며, 유랑이란 한곳에 있어도 무리한 관계들에 휩쓸려 '나'와 '나의 자리'를 잃고 살아가는 삶의 양태인 것이다. 여기에서 유랑의 의미가 새롭게 만들어지고 있음을 알 수 있다. 정주와 유랑을 구분하는 근거는 나의 자리가 있느냐의 문제가 되고 있는 것이다.

도회에서 주인 사내가 사는 마을을 찾은 시장이(詩人)는 사람 간 관계의 조절에 휩쓸려 표류해 온 도시의 유랑인이었던 것이다. 손 또한 자신에 대한 말을 아끼지만 지치고 고단하다는 점에서 같은 부류의 인물이라 할 수 있다. 그들의 지치고 고단함을 빗새의 형상으로 읽어내는 주인 사내의 안목은 이들과의 완전한 공감을 이루어내고 있다. 이는 휴식처(집터)를 찾는 것으로 구체화된다. 주인 사내의 이야기에 등장하는 시장이가 그러하였고, 손 또한 주인 사내와 휴식처에 대한 무언의 공감을 하게 된다.

이들은 지치고 고단한 유랑인의 삶을 접고 주인 사내가 가꾼 수림이 건너다보이는 "산비탈 양지쪽"(113)을 마지막 휴식처로 삼고자 한다. 이 작품은 눈치놀음에 의해 이해득실을 따져 인간관계의 조절이 이루어지는 유랑의 공간에 대한 대안으로, 공동체의 미덕이 살아있는 정주의 공간을 내세우고 있다. 그것은 먼저 주인 사내의 젊은 아들을 통해 나타난다. 중학을 마치고 농업을 해 온 그를 통해 "치도울력들" "술추렴"과 같은 말들을 들은 손은 "기제삿날 밤 집안 어른들의 이야기 소리처럼 가슴에 촉촉이 와 닿"(98)음을 느낀다. 마지막 장면은 연작의 핵심 소재인 소리를 통해, 공동체에 대한 향수를 나타내 보인다. 이는 시장이에 이어 손이 "산비탈 양지쪽"에서 농부가이자 집단요인 "상사뒤여 가락"(129)을 듣는 것으로 나타난다. 창자가 없는 가운데 청자가 소리를 불러들이는 방식으로 이들은 (환각처럼) 이 가락을 듣게 된다. 나름의 격을 가진 '살아있는 소리'와의 만남이라 할 수 있겠다. 여기에서 시장이와 손은 소리를 통해 완전하게 공감한다. 그들이 공감하는 바란, 지치고 고단한 삶터를 떠나 공동체의 노랫가락이 살아있는 공간에서 휴식을 취하고자 함이다.

그러나 이 작품은 이러한 휴식처를 바로 현실화하지 않는다. 아직도 정주의 공간은 유랑의 공간과의 관계 속에서 의미 있는 곳으로 그려진다. 시장이와 손이 그들이 속하였던 유랑의 공간을 떠나지 못함은 이를 나타내 준다. 시장이는 집터를 사들이기 전에 죽음을 맞이하며, 손은 소리를 찾아 해매 온 유랑 길을 계속한다. 시간적 거리를 두고 "산비탈 양지쪽"을 찾은 시장이와 손은 소리를 통해 공감한다. 상사뒤여 가락에 이어, 손은 저녁노을이 환기하는 시장이의 신식노래를 떠올리며 그와 공감한다. 손은 시장이에게 있어 시(詩)란 "진짜 소리를 할 수가 없어 노을로 대신 노래를 부른"(136) 노래였던 것으로 생각하게 된다. 시장이는 시인으로서 "진짜 소리"를 하기 위해 마지막까지 도회의 유랑지에 남았던 것으로 볼 수 있다. 손 또한 저녁노을을 바라보며 소리를 찾는 유랑길을 마다하지 않는다.[94] 이들이 진짜 소리를 얻기 위해 "아늑한 휴식감"(88) 대신 유랑하는 삶이 주는 지치고 고단함을 피하지 않은 것은, 이들 또한 이산과 유랑의 삶을 지속함으로써, 한의 정조를 쌓아 시(詩)와 소리예술의 경지를 높이고자 하고 있음을 알 수 있다.

결과적으로 이청준의 『남도사람』 연작은 정주보다는 유랑의 시공간성 안에서 소리의 시학을 만들어간 작품이라 할 수 있겠다. 여기에는 창자와 청자, 그리고 소리가 각자의 격을 가지고 등장한다. 창자는 원하는 소리를 가창하기 위한 삶을 살아간다. 그것은 육체의 훼손을 이기고 이산과 유랑을 유지하는 삶이다. 이를 통해 한의 정조를 쌓아, 궁극적으로는 축적된 한을 소리예술로 승화시키고자 한다. 청자가 소리를 찾아 헤맬 때, 소리는 창자인 장님 누이와 동일시된다. 그러나 그는 누이의 소리의 원천인 '한'을 다치지 않기 위해 소리만을 취하고 누이를 버려둔다. 한의 정조가 가득한 누이의 소리를 그대로 유지하기 위해 이산과 유랑의 삶을 유지한다. 이들 남매는 역설적이지만 소리로써 만나기 위해 실체적 만남을 거부해 온 것으로 볼 수 있다. 이러한 소

94 여기에서 창자와 청자의 형상을 엿볼 수 있다. 시인, 즉 시장이란 시를 노래하는 창자이며, 손은 연작에 공통적으로 등장하는 청자(장님 누이의 오라비인 고수)인 것으로 생각해 볼 수 있다.

리는 그 자체로서 독립적인 격을 지닌 존재라 할 수 있다. 「새와 나무」의 결말에서 또한 이러한 소리에 대한 추구를 엿볼 수 있다. 시장이와 손은 각각 창자와 청자의 입장에서 "진짜 소리"를 구하는 삶을 살아온 것으로 볼 수 있다. 이 작품은 유랑하는 삶으로 인해 지치고 피곤함에도 불구하고, 정주의 삶에 대한 갈망을 접고 원하는 소리를 얻기 위해 유랑을 지속하는 인물의 면모를 보여주고 있다 할 수 있다.

이 글에서 살핀 이청준의 소설에서 유랑이란, 예술의 원동력이 되는 감정 쌓기와 이의 질적 전화를 위한 삶의 방식인 것이다. 그리고 유랑의 시공간성이란, 감정의 씨앗을 키워 저장하고 발효하기 위한 그릇과 같은 것이다.

(3) 이산과 만남의 시공간성, 그리고 이기-허위-위선에서 따뜻함으로[95]

박완서의 『그해 겨울은 따뜻했네』를 통해서도 감정의 질적 전화가 이루어지는 양상을 살필 수 있다. 이 작품은 여주인공들인 수지와 오목이가 일곱 살, 다섯 살이던 일천구백오십일 년 피난 시절부터 이들이 각자의 삶을 살다 마흔을 바라보는 나이에 재회하는 시기까지를 시간적 배경으로 하며, 수지의 간교에 의한 '의도적 이산'에 뒤따르는 사건들과 인물의 변화를 구구절절한 입담으로 펼쳐내고 있다. 이 글은 이러한 사건들에서 비롯하는 인물들의 감정에 주목할 것이다. 총 8개의 장으로 이루어진 이 작품의 공간성은 마름모꼴을 이룬다 할 수 있다.[96] 1장 「한 옛날에」에서 이루어진 '의도적 이산'이 이러한 공간성의

95 이 글은 다음을 기본 자료로 한다. 박완서, 「그해 겨울은 따뜻했네」, 『박완서 소설 전집』 9, 세계사, 2008.

꼭지점을 이루며 2장 「숨바꼭질」과 3장 「명암(明暗)」에서 수철과 수지가 오목이를 모른 척 하고, 오목이가 고아라는 사실을 들어 짓밟음으로써(수지), 오목이와 수지-수철 남매간의 이산은 보다 공고해진다. 4장 「양달」, 5장 「응달」, 6장 「미리 온 아이」에서 귀부인이 된 수지와 보일러공의 아내로 영락하여 힘겹게 살아가는 오목이 간 거리는 최대치를 이룬다 할 수 있다. 이러한 거리는 7장 「안개 속의 집」에서 수지와 오목이 재회하면서 좁혀지며, 8장 「부드러운 겨울」에서 수지가 오목이의 임종을 지키면서 그녀의 아이들을 떠맡음으로써 또 다른 꼭짓점을 이룬다 할 수 있다. 이러한 공간성에서 '의도적 이산-이산의 심화-이산의 해소'라는 서사구조를 함께 읽을 수 있는바, 여기에 담긴 감정경제를 오목이, 유일환, 수지의 세 인물을 통해 살피고자 한다.

나머지 두 인물과의 관계에서 오목이가 피해자임은 분명하다. 유일

96 각 장별 주요 내용을 정리하면 다음과 같다.
1장 「한 옛날에」: 일천구백오십일년 피난지에서 일곱 살의 수지는 한 공기의 밥을 더 먹기 위해 다섯 살의 동생 수인(오목이)을 잃어버린 척 가장하고 버린다. 2장 「숨바꼭질」: 자신이 자란 '오누이의 집'을 나온 오목이는 자신이 버려졌을 때 가지고 있던 은노리개를 통해 자신의 정체에 대한 탐색을 한다. 여대생이 된 수지와, 수철은 오목이가 잃어버린 동생 수인이인 줄 알면서도 모른 척 한다. 3장 「명암(明暗)」: 대학원을 졸업한 수지는 대학시절 사귀던 인재를 버리고, 기욱과의 혼담을 받아들인다. 오목이는 수지에게 버림받은 인재에게 짓밟히고, 수지는 자신이 버린 인재와 오목이가 사귀는 것을 보고 오목이가 '고아'라는 결정적 폭로로 이들을 헤어지게 한다. 4장 「양달」: 수인은 기욱과의 결혼날짜가 잡힌 즈음, 인재를 오목이에게 돌려주기 위해 인재를 만나지만, 오목이가 수양딸로 살던 집을 나갔다는 말을 듣는다. 5장 「응달」: 수양딸로 지내던 집을 나온 오목이는 고아원에서 함께 자란 유일환에게 자신을 의탁한다. 오목이의 이른 임신으로 인해 일환이는 고통스러워한다. 6장 「미리 온 아이」: 오목이네는 인재의 아들인 일남의 출생으로 신산스러운 삶을 살게 된다. 7장 「안개 속의 집」: 수지는 자신의 죄에 대한 가책을 가리기 위해, 자선사업에 골몰한다. 그러나 자신의 위선을 인식하고 환멸을 느낀다. 보일러공 유일환의 매개로 수지와 오목이 재회한다. 8장 「부드러운 겨울」: 수지는 병들어 죽어가는 오목이에게 속죄와 참회를 할 수 있는 마지막 기회를 눈앞에 두고 갈등한다. 수지는 오목이의 임종의 자리에서 참회하며 오목이의 다섯 아이들을 떠맡는다.

환은 오목이가 다른 남자의 아이를 혼전에 임신한 사실을 알아채고 스스로 괴로워함과 아울러 가출과 폭력을 일삼으며 오목이의 삶을 신산스럽게 한다. 수지는 간교로써 오목이와의 이산을 의도적으로 행하여 오목이를 고아로 만들었으며, 이후에도 모른 체하고 고아인 사실을 폭로하여 오목이가 일생에 단 한 번 맞닥뜨린 행복의 기회(인재와 결혼할 수 있는 기회)를 박탈한다. 타의에 의해 이러한 삶의 풍파에 시달리면서, 3장 「명암」에서 수지와 헤어진 이후의 십년은 오목이의 생명이 소진하여 죽음에 이르는 과정이기도 한다. 이 글은 생명을 빼앗기는 가해를 받고도 오목이가 남편 유일환과의 관계에서 스스로 가해자임을 천명한다는 점에 주목한다. 이러한 입장의 이면에는 자신의 정체에 대한 탐색과 좌절의 과정이 자리한다. 오목이는 은노리개를 근거로 스스로가 양갓집의 귀한 딸일 것이라는 기대와 자신이 버려진 것이 아니라 길을 잃었을 것이라는 믿음을 가지고 자신의 정체를 길어 올리기 위한 노력을 멈추지 않는다. 인재와 버스에서 처음 만나 얼마간의 교제를 하였던 것은 오목이가 자신을 양갓집 딸이었을 것이라고 생각하는 정체감과도 관련을 맺는다. 그러나 수지의 폭로로 짓밟힌 인재와의 관계는 더 이상 행복한 바람이 아닌, "못된 꿈" "헛된 꿈"이 되며 "허영"인 것으로 단죄된다. 이어지는 오목이의 "자포자기"는 급격하게 이루어진다. 양갓집 딸로서의 삶에 대한 기대감과, 일찍이 남편감으로서 거들떠보지도 않았던 유일환의 아내가 되겠다는 결심을 하기까지의 자포자기는 천양지차의 거리를 두고 촉급하게 이루어진다.

유일환과 살림을 차린 이후 오목이는 "정숙"의 미덕을 유일환에게 주지 못한 점을 들어, 자신이 유일환의 낙담한 삶에 책임이 있다고 생각한다. 그녀는 이를 "인재의 독소"로 표현한다. 이는 인재의 아들인 일남을 통해 그녀의 삶에 침투하여 그 삶을 신산하게 하고 있는 것이다. 이제는 오목이 자신이 의도한 바가 아닐지라도, 이는 오목이가 확인하지 못한 그녀 자신의 정체의 문제로서 일환과의 결혼생활에서 불협화음과 신산스러움을 낳고 있는 요소인 것이다. 오목이의 일환에 대한 가해의식은 이러한 배경을 갖는다 할 수 있으며, 그것은 죄의식으로 나타난다. 오목이가 일환의 패악을 견디면서 보낸 자학적인 십년은 그녀의 가해의식과 죄의식을 다스린 기간이라 볼 수 있으며, 이는 생명의 점진적인 소멸로서 질적인 전화를 이루고 있다 할 수 있겠다.

오목이의 이러한 십년에 상응하는 일환의 십년은 고아의식의 극복과정이라 할 수 있다. 일환에게 오목은 객관적으로 과남한 존재였지만, 오목이의 급격한 자포자기로 두 사람은 부부의 인연을 맺게 된다. 그러나 "미리 온 아이" 일남으로 인해 이들의 결혼생활은 십년 동안 풍파를 겪게 된다. 일환이 일남을 장남으로 받아들이고 고아의식을 극복해 가는 과정은 오목이의 죽음의 과정이기도 하다. 일남으로 인한 일환의 피해의식은 오목이를 향한 가해로 폭발해 왔던 것이다. 이 힘든 과정을 거치면서 두 사람 중 어느 한 사람도 일남의 정체를 발설하거나 묻지 않는다는 점이 주목되는 사항이다. 종국에는 오목이가 발설을 시도하지만 이는 일환의 무언의 압력에 의해 저지된다. 또한 그는 오목이가 견디다 못해 고아원에 버리고 온 일남을 곧바로 찾아오기도 한다. 일찍이 '오누이의 집'에서 고아끼리 만나 가족을 이루자고 제안한 바 있었던 일환에게 가정을 무너뜨려서는 안 된다는 신념이 자리한 것으로 볼 수 있다. 이러한 명제가 그의 이성이자 바람이라면, 일남의 존재로 인해 잠 못 이루고 "뒤채는" 것은, 그리고 가족에게 파괴적 힘을 행사하는 것은 그 자신도 어쩔 수 없는 그의 감정이라 할 수 있겠다. 전자가 고아의식을 극복코자 하는 편에 서는 것이라면, 후자는 그의 고아의식이 부추긴 결과라 하겠다. 일환의 고아의식에는 "핏줄"에 대한 갈망이 담겨 있었던 것이다. 그는 딸 셋에 이어 막내로 아들 영남을 얻고서 비로소 일남을 가슴으로 낳은 아들로 받아들인다. 일환의 핏줄을 이어 갈 아들을 낳아 줌으로써 오목이 일남에게 "목숨 걸고 속죄"(453)한 것이라면, 일환은 그의 질긴 "고아근성"(454)을 극복하게 된 것이다. 이는 "사투"로 표현되는바,[97] 이 과정에서 오목과 일남 모자에 대한 그의 감정이 의심과 증오에서 염려와 사랑으로 점진적으로 바뀌어 감을 읽을 수 있다.

이 작품의 주제가 인간성의 비루함에 대한 폭로인 것으로 볼 때, 이 작품의 주인공 노릇을 하는 인물은 수지(수철)이다. 박완서는 안타고니스틱 주인공인 수지를 통해 인간의 허위와 위선을 적나라하게 보여준다. 수지 편에서 이 작품은 그녀가 허위와 위선, 그리고 이기로 가둔 정직한 나 혹은 진실을 발견하고 받아들이게 되는 과정을 전개하고 있다 할 수 있다. 일곱 살 때 다섯 살의 오목이를 유기한 사건에 대해 추후 수지는 ① 그 사건을 덮으려 든다, ② 자선사업에 몰두한다, ③ 속죄와 참회의 마지막 기회 앞에서 주춤 거린다의 세 가지 반응을 보인다. 여기에는 모두 그녀의 이기(利己)가 자리하고 있음을 알 수 있다.

수지가 2장 「숨바꼭질」과 3장 「명암」에서 수인이를 알아보고도 모른 채 한 것에 대해, 이 작품은 수지가 그녀 자신을 "정직하게 바라보는

97 【인용】 모든 남자가 순간의 쾌락으로 얻을 수 있는 자식을 유기사는 **자그마치 십 년 동안의 고통스러운 자기극복 끝에 얻었다.**(480~481)

일을 피하고자 함"(297)인 것으로 단정한다. 오목이를 생각할 때 마다 느껴지는 자신에 대한 "혐오감"을 직시하지 않기 위해, 그럴수록 수지는 허위의 자신을 만들어간 것이다. 수지가 자신의 "목숨처럼 사랑하는" 이러한 허위가 얼마나 견고한 것인지 인재와 오목이의 만남을 훼방하는 장면에서 잘 보여준다. 은표주박이라는 "명확한 징표"(226)를 걸고 나타난 오목이가 수인임을 확신하면서도, 자신이 버린 남자 인재가 오목이를 만난다는 사실 때문에 질투심에 불타, 오목이가 일생에 단 한번 행복해질 수 있는 기회를 잡는 것을 방해한다. 그녀가 사후에 이러한 자신의 행동에 대해 이성적인 답을 구하지 못한다는 점에서 그녀의 견고한 허위를 읽을 수 있다. 수지의 허위는 위선으로 발전한다. 그녀는 자신의 아들들이 일곱 살, 다섯 살을 맞이하였을 때 과거의 악행을 떠올리며 악몽에 시달리고 비정상적인 언동을 하게 된다. 이로부터 도피하기 위해 이때부터 수지는 자선사업에 몰두한다. 그러나 7장 「안개속의 집」에서 수지는 고아들의 눈물을 닦아 주는 자신의 자선사업이 위선에 불과함을 인정한다. 그리고 스스로의 위선에 환멸을 느낀다. 작품의 후반부에서 스스로에게 정직하지 못한 수지의 허위와 위선은 거울에 비친 그녀의 모습을 통해 상징적으로 나타난다. 내면은 울고 있을지언정 귀부인의 얼굴을 하고 거울에 비춰는 상황을 통해서이다.

마지막으로 수지는 오목이네 가족과의 피할 수 없는 만남을 통해, 이번의 만남이 그녀가 속죄하고 참회할 수 있는 마지막 기회임을 감지한다. 그러나 그녀는 오목이의 가족을 돕는 일로 속죄하는 데에 그치고자 하는 마음과, 속죄와 더불어 참회까지 해야만 한다는 보다 내밀한 내면의 속삭임을 듣는다. 그것은 수지가 오목이의 죽음을 예감하였기 때문이다. 이 작품은 수지의 참회가 "죽음처럼 극적이고 마지막일 수밖에 없는 계기 없인"(513) 이루어질 수 없다는 점을 통해서도 수지의 이기를 보여준다. 수지는 죽음 앞에서의 참회를 통해 "죄의식"이 완전히 소멸되기를 꿈꾸었다. 그녀는 "죄에 대해 치를 어떤 벌도 남지 않는 참회 그 자체로 끝나는 산뜻한 참회"(513)를 원하였다. 이에 수지는 참회를 하는 것보다 못하게 될 상황을 두려워한다. "이기로만 일관해 온 그녀의 삶의 축"(530)은 임종을 앞둔 오목이가 건넨 은표주박을 받고 꺾이며, 진정한 참회를 하기에 이른다. 그러나 수지가 원하는 대로의 참회이기에 여기에서도 이기의 싹을 완전히 꺾지는 못한 것으로 볼 수 있다.

허위와 위선을 방패삼아 이기로 일관한 삶을 살아온 수지는 오목이의 죽음에 직면해서야 정직한 나를 찾게 된다. 그녀는 자신이 진정 원하는 것이 무엇인지에 대해, 그것을 할지 말지에 대해 생각한다. 여기에는 (그 일을 하는 것에 대한) 두려움과 (그 일을 할 수 있다는) 안도감이라는 양면적 감정이 개재하지만, 수지는 결국 자신이 진정 원하는 것이 이번에는 절대로 오목이를 외면하지 않는 것이라는 점을 깨닫는다. 이때 죄의식은 그녀 안에 살아 있는 감정이 된 것이다. 참회와 속죄를 통해 수지는 이 죄의식으로부터 놓여나고자 한다. 그녀가 생각한 속죄란, 오목이의 다섯 아이를 거두어 기르는 것이다. 이 거창한 속죄의 계획을 수지는 결국 떠안기로 한다. 이러한 계획의 시발점에 일남이 놓인다. 그녀는 오목이의 다른 아이들과 달리, 수려한 이마를 가진 소년을 보는 순간부터 사랑하고 욕심내 한다. 일남은 오목이가 오목이 아닌 수인으로서 이루고자 한 꿈의 소산이되, 오목이의 삶에는 독소가 된 존재이다. 이러한 일남의 존재는 수지가 오목이의 오남매를 자신의 아이들로서 기르도록 이끈다.

수지의 이야기는 죄악을 저지르고 이를 직시하지 않기 위해 허위와 위선, 그리고 이기로 일관해 온 삶의 축이 꺾이고, 속죄와 참회로 나아가는 과정을 점진적으로 보여주고 있다. 이를 '죄악/허위－위선/죄의식－참회와 속죄'의 과정으로 정리할 수 있겠다.

(4) 무위도식자의 허무감과 시계(視界)의 관련성[98]

잘 알려져 있듯이, 야스나리의 『설국』에 대한 평가에는 시각적인 아름다움을 잘 살려낸 묘사와 문체에 대한 것이 포함된다. 또한 이 작품에 스며들어 있는 허무의식에도 논자들의 관심이 집중되었을 것으로 보인다. 이 글은 『설국』의 기조를 이룬다 할 수 있는 이와 같은 측면들에 상관관계가 있음을 밝히고자 한다. 이를 위해 이 작품의 시각적인 미학에 속한다 할 수 있는, 주인공이자 초점화자인 시마무라의 시계(視界)에 주목할 것이다. 이는 이른바 인물의 감각(시각)에 의해 형성되는 시공간성이라 할 수 있는 바 감정경제라는 측면에서, 독자의 입장에서 파악하는 4차원적 시공간성의 경우와 유사한 원리가 적용됨을 논증하게 될 것이다. 즉, 시계를 통해 정해지는 시공간적 권역과 허무의식의 감정양태 간 상관관계에 일종의 경제적 원리가 작용함을 밝힐 것이다.

이 작품은 시마무라가 국경의 터널을 지나야 갈 수 있는 눈의 마을을 세 차례에 걸쳐 방문하는 것을 기본 줄기로 하며, 시마무라와, 그의 관찰을 통해 드러나는 고마코와 요코라는 여성인물의 삶을 주요 내용으

98 이 글은 다음을 기본 자료로 한다. 가와바타 야스나리[川端康成], 유숙자 역, 『설국』, 민음사, 2014.

로 한다. 이 작품에서는 서사구성단계가 확연하게 나타난다 보기 어려우므로, 각 인물의 변화에 초점을 두어 서사내용을 간추려보자. 시마무라가 총 세 번에 걸쳐 온천마을을 방문한 것은 첫 번째 방문 때 인연을 맺은 고마코와의 만남을 이어가기 위한 것으로 나타난다. 첫 번째 방문 때 게이샤가 되기 전이었던 고마코는 두 번째 방문 때부터는 게이샤라는 분명한 신분을 가지고 시마무라를 접대하게 되며, 만남이 반복됨에 따라 시마무라를 행한 애정의 농도가 짙어지고 있음을 온몸으로 보여준다. 한편, 시마무라가 두 번째로 온천마을에 방문하기 위해 오른 기차 안에서 처음 만난 요코는 이 두 번째 방문의 기간 동안 중병(장 결핵)을 앓고 있는 애인 유키오를 간호하며, 시마무라가 온천마을을 떠나는 장면에서 유키오의 임종이 임박했음을 고마코에게 알린다. 이어 시마무라가 세 번째로 온천마을을 방문했을 때, 매일 애인의 무덤을 지키던 요코는 화재현장에서 숨을 거둔다.

시종, 풍경과 두 인물에 대한 초점화자 역할을 하는 시마무라는 자칭 '무위도식자'로서 허무의식을 드러내는바, 온천마을 방문과 만남의 과정들을 통해 나타나는 시마무라의 변화는 바로 그의 허무의식이 갖는 성격에서 찾아볼 수 있다. 세 차례에 걸친 그의 온천마을 방문과 만남들을 통해 시마무라가 갖는 허무의식은 질적인 전화를 이룬다 할 수 있다. 그의 시계의 권역과 거기에서 그가 관찰하는 고마코와 요코의 삶의 행보를 통해 이를 논하겠다.

1. 첫 번째 만남(③)[99] : 시마무라, 고마코

- 2차 자료를 접하고 난 후 쓰는 시마무라의 무용론

2. 두 번째 만남(①②④⑤⑥⑦) : 시마무라, 고마코, 요코

- 거울이 된 기차의 유리창 : 요코의 모습
- 여관방 경대의 거울. : 고마코의 상기된 얼굴(생명력)

3. 세 번째 만남(⑧⑨⑩) : 시마무라, 고마코, 요코

- 무덤 장면 (기차의 돌풍 같은 질주)
- 온천 마을의 외부(지지미 바래기) : 과거의 때를 벗기기. 미래에 대한 지향이 자리함
- 지평선을 배경으로 하여 보는 화재 현장
- 화재현장을 배경으로, 죽음에 임박한 요코의 수평적 하강 목격

인용단락은 시마무라가 온천마을을 세 번에 걸쳐 방문하는 과정에서 점차적으로 그의 시계가 변화하고 있음을 정리한 것이다. 그것은 시계의 성격과 권역에서 나타나는바, 성격의 측면에서는 간접보기에서 직접보기로 이행한다는 점, 권역의 측면에서는 점진적으로 그것이 넓어진다는 점으로 정리해 볼 수 있다. 위의 정리에서 나타나듯이, 『설국』은 첫 번째 만남에 대해 회상하고 있는 ③이 순행적인 시간의 흐름을 거스르는 것을 제외하고는, 전반적으로 순행적인 시간구조를 취하고 있다. 그런데 작품의 서두이며 두 번째 만남의 시발점인 ①에 나타나는 주인공의 시계는 ③에 나타난 주인공의 서양무용에 대한 입장과 깊은 관련을 맺는다 할 수 있다. 이른바 양자 모두 '간접보기'의 방식으로써 '비현실주의적' 입장을 보인다는 점에서 그러하다. ③에 따르면,

99 『설국』은 열 개의 마디들이 모여서 이루어진 작품이다. 편의상, 각 마디별로 일련번호를 붙여 보았다.

시마무라는 시작한 일에 대해서는 끝장을 보는 나름의 근성으로 일본무용에 대한 일가견을 세우게 되며, 그 결과 현실적인 활동에 나설 것을 권유받는다. 그 시점에서 시마무라는 서양무용으로 선회하여 일본무용에 대해서는 더 이상 관심을 갖지 않게 된다. 그런데 서양무용을 실제로 보지 않고, 그것에 대한 부차적인 텍스트들에 기초하여서만 간접보기를 통해 무용론을 쓴다는 시마무라의 태도는 현실적인 운동에 나서야 할 즈음에 이를 회피하였던 이력과 더불어서, 그의 현실에 대한 시각과 태도를 나타내 보여준다. 여기에서부터 작품에서 수차례에 걸쳐 강조되는 비현실주의와 허무의식을 읽을 수 있다. 이는 그의 무위도식자로서의 삶의 행보와도 유관한바, 그는 자신의 삶을 온몸으로 살아낸다기보다[100] 자신이 가진 현실관이라는 거울을 통해 자신과 타인의 삶을 응시하는 존재로서의 지향을 강하게 보이고 있다 할 수 있다.

③에서의 이러한 간접보기는, 다른 마디들에서 유리창과 거울이라는 프레임을 설정한 가운데 요코와 고마코를 바라보는 시선에서 보다 분명하게 나타난다. ①은 작품의 서두이되, 시마무라의 두 번째 온천마을 방문이 시작되는 기차 안을 배경으로 한다. 어둠이 배경에 깔림으로써 거울 역할을 하는 유리창에 떠오르는 요코와 그녀가 돌보는 남자(유키오)의 모습 일부가 인상 깊게 묘사되는바, 시마무라는 이러한 간접보기의 영상을 "비현실적인 힘"을 가진 "상징의 세계"(13)인 것으로

100 다음의 인용에서는 고마코의 생명력을 엿볼 수 있는바, 이는 고마코를 바라보는 시마무라의 경우와 크게 차이나는 점이다.
【인용】 그런 말들은 짧게 뚝뚝 끊어지면서도 **여자가 힘껏 살아가고 있다는 표시인 탓에 듣기 괴로울 정도였기 때문**에, 그가 잊지 못하는 것이었다. 하지만 이렇듯 멀어져 가는 지금의 시마무라에겐 여수(旅愁)를 돋우는 데 불과한 이미 멀어진 소리였다.(76~77)

규정하고 있다. 간접보기를 통한 요코에 대한 묘사에서 특기할만한 점은 그녀가 매우 진지하다는 점, 투명한 차가움과 함께 아름다움을 지녔다는 점, 그리고 애인에 대해 모성애적인 보살핌을 행한다는 점 등이다. 이러한 요소들은 중증의 환자를 돌보는 그녀의 주변에 죽음의 이미지를 드리운다 할 수 있다. 시마무라는 간접보기 방식으로 바라본 이러한 요코의 모습을 통해 죽음 이미지를 "비현실적인 힘"으로서 파악하고 있다 할 수 있다. 여관방에 있는 경대의 거울에 비친 고마코에 대한 묘사는, ①에서의 "비현실적인 힘"이 죽음과 밀접한 관련이 있음을 보다 분명하게 추론할 수 있도록 한다.[101] 왜냐하면, 서사 단위 ④에서 창가 거울에 비치는 고마코의 "새빨간 빰"은 현실적인 삶에 대한 의욕, 생명력을 발산하는 것으로서 그려지며, 시마무라의 의식을 통해 ①에서의 요코의 모습과 더불어 반복하여 환기되고 있기 때문이다.[102] 여기에서 시마무라의 허무의식을 논하기 위해서는, 삶과 죽음의 문제가 결부되어야 함을 알 수 있다.

상술한 프레임을 통한 간접보기는 '가깝게 보기'이기도 하다. 즉 시계의 권역이 좁고 가까운 경우로서,[103] 이러한 시계 내에서 요코와 고마코가

101 여기에서는, ①과 달리 시마무라와 고마코가 같은 공간 내에서 상호 직접적 관련을 맺고 있다는 점을 배제할 수는 없다. 이 글은 간접보기의 시계에 주목하므로, 거울에 비친 고마코의 모습만을 논의 대상으로 한다.

102 【인용】 거울 속 새하얗게 반짝이는 것은 눈[雪]이다. 그 눈 속에 **여자의 새빨간 빰이 떠올라 있다. 뭐라 형용하기 힘든 청결한 아름다움**이었다. / 어느새 해가 뜨는지 **거울 속**의 눈은 차갑게 타오르는 듯한 광채를 더해 갔다. 그럴수록 눈 속에 떠오른 여자의 머리카락도 선명한 자줏빛이 감도는 검정색으로 한층 짙어졌다.(43)
기차 안에서 바라보니까 초라한 한촌(寒村) 과일 가게의 뿌연 유리상자 속에 이상한 과일이 달랑 하나 잊혀진 채 남은 것 같았다. / 기차가 움직이자마자 **대합실 유리가 빛나고 고마코의 얼굴은 그 빛 속에 확 타오르는가 싶더니 금세 사라지고** 말았다. 바로 **눈 온 아침의 거울 속에서와 똑 같은 새빨간 빰**이었다. 시마무라에게는_**또 한번 현실과의 이별**을 알리는 색이었다.(75)

103 이 경우 영화용어를 도입하자면, 클로즈업 쇼트라 할 수 있다. 문학작품이면서 초점화자의

대변하는 세계가 초점화자인 시마무라에게 어떻게 비치는지 알아보자.

> 어느 때건 쉽게 방심 상태에 빠지기 쉬운 그이고 보면, 그때 해질녘의 거울이나 아침 눈의 거울이 인공적인 것이라고는 믿기지 않았다. 자연의 것이었다. 그리고 먼 세계였다.
>
> 방금 나온 고마코의 방조차 이미 그토록 먼 세계인 양 여겨진다.(51)

죽음의 이미지가 드리운 "해질녘의 거울"과 생명력을 보이는 "아침 눈의 거울"이 시마무라에게 갖는 의미란 동일한 "자연의 것"이며 "먼 세계"인 것으로서 나타난다.[104] 여기에 붙는 단서인 대상을 인식하는 주체의 상태 —"방심 상태"란, ③에 대한 논의에서 정리한 바와 같이 삶의 주관자가 아닌, 응시자로서의 태도라 할 수 있겠다. 이를, 시마무라가 일기와 독서기록을 성실하게 쓰는 고마코의 삶의 태도에 대해서 "헛되다"(38)고 외치기를 반복함으로써, 그의 허무의식을 드러내고 있는 장면과 연관 지어 생각해 볼 수 있다. 무위도식자이자 허무주의자라는 자아정체감은 시마무라 내에서 상호 관련을 맺는다 할 수 있다. 이러한 시마무라에게 있어서 삶과 죽음 모두는 "먼 세계"에 놓이는 것으로서 인식되어지고 있는 것이다. 따라서 여기에서 엿볼 수 있는 시마무라의 허무의식이란 비현실적이며 관념적인 성격을 띤다 할 수 있겠다. 이러

시계를 명확하게 제시하고 있는 이 작품의 영화와의 관련성은 깊다 할 수 있다. 이 작품의 첫 번째 마디와 마지막 마디에서는 영화에 대한 언급이 직접적으로 나타나기도 한다.

104 "해질녘의 거울"이란 ①에서 시마무라가 병든 애인을 돌보는 요코의 모습을 어둠이 깔리면서 거울의 역할을 하는 기차 유리창을 통해 훔쳐 본 것을 뜻하며, "아침 눈의 거울"이란 ④에서 시마무라가 여관방 경대의 거울에 비친 고마코의 모습을 본 것을 나타낸다.

한 '허무의식의 관념성'은 좁은 프레임을 두른 가운데, '가깝게 보기'를 하는 그의 시계와 관련을 맺는다 할 수 있다. 시계의 변동이 허무의식의 변화와 유관함을 논하는 과정에서 이러한 추론은 증명될 것이다.

시마무라가 세 번째로 온천마을을 방문하는 기간 동안 전개되는 서사에서는, 초점인물의 시계가 앞의 경우와 구분되어 나타남을 살필 수 있다. 우선, 프레임으로 상정할 수 있는 것이 존재하는 가운데, 그 외부에서 장면이 구성된다는 점이 주목된다. 이를 시마무라가 고마코와 함께 유키오의 묘지에 간 장면에서 살필 수 있다.

이에 대해 논하기 전에 유키오의 죽음에 대한 요코와 고마코의 태도가 상반된다는 점을 정리할 필요가 있다. 두 번째 온천마을 방문이 마감되는 서사마디 ⑦에서, 요코는 도쿄로 돌아가는 시마무라를 배웅하기 위해 역으로 간 고마코를 찾아와 유키오의 죽음이 임박했음을 알린다. 고마코는 그 임종의 자리에 가지 않을 의지를 명확히 밝히는데, 그것은 임종의 고통을 바라보는 것이 괴롭기 때문인 것으로 드러난다. 여기에서 고마코의 죽음에 대한 태도가 회피적임을 읽을 수 있다. 고마코는 춤 선생님의 아들이자, 소꿉친구인 유키오를 위해 게이샤가 되어 그를 경제적으로 도울지언정 병상의 그를 간호하는 일은 하지 않았던 것이다. 두 번째 방문이 시작되던 ①에서부터 중환자를 시종 간호해 온 요코의 죽음에 대한 태도는 이와 상반된다 할 수 있겠다.

죽음에 대응하는 두 사람의 상반된 자세는 유키오와 춤 선생님의 무덤이 있는 묘지 장면에서 보다 잘 나타난다. 시마무라가 세 번째로 온천마을을 방문했을 때, 시마무라의 제안으로 고마코는 시마무라를 안내하여 유키오와 그의 어머니가 잠들어 있는 묘지를 방문한다. 그들은 그곳에서 매일 성묘를 한다는 요코를 만난다. 고마코와 요코는 작품 전편에서 두 차례에 걸쳐 한 장면에 등장하는데,[105] 여기에서의 만남은 이 글의 논지를 뒷받침하기에 충분하다. 이 장면에서 돌풍처럼 이들 간 대화를 가르고 지나간 기차의 존재는 ①과 대칭적 구도를 이루기에 주목된다. ①에서는 기차 안의 요코가 열차가 신호소에 잠시 멈춘 시간을 이용하여, 역 직원에게 열차에서 일을 하게 된 동생의 안부를 묻는다. 그리고 이미 논의하였듯이, 기차 안에서 시마무라의 시계를 통해 근접적 간접보기가 이루어진 바 있다. ⑦의 이 장면을 ①과 관련지어 생각할 때, 간접보기의 매체였던 '프레임의 외부'이며, 묘지인 곳에서 인물 간 직접적인 만남이 이루어지고 있다는 점에 주목할 필요가 있다. 여기에서 삶과 죽음이라는 인간 실존의 문제에 대한 접근이 보다 직접적으로 이루어지고 있다 할 수 있다. 인용문은 이러한 시각을 뒷받침해준다.[106] 이번에는 간접보기의 매체라 할 수 있는 열차 유리창의 프레임을 통해 요코의 남동생 준이치로와, 묘지의 요코 간 대화가 잠시 이루어진다. 인용문은 프레임의 밖에서 새롭게 열린 시계를 의미한다 할 수 있다. 시마무라는 ③에서와는 다른 시계로 고마코와 요코가 죽음에 직면하는 양상을 감각적으로 살핀다.

이 작품에서 수차례 강조되고 있는 요코의 '진지함'이란, 고마코와 비교하여 볼 때 죽음에 정면 대응하는 삶의 자세라 할 수 있겠다. ⑦에서 요코가 팥을 수확하는 장면은 세 번째 방문기인 가을에 대한 묘사

105 역에서 시마무라를 배웅하는 고마코를 찾아와 유키오의 임종을 알리는 장면이 그 하나이다.

106 **화물열차가 지나가 버리자, 눈가리개를 벗은 듯이 선로 저편의 메밀꽃이 선명하게 보였다.** 붉은 줄기 끝에 가지런히 꽃을 피워 참으로 고요했다.(103)

와 대비되면서, 그녀의 존재 의미를 각인해 준다. 이 작품에서 가을은 알을 슬고 나서 죽는 나방, 마지막으로 극성을 부리는 잠자리 떼 등을 통해 사멸의 이미지를 띠고 배경으로서 들어 안는다. 요코를 통해서만이 결실의 계절이라는 측면에서 가을을 보여준다. 묘지 장면 이전에, 요코가 아름다운 목소리로 노래하면서 팥을 수확하는 장면이 전개된다. 이는 기차 안, 역, 묘지에서의 그녀와 더불어 요코 내부에 삶과 죽음이 대한 인식이 대등한 비중으로 공존하고 있음을 엿볼 수 있도록 한다. 이 작품이 제기하는 실존의 문제를 지탱하는 또 다른 축인 고마코의 경우, 동일한 묘지 장면에서, 의도적으로 유키오의 묘지에는 성묘를 하지 않으면서, 연회에 가기 전에 "머리를 올려야 해"라는 현실적인 말로써 요코의 진지한 성묘를 방해한다. 여기에서도 죽음에 대해 회피적인 고마코의 입장을 읽을 수 있다. ⑦의 묘지 장면은 ①에 비추어 볼 때, 프레임의 외부라는 공간설정을 분명히 하면서, 그리고 묘지를 배경으로 함으로써 삶과 죽음의 문제에 대해 보다 실존적으로 접근하고 있다 하겠다. 이 장면에서 시마무라는 관찰자일 뿐이지만, 이 작품의 결말부에서 그의 시계와 의식은 보다 중요한 의미를 갖는다. 묘지 장면은 이러한 결말부의 해석을 돕는 밑바탕이 될 것이다.

이 작품의 마지막 서사마디로서 결말부에 해당하는 ⑩에서는 초점화자인 시마무라의 시계가 하늘과 땅을 잇는 규모로 대폭 확장되고 있다는 점이 주목된다. 이른바 프레임 없는 직접보기이되, '원접보기'가 이루어지고 있는 것이다. 그것은 우주적인 관점으로 확장되는바, 인용문은 이처럼 광대한 시계로, 인간의 모습을 바라보는 시마무라의 관점을 잘 보여준다.

불길은 더욱 활활 타오를 뿐인데, **높은 데서 별이 빛나는 드넓은 하늘 밑을 내려다보니, 마치 장난감 불처럼 고요했다.** 그럼에도 **엄청난 불꽃 터지는 소리가 들리는 듯한 공포가 전해져 왔다.** 시마무라는 고마코를 안았다. (140~141)

여기에 나타난 시마무라의 시계는 직접보기이되 그 권역이 우주적인 데로까지 확장되고 있다는 점에서, 앞의 서사마디들에서 살핀 시계들과 차별화된다. 이러한 시계는 인간의 삶에 대한 인식으로 이어지는바, 그것은 화재로 인해 인명이 경각에 달린 마을의 상황이 "장난감 불처럼 고요"하게 여겨진다는 부분에서 읽을 수 있다. 그럼에도, "불꽃 터지는 소리가 들리는 듯한 공포"가 전해지고 있다 함은 앞에서 논의한 바 있는 고마코와 요코가 함의하는 바를 새롭게 정립해 보도록 한다. 고마코에 대해서는 그 외양에 대한 시각적 묘사가 주를 이루는 반면, 요코는 아름다운 목소리에 대한 진술이 특색 있게 이루어진다. 이와 연관하여 인용문을 볼 때, 시각에 의존하는 묘사와 청각적 감각에 대한 진술은 각기 죽음에 대한 회피와 죽음과의 정면대응이라는 의미를 갖는 것으로 볼 수 있다.[107] 위의 장면은 은하수가 하늘과 땅을 잇고 있는 상황을 목도하는 우주적 관점에서 포착된 것으로서, 시마무라 한 개인의 시계 내에서 죽음에 대한 상반된 입장이 통합되고 있다 할 수 있다. 앞에서 살핀 허무의식이 관념적이고 실존적인 것이라면, 여기에서의 허무의식은 우주적 관점의 것으로 전화되고 있다 할 수 있다. 이른바 죽음과 삶을 대등하게 고려하고 있다는 점에서 그러하다.

107 문자언어와 음성언어의 관계를 시각적인 것과 청각적인 것에 대입하여 일반화해 보자. 청각적인 것이 시각적인 것보다 곧바로 소멸하는 찰나적인 것이라는 결론을 내려 볼 수 있다.

『설국』의 결말부는 이러한 우주적 관점에서의 허무의식을 통해, 인간의 실존이 직선적으로 무(無)를 지향하는 것이 아님을 보여준다. 이는 고치공장의 화재로 요코가 죽는 장면에서 읽을 수 있다. 고마코의 만류에도 불구하고 함께 화재현장으로 간 시마무라는 그의 시계 내에 다음의 장면을 포착한다.

> 2층이라 해도 나지막하다. 그 2층에서 떨어졌기 때문에 **지상까지는 겨우 한순간에 불과했으나, 떨어지는 모습을 똑똑히 눈으로 좇을 만큼의 시간이 있었던 것** 같다. 마치 인형을 방불케 하는 묘한 추락이었던 탓인지도 모른다. 한눈에 실신했음을 알 수 있었다. (…중략…) **타다 남은 불꽃 쪽에 펌프 한 대가 비스듬히 활 모양으로 물을 뿌리는 가운데, 그 앞으로 문득 여자의 몸이 떠올랐다.** 그런 추락이었다. 여자의 몸은 공중에서 수평이었다. 시마무라는 움찔했으나 순간, **위험도 공포도 느끼지 않았다. 비현실적인 세계의 환영 같았다. 경직된 몸이 공중에 떠올라 유연해지고 동시에 인형 같은 무저항, 생명이 사라진 자유로움으로 삶도 죽음도 정지한 듯한 모습**이었다.(149~150)

요코의 죽음을 바라보는 시마무라의 시선을 통해, 시마무라가 죽음에 대해 갖는 생각을 정리해 볼 수 있다. 시마무라는 요코가 추락하면서 죽어가는 짧은 순간들을 포착하면서, 그녀가 죽음에 대해 전혀 저항하지 않고 있음을 읽어낸다. 요코가 중력의 법칙을 어기고 공중에서 "수평"으로 떨어진다는 설정 자체는 "비현실적인 세계의 환영"으로 여겨지기도 하지만, 시마무라는 여기에서 삶과 죽음에 대한 의미 있는 통찰을 하게 된다. 그것은 죽음을 정면으로 받아들이며 죽어가는 모습인 것이다. 이러한 요코를 통해 시마무라는 "생명이 사라진 자유로움으로 삶도 죽음도 정지한 듯한 모습"을 읽어내게 된 것이다. 이러한 통찰은 그의 시계와 결부되어 허무의식이 우주적 차원의 것으로 전화되고 있음을 보여준다.

고치공장에서 생긴 화재사건은 하늘과 땅을 잇는 은하수를 배경으로 하여 묘사된다. 화재현장에 도착하기 전, 시마무라는 은하수가 자신을 끌어올릴 듯 가깝게 존재하는 것으로 여기는가 하면, "끝을 알 수 없는 은하수의 깊이가 시선을 빨아들"이는 것으로 생각한다. 또한 "자신의 작은 그림자가 지상에서 거꾸로 은하수에 비춰지는 느낌"[108]을 받는다. 시마무라가 은하수를 바라보는 이와 같은 시선은 그 자신에 대해 '우주(은하수) 내 존재'로서의 정체성을 갖게 되었음을 보여준다. 이러한 관점에서 볼 때, 우주는 무한하고 능동적인 반면, 그 안의 나(시마무라)는 수동적인 존재인 것이다. 한편, 요코의 죽음을 확인한 후, 시마무라가 다시 하늘을 보았을 때, 이번에는 "은하수가 시마무라 안으로 흘러드는 듯"(152)한 느낌이 전해져 오는 것으로 나타난다. 이는 죽음에 대한 무저항, 삶과 죽음의 경계로부터의 자유로움을 통찰한 결과라 할 수 있겠다. 이로 인해, 시마무라는 이른바 '나 안의 우주'를 경험하게 된 것이다. '우주 내 존재로서의 나'를 자각하고, '나'의 내부로 우

108 아아, 은하수, 하고 시마무라도 고개를 들어 올려다본 순간, **은하수 속으로 몸이 둥실 떠오르는 것 같았다. 은하수의 환한 빛이 시마무라를 끌어올릴 듯 가까웠다.** 방랑 중이던 바쇼가 거친 바다 위에서 본 것도 **이처럼 선명하고 거대한 은하수**였을까. **은하수는 밤의 대지를 알몸으로 감싸안으려는 양**, 바로 지척에 내려와 있었다. 두렵도록 요염하다. **시마무라는 자신의 작은 그림자가 지상에서 거꾸로 은하수에 비춰지는 느낌이었다.** 은하수에 가득한 별 하나하나가 또렷이 보일 뿐 아니라, 군데군데 광운(光雲)의 은가루조차 알알이 눈에 띌 만큼 청명한 하늘이었다. **끝을 알 수 없는 은하수의 깊이가 시선을 빨아들였다.**(142~143)

주를 끌어드리는 체험을 통해, 시마무라는 죽음과의 관계를 새롭게 맺는다 할 수 있다. 그것은 앞에서 논의한 바 있는 관념적 혹은 실존적 허무의식과는 다른 차원의 허무의식이라 할 수 있겠다.

이 글은 이를 '우주적 허무의식'이라 칭한다. 이를 결정짓는 일차적 요소는 우주적 차원으로 확장된 시계임을 논한 바 있다. ⑩의 전반부에서 전개되는 시마무라의 지지미 산지 방문은 이러한 허무의식으로의 전화와 관련을 맺는다 할 수 있다. 계절의 순환과 그에 따라 반복되는 비우고-채우기에 대해 긍정적 인식을 보여준다는 점에서 그러하다. 시마무라는 서사마디 ⑨에서 요코가 아이를 씻기면서 들려주는 동요를 듣고 '지지미' 산지에 갈 생각을 하게 된다. ⑩의 전반부에서 제시되는 지지미 '눈 바래기'에 담긴 의미를 고려할 때, 동요를 통해 지지미를 연상하게 된 고리는 마찬가지로 죽음의 이미지인 것으로 생각되어진다. 여느 동요처럼 댓구와 리듬감을 살린 노래의 마지막은 "친구야 성묘 가자"(120)로 끝을 맺고 있기 때문이다. 이러한 동요를 듣고 여름옷감인 지지미를 연상한 시마무라는 온천마을 인근의 지지미 산지를 방문한다. 화재 장면 바로 전에서 전개되는 지지미 산지 방문 장면에서는 지지미 '눈 바래기'를 하는 것의 의미, 이를 통해 인간의 삶에 대해 성찰하는 내용을 담고 있다. '눈 바래기'란 일본의 전통적 습속으로서, "찬 계절에" 눈 위에서 모시를 바램으로써, "더울 때 입어 피부에 시원"하도록 하는 일로서, 여기에 "음양의 이치"(133)가 담긴 것으로 설명되고 있다. 또한 여기에는 계절의 순환과 여기에 순응하는 삶에 대한 인식이 담긴 것으로 볼 수 있다. '눈 바래기'는 "여름의 때를 말끔히 씻겨"(131)내기 위해 기후적으로 그와 상반되는 계절인 겨울에 행하는 것으로서, "이제 봄이 가까워졌다는 신호"(132)이기도 한 것이다. 여기에서 이전의 것을 비우고 새로운 것을 맞이하자는 삶의 자세를 읽을 수 있는 것이다. 이어지는 우주적 시계로의 열림은 삶에 대한 이와 같은 성찰과 무관하지 않다 할 수 있겠다.

시마무라의 지지미 산지 방문은 "온천장을 떠날 마음의 준비"(134), 즉 고마코와의 이별을 준비하기 위한 것이기도 하다. 여기에는 인간적인 "애착"과 "인간의 육체적 친밀감"(133)의 덧없음에 대한 인식을 깔려 있다. 시마무라는 "고마코가 간절히 다가오면 올수록" "자신의 쓸쓸함을 지켜보며 그저 가만히 멈춰 서 있는"(133) 자신을 깨닫게 된다. 이와 관련하여, 두 사람의 최초의 만남이 이루어지던 서사마디 ③에서 시마무라가 고마코와의 육체적 관계 맺기를 굳이 피하고자 한 점을 상기해 보자. 그것은 육체적 친밀감의 덧없음에 대한 인식에서 비롯한 것이다. 그것은 관능과는 거리가 있을 듯한 너무도 깨끗한 인상의 고마코와, 친구와도 같은 관계를 이어갈 수 있는 가능성을 열어두기 위해서였던 것이다. 그런데 고마코와의 육체적 친밀감이 덧없다는 것을 인식하고 이별을 준비하던 차에, 화재 장면에서 온몸으로 죽음을 받아들이는 요코의 모습을 보게 된 것이다. 그가 자신의 손을 잡고 있는 고마코의 뜨거운 손을 느끼며, 다시는 고마코를 만나기 위해서 온천마을에 오는 일이 없을 것이라고 생각하게 된 데에는, 그녀의 생명력과 열정에 대해 갖는 부담감이 작용한 것으로 볼 수 있다. 『설국』은 시마무라의 이러한 결정이 단순한 무(無)로의 지향이 아님을 보여준다. 우주적 시계로 볼 때, 삶과 죽음은 대등하게 존재하며 그것은 순환의 마디들을 갖는다. 지지미 바래기를 통해 볼 때, 자연과 인간 그 외의 모든 물상들은 비우고 채우는 등의 순환의 마디들을 갖는다. 시마무라의 결단은 고마코의 시마무라를 향한 일방적이면서도 강렬한 애착을 비우기 위한 것이라 할 수 있겠다.

이 글은 주인공 시마무라의 시계와 그의 허무감의 관계를 고찰하였다. 감정경제라는 측면에서 볼 때, 『설국』은 한 축에서 고마코의 시마무라를 향한 깊어가는 사랑을 그림과 함께, 다른 한 축에서는 한층 뜨거워지는 고마코의 사랑을 접하면서도 그에 대해 반향하지 않는 시마무라의 쓸쓸함을 잘 보여준다. 이 글은 쓸쓸함을 낳는 시마무라의 허무의식이 삶과 죽음의 문제에 대한 성찰과 유관함을, 두 여성인물 고마코와 요코가 대변하는 바와 그것에 대한 비교를 통해 살피고 있다. 고마코가 생명력이 충만한 인물로서 죽음을 회피하는 성향을 보이는 반면, 요코는 죽음에 정면 대응하는 자세를 보여준다. 시마무라의 허무의식은 두 여성인물을 매개로 나타나며, 그것은 그의 시계와 긴밀한 관련을 맺는다. 유리창, 거울과 같은 프레임을 통해 근접적 간접보기를 할 때, 그가 갖는 허무감이란 관념적인 데에 머무는 것임을 논하였다. 그러나 프레임의 외부에서 근접보기를 할 때, 고마코와 요코의 죽음에 대한 상반된 대응자세를 통해 실존적 측면에서의 허무의식과 마주하고 있음을 엿볼 수 있었다. 마지막으로 크게 확장된 우주적 시계로의 열림이, 죽음에 대한 무저항, 그리고 삶의 죽음의 경계로부터의 자유로움을 얻도록 함을 살폈다. 우주적 허무의식이란, 나의 존재를 인간적인 삶 너머에서 우주와의 관련 속에서 성찰하는 것이라 할 수 있다. 이는 또한 삶과 죽음 간 순환의 마디를 정점으로 하여, 삶 속에 존재하는 모든 것들에 순환의 마디들이 자리한다는 것을 인식하고 그에 순응하는 삶의 자세를 갖는 것과 관련을 맺는다 하겠다.

(5) 카오스모스적 세계관과 작가로서의 절망 혹은 희망[109]

보르헤스 문학을 규정하는 대표적 용어는 '환상적 사실주의'이다. 보르헤스는 단편소설들에서 환상을 그의 문학의 주된 질료로 삼되, 그것에 대한 메타담론 — 상당수의 작품들에서 보르헤스 자신이 내포작가로서 이를 주재한다 — 을 통해 환상적인 제재에 대해 사실주의적 접근을 하고 있다고 할 수 있다. 그의 환상적 사실주의는 알레고리나 은유 등의 방법론적 글쓰기가 적용된 그것과 다르다고 할 수 있다. 즉 환상적 사실주의를 구현한 것으로 평가받는 그의 단편소설들은 환상적 시추에이션들 내에서 서사를 전개함으로써, 거기에서 사실주의적 세계를 해석해 내는 것을 독자의 몫으로 돌리는 환상적 사실주의와는 차별화된다. 보르헤스는 그의 문학의 질료인 환상을 사실주의적 장치들 내에서 주조해 냄으로써, 작가 스스로가 그 환상을 객관화하고 사실적으로 재현하는 글쓰기의 방식을 창안하고 있다 할 수 있다. 이른바 그의 문학이 허구와 실재, 환상과 현실을 넘나드는 방식을 취하고 있다는 평가는 이러한 그의 글쓰기 방식과 유관하다 할 수 있다. 이 글은 환상이 보르헤스 문학의 질료로 존재한다는 입장을 취하되, 보르헤스가 그 환상을 빌어서 그의 카오스모스적 세계관을 피력한 것으로 본다. 이는 필연적으로, '소설'의 태생적인 존립 근거와 충돌하는 결과를 낳게 되는 바, 여기에서 비롯한 보르헤스의 '작가로서의 절망' 혹은 '희망'이 그의 독창적 소설들과 그것을 쓰는 방식 내에 자리하고 있음을 논할 것이다.

109 이 글은 다음을 기본 자료로 한다. 호르헤 루이스 보르헤스(Jorge Luis Borges), 송병선 역, 『픽션들(*Ficciones*)』, 민음사, 2013; 호르헤 루이스 보르헤스(Jorge Luis Borges), 송병선 역, 『알레프(*El Aleph*)』, 민음사, 2013.

보르헤스의 단편들을 통해 엿볼 수 있는 세계관 내지 사상의 편린들을 크게 시간관, 주체관, 역사관으로 대별해 볼 수 있는바, 이와 관련을 맺는 인식론에 대한 입장 및 소설관의 문제를 함께 살피기로 한다.

① 시간관 : 미로로서의 시간관
「두 갈래로 갈라지는 오솔길들의 정원」(I), 「알레프」(II)
② 주체관 : 유일 주체의 사상
「틀뢴, 우크바르, 오르비스 테르티우스」(I), 「알모타심으로의 접근」(I), 「원형의 폐허들」(I), 「전사(戰死)와 여자 포로에 관한 이야기」(II), 「신학자들」(II)
③ 역사관 : 기록과 실재의 전도(거리), 순환적 역사관(원)
「배신자와 영웅에 관한 주제」(I), 「죽음과 나침반」(I), 「또 다른 죽음」(II)
④ 인식론 : 인식론의 한계
「바벨의 도서관」(I), 「기억의 천재 푸네스」(I), 「자히르」(II)
⑤ 소설관 : 동어반복. 언어의 선조성과 카오스모스적 세계의 충돌
「알모타심으로의 접근」(I), 「피에르 메나르, 『돈키호테』의 저자」(I), 「바벨의 도서관」(I), 「허버트 쾌인의 작품에 대한 연구」(I), 「두 갈래로 갈라지는 오솔길들의 정원」(I), 「알레프」(II)[110]

보르헤스를 포스트모더니즘의 선구자로 평가토록 하는 그의 사상의 중심축은 인식론의 한계에 대한 자각을 뚜렷하게 보여준다는 데 있

110 (I)은 해당 작품이 단편집 『픽션들(*Ficciones*)』에 수록되었음을, (II)는 해당 작품이 단편집 『알레프(*El Aleph*)』에 수록되었음을 뜻한다.

다고 할 수 있다. 그의 소설에 나타난 시간관, 주체관, 역사관은 궁극적으로 인간의 합리적 이성을 신뢰하는 데에 기초를 두고 있는 인식론의 한계에 대한 접근을 보여준다. 그의 시간관, 주체관, 역사관은 세계를 코스모스로서 인식하는 패러다임을 새롭게 한 것으로서 평가해 볼 수 있다. 이는 다음의 세 가지를 부정하는 것에 기초한다. ① 선조적 시간성, ② 주체의 개별성(혹은 비동일성), ③ 역사의 실재성.

우선 이를 간략히 정리해 보자. 보르헤스는 공간보다는, 시간의 미로와 같은 성격에 대해 많은 관심을 보인다. 이는 단선적이고 직선적인 시간관에 대한 도전이라 할 수 있다. 한편, 보르헤스의 첫 단편집인 『픽션들』의 첫 작품으로 수록된 「틀뢴, 우크바르, 오르비스 테르티우스」에서 언급된 "유일 주체의 사상"(29)이란, 유일 주체에서 비롯하여 반복되는 환영과도 같은 주체 형상에 대한 관념을 나타내 보인 것으로서, 현재의 '나'는 나 이전에, 혹은 나와 다른 곳에 존재하는 그 누군가와 동일할 수 있음을 의미한다. 세 번째로, 보르헤스의 작품에서는 역사는 반복하며, 우연의 이름으로 조작될 수 있으며, 그리고 실재와 기록 간의 관계가 전도될 수도 있다는 관념이 나타난다. 보르헤스의 작품에서 엿볼 수 있는 이와 같은 사상들은 그의 세계관이 코스모스가 아닌, 카오스를 정향하는 것임을 나타내 보인다 하겠다. 이는 필연적으로 인식론적 한계를 수용하는 입장을 동반하는 것이라 할 수 있다. 먼저, 보르헤스의 소설에 담긴 그의 사상을 살핀 후, 사상가 보르헤스가 소설가 보르헤스와 충돌 혹은 협력하는 양상을 논하기로 한다.

「두 갈래로 갈라지는 오솔길들의 정원」은 보르헤스의 시간관을 잘 나타내고 있는 작품이다. 이 작품은 리델 하트의 『유럽 전쟁사』의 일부분으로서 간주된 기록을 주요내용으로 한다. 그 기록은 "칭다오 대학의 영문학 전직 교수였던 유춘 박사"(110)의 구술을 기초로 한 것인데, 그가 영국에서 독일 스파이로서 활약한 바를 그 내용으로 한다. 그 기록에서 중요하게 다루어진 내용은 유춘이 스파이로서 작전상 살해하기로 계획한 스티븐 앨버트라는 중국학 연구자가 밝히는 중국 명나라 때의 소설가 추이펀에 대한 연구결과이다.

유춘의 증조부이기도 한 추이펀은 고위관리로서의 권력과 지위를 버리고 은둔한다. 그것은 "『홍루몽』보다 더 많은 인물들이 등장하는 한 편의 소설을 쓰고 모든 사람이 길을 잃을 미로를 만들기 위해"(116)서인 것으로 나타난다. 추이펀에 대한 연구를 계속해 온 스티븐 앨버트는 그가 목적으로 한, 두 가지 일이 기실 소설쓰기라는 한 가지 일임을 밝혀낸다. 추이펀은 이른바 다수의 인물들이 접할 수 있는 다수의 상황들을 모두 한 편의 소설에 담고자 했던 것이다. 스티븐 앨버트에 따르면, 추이펀의 소설에서 인물들은 모든 선택지들을 동시에 선택하게 되고, 그 결과 몇 개의 미래들, 즉 몇 개의 시간들을 '창조하고', 그것들을 증식하면서 두 갈래로 갈라진다는 것이다. 추이펀의 소설이 가진 모순들은 바로 이와 같은 시간의 문제에서 기인함을 자신 있게 설명해 낸다. 스티븐 앨버트는 추이펀의 "무질서한 혼돈의 소설"(122)에서 "불완전하지만 그릇되지는 않은 우주의 이미지"(126)를 읽어낸다.[111] 여기

111 【인용】 추이펀이 생각하고 있던 것처럼, 『두 갈래로 갈라지는 오솔길들의 정원』은 **불완전하지만 그릇되지는 않은 우주의 이미지**입니다. 뉴턴이나 쇼펜하우어와는 달리, 당신의 조상은 통일적이고 절대적인 시간을 믿지 않습니다. **그는 무한하게 연속된 시간들을 믿었어요. 분산되고 수렴되고 병렬적인 시간들로 구성된 점차로 커져 가는 어지러운 시간의 그물망**을 믿었던

에서, 무질서한 혼돈을 야기하는 미로로서의 시간과 우주의 이미지를 결부하고 있는바, 이를 통해 카오스적 세계관을 읽을 수 있다.

이에 대해 유춘은 코스모스적으로 대응한다. 그는 독일 스파이로서의 임무를 완수하기 위해, 그의 조상의 정신세계를 연구해 온 스티븐 앨버트를 죽이는 일을 유일의 선택지로 삼는다. 유춘은 스티븐 앨버트가 읽어주는 추이펀의 소설을 들으면서, 그리고 자신을 암살하러 온 영국군 대위를 발견하고 스티븐 앨버트를 암살하기 직전에, 추이펀과 스티븐 앨버티의 생각에 동조하는 내면적인 동요를 경험하나,[112] 그는 자신이 정한 미래를 향하여 초지일관 단일한 선택을 내린다. 그런데 이 작품은 유춘이 "끝없이 참회하며 지쳐 있다"(127)는 말로 끝을 맺는바, 이는 그가 스스로 정한 하나의 미래를 향해 단일한 선택을 한 것에 대해 사후적으로 후회와 뉘우침에 사로잡혀 있음을 나타내 보인 것이다. 이 부분에서 유춘 또한 그가 독일 스파이로서 임무를 수행하는 과정에서 암살한 스티븐 앨버트, 그리고 그의 조상 추이펀이 가진 카오스적 세계관을 배제하지 않는 가운데 내면적으로 동요하고 있음을 엿볼 수 있다.

거지요. 서로 가까워졌다가 갈라지기도 하고 서로를 잘라 버리거나 아니면 수백 년 동안 서로를 인식하지 못하는 시간들로 이루어진 직물은 **모든 가능성들을 포함**합니다. 그런 대부분의 시간 속에 우리는 존재하지 않습니다. 어떤 시간 속에서 당신은 존재하지만 저는 존재하지 않습니다. 다른 어떤 시간 속에서 저는 존재하지만 당신은 그렇지 않습니다. 또 다른 시간의 경우 우리 두 사람이 함께 존재하기도 합니다. **우연이 제게 호의를 베푼 이번과 같은 경우**, 당신은 제 집에 도착했습니다.(126)

112 【인용】 **바로 그 순간부터 나는 내 주변과 나의 어두운 몸 안에서 눈에 보이지도 않고 손으로 만질 수도 없는 것들이 득실거리고 있는 듯한 느낌을 받았다.** 그것들은 분산되어 나란히 나아갔다가 마침내 합쳐지는 군대들의 득실댐이 아니라, **그것보다는 이해할 수 없는 내면적인 동요**였다.(124) / **나는 앞서 말했던 그 득실댐을 다시 느꼈다. 집을 에워싼 눅눅한 정원은 보이지 않는 사람들로 무한하게 포화된 것 같았다. 그 사람들은 또 다른 차원들 속에서 여러 모양으로 남모르게 부지런히 움직이는 앨버트와 나였다. 눈을 들자 어렴풋한 악몽은 사라졌다.** 노랗고 검은 정원에는 단 한 사람만 존재했다. 하지만 그 사람은 마치 동상처럼 굳건해 보였다. 그는 오솔길을 따라 걸어오고 있었다. 리처드 매든 대위였다.(127)

나아가서 작품의 결말을 통해, 유춘이 자신의 조상 추이펀에 대한 연구자인 스티븐 앨버트를 살해하게 된 데에 '우연'이 중요한 인자로 작용하고 있음을 알 수 있다. 유춘은 영국군 장교에게 발각당할 위기에 처하자 독일의 대장에게 "공격을 받아야 할 비밀의 도시 이름"(127)을 알려야만 하는 임무를 수행하기 위해, '우연하게' 그 이름이 일치하는 스티븐 앨버트를 선택하여 살해하였던 것이다. 이처럼 사건에 발단에서 중요한 역할을 한 우연은 초지일관 스스로 정한 미래를 향해 나아간 유춘의 결단과 선택들이 원천적으로는 카오스적인 것에서 출발하고 있음을 적시하기에 주목되는 바이다.

보르헤스가 화자로 등장하는 「알레프」에서 또한 카오스적 세계관이 환상의 형식으로 나타남을 읽을 수 있다. 이 작품에서 보르헤스는 지인이었던 베아트리스 비테르보의 죽음 이후, 그녀의 사촌 카를로스 아르헨티노 다네리와 점점 가까워지게 된다. 도서관에서 하급 직책을 맡고 있는 다네리는 지구의 모든 것을 시로 표현하겠다는 포부를 가지고, 「지구」라는 제목의 시(195)를 쓰면서 그것을 보르헤스에게 읽어주는가 하면, 보르헤스를 통해 보르헤스의 지인인 유명한 문인으로부터 자신이 낼 시집의 "추천사"(211)를 받을 계획을 세우기도 한다. 이 소설은 이처럼 사소설적 필치로 전개되다가, 후반부에서 환상적인 장면이 끼어들면서 절정과 파국을 맞는다. 환상적인 장면이란, 보르헤스가 다네리를 통해 "알레프"를 목격하는 것이다.[113] 알레프란 어린 시절의 다네리

113 다네리는 현대적인 살롱 바를 확장하려는 사람들 때문에, 철거될 위기에 처한 자신의 집을 지키기 위해, 보르헤스에게 도움을 요청하며, 그가 집을 지키기 위해 그토록 애쓰는 것이 지하실에서 볼 수 있는 알레프를 지키기 위한 것임이 드러난다.

에 이어 보르헤스가 다네리의 안내를 받아 다네리의 집 지하실에서 목격한 하나의 장면이다. 다네리에 따르면 "'알레프'란 모든 지점들을 포함하는 공간 속의 한 지점"이며, "**모든 각도에서 본 지구의 모든 지점들이 뒤섞이지 않고 있는 곳**"(204~205)이다. 보르헤스가 목격한 바에 따르면, 그것은 "우주의 공간"을 "전혀 축소되지 않는 채" 담고 있는 "직경" "2~3센티미터"(209) 정도의 구체로서 나타난다. 보르헤스는 거기에서 "즐겁고도 끔찍한 수많은 **행위들**"을 보는데, "**모든 것들이 서로 겹치거나 투명하지도 않게 동일한 지점을 차지하고 있다는 사실**"(208~209, 강조는 인용자)을 발견한다. 보르헤스는 그것이 "사람들이 함부로 이름을 부르지만 그 누구도 보지 못했던 것, 그러니까 상상조차 할 수 없는 우주"(211)라는 사실을 시인한다.[114] 알레프를 정의하거나, 묘사하는 문구들을 통해, 우주의 형상으로서 제시된 알레프 또한 시간의 미로를 포함하고 있음을 알 수 있다. 보르헤스가 알레프를 통해 "수많은 행위들"이 상호 뒤섞이지 않고, 또한 투명하지도 않지만 각기 동일한 지점들을 차지하면서 공존하고 있음을 목격한 것으로 나타나는바, 여기에서 「두 갈래로 갈라지는 오솔길들의 정원」에서 추이펀이 그의 소설을 통해 재현코자 한 미로로서의 시간 이미지를 엿볼 수 있다.

「알레프」의 '사실주의적' 화자 보르헤스는 다네리와 동일하게 "알레프"를 목격하고, 그로 인한 두려움을 갖는다. 유춘이 카오스를 배제하지

114 【인용】 **모든 지점에서 알레프를 보았고, 알레프 안에서 지구와 또다시 지구 안에 있는 알레프와 알레프 안에 있는 지구를 보았으며,** 내 얼굴과 내장을 보았고, 네 얼굴을 보았으며, 현기증을 느꼈고, 눈물을 흘렸다. **내 눈이 그 비밀스럽고 단지 추정적인 대상을 보았기 때문이다. 그 대상은 사람들이 함부로 이름을 부르지만 그 누구도 보지 못했던 것, 그러니까 상상조차 할 수 없는 우주였다.** / 나는 무한한 존경과 무한한 연민을 느꼈다.(209~211)

않듯, 보르헤스 또한 이를 수용하고 있다 할 수 있겠다. 그런데, 두 작품은 공시적으로 존재하지만 뒤섞이지 않는 시간의 갈래들을 각기 100년 전에 생존했던 인물이 남긴 미완의 소설, 실존인물이자 화자인 보르헤스 자신의 환상을 매개로 보여주고 있다.[115] 여기에서 이들 인물이, 코스모스와 공존하지만 인식의 한계 너머에 있는 카오스를 정향하고 있음을 읽을 수 있다.

보르헤스의 소설은 또한 독자적인 주체관념을 나타내 보인다. 이른바 그의 단편소설들을 통해 개별자, 즉 비동일자로서의 주체관념에 반하는 입장을 읽을 수 있다. 「틀뢴, 우크바르, 오르비스 테르티우스」[116]에서부터 이를 살필 수 있다.

이 작품은 17~8세기부터 시작된 비밀결사단체의 새로운 국가 / 행성 만들기 과업을 화자로 나선 보르헤스가 그들이 남긴 기록들과 조우하거나 의도적으로 탐색해 나가는 과정을 통해 보여준다. 비밀결사단체 구성원들은 현존하는 백과사전에 그들이 만들고자 하는 국가 / 행성에 대한 기록을 더하여 자신들끼리 그 판본을 나누어 갖는데, 그 소수의 판본들을 화자가 우연하게 혹은 의도적으로 접합으로써, "틀뢴이

115 보르헤스의 소설에서 작가 자신이 화자로 나서거나, 주요 인물이 실존인물임을 내세우고 있음은 카오스가 코스모스와 더불어 상존하고 있음을 나타내기 위한 장치인 것으로 볼 수 있다. 카오스를 재현코자 한 추이펀 또한 실존인물이었음을 강조하고 있다. 기록의 출전이 명확하게 제시된 점, 유춘이 추이펀의 직계 자손이라는 점 등이 이를 나타내준다.

116 17세기 초, 한 자선비밀결사가 하나의 국가를 고안해 내기 위해 결성된다. 2세기 후 미국의 백만장자 에즈라 버클리가 그 단체에 가입하면서, "가상의 행성에 대한 체계적인 백과사전"(34)을 만들 것을 제안하게 되고 이를 실천해 나간다. '틀뢴'은 그 행성의 이름이며, '우크바르'는 그 행성 안의 가상의 국가에 대한 이름이다. 그리고 '오르비스 테르티우스'는 자선비밀결사의 노력의 결과물이라 할 수 있는, 『틀뢴의 제1 백과사전』(총40권, 1914년 발행, 300명의 회원에게 보내짐)의 앞으로 쓰일 개정판에 대한 잠정적인 명칭이다.(33~35)

라는 환상적인 세계"가 "실제 세계"(36)에 기록으로 남게 된 상황을 점진적으로 보여준다. 이를 통해, 보르헤스는 그것을 환상 자체로 치부하기보다는, 틀뢴과 같은 우리가 모르는 행성이 존재할 수 있다는 가능성을 열어 둠으로써 우리가 인식하는 코스모스와 더불어서, 카오스가 공존할 수 있음을 나타내 보이고 있다.

화자는 희귀본으로 존재하는 틀뢴이라는 행성에 관한 기록들을 접하면서, "단순한 하나의 카오스"에 대한 계획이 "이제는 그것이 코스모스"로서 이행해 왔을 것으로 추정한다. 화자가 입수하여 읽은 『틀뢴 제1 백과사전 11권—Hlaer에서 Jangr까지』에 일부 남겨진 "명백한 모순들"이 이와 같은 추정을 가능케 한 것으로 나타난다.[117] 그는 11권을 통해 틀뢴의 우주관에서부터, 언어, 심리학, 과학, 유물론, 기하학과 산수, 문학 등에 대한 정보를 접한다. 이 가운데 틀뢴의 언어, 유물론, 그리고 문학을 통해, 주체관념을 엿볼 수 있다. 그것은 "유일 주체의 사상"(29)이라는 말로 간명하게 표현된다. 11권은 관념론적 범신론을 통해 "유아론(唯我論)에 대한 거부"(28)를 천명하는데,[118] "유일 주체의 사상"이란 이와 관련을 맺

117 【인용】 **처음에 틀뢴은 단순한 하나의 카오스, 그러니까 무책임한 상상의 방종과 같은 행위라고 여겨졌다. 그러나 이제는 그것이 코스모스이고, 아주 잠정적이기는 하지만 그것을 지배하는 은밀한 법칙들이 이미 명확하게 이루어져 있는 것으로 알려져 있다.** 11권에서 발견되는 명백한 모순들이 사전의 다른 권들이 실재한다는 것을 증명하기 위한 초석에 지나지 않는다는 점을 상기시킨다는 것만으로도 내게는 충분하다.(20~21)

118 【인용】 이 문제가 처음으로 상정되고 백 년이 지난 후, 이 이교도 지도자 못지않게 명석하면서도 정교회의 전통을 따르는 한 사상가가 아주 대담한 가설을 만들었다. **그의 행복한 가설에 따르면 세상에는 단 하나의 주체만 있으며,** 이 분리될 수 없는 주체는 우주 속에 있는 각각의 존재들이고, 이 우주의 존재들은 바로 신성의 기관들이며 가면들이다.(26)
틀뢴의 남반구 언어에 대한 다음의 진술에서는 주체관념의 해체를 엿볼 수 있다.
【인용】 틀뢴 사람들에게 세상이란 공간 속에 물체들이 뒤섞인 것이 아니다. 그들에게 **세상은 독립적인 행위들로 이루어진 이질적인 연속물**이다. 그들은 **연속적이고 시간적이지만 공간적이지는 않다.** '오늘날' 틀뢴의 언어들과 방언들이 유래하는 가상의 '우르슈프라헤(본래의 언어)'에는 **명사가 없고, 부사적 기능을 가진 단음절의 접미사(또는 접두사)에 의해 수식된 비인**

는 것으로 볼 수 있다. 이는 모든 주체들이 "단 하나의 주체"에 종속한다는 입장을 낳는다. 이러한 주체관념이 문학 영역에 대한 설명에서도 나타나는데, 유비적으로 '유일 저자의 사상'이라 칭할 수 있겠다.[119]

이러한 주체관념은 「알모타심으로의 접근」을 통해서도 엿볼 수 있다. 이 작품은 부모가 믿는 이슬람교를 신봉하지 않기로 한 한 법대생이 이슬람교도와 힌두교도가 충돌하는 현장에서 힌두교도를 한 명 살해하고 난 후, "알모타심"을 만나기 위해 행한 긴 여행에 대한 이야기이다. "알모타심"이란, 깨달음의 근원이 되는 인물이라 정의해 볼 수 있다.[120] 화자에 따르면, 법대생이 알모타심을 찾아가는 여행이란, "한 영혼이 다른 영혼들에게 남긴 미묘한 반영을 통해 그 영혼을 하염없이 찾아가는 작업"(46)이라 할 수 있다. 법대생이 여행 중에 알모타심에 관한 이야기를 나누는 많은 사람들은 "단지 거울들에 불과"(46)할 뿐이며, "오름차수 수열"의 "마지막 항"에서 법대생은 "예견되고 감지된 '알모타심이라는 인물'"을 만나게 된다. 여기에서도 근원에 있는 유일한 주체에 대한 관념을 엿볼 수 있다.[121] 이러한 유일 주체사상은 동어반복으로서의 문학관,

---

칭 동사들만 존재한다.(21~22)

119 【인용】 문학 영역에 있어서도 **유일 주체의 사상**은 절대적인 힘을 떨친다. 저자명이 명시된 책은 거의 없다. 또한 표절이라는 개념도 존재하지 않는다. 그것은 모든 작품들이 단 한 작가의 작품이며, 그 작가는 영원하고 익명이라는 생각이 확립되어 있기 때문이다. 문학 비평은 늘 작가들을 고안해 내곤 한다.(29) / 소설은 상상할 수 있는 **모든 변형을 포함한 단 하나의 줄거리**를 가지고 있다.(30)

120 【인용】 거기서 그는 이 비천한 사람이 한 친구, 또는 한 친구의 친구를 반영하고 있었다고 가정한다. 이 문제를 다시 깊이 생각하면서, 그는 이런 신비스러운 결론에 도달한다. "**지구의 어딘가에 누군가가 있는데 바로 그에게서 이러한 깨달음이 유래한다. 지구의 어딘가에는 이 깨달음과 동일한 누군가가 있다.**" 법대생은 이 사람을 찾는 데 평생을 바치기로 결심한다.(45~46)

121 「원형의 폐허들」은 폐허가 된 신전의 한 곳에 자리를 잡고 누워 "한 명의 사람을 꿈꾸고" 싶다는 "초자연적인"(68) 목표를 가진 남자에 관한 이야기이다. 여러 날 동안의 꿈을 통해 그는 꿈속에서 자신의 아들인 소년을 만들어낸다. 그런데 그러한 "모든 일이 이전에 이미 일어났을지도 모른다는 느낌에 불안"(73)해 하는가 하면, 자신의 아들이 자신이 "사람이 아니

반복적이고 순환적인 역사관과도 관련을 맺는다 할 수 있겠다.

「전사(戰死)와 여자 포로에 관한 이야기」에서는 서로 다른 삶을 살았던(살아가고 있는) 두 인물의 이야기를 통해 비동일자(개별자)로서의 주체관념을 해체하고 있다. 이 작품에서는 "자기 군대를 버리고 자기가 공격했던 도시"(60)를 수호하다 숨진 야만인 드록툴프트의 이야기와, 원주민 추장의 아내가 된 영국여자에 대한 이야기를 병렬적으로 전개하고 있다.[122] 화자로 나선 보르헤스는 "이성보다 더 심오한 어떤 충동"(66)이 이들의 삶을 이끌었을 것으로 보고, 서로 상반된 방향에서 본래적인 삶으로부터 유리된 삶을 영위한 이들에 대한 이야기가 신의 관점에서는 "단 하나의 이야기"일지도 모른다는 생각으로 작품을 끝맺고 있다. 「신학자들」에서도 상호 경쟁자에서 적대자가 된 두 신학자의 삶을 통해 유일 주체사상을 나타내 보이고 있다. 이 작품은 고대 로마를 배경으로 아우렐리아누스, 판노니아의 요한 두 인물이 정통 교도와 이단 간 논쟁에 휘말려들어 서로 경쟁하고 배척하게 된 과정을 보여준다.[123] 그 과정에서 아우렐리아누스는 판노니아의 요한이 이단으로

라 다른 사람의 꿈이 투영된" "환영"(75)에 불과하다는 사실을 깨닫게 될 것을 두려워한다. 이 소설은 남자가 스스로의 죽음을 예감하면서 "자기 역시 그를 꿈꾸고 있던 또 다른 사람의 환영이라는 사실"을 깨달게 되면서 끝을 맺는다. 여기에서 개별자로서의 주체관념이 해체되고 있음을 엿볼 수 있다. 또한, 이 경우 누군가의 환영을 만들어내는 누군가들의 정점에 있을 최초의 존재를 상정할 수 있기에, 「알모타심으로의 접근」에서와 같은 '유일 주체의 사상'이 나타난다고 할 수 있겠다.

122 원주민 추장의 아내가 된 영국여자는 역시 영국인인 보르헤스의 할머니와 잠시나마 대화를 나누게 되는데, 현재의 삶에 만족하여 원주민의 삶에서 탈피할 생각이 없음을 분명히 한다.

123 이 작품에서 다루고 있는 두 개의 이단 가운데 단조(單調)파는 순환적 역사관을 내세운다. 시간의 문제를 자신의 분야로 삼고 있는 아우렐리아누스는 이단과의 논쟁을 시작하는데, 판노니아의 요한이 쓴 간명하면서도 명쾌한 글을 접하고서 패배감을 갖게 된다. 이후, 광대파 혹은 환영파(幻影派)의 개별자로서의 주체 관념을 해체하는 주체관이 회자되면서 또 다른 이단논쟁이 시작된다. 이 논쟁에서 아우렐리아누스는 판노니아의 요한의 글을 인용하면서 그를 고발하는 결과를 낳게 된다. 그 결과 판노니아의 요한은 화형을 당하게 된다.

몰리도록 고발하는 잘못을 범하게 된다. 이후 아우렐리아누스는 스스로를 정당화하려 하지만, "자신의 뒤틀린 고발을 합리화"(58)하는 것이 이루기 힘든 일이라는 것을 깨닫게 된다. 그는 결국 요한이 화형을 당했듯이, "번갯불을 맞아"(59) 불이 붙은 숲에서 죽음을 맞이하는데, 이 작품은 여기에서 끝을 맺지 않는다. 「전사(戰死)와 여자 포로에 관한 이야기」에서와 마찬가지로 신의 관점에서 두 사람의 존재를 고려한다. "하늘의 왕국"에서의 일이기에 오직 "은유"로서만 접근할 수 있는 죽음 이후의 세계에서 두 사람은 그들이 "불가해한 신에게는 단 한 사람이었다는 사실"(59)을 깨닫게 될 것으로 끝을 맺는다. 두 작품에 나타난 '유일 주체 사상'은 인식론적 한계라는 딜레마를 회피하지 않으면서, 인류사를 신의 관점 — 이를 인류사를 거시적으로 조망하는 관점으로 해석해도 좋을 듯하다 — 에서 보았을 때 개별자로서의 주체관념이 허물어질 수 있는 것임을 보여주고 있는 것이다. 또 다른 시공간의 어느 좌표에 '나'와 동일한 '나'가 존재할 수 있다는 가능성을 열어둔다는 것은 마찬가지로 카오스적 세계관을 나타내 보인 것이라 할 수 있겠다.

보르헤스의 작품에 나타난 역사관을 통해서도, 카오스를 향한 의식을 읽을 수 있다. 그는 역사기록과 실재가 전도될 수 있다는 점, 기록된 역사 너머에 지워지지 않은 또 다른 역사가 존재할 수 있다는 점을 들어, 인류의 과거사를 새로운 지평에서 자리매김하고자 한다. 「죽음과 나침반」, 「배신자와 영웅에 관한 주제」를 통해 전자의 경우를 살필 수 있다. 추리 소설의 형식을 취한 「죽음과 나침반」에서는 범죄가 탐정의 추리를 미리 알아차린 범법자들에 의해 예견된 탐정의 추리대로 이루어지는 과정을 보여준다.[124] 통상적인 추리소설이라면 사건이 선재하고 이에 대한 추리가 이루어져야 하지만, 이 작품에서는 이전에 발생한 사건의 연장선상에서 이를 근거로 탐정의 추리를 예단한 범죄자들이 그 추리대로 연쇄살인이라는 범죄를 저지르기에 사건과 추리의 관계가 전도된 결과를 낳고 있는 것이다. 여기에서 실재와, 그 실재에 대한 해석 / 기록의 관계가 뒤바뀔 수도 있다고 보는 내포작가의 관념을 읽을 수 있다. 이러한 관념은 「배신자와 영웅에 관한 주제」에서 역사관으로서 분명하게 나타난다.[125] 이 작품은 배신자로 판명이 난 인물의 배신이 백성들에게 알려졌을 때 나타날 수 있는 부정적 파장을 고려하여, 각본을 만들어 그를 영웅으로서 죽도록 한다는 내용을 담고 있다. 이를 위해 셰익스피어의 작품들이, "공개적이면서도 비밀스러운 그 공연"(163)의 각본이 된다. 이로부터 역사가 문학을 베끼고 있다는 놀라운 사실이 드러난다. 서술자는 "역사가 역사를 그대로 복사"(161)하는 순환적 역사관을 이미 접한 상황

124 이 소설의 주인공 탐정 에릭 뢴로트는 범죄자 레드 샤를라흐의 작전에 말려 죽음을 맞이한다. 레드 샤를라흐는 에릭 뢴로트가 자기 동생의 죽음에 책임이 있다고 보고 복수하기 위해 그의 주변에 "미로"를 짠다. 여기에서 미로란 사건과 추리의 관계를 전도하여 범죄를 계획하고 이끌어가는 것으로서 해석된다. 세 번의 살인사건 가운데 첫 번째 사건에는 우연이 개입하지만, 나머지 사건들은 사건에 앞서 예견된 추리대로 단서들을 던지면서 사건을 이끌어간다. 뢴로트는 이러한 수법에 휘말려들어 네 번째 살인사건의 피해자가 되고 만다.

125 이 작품은 '나'가 추리소설의 얼개를 짜는 상황을 외부 액자로 하여, 라이언이라는 화자에 의해 전개될 소설의 내용을 소개하는 방식으로 전개된다. 라이언은 자신의 조상인 퍼거스 킬패트릭의 전기 편찬에 전념하던 중 새로운 사실을 발견하게 된다. 라이언은 퍼거스 킬패트릭이 죽던 날, 셰익스피어의 『맥베스』에 예시되어 있던 몇 마디를 한다는 사실을 알고 놀라움을 금치 못한다. 결국, 퍼거스 킬패트릭의 죽음이 "연극"(162)의 일부분이었음을 알게 된다. 퍼거스 킬패트릭은 조국 아일랜드에 대한 배신자인 것으로 판명이 나는데, 그가 아일랜드에 의해 "우상"으로 떠받들리고 있다는 사실을 고려하여 연극을 진두지휘하게 된 놀란은 킬패트릭의 죽음이 "조국의 해방을 위한 도구"(162)가 되도록 꾸민다. 그는 셰익스피어의 작품에 나오는 장면들을 그대로 반복하는, "공개적이면서도 비밀스러운 그 공연"(163)으로 조국 아일랜드의 편에서 킬패트릭을 제거한다.

에서, 허구가 역사를 이룰 수 있다는 사실을 발견하고 놀라움을 금치 못한다. 이 작품에서 또한 역사적 사실들이 선재하고 이에 기초하여 역사기록이 이루어진다는 통상적인 역사관에 대한 문제 제기를 하고 있다 할 수 있겠다. 여기에서 실재와 허구의 경계가 모호하며, 기록된 역사와 실재의 역사 간의 괴리가 존재할 수 있다는 역사관을 읽을 수 있다. 여기에서 주목되는 바는, 이러한 역사관을 통해 역사기록 너머에 또 다른 역사들이 존재하리라는 추론이 가능하다는 것이다.

「또 다른 죽음」은 아르헨티나 내전이 진행되던 때, 1904년 봉기에 참가한 페드로 다미안이라는 사람의 삶이 주변 인물들에 의해 전혀 다르게 기억되는 상황을 다루고 있다. 페드로 다미안은 비겁한 겁쟁이로서 기억되는가 하면, "마소예르의 마지막 공격"(96)에서 장렬하게 전사한 것으로도 기억된다.[126] 이와 관련하여 화자는 "두 개의 세계사를 만드는 행위"에 대해 기술한다. 역사기술이란, "원인과 결과의 얽히고설킨 연관성"을 논리적이고 사실적으로 풀어가는 작업이라 할 수 있다. 따라서 화자가 진술하고 있듯이, 그 연관성이 "너무 방대하고 비밀스러워서 **현재를 무효화하지 않고는 아무리 하찮은 것이라도 단 하나의 머나먼 사건조차 폐기할 수 없**"는 것이 사실이다. 이를 페드로 다미안의 삶에 적용해 볼 때, "두 개의 세계사를 만드는 행위"의 파장을 엿볼 수 있다. 페드로 다미안이 1904년 전투에서 전사했다는 것을 "지금 우리가 살고 있는 역사"로 할 경우, 그가 1946년 엔트레리오스에서 세상을 떠났다고 하는 사실은 그것이 쓰일 당시에 "즉각적으로 폐기되지 않았"다고

126 '나'가 조사한 바에 따르면, "1946년경에 엔트레리오스에서 죽은 겁쟁이 다미안과 1904년 마소예르에서 죽은 용감한 다미안"(98)이 함께 존재하는 것이다.

볼 수 있다. 그 결과 그와 같은 기록이 역사의 정설 너머에서 "모순들"(100~101)을 만들어 내고 있다 할 수 있겠다.

세 작품을 통해 살핀 바와 같이, 보르헤스의 작품에 담긴 역사관 역시 카오스모스적 세계관을 나타내 보이고 있다 할 수 있다. 역사라는 실체 — 그것이 실재이든 허구이든, 정설이든 가설이든 간에 —, 그것은 인과적 연관성을 고려하여 만든 코스모스이다. 그러나 코스모스적 역사가 역사의 전부가 아님을 보르헤스의 작품들은 보여주고 있는 것이다. 보르헤스는 허구와 실재의 경계를 허물거나, 기록된 역사의 인과관계 너머에서 인과관계를 이루거나 그 흐름에서 이탈하게 된 지점들에 놓이는 카오스의 역사가 코스모스와 더불어 상존하고 있다는 역사관을 그의 작품들을 통해 보여주고 있는 것이다.

지금까지 살핀, 시간관, 주체관, 역사관은 공통적으로 인식론의 한계에 접근하면서 카오스로의 정향을 나타내 보인다. 보르헤스의 작품들 가운데, 「바벨의 도서관」, 「기억의 천재 푸네스」, 「자히르」 등은 보다 적극적으로 인식론의 한계에 대한 문제 제기를 하고 있다고 볼 수 있다. 이들 가운데 「기억의 천재 푸네스」와 「자히르」는 상반된 각도에서 인식론의 한계에 접근한다. 전자는 이 세계 내에서 경험한 모든 존재들, 현상들, 사건들에 대해 미분(微分)하듯이 세세하게 기억하는, 푸네스를 통해 인식론적 한계에 대한 접근을 하고 있다. 이 작품은 푸네스가 통상적인 사람들과 구별되는 비현실적인 인물이라는 점, 그러한 그가 예기치 않은 사고로 열아홉 살의 나이부터 누워 지낸다는 점 등의 설정을 통해 우리의 인식론적 한계를 과장하여 보여준다. 푸네스는 기억하기 전에 이 세계를 현미경적으로 인식하는 존재라 할 수 있는바, '그'가 기억의 천재로서 비현실적인 인물로 성격화 된 점은 그 자체로써 푸네스와 같은 능력을 갖추지 못한 대부분의 사람들이 직면하는 인식론적 한계를 나타내 보이고 있다 하겠다. 그런데, 그러한 푸네스가 움직일 수 없는 장애를 가진 인물로 설정되어 있음은 인식론적 한계에 더하여 경험론적 한계를 나타내 보이기 위한 것으로 해석된다. 세계를 현미경적으로 인식하여 그 모든 것을 기억하지만 육체의 불구로 인해 직접적으로 경험할 수 있는 세계가 극히 제한되어 있는 푸네스의 존재를 통해, 작가는 인간의 인식능력이 아무리 뛰어나다고 하더라도 그 한계를 노정할 수밖에 없음을, 그리고 우리의 인식 너머에 어쩌면 보다 큰 세계가 존재할 수 있다는 관념을 나타내 보이고 있다 하겠다.

「자히르」는 화자인 보르헤스가 '자히르'라는 미신에 사로잡혀, 점진적으로 '자히르' 만을 기억하고, 그것만을 생각하게 될 것을 두려워한다는 내용을 담은 작품이다.[127] 인용문을 통해 알 수 있듯이 '자히르'란, 어떤 하나의 생각에 사로잡혀 결국에는 다른 모든 기억들을 지우고 오직 그 하나의 생각만을 하게 된다는, 일종의 금기시되는 미신이라 할 수 있다. 그런데 화자인 보르헤스는 가깝게 지내던 여배우 데오델리나 비야르의 죽음을 맞아 그녀의 장례가 진행되던 때, 새벽 2시에 찾은 술집에서 자히르라는 이름의 동전을 받고, '자히르'라는 미신에

127 '자히르'에 대해서는 다음과 같이 정의된다.

【인용】 이슬람의 땅에서 평민들은 그 말을 "**잊을 수 없는 무시무시한 속성을 지니고, 그것의 모습을 본 사람을 미쳐 버리게 만드는 어떤 존재나 사물**"을 의미하기 위해 사용한다.(142) / "**한 번이라도 그것을 쳐다본 사람은 다른 것을 생각하지 못하도록 만들어져 있기 때문에**, 왕은 사람들이 우주를 잊지 않도록 그것을 깊은 바닷속에 던져 버리라고 명령했다."(142)

사로잡히기 시작한 것이다. 동전 자히르와 '자히르'라고 불리는 이슬람교도들의 미신이 동일한 명칭이라는 점이 그 계기가 된 것으로 생각해 볼 수 있다. 그에게 있어서는 동전 자히르가 '자히르'의 대상이 된 것이다. 보르헤스는 자신이 점차 자히르만을 생각하게 될 것을 염려하여 여러 가지 노력들을 한다. 그 가운데 하나는 돈(자히르)의 추상적 속성에 대해 적극적으로 사유하는 것이 포함된다. 돈은 그 어떤 것과도 교환이 가능한 "변화무쌍한"한 것이며, 따라서 "예측할 수 없는" "미래의 시간"이기도 하다는 점을 생각하면서 '자히르'와 "그것의 악마적 영향"(138)으로부터 놓여나고자 한 것으로 나타난다.[128] 그러나 테오델리나 비야르가 죽은 다음 날인 6월 7일 새벽부터 본 단편소설을 쓰고 있는 11월 13일까지(132) 보르헤스는 '자히르'에서 벗어나기 위한 여러 노력들을 했음에도 불구하고, 자신이 '자히르'에 완전히 구속될 것을 예상하게 된다. 작품의 결말 부분에서, 보르헤스는 그와 같은 상황을 고려하여 자신이 "더 이상 우주를 보지 않을 것이고, 오로지 자히르만"을 보게 될 것에 대해, 그리고 자신에게 있어 "수천 가지 모습들은 단 하나의 모습이 될 것"(146)에 대해 커다란 두려움을 갖는 것으로 나타난다. 이러한 점들을 종합하여 볼 때, 이 작품은 「기억의 천재 푸네스」와 다

128 보르헤스는 술집 주인으로부터 동전 자히르를 받은 이후, 피로를 이기지 못하게 될 때까지 돌아다닌다. 이어 택시를 탔을 때, 돈의 추상적 속성에 대해 생각하는데, 그 내용을 인용하면 다음과 같다.
【인용】 사실상 어떤 동전이든지(가령 20센타보짜리 동전) 가능한 미래의 창고이기 때문이다. 나는 **"돈은 추상적이다 돈은 미래의 시간이다"**라고 되풀이했다. (…중략…) 그것은 파로스 섬의 프로테우스보다 훨씬 더 **변화무쌍한** 프로테우스이다. 그것은 **예측할 수 없는 시간, 즉 이슬람이나 스토아학파의 경직된 시간이 아니라 베르그송의 시간**이다. 결정론자들은 이 세상에 단 하나의 가능한 사건, 그러니까 '일어날 수 있었던' 단 하나의 사건만이 존재한다는 사실을 부인한다. 그리고 **하나의 동전은 우리의 자유 의지를 상징한다.**

른 각도에서 어떤 하나의 대상, 관념, 사상 등에 사로잡혀 — 자히르란 이러한 의미를 갖는 것으로 해석해 볼 수 있겠다 —, 인식론적 한계에 스스로 예속되는 경향을 비판하고 있는 것으로 볼 수 있다.

「바벨의 도서관」은 도서관을 주인공으로 한 소설이라고 할 수 있다. 도서관의 성격을 고려할 때 이 작품 또한 인식론의 문제를 제기한 것으로 볼 수 있다. 이 작품에서 재현된 도서관은 외형적인 코스모스와 내면의 카오스가 공존하는 공간으로서 존재한다. 육각형의 방들이 질서정연하게 배치된 도서관의 외관, 스물다섯 개의 철자를 가지고 체계적으로 정리한 책들 등은 코스모스를 나타낸다. 그런데 결정적으로 "각 책의 책등"의 글자들이 "책의 내용을 지시하거나 예시하지"(99) 않는다는 점은 책의 내용들이 카오스를 이룸을 적시한다고 할 수 있다.[129] 여기에서부터 이 작품은 도서관을 향한 사람들의 감정이 어떻게 바뀌어왔는지에 대해 서술한다.[130] 이를 통해, 인류가 점차 도서관에서 코스모스보다는 카오스에 직면해 가는 과정을 엿볼 수 있다. 화자인 보르헤스는 작품의 도입부에서 "도서관은 하나의 구체이며, 그 구체의 **정 한가운데는 어떤 종류의 육각형이건 육각형이고, 그것의 원주로는**

129 【인용】 육각형 진열실의 벽에는 책장이 다섯 개씩 비치되어 있다. 각 책장에는 똑같은 크기로 된 서른두 권의 책이 꽂혀 있으며 각 책은 410페이지이다. 각 페이지는 마흔 행으로 되어 있고, 각 줄은 팔십여 개의 검은 글자들로 이루어져 있다. 또한 각 책의 책등에도 글자들이 있다. **이 글자들은 책의 내용을 지시하거나 예시하지 않는다.**(99)

130 【인용】 첫째는 도서관을 통해 모든 문제를 해결할 수 있다는 **무한한 행복감**, 둘째는 인류에 관한 기본적인 수수께끼들, 즉 '도서관'과 시간의 기원이 밝혀질지도 모른다는 **희망**, 셋째는 도서관의 책들에 접근할 수 없다는 확신에서 오는 엄청난 **절망(하나님의 무질서)**, 넷째는 책을 모두 없애 버리자고 주장하는 사람들의 **결벽하고 금욕적인 분노(공포)**, 다섯째는 '나머지 모든 책'의 암호 해독서이면서 완벽한 개론서를 보았다고 하는 사서, 즉 **"책의 사람"에 대한 믿음**.(103~107)
도서관의 역사만큼 오랜 세월 동안 이루어진 이러한 감정의 변천사는 집단적 감정전화의 과정인 것으로 볼 수 있겠다.

접근할 수 없다"라는 고전적인 격언(99)으로서 도서관의 정의를 분명히 하고 있는바, 여기에서 코스모스의 질서로서는 접근할 수 없는 카오스에 대한 상상을 엿볼 수 있다.

보르헤스의 글쓰기는 지금까지 살핀, 그의 카오스모스적 세계관과 긴밀한 관련을 맺는다. 그런데 그의 작품에 나타난 시간관, 주체관, 역사관 등은 그로 하여금 **작가로서의 절망**과 더불어서 **희망**을 아울러 갖도록 한 것으로 볼 수 있다. 보르헤스에게 있어서 작가로서의 본원적인 절망은 모든 글쓰기가 동어 반복적이라는 생각에서 기인한다. 앞에서 살핀 바 있는, '유일 저자의 사상'은 이에 해당한다고 할 수 있다. 보르헤스는 「피에르 메나르, 『돈키호테』의 저자」를 통해 동어반복적인 글쓰기의 상황을 과장하여 보여준다. 이 작품에서 피에르 메나르는 세르반테스의 『돈키호테』를 "다시 쓰기"(65) 한다. 이에 대해 서술자는 그가 "무엇보다도 쓸모가 없는 작업에 전념"(65)한 것으로 평한다. 이 소설에 인용된 바에 따르면, 세르반테스의 『돈키호테』 1부 9장과 피에르 메나르의 글은 전혀 다르지 않다(63). 결과적으로 피에르 메나르의 다시 쓰기는 "계획적인 시대착오와 잘못된 원저자 설정"을 통해 "독서를 풍요롭게" 만들었을 뿐이라는 평가를 받는다. 이 작품은 "모든 것이 이미 쓰여 있다"(108)는 보르헤스의 확신을 여실하게 보여주고 있다 하겠다.

한층 나아가서, 보르헤스의 세계관은 작가인 그에게 절망과 더불어 희망을 준다고 할 수 있다. 그가 상상하는 카오스는 그에게 문학의 질료라는 측면에서 희망을 주는가 하면, 소설의 형식이라는 측면에서 절망을 준다고 미리 정리해 볼 수 있다.

「바벨의 도서관」으로 다시 돌아가 보자. '유일 저자의 사상'에 따라 "말한다는 것은 동어반복에 빠지는 것"[131]이며, "모든 것이 이미 쓰여 있다는 확신"(108)을 갖는 화자 보르헤스는 도서관의 무질서에서 "희망"을 찾는다. "책의 사람"에 대한 "믿음"(105)[132]의 끈을 놓지 않고 있는 화자는 자신의 "고독"한 추구가 "무한하지만 주기적"이기도 한 도서관에서 이루어질 것이라는 "우아한 희망"(109)을 갖는다. 이러한 희망은 도서관을 무질서로, 즉 카오스로 바라보는 것에서 출발한다. 그것은 "무질서가 반복되면" "진정한 '질서'"가 될 것이라는 믿음을 통해 구해진다. 즉, 카오스의 반복에서 비롯하는 코스모스. 이 글은 보르헤스가 여기에서 소설이 그 질료적 측면에서 동어반복을 탈피할 수 있는 '희망'을 찾은 것으로 본다. 「틀뢴, 우크바르, 오르비스 테르티우스」에 대한 「1947년의 후기」에서 또한 화자로 나선 보르헤스는 우리가 틀뢴에 대해 "희망이나 공포"(37)의 감정을 가질 수 있음을 피력한다. 이에 앞서, 그는 「틀뢴, 우크바르, 오르비스 테르티우스」에서 틀뢴에 대해 그것이 처음에 "단순한 하나의 카오스"에서 이제는 "아주 잠정적이기는 하지만 그것을 지배하는 은밀한 법칙들이 이미 명확하게 이루어져 있는" "코스모스"(20~21)가 되었음을 시인한 바 있다. 이는 「바벨의 도서관」에서 나타나는, 하나의 "우주"[133]인 도서관의 미래에 대한 생각과 일치하고 있

131 보르헤스는 우리가 동어반복에 빠지는 상황을 다음의 예를 들어 설명한다.

【인용】 하지만 가령 'dhcmrlchtdj'라는 글자의 조합은 불가능하다. 그 단어는 신성한 '도서관'이 예견하지 못했고, 그들의 비밀 언어 중 그 어떤 것에도 무시무시한 의미가 담겨 있지 않기 때문이다. **그 누구도 애정과 공포로 가득하지 않은 음절은 발음할 수 없다.** 말한다는 것은 동어반복에 빠지는 것이다.(107~108)

132 주 130 참조.

133 이는 도서관을 묘사하는 다음의 진술들을 고려한 것이다.

【인용】 **다른 사람들이 '도서관'이라고 부르는 우주**는 육각형 진열실들로 이루어진 부정수, 아

기에 주목된다. 카오스에서 코스모스로의 이행 가능성, 후자를 고려한 전자로의 정향. 그것은 소설이 그 질료적 측면에서 동어반복을 탈피할 수 있는 가능성이 될 것이다. 보르헤스는 「1947년의 후기」에서 틀뢴이라는 "환상적인 세계"가 "실제 세계에 침범한 사건"들을 주 내용으로 다룬다. 이와 관련하여 그는 "구토감과 두려움의 불쾌한 뒷맛"(36~37)[134]을 토로하는 한편, 틀뢴의 이야기를 "희망이나 공포 속"이라는 독자들의 감정, 혹은 그들의 "기억"(37)에 맡긴다. 이 글은 「바벨의 도서관」에서와 마찬가지로 여기에서 나타나는 이 '희망'이라는 감정에 주목한다.

이제 카오스모스적 세계관에서 비롯하는 작가로서의 절망을 살펴보자. "작가로서의 나의 절망"(208)이 명시적으로 나타난 작품은 보르헤스의 두 번째 단편집 『알레프』의 표제작으로서 그 단편집의 가장 마지막에 수록된 단편 「알레프」이다. 친구인 다네리의 안내로 '알레프' 즉 "전혀 축소되지 않는" "우주의 공간"(209)을 목격한 화자 보르헤스는 "두려움"(212)에 사로잡힌 것으로 나타난다. 이 글은 알레프를 보고 느낀 그 두려움이 그의 '작가로서의 절망'과 중첩된다고 본다. 보르헤스는 알레프에서 "수많은 행위들"을 "동시에" 목격한 이후, 자신의 능력이 닿는 한 그것을 글로써 "연속적 순서"(209)로 옮길 작정을 한다. 그의 '작가로서의 절망'은 이와 직접적 관련을 맺는다고 할 수 있겠다. 그는 "그 무한한 알레프"를 어떻게 다른 사람들에게 전할 수 있을지를 두고 절망하는 것으로 나타나기 때문이다.[135] 여기에서 '동시적인 무한함'

니, 아마도 무한수로 구성되어 있다. (…중략…) 그 어떤 육각형 진열실에서도 위에 있는 층들과 아래에 있는 층들이 무한하게 보인다. 진열실들은 모두 동일하게 배치되어 있다.(97)

134 이를 카오스적 환상세계를 경험한 화자가 동일하게 두려움의 감정을 갖게 되는 「알레프」에 대한, 이어지는 논의와 관련지어 보자.

을 글로 옮기는 것을 두고 절망하고 있음은, 언어의 선조성과 플롯에 기초하고 있는 소설의 본원적 특질과 유관한 것으로 볼 수 있겠다.

보르헤스는 다른 작품들에서도 소설과 시간의 관련성에 대해 천착한다. 대표적으로 「두 갈래로 갈라지는 오솔길들의 정원」[136]에서는 중국학 연구자인 앨버트를 통해, 그가 연구하는 추이펀의 소설 제목이 암시하는 공간이 아닌, '시간의 미로'에 대한 문제를 추이펀이 그의 필생의 과제로 삼았음을 강조하고 있다. 그에 따르면 추이펀이 남긴 소설은 "무질서한 혼돈의 소설"로서, 거기에 등장하는 인물들이 접할 수 있는 "모든 가능성들을 포함"하는 "시간의 그물망"(126)인 것이다. 추이펀 역시 '동시적인 무한함', 즉 카오스를 소설로 형상화하고자 한 것으로 볼 수 있겠다. 그런데, 현실의 권좌에서 물러나 십삼 년의 세월 동안 매달렸던 그 소설이 미완에 그치며 그의 후손들에게 외면당하는 상황은 추이펀을 통해서도 '작가로서의 절망'을 엿볼 수 있도록 한다. 「허버트 퀘인의 작품에 대한 연구」에서 화자는 허버트 퀘인의 소설에 비평가의 입장에서 접근하고 있다. 허버트 퀘인의 소설이 "역행하고 그물눈처럼 갈라지는"[137] 점을 고려할 때, 마찬가지로 '시간의 그물망'에 대한 소설적 형상

---

135 【인용】 제 나는 말로 다 하기 어려운 내 이야기의 핵심에 이르고 있다. 바로 여기서 **작가로서의 나의 절망**이 시작된다. 모든 언어는 상징으로 이루어진 알파벳이고, 그것을 사용한다는 것은 상대방과 하나의 과거를 공유한다는 것을 전제로 한다. 그렇다면 어떻게 겁에 질린 내 기억이 간신히 간직하고 있는 **그 무한한 알레프**를 다른 사람들에게 전할 수 있을까? 이와 비슷한 상황에 봉착했을 때, 신비주의자들은 많은 상징을 사용한다.(208)

136 이는 작중에 나오는 추이펀의 소설 제목이기도 하다.

137 다음은 허버트 퀘인 작품의 일부분에 대한 분석인데, '역행하고 그물눈처럼 갈라지는' 시간 구조를 나타내 준다고 판단하여 인용한다.
【인용】 4장은 세 번째로 있었을지도 모르는 또 다른 전날 밤의 사건을 다룬다. 그 세 개의 전날 저녁(서로 양립할 수 없는)은 다양한 성격을 가진 또 다른 세계의 그 전날 저녁들로 각각 갈라진다. 따라서 작품 전체는 아홉 개의 소설로 이루어진다.(92)

화의 한 사례를 제시하고자 한 것으로 보인다. 그런데 허버트 케인이 역행하는 입장에서 '시간의 그물망'을 짜고 있다는 점은 "미래들"(119)을 향해 발산적으로 열려 있는 추이펀의 시도와 비교해 볼 때, 최초의 전날로 수렴한다는 차이점을 보인다. 추이펀과 허버트 케인의 사례를 통해, 시간의 미로라는 카오스를 소설적으로 형상화하기 위한 시도와, 거기에서 비롯하는 작가로서의 절망 내지는 한계를 읽을 수 있다 하겠다.

지금까지, 인식론적 한계를 노정하는 카오스모스적 세계관을 살핀 후, 거기에서 소설의 새로운 질료들을 건져 올릴 수 있으리라는 '희망'을 가질 수 있음과 더불어, 다른 한편으로 그와 같은 세계를 통상적인 소설의 문법으로 어떻게 서사화할 수 있느냐는 문제를 두고 작가로서 '절망'할 수 있다는 점들을 논하였다. 이러한 두 개의 상반된 감정은 「바벨의 도서관」에서 제시된 도서관(= "우주")에 대해 인류가 가진 감정 변천사의 한 단면이라 할 수 있겠다.[138] 이른바 이 글에서 주목한 작가로서의 절망 혹은 희망 또한 도서관이 환유하는 우주를 코스모스와 더불어 카오스가 공존하는 카오스모스로서 바라보게 된 인류의 정신사적 흐름과 함께 하는 감정전화의 역사 내에 놓이는 것으로 볼 수 있겠다.

마지막으로, 보르헤스의 소설들이 어떻게 환상(카오스에 대한 상상)을 '사실주의적'으로 서사화하고 있는 지에 대해 간략히 살피기로 한다. 보르헤스는 상당수 작품들에서 이른바 환상의 세계에 대한 '불완전한' 기록 혹은 작품들을 상정하고, 작중 화자가 그에 대한 메타담론을 전개

138 주 130 참조.

하는 방식을 취한다. 여기에는 역사를 질료로 하여, 그의 역사관에 따라, 이를 해체하거나 새롭게 구성함으로써, 역사기록에 대한 메타담론이라 할 수 있는 소설쓰기가 포함된다. 소설쓰기의 질료가 되는 기록들 혹은 작품들의 '불완전함'이란, 판본의 희소성, 훼손, 이본들의 존재에서 기인하는 것으로서, 그 불완전함을 통해 환상의 세계에 대한 가능성 — 그것이 실재일 수 있는 가능성, 또 다른 환상의 가능성 — 을 열어두는 것으로 볼 수 있겠다. 그런데, 그 환상의 세계에 대한 메타담론을 이끌어가고 있는 화자[139]는 현실세계에 굳건하게 뿌리를 내린 존재로서 등장하기에 작품의 질료인 환상을 '사실주의적으로 재현'하는데 기여한다고 볼 수 있다. 따라서 보르헤스의 환상소설에서는, 다른 환상소설들이 취하기 쉬운 알레고리, 상징 등의 글쓰기 방법이 나타나지 않는다.[140] 보르헤스는 이러한 글쓰기 방식을 통해, **코스모스와 공존하는 카오스**를 현실의 토대 위에서 효과적으로 보여주고 있다 할 수 있겠다.

그리고 보르헤스는 카오스모스적 세계관에 기초하여 학자(「두 갈래로 갈라지는 오솔길들의 정원」), 소설가(「틀뢴, 우크바르, 오르비스 테르티우스」, 「알레프」), 비평가(「피에르 메나르, 『돈키호테』의 저자」, 「허버트 퀘인의 작품에 대한 연구」), 사서(「바벨의 도서관」) 등의 입장에서 소설에 대한 메타담론들을 펼치는바, 여기에서 작가로서의 절망

139 메타담론의 화자는 대부분 일인칭 화자로서 보르헤스 자신인 경우가 다수이다.

140 「알모타심으로의 접근」에서 화자는 그가 비평가적 입장에서 살피고 있는, 단편의 제목과 동일한 제명의 판본들 간 차이를 언급한다. 화자가 입수하지 못한 1932년 판본과 그가 살핀 1934년 판본 간 차이는 바로, 후자가 알레고리의 성격을 띤다는 점이다. 두 판본 간 차이를 기록한 부록에 따르면, 1932년 판에서는 "초자연적 설명들"이 극히 드물어 알모타심이 "실제 인물이라는 인상"을 주는 것으로 나타난다. 그런데 화자가 살핀 1934년 판본에 대해 화자는 "알레고리로 전락"(47)한 것으로 평가를 내리고 있다.

혹은 희망을 읽을 수 있다. 이 글은 이러한 감정들이 보르헤스라는 한 걸출한 작가가 인류의 역사를 관통하는 시선으로 파악한 집단적 감정 전화과정의 한 부분인 것으로 보고 있다.

4. 나오며

문학을 서사문학과 서정문학으로 구분하는 데에는 서정성이 서정문학에서 주로 나타난다는 인식이 자리한다. 그런데 서사문학의 뼈대를 이루는 사건들에도 감정의 문제가 결부되게 마련이다. 지금까지의 한국문학 연구사를 통해 사랑, 죄의식, 동정, 자존심 등의 감정들을 주제로 한 논문들이 발견되고 있다. 문학에서 차지하는 비중에 비해, 서사문학에 나타난 감정에 대한 연구는 활발하게 진행되고 있다고 보기 어렵다. 그것은 사건 전개 과정에서 인물의 감정이 명시적으로 나타나는가 하면, 정조로서 작품에 내재되어 있는 경우도 있기 때문인 것으로 보인다. 후자의 경우 분석의 객관성을 얻기 어렵고, 과학적 방법론을 적용하기도 쉽지 않다. 따라서 감정의 문제는 어떤 연구에 부수되는 연구 주제일 수는 있어도 그 자체를 전면에 세운 연구는 흔하지 않은 것이다.

이 글은 시공간성을 매개변수로 하여 서사문학 내의 감정(정조)을 경제(economy)라는 관점에서 접근하고 있다. 감정의 양적・질적 측면이 작품의 시공간성과 유관하다는 것에 대한 정식화를 시도하고 있다. 이를 통해 감정경제와 시공간성이 문학 작품 내에서의 그 존재 의미를 상호 상승시키고 있음을 드러낼 수 있었다. 시공간성에 대한 논의는 그것이 작품의 '시공간적 요소로서의 위상'을 갖추었는지에 대한 고려가 그 출발점이 된다. '시공간적 요소로서의 위상'이란, (대부분 작가의 미학적 고려에 의해) 시간성과 공간성이 '동시적으로' 혹은 '상관적으로' 작품의 의미 구현 ― 이 글에서는 특별히 감정경제 실현에 주목하였다 ― 에 관여하는 것을 말한다.

이에 기초하여 이 글은 시공간성 개념을 다음과 같이 정립하고 있다. 첫째, 작품 전체의 시간성과 공간성을 동시적으로(조감시점으로), 즉 4차원적으로 파악할 때의 시공간성이다. 이 경우 4차원적 시공간성의 양태가 균질적인지 비-균질적인지, 구심적인지 원심적인지, 그 규모가 어느 정도인지 등의 문제를 논하고 있다. 둘째, 시간성과 공간성을 상관적으로 고려할 때의 시공간성이다. 이 경우 먼저, 시간성 및 공간성을 이루는 자질들에 주목하고 있다. 구체적으로 시간성에는 속도, 반복, 우연, 영원성, 연속과 단절 등의 자질들이 포함되며, 중층성, 개방성과 폐쇄성, 공간지도(회귀, 유랑과 정주, 거리 등), 접속과 차단 등이 공간성을 이루는 자질들이 된다. 이러한 측면들이 문학작품을 통해 추상적인 시간성과 공간성을 논할 수 있는, 일종의 변별적 자질(distinct feature)이 되고 있다 하겠다. 이들은 불가피하게 상호 관련을 맺는바, 결과적으로 시간성과 공간성에 대한 상관적인 논의가 이루어지고 있다. 한편, 시간성과 공간성은 각기 대칭적이거나 비-대칭적인 구도들을 이루기도 하는바, 이는 작품 전체의 시공간성의 질에 영향을 주게 된다. 이와 관련하여 작품의 전체적인 시공간성이 비-균질적일 때 그러한 비-균질성을 야기하는 요소가 시간성과 공간성 가운데 어느 편에 있는지를 두고 논의를 확장해 가고 있다. 셋째, 이 글은 인물을 통해 시공간성 개념을 정립하고 있다. 인물의 시계·의식·세계관 등이 작품의 시공간성 구축에 중요한 역할을 할 경우, 이를 시공간성 개념에 포함하고 있다. 마지막으로, 특정한 장소, 시대적·사회적 배경 등을 매개로, 이로부터 확대된 시공간성 논의를 하고 있다. 이러한 시공간성을 매개변수로 하여 작품 내 어떤 감정이 유지되는지, 그렇다면 그 양상은 어떠한지를 살폈으며, 감정의 양적 변화가 이루어질 경우 진폭은 어떠한지, 감정의 질적 전화가 이루어질 경우 그 양상이 어떠한 지 등에 대해 일곱 명의 외국 작가가 남긴 소설들을 포함하여 우리 문학의 고금을 통해 살폈다.

이와 같은 과학적 정식화를 위한 시도를 통해, 문학 연구가 감정의 문제를 포함하여 발산적으로 이루어졌으면 하는 바람을 갖는다. 그동안 객관적 분석의 틀을 갖추지 못한 서사문학 내의 감정문제에 대한 접근이 이러한 정식화를 통해 보다 과학적으로 이루어질 것을 기대한다. 역으로, 문학작품에 내재하는 감정에 대해 이처럼 과학적으로 접근하는 것은 문학창작방법론에도 적용해 볼 만하다고 생각한다. 무엇보다 인터넷의 발달로 시공간 개념이 새로워진 현실에서, 이러한 변화가 문학에 어떠한 영향을 줄지를 예견해 보는 것도 의미 있을 것으로 생각한다. 아니, 이미 그 변화들은 편재해 있을 것으로 생각된다. 고전문학에서 꿈과 저승 등 비현실적 장치를 동원하여 비-균질적 시공간성을 구축하고 의미를 생산하였다면, 신문학에서부터는 전보, 전화 등의 문명의 이기가 이를 대신하고 있음을 쉽게 간취할 수 있다. 오늘날의 사이버스페이스란, 전보와 전화를 대신하기보다는, 고전문학에서의 꿈, 저승과 같은 비현실적 시공간성이 우리의 현실 가운데 상존하도록 하는 과학이면서, 동시에 환상을 낯설지 않은 것으로 하는 문명의 이기는 아닐는지? 그러나 현실공간이라는 주춧돌이 없다면 '사이버스페이스성'이란 무의미할 것이다.

참고문헌

제1부 박경리 문학의 근간—움직임과 멈춤

1. 기본 자료

단편소설

박경리, 「계산」, 『현대문학』, 1955.8.

______, 「흑흑백백」, 『현대문학』, 1956.8.

______, 「전도」, 『현대문학』, 1957.3.

______, 「불신시대」, 『현대문학』, 1957.8.

______, 「벽지」, 『현대문학』, 1958.3.

______, 「훈향」, 『한국평론』, 1958.6.

______, 「암흑시대」, 『현대문학』, 1958.6～7.

______, 「어느 정오의 결정」, 『자유공론』, 1959.1.

______, 「비는 내린다」, 『여원』, 1959.10.

______, 「귀족」, 『현대문학』, 1961.2.

______, 「흑백콤비의 구두」, 『신동아』, 1965.4.

______, 「집」, 『현대문학』, 1966.4.

______, 「인간」(『문학』, 1966.7), 『박경리 단편선』, 서문당, 1997.

______, 「평면도」, 『현대문학』, 1966.12.

______, 「쌍두아」(『현대문학』, 1967.5), 『박경리 단편선』, 서문당, 1997.

______, 「우화」, 『월간중앙』, 1968.4.

______, 「약으로도 못 고치는 병」, 『월간문학』, 1968.11.

______, 「밀고자」, 『세대』, 1970.6.

______, 「눈먼 실솔(蟋蟀)」, 『박경리 문학전집』 19, 지식산업사, 1987.

______, 「목련(木蓮) 밑」, 『박경리 문학전집』 19, 지식산업사, 1987.

______, 「시정소화(市井小話)」, 『박경리 문학전집』 19, 지식산업사, 1987.

중 · 장편소설

박경리, 「애가」(『민주신보』, 1958), 『박경리 문학전집』 9, 지식산업사, 1980.
______, 「재귀열」(『주부생활』, 1959), 『박경리 문학전집』 10, 지식산업사, 1980.
______, 「표류도」, 『현대문학』, 1959.2~11.
______, 「성녀와 마녀」(『여원』, 1960.4~61.3), 『박경리 문학전집』 12, 지식산업사, 1980.
______, 「푸른 운하」(『국제신보』, 1961), 『박경리 문학전집』 20, 지식산업사, 1988.
______, 「내 마음은 호수」(『조선일보』, 1961), 『박경리 문학전집』 17, 지식산업사, 1982.
______, 「노을진 들녘」(『경향신문』, 1961. 10~62.6), 『박경리 문학전집』 2, 지식산업사, 1979.
______, 『김약국의 딸들』, 을유문화사, 1962.
______, 「가을에 온 여인」(『한국일보』, 1962.8~63.5), 『박경리 문학전집』 8, 지식산업사, 1980.
______, 「재혼의 조건」(『여상』, 1962.11~63.4), 『박경리 문학전집』 10, 지식산업사, 1980.
______, 『파시』(『동아일보』, 1964.7~65.5), 현암사, 1965.
______, 『시장과 전장』, 현암사, 1964.
______, 「녹지대」, 『부산일보』, 1965.
______, 「타인들」(『주부생활』, 1965.4~66.3), 『박경리 문학전집』 9, 지식산업사, 1980.
______, 「환상의 시기」(『한국문학』, 1966.3~12), 『박경리 문학전집』 10, 지식산업사, 1980.
______, 「겨울비」(『여성동아』, 1967), 『박경리 문학전집』 10, 지식산업사, 1980.
______, 「영원한 반려」(원제 「신교수의 부인」, 『조선일보』, 1967), 『박경리 문학전집』 21, 지식산업사, 1987.
______, 「뱁새족」(1968), 『박경리 문학전집』 11, 지식산업사, 1980.
______, 『나비와 엉겅퀴』(원제 「죄인들의 숙제」, 『경향신문』, 1969), 범우사, 1978.
______, 「창」(『조선일보』, 1970), 『박경리 문학전집』 15, 지식산업사, 1980.
______, 「단층」(『동아일보』, 1974.2.8~12.31), 『박경리 문학전집』 18, 지식산업사, 1986.
______, 「나비야 청산가자」(『현대문학』, 2003.4~6), 『가설을 위한 망상』, 나남, 2007.

수필집

박경리, 『기다리는 불안』, 현암사, 1967.
______, 『Q씨에게』, 지식산업사, 1981.
______, 『원주통신』, 지식산업사, 1985.

______, 『문학을 지망하는 젊은이들에게』, 현대문학, 1995.
______, 『만리장성의 나라』, 나남, 2003.
______, 『생명의 아픔—박경리 생명 에세이』, 이룸, 2004.
______, 『가설을 위한 망상』, 나남, 2007.

평론

박경리, 「띄엄띄엄 읽고 갈겨쓴 비평일까—백낙청 씨의 『시장과 전장』 평을 읽고」, 『신동아』, 1965.5.

이 글에서 논의하지 않은 박경리의 작품들은 다음과 같다(* 표시한 작품들은 텍스트를 확인하지 못하였다).

단편소설

박경리, 「군식구」, 『현대문학』, 1956.11.
______, 「반딧불」, 『신태양』, 1957.10.
______, 「영주와 고양이」, 『현대문학』, 1957.10.
______, 「호수」, 『숙명여고 학보』, 1957.
______, 「도표없는 길」, 『여원』, 1958.5.
______, 「돌아온 아이」, 『새벗』, 1959.
______, 「은하수」, 『새벗』, 1959.
______, 「새벽의 합창」, 『중앙여고 학보』, 1959.
______, 「해동여관의 미나」, 『사상계』, 1959.12.
______, 「은하」, 『전남일보』, 1961.*
______, 「어느 생애」, 『신작 15인집』, 1963.
______, 「풍경B」, 『사상계』, 1964.12.
______, 「풍경A」, 『현대문학』, 1965.1.
______, 「외곽지대」, 『현대문학』, 1965.8.
______, 「하루」, 『사상계』, 1965.11.
______, 「옛날 이야기」, 『신동아』, 1967.5.
______, 「사랑섬 할머니」, 『박경리 문학전집』 19, 지식산업사, 1987.
______, 「설화(雪花)」, 『박경리 문학전집』 19, 지식산업사, 1987.

_____, 「안개 서린 얼굴」, 『박경리 문학전집』 19, 지식산업사, 1987.
_____, 「회오(悔悟)의 바다」, 『박경리 문학전집』 19, 지식산업사, 1987.

중편소설

박경리, 「암흑의 사자」, 『가정생활』, 1962.*

장편소설

박경리, 「그 형제의 연인들」, 『전남일보』, 1963.
_____, 「도선장」, 『민주신보』, 1965.*

2. 국내 논저

논문

강만길, 「소설 『토지』와 한국 근대사」, 정현기 편, 『한과 삶－『토지』 비평 1』, 솔, 1994.
_____, 「한국 자본주의의 역사를 어떻게 이해할 것인가」, 강만길 편, 『한국 자본주의의 역사』, 역사비평사, 2005.
강영안, 「해설－레비나스의 철학」, 『시간과 타자』, 문예출판사, 1996.
강창민, 「박경리 시에 나타난 '자유'의 표상」, 최유찬 편, 『박경리』, 새미, 1998.
구재진, 「1960년대 박경리 소설에 나타난 '생활'의 의미－박경리론」, 『1960년대 문학연구』, 깊은샘, 1998.
김성수, 「일제 상업자본의 유입과 식민지 근대의 양상」, 최유찬 편, 『『토지』의 문화지형학』, 소명출판, 2004.
김수영, 「박경리 초기 장편소설의 인물유형 연구」, 『태릉어문연구』 9, 2001.2.
김영민, 「박경리의 문학관 연구－고통과 창조, 그리고 생명의 글쓰기」, 최유찬 편, 『박경리』, 새미, 1998.
김용구, 「가족, 그 한의 뿌리」, 권영민 편, 『한국 현대작가 연구』, 문학사상사, 1991.
김윤식・정호웅, 『한국소설사』, 예하, 1999.
김은경, 「『토지』 서사구조 연구」, 서울대 석사논문, 2000.
_____, 「갈등구조를 통한 박경리 『토지』의 담론특성 / 미학 고찰」, 『비교문학』 33, 한국비교문학회, 2004.
_____, 「박경리 소설에 나타난 '죄의식'의 경제」, 『인문논총』 55, 서울대 인문학연구원, 2006.6.

_____, 「박경리 『토지』의 유기적 인물 관계와 '리좀적' 서사구성」, 『관악어문연구』 31, 2006.12.
_____, 「박경리 장편소설의 인물 정체성과 현실 대응 양상의 관계-『영원한 반려』, 『나비와 엉겅퀴』, 『단층』을 중심으로」, 『한국 현대문학 연구』 21집, 한국현대문학회, 2007.4.
_____, 「박경리 장편소설에 나타난 인물의 '가치'에 대한 태도와 정체성의 관련 양상-『김약국의 딸들』, 『파시』, 『시장과 전장』을 중심으로」, 『국어국문학』 146, 국어국문학회, 2007.9.
_____, 「박경리 소설에 나타난 가치의 무차별화에 따른 인물 정체성 및 현실비판」, 『比較文學』 43, 한국비교문학회, 2007.10.
_____, 「박경리 『토지』에 나타난 '굴절(屈折)'의 원리와 인물 정체성의 문제」, 『민족문학사연구』 35, 민족문학사학회, 2007.12.
김정자, 「소설의 공간적 의미분석-박경리 소설을 중심으로」, 『인문논총』 31, 부산대, 1987.6.
김진석, 「소내(疎內)하는 한의 문학」, 솔 편집부 편, 『한 · 생명 · 대자대비-『토지』 비평집 2』, 솔, 1995.
김치수, 「비극의 미학과 개인의 한」, 『박경리와 이청준』, 민음사, 1982.
_____, 「『토지』의 세계」, 정현기 편, 『恨과 삶-『토지』 비평 1』, 솔, 1994.
김해옥, 「'여성적 자존(自尊)과 소외' 사이에서 글쓰기」, 한국문학연구회 편, 『『토지』와 박경리 문학』, 솔, 1996.
김혜정, 「박경리 소설의 여성성 연구」, 충북대 박사논문, 1999.
김　훈, 「1975년 2월 15일의 박경리」, 최유찬 편, 『박경리』, 새미, 1998.
나병철, 「『토지』의 시점 연구」, 한국문학연구회 편, 『『토지』와 박경리 문학』, 솔, 1996.
류보선, 「비극성에서 한으로, 운명에서 역사로」, 『작가세계』, 1994 가을.
박명규, 「『토지』와 한국 근대사」, 솔 편집부 편, 『한 · 생명 · 대자대비-『토지』 비평집』 2, 솔, 1995.
박혜원, 「박경리 『토지』의 인물 연구」, 이화여대 박사논문, 2002.
_____, 「박경리 『토지』의 인물 연구」, 김상태 편, 『한국 현대작가 연구』, 푸른사상사, 2002.
방민호, 「한국의 1920년대산 작가와 한국전쟁」, 『한국문학평론』, 2003 가을 · 겨울.
방은주, 「박경리 장편소설에 나타난 사랑의 의미 연구」, 서울대 석사논문, 2003.
배경열, 「박경리의 초기 단편소설 고찰」, 『한국문학이론과 비평』 18, 한국문학이론과 비평학회, 2003.3.
백낙청, 「피상적 기록에 그친 6·25수난—박경리 작 『시장과 전장』」, 『신동아』, 1965.4.
백지연, 「박경리 초기 소설 연구—가족관계의 양상에 따른 여성인물의 정체성 탐색을 중심으로」, 경희대 석사논문, 1995.
______, 「근대체험의 이중성과 여성주체의 신화—박경리 장편소설 『토지』」, 『미로 속을 질주하는 문학』, 창작과비평사, 2001.
염무웅, 「박경리 문학의 매력」, 『세대』, 1967.6.
______, 「역사라는 운명극(運命劇)」, 정현기 편, 『한과 삶—『토지』 비평 1』, 솔, 1994.
우찬제, 「지모신(知母神)의 상상력과 생명의 미학」, 솔 편집부 편, 『한·생명·대자대비—토지비평집 2』, 솔, 1995.
유종호, 「작가와 비평가—『시장과 전장』의 논쟁의 경우」, 『신동아』, 1965.8.
______, 「여류다움의 거절」, 『동시대의 시와 진실』, 민음사, 1995.
윤지관, 「한(恨)의 가치화와 소설의 공간—박경리론」, 『민족현실과 문학비평』, 실천문학사, 1990.
윤수종, 「분자 혁명에서 생태철학으로—펠릭스 가타리의 사상 변화」, 『세 가지 생태학』, 동문선, 2003.
이미정, 「1950년대 여성작가 소설의 여성담론 연구—강신재·한말숙·박경리 소설을 중심으로」, 서강대 석사논문, 2002.
이선미, 「한국전쟁과 여성가장—'가족'과 '개인' 사이의 긴장과 균열」, 한국여성문학학회, 『여성문학 연구』 10, 2003.12.
이덕화, 「서술 의도에서 본 『토지』의 인물 유형」, 한국문학연구회 편, 『『토지』와 박경리 문학』, 솔, 1996.
이인복, 「박경리 문학 연구」, 『지역학논집』 5, 숙명여대 지역학연구소, 2001.12.
이재선, 「숨은 역사·인간 사슬·욕망의 서사시」, 정현기 편, 『한과 삶—『토지』 비평 1』, 솔, 1994.
______, 「농경적 상상력과 『토지』」, 『현대문학』, 1994.10.
이태동, 「『토지』와 역사적 상상력」, 『부조리와 역사의식』, 문예출판사, 1981.
임경순, 「유토피아에 대한 몽상으로서의 이념」, 『한국어 문학 연구』 45, 2005.8.
임중빈, 「삶 그리고 긍정의 모험—『시장과 전장』을 통해 본 박경리의 장(章)」, 『문학춘추』, 1966.12.

임진영, 「『토지』의 삶과 역사 의식」, 한국문학연구회 편, 『『토지』와 박경리 문학』, 솔, 1996.
장경렬, 「슬픔, 괴로움, 고독, 사랑, 그리고 문학」, 한국문학연구회 편, 『『토지』와 박경리 문학』, 솔, 1996.
장미영, 「박경리 소설 연구—갈등 양상을 중심으로」, 숙명여대 박사논문, 2002.
장영우, 「한의 내연(內燃)과 생명사상」, 『임꺽정에서 화두까지』, 문학아카데미, 1995.
정현기, 「박경리의 『토지』 연구—작품 형성의 사상적 기둥」, 정현기 편, 『한과 삶—『토지』 비평 1』, 솔, 1994.
_____, 「『토지』 해석을 위한 논리 세우기」, 솔 편집부 편, 『한·생명·대자대비—『토지』 비평집 2』, 솔, 1995.
_____, 「세 틀의 '새집 짓기' 이야기 떨기—『토지』 해석의 또 한 눈길」, 한국문학연구회 편, 『『토지』와 박경리 문학』, 솔, 1996.
정호웅, 「『토지』론—지리산의 사상」, 정현기 편, 『한과 삶—『토지』 비평 1』, 솔, 1994.
_____, 「『토지』의 주제—한(恨)·생명·대자대비(大慈大悲)」, 솔 편집부 편, 『한·생명·대자대비—『토지』 비평집 2』, 솔, 1995.
정희모, 「현실에의 환멸과 삶의 의지—박경리의 『표류도』 연구」, 한국문학연구회 편, 『『토지』와 박경리 문학』, 솔, 1996.
조병무, 「자의식의 문학—박경리의 단편을 중심으로」, 『현대문학』, 1965.11.
조연현, 「윤리적 의미의 결핍과 의식의 과잉—「태양의 계곡」과 「표류도」에 대하여」, 『현대문학』, 1960.1.
조정래, 「생존의 원리와 역사성」, 한국문학연구회 편, 『『토지』와 박경리 문학』, 솔, 1996.
채희윤, 「『토지』에 나타난 간통(姦通)의 생태학」, 솔 편집부 편, 『한·생명·대자대비—『토지』 비평집 2』, 솔, 1995.
천이두, 「한(恨)의 여러 궤적들」, 솔 편집부 편, 『한·생명·대자대비—『토지』 비평집 2』, 솔, 1995.
최유찬, 「『토지』의 장르론적 고찰」, 최유찬 편, 『박경리』, 새미, 1998.
_____, 「『토지』에 도스토예프스키 소설의 비교 연구」, 『인문과학』 79, 연세대 인문과학연구소, 1998.10.
_____, 「『카라마조프의 형제』와 『토지』에 나타난 수난의 문제」, 『문예연구』 28, 2001 봄.
하응백, 「비극적 삶의 초극과 완성」, 정현기 편, 『한과 삶—『토지』 비평』 1, 솔, 1994.
홍사중, 「한정된 현실의 비극」, 『현대한국문학전집』 11권, 신구출판사, 1966.

황정현, 「『김약국의 딸들』의 설화적 성격 연구」, 한국문학연구회 편, 『『토지』와 박경리 문학』, 솔, 1996.
황현산, 「생명주의 소설의 미학」, 솔 편집부 편, 『한 · 생명 · 대자대비－『토지』 비평집 2』, 솔, 1995.

단행본

강영안, 『타인의 얼굴－레비나스의 철학』, 문학과지성사, 2005.
권영민, 『한국 현대문학사 1945~1990』, 민음사, 1999.
_____, 『한국 현대문학사』 2, 민음사, 2002.
_____, 『한국 현대소설의 이해』, 태학사, 2006.
금교영, 『막스쉘러의 가치철학』, 이문출판사, 1995.
김상환, 『니체, 프로이트, 맑스 이후』, 창작과비평사, 2002.
김영정, 『가치론의 주요문제들』, 철학과현실사, 2005.
김진식, 『르네 지라르에 의지한 경제논리 비판』, UUP, 2005.
김치수, 『박경리와 이청준』, 민음사, 1982.
서동욱, 『차이와 타자』, 문학과지성사, 2000.
양승국, 『희곡의 이해』, 연극과 인간, 2001.
이경숙 · 박재순 · 차옥숭, 『한국 생명 사상의 뿌리』, 이화여대 출판부, 2001.
이대희 편, 『가치론의 문제와 역사』, 정림사, 2001.
이덕화, 『박경리와 최명희－두 여성적 글쓰기』, 태학사, 2000.
이을상, 『가치와 인격－막스 셸러의 실질적 가치 윤리학』, 서광사, 1996.
이재선, 『현대 한국소설사』, 민음사, 1991.
이진경, 『맑스주의와 근대성』, 문화과학사, 1997.
최시한, 『가정소설 연구』, 민음사, 1993.
최유찬, 『『토지』를 읽는다』, 솔, 1996.

3. 국외 논저

Andrew, E. G., *The Genealogy of Values : The Aesthetic Economy of Nietzsche and Proust*, Rowman & Littlefield Publishers, Inc., 1995.
Arendt, H., 이진우 · 태정호 역, 『인간의 조건』, 한길사, 2000.
Bakhtin, M., tr. by Vern W. McGee, ed by C. Emerson & M. Holquist, *Speech Genres and*

Other Late Essays, University of Texas Press, 1986.
Balaban, Oded, *Plato and Protagoras : Truth and Relativism in Ancient Greek Philosophy*, Lexington Books, 1999.
Baudrillard, J., 이규현 역, 「사용가치를 넘어」, 『기호의 정치경제학 비판』, 문학과지성사, 2001.
Connor, S., *Theory and Cultural Value*, Blackwell, 1992.
Deleuze, G., 이강훈 역, 「유머, 아이러니, 법」, 『매저키즘』, 인간사랑, 1996.
________, 김현수 역, 「칸트철학을 요약해 줄 수 있는 네 개의 시적 표현에 대하여」, 『비평과 진단』, 인간사랑, 2000.
Deleuze, G. & Guattari, F., 조한경 역, 『소수 집단의 문학을 위하여－카프카론』, 문학과지성사, 1997.
____________________, 최명관 역, 『앙띠 오이디푸스』, 민음사, 2000.
Derrida, J., *Given Time : I. Counterfeit Money*, The Univ. of Chicago Press, 1992.
Engels, F., 김대웅 역, 『가족 사유재산 국가의 기원』, 아침, 1999.
Frankena, W. K., ed. by D. M. Borchert, *Encyclopedia of Philosophy*(2nd Edition), USA : Macmillan Reference, 2006.
Freud, S., 박찬부 역, 「마조히즘의 경제적 문제」, 『쾌락원칙을 넘어서』, 열린책들, 1997.
_______, 김석희 역, 『문명 속의 불만』, 열린책들, 2004.
Furst, Lilian R., 이상옥 역, 『낭만주의』, 서울대 출판부, 1987.
Girard, R., 김치수 · 송의경 역, 『낭만적 거짓과 소설적 진실』, 한길사, 2001.
Gittins, D., 안호용 · 김홍주 · 배선희 역, 『가족은 없다』, 일신사, 2003,
Guattari, F., 윤수종 역, 『카오스모제』, 동문선, 2003.
__________________, 『세 가지 생태학』, 동문선, 2003.
__________________, "Toward a New Perspective on Identity", ed. by G. Genosko, *The Guattari Reader*, Blackwell Publishers Ltd, 2006.
Giddens, Anthony, 권기돈 역, 『현대성과 자아정체성』, 새물결, 2001.
_______________, 배은경 · 황정미 역, 『현대사회의 성, 사랑, 에로티시즘』, 새물결, 1996.
Goux, J. J., tr. by J. C. Gage, *Symbolic Economies : After Marx and Freud*, Cornell Univ. Press, 1990.
Holland, E. W., *Deleuze and Guattari's Anti : Oedipus-Introduction to schizoanalysis*, Routledge, 1999.
___________, 조현일 역, 『프로이트의 거짓말－정신분열분석 입문』, 접힘펼침, 2004.
Kant, E., 백종현 역, 『실천이성비판』, 아카넷, 2004.

Martyn, D., "Sade's Ethical Economies", *The New Economic Criticism : Studies at the intersection of literature and economics*, Routledge, 1999.

________, *Sublime Failures : The Ethics of Kant and Sade*, Wayne State Univ. Press, 2003.

Lotman, Iu. M., 러시아시학연구회 편역, 「예술적 공간에 관한 소고」, 『시간과 공간의 기호학』, 열린책들, 1996.

Luhmann, N., tr. by Jeremy Gaines and Doris L. Jones, *Love as Passion : The Codification of Intimacy*, Stanford Univ. Press, 1998.

Marx, K., 김수행 역, 『자본론』(제2개역판), 비봉출판사, 2007.

Morson, G. S. & C. Emerson, 오문석 외역, 『바흐친의 산문학』, 책세상, 2006.

Nietzsche, F., 강수남 역, 『권력에의 의지-모든 가치의 가치전환의 실험』, 청하, 2003.

Ricoeur, P., 양명수 역, 『악의 상징』, 문학과지성사, 1995.

Saussure, F. de, 최승언 역, 『일반언어학 강의』(신장판), 민음사, 2006.

Scheler, M., 이을상 · 금교영 역, 『윤리학에 있어서 형식주의와 실질적 가치 윤리학』, 서광사, 1998.

Sleinis, E. E., *Nietzsche's Revaluation of Values*, Univ. of Illinois Press, 1994.

Smith, B. H., *Contingencies of Value*, Harvard Univ. Press, 1988.

Spivak, G., 태혜숙 역, 「가치문제에 관한 단상들」, 『다른 세상에서』, 여성문화이론연구소, 2003.

Ubersfeld, A., 신현숙 역, 『연극 기호학』, 문학과지성사, 1997.

Zima, P., 서영상 · 김창주 역, 『소설과 이데올로기』, 문예출판사, 1997.

______, 김태환 편역, 『비판적 문학 이론과 미학』, 문학과지성사, 2000.

______, 허창운 · 김태환 역, 『텍스트사회학이란 무엇인가』, 아르케, 2001.

Zupančič, A., 이성민 역, 『실재의 윤리-칸트와 라캉』, b, 2004.

제2부 박경리 문학과 『토지』, 고금과 동서의 좌표

제1장 박경리의 『토지』와 바진[巴金]의 『격류삼부곡』 비교 고찰

1. 기본 자료

박경리, 『토지』 1~16, 솔, 1996.

巴金, 연변인민출판사 편집부 역, 『봄』 1~2, 백양출판사, 1995.
____, 박난영 역, 『家』 1~2, 황소자리, 2006.

2. 국내 논저

논문

강만길, 「소설 『토지』와 한국 근대사」, 정현기 편, 『한과 삶―『토지』 비평 1』, 솔, 1994.
김병익, 「한(恨)의 민족사와 갈등의 사회사」, 정현기 편, 『한과 삶―토지 비평 1』, 솔, 1994.
김성옥, 「염상섭의 『삼대』와 巴金의 『家』에 대한 비교 연구」, 고려대 석사논문, 2001.
김성우, 「조선시대의 신분구조, 변화, 그리고 전망」, 한국고문서학회 편, 『동아시아 근세사회의 비교―신분·촌락·토지소유관계』, 혜안, 2006.
김은경, 「박경리 문학 연구―'가치'의 문제를 중심으로」, 서울대 박사논문, 2008.2.
염무웅, 「역사라는 운명극」, 정현기 편, 『恨과 삶―『토지』 비평 1』, 솔, 1994.
우찬제, 「지모신(地母神)의 상상력과 생명의 미학」, 솔 편집부 편, 『한·생명·대자대비―『토지』 비평집 2』, 솔, 1995.
이덕화, 「서술 의도에서 본 『토지』의 인물 유형」, 한국문학연구회 편, 『『토지』와 박경리 문학』, 솔, 1996.
이재선, 「숨은 역사·인간 사슬·욕망의 서사시」, 정현기 편, 『恨과 삶―토지 비평 1』, 솔, 1994.
_____, 「농경적 상상력과 『토지』」, 『현대문학』, 1994.10.
최계화, 「1930년대 한·중 가족사 소설 비교 연구」, 전남대 박사논문, 2003.
호　미, 「염상섭과 빠진[巴金]의 가족사 소설 비교 연구」, 서울대 박사논문, 2009.2.

단행본

권영민, 『한국 현대문학사』 2, 민음사, 2002.
김윤식·정호웅, 『한국소설사』, 예하, 1999.
김종박, 『중국역사의 이해』, 호산당, 2003.
박난영, 『바진―혁명과 문학의 경계에 선 아나키스트』, 한울아카데미, 2006.
윤호병, 『비교문학』, 민음사, 1995.
이재선, 『현대 한국소설사』, 민음사, 1991.

3. 국외 논저

왕기진, 김응엽 역, 『예로 읽는 봉건의 역사』, 예문서원, 1999.

狹間直樹, 양민호 역, 『5・4운동 연구서설－중국민중의 반제국주의투쟁』, 한울, 1985.

丸山松幸, 김정화 역, 『오・사운동의 사상사』, 일월서각, 1983.

Tanner, Tony, *Adultery in the Novel*, The Johns Hopkins Univ. Press, 1979.

Yi-Ling Ru, *The Family Novel : Toward a Generic Definition*, NY : PETER LANG, 1992.

제2장 박경리의 『토지』와 도스또예프스끼의 『죄와 벌』 간 비교 고찰

1. 기본 자료

박경리, 『토지』 1～16, 솔, 1996.

______, 「작가의 가치관」, 『Q씨에게』, 지식산업사, 1981.

Достоевский, Ф. М.(표도르 미하일로비치 도스또예프스끼), 홍대화 역, 『죄와 벌(*Преступление и Наказание*)』 상, 열린책들, 2000.

2. 국내 논저

논문

김미영, 「1920년 전후 한국소설의 크로노토프 연구」, 서울대 석사논문, 1992.

김은경, 「갈등구조를 통한 박경리 『토지』의 담론특성 / 미학 고찰」, 『비교문학』 33, 한국비교문학회, 2004.6.

______, 「박경리 소설에 나타난 '죄의식'의 경제」, 『인문논총』 55, 서울대 인문학연구원, 2006.6.

______, 「박경리 문학 연구－'가치'의 문제를 중심으로」, 서울대 박사논문, 2008.2.

______, 「박경리의 『토지』와 바진[巴金]의 『격류삼부곡』 비교 고찰」, 『한국 현대문학 연구』 29집, 2009.12.

______, 「사랑서사와 박경리 문학」, 『인문논총』 67, 서울대 인문학연구원, 2012.6.

김종욱, 「1930년대 한국 장편소설의 시간－공간 구조 연구」, 서울대 박사논문, 1998.

서형범, 「개신유학자의 자기인식과 서사양식의 관련 양상 연구－박은식과 신채호를 중심으로」, 서울대 박사논문, 2007.

이학영, 「서기원 소설에 나타난 자부심의 발현 양상 연구」, 서울대 석사논문, 2001.

정원재, 「지각설(知覺說)에 입각한 이이(李珥) 철학의 해석」, 서울대 박사논문, 2001.

단행본

김윤식, 『박경리와 토(土)지(地)』, 강, 2009.

조주관, 『죄와 벌의 현대적 해석』, 연세대 출판부, 2009.

3. 국외 논저

Bakhtin, M., 김근식 역, 「도스또예프스키의 창작에서 주인공에 대한 작가의 입장과 주인공」, 『도스또예프스끼 시학』, 정음사, 1988.

______, 김윤하 역, 『프로이트주의』, 뿔, 2011.

______, *The dialogic imagination : four essays*, ed. by Michael Holquist, tr. by Caryl Emerson and Michael Holquist, Austin : University of Texas Press, 1981(M. Бахтин, Формы Времени и Хронотопа в Романе, *Эпос и Роман*, Санкт-Петербург Издательство, 2000).

Holquist, Michael, *Dialogism : Bakhtin and his world*, London / New York : Routledge, 1990.

Girard, R., 김진식 · 박무호 역, 『폭력과 성스러움』, 민음사, 2000.

Lotman, Iu. M. and others, 러시아시학연구회 편역, 『시간과 공간의 기호학』, 열린책들, 1996.

제3장 소설에 나타난 '감정경제' 정식화를 위한 시론

1. 기본 자료

고전문학

김만중, 송성욱 역, 『구운몽－세계문학전집 72』, 민음사, 2013.

김시습, 이지하 역, 『금오신화』, 민음사, 2009.

작자미상, 「운영전」 / 「춘향전」(두 작품에 대한 논의는 다음 자료를 참고하였다. 이응백 · 김원경 · 김선풍, 『국어국문학자료사전』, NAVER 지식백과(http://terms.naver.com/entry.nhn?docId=693246&cid=263&categoryId=2701, 최종검색일 : 2013.10.24).

신소설

이인직, 「혈의 누」 / 「귀의 성」 / 「치악산」

최찬식, 「추월색」/「안의 성」
이상 신소설들에 대한 논의는 다음 자료를 참고하였다.
권영민 편, 『한국 현대문학 대사전』, NAVER 지식백과(http://terms.naver.com/entry.nhn?docId=337123&cid=263&categoryId=1043, 최종검색일 : 2014.6.3).

현대문학
김승옥, 『무진기행－세계문학전집 149』, 민음사, 2013.
박경리, 『가을에 온 여인』(『한국일보』, 1962.8～63.5), 지식산업사, 1980
박완서, 「그해 겨울은 따뜻했네」, 『박완서 소설 전집』 9, 세계사, 2008.
이기영, 『고향』, 문학사상사, 1995.
이효석, 「모밀꽃 필 무렵」, 『이효석 전집』 2, 創美社, 1983.
이청준, 『서편제』(이청준 연작소설), 열림원, 1993.
조정래, 『태백산맥』 1～10, 해냄, 2002.
최서해, 「홍염」, 권영민 편, 『한국 현대문학 대사전』, NAVER 지식백과(http://terms.naver.com/entry.nhn?docId=335580&cid=263&categoryId=2701, 최종검색일 : 2014.1.24).
현진건, 「운수 좋은 날」, 권영민 편, 『한국 현대문학 대사전』, NAVER 지식백과(http://terms.naver.com/entry.nhn?docId=335688&cid=263&categoryId=1050, 최종검색일 : 2013.10.24).
황순원, 「소나기」, 『소나기』, 일신서적출판사, 2001.

외국소설
가와바타 야스나리[川端康成], 유숙자 역, 『설국(雪國)』, 민음사, 2014.
장아이링(張愛玲), 김은신 역, 「색, 계(色, 戒)」, 『색, 계(色, 戒)』, 랜덤하우스, 2008.

Borges, Jorge Luis(호르헤 루이스 보르헤스), 송병선 역, 『알레프(*El Aleph*)』, 민음사, 2013.
__________, 송병선 역, 『픽션들(*Ficciones*)』, 민음사, 2013.
Bronte, Emily(에밀리 브론테), 김종길 역, 『폭풍의 언덕(*Wuthering Heights*)』, 민음사, 2012.
Fitzgerald, F. Scott(F. 스콧 피츠제럴드), 김욱동 역, 『위대한 개츠비(*The Great Gatsby*)』, 민음사, 2012.
Flaubert, Gustave(귀스타브 플로베르), 진인혜 역, 『감정교육(*L'éducation sentimentale*)』, 나남, 2011.

Franz Kafka(프란츠 카프카), 박희덕 역, 『成(*Das Schloß*)』, 범우사, 2004.

2. 국내 논저

논문

김은경, 「조정래의 『태백산맥』과 지질학적 상상력」, 『한국 현대문학 연구』 14집, 한국현대문학회, 2003.12.

_____, 「박경리 소설에 나타난 '죄의식'의 경제」, 『인문논총』 55, 서울대 인문학연구원, 2006.6.

_____, 「사랑서사와 박경리 문학」, 『인문논총』 67, 서울대 인문학연구원, 2012.6.

시영체, 「한국 근대소설에 나타난 사랑의 양상과 의미에 관한 연구–이광수, 염상섭, 이상을 중심으로」, 서울대 박사논문, 2002.

손유경, 「한국 근대소설에 나타난 '동정(同情)'의 윤리와 미학에 관한 연구」, 서울대 박사논문, 2006

이학영, 「서기원 소설에 나타난 자부심의 발현 양상 연구」, 서울대 석사논문, 2001.

단행본

설성경, 『한국 고전소설의 본질』, 국학자료원, 1991.

설성경 · 박태상, 『고소설의 구조와 의미』, 새문사, 1986.

전광용, 『신소설 연구』, 새문사, 1993.

3. 국외 논저

아리스토텔레스, 나종일 · 천병희 역, 『시학』, 삼성출판사, 1994.

S. Freud, 서석연 역, 『정신분석학 입문』, 범우사, 1992.

4. 인터넷 자료

NAVER 국어사전(http://krdic.naver.com)

NAVER 영어사전(http://endic.naver.com/?sLn=kr)